昭和学院秀英中学校

〈収録内容〉

※国語の大問一は、問題に使用された作品の著作権者が二次使用の許可を出していないため、問題を掲載しておりません。

便利な DL コンテンツは右の QR コードから

解答用紙

過去年度

国語の問題は
紙面に掲載

JN101254

※データのダウンロードは 2025 年 3 月末日まで。
※データへのアクセスには、右記のパスワードの入力が必要となります。 ⇒ 851116

〈合格最低点〉

2024年度	133点／199点／159点
2023年度	116点／183点／178点
2022年度	125点／158点／166点
2021年度	145点／184点／201点
2020年度	138点／151点／167点
2019年度	180点／169点

※2020～2024年度は、午後特別／第1回／第2回
2019年度は、第1回／第2回

本書の特長

実戦力がつく入試過去問題集

- ▶ 問題 …………… 実際の入試問題を見やすく再編集。
- ▶ 解答用紙 …… 実戦対応仕様で収録。
- ▶ 解答解説 …… 詳しくわかりやすい解説には、難易度の目安がわかる「基本・重要・やや難」の分類マークつき（下記参照）。各科末尾には合格へと導く「ワンポイントアドバイス」を配置。採点に便利な配点つき。

入試に役立つ分類マーク

基本 確実な得点源！
受験生の 90%以上が正解できるような基礎的、かつ平易な問題。
何度もくり返して学習し、ケアレスミスも防げるようにしておこう。

重要 受験生なら何としても正解したい！
入試では典型的な問題で、長年にわたり、多くの学校でよく出題される問題。
各単元の内容理解を深めるのにも役立てよう。

やや難 これが解ければ合格に近づく！
受験生にとっては、かなり手ごたえのある問題。
合格者の正解率が低い場合もあるので、あきらめずにじっくりと取り組んでみよう。

合格への対策、実力錬成のための内容が充実

- ▶ 各科目の出題傾向の分析、合否を分けた問題の確認で、入試対策を強化！
- ▶ その他、学校紹介、過去問の効果的な使い方など、学習意欲を高める要素が満載！

解答用紙ダウンロード 解答用紙はプリントアウトしてご利用いただけます。弊社ＨＰの商品詳細ページよりダウンロードしてください。トビラのＱＲコードからアクセス可。

UD FONT 見やすく読みまちがえにくいユニバーサルデザインフォントを採用しています。

昭和学院秀英 中学校

■
生徒数　520名
〒261-0014
千葉県千葉市美浜区若葉1-2
☎043-272-2481
総武線幕張駅、京成線京成幕張駅
各徒歩15分
京葉線海浜幕張駅　徒歩10分

独自の中高一貫教育で
抜群の進学実績
体育・文化施設も万全

URL	https://www.showa-shuei.ed.jp/

プロフィール　生徒の自己実現を支える教育

総合教育機関として発展してきた昭和学院によって、1983年高等学校が創立、中学校は1985年に併設された。校訓に「明朗謙虚・勤勉向上」を掲げ、独自の中高一貫カリキュラムで高い実績を上げている。「質の高い授業」「きめ細やかな進路指導」「豊かな心の育成」の3つの実践目標をもとに、自己実現に向かう姿勢を育み、高い進路目標の実現と、将来を支える人材となる人間性の育成を目指している。

環境　全ての教室には電子黒板

千葉市の文教地区として発展している幕張にあり、静かで申し分のない環境の中、生徒たちは健康的な学園生活を送っている。4つの理科実験室や映像・音響設備の整った階段教室が入る6階建ての校舎、貸出や返却などすべてコンピュータで管理している独立した2階建て図書館、そして全ての教室には電子黒板が設置されている。また、全面人工芝のグラウンド、2つの体育館、武道館、全天候型テニスコート(オムニコート)、天井開閉式プールなど、体育施設も充実している。

カリキュラム　基礎学力を固め、高2でコース分け

中高一貫教育のため、6年間の独自のカリキュラムによって教育の連携を図っている。中学では5科に充分な時間をかけ、少人数で実施する外国人教師の英会話授業や、実験授業に力を入れている理科など、基礎学力の徹底を図っている。中3では数学と理科は高校の内容に入り、国語でも本格的な古典の授業に入るなど、先取り学習も行われている。また、進路や学園生活など、親身なカウンセリングも実施している。

高校では、多様な生徒の希望に対応して、2年次に多くの選択科目をつくり、文系・理系の2つのコースを設けて指導している。そのため高3では余裕をもって進路実現に向けて取り組むことができる。中学から高校まで各教科で授業を補う補習や、発展的内容にチャレンジする講習を行っていて、特に長期休暇中は多くの講習を行い、大学受験に向けて指導している。

内装も豪華な図書館

学校生活　充実した各種学校行事

行事は、生徒たちが自ら企画・運営する体育祭や雄飛祭(文化祭)などのほか、著名人を招いての文化講習会、卒業生や大学関係者を招いての進路講演会などを実施している。情操教育としては全校生徒対象の芸術鑑賞教室だけでなく、中3で歌舞伎、高2で能楽の鑑賞教室がそれぞれ国立劇場で実施されている。また、社会の関心を深める取り組みとして中学では企業から与えられた課題に挑戦する探究活動や、SDGsに関する探究学習を実践し、高校では千葉大学や東京大学が実施するプログラムにも参加する。

部・同好会活動は、中学で29団体、高校で37団体あり、充実した施設設備のもと、それぞれ精力的に活動している。

進路　4年制大学へ優秀な進学実績

中学から秀英高校へはほぼ100%の卒業生が進学する。東京、東京工業、東北、一橋をはじめとする難関国公立大や国公立の医学部、早稲田、慶應上智、東京理科などの難関私立大などに、卒業生の約8割が現役で合格している。

ホームステイでのイベントも充実

国際化　多彩な語学研修プログラム

国際化社会に対応するため、中1では海外の日常シーンに英語で挑戦する東京グローバルゲーウェイでの「体験型英語研修」中2では福島のブリティッシュヒルズにおける「2泊3日の国内留学」で英語漬けの生活、中3の夏季休暇中は希望者に対し、アメリカでのホームステイ語学研修で生きた英語を学習する。高1・高2ではマレーシアやイギリスの大学での語学研修さらに神田外語大学で外国人講師から授業を受ける年間カリキュラムも実施。また留学生を囲んで、グループディスカッションをするプログラムも中1から高1まで行っている。

2024年度入試要項

試験日　1/20(午後特別)
1/22(第1回)
2/3(第2回)

試験科目　国・算・理・社(第1・2回)
国・算(午後特別)

2024年度	募集定員	受験者数	合格者数	競争率
午後特別	30	669	153	4.4
第1回	110	1213	384	3.2
第2回	20	235	30	7.8

過去問の効果的な使い方

① **はじめに**　ここでは，受験生のみなさんが，ご家庭で過去問を利用される場合の，一般的な活用法を説明していきます。もし，塾に通われていたり，家庭教師の指導のもとで学習されていたりする場合は，その先生方の指示にしたがって，過去問を活用してください。その理由は，通常，塾のカリキュラムや家庭教師の指導計画の中に過去問学習が含まれており，どの時期から，どのように過去問を活用するのか，という具体的な方法がそれぞれの場合で異なるからです。

② **目的**　言うまでもなく，志望校の入学試験に合格することが，過去問学習の第一の目的です。そのためには，それぞれの志望校の入試問題について，どのようなレベルのどのような分野の問題が何問，出題されているのかを確認し，近年の出題傾向を探り，合格点を得るための試行錯誤をして，各校の入学試験について自分なりの感触を得ることが必要になります。過去問学習は，このための重要な過程であり，合格に向けて，新たに実力を養成していく機会なのです。

③ **開始時期**　過去問との取り組みは，通常，全分野の学習が一通り終了した時期，すなわち6年生の7月から8月にかけて始まります。しかし，各分野の基本が身についていない場合や，反対に短期間で過去問学習をこなせるだけの実力がある場合は，9月以降が過去問学習の開始時期になります。

④ **活用法**　各年度の入試問題を全問マスターしよう，と思う必要はありません。完璧を目標にすると挫折しやすいものです。できるかぎり多くの問題を解けるにこしたことはありませんが，それよりも重要なのは，現実に各志望校に合格するために，どの問題が解けなければいけないか，どの問題は解けなくてもよいか，という眼力を養うことです。

算数

どの問題を解き，どの問題は解けなくてもよいのかを見極めるには相当の実力が必要になりますし，この段階にいきなり到達するのは容易ではないので，この前段階の一般的な過去問学習法，活用法を2つの場合に分けて説明します。

☆偏差値がほぼ55以上ある場合

掲載順の通り，新しい年度から順に年度ごとに3年度分以上，解いていきます。

ポイント1…問題集に直接書き込んで解くのではなく，各問題の計算法や解き方を，明快にわかるように意識してノートに書き記す。

ポイント2…答えの正誤を点検し，解けなかった問題に印をつける。特に，解説の **基本** **重要** がついている問題で解けなかった問題をよく復習する。

ポイント3…1回目にできなかった問題を解き直す。同様に，2回目，3回目，…と解けなければいけない問題を解き直す。

ポイント4…難問を解く必要はなく，基本をおろそかにしないこと。

☆偏差値が50前後かそれ以下の場合

ポイント1～4以外に，志望校の出題内容で「計算問題・一行問題」の比重が大きい場合，これらの問題をまず優先してマスターするとか，例えば，大問2までをマスターしてしまうとよいでしょう。

理科

理科は1から順番に解くことにほとんど意味はありません。理科は，性格の違う4つの分野が合わさった科目です。また，同じ分野でも単なる知識問題なのか，あるいは実験や観察の考察問題なのかによってもかかる時間がずいぶんちがいます。記述，計算，描図など，出題形式もさまざまです。ですから，解く順番の上手，下手で，10点以上の差がつくこともあります。

過去問を解き始める時も，はじめに1回分の試験問題の全体を見通して，解く順番を決めましょう。得意分野から解くのもよいでしょう。短時間で解けそうな問題を見つけて手をつけるのも効果的です。くれぐれも，難問に時間を取られすぎないように，わからない問題はスキップして，早めに全体を解き終えることを意識しましょう。

社会

社会は1から順番に解いていってかまいません。ただし，時間のかかりそうな，「地形図の読み取り」，「統計の読み取り」，「計算が必要な問題」，「字数の多い論述問題」などは後回しにするのが賢明です。また，3分野(地理・歴史・政治)の中で極端に得意，不得意がある受験生は，得意分野から手をつけるべきです。

過去問を解くときは，試験時間を有効に活用できるよう，時間は常に意識しなければなりません。ただし，時間に追われて雑にならないようにする注意が必要です。“誤っているもの”を選ぶ設問なのに“正しいもの”を選んでしまった，“すべて選びなさい”という設問なのに一つしか選ばなかったなどが致命的なミスになってしまいます。問題文の“正しいもの”，“誤っているもの”，“一つ選び”，“すべて選び”などに下線を引いて，一つ一つ確認しながら問題を解くとよいでしょう。

過去問を解き終わったら，自己採点し，受験生自身でふり返りをしましょう。できなかった問題については，なぜできなかったのかについての分析が必要です。例えば，「知識が必要な問題」ができなかったのか，「問題文や資料から判断する問題」ができなかったのかで，これから取り組むべきことも大きく異なってくるはずです。また，正解できた問題も，「勘で解いた」，「確信が持てない」といったときはふり返りが必要です。問題集の解説を読んでも納得がいかないときは，塾の先生などに質問をして，理解するようにしましょう。

国語

過去問に取り組む一番の目的は，志望校の傾向をつかみ，本番でどのように入試問題と向かい合うべきか考えることです。素材文の傾向，設問の傾向，問題数の傾向など，十分に研究していきましょう。

取り組む際は，まず解答用紙を確認しましょう。漢字や語句問題の量，記述問題の種類や量などが，解答用紙を見て，わかります。次に，ページをめくり，問題用紙全体を確認しましょう。どのような問題配列になっているのか，問題の難度はどの程度か，などを確認して，どの問題から取り組むべきかを判断するとよいでしょう。

一般的に「漢字」→「語句問題」→「読解問題」という形で取り組むと，効率よく時間を使うことができます。

また，解答用紙は，必ず，実際の大きさのものを使用しましょう。字数指定のない記述問題などは，解答欄の大きさから，書く量を考えていきましょう。

算数　出題傾向の分析と合格への対策

●出題傾向と内容

近年の出題数は，午後特別が大問5題，小問数にして20問前後，第1回が大問5題，小問数にして18問前後である。

計算問題も含め基本から標準的なレベルの問題までが多く出題されており，年度により難しいレベルの出題も見られる。出題分野は,「平面図形」,「立体図形」の計量や切り口の問題のほか,「割合」,「数の性質」,「場合の数」「規則性」が中心である。図形分野では，相似を利用するものや，図形の移動，回転，切断が多く出題されている。

全体的に奇抜な問題や，難問といったものは見られないが，今まで学習して身につけた力に加えて発想力も必要な問題が出題されることがあるので注意しよう。

学習のポイント

平面図形，立体図形とも，面積，体積だけでなく，移動，切断，展開図，見取り図などの問題にも慣れておく。

●2025年度の予想と対策

来年度も，例年通り，数の性質，図形，規則性，場合の数を中心にした出題と予想される。近年，問題が難しくなる傾向もあるが，難問に挑戦するより，基礎的な練習問題から，難しめの応用問題へと取り組んでいくとよいだろう。

はじめの計算問題が少ないながら配点が高く，図形の計量問題も多いため，計算力をつけておくことが大事である。分数や小数の計算練習，逆算も練習しておくこと。図形だけでなく，場合の数の問題にもちょっとしたひらめきが必要なものがあるので，普段からいろいろな問題演習をして，解き方を身につけて活用できるようにしておこう。

▼年度別出題内容分類表

※　よく出ている順に☆，◎，○の３段階で示してあります。

出題内容			2022年		2023年		2024年	
			特別	1回	特別	1回	特別	1回
数と計算		四則計算	○		○	○	○	◎
		概数・単位の換算	◎			○		
		数の性質	☆	☆	☆	○	○	◎
		演算記号	☆					
図形		平面図形	☆	☆	☆	☆	☆	☆
		立体図形	☆	☆	◎	☆	☆	☆
		面積	☆	○	☆	☆	○	○
		体積と容積		☆		◎	☆	☆
		縮図と拡大図	○					
		図形や点の移動		○	○	○	○	
速さ		三公式と比	○			○		
	文章題	旅人算	○					
		流水算						
		通過算・時計算				○		
割合		割合と比	☆	☆	☆	☆	◎	☆
	文章題	相当算・還元算						
		倍数算						
		分配算						
		仕事算・ニュートン算		☆				☆
文字と式								
2量の関係(比例・反比例)					○			
統計・表とグラフ								
場合の数・確からしさ			○		☆	◎	☆	
数列・規則性				○	○		☆	
論理・推理・集合							○	
その他の文章題		和差・平均算						
		つるかめ・過不足・差集め算		○				
		消去・年令算						
		植木・方陣算						

昭和学院秀英中学校

算数 ——グラフで見る最近３ヶ年の傾向——

最近３ヶ年に出題されたすべての問題を内容別に分類・集計し，全体に対して何パーセントくらいの割合になっているかを示しました。

░……50 校の平均　　■……昭和学院秀英中学校

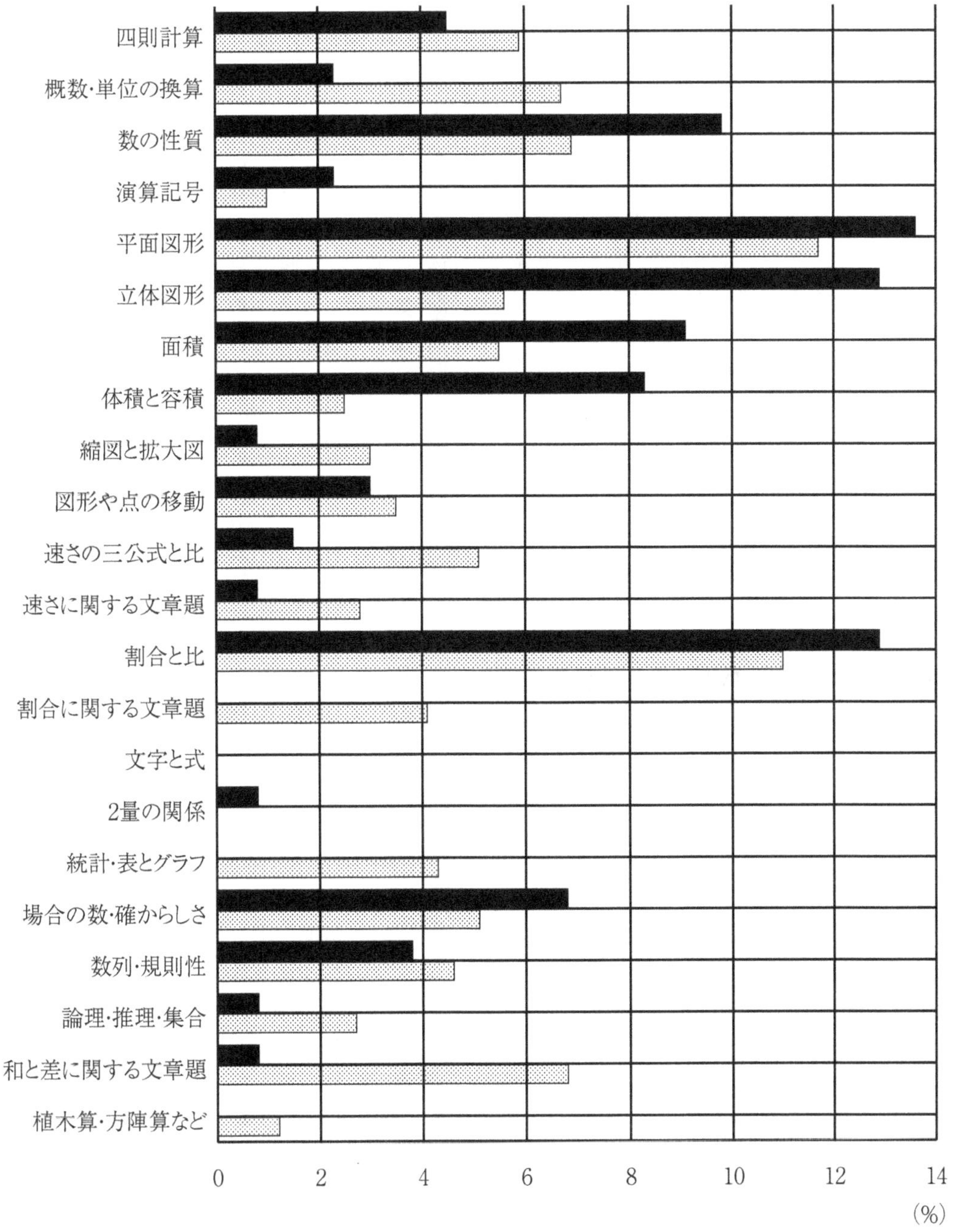

理科　出題傾向の分析と合格への対策

●出題傾向と内容

試験時間は40分で，今年は大問4題で，生物分野からの出題がなかった。さらに環境問題について取り上げられていた。

実験や観察を題材にした問題が多く，物理，化学分野では，計算問題や思考力を要する問題が出題される。

頻出分野としては，物理分野のばねやてんびんなど力のはたらき，及び回路と電流があげられる。また，化学分野では水溶液の性質，気体の発生などに注意が必要である。また，環境や時事問題を取り上げる傾向も強い。

時事的な問題も出題されるので，普段からニュースなどにも目を通しておきたい。

学習のポイント

化学・物理分野で得点することがカギとなる。実験に基づく問題や時事問題にも注意すること。

●2025年度の予想と対策

物理分野の力のつりあいや回路と電流などの計算問題は，十分に問題集などで演習をおこなっておくといいだろう。

化学では気体の発生・性質，水溶液の性質を中心に，思考力，応用力を高めるような学習が必要である。

出題は少ないとはいえ，星座や星の名前など，具体的な知識も問われるので，幅広い理科の知識が必要である。また，実験・観察をもとにした出題が多く，単に事実だけを覚えるのではなく，その現象の理由を知るようにしたい。

加えて，時事・環境問題が取り上げられることが多い。普段から科学に関連したニュース等に関心を持つようにしたい。

▼年度別出題内容分類表

※　よく出ている順に☆，◎，○の３段階で示してあります。

出題内容		2020年	2021年	2022年	2023年	2024年
		1回	1回	1回	1回	1回
生物	植物	☆				
	動物			☆	☆	
	人体					
	生物総合					
天体・気象・地形	星と星座	☆				☆
	地球と太陽・月					
	気象			☆		
	流水・地層・岩石					
	天体・気象・地形の総合					
物質と変化	水溶液の性質・物質との反応					
	気体の発生・性質				◎	
	ものの溶け方					
	燃焼	☆			○	☆
	金属の性質				◎	
	物質の状態変化		◎	☆		
	物質と変化の総合					
熱・光・音	熱の伝わり方					
	光の性質					
	音の性質			☆		
	熱・光・音の総合					
力のはたらき	ばね	◎				
	てこ・てんびん・滑車・輪軸	○	☆		☆	☆
	物体の運動	◎				
	浮力と密度・圧力			☆	◎	
	力のはたらきの総合					
電流	回路と電流					
	電流のはたらき・電磁石	◎	☆			
	電流の総合					
実験・観察				◎	☆	◎
環境と時事／その他			☆	◎		☆

昭和学院秀英中学校

理科 ——グラフで見る最近5ヶ年の傾向——

最近5ヶ年に出題されたすべての問題を内容別に分類・集計し，全体に対して何パーセントくらいの割合になっているかを示しました。

░……50校の平均　　■……昭和学院秀英中学校

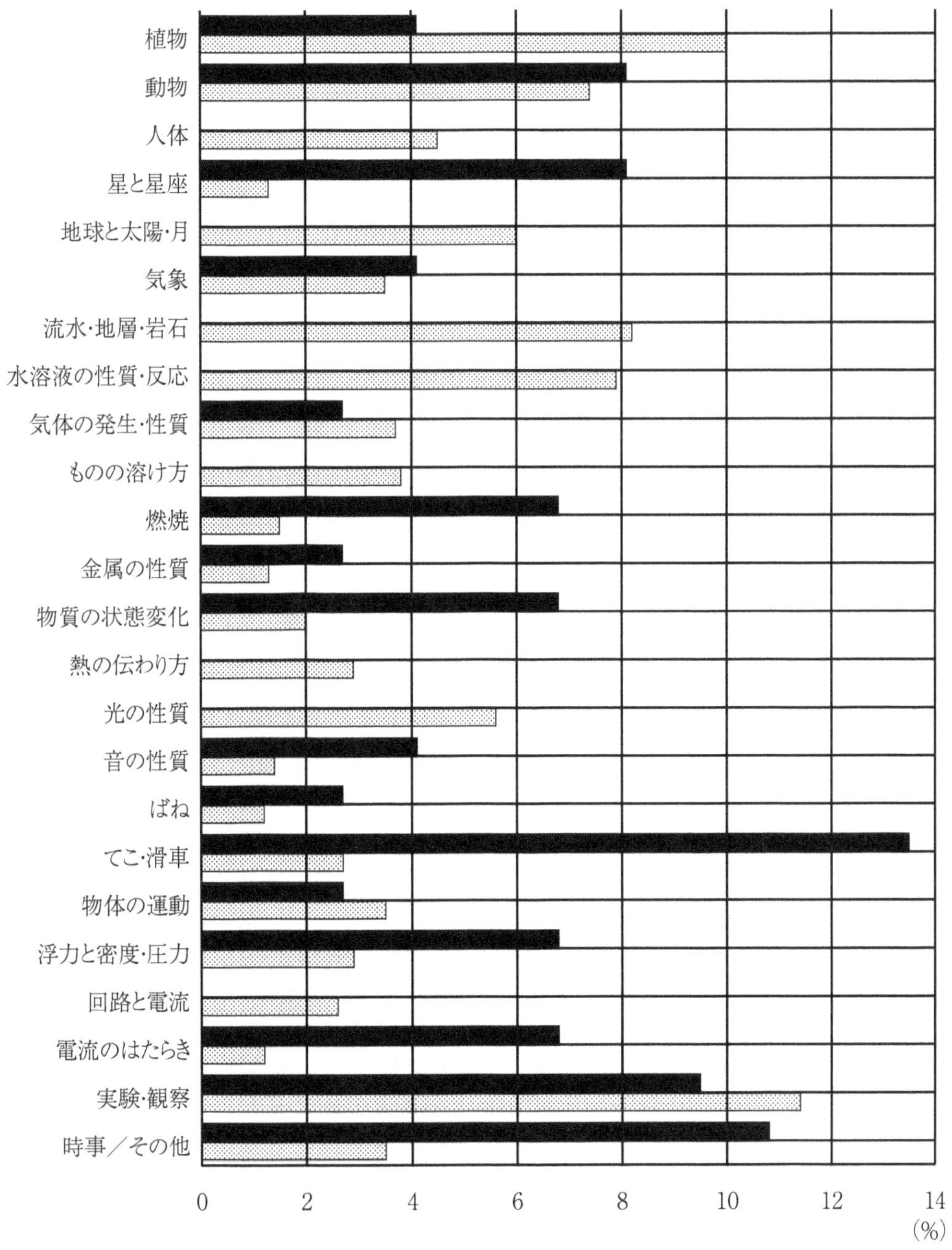

社会　出題傾向の分析と 合格への対策

●出題傾向と内容

今年度は大問が4題，小問が30題程度で，その内短文の記述が3題出題されている。

地理は，日本の国土と自然を中心に，人口，土地利用，商業などの各種資料や略地図を利用した出題が多い。

歴史は，かなり広い年代にわたって，人物や重要事項が問われている。政治は，憲法と政治のしくみなどの今日的課題を問う時事問題が出題された。

✔学習のポイント

地理：様々な資料を考察しよう！
歴史：因果関係を理解しよう！
政治：時事問題を正確におさえよう！

●2025年度の予想と対策

地理は，日本の国土と自然や土地利用などに関する出題が多いので，教科書の重要事項を理解しておこう。また，言葉や数字の意味することもおさえたい。

歴史は，各時代の特色とともに，政治，文化，外交などのテーマに沿った流れもおさえたい。また，人物については，業績とともに，人物同士の関係なども理解しておこう。

政治は，憲法や政治のしくみを重点的におさえ，インターネットで内外の主要な出来事や著名な人物のスピーチや今日的課題などを分析して，時事問題に自信をもてるようにしておこう。

▼年度別出題内容分類表

※　よく出ている順に☆，◎，○の３段階で示してあります。

出題内容			2020年	2021年	2022年	2023年	2024年
			1回	1回	1回	1回	1回
地理	日本の地理	地図の見方		◎			◎
		日本の国土と自然	○		☆	◎	◎
		人口・土地利用・資源		◎	☆	○	○
		農業	○			○	○
		水産業	○			○	○
		工業	◎			○	○
		運輸・通信・貿易	○	◎		○	
		商業・経済一般	○		○		
	公害・環境問題		○			○	
	世界の地理		◎	◎			
日本の歴史	時代別	原始から平安時代	☆	◎	◎	☆	◎
		鎌倉・室町時代	◎	◎	◎	○	◎
		安土桃山・江戸時代	☆	◎	☆	☆	☆
		明治時代から現代	☆	☆	☆	☆	☆
	テーマ別	政治・法律	☆	☆	☆	☆	◎
		経済・社会・技術	☆	☆	◎	◎	◎
		文化・宗教・教育	◎	☆	◎	◎	◎
		外交	◎	○	☆	◎	○
政治	憲法の原理・基本的人権		○		◎	○	◎
	政治のしくみと働き		◎	◎	☆	☆	☆
	地方自治		○	○			○
	国民生活と福祉		◎			○	○
	国際社会と平和			☆	○	○	○
時事問題			◎	◎	◎	○	○
その他					◎		○

昭和学院秀英中学校

社会 ——グラフで見る最近５ヶ年の傾向——

最近５ヶ年に出題されたすべての問題を内容別に分類・集計し，全体に対して何パーセントくらいの割合になっているかを示しました。

……50校の平均　　……昭和学院秀英中学校

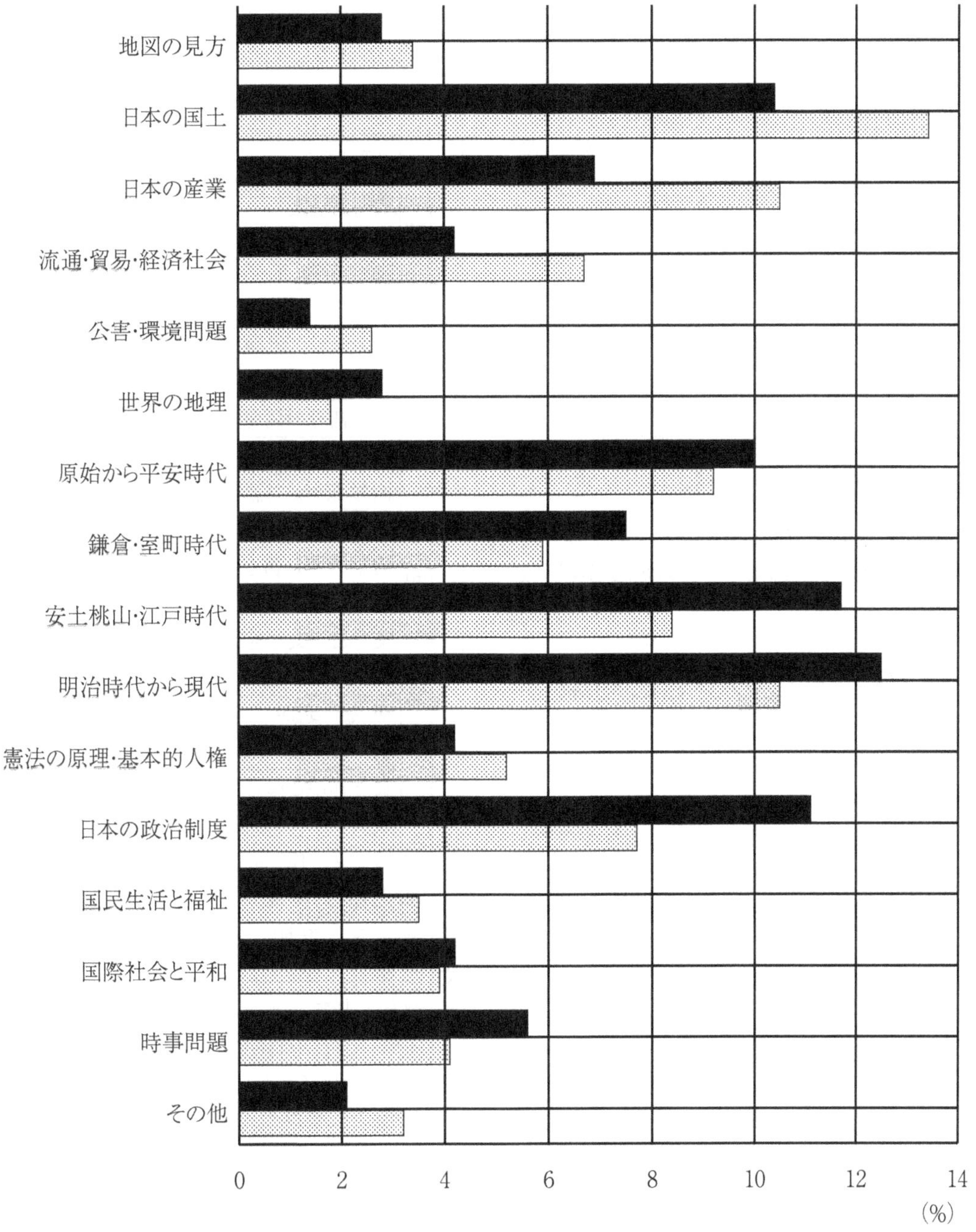

国語　出題傾向の分析と合格への対策

●出題傾向と内容

第1回は論理的文章と文学的文章，漢字の独立問題の大問3題構成であった。

いずれの文章も選択問題が中心だが，本文との丁寧な照合が必要である。他に，空欄補充，本文に関する70字ほどの記述問題も出題された。

午後特別は，漢字の読み書き2題，論説文1題の3題構成。論説文は絵画をテーマにした文章で，本文の内容を踏まえた100～200字ほどの記述問題が毎年2問ほど出題されている。

✔学習のポイント

記述力を高めるための練習を積んでおこう！
漢字やことわざ・慣用句などの知識も学習を進めておこう！

●2025年度の予想と対策

来年度も第1回は論理的文章と文学的文章の2題に漢字の独立問題1題という構成は変わらないと予想される。

様々な問題形式，角度から出題されるので，過去問で傾向をしっかりつかんでおこう。

論理的文章では要旨，文学的文章では心情を的確に説明できるよう，40～50字程度でまとめる練習をしておくことが大切である。

特別入試については，論理的文章の要約練習などを通して，様々なテーマに対する記述力をつけておきたい。

▼年度別出題内容分類表

※　よく出ている順に☆，◎，○の３段階で示してあります。

		出題内容	2022年 特別	2022年 1回	2023年 特別	2023年 1回	2024年 特別	2024年 1回
内容の分類	読解	主題・表題の読み取り						
		要旨・大意の読み取り	○	○	○	○	○	○
		心情・情景の読み取り		☆		☆		☆
		論理展開・段落構成の読み取り						○
		文章の細部の読み取り	○	☆	☆	☆	☆	☆
		指示語の問題						
		接続語の問題						○
		空欄補充の問題		◎	○	◎		◎
	知識	ことばの意味		○				
		同類語・反対語						
		ことわざ・慣用句・四字熟語		○				
		漢字の読み書き	◎	○	◎	◎	☆	☆
		筆順・画数・部首						
		文と文節						
		ことばの用法・品詞						
		かなづかい						
		表現技法						
		文学作品と作者						
		敬語						
	表現	短文作成						
		記述力・表現力	◎	☆	☆	☆	☆	☆
文の種類		論説文・説明文	○	○	○	○	○	○
		記録文・報告文						
		物語・小説・伝記		○		○		○
		随筆・紀行文・日記						
		詩(その解説も含む)						
		短歌・俳句(その解説も含む)						
		その他						

昭和学院秀英中学校

国語

——グラフで見る最近３ヶ年の傾向——

最近３ヶ年に出題されたすべての問題を内容別に分類・集計し，全体に対して何パーセントくらいの割合になっているかを示しました。

……50校の平均　　　　……昭和学院秀英中学校

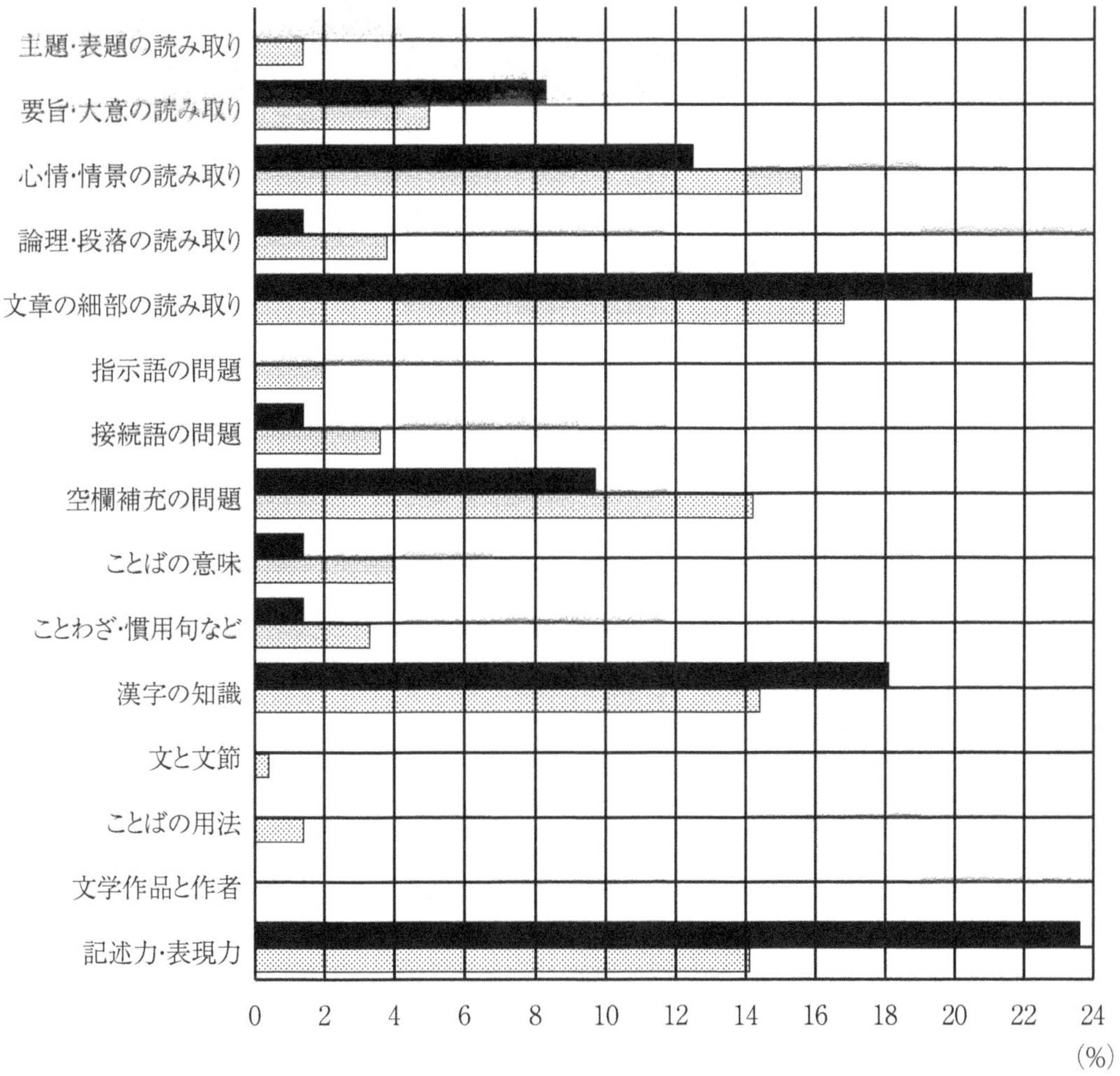

	論説文 説明文	物語·小説 伝記	随筆·紀行 文・日記	詩 (その解説)	短歌·俳句 (その解説)
昭和学院秀英 中学校	66.7%	33.3%	0%	0%	0%
50校の平均	47.0%	45.0%	8.0%	0%	0%

2024年度　合否の鍵はこの問題だ!!

(第1回)

算　数　④ (3), (4)

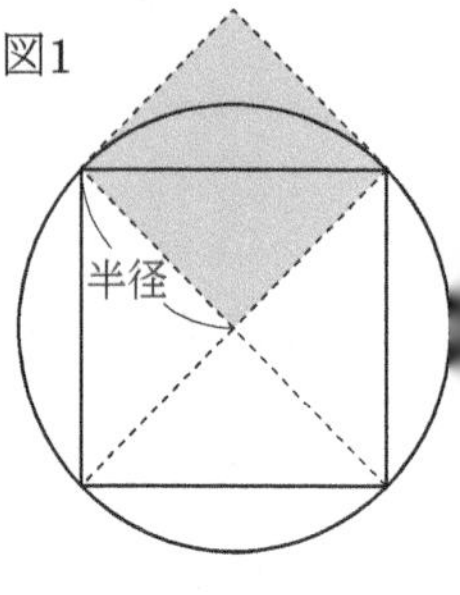

図1

(3), (4)は辺の長さの積を求める問題。この手の問題はそれぞれの辺の長さを(小学校の知識では)算出することができないことが多い。その場合，積を直接求めることになる。解説では比を用いて算出したが，図形から積を求めることも多い。

よくある例としては内側で接する正方形から円の面積を求める問題。円の半径は求まらないが，半径×半径を算出することは出来る(図1参照)。半径×半径は図1の網掛け部分の正方形の面積と等しい。これは内側で接する正方形の面積の$\frac{1}{2}$となる。

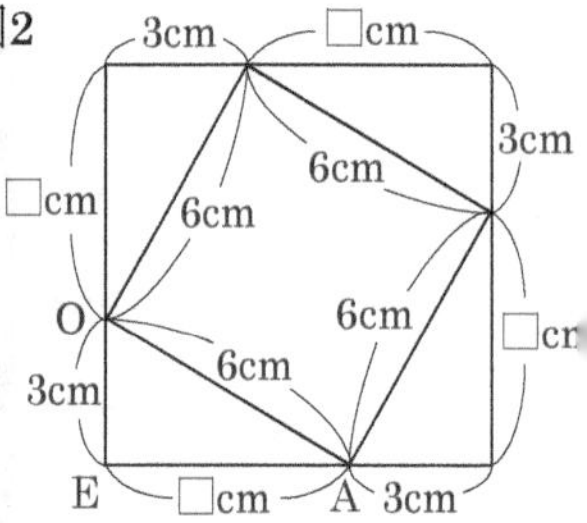

図2

また，直角三角形の辺の長さについても，長さ×長さを算出することが可能。④の直角三角形AEOを4つ図2のように並べると，全体は正方形となり，真ん中の穴あき部分も正方形になる。AEの長さを□cmとすると，全体の正方形の面積は(□＋3)×(□＋3)，直角三角形の面積は3×□×$\frac{1}{2}$，真ん中の穴あき部分の正方形の面積は6×6＝36となり，これらの関係から，(□＋3)×(□＋3)－3×□×$\frac{1}{2}$×4＝36　□×(□＋3)＋3×(□＋3)－6×□＝36　□×□＋□×3＋3×□＋9－6×□＝36　□×□＋6×□＋9－6×□＝36　□×□＝36－9＝27　AEの長さとEFの長さは等しいので，AE×EF＝27となる。(4)も同様に直角三角形を用いて算出できるので考えてみるとよい。

社　会　2 問6

本校は記述問題も出題される。基本的な知識事項の丸暗記だけでは対応できない「思考力」が試される問題が多いといえる。自分自身で持っている知識をいかに活用したり，組み合わせたりするかという視点が大切になる。このような力は一朝一夕では身につかないものなので，日々の継続的なトレーニングの積み重ねが不可欠となってくる。また自身で作成した記述答案を添削してもらいながら，解答のポイントをおさえる訓練を行うことが望ましい。設問が変わっても，「記述問題で評価される答案を作成するには」という視点は汎用性があるといえる。

大問2の問6の設問は，以上のような出題傾向を象徴している問題であり，過去問演習等で対策してきた受験生とそうでない受験生とではっきり差がつくことが予想される。「江戸幕府が求める武士の役割の変化」についてまとめさせる問題であるが，一定時間内に正確にできるかどうかがポイントとなる。本校の社会の問題は全体的に設問数が多く，この問題に必要以上に時間を割いてしまうと，制限時間切れになってしまう危険性もある。このような形式の問題に不慣れな受験生にとっては負担のある設問であろう。リード文を解読・解釈する力や答案内容の論理の一貫性や説得力も採点のポイントとなる。

この設問の配点は他の設問と比べて著しく高いわけではないが，合格ラインに到達するためにはこのような問題で確実に得点することが求められ，「合否を左右する設問」といっても過言ではない。

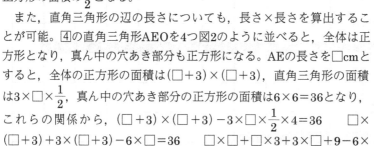

理　科　[1] 問6・問7・問8

今年の問題は大問が4題であった。試験時間は40分である。今年は生物分野からの大問の出題がなかった。加えて，地球温暖化を題材にした時事問題が大問として出題された。物理分野などで計算問題に幾分難しい問題が出題されることもある。

合否を分ける鍵となる問題として，[1]の問6～問8を取り上げる。てんびんのつり合いの問題であった。

問6　重さが無視できる長さ50cmの棒に，図6に示される位置におもりをつるし，棒の途中の点Rでつり合わせる。このとき，棒の左側のおもりの重さは50gで，右側のおもりの重さは20gである。両方のおもりの位置は35cm離れている。このとき点Rの位置は，おもりの重さの比が50：20＝5：2なので，支点(点R)からの距離の比PR：RQが2：5になる。よってPR＝35×$\frac{2}{7}$＝10(cm)となり，AR＝10＋10＝20(cm)になる。

図6

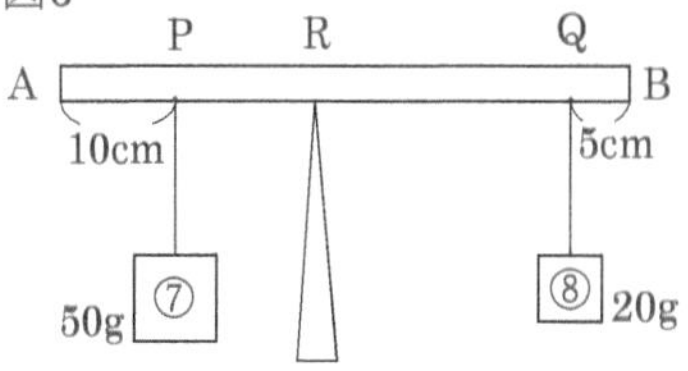

問7　棒の水平が保たれているので，支点Rに70gの重さが下向きにかかっているとみなせる。これをばねばかり1と2で上向きに引っ張るので，ばねばかりの表示の合計は70gである。(図7参照)

図7

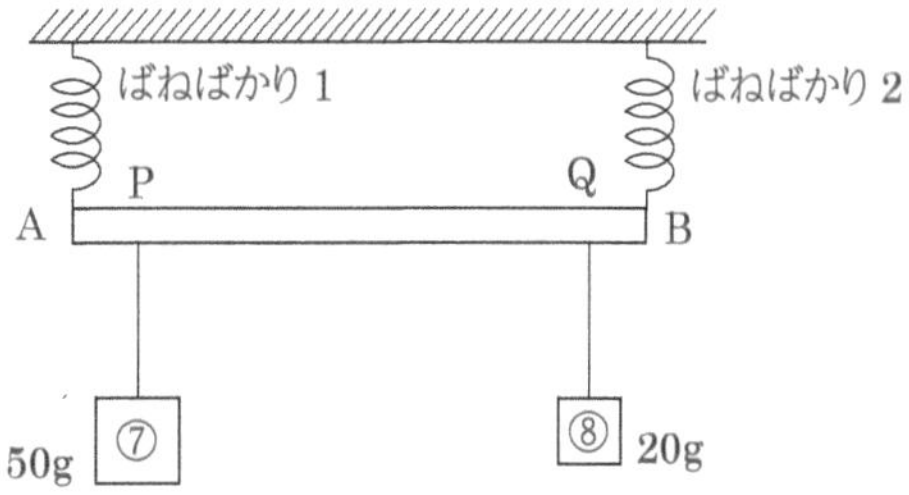

問8　支点Rからの距離の比AR：RB＝20：30＝2：3なので，Aにかかる力：Bにかかる力＝3：2になる。よって，ばねばかり1の表示は70×$\frac{3}{5}$＝42(g)　ばねばかり2の表示は70×$\frac{2}{5}$＝28(g)になる。

同様の問題は入試問題でよく見かける問題であるので，普段の演習で慣れておく必要がある。

また，今年は地球温暖化に関する環境問題が大問として取り上げられたことが大きな特徴であった。この傾向が継続するかはわからないが，科学に関連した時事的なニュースには注意しておくとよい。

国語 三 4

★合否を分けるポイント

傍線部③「タヌ吉が別の飼い主をみつけてもらうわけでもなく，ブランケットに預けられている」とあるが，その理由を設問の指示にしたがって，指定字数以内で説明する記述問題である。物語の展開をていねいに追い，求められている内容を的確に説明できているかがポイントだ。

★設問の指示も手がかりにして，着目すべき部分を見極める

傍線部③までは，摩耶子が経営する老犬ホーム「ブランケット」に勤めている智美は，摩耶子とともにタヌ吉を連れて，タヌ吉の飼い主と待ち合わせをしている公園に向かう→公園に到着して歩いていると，タヌ吉が飼い主の美月とその母親のもとに向かって走り出す→車椅子の美月がタヌ吉との再会に喜んでいる様子を見ながら，智美は③のように感じている，という内容である。さらに③後は，タヌ吉との面会が終わった美月母子と別れ，車に乗り込んだ摩耶子と智美は美月とタヌ吉の話をしている→【美月の治療のために引っ越してきたことでタヌ吉を飼えなくなったが，美月はもう一度タヌ吉と一緒に暮らすことを望んでおり，人に預けてしまうと情がうつって返してもらいづらくなるため，美月の心の支えとしてタヌ吉はブランケットにいる】，ということが描かれている。この【　】部分が③の理由になっていることを読み取る必要がある。③付近の描写だけでは，③に対する明確な理由が描かれていないので注意しなければならない。設問の指示の「本文全体をふまえて」「書き出しは『飼い主が』とすること」は，説明する内容の手がかりにもなっており，③より先の展開とともに，「飼い主」である美月の心情に着目することのヒントになっている。指示の手がかりも参考にしながら，本文のどの部分に着目すればよいかを的確に見極めることが重要だ。

2024年度

★★★★★★★★★★★★★★★★★★★★★★★★

入　試　問　題

2024
年
度

2024年度

昭和学院秀英中学校入試問題(午後特別)

【算　数】（60分）〈満点：120点〉

【注意】円周率は3.14とし，角すいや円すいの体積はそれぞれの角柱や円柱の体積の$\frac{1}{3}$とします。

1　次の［　　］の中に適当な数を入れなさい。

（1）　$(1+2+4+8+16+32)\div 7+1.3\times\frac{7}{10}-\frac{2}{5}\times\frac{2}{5}+0.25=$［ア］

（2）　大中小の3個のサイコロを同時に1回投げるとき，出た目の数の積が偶数になる目の出方は［イ］通りです。

（3）　1から100までの整数のうち，2か3で割り切れる数は［ウ］個あります。

（4）　高校生の兄と中学生の弟は，どちらも千葉駅～幕張駅の通学定期券を利用しています。高校生の料金は1ヶ月3,610円，中学生の料金は1ヶ月2,810円で，毎月購入しています。弟は定期券を家に忘れると，片道180円の切符を往復で買って登下校します。先月，弟は家に定期券を［エ］回忘れたため，かかった交通費の合計は兄よりも多くなりましたが，今月は忘れた回数が1回少なかったため，かかった交通費の合計は兄よりも少なくなりました。また，弟が［オ］ヶ月間に［カ］回忘れたところ，弟の交通費の合計と兄の交通費の合計は等しくなりました。ただし，兄は定期券を忘れることは無いとし，［オ］についてはできるだけ小さい数字を答えなさい。

2　次の［　　］の中に適当な数を入れなさい。

（1）　図において，四角形ABCDは平行四辺形です。辺AD上に点Eを，BCの長さとECの長さが等しくなるように取ります。また，直線BEと直線CDが交わる点をFとします。このとき角㋐の大きさは［キ］度です。

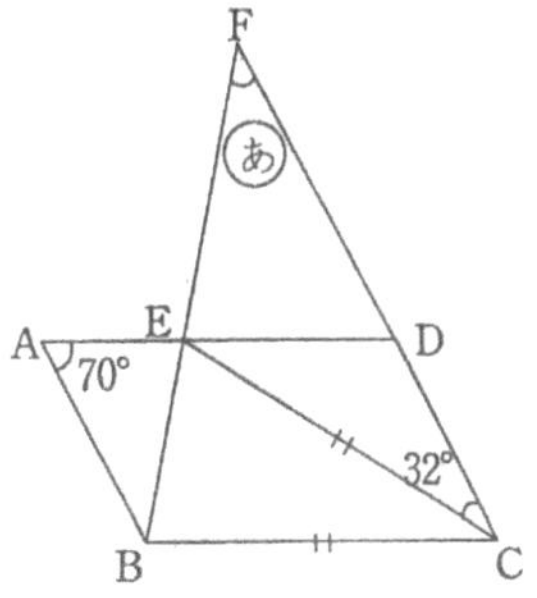

（2）　面積が$144cm^2$の正六角形があります。黒い点が各辺の真ん中の点であるとき，小さい正六角形の面積は［ク］cm^2です。

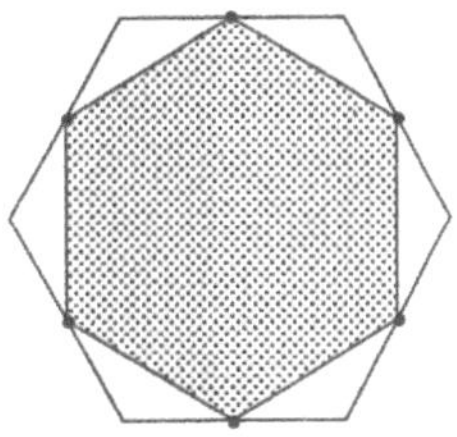

（３） 図の直角三角形を，長さ5cmの辺を軸として1回転させてできる立体の体積は［ケ］cm^{3}です。

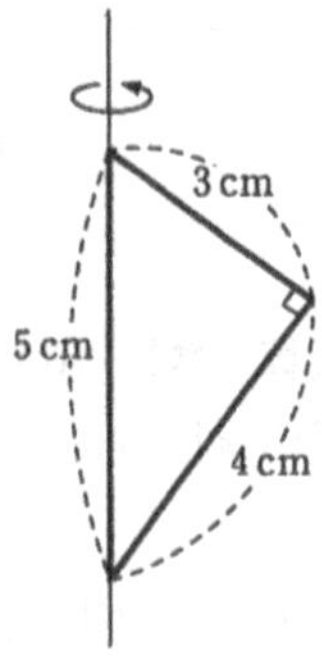

（４） 図のような，半径6cm，中心角60度のおうぎ形を2つ重ねてできた図形があります。この図形を直線上をすべらないように転がして1回転させたとき，図形が通る部分の面積は［コ］cm^{2}です。

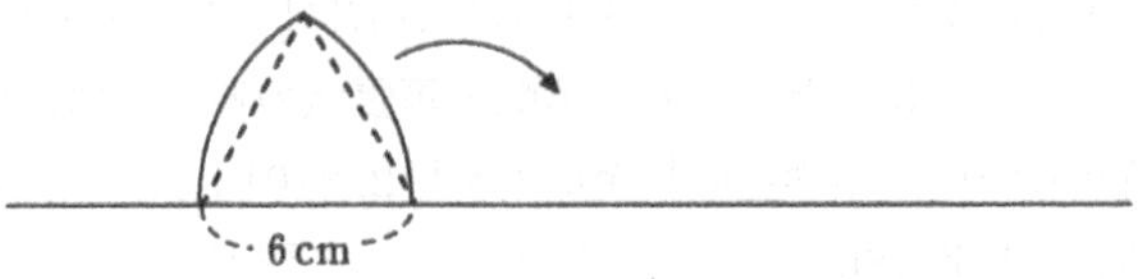

3 1辺の長さが1cmの正方形を並べて，図のような階段の形をした図形を作っていきます。次の各問いに答えなさい。

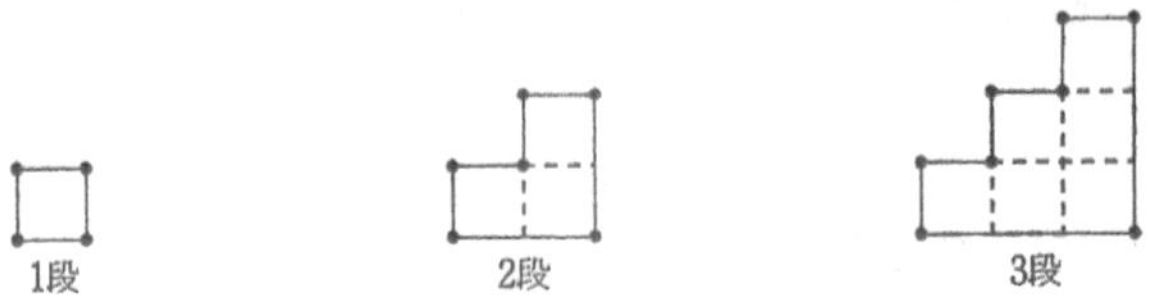

（１） 階段が1段のとき頂点の数は4個，2段のとき頂点の数は6個です。階段が100段のときの頂点の個数を求めなさい。

（２） 頂点の数が2024個のときの階段の段数を求めなさい。

（３） 階段が1段の図形の面積は1cm^2，2段の図形の面積は3cm^{2}です。階段が200段の図形の面積を求めなさい。

（４） 階段の図形の面積が1225cm^{2}のときの階段の段数を求めなさい。

4 トランプには，スペード，ダイヤ，クローバー，ハートの4つのマークがあり，4つのマークにはそれぞれ1～13の数を表すカードが1枚ずつあります。また，どのマークにも属さないジョーカーがあります。ジョーカーをのぞいた52枚のカードで次のような操作を行い，得点を決めます。

操作の手順

（Ⅰ） 1～13の中から4つの数を無作為に選び，これらの数のカード16枚をよく混ぜます。

（Ⅱ） （Ⅰ）の16枚から3枚のカードを引きます。引いた中に同じマークのカードがあれば，それらの数の積を得点とし，同じマークがないカードは，その数を得点としてそれらを合計します。例えば，引いた3枚が「ハートの4，ハートの5，スペードの1」の場合の合計得点は4×5＋1＝21点となります。

次の［　　］の中に適当な数を入れなさい。

（1） 手順(Ⅱ)で引いた3枚が2種類のマークの組み合わせであったとき，最高得点は［ サ ］点で，その場合の3枚のカードの組み合わせは［ シ ］通りあります。

（2） 手順(Ⅰ)である4つの数を選んだところ，手順(Ⅱ)で3枚を引いた最高得点が240点になりました。手順(Ⅱ)で引いた3枚のマークは［ ス ］種類で，また手順(Ⅰ)での4つの数字の選び方は，［ セ ］通りあります。

5 図は，1辺の長さが6cmである立方体を，すき間無く4個合わせてできた立体です。この立体を，次の3点を通る平面で切ったときの，それぞれの体積を求めなさい。

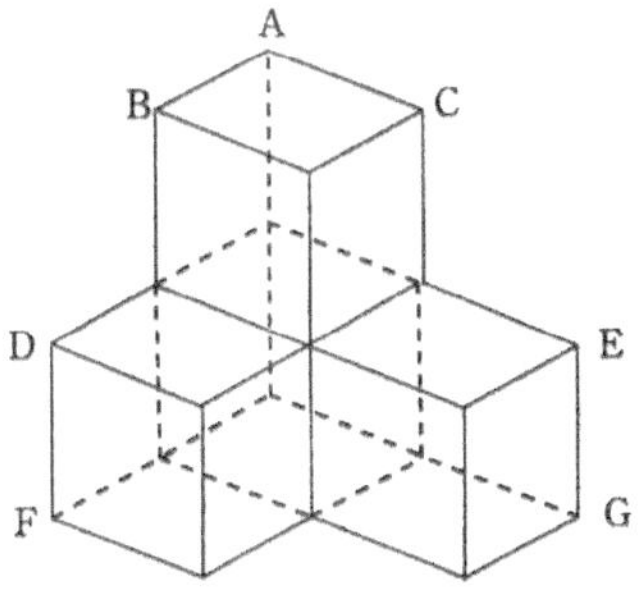

（1） 3点A，F，Gを通る平面で切ったとき，点Bを含まない立体の体積

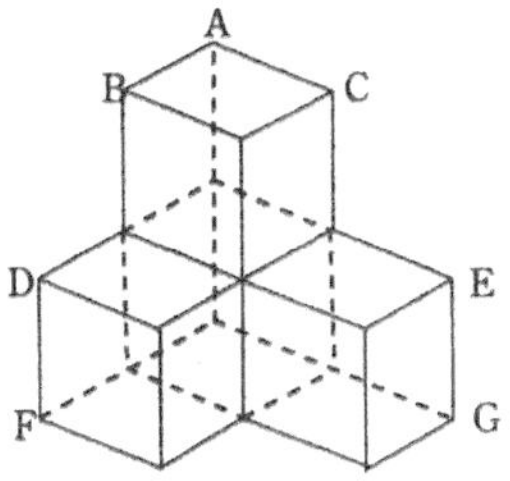

（2） 3点B，C，Dを通る平面で切ったとき，点Aを含む立体の体積

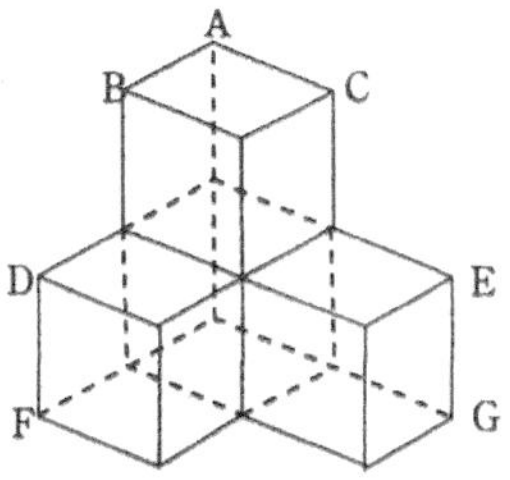

（3） 3点A，D，Gを通る平面で切ったとき，点Fを含む立体の体積

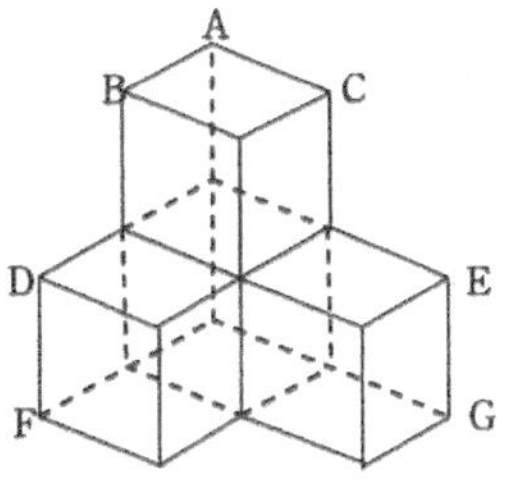

ア

イ

ウ

エ

オ

も、※ノイズ・ミュージックやパンク・ロックが生まれたからといって、バッハやモーツァルトの価値が下がるわけではないように、デュシャンによって、ダヴィンチやレンブラントの評価が変化したわけではなく、アートの概念が拡張したと考えられます。

（徳井直生『創るためのＡＩ』より）

※スーツケース・ワード……意味のとらえ方が人によって異なる言葉。

※コンセプト……意図や主張。

※デュシャンの『泉』……フランスの芸術家のマルセル・デュシャンが「制作」した作品。既成《きせい》品の便器にサインをしてそのまま作品としたもの。

※副次的……主要なものではないこと。

※ノイズ・ミュージックやパンク・ロック……二十世紀になって生まれた音楽のジャンル。伝統的な音楽の基準では「うるさい」と言われるような音づくりをしている。

1　文章Ａの傍線部について、ジョットーが描いた聖母子像にあてはまるものを次ページのア～オの絵画から選び、記号で答えなさい。

2　レオナルド・ダ・ヴィンチの「聖アンナと聖母子」と、現代のアート作品のそれぞれについて、作品をよく理解するための鑑賞のしかたを、文章Ａ・文章Ｂに則して、２００字以内で説明しなさい。

3　次の画像は、アドビ社の画像生成ＡＩ「**Firefly**」が生成したものである。この画像はアート作品と言えるか、文章Ａ・文章Ｂをふまえながら、あなたの考えを１００字以内で述べなさい。

※素描……色をつけず、線のみでえがいた絵。デッサン。
※モティーフ……作品の構成要素。

文章B

2016年、AIを利用して書かれた短編SF小説が、星新一賞の一次審査《しんさ》を通過し、話題になりました。『コンピュータが小説を書く日』と題された小説は、AIが高性能化した近未来、AIが「エーアイによるエーアイのためのノベル」、「アイノベ」を書き始めるお話です。

文章の生成システムの詳細《しょうさい》は、『コンピュータが小説を書く日――AI作家に「賞」は取れるか』に詳《くわ》しく書かれていますが、最近の機械学習を用いたものではなく、人の手によって定められたルールを中心とする仕組みになっていたようです。この「きまぐれ人工知能プロジェクト　作家ですのよ」の中心人物、松原仁氏は、書き上がった作品に対する貢献度《こうけんど》を「人間が八割、AIが二割程度」と評します。また、プロジェクトのメンバーで文章生成エンジンを担当した佐藤理史氏は、コンピュータが意思を持って、何かをするなど現時点ではあり得ない、『コンピュータが小説を書く日』は全くのフィクションであるとした上で、「コンピュータを使って私が書いた」、「ワープロで文章を書くのと本質的には変わらない」とまで明言されています。

コンピュータは意識を持ちませんし、自由意志も持ちません。「書きたい」「知りたい」と思うこともなければ、「退屈《たいくつ》さ」「悲しさ」といった感情を理解しているわけでもありません。作品内でAIを「エーアイ」としているのも、このお話がパロディーであることを示すためであり、その上で、人がAIを擬人化《ぎじんか》して考えるきらいが強いことを指摘《してき》しています。

【中略】

AIシステム自体は意図を持たないことを確認《かくにん》したところで、今度は、アートとは、創作活動とは何かという別の角度から考えてみましょう。「アート」や「創作」といった言葉も、もしかしたら※スーツケース・ワードの一つなのかもしれません。どちらも定義が難しい言葉です。アートと聞いて思《おも》い浮《う》かべるイメージは人によって大きく異なることでしょう。それでもかねてからアートと紐付《ひもづ》けられる※コンセプトとして、「美」が挙げられます。〝アートとは美しいもの〟というイメージが一般的《いっぱんてき》なのではないでしょうか。これは美術館で見られるような絵画や彫刻《ちょうこく》などだけでなく、音楽やダンス、文学作品などにも当てはまります。

もちろん、「美」の概念《がいねん》は今も重要な要素ではありますが、美術批評家、哲学者《てつがくしゃ》のアーサー・ダントーによると、美がアートから切《き》り離《はな》されたのが20世紀のアートです。岡本太郎の「芸術はいやらしくなければならない」「芸術はうまくあってはならない」という言葉がまさに象徴的《しょうちょうてき》です。前節でも触《ふ》れた※デュシャンの『泉』は、アートには作者の意図と作品のコンセプトだけが必須《ひっす》であり、それ以外の表現のスキルやテクニック、ましてや費《つい》やした労力などは※副次的なものに過ぎない、という新しい観点を暴力的なまでの手法で示しました。それ以降、絵の表面に残された目に見えるかたちや色といった表象やその表現技術ではなく、絵の背景にある、直接は見えない作者の心象や意図に鑑賞《かんしょう》の対象の中心が移っていくことになります。とはいってた、幼児イエスが戯れている仔羊は、犠牲《ぎせい》の儀式《ぎしき》に使われるもので、それ故《ゆえ》、すべての人間に代わって十字架《じゅうじか》につけられるイエスの受難を象徴する。とすると、愛らしい仔羊にまたがろうとするイエスの無邪《むじゃ》気《き》な戯れは、実は十字架上の受難を暗示する悲劇的な意味を帯びたものとなる。それなればこそ、マリアは、わが子をその悲劇的運命から救おうとして、思わずイエスの方に大きく手をさしのべているのである。つまりここでは聖母は、犠牲の仔羊のなかに、わが子の将来の運命をはっきりと読み取っている。彼女《かのじょ》の表情からあの神秘的な微笑が消えて、悲しげな諦《あきら》めだけが読み取れるのも、そのためにほかならない。上体を大きく前に曲げて手をさし出したマリアのドラマティックなポーズは、そのまま神の母としての運命の自覚と、人間的な愛情との激しい葛藤《かっとう》を示すものであると言ってよいであろう。

【中略】

絵画表現の上から言えば、この「聖アンナと聖母子」において、レオナルドは、すべてが静止している「モナ・リザ」の場合とは逆に、ダイナミックな動きに満ちた主題を、安定した構図のなかにはめこむという試みを行なっている。

事実、この作品を見てすぐ気がつくことは、聖母の身体の大きな動きである。聖アンナの膝に深く腰《こし》をかけ、上体を大きく曲げながら両手をのばしてわが子イエスを抱こうとするマリアのポーズは、よく見れば不自然なくらい大きな動きを示す姿勢であり、その衣裳も、身体の動きに応じて複雑な襞《ひだ》を見せている。一方、幼児イエスも、そのマリアの動きに呼応するかのようにやはり両手を前にさし出して仔羊をかかえ、片足を上げてその上に乗ろうとしながら、首を大きくひねって母親の方を振《ふ》り返《かえ》っている。イエスに掴《つか》まれた仔羊も、脚《あし》をばたつかせながらもがいている。そして、最も動きの少ない聖アンナですら、マリアを載せるために身体を大きく画面左の方にひねり、顔は逆にイエスの方に向けるという捩《ねじ》れたポーズをとっており、さらに、左肘《ひじ》を大きく後ろの方に張り出している。おそらく、三人の人物と一匹《ぴき》の動物を描いたこの群像構図の※モティーフをひとつひとつ取り出してみれば、いずれもきわめて複雑な動きを示すものとなるであろう。

それにもかかわらず、われわれがこの画面から落ち着いた静かな印象を受けるのは、個々の動きの多いモティーフが、ピラミッド型の安定した構図のなかに見事におさめられているからである。

レオナルドの最初の構想を示す「バーリントン・ハウスのカルトン」では、イエスだけは身体を捩って聖ヨハネの方に身を乗り出すという動きを見せているが、聖母と聖アンナはほとんど同列に並んで、腕《うで》や脚は垂直か水平の方向に向けられ、きわめて安定した構図になっている。それに対して、ルーヴル美術館の油絵の方では、聖母の両腕をはじめ、脚も、頭もすべて斜《なな》めになっており、聖アンナの腕や脚でさえ、やはり斜めの方向を強調している。このように動きの多い群像をぴたりとピラミッド型におさめて、ダイナミックな効果を保ちながらしかも安定した印象を与《あた》えるように構成したところに、レオナルドの絶妙《ぜつみょう》な技巧《ぎこう》が見てとれる。そして、その安定した構図を永遠不動のものとするため、構図上の最も重要な点、すなわちそのピラミッドの頂点に、聖アンナのあの神秘の微笑が置かれているのである。現実と理想とを巧《たく》みに統一した見事な構成と言うべきであろう。

（高階秀爾『名画を見る眼《め》』より）

「モナ・リザ」

浮《う》かべている。笑いの表情がそれほどはっきりと強調されておらず、笑っているのかどうかにわかに決めかねる不思議な曖《あい》昧《まい》さを持っている点では、このカルトンの聖母の表情が最も「モナ・リザ」に近いと言えるかもしれない。しかし、聖母マリアのこの「謎《なぞ》の微笑」は、ルーヴル美術館の油絵ではすっかり消えて、聖アンナが微笑《ほほえ》んでいるのとは対照的に、聖母はどこか悲しげな表情を示すようになっている。

【中略】

　もともと、聖母子像といったような宗教的主題の作品は、本来礼拝の対象として描かれるものであって、そのため中世においてはイエスは「神の子」、マリアは「神の母」として、近づき難《がた》い威厳《いげん》を備えた表現をとるのが普通《ふつう》であった。ところが、ルネサンス時代になって人間的なものがあらためて見直されるようになると、「聖母子」も、普通の母と子として、その人間的な側面が強調されるようになる。同じ聖母子にしても、例えば十四世紀のジョットーや時には十五世紀のマサッチオにおいてさえ、マリアもイエスも厳しい表情でじっと正面を睨《にら》んでいるように描かれていたのに、十五世紀後半にはいると、次第《しだい》に子供をあやす母親や、あるいは子供に乳を飲ませる母親といったような人間的な聖母子が描かれるようになる。聖母マリアの母親である聖アンナとか、マリアの夫である聖ヨセフといったようなイエスとマリアをめぐる周辺の人物が画面に登場してくるのも、ひとつには、このような人間的表現のあらわれであって、これはやがて「聖家族」という主題として、絵画史上に定着するようになる。

　しかしながら、レオナルドのこの作品では、礼拝対象としての教義的な意味がすっかり失われてしまったわけではない。いやそれどころか、仔羊《こひつじ》と戯《たわむ》れる子供、その子供を抱《だ》こうとする母、それを見守る祖母というきわめて家庭的な雰囲気《ふんいき》に満ちたこの作品も、実ははっきりと教義的な内容を備えており、その意味でれっきとした宗教的作品なのである。

　例えば、中世以来教義上の約束ごととして決まっている象徴《しょうちょう》表現が、やはりここでも見られる。第一に、聖母マリアは赤い衣裳《いしょう》を着て青いマントをかけているが、聖母の衣裳のこの赤と青という組み合わせは、愛情と真実の象徴として最初から決められたものである。ま

「聖アンナと聖母子と幼児聖ヨハネ」
（「バーリントン・ハウスのカルトン」）

【国語】(四〇分)〈満点:八〇点〉

一 次の1~5の傍線《ぼうせん》部《ぶ》の漢字の読みをひらがなで答えなさい。

1 おおくの色をない交ぜにして模様をえがく。
2 今年の初氷は例年に比べて早かった。
3 機構を改組して新たな体制にする。
4 手をつくして、費用をどうにか工面できた。
5 働きやすくなるように社屋を新しく建てる。

二 次の1~5の傍線部のカタカナを漢字に直しなさい。

1 あの小説の名モンクはいつ聞いても感動する。
2 セイウンの志をいだいて故郷を出発した。
3 ぼくもかつてはコウガンの美少年と言われていました。
4 司会者がキテンのきいた発言で場をなごませた。
5 あの人の気持ちを想像することはとてもヤサしい。

三 次の文章A・文章Bを読んで、あとの問いに答えなさい。

文章A

> 文章Aは、レオナルド・ダ・ヴィンチの絵画「聖アンナと聖母子」と、関連して「モナ・リザ」について説明した文章である。

しかし、少なくともひとつたしかなことは、この種の微笑《びしょう》は決して「モナ・リザ」だけにかぎられるものではないということである。同じルーヴル美術館に、「モナ・リザ」と並んで陳列《ちんれつ》されているこの「聖アンナと聖母子」を見れば、そのことはただちに納得《なっとく》がゆくであろう。マリアを膝《ひざ》の上に載《の》せて、俯《ふ》し目がちに聖母とイエスを静かに見守る聖アンナの口許《くちもと》には、同じような微笑が、いっそうはっきりと描《えが》かれているからである。

「聖アンナと聖母子」

さらに、この「聖アンナと聖母子」よりも十年近く前に、すなわち、おそらく「モナ・リザ」が描かれるより前に制作されたと思われるこの絵のための下絵※素描《そびょう》(現在ロンドンのナショナル・ギャラリー所蔵)を見てみると、そこでも聖アンナは、はっきりと同じようなものの静かな微笑をたたえている。いやそればかりでなく、かつてロンドンのバーリントン・ハウスが所蔵していたところから「バーリントン・ハウスのカルトン」と呼ばれるこの下絵素描においては、聖アンナと顔を並べている聖母マリアも、控《ひか》え目ながら口許にやはり同じ微笑を

MEMO

大切なことはメモしておこうネ！

2024年度

昭和学院秀英中学校入試問題(第1回)

【算　数】（50分）〈満点：100点〉

【注意】円周率は3.14とし，角すいや円すいの体積はそれぞれ角柱や円柱の体積の$\frac{1}{3}$とします。

1　次の［　　］の中に適当な数を入れなさい。

（1）　$0.26 \times 2\frac{7}{13} - \left(1\frac{3}{4} - 0.125\right) \div 3\frac{1}{4} =$ ［ア］

（2）　$100 \div 17 - ($［イ］$- 91 \div 7) \div (91 - 74) = 3$

（3）　50円のアメと30円のチョコレートを1000円分買いました。個数の合計が最も多いとき，50円のアメの個数は［ウ］個です。

（4）　2つの分数$\frac{260}{21}$，$\frac{182}{15}$のいずれにかけても積が整数になるような分数のうち最小のものは［エ］です。

2　次の［　　］の中に適当な数を入れなさい。

（1）　下の図のような2辺BCとCDの長さが等しい四角形ABCDがあります。辺ADに対して頂点Dの方を延ばした線と辺BCに対して頂点Cの方を延ばした線の交わる点をEとします。このとき，ABとDEの長さが等しくなりました。角xの大きさは［ア］度です。

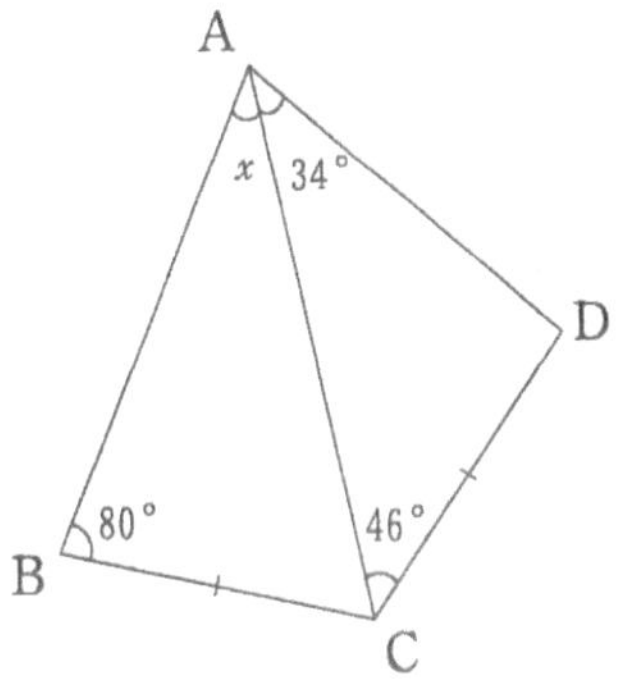

（2）　正方形の紙を次のページの図のように折ったときBG＝3cm，BE＝4cm，EG＝5cmとなりました。このとき，三角形IHFの面積は［イ］cm^2です。

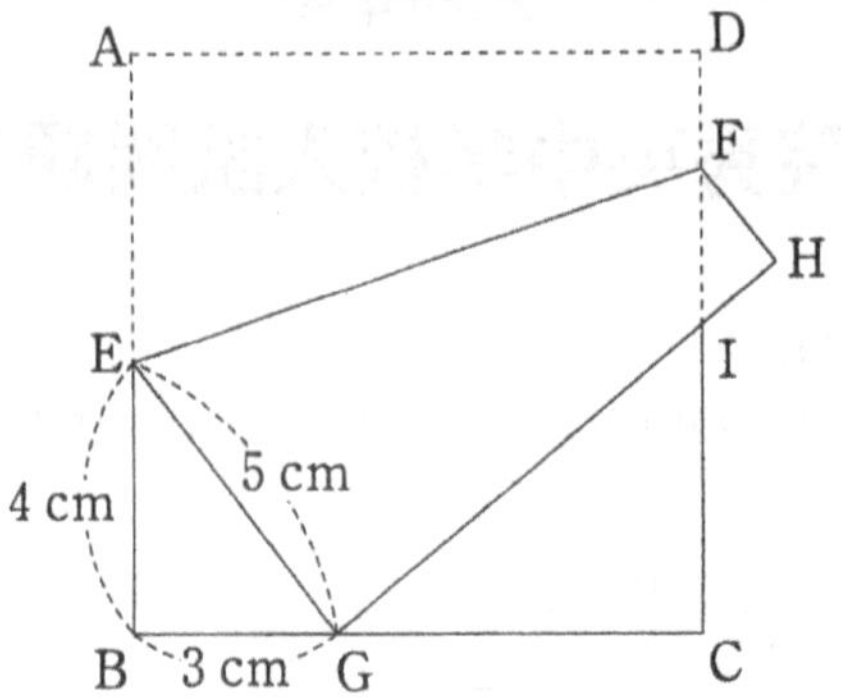

(3) 下の図のように，1辺が12cmの立方体の中に高さが24cmの正四角すいの一部が入っています。正四角すいの一部と立方体が重なっている部分の体積は[ウ]cm^3です。

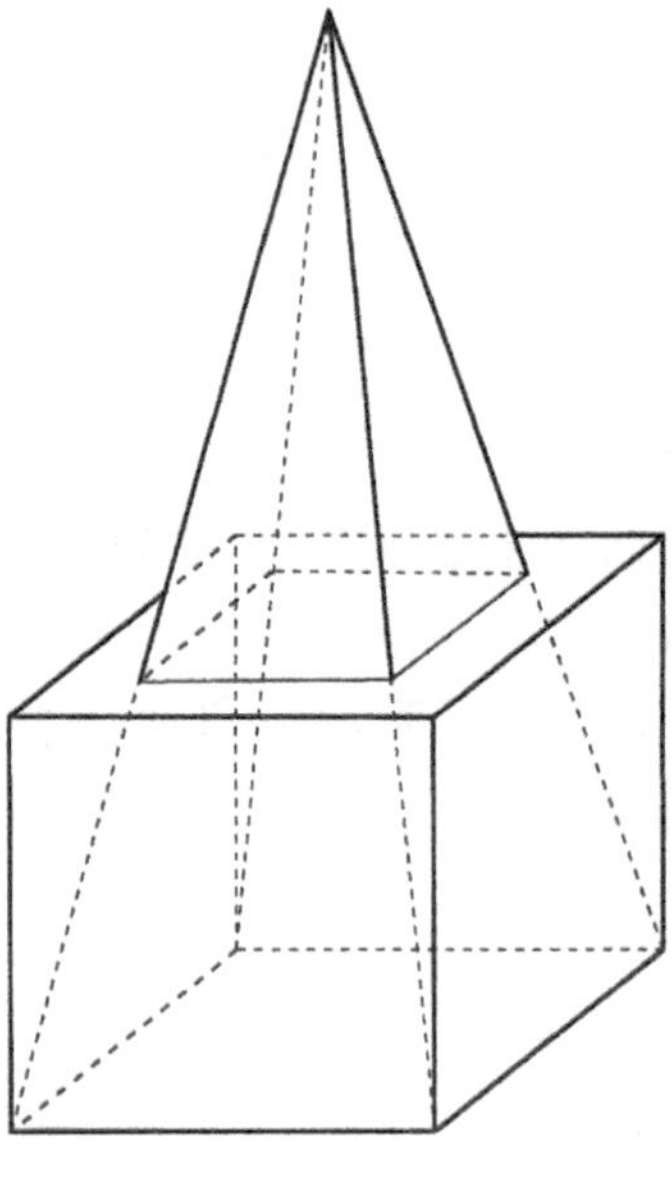

3 子供部屋の掃《そう》除を太郎君1人ですると45分かかります。太郎君が掃除を始めてから全体の$\frac{2}{3}$を終えたところで，弟の次郎君が手伝ってくれたため，全体は40分で終えることができました。

(1) 次郎君が1人で子供部屋を掃除すると何分かかりますか。

(2) 太郎君と次郎君が一緒《しょ》に掃除を始めました。ちょうど半分を終えたところで次郎君が休憩《けい》しました。

① 2人で半分の掃除を終わらせるのに何分かかりましたか。

② 次郎君は少し休んだ後，また一緒に掃除してくれました。結局，太郎君が開始してから35分経ったところで部屋の掃除が終わりました。次郎君は何分休んでいましたか。

4 下の図のような点Oを中心とした半径6cmの円に，BC＝12cm，AB＝6cmの直角三角形ABCが内側で接しています。辺ACの真ん中の点をDとして2直線BD，AOの交わる点をGとします。また角BAOの大きさを二等分する直線が辺BCと交わる点をE，円と交わる点をFとします。

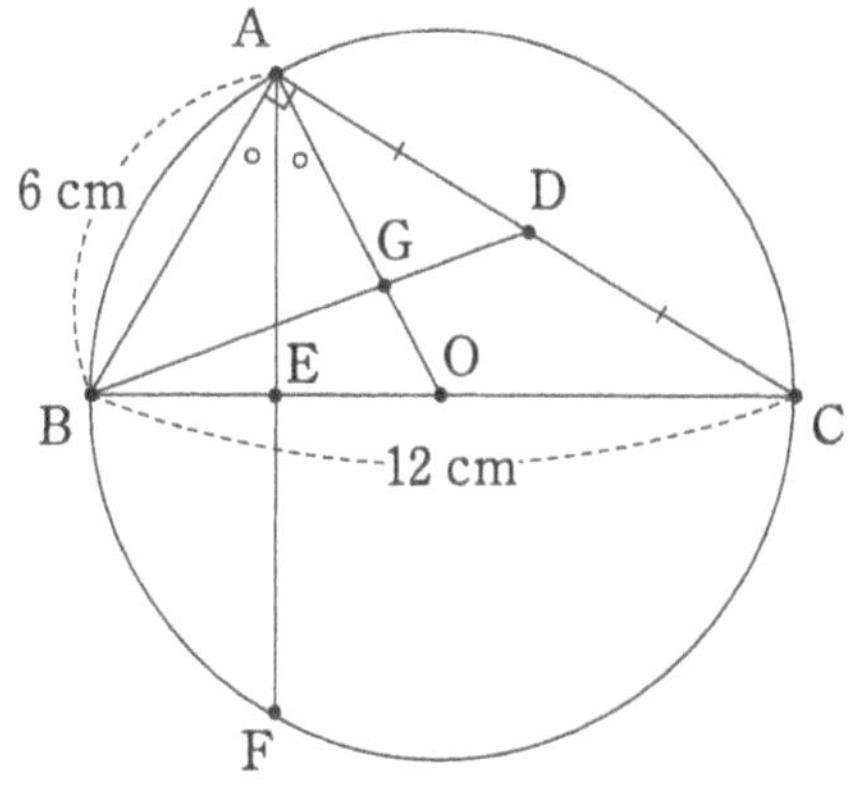

（1） AGの長さを求めなさい。

（2） ECの長さを求めなさい。

（3） AEとEFの長さの積を求めなさい。

（4） ACとAFの長さの積を求めなさい。

5 図1のように1辺が30cmの立方体の容器に深さ15cmまで水を入れました。このとき，水面は底面と平行です。以下，水面を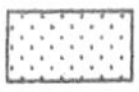部分で表します。

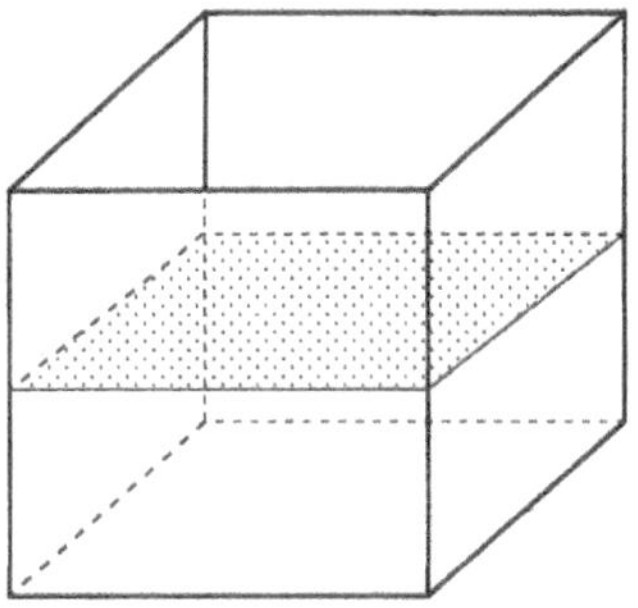

図1

（1） ゆっくりと容器を一定の方向に傾《かたむ》けていきます。

① 図2のように傾けたとき，xの値を求めなさい。

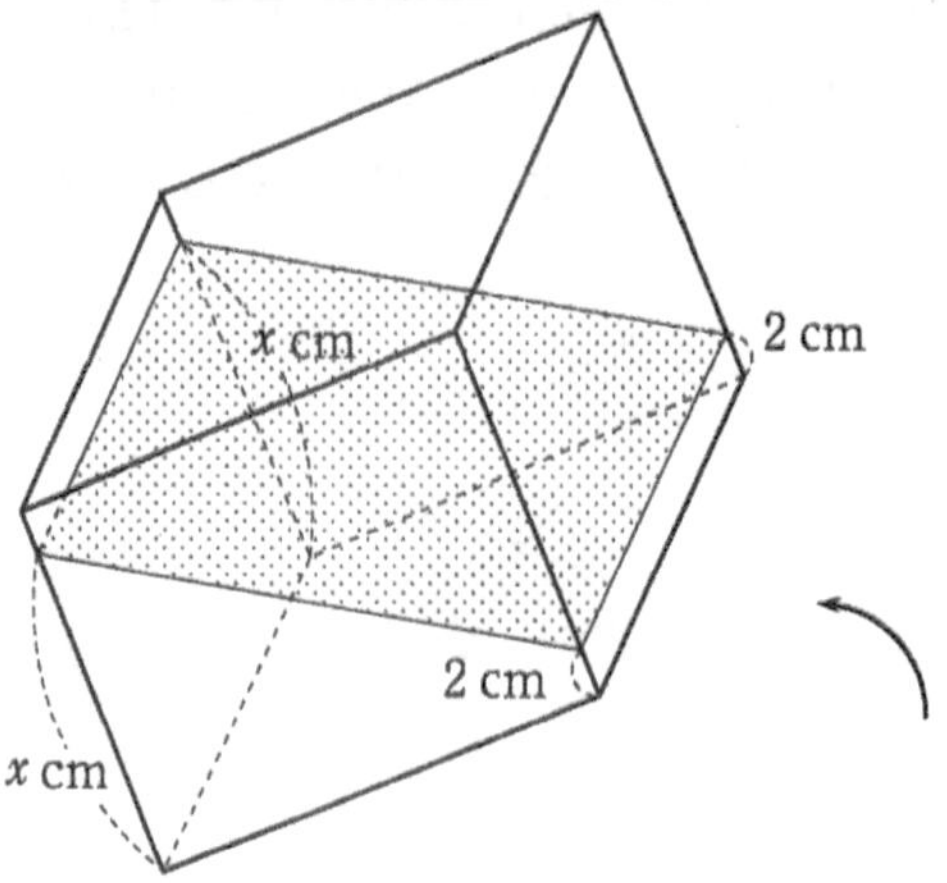

図2

② 図1の状態から図3になるまでさらに容器を傾けました。水が通過した部分の体積を求めなさい。

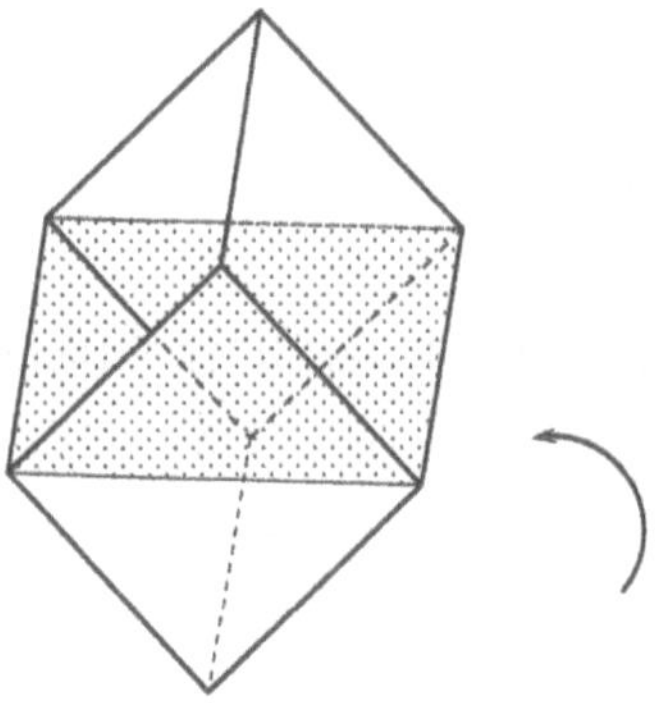

図3

(2) 立方体の容器に穴のあいたふたをかぶせました。そのあと，ゆっくりと容器を図4のように傾けました。残っている水の体積を求めなさい。ただし，ふたの穴は図5のように面の対角線を4等分する点を結んで得られる正方形とします。

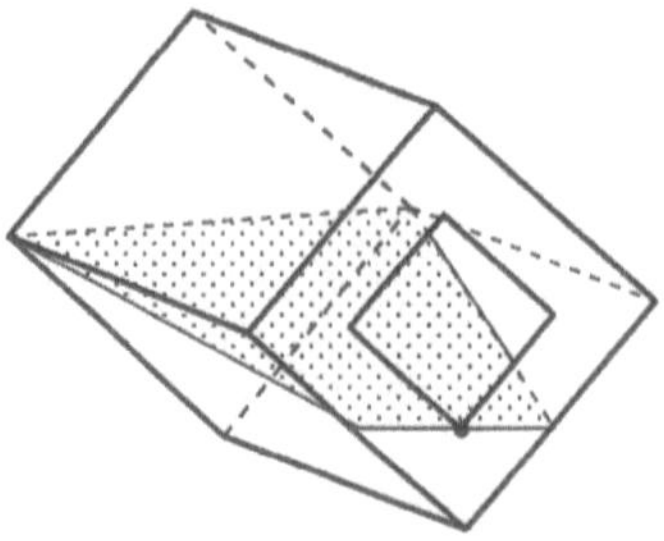

図4

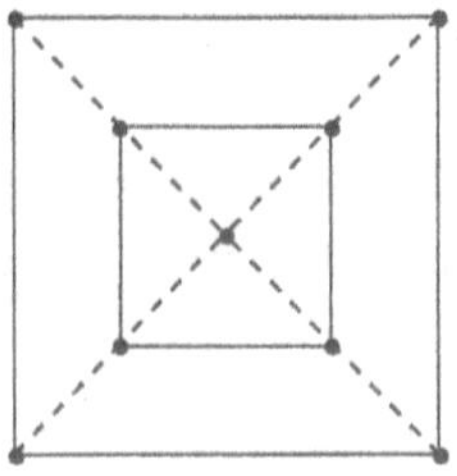

図5

【理　科】（40分）〈満点：50分〉

1 各文章を読み，続く問いに答えなさい。

重さ30g，長さ60cmの棒の左端をA，右端をB，中央をMとします。ABの長さは60cm，MはAから30cmの位置になっています。Mの位置でたこ糸につるすと棒は図1のように水平につりあいました。このことから，棒全体の重さ30gは棒の中央に集まっていると考えられます。また，棒は変形せず，その太さを考える必要はありません。

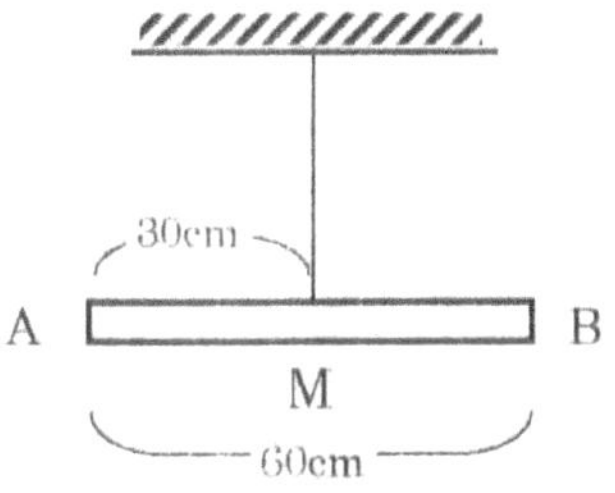

図1

問1 図2のように，棒のAから右に15cmの位置Cに40gのおもり①をつるし，さらにBにおもり②をつるすと棒は水平につりあいました。おもり②の重さは何gですか。

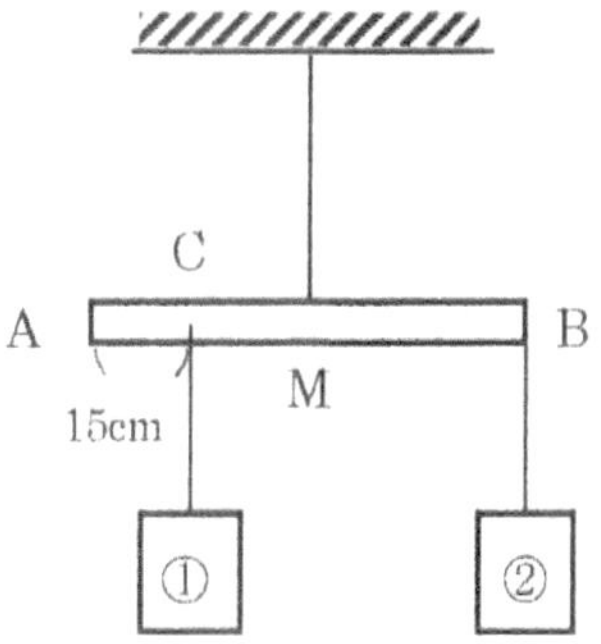

図2

問2 図3のように，棒の右端Bのおもり②を10gのおもり③に変えると，棒は左に傾《かたむ》いたので，位置Dに25gのおもり④をつるしたところ，棒は水平につりあいました。MDの長さは何cmですか。

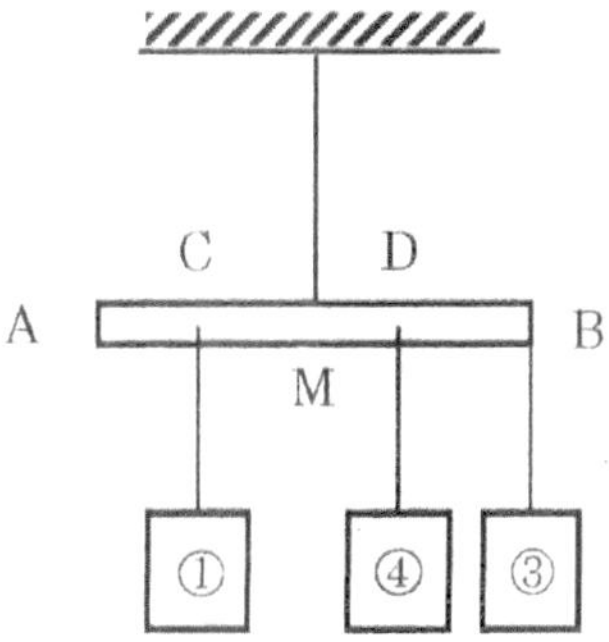

図3

問3　図4のように，たこ糸をつける位置を棒の左端Aから右に35cmの位置Nに変えて，左端Aに20gのおもり⑤をつるし，右端Bにおもり⑥をつるしたところ，棒は水平につりあいました。おもり⑥は何gですか。

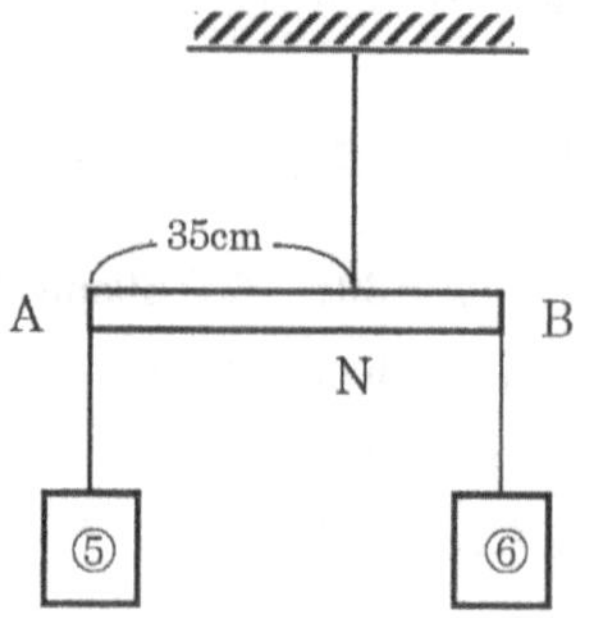

図4

図5は，「さおばかり」を表しています。さおの左端をA，右端をB，支点をEとします。ABの長さは80cmであり，さおは重さが250gの均一な棒と考えます。Aには重さをはかるものを載《の》せるための，重さ500gの皿をつり下げます。皿に載せたものの重さは，重さ1kgの分銅をつり下げた位置から求めることができます。

さおばかりの目盛り0の位置は，何も載せていない皿と分銅がつりあうときの分銅の位置です。AEの長さは16cmであり，Bから左へ2cmの間は分銅をつり下げることができません。また，皿をつるす紐《ひも》の重さを考える必要はありません。

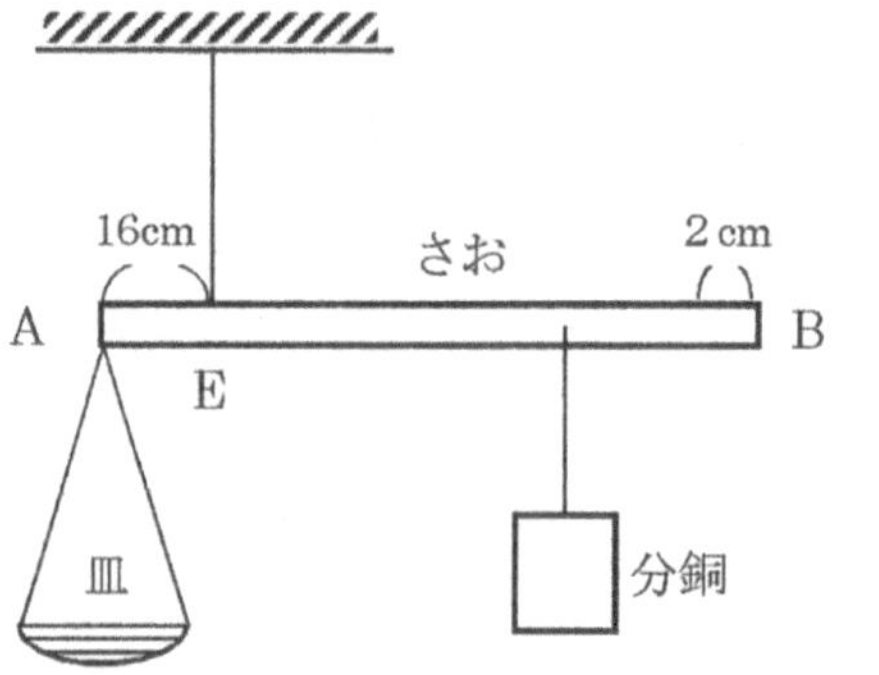

図5

問4　このさおばかりの目盛り0の位置はEから何cmの位置ですか。

問5　このさおばかりは最大で何kgまではかることができますか。小数第二位まで求めなさい。

図6のように長さ50cmの棒の左端をA，右端をBとします。点Pに50gのおもり⑦，点Qに20gのおもり⑧をつるし，棒上の点Rで棒を支えると棒が水平につりあったので，Rは支点であると分かります。APの長さは10cm，BQは5cmです。また，棒は変形せず，その重さを考える必要はありません。

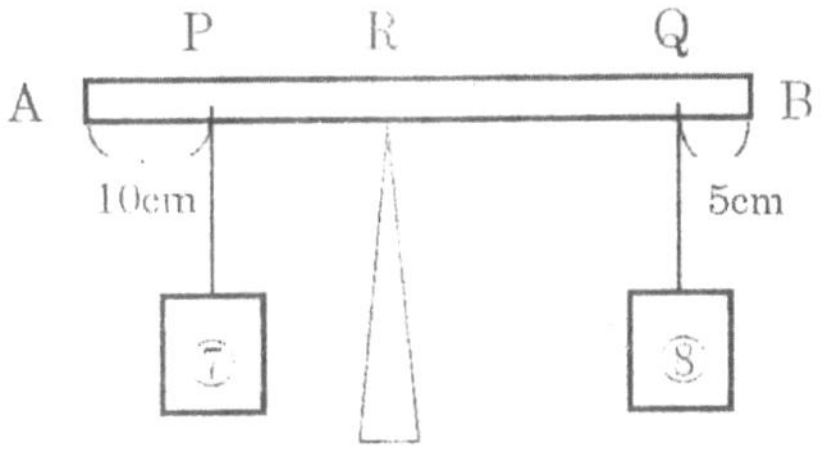

図6

問6　Aから支点Rまでの長さは何cmですか。

図6の棒のおもりの位置はそのままにして，図7のように棒の両端A，Bにばねばかり1と2をつけて棒を水平につりあわせました。

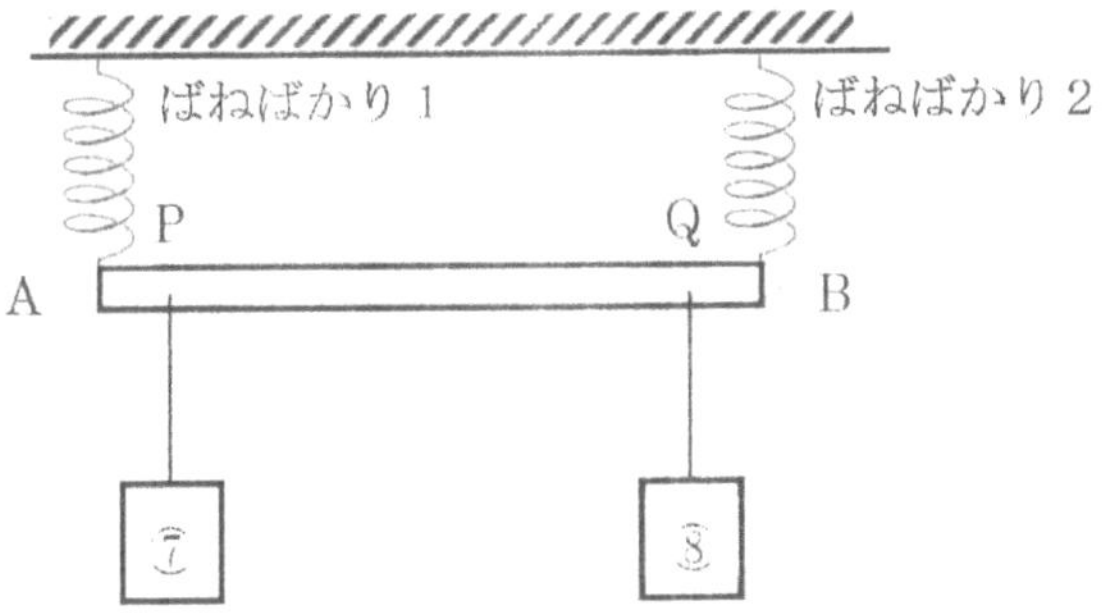

図7

問7　ばねばかり1と2の表示の合計は何gですか。

問8　ばねばかり1と2の表示は，それぞれ何gですか。

2　次の各問いに答えなさい。

問1　ろうそくについて，誤りを含むものを**ア～オ**より2つ選び，記号で答えなさい。

ア．外炎は空気に多く触れているため，内炎に比べて温度が低い。

イ．ろうそくを燃やすと二酸化炭素のみが発生する。

ウ．液体のろうがろうそくの芯《しん》を伝い，気体のろうになってから燃える。

エ．水でしめらせた割り箸《ばし》をろうそくの外炎と内炎の中に横から入れると，外炎の部分のみが黒くなる。

オ．ろうそくの芯の近くの炎にガラス管を入れると，白いけむりが出てくる。そのけむりに火をつけると燃える。

問2　直径1cm，長さ10cmのろうそくが燃えつきるまでの時間は1時間であるとします。直径

3cm，長さ15cmのろうそくが燃えつきるまでに何時間かかりますか。必要であれば，小数第二位を四捨五入して，小数第一位まで求めなさい。ただし，ろうそくが燃えつきる時間はろうそくの体積にのみ比例するものとします。

問3　ろうそくの炎は，地上の空気中では図1ではなくて図2のような形になります。この理由を，2つの図に続く文中の空欄に，10文字以内の適切な語句を答えて完成させなさい。

図1

図2

温められた外炎の周りの空気は，(　　　　　　　　　　　　　　)ため。

ものが燃えるためには，「燃える物質がある」，「酸素がある」，「温度が発火点(注)以上である」の3つの条件が必要になります。これらの条件を取り除くことで火を消すことができます。

(注)物質の温度を上げたときに燃え始める温度のこと

問4　次の(1)～(4)の4種類の方法でろうそくの火を消したとします。これはものが燃える条件のうち，以下の**ア～ウ**のうちのどの条件を主に取り除くことで火を消していますか。**ア～ウ**より適切なものを，それぞれ1つずつ選び，記号で答えなさい。ただし，同じ記号はくりかえし用いてもよいものとします。

(1)　ろうそくにコップをかぶせる

(2)　ろうそくの炎に水をかける

(3)　ろうそくの炎に息を吹きかける

(4)　ろうそくの芯をピンセットでつまむ

ア．燃える物質がある　　　**イ**．酸素がある　　　**ウ**．温度が発火点以上である

問5　図3のように水の入ったビニール袋をろうそくで温めたところ，ビニール袋が破れることなく加熱を続けることができました。この理由を，図に続く文中の空欄に，10文字以内の適切な語句を入れて完成させなさい。

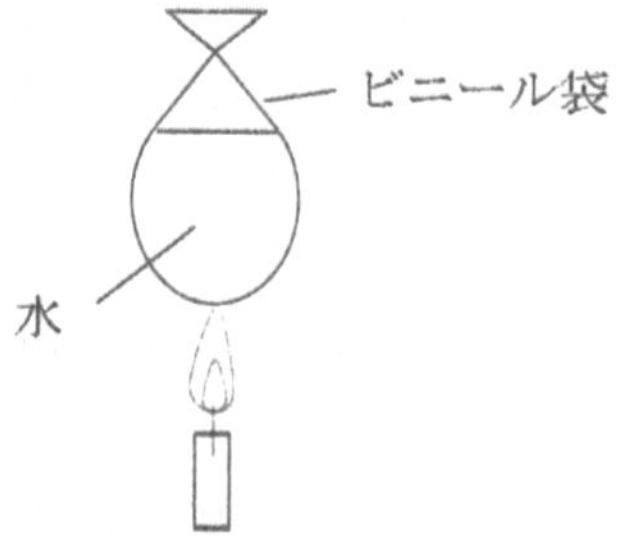

図3

水が入っていることで，炎が当たっている部分の(　　　　　　　　　　　　　　)ため。

問6　火のついた高温の油に水を注ぐと，水は瞬時《しゅんじ》に熱せられて水蒸気となり，油が周囲に飛び散るため危険です。ある温度の水500gを十分な量の高温の油に注ぎ，すべての水が水蒸気に変化した場合に発生する水蒸気の体積は何Lになりますか。必要であれば，小数第一位を四捨五入して，整数で求めなさい。ただし，油に注ぐ前の水は$1cm^3$あたり0.98gであり，液体の水は水蒸気に変化すると体積が1700倍になるものとします。

3　各文章を読み，続く問いに答えなさい。

星の運動には日周運動と①年周運動の2種類があります。日周運動とは星が地球のまわりを1日で1回転する見かけの運動で，1時間で約（　②　）度進みます。年周運動とは星が地球のまわりを1年で1回転する見かけの運動で，1ヶ月で約（　③　）度進みます。

問1　文章中の下線部①の運動は地球のどのような動きが原因ですか。

問2　文章中の空欄（　②　）に入る数値を，その計算式を含めて答えなさい。

問3　文章中の空欄（　③　）に入る数値を，その計算式を含めて答えなさい。

問4　ある日の午後10時に千葉で真南に見えた星は，2か月後の午後8時に同じ場所で観察したとき，どの位置に見えますか。次の文の空欄（　④　）には数値を，空欄（　⑤　）にはあてはまるものを，**ア～エ**より1つ選び，文を完成させなさい。

元の位置より（　④　）度（　⑤　）の位置に見える。

ア．東　　**イ**．西　　**ウ**．北　　**エ**．南

下図は，太陽を中心とした地球と黄道12星座の位置関係を，北極側から表したものです。6月20日の午前0時頃に千葉のある地点で南の空を観測すると，いて座を見ることができ，そのときに西の空ではおとめ座が地平線に沈みつつありました。このことから，4月20日の午後10時頃に南の空に見える星座は，（　⑥　）であると分かります。

（　⑥　）を毎月20日に観測したとすると，（　⑦　）月20日の午後10時頃には，この星座は西の空の地平線に沈みつつあると考えられます。

また，地球がAの地点にあるときの日没後間もない時刻には，東の空の地平線近くに（　⑧　）を見ることができるでしょう。

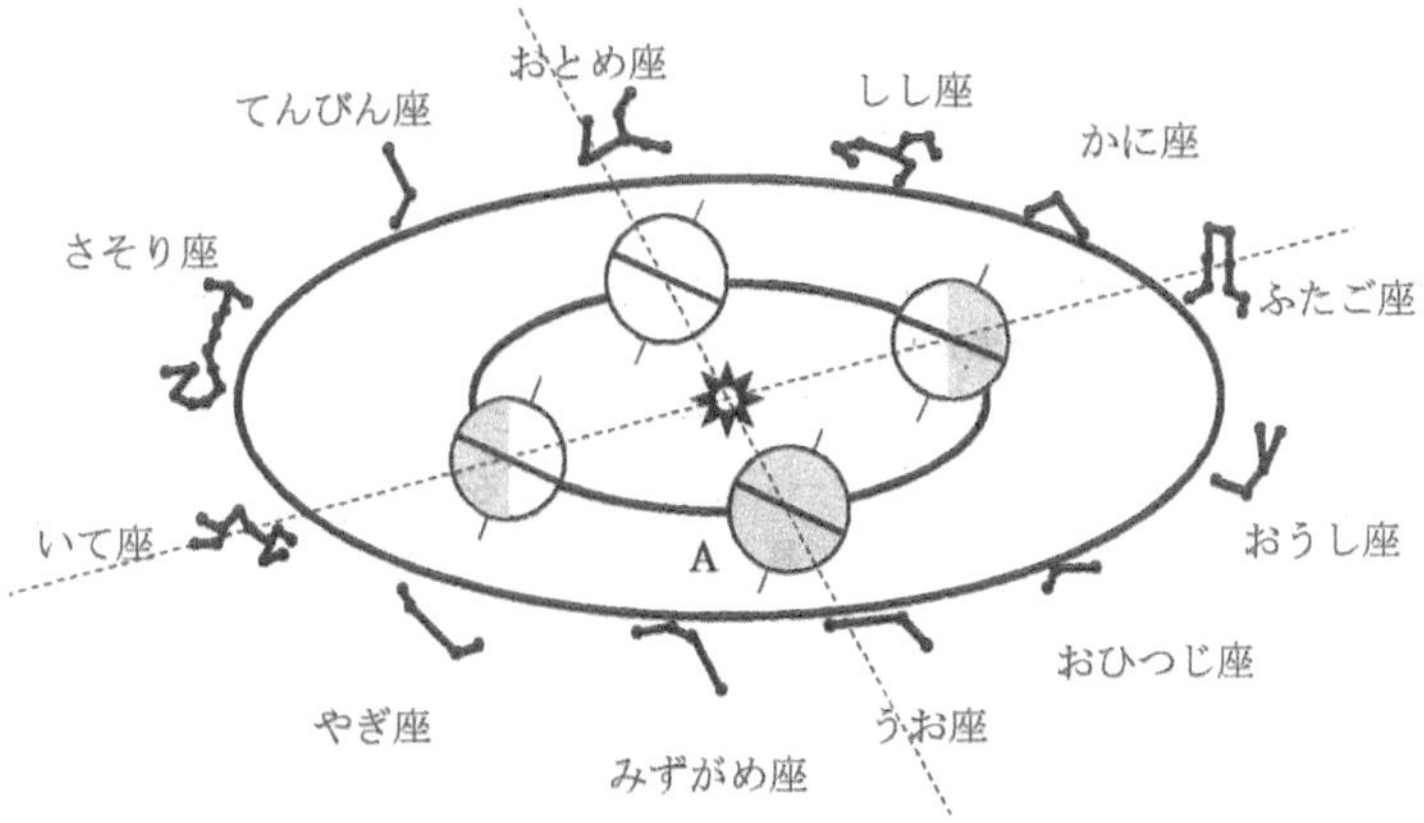

問5　文章中の空欄(　⑥　)に当てはまる星座を，黄道12星座から1つ答えなさい。

問6　文章中の空欄(　⑦　)は何月にあたりますか。数字で答えなさい。

問7　文章中の空欄(　⑧　)に当てはまる星座を，黄道12星座から1つ答えなさい。

4　次の文章を読み，続く問いに答えなさい。

　世界の平均気温は2020年時点で，工業化以前(注)と比べて約1.1℃上昇したことが示されています。このままの状況が続けば，更なる気温上界が予測されます。

　気象災害と気候変動問題との関係を明らかにすることは容易ではありませんが，気候変動に伴《ともな》って今後はさらに豪雨や猛暑のリスクが高まり，農林水産業，自然生態系，自然災害，経済活動等への影響が出ることが指摘されています。

　気候変動の原因となっている温室効果ガスを削減するため，2020年10月，日本政府は(　①　)年までに②温室効果ガスの排出を全体としてゼロにすることを目指すと宣言しました。

　日本の熱中症による救急搬送者数や死亡者数は高い水準で推移しており，熱中症対策はただちに行うべき課題となっています。その対策の一つとして，2023年4月に「改正気候変動適応法」が成立され，2024年春に施行される方針です。改正法では，重大な健康被害が発生するおそれのある場合に熱中症特別警戒情報を発表するとしています。また，暑さを避けるため，図書館などの公共施設のほか，ショッピングセンターやコンビニエンスストア，薬局などの冷房の効いた民間施設を「(　③　)シェルター」として開放する取り組みも広まっています。

　このことからも，将来の世代も安心して暮らせる，持続可能な経済社会をつくるために今から脱炭素社会の実現に向けて取り組む必要があると考えられます。

(注)1850～1900年頃

問1　文章中の空欄(　①　)に適する数字として正しいものを，**ア～オ**より1つ選び，記号で答えなさい。

ア．2025　**イ**．2030　**ウ**．2050　**エ**．2065　**オ**．2080

問2　文章中の下線部②についてそれぞれ答えなさい。

(1)　下線部②の取り組みを何といいますか。カタカナ10文字で答えなさい。

(2)　下線部②はどういう意味ですか。簡潔に説明しなさい。

問3　温室効果ガスの排出量の削減に関係する取り組みを，**ア～オ**よりすべて選び，記号で答えなさい。

ア．森林の保全と再生
イ．住宅・建築物の省エネ性能等の向上
ウ．再生可能エネルギーの利用
エ．公共交通機関の利用
オ．地元で採れたものを食べる「地産地消」

問4　文章中の空欄(　③　)に適する語句をカタカナで答えなさい。

【社　会】（40分）〈満点：50点〉
【注意】漢字で書くべきところは漢字で答えなさい。

1　次の文章は，宮沢賢治の著作『グスコンブドリの伝記』の一部です（一部表現を改めた所があります）。なお，この文章は岩手県を舞台にしており，文章中の沼ばたけは水田，イーハトーブは岩手県のことを指します。これを読み，以下の設問に答えなさい。

> 「ブドリ君。きみは林の中にも居たし，①沼ばたけでも働いていた。沼ばたけではどういうことがさしあたり一番必要なことなのか。」
> 「一番つらいのは②夏の寒さでした。そのために幾万の人が飢え幾万のこどもが孤児になったかわかりません。」（中略）
> 「次はこやしのないことです。百姓たちはもう遠くから肥料を買うだけ力がないのです。」「それはどうにかなるだろう。ねえ。ペンネン君。火山工事をするためには，もうどうしても③潮汐発電所を二百も作らなければならない。その原料は充分ある。それが首尾よく作れれば，あとはひとりで解決される。きみはこの春その案を，工務委員へ出したまえ。」
> 　それから三年の間にフウフィーボー大博士の考通り海力発電所はイーハトーブの沿岸に二百も配置されました。

問１　下線部①について，このような苦労を経て現在の岩手県では農業がさかんになりました。次の図１は，農業産出額における米，野菜・果実，畜産の割合*を示しており，AとBは1971年または2021年，CとDは岩手県または秋田県のいずれかです。2021年の岩手県にあたるものをア～エより一つ選び，記号で答えなさい。

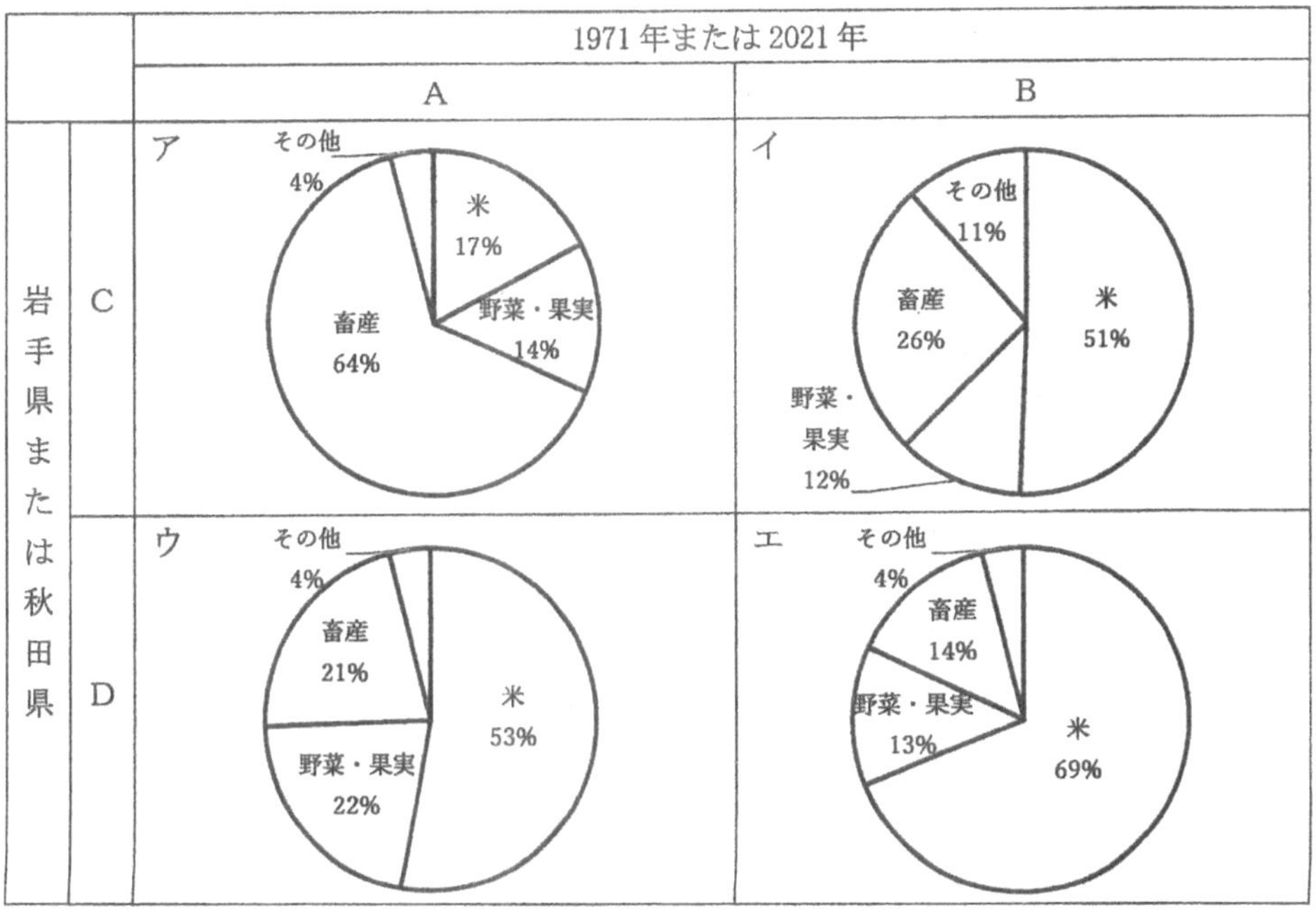

*小数点以下を四捨五入しているため，合計が100にならない場合がある。
生産農業所得統計により作成。

図１

問２　下線部②について，岩手県ではたびたび凶作が発生してきました。次の表１はいくつかの県の1993年における米の作況指数*をあらわしたものであり，E，Fは秋田県，岩手県のいずれかです。この年の大凶作は，地域特有の風による低温が一因となったとされています。この風の向きと，岩手県の作況指数との組合せとして最も適当なものを下のカ～ケより一つ選び，記号で答えなさい。

*1979年以降の平年における水田10アール当たりの米の収穫を100とした時の収穫量を表す。

表１

青森県	28
E	30
宮城県	37
F	83
全国	74

農林水産省資料による。

	カ	キ	ク	ケ
風の向き	北東	北東	北西	北西
岩手県の作況指数	E	F	E	F

問３　下線部③について，以下の設問に答えなさい。

（１）　潮汐発電とは湾や入り江において海水をせき止め，干潮時と満潮時の高さの差を利用して発電する方法です。

　岩手県の沿岸にはたくさんの湾や入り江がある地形が広く発達しており，この文章ではこれら多数の湾や入り江を用いてたくさんの電気を得ようとしました。岩手県の沿岸と同じような地形が発達している海岸として最も適当なものを次の図２中のサ～セより一つ選び，記号で答えなさい。

図２

（２）　現在，岩手県では潮汐発電以外の方法で発電が行われています。次の図３は東北地方北部の陰影図であり，図４は図３の太枠部分を拡大したもので，一定規模以上の太陽光発電所，地熱発電所，風力発電所の分布*を示しています。太陽光発電所はどのような場所に立地しているか，地形や気候といった自然環境の面から25字以内で説明しなさい。

*太陽光発電所は2MW（メガワット）以上，地熱発電所は7MW以上，風力発電所は20MW以上の出力に限る。
ElectricJapanウェブページにより作成。

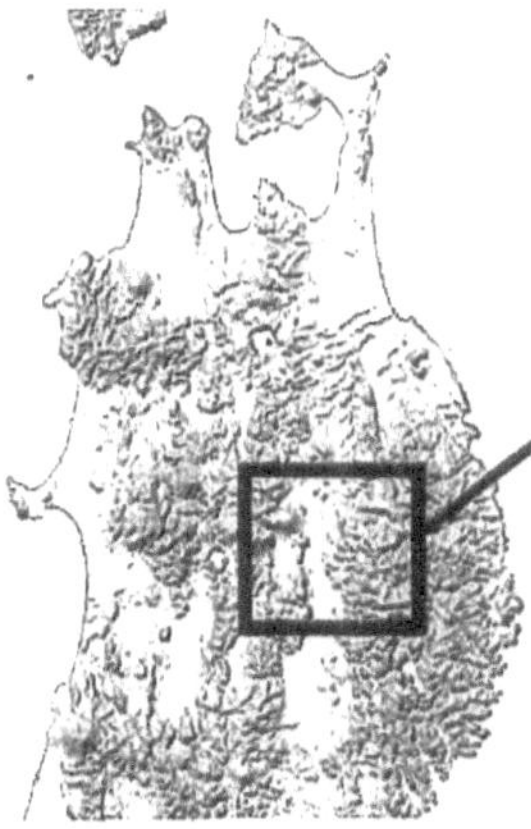

図3

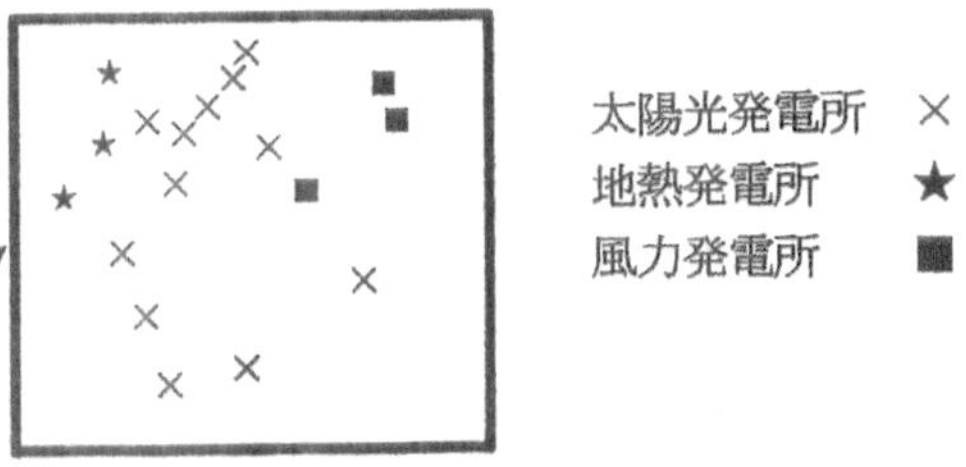

図4

問4　次の表2は，岩手県の大船渡港と静岡県の焼津港における2003年と2021年の品目別水揚げ*上位3種類を示しています。G～Iはイワシ類，カツオ類，サンマのいずれかです。G～Iの正しい組合せをタ～ナより一つ選び，記号で答えなさい。

*貝類，海藻類，海洋動物を含む。

表2

	2003年		2021年	
大船渡港	G	20,230	I	11,879
	サケ・マス	5,065	サバ類	5,399
	H	2,768	G	2,454
焼津港	H	140,755	H	94,315
	マグロ類	67,581	マグロ類	43,532
	サバ類	22,465	サバ類	8,587

単位はトン。水産庁ウェブページにより作成。

	タ	チ	ツ	テ	ト	ナ
G	イワシ類	イワシ類	カツオ類	カツオ類	サンマ	サンマ
H	カツオ類	サンマ	イワシ類	サンマ	イワシ類	カツオ類
I	サンマ	カツオ類	サンマ	イワシ類	カツオ類	イワシ類

問5　岩手県では伝統工芸品の製造が現在まで続く一方，工場も立地するようになりました。次の文J，Kの下線部の正誤について正しい組合せをハ～ヘより一つ選び，記号で答えなさい。

J．森林面積の大きい岩手県では，伝統工芸品として将棋の駒の製造がさかんに行われてきた。

K．東北自動車道のインターチエンジ付近には，鉄鋼や石油化学の工場が建ち並んでいる。

	ハ	ヒ	フ	ヘ
J	正	正	誤	誤
K	正	誤	正	誤

問6　次の図5と図6はそれぞれ宮沢賢治にゆかりのある花巻市のほぼ同じ範囲を示した大正2年と，平成20年の5万分の1地形図です(2つの地形図は同じ倍率で拡大してある)。両方の図を見て，以下の設問に答えなさい。

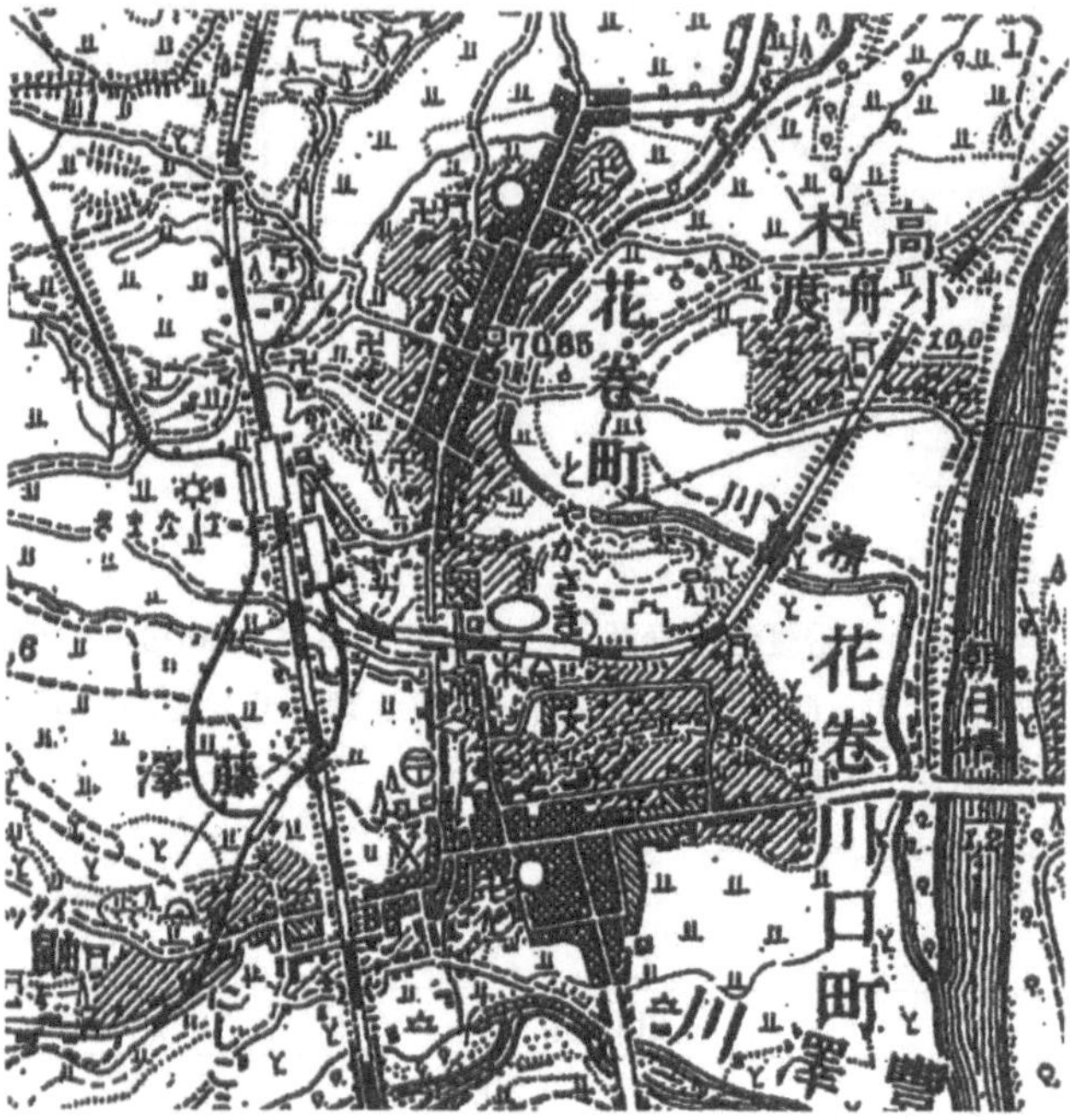

横書きの語句は右から左に向かって読みます。

図5

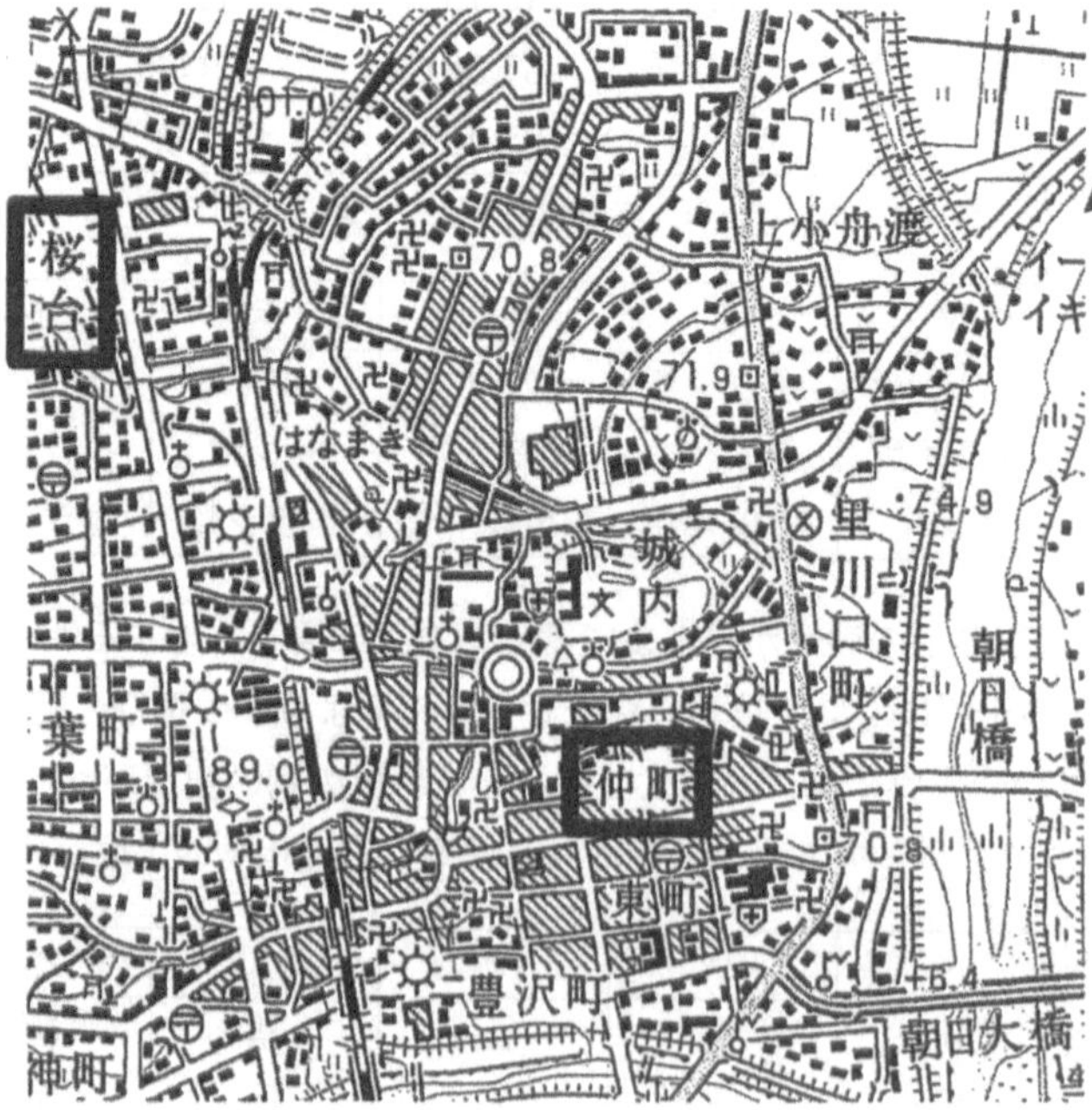

図6

(1) 図5，図6中のL川は，右の図7のものと同一です。
この川の名前を答えなさい。

図7

(2) 図5と図6から読み取れる変化について述べた文M，Nの下線部の正誤の正しい組合せを下のマ～メより1つ選び，記号で答えなさい。

M. 仲町は，桜台よりも新しい住宅地であると考えられる。

N. 大正時代に整備されていた鉄道路線は，廃止や変更がされている。

	マ	ミ	ム	メ
M	正	正	誤	誤
N	正	誤	正	誤

2 戦争の技術に関する次の文章を読み，以下の設問に答えなさい。

【Ⅰ】

日本列島では弥生時代ころから，集落と集落の戦争が始まったと考えられている。これは当時の集落が堀や柵で囲まれていたことなどから推測できる。弥生時代の初めころは石を加工した剣や弓矢が用いられていたが，次第に大陸から①金属器が伝わってきた。戦争がくり返される中で日本列島の各地には，他の集落を支配する，「クニ」とよばれる政治的なまとまりが形成されていった。

鉄は武具だけでなく，農具や工具に使用される重要な資源であった。現在の奈良県を中心に各地の豪族を従えたヤマト政権は，朝鮮半島南部の鉄資源を確保するために，加耶とよばれる国々や②百済と密接な関係を結んでいた。紀元後4世紀後半に朝鮮半島北部の(　1　)が南へ侵攻してくると，ヤマト政権は朝鮮半島へ軍を派遣して対抗した。このときの戦いをきっかけにして乗馬の風習が広まったとされ，古墳から馬具が発見されるようになった。

③律令政治がおこなわれた奈良時代には，軍事や警察の仕事は，兵部省などが担当した。兵部省は防人など各地の兵士を統轄したり，武具を管理したりした。奈良時代の刀は大陸由来の，反りのないまっすぐな直刀であった。

平安時代になると律令体制が動揺し，軍事のしくみも見直されるようになった。10世紀ころには武士とよばれる人々が出現し始め，次第にその地位を高めていった。武士の出現と同時期に，これまでまっすぐだった刀が反りのある刀へと変わっていく。このような変化は，一説には，馬上で敵を斬りやすくするためであったとされる。

問1 下線部①に関連して，歴史上の金属でつくられたものに関する説明として適当なものを，次のア～エより一つ選び，記号で答えなさい。

ア　古墳の上部には，人や動物などをかたどった埴輪とよばれる銅の人形が置かれた。

イ　桓武天皇は東大寺に，大量の銅を用いて大仏(盧舎那仏)を建造させた。

ウ　弥生時代の人々は銅鐸などを使って，豊作などを祈る祭りをおこなった。

エ　市場での売買に和同開珎が用いられるようになると，商人たちは座を組織して協力し合った。

問2　下線部②について，百済に関する説明として適当なものを，次のア～エより一つ選び，記号で答えなさい。

ア　福岡県志賀島では，奴国の王が百済の王から与えられた金印が発見されている。

イ　6世紀半ばころ，百済によって日本(倭国)へ仏教が伝えられた。

ウ　百済が隋の攻撃を受けたため，日本は軍隊を派遣したが，白村江の戦いで敗れた。

エ　7世紀に日本と百済の関係が悪化したため，遣唐使は朝鮮半島沿岸を避けるようになった。

問3　下線部③について，律令政治に関する説明として適当なものを，次のア～エより一つ選び，記号で答えなさい。

ア　中国で統一王朝が成立したことに対応して，天皇中心の政治体制を目指して導入された。

イ　701年に天武天皇のもとで完成し，大宝律令として制定された。

ウ　律が行政のしくみを，令が刑罰を定めたもので，後には律令に含まれない官職も創設された。

エ　都の貴族を国司と郡司に任命し，徴税や治安維持など地方の統治を担当させた。

【Ⅱ】

戦乱が続き，刀の製造技術が高まると，日本刀は貿易品として輸出されるようになった。室町幕府は④日明貿易において多くの刀を送っている。その背景には，日本刀で武装した(　2　)が中国沿岸部で略奪や密貿易をおこなっていて，彼らに対抗するために明の軍が日本刀を必要としていたという事情もあった。

鎌倉時代から室町時代にかけて，武具だけでなく戦術や，城などの防衛施設の建築といった戦争に関する技術は向上していく。特に戦争のあり方を大きく変え，政治や社会のしくみにも影響を与えたのが，1543年に(　3　)に漂着したポルトガル人がもたらした鉄砲である。戦国時代の諸大名は競うように鉄砲を導入し，戦術や城の建築も鉄砲の使用を前提に改革された。一方で，鉄砲自体が高価で，製造地が限られていた上に，銃弾の原料となる鉛や火薬の原料となる硝石は中国や東南アジアなどからの輸入に頼っていた。そのため，大きな経済力を持ち，南蛮貿易の港を支配している大名が優位に立つことになった。その代表例が⑤織田信長であり，その跡を継いだ豊臣秀吉である。鉄砲の出現は，天下統一や貿易の発展を促す役割を果たしたとも言えるだろう。

徳川家のもとで幕藩体制が確立すると，以後，200年以上にわたっておおむね平和な時代が続いた。幕府の方針も次第に変化し，5代将軍徳川綱吉は⑥武家諸法度を改定して学問を重視する政策をおこなった。平和な時代には戦争の技術はどうなったのだろうか。刀が戦争で使用されることはほぼなくなったため，支配者身分である武士たちの権威を示すものとして装飾性の強い日本刀がさかんにつくられるようになった。また，戦国時代の日本は世界有数の鉄砲保有国であったが，江戸時代には火薬を用いた⑦花火の技術が発展し，大都市で武士や⑧町人を楽しませた。江戸時代と現代では平和に対する考え方は違うかもしれないが，戦争の技術を平和的に活用し，人々の暮らしを豊かにしようという姿勢が感じられる。

問4　下線部④について，日明貿易に関する説明として適当なものを，次のア～エより一つ選び，記号で答えなさい。

ア　足利尊氏が明の皇帝に朝貢し，「日本国王」に任命されたことから始まった。

イ　明は朱印状を発行し，幕府の船を日本の正式な貿易船として区別した。

ウ　明から輸入された銅銭は，日本国内で流通して商工業の発展に影響を与えた。

エ　明の商人は堺や博多を訪れ，銀を用いて日本の綿織物を輸入した。

問5　下線部⑤について，織田信長と豊臣秀吉の政策に関する説明として適当なものを，次のア～エより一つ選び，記号で答えなさい。

ア　織田信長は，関所を廃止して人や商品の行き来を自由にすることで，商工業を発展させた。

イ　織田信長は，南蛮貿易を重視する一方，キリスト教を禁止し，宣教師を弾圧した。

ウ　豊臣秀吉は，交通が便利で，もともと比叡山延暦寺のあった大坂(大阪)に本拠を置いた。

エ　豊臣秀吉は，太閤検地により，武士の領地と貴族の荘園をはっきり区分した。

問6　下線部⑥について，武家諸法度は1615年に制定されて以来，改定がくり返されてきました。次の史料は，1615年に制定されたものと，徳川綱吉の時代の1683年に改定されたものの，それぞれ一部を掲載しています。江戸時代初期と綱吉のころでは江戸幕府が求める武士の役割はどのように変化したのか，幕府が重視した学問を具体的に明記しながら，説明しなさい。

1615年

一，学問と武芸，特に弓や馬術の訓練にひたすらはげむこと

一，諸国の居城は例え修理であっても必ず報告せよ。まして，新しく築城することはかたく禁止する。

1683年

一，学問と武芸とともに，忠義と孝行に励み，身分の上下間の礼儀を正しくすること

一，実子のいない大名の養子は一族の者から選び，もしふさわしい者がいない場合は，候補者を大名自身が生きているうちに報告せよ。……

問7　下線部⑦に関連して，今日でも私たちを楽しませている隅田川花火大会の起源は，徳川吉宗が享保のききんで亡くなった人々をなぐさめ，伝染病の流行を防ぐことを願って開催したものであったとされます。吉宗の政治に関する説明として適当なものを，次のア～エより一つ選び，記号で答えなさい。

ア　イギリスやロシアの船の来航が相次いだため，外国船打払令(異国船打払令)を出した。

イ　大商人による米の買い占めが問題となっていたため，株仲間を解散させた。

ウ　裁判の公平性をはかるため，御成敗式目を定めて訴訟の基準にした。

エ　キリスト教以外の洋書の輸入を認め，後の蘭学が発展するきっかけをつくった。

問８　下線部⑧について，江戸時代には町人を担い手とする文化が栄えました。その説明として適当なものを，次のア～エより一つ選び，記号で答えなさい。

ア　井原西鶴は庶民の風俗を描く浮世絵を大成し，風景画で人気を得た。

イ　多色刷りの錦絵など版画の技法が発達したため，大量生産された浮世絵は庶民にも流行した。

ウ　庶民の生活をユーモラスにえがいた曲亭(滝沢)馬琴の『東海道中膝栗毛』は，旅行への関心を高めた。

エ　元禄時代に江戸を中心に発展した町人文化は，京都や大坂(大阪)へと広まった。

【Ⅲ】

18世紀ころにイギリスで産業革命が起こると，欧米諸国は工業生産力を飛躍的に高めた。欧米列強はアジアやアフリカへの侵略をおこない，日本にも開国を求めた。藩政改革に成功した薩摩藩や長州藩は，イギリスなどから先進的な兵器を購入し，倒幕を目指した。幕府側もフランスなどに学んで近代的な軍の創設に力を入れたが，戊辰戦争において旧幕府軍は敗北した。

「富国強兵」「殖産興業」をかかげる明治政府は，模範となる官営工場を設立して近代的な産業の育成に取り組んだ。江戸幕府が創設した兵器工場や造船所も明治政府によって引き継がれ，⑨工業製品の輸出で得た資金によって工場の建設や軍備の増強が進められた。

しかし，戦争の技術の発達にともなって戦死者は急増し，莫大な物資や資金が費やされるようになる。例えば日露戦争では，日・露それぞれ8万人以上の⑩戦死者を出し，両国の国民は重い負担に苦しんだ。これほどに犠牲が増えた要因のひとつは，機関銃などの強力な兵器が導入されたためであった。日露戦争の10年後には，ヨーロッパを中心に第1次世界大戦が勃発した。戦車や毒ガスなどの兵器が登場し，民間の非戦闘員も含めて1000万人以上の戦死者が出た。

このような国際情勢のもとで，平和の維持を目指す運動が起こり始めた。第1次世界大戦の戦後処理が話し合われた⑪パリ講和会議では，アメリカのウィルソン大統領の提案に基づいて，スイスの(　4　)に本部を置く国際連盟が設立された。この機関はイギリスや日本などの大国が中心となって国際平和の維持をはかったが，十分に機能せず，人類史上2度目の世界大戦をふせぐことはできなかった。第2次世界大戦では戦車や飛行機などの兵器がより大規模に用いられ，戦争の被害はますます大きくなった。また，民間人に対する虐殺や都市部への空襲などにより，これまでの戦争より⑫民間人の犠牲が増大した。さらに第2次世界大戦末期に開発された原子爆弾の投下で，広島・長崎は多くの犠牲者を出し，今もなお放射線による障害に苦しむ人々がいる。

1945年10月にはアメリカのニューヨークに本部を置く国際連合が創設され，強い権限を持った安全保障理事会を中心に集団安全保障体制がつくられた。このような国際協調の雰囲気が高まる一方で，資本主義陣営と社会主義陣営の対立が次第に激しくなっていった。戦後，GHQのもとで⑬非軍事化・民主化の改革を進めてきた日本もこの対立に巻き込まれていく。1956年に日本は国際連合への加盟を果たすが，その国連も米ソ両大国が互いに拒否権を行使することによって，機能不全に陥ることが多かった。また，冷戦の時代には⑭核兵器の開発競争も激化した。より高性能の核兵器やミサイル技術が開発され，核兵器を保有する国が拡大していく中で，世界は核戦争への危機感を高めていった。2022年2月に始まったロシアによるウクライナへの侵攻は，核兵器を保有する大国がその軍事力をおどしに使いながら他国を屈服させようとするものであり，核兵器廃絶を目指す議論がさらに注目されることになるだろう。

問9　下線部⑨について，日本の工業製品の輸出に関する説明として適当なものを，次のア～エより一つ選び，記号で答えなさい。

ア　富岡製糸場ではフランスの技術が導入され，質の高い綿糸を生産・輸出できるようになった。

イ　第1次世界大戦でヨーロッパ諸国が疲弊したため，日本商品がアジアへさかんに輸出された。

ウ　アメリカ経済が世界恐慌で衰退すると，代わって日本の生糸の輸出が増えて世界一となった。

エ　石油危機によって自動車など機械工業の輸出が伸び悩み，鉄鋼業や石油化学工業が発展した。

問10　下線部⑩に関連して，戦死者・戦傷者が増える中で，近代的な医学も進歩していきました。破傷風の治療法を発見するなど細菌学研究を主導し，「近代日本医学の父」ともよばれる人物を，次のア～エより一つ選び，記号で答えなさい。

ア　志賀潔　　イ　北里柴三郎　　ウ　高峰譲吉　　エ　野口英世

問11　下線部⑪について，パリ講和会議とその影響に関する説明として適当なものを，次のア～エより一つ選び，記号で答えなさい。

ア　小村寿太郎が全権大使として参加し，大戦中に獲得したドイツの権益を引き継いだ。

イ　民族自決が提唱されてヨーロッパで独立国が生まれたため，朝鮮で三・一独立運動が起こった。

ウ　敗戦国のイタリアはすべての植民地を失い，多額の賠償金を課せられたため，不満が強まった。

エ　各国の軍艦の保有量を決定するなど軍縮について話し合われ，軍部が不満をもつようになった。

問12　下線部⑫に関連して，大戦中に沖縄にはアメリカ軍が上陸して激しい戦闘がおこなわれました。また，日本軍に強要されて自決した人々もいて，多くの民間人が犠牲となりました。戦後の沖縄に関する説明として誤っているものを，次のア～エより一つ選び，記号で答えなさい。

ア　サンフランシスコ平和条約で，沖縄などはアメリカの軍政下に置かれることが定められた。

イ　アメリカ軍基地が建設され，在日米軍基地面積の約70%が，今日でも沖縄に集中している。

ウ　池田勇人内閣は基地を維持するという条件でアメリカと交渉し，沖縄返還を実現した。

エ　普天間飛行場の周辺における事件や事故が問題視され，辺野古への移転が進められている。

問13　下線部⑬について，1949～50年ころを境に日本の政治改革や外交は冷戦の影響を強く受けるようになりました。その説明として適当なものを，次のア～エより一つ選び，記号で答えなさい。

ア　日本の軍は解体されていたが，朝鮮戦争が開戦した1950年に，国内の防衛や治安維持のために自衛隊が創設された。

イ　三井や住友など財閥の解体を進めたが，早期の日本の経済復興を望むアメリカの意向で不徹底に終わった。

ウ　地主の土地を安く買い上げ，小作人に売り渡して自作農を増やそうとする農地改革は，地主の反対で失敗に終わった。

エ　サンフランシスコ講和会議にソ連など社会主義諸国は参加せず，冷戦終結まで国交は回復しなかった。

問14　下線部⑭について，国際連合で包括的核実験停止条約(CTBT)が採択された時期として適当なものを，次のア～エより一つ選び，記号で答えなさい。

1949年　ソ連が原爆の開発に成功
　　　　↓　ア
1954年　アメリカがビキニ環礁で水爆の実験をおこない，日本の第五福竜丸の乗組員が被爆
　　　　↓　イ
1962年　キューバ危機が発生し，アメリカ・ソ連の核戦争の危機が高まる
　　　　↓　ウ
1989年　アメリカ・ソ連の首脳による冷戦終結の宣言
　　　　↓　エ

問15　【Ⅰ】～【Ⅲ】の文中の(　1　)～(　4　)にあてはまる語句を，それぞれ答えなさい。

3　以下の設問に答えなさい。

問1　以下の資料Aは日本国憲法第64条第1項の条文です。(　　　)にあてはまる語句を答えなさい。

【資料A】

国会は，罷免の訴追を受けた裁判官を裁判するため，両議院の議員で組織する(　　　)裁判所を設ける。

問2　以下の資料Bはフランスの思想家が18世紀に記した著書の一部です。この著書名を答えなさい。

【資料B】

「もし，同じ人がこれらの3つの権力，―すなわち法を作る権力，公の議決を執行する権力，および犯罪または私人の争いを裁判する権力―を行使するならば，すべては失われてしまうだろう。」

出典：宮沢俊義 訳　岩波書店(解答に関わるため，著書名は明記しない。)

問3　租税は直接税と間接税に分類でき，租税総額中に占める直接税と間接税の割合を直間比率といいます。なぜ1985年度以降に，以下の資料Cに見られるように国税における間接税の割合が上昇したのか，その理由として考えられることを税制の変更の観点から20字程度で説明しなさい。

【資料C】(総務省資料をもとに作成した1975年度以降の国税の直間比率)

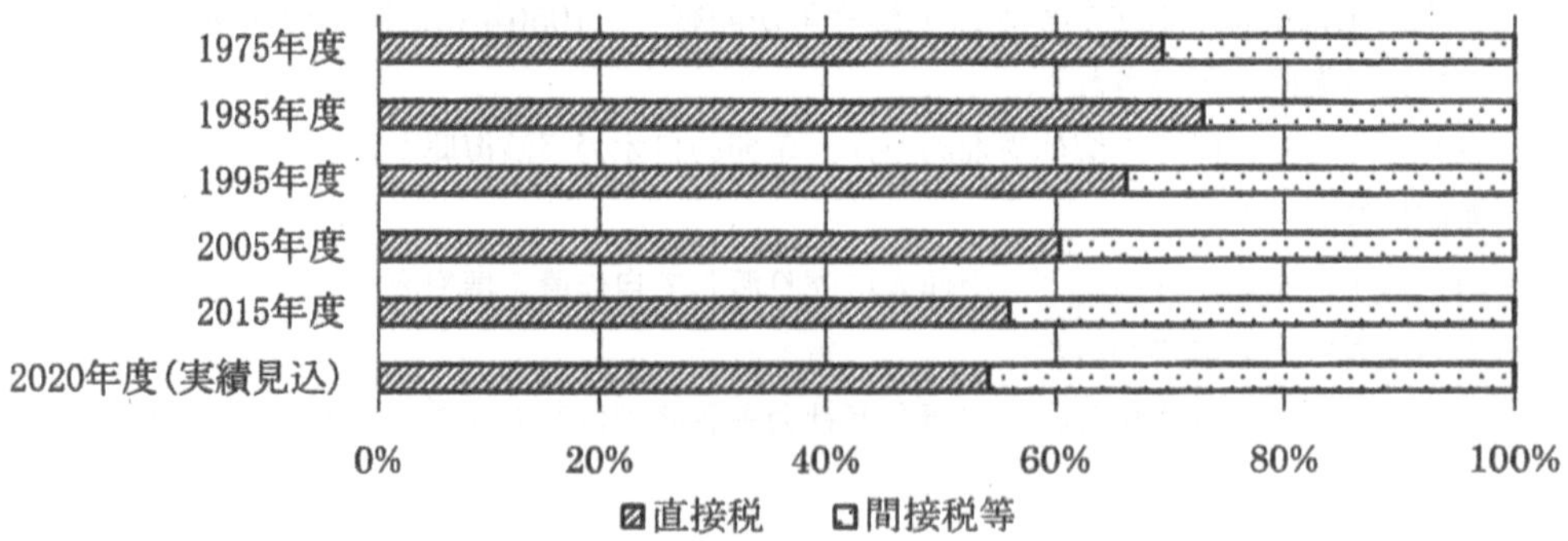

※2020年度は補正後予算額，それ以外は決算額である。

4 次の図を見て，以下の設問に答えなさい。

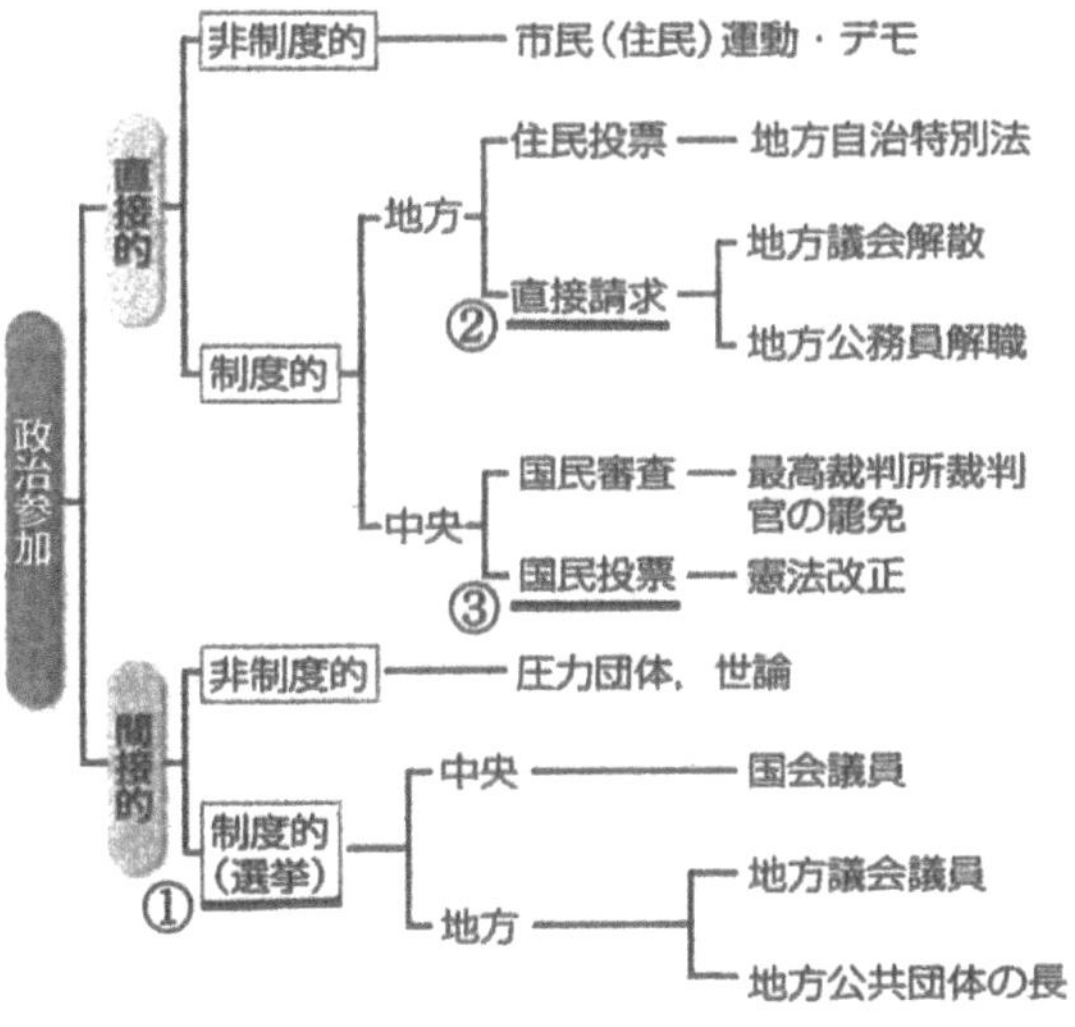

出典：『詳説政治・経済』図版より引用

問1　下線部①について，2022年12月28日以降に実施される衆議院選挙では，議員定数を配分する方法の一つであるアダムズ方式が初めて適用されます。以下の説明文を読み，アダムズ方式が適用されることで見られる変化として最も適当なものを，次のア～エより一つ選び，記号で答えなさい。

【説明文】

これまでは一人別枠方式が採られ，各都道府県にまず1議席ずつ配分したうえで残りの議席を人口に比例して配分していた。新しく適用されるアダムズ方式では各都道府県の人口をある数Xで割り，その答えの小数点以下を切り上げる。こうして出した数が各都道府県の議席数となる。なお，ある数Xとは各都道府県の議席数の合計がちょうど議員総定数となるように調整した数値である。

ア　人口比をより反映するために適用されたアダムズ方式により，東京都のほかに，千葉県や神奈川県などで議席数が増えることになる。

イ　有権者数が少ない地方に配慮するために適用されたアダムズ方式により，地方の声がより国会に届くことになる。

ウ　地方創生の観点から適用されたアダムズ方式により，人口の少ない県に多くの議席が配分されることになる。

エ　平等選挙を実現するために適用されたアダムズ方式により，議員1人あたりの有権者数の差が広がることになる。

問2　下線部②について，住民による直接民主制の考え方を取り入れた直接請求権の行使の具体例として適当なものを，次のア～エより一つ選び，記号で答えなさい。

ア　有権者5万人の市で，千人分の有権者の署名を集め，市議会に条例の制定請求をおこなった。

イ　有権者1万人の町で，2百人分の有権者の署名を集め，町長に町議会の解散請求をおこなった。

ウ　有権者6千人の村で，2千人分の有権者の署名を集め，村の選挙管理委員会に村長の解職請求をおこなった。

エ　有権者10万人の市で，市議会の解散請求がおこなわれた後に実施された住民投票で，投票した9万人のうち3万人が同意したので議会は解散した。

問3　下線部③について，日本国憲法第96条で，憲法を改正するためには国民投票で過半数の賛成が必要と定められていますが，「国民投票の過半数」が何を指すのかについては，以下のA～Cの3つの解釈があります。

A　有効投票総数（賛成票と反対票の和）の過半数
B　投票総数（賛成票と反対票のほかに無効票を含む。棄権は含まない）の過半数
C　有権者総数（投票総数に加え，棄権を含む）の過半数

2007年に国民投票法が制定され，Aの解釈が採用されました。しかし，BやCの解釈を採用した場合，Aの場合とは結果が変わることがあります。今，国民投票をおこなった結果が以下の通りであったと仮定します。この時，3つの解釈A～Cと，それに対応する結果x～zとの組合せとして正しいものを，次のア～カより一つ選び，記号で答えなさい。

【国民投票の結果】

有権者全体1億人　賛成票3,900万票　反対票3,800万票　無効票300万票
棄権した人2,000万人

【3つの解釈A～Cに対応する結果】

x　賛成の割合は39％にとどまり，憲法改正は実現しない。
y　賛成の割合はわずかに50％に届かず，憲法改正原案は廃案となる。
z　賛成の割合は50％を上回り，憲法改正は承認される。

ア　A－x　B－y　C－z
イ　A－x　B－z　C－y
ウ　A－y　B－x　C－z
エ　A－y　B－z　C－x
オ　A－z　B－x　C－y
カ　A－z　B－y　C－x

いがってあげたいという気持ちになっている。

イ　タヌ吉が、飼い主の事情に振り回されていることに気づかずにいる様子を見て、逆に飼い主の身勝手さを思いうかべ、タヌ吉に同情して暗い気持ちになっている。

ウ　タヌ吉が、飼い主と会える次の機会を楽しみにしている様子を見て、その機会がいつ来るか分からないと改めて伝えるのがためらわれ、やるせない気持ちになっている。

エ　タヌ吉が、飼い主と引き離されている事情も分からないまま、智美にもなついてくる様子を見て、改めてその境遇《きょうぐう》を思いやり、いとおしさが増した気持ちになっている。

オ　タヌ吉が、飼い主と別れた直後に、智美にも愛嬌《あいきょう》をふりまく様子を見て、自分がいくら心配したり気づかったりしても、犬には通じていないのが分かり、拍子《ひょうし》抜《ぬ》けした気持ちになっている。

けて答えなさい。また②b「年配の女性」とはだれなのかを、本文から抜き出して答えなさい。次の空欄に当てはまる形で書くこと。

［ a ］と、その［ b ］

4　傍線部③「タヌ吉が別の飼い主をみつけてもらうわけでもなく、ブランケットに預けられている」とあるが、これはなぜか、本文全体をふまえ61字～70字で説明しなさい。書き出しは「飼い主が」とすること。

5　傍線部④a「笑った」・④b「泣きそうな顔をした」とあるが、この部分の心情説明として、次のア～オから当てはまらないものを二つ選び、記号で答えなさい。

ア　タヌ吉と一緒に暮らしていた頃《ころ》のいたずらの数々を思い出し、その頃が懐《なつ》かしくてたまらなくなった。

イ　タヌ吉が台無しにした物の数々を思い浮かべ、それらを自分が愛用していたことを思い出し、つらくなった。

ウ　タヌ吉をブランケットに預けた期間の長さを思い返し、離ればなれになっている淋《さび》しさが、改めて強くこみあげてきた。

エ　タヌ吉は、飼い主と離れた期間の方が長いのに、変わらず慕《した》ってくれるので、愛《いと》しさがつのって逆に切なくなった。

オ　タヌ吉が、飼い主の自分を忘れていないことを目《ま》の当たりにし、つらい治療に立ち向かう意欲がかきたてられた。

6　傍線部⑤「うちはこれが仕事ですから」とあるが、本文全体をふまえたとき、摩耶子は自分の仕事について、どのような考えや気持ちを抱いていると考えられるか、その説明として最も適当なものを次のア～オから選び、記号で答えなさい。

ア　自分の仕事は、事情があって飼い主と一緒に暮らせない犬を手厚く世話することであり、ブランケットの仕事は飼い主の事情にあわせて犬の幸せな生活を維持《いじ》しているという強い誇りを持っている。

イ　自分の仕事は、飼い主の事情に応じて、離ればなれでも飼い主と犬の絆《きずな》を維持しているという自信があるが、犬自身が行き届いた世話だと感じているかについては自信が持てないでいる。

ウ　自分の仕事は、犬が飼い主に愛されてずっと一緒に暮らすという本来の姿からすれば不要なものだが、飼い主が犬を飼えない状況にあるとき、その事情に寄り添《そ》うという点で価値があると考えている。

エ　自分の仕事は、犬には分からない勝手な事情で飼い主から引き離《はな》された犬を助けることであり、犬の不幸せについて心を痛めてはいても、犬が安心して暮らせる環境《かんきょう》を準備できて喜ばしいと感じている。

オ　自分の仕事は、飼い主の事情でゆきどころを失いかけた犬の居場所を維持することであり、飼い主と犬を繋《つな》ぎ続ける大切なものだと思うが、自分に仕事を頼《たの》んでくる飼い主に対しては反発を感じている。

7　傍線部⑥「タヌ吉は、目を輝かせて尻尾を振った」とあるが、これを見て智美がどんな気持ちになったと考えられるか、その説明として最も適当なものを次のア～オから選び、記号で答えなさい。

ア　タヌ吉が、飼い主と久しぶりに会えたことをうれしがっている様子を見て、自分が飼い主の替わりとなれるよう、もっとかわペット可の住居を探せばいいという問題ではない。母親も彼女の看病で手いっぱいで、犬の世話をする余裕《よゆう》はないだろう。

「新しい飼い主を見つけることも考えたんでしょうけど、美月さんはもう一度タヌ吉と一緒に暮らしたいと望んでいるの」

いくら知人や親戚《しんせき》でも、人に預けてしまえばその人たちも情がうつる。返してくれとは簡単には言えないだろう。

※碧や智美もタヌ吉のことは可愛がっているし、別れることを考えれば悲しいけれど、仕事だからまだ[C]。

だから、タヌ吉はブランケットにいる。彼女の心の支えであるために。

「タヌ吉はほかの飼い主と一緒に暮らした方が幸せになれるでしょうね。ブランケットにいるのは、あの人たちの都合に過ぎないとわたしは思っているわ。でも、もしかすると、そうじゃないかもしれない。新しい飼い主はタヌ吉を愛さないかもしれないし、いい加減な飼い方で早死にさせてしまうかもしれない」

話を聞きながら、智美は気付いた。

摩耶子は、タヌ吉の話をしながら、※クロと瀬戸口《せとぐち》の話をしているのだ、と。

智美にとっては、タヌ吉と美月は同情できるし、理解できる。瀬戸口のことは理解したくもない。だが、タヌ吉とクロにとっては、大きな違《ちが》いではない。

どちらも、大好きな飼い主から引き離されて、ブランケットにやってきて、たまに飼い主に会うことができる。飼い主の抱《かか》えている事情が、よんどころないものか、身勝手かなんて、犬にはわからない。

「自分の仕事が犬を幸せにしているなんて思わないわ。老犬ホームがなければ、最後まで飼い主のそばにいられたかもしれない」

摩耶子はまっすぐに前を見ながら独り言のようにつぶやいた。

「でもね、この仕事があることで、犬と飼い主との間に、選択肢《せんたくし》がひとつ増えるの。それは誇《ほこ》りに思っているわ」

見捨てるのではなく、手放すのでもなく、迷いを迷いのままで置いておくように。

智美はタヌ吉のケージを覗《のぞ》き込《こ》んだ。⑥タヌ吉は、目を輝《かがや》かせて尻尾を振った。

(近藤史恵『さいごの毛布』より)

※碧…「ブランケット」のスタッフ。

※クロと瀬戸口…クロはブランケットに預けられた別の犬で、瀬戸口はその飼い主。

1 空欄A～Cに入る、最も適当な語句をそれぞれ次のア～オから選び、記号で答えなさい

A ア 緩衝《かんしょう》材 イ 逸《いつ》材 ウ 消耗《しょうもう》材 エ 素《そ》材 オ 吸音《きゅうおん》材

B ア 恨《うら》めしげに イ くやしげに ウ 物ほしげに エ 苦しげに オ 切なげに

C ア 働ける イ 割り切れる ウ 頼《たの》める エ 慰《なぐさ》められる オ 楽しめる

2 傍線部①「ふいにタヌ吉の顔が変わった」とあるが、それはなぜか、15字～20字で説明しなさい。

3 傍線部②a・②bについて、②a「女性」の名前を本文から見つ

すぐに追いついてきた摩耶子と、母親らしき年配の女性が挨拶《あいさつ》をしている。

「すみません、早くからありがとうございます」

「いいえ、こちらこそいつもお世話になっています」

タヌ吉は身体を捩《ねじ》じるようにして、車椅子の女性に甘《あま》えている。

彼女はひどく痩《や》せていた。ニット帽《ぼう》をかぶっているが髪《かみ》が普通《ふつう》よりもずっと薄《うす》いことがわかる。皮膚《ひふ》もくすんだような色をしていた。なんの知識もないが、それでも彼女がなんらかの病を患《わずら》っていることは間違《まちが》いないように思えた。

彼女はタヌ吉の名前を呼びながら、豊かな毛に顔を埋《う》めている。

聞くまでもなかった。なぜ若いのに、③タヌ吉が別の飼い主をみつけてもらうわけでもなく、ブランケットに預けられているのか。

車椅子の彼女は笑顔で、摩耶子と智美に会釈《えしゃく》した。

「タヌ、すごく元気そうです。ありがとうございます」

「元気ですよ。病気一つしません。元気すぎて、困るくらい」

摩耶子のことばに、彼女は声をあげて④a笑った。

「うちにいたときも、本当に元気で参りました。わたしのおきにいりの篭《かご》バッグを噛《か》みちぎってしまったり、スリッパもみんな歯型だらけで……」

そう言った後、彼女は④b泣きそうな顔をした。

「あれからもう二年も経《た》つんですね。うちにいた期間よりも、ブランケットでの生活の方が長いのに、タヌはちゃんとわたしのことも覚えていてくれる……」

摩耶子は静かな声で言った。

「犬は愛してくれた人のことは絶対に忘れませんよ」

彼女はぎゅっとタヌ吉を抱《だ》きしめた。

「治るからね。わたし、早く治るから……。また一緒に暮らそうね」

タヌ吉は目を細めて彼女の声を聞いていた。

面会は二十分ほどで終わった。

それだけの時間でも彼女はあきらかに疲《つか》れているように見えた。タヌ吉は名残惜《なごりお》しそうにしていたが、摩耶子はリードを引いて、タヌ吉を引き離《はな》した。

「じゃあ、また体調がいい時にでも連絡《れんらく》下さいね」

そう言うと、彼女の母が頭を下げた。

「本当にお世話をかけますが、よろしくお願いします」

摩耶子はタヌ吉を抱《だ》き寄せながら微笑《ほほえ》んだ。

「⑤うちはこれが仕事ですから。美月さん、お大事にして下さいね」

彼女は力強く頷《うなず》いた。

「絶対に早く治ります。タヌ吉ともう一度暮らせるように……」

「タヌ吉も待っていますよ」

タヌ吉は［B］鼻を鳴らして、美月をじっと見ていた。

彼女たちと別れて車に乗《の》り込《こ》むと、摩耶子が言った。

「甲状腺《こうじょうせん》の難病なんですって。入退院を繰り返しているそうよ」

大きな目と通った鼻筋、大病を患っていることは見た目でわかるが、それでも可愛らしい顔をしていた。

「もともとは和歌山に住んでいたんだけど、治療《ちりょう》のためこちらに引っ越《こ》してきて犬を飼える状況《じょうきょう》じゃなくなったんですって」

き分けて、すぐに的確に指示を出す。

オ　留学生が現地の人とのさまざまにコミュニケーションを重ねて、現地の友人を増やしていく。

（2）筆者は、世界を分節化してとらえるためにはどんな力が必要だと述べているか。傍線部③より後から8字で抜き出しなさい。

7　傍線部④「エナクティヴィズム」と同じことを述べたところを、傍線部④より前から、次の空欄に当てはまるように見つけ（字数は空欄内の指示に従う）、最初と最後の5字を書きなさい。

［（35字）］というとらえ方

8　波線部「生まれつき眼の見えない人」が開眼手術を受けた後、事物を見分けられるようになるまでには、どのような段階をふむか。65字以内で書きなさい。

三　次の文章を読んで、後の問いに答えなさい。

智美は摩耶子《まやこ》が経営する老犬ホーム「ブランケット」に勤めている。「ブランケット」は飼い主から料金を受け取って老犬を預かり、最後まで大切に面倒《めんどう》を見るという施設《しせつ》だが、飼い主の様々な事情で若い犬を預かることもある。

車が空いていて、予定よりも早く目的地に到着《とうちゃく》したから、テイクアウトできるコーヒーショップで飲み物を買って、外のベンチで飲んだ。

摩耶子が飲み物を買ってくるのを待っている間、タヌ吉《きち》は通りすがりの人すべてに愛嬌《あいきょう》を振《ふ》りまき、可愛《かわい》がられていた。女子高生などはきゃあききゃあと声をあげて、タヌ吉を撫《な》で回した。

「名前、なんて言うんですか?」と尋《たず》ねられたので、タヌ吉と答えると、彼女《かのじょ》たちは道を歩いている人が振《ふ》り返るような声で笑い転げた。

知らない人は苦手なのに、犬と一緒《いっしょ》にいると身構えないですむ。犬が［A］になるような感じだ。

ベンチでコーヒーを飲んでから、摩耶子と智美はタヌ吉を連れて歩き出した。

近くの公園で飼い主と待ち合わせをしているという。

「まだちょっと早いけど……早くきているかもしれないから」

①ふいにタヌ吉の顔が変わった。リードを引っ張ってぐんぐん先に進もうとする。

「こら、タヌ吉!」

引っ張り癖《ぐせ》のあるタヌ吉の首輪は、ハーフチョークという形のものだ。半分がチェーンでできていて、無理に引っ張ると首輪が軽く絞《し》まるようになっている。

それでもタヌ吉は、どんどん前に進む。尻尾《しっぽ》が円を描《えが》くように大きく振り回された。

「タヌ!」

公園の奥《おく》にいる人が声をあげた。タヌ吉は弾《はじ》かれたように走り出した。

車椅子《くるまいす》に乗っている②a女性――智美と同い年くらいだろうか。そしてもうひとり、②b年配の女性がいた。彼女らのところに、タヌ吉はまっすぐに走っていった。

「タヌ、タヌ、元気だった!」

車椅子の女性に飛びついて、タヌ吉は激しく顔を舐《な》め回した。

れているのかがよくわからない図をしばらくあれこれ眺《なが》めていると、パッとあるもの（たとえば、髭《ひげ》をはやした男）が見えてくることがある。そしていったんそれが見えるようになると、つぎはすぐそれを見ることができる。しばらく眺めているあいだに、それを見るための感覚―運動スキルを習得したのである。

（信原幸弘『「覚える」と「わかる」 知の仕組みとその可能性』より）

※知覚…たとえばコーヒーを飲んで「苦い」と思うように、五感による刺激を受けて、その刺激に意味づけすること。

※混沌…物事の区別がはっきりつかず、ごちゃごちゃになった状態。

1 空欄《くうらん》Ⅰ～Ⅲに当てはまる語句を次のア～カから選び、記号で答えなさい。

ア だから　イ しかし　ウ なぜなら

エ ところで　オ たとえば　カ つまり

2 次の一文を入れる場所として最も適当なのはどこか、本文の【ア】～【オ】から選び、記号で答えなさい。

［しかし、じっさいはそんなことはないのだ。］

3 本文中の□に入れるのに、最も適当な表現を次のア～オから選び、記号で答えなさい。

ア 触覚によって「立方体」と「球」という言葉を習得した

イ 「立方体」と「球」の手触りの違いを重視している

ウ 形がわからなくても「立方体」と「球」を想像する

エ もともと「立方体」と「球」の形の違いに興味があった

オ 「立方体」と「球」の違いを、中身によって分かる

4 傍線部①「身体で覚える」についての説明として、最も適当なものを次のア～オから選び、記号で答えなさい。

ア 脳と身体でやりとりする信号の調整により、柔軟な関節と引き締まった身体に不可欠な筋肉ができてくる。

イ 脳から送られる信号を受け取った身体が、その信号に従って適切に動ける筋肉や関節の備わった身体になる。

ウ 脳からの指令にとらわれずに、身体を鍛《きた》え上げて適切な動きの実現にふさわしい筋肉のあり方ができる。

エ 脳と身体の双方向的な信号のやりとりをくりかえして、その動きに対応できるような身体を作っていく。

オ 脳からの一方的な信号に従うのではなく、その動きが可能になった身体が信号を脳に発信するようになる。

5 傍線部②「上手な練習」とはどういうことか。**17**字～**20**字で抜《ぬ》き出して答えなさい。

6 傍線部③「『分節化』」について、次の問いに答えなさい。

(1) 「『分節化』」の例として当てはまらないものを次のア～オから一つ選び、記号で答えなさい。

ア 天文観察をくりかえすうちに、夜空に浮《う》かぶ無数の星々を見て、ぱっと何の星座かが言えるようになる。

イ 経験豊富な医師は、レントゲン写真を見ただけで、未熟な医者には見つけられない病気を発見できる。

ウ 料理人ができあがった料理の味を確かめて、隠《かく》し味に使われた食材の名前が分かるようになる。

エ 様々な楽器の音が響《ひび》き合うなかで、交響曲《こうきょうきょく》の指揮者が音を聞

球かを正しく述べることができる。しかし、手で触れずに、眼で見るだけで、どちらがどちらなのかを正しく言い当てることができるだろうか。

　パッと聞くと変な問いに感じられるかもしれないが、この問題は人の知覚の成り立ちを考えるうえで、とても重要な視点を与《あた》えてくれる。なぜなら、この問題の背後には、ひとつの重大な前提があるからだ。それは、開眼手術を受けた人がはじめて眼を開いて立方体と球を見たとき、立方体はすでに立方体に見え、球はすでに球に見えるという前提である。

　この前提のもとでは、モリヌークス問題への答えは「ノー」であるように思われる。なぜなら、立方体が立方体に見え、球が球に見えても、その立方体と球の視覚的な現れ（見え姿）はそれらの触覚《しょっかく》的な現れ（手触《てざわ》り）とは明らかに異なるので、どちらが立方体で、どちらが球かを、触覚によって正しく述べることができても、視覚によって正しく述べることはできないように思われるからである。【　オ　】

　しかし、じっさいは、その前提が成り立たない。開眼手術を受けた人が眼を開いても、すぐには何も見えないのである。眼のまえに広がるのはまったくの混沌である。ふつうの人でも強烈《きょうれつ》な光を浴びると、まぶしくて、ほとんど何も見えなくなる。それと似て、開眼手術を受けた人の場合も、最初は光の渦《うず》が眼前に広がるだけである。そこから時がたつと、やがて立方体が立方体に見え、球が球に見えるようになる。しかし、そのためには、立方体や球から光の刺激を受け、それに応じて身体（頭や眼球など）を動かすという経験を積まなければならない。そのような経験のなかには、身体の動きを触覚的に感受することも含《ふく》まれている。つまり、立方体と球の視覚経験のなかには、触覚経験が入りこんでいるのである。

　そのため、立方体が立方体に見え、球が球に見えるようになったときには、立方体と球の視覚的な現れから、どちらが立方体で、どちらが球かを言い当てることができるかもしれない。［　Ⅲ　］、それらの視覚経験に入りこんだ触覚経験が、立方体と球の触覚的な現れと何らかのつながりがあるかもしれないからである。このようなつながりがあれば、立方体と球の視覚的な現れをそれらの触覚的な現れと関係づけることができるかもしれず、そうなると、視覚的な現れから、どちらが立方体で、どちらが球かを言い当てることができるようになるだろう。

【中略】

④エナクティヴィズムという考え方がある。それは、事物が事物として知覚できるようになるためには、身体を動かして事物からうまく刺激を探《さぐ》り出《だ》すことが必要だという考え方である。机が机に見え、雨音が雨音に聞こえるという分節化された知覚が成立するためには、それらの事物から受ける刺激に応じて身体（とくに眼や耳などの感覚器官）を適切に動かして、それらの事物から新たな刺激を探り出し、その新たな刺激に応じてまた身体を適切に動かすということを繰り返していく必要がある。

　このような「刺激の探り出し」を適切に行う能力は「感覚—運動スキル」とよばれる。私たちは事物との交わりを通じてこの感覚—運動スキルを習得する。そしてこのスキルを用いて事物から刺激を適切に探り出すことによって、分節化された知覚を得るのである。何が描《えが》かのにふさわしい身体をつくらなければ、泳ぐことはできないのである。

【ア】

下手な練習は、しないほうがよいと言う。どうしてであろうか。下手な練習をすると、身体に悪い癖《くせ》がつく。②上手な練習をして、良い動きを繰り返せば、良い身体ができあがる。だが、下手な練習をして、悪い動きを繰り返すと、その動きに合った良くない身体ができあがる。もちろん、そのときには、身体と脳のあいだの信号のやりとりも良くないものとなる。［Ⅱ］、下手な練習をすると、脳と身体に悪い癖がつくのだ。

テニスやゴルフなどを習うときは、我流《がりゅう》ではなく、ちゃんとしたコーチについたほうがよい。自分ひとりで練習していると、身体に悪い癖がついてしまう恐《おそ》れがある。どれほど一所懸命《いっしょけんめい》練習しても、いやむしろ一所懸命やればやるほど、悪い癖がつく可能性が高まる。【イ】

いったん悪い癖がついてしまうと、そこから脱《だっ》するのは並大抵《なみたいてい》のことではない。なにしろ身体が変形してしまったのだから、それを元に戻《もど》さなければならない（ただし、その変形は目に見えるものでないことも多い）。この変形を元に戻すためには、少なくとも身体が変形するのに要したのと同じだけの時間と労力が必要となろう。悪い癖がついてしまってから良いコーチについても、それはゼロからの出発ではなく、マイナスからのスタートとなる。悪い癖のついた身体を元に戻すことから始めなければならないからである。【ウ】

身体で覚えるのは、身体そのものを作らなければならないから、非常にたいへんだ。いわゆる座学は、先生の話を聞いて頭で覚えるだけだから、身体を使う必要はほとんどない。しかし、実習や演習になると、身体で覚えることが中心になる。慎重《しんちょう》に正しい手順で身体の訓練を行うことが、実習や演習では何よりも重要となるのである。

身体で覚えるものはたくさんあるが、※知覚や感覚もそのひとつである。知覚や感覚はひょっとすると、私たちに生まれつき備わった能力だと思われているかもしれない。たとえば、オギャーと泣いて生まれた瞬間《しゅんかん》から、眼をあければ、人の顔や部屋の天井《てんじょう》が見えるし、いろいろな足音や話し声が聞こえるように思われるかもしれない。それらがいったい何なのか、どんな意味をもつのかはわからないとしても、顔は顔に見えるし、足音は足音に聞こえる。知覚される世界、感覚される世界は、赤ん坊でも大人とたいして変わらない。こう思われるかもしれない。【エ】

知覚や感覚もまた、私たちが世界から刺激《しげき》を受け、それに応じて身体を動かすという経験を積んでいくなかで、次第《しだい》に習得されるものである。そのような世界との交わりの経験がなければ、世界はただの※混沌《こんとん》として立ち現れるだけで、顔、天井、足音、話し声などに明確に区別されて立ち現れることはない。それぞれの事物が互《たが》いに明確に区別されることを③「分節化」と言うが、身体による世界との交わりがなければ、世界は分節化されて立ち現れてこないのである。

モリヌークス問題という興味深い問題がある。これは、生まれつき眼の見えない人が開眼手術を受けて眼が見えるようになったとき、その人は立方体と球を眼で見ただけで、どちらがどちらであるかを正しく言い当てることができるだろうか、というものである。この人はもちろん、［　　］ので、手で触《ふ》れれば、どちらが立方体で、どちらが

【国　語】（五〇分）〈満点：一〇〇点〉

【注意】＊　設問の都合で、本文には一部省略・改変がある。
　　　　＊　字数制限のある場合は、句読点なども字数に入れること。

一　次の傍線《ぼうせん》部の1～5のカタカナは漢字に直し、漢字は読みをひらがなで答えなさい。

1　あちこちを旅すれば、ケンブンが広がる。
2　松島といえば有名なケイショウ地です。
3　努力がケツジツして第一志望に合格した。
4　外国に行った友とはオンシン不通になっている。
5　根拠のないことを軽軽に発言してはならない。

二　次の文章を読んで、後の問いに答えなさい。

　頭で覚えるというより、①身体で覚える知識がある。大工は巧《たく》みに金槌《かなづち》でクギを打つが、金槌の打ち方を頭で知っているわけではない。金槌でクギを打とうとすれば、おのずと手が動き、うまく金槌がクギに当たる。頭ではなく「手が知っている」のだ。

　もちろん、手が知っているといっても、脳が何の役割も果たしていないというわけではない。脳の働きがなければ、当然、手は動かないし、金槌も動かない。しかし、手の動かし方にかんして、脳から手に一方的に指令が送られ、手はただその指令に従って動くだけというわけではない。脳と手のあいだには、双方向《そうほうこう》的な信号のやりとりがある。手はみずからその筋肉のあり方に従って動き、その動きが神経信号として脳に伝えられる。脳はその信号にもとづいて手の動きをどう調整するかを決め、その調整信号を手に送る。手はそれにもとづいて動きを調整し、その新たな動きをふたたび脳に伝える。このような双方向的なやりとりを繰《く》り返《かえ》すことによって、金槌でクギを打つときの手の巧みな動きが可能になる。

　手はみずからその筋肉のあり方に従って動こうとする。けっして脳の指令どおりにただ動くのではない。これが肝心《かんじん》な点だ。金槌でクギの打ち方を覚えるとき、手にはクギを打つのにふさわしいような筋肉がついてくる。そのような筋肉があってはじめて、うまく打てるようになる。もちろん、手と脳のあいだの適切な信号のやりとりも不可欠であり、クギの打ち方を覚えるときに、そのやりとりも習得される。［Ⅰ］、それだけではなく、クギを打つのにふさわしい筋肉もついてくるのだ。この筋肉のあり方が金槌でクギを打つという知識の不可欠な要素である。手が知っているというのは、手がしかるべき筋肉のあり方をしているということだ。「知る」ということは、頭だけで行われるのではなく、身体でも行われるのである。

　このクギ打ちの例のように、身体で覚えるには、身体をつくらなければならない。泳げるようになるためには、泳ぐという動作にふさわしい身体をつくる必要がある。手足にしかるべき筋肉をつけることはもちろんだが、それだけではなく、関節の柔軟性《じゅうなんせい》や引《ひ》き締《し》まった体形も重要だ。泳ぐ練習をするということは、そのような身体をつくるということでもある。もちろん、そうはいっても、身体と脳のあいだの適切な信号のやりとりを習得することも、やはり不可欠である。いくら身体ができても、信号のやりとりがうまくできなければ、泳ぐことはできない。しかし、逆に、信号のやりとりがうまくできても、泳ぐ

MEMO

大切なことはメモしておこうネ！

2024年度

昭和学院秀英中学校入試問題（第2回）

【算　数】（50分）〈満点：100点〉

【注意】円周率は3.14とし，角すいや円すいの体積はそれぞれの角柱や円柱の体積の$\frac{1}{3}$とします。

1　次の［　　］の中に適当な数を入れなさい。

（1）　$7\times5.42+4\times2.71+27.1\div5=$［ア］

（2）　AさんとBさんは地点Pから地点Qへ，Cさんは地点Qから地点Pへ同時に出発します。AさんとCさんが出会ってから3分後にBさんとCさんが出会いました。このとき，2地点P，Qの距離は［イ］mです。ただし，Aさんは分速40m，Bさんは分速30m，Cさんは分速50mで進むものとします。

（3）　濃度が［ウ］%の食塩水Aと，濃度が［エ］%の食塩水Bを混ぜます。
Aが200g，Bが300gのときは濃度が12%，Aが300g，Bが200gのときは濃度が10%となりました。

（4）　定価が600円の品物を定価の15%引きで売ると，原価［オ］円の20%の利益となります。

（5）　7で割って小数第1位を四捨五入すると5になる整数のなかで，3で割って小数第1位を四捨五入すると13になる整数は［カ］です。

2　次の［　　］の中に適当な数を入れなさい。

（1）　右の図は長方形の紙を2回折った図です。
このとき，xの角度は［キ］度です。

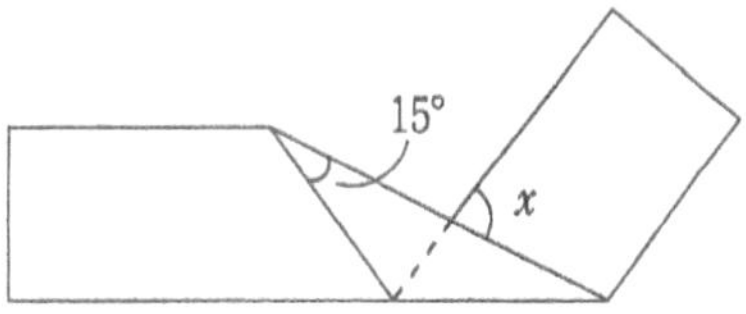

（2）　右の図で，点PはDEの真ん中の点です。
三角形ABCの面積が$10cm^2$のとき，三角形PBCの面積は［ク］cm^2です。

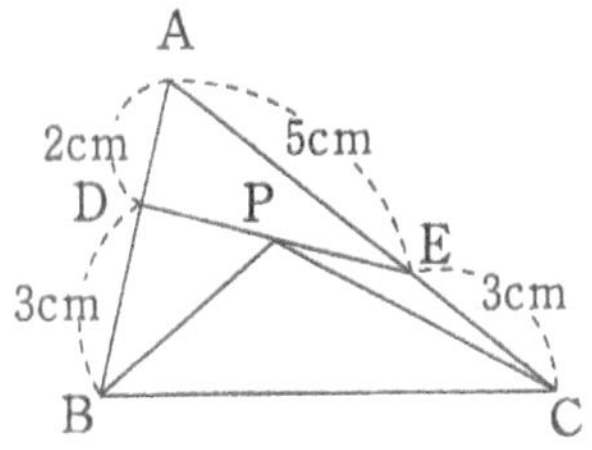

（3）　右の図のように半径9cm，中心角60°の扇形のまわりを半径1cmの円がはなれることなく1周します。このとき，円の中心Oが描く図形の長さは［ケ］cmです。

(4) 右の図のような台形ABCDを，直線ACを軸に1回転させたときにできる立体の体積は[コ]cm^3です。

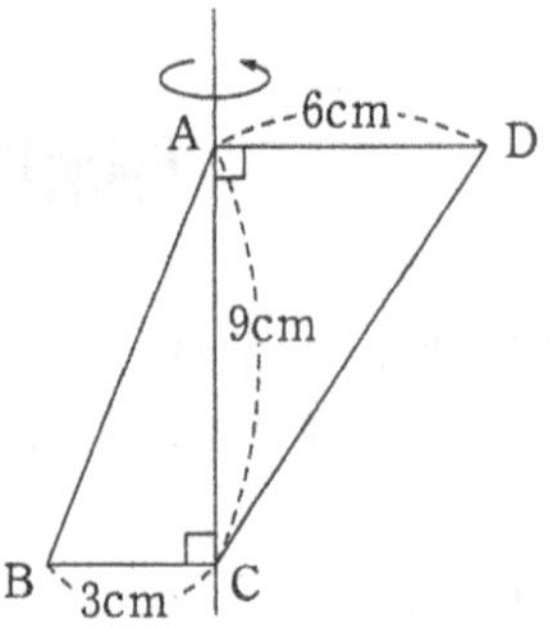

(5) 図1のように1辺の長さが12cmの正方形の紙ABCDがあります。E，Fは辺AB，ADの真ん中の点です。これを3点A，B，Dが重なるようにEC，FC，EFで折り曲げ，図2のように三角すいAECFを作りました。三角形ECFを底面としたときの，この三角すいの高さは[サ]cmです。

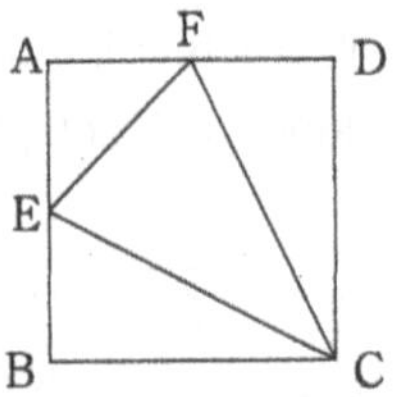

図1

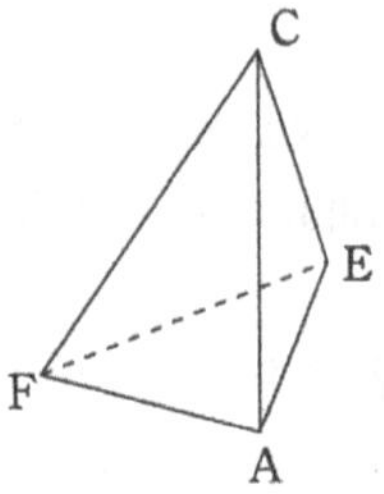

図2

3 高さが18cm，底面の半径が9cmの円すいがあります。この円すいに対して次の2つの操作を考えます。

＜操作1＞ 図1は円すいを真横から見た図です。図の長方形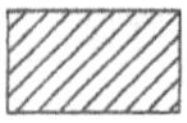の部分を手前から奥に向かってまっすぐに円すいから削り取ります。

＜操作2＞ 図2は円すいを真上から見た図です。図の半径3cmの円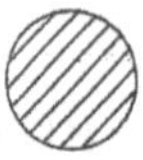の部分を真上から下に向かってまっすぐに円すいから削り取ります。

(1) ＜操作1＞をしたあとに残る立体の体積を求めなさい。

図1

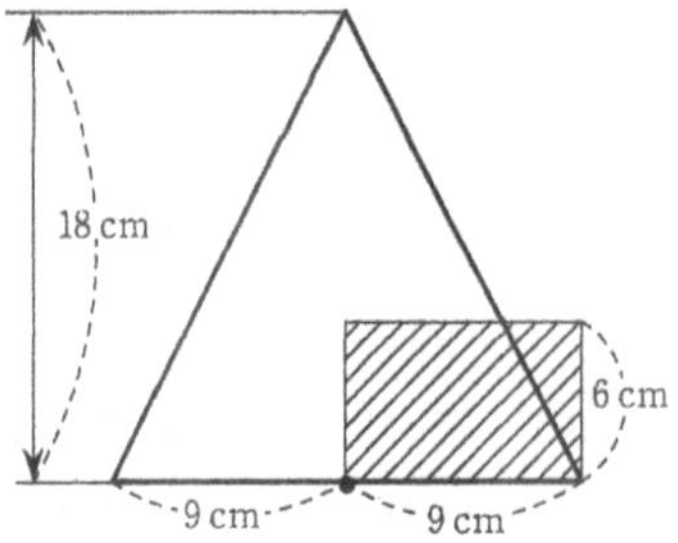

（2） （1）でできた立体に＜操作2＞をしたあとに残る立体の体積を求めなさい。

図2

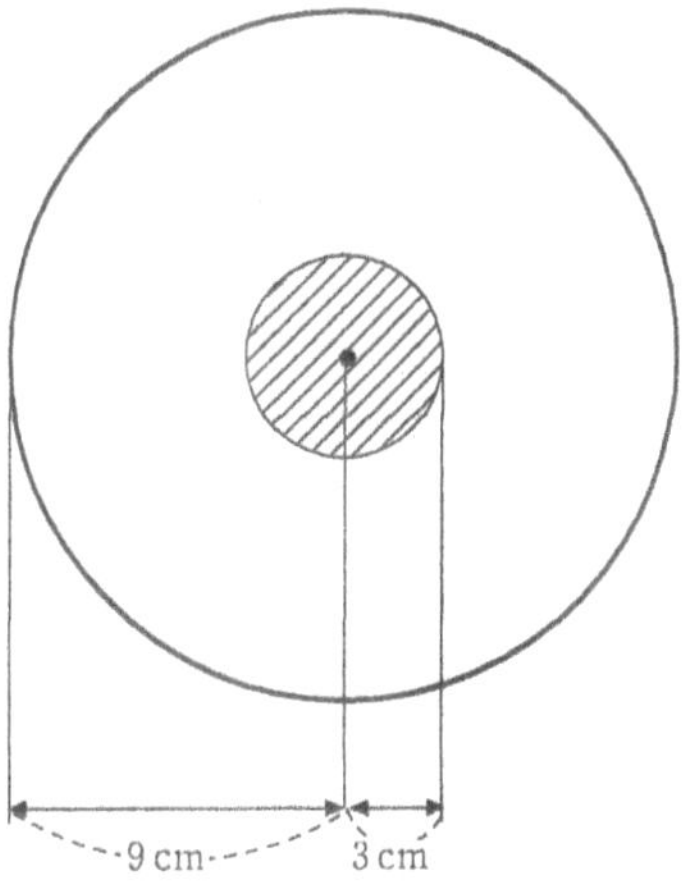

4 1個のサイコロを4回投げたとき，出た目の数を順番にa，b，c，dとします。このとき次の問いに答えなさい。なお，組で答える問題は(a, b, c, d)＝(1，2，3，4)，(2，3，4，5)のように答えなさい。

（1） aとbの積とcとdの積の和が4になるa，b，c，dの組をすべて答えなさい。

（2） aとbの積とcとdの積の和が6になる目の出方は何通りありますか。

（3） aとbの積からcとdの積を引いた差が1になる目の出方は何通りありますか。

5 ある商品100個をA，B，Cの3つの国から輸入します。ある年に輸入した個数は，A国からは60個，B国からは20個，C国からは20個です。その商品1個を輸入するのにかかる金額はB国が一番高く，A国はB国の80%，C国はB国の60%です。

（1） 輸入の個数をA国からは50個，B国からは40個，C国からは10個に変えると，合計金額は何%増加しますか。

（2） 翌年から商品を110個仕入れようと思います。A国の個数の割合は全体の40%で，合計金額については同じにします。このとき，B国の個数の割合は全体の何%になりますか。四捨五入して小数第1位まで求めなさい。

【理　科】(40分)〈満点：50点〉

1　文章Ⅰ～Ⅱを読み，文章Ⅰの結果をもとに，続く問いに答えなさい。

《文章Ⅰ》

重さの等しいA～Fの6つのビーカーに，溶液G(うすい塩酸)を20mLずつ入れて用意しました。また，炭酸カルシウム(石灰石《せっかいせき》の主成分)の重さを表のように1.0～6.0gまで用意しました。溶液Gの入ったビーカーAの重さと炭酸カルシウム1.0gの重さを合わせると56.0gでした。

溶液Gの入ったビーカーA～Fのそれぞれに，用意した炭酸カルシウムを下表のように加えた後，反応が終わったところでビーカー全体の重さをはかりました。これを「反応後の重さ」として結果をまとめました。

表

ビーカー	A	B	C	D	E	F
加えた炭酸カルシウムの重さ〔g〕	1.0	2.0	3.0	4.0	5.0	6.0
反応後の重さ〔g〕	55.6	56.2	56.8	57.4	58.4	59.4

問1　溶液Gに炭酸カルシウムを加えた後，反応が終わったことをどのように判断すればよいですか。次の文の空欄《くうらん》に適する語句(10字以内)を入れて文を完成させなさい。

「(　　　　　　　　　　　　)ときを反応の終わりと判断する。」

問2　ビーカーA～Fについて，加えた炭酸カルシウムの重さ〔g〕と反応前後のビーカー全体の重さの差〔g〕の関係を示すグラフを描《か》きなさい。ただし，縦軸《たてじく》の目盛りの数字も書き込《こ》みなさい。

問3　ビーカーA～Fの順で操作を行ったとき，反応が終わった後に溶《と》け残りがはじめて確認できるビーカーをA～Fより1つ選び，記号で答えなさい。

問4　**問3**で選んだビーカーに溶液Gを更《さら》に加えて，溶け残っていた炭酸カルシウムを完全に溶かしました。「溶け残りのあったビーカー全体の重さと追加した溶液Gの重さの和」と「反応後の重さ」の差〔g〕を答えなさい。なお，答えは整数または小数で答えること。

問5　ビーカーAについて，炭酸カルシウムの代わりに，石灰石(炭酸カルシウムを75%含む)を1.0g加えました。石灰石の成分のうち，炭酸カルシウム以外は反応に関与《かんよ》しないこととすると，「反応後の重さ」は何gになりますか。なお，答えは整数または小数で答えること。

《文章Ⅱ》

はかりの上に載《の》っている密閉容器A内に，溶液Gが20mL入った容器Bと，石灰水が入った容器Cを設置しました。容器Bは上部をゴム栓《せん》で塞《ふさ》ぎ，容器Bと容器Cは次のページの図のようにガラス管でつなぎ，容器Cの上部は開いたままにしてあります。また，容器Bには密閉容器Aの外から回転させることができるスプーンの先が入っており，スプーンには炭酸カルシウム1.0gが入っています。ただし，容器Bはガラス管の中以外は密閉された状態になっています。初めに全体の重さを測定した後，スプーンを回転させ，溶液Gと炭酸カルシウムを反応させ，この反応が終わったときにもう一度重さを測定しました。このとき，石灰水は白く濁《にご》っていました。

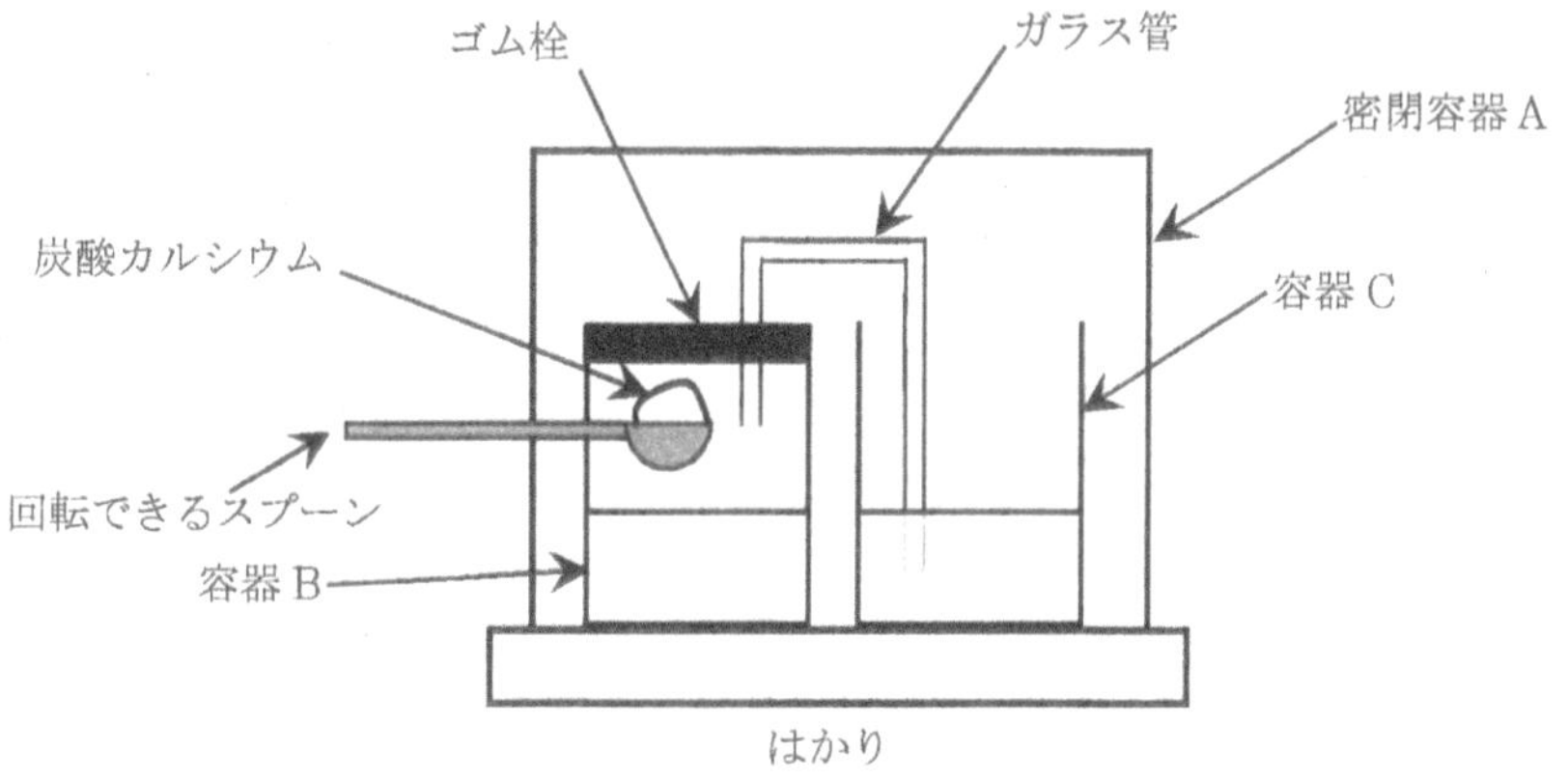

図

問6　反応前の石灰水に溶けている物質は何ですか。この物質の名称《めいしょう》を答えなさい。

問7　反応前の石灰水にBTB溶液《ようえき》を加えたときに示す色を答えなさい。

問8　反応前後のはかりの値の差は何gですか。増減がある場合には「増える」「減る」も含《ふく》めて答えなさい。

問9　**問8**の結果となる理由を20字以内で簡潔に答えなさい。

2　文章Ⅰ～Ⅳを読み，続く問いに答えなさい。

《文章Ⅰ》

我が家の庭では，四季を通して多くの植物が花を咲《さ》かせます。また，この花をもとめて多くの昆虫《こんちゅう》や鳥が集まり，その姿を観察することができます。たとえば，春に花を咲かせる植物として，ウメ，モモ，サクラ，ブルーベリー，シラン，ムラサキハナナ，フクジュソウなどがあります。植物が花を咲かせるのは，昆虫に受粉をゆだねるためですが，そこには，花と昆虫の受粉をめぐる関係が見られます。

野生のフクジュソウは，早春の1月～4月頃，落葉樹林に3～4cmの黄色の花を咲かせる多年生植物※で，10～20cmの短い茎《くき》の上に花を咲かせます。花には光沢《こうたく》があり，中央がくぼんだ凹面鏡《おうめんきょう》のようになっていて，蜜《みつ》はないのですが，昆虫が集まってきます。春が深まると，次第に茎や葉を伸《の》ばし，6月には葉が枯《か》れ，翌年の春まで休眠《きゅうみん》に入ります。

フクジュソウ

フクジュソウが開花したその日，地上1.5mの気温は12℃，花が咲いている地表面近くは15℃，花の中の温度は20℃になっていました。昆虫は花粉を集めている間に，花の中で体温を上げ，活発に飛び回ることができると考えられています。それでは，フクジュソウの花の役割は光を集めて昆虫を温め，昆虫に受粉をゆだねるだけなのでしょうか。次のような実験があります。

人工的に受粉させた花を多数準備し，花びらをすべて切り取ったグループと，花びらを残したグループを用意して，種ができるのを待ちました。種ができた確率は，花びらを切り取ったグループでは50%，花びらを残したグループでは73%でした。

※多年生植物：茎の一部，地下茎《ちかけい》，根などが枯れずに残り，毎年茎や葉を伸ばす植物のこと。

問1　受粉を助ける鳥類と花の組合せとして適当なものを，次の**ア～オ**より1つ選び，記号で答えなさい。

ア．ウメとウグイス　**イ**．ウメとメジロ　**ウ**．サクラとムクドリ
エ．サクラとスズメ　**オ**．モモとエナガ

問2　虫媒花《ちゅうばいか》であるフクジュソウの受粉を助けると思われる昆虫を，次の**ア～オ**より1つ選び，記号で答えなさい。

ア．アゲハチョウ　**イ**．モンシロチョウ　**ウ**．ハナアブ
エ．コガネムシ　**オ**．カメムシ

問3　文章Ⅰの実験の結果から，花の役割と直接関係が認められないと思われる事柄《ことがら》を，次の**ア～ウ**より1つ選び，記号で答えなさい。

ア．光合成の効率を高め，養分を種に送る。
イ．種子の成熟を促進《そくしん》させる。
ウ．めしべを温めて，受精の効率を高める。

問4　野生のフクジュソウは，暖かくなるのを待たず，昆虫が少ない早春に開花するのはなぜですか。最も適当と考えられることを，次の**ア～エ**より1つ選び，記号で答えなさい。

ア．暖かくなると，フクジュソウの受粉を専門に行う昆虫がいなくなるから。
イ．暖かく雨が多い季節になると，花粉が流されやすくなるから。
ウ．暖かくなると，花の種類が多くなり，昆虫を独占《どくせん》できなくなるから。
エ．暖かくなると，林の中は葉が茂《しげ》り，光合成が充分《じゅうぶん》にできなくなるから。

《文章Ⅱ》

花の形や色，花が咲く状況《じょうきょう》と蜜を求める昆虫の間には色々な関係が見られます。次の表は花の形や花が咲く状況の一部をまとめたものです。

表

	分類	特徴	例
①	上向きに咲く花	おしべ，めしべも上を向いている。	ノイバラ，ホオノキ
		小さな花が集団になって茎の先端《せんたん》に付く。	ニラ，セリ
②	下向きに咲く花	花びらの先端が少し反り返っているものも多い。	スズラン ドウダンツツジ
③	夜咲く花	夕方から花が咲き始める。蜜を蓄《たくわ》えた長い筒状《つつじょう》の構造をもつ。	オオマツヨイグサ カラスウリ

スズラン

カラスウリ

問5　スズランやカラスウリの花に多く訪れると思われる昆虫を，次の**ア～エ**より1つずつ選び，記号で答えなさい。

ア．カナブン　**イ**．スズメガ　**ウ**．マルハナバチ　**エ**．スズメバチ

《文章Ⅲ》

花の色と花に訪れる昆虫の間には，いくつかの関係があるようです。たとえばスイセンやアブラナの花など，春には黄色の花が多く，ミツバチはこれら黄色の花を好みますが，アゲハチョウは赤色の花に訪れることが多いのです。ミツバチは，視覚，聴覚《ちょうかく》，味覚，触覚《しょっかく》，嗅覚《きゅうかく》などを用いて行動していますが，色を感じること(区別すること)はできるのでしょうか。ミツバチが蜜の存在をどのように確認しているかを調べる実験を行いました。

大きさが同じで，白から黒までのさまざまな濃さの灰色の紙11枚と，それらと同じ大きさの黄色の紙(図1)1枚の合計12枚を図2のように並べ，その上を①薄《うす》い透明《とうめい》なガラス板で覆《おお》いました。12枚の紙の上に載るように，それぞれ透明なガラスの皿(以後は皿とする)を置いて，黄色の紙の上の皿にだけ砂糖水を入れ，残りの皿には水を入れて，ミツバチが来るのを待ちました。また，②紙の配置は，実験ごとに替《か》えました。そして多数のミツバチが黄色の皿に通うようになったとき，黄色の紙の上の皿を水に取り替えました。それでもミツバチは黄色の紙の上の皿に集まってきました。逆に，すべての皿に砂糖水を入れても，ミツバチは，しばらくの間は黄色の紙に集まってきました。

図1

※実際には，縞《しま》模様はありません。

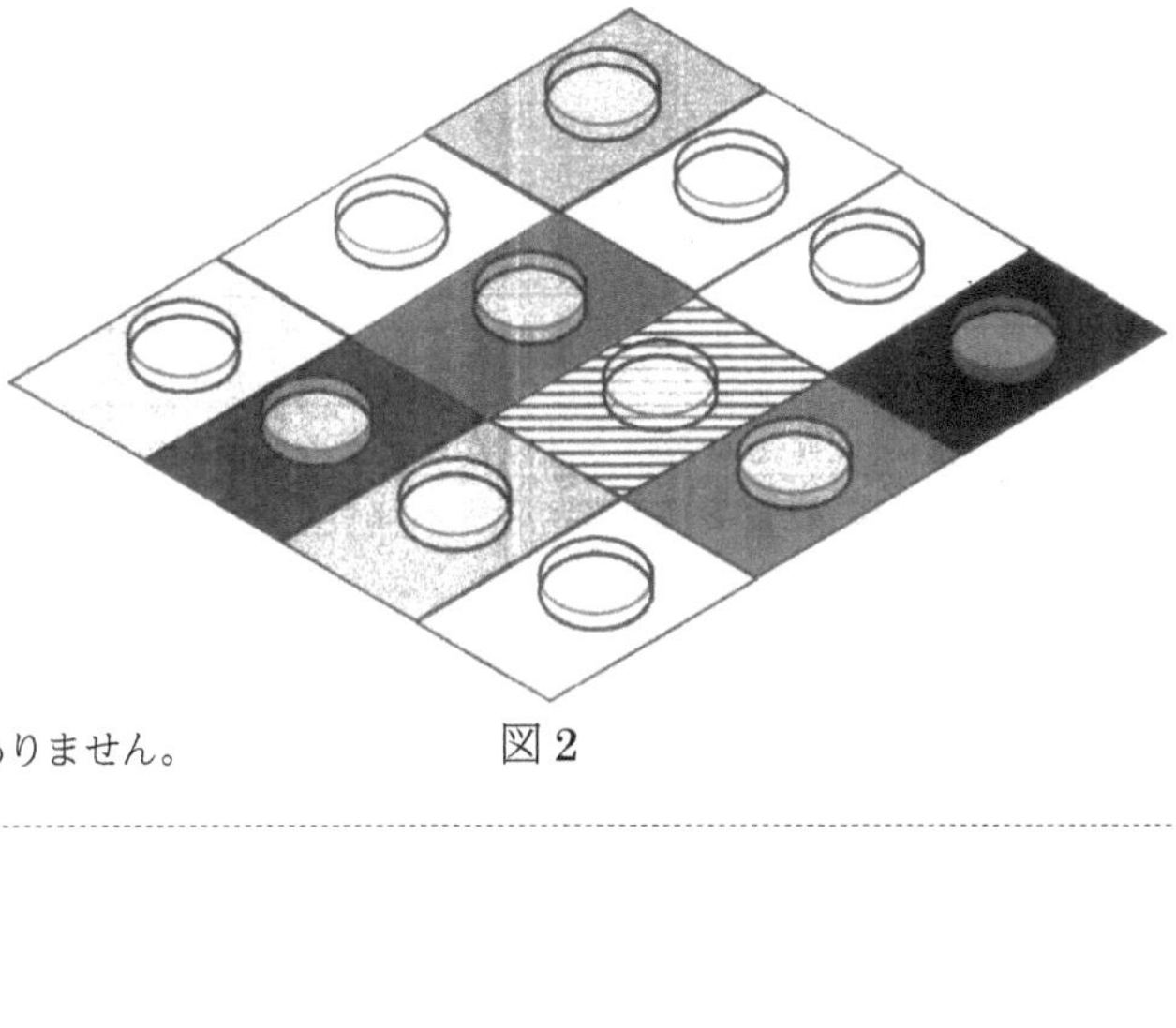
図2

問6　文章Ⅲの下線部①の操作は，ある目的で行われたものです。その目的とは何ですか。実験の意図を考えて最も適するものを，次の**ア〜ウ**より1つ選び，記号で答えなさい。

ア．実験に用いた紙が風でなびかないようにするため。

イ．ゴミや糞《ふん》で紙が汚《よご》れないようにするため。

ウ．紙の色素から出るにおいを防ぐため。

問7　文章Ⅲの下線部②は，実験を行う中で考えられるある疑問をなくすために行った操作です。その疑問とは何ですか。次の文の空欄に適する語句(15字以内)を入れて文を完成させなさい。

「ミツバチが(　　　　　　　　　　　　　　)のではないかという疑問」

問8　黄色のかわりに，色を変えて青色，紫色《むらさきいろ》で同じ実験を行ったところ，黄色の場合と同様な結果が得られました。この結果について，次の文の空欄に適する語(3字以内)を入れて文を完成させなさい。

「ミツバチは，少なくとも黄色，青色，紫色を(　　　　　)ではなく，色として区別していることがわかる。」

《文章Ⅳ》

植物は，大切な花粉の一部を昆虫に食べられ，蜜を作るために多くのエネルギーが必要になるにも関わらず，受粉を昆虫に託《たく》しています。昆虫による受粉は植物にとって都合の良い場合と，そうでない場合があります。たとえば，それはヤマツツジとアゲハチョウ，ヤマツツジとミツバチの関係に見ることができます。

長いストローのような口を持つアゲハチョウは，その口で，ヤマツツジの奥《おく》に蓄えられた蜜だけを取ろうとします。ところがヤマツツジの花びらは5つに大きく裂《さ》けており，アゲハチョウが蜜を吸うための安定した足場がありません。そのため，不安定であっても，アゲハチョウは，足場にできる長いおしべとめしべに脚《あし》をかけ，羽をハタハタと動かして蜜を吸います。蜜はアゲハチョウが活動するために必要なエネルギー源となり，このとき，からだについた花粉は遠くに運ばれます。一方，ミツバチは，となりの花からとなりの花へと転々と移動しながら多くの花粉や蜜を集め，幼虫のいる巣に持ち帰ります。このミツバチの習性は，ヤマツツジにとってはあまりありがたくないのです。

問9　花粉や蜜を集めるこのミツバチの習性が，ヤマツツジにとってあまりありがたくないのはなぜですか。その理由について，次の文の空欄に適する語句を入れて文を完成させなさい。

「ミツバチの花粉の集め方では(　　　　　　　　　　　　　　)から。」

3 文章Ⅰ～Ⅲを読み，続く問いに答えなさい。

《文章Ⅰ》

軽い糸におもりをつけて天井《てんじょう》からつるし，図１のような振《ふ》り子A～Fを作りました。破線は鉛《えん》直《ちょく》線(静かに手を離《はな》して落とした物体が落下する方向)です。おもりを手で支えて，それぞれ図の位置で静かに離しました。振り子に関する情報を下表のようにまとめました。

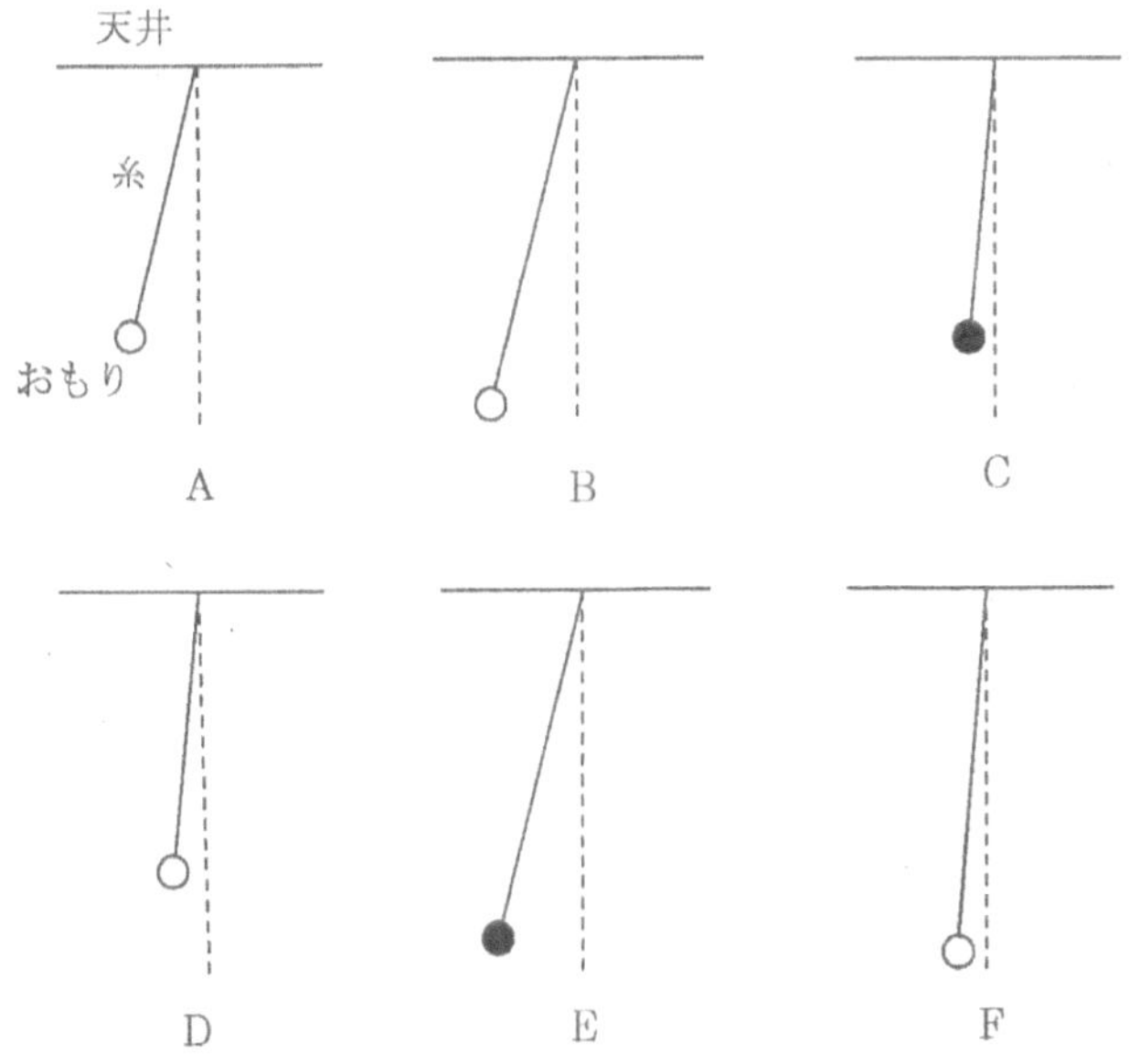

図１

表

振り子	A	B	C	D	E	F
振り子の長さ〔cm〕	80	100	80	80	100	100
おもりの重さ〔g〕	120	120	160	120	160	120
振り始めの糸と鉛直線の角度	15°	15°	5°	5°	15°	5°

問１ 振り子の周期(1往復にかかる時間)が最も長いものを，A～Fよりすべて選び，記号で答えなさい。

問２ 振り子の振れ幅《はば》が最も小さいものを，A～Fよりすべて選び，記号で答えなさい。

問３ おもりの中心が鉛直線(図中の破線)を通過するときの速さが，最も速いものをA～Fよりすべて選び，記号で答えなさい。

《文章Ⅱ》

振り子Bの周期は2秒でした。振り子Bを用いて，おもりを図2の**ア**の位置で静かに離しました。

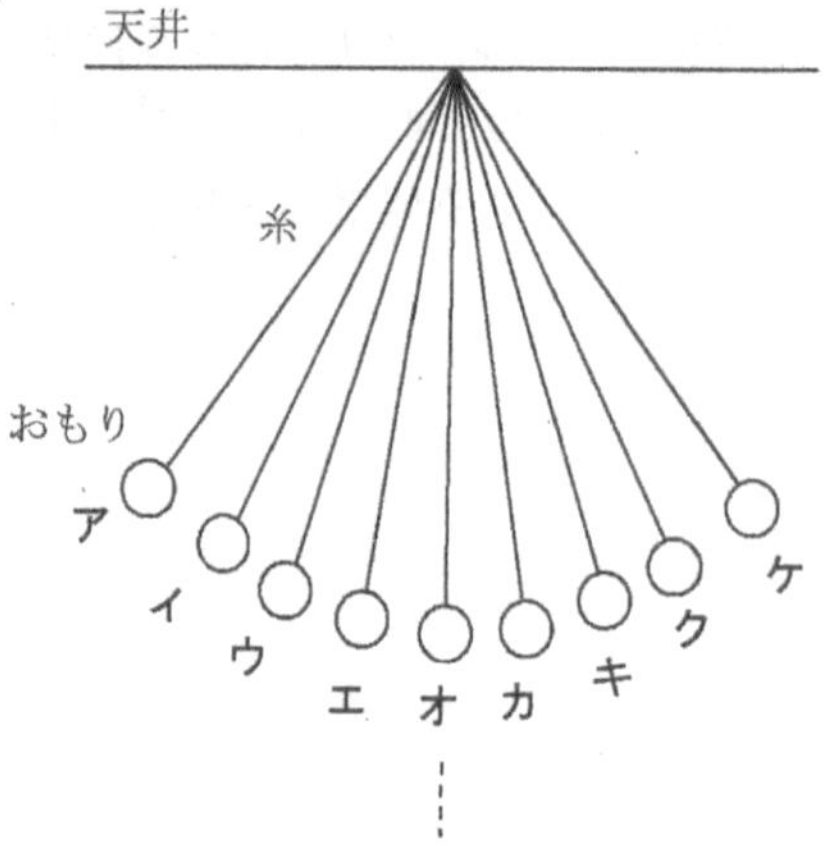

図2

問4　おもりの速さが最も速い位置はどこですか。図2の**ア～ケ**よりすべて選び，記号で答えなさい。

問5　1.75秒後のおもりの位置に最も近いものを，図2の**ア～ケ**より1つ選び，記号で答えなさい。

問6　6.25秒後のおもりの位置に最も近いものを，図2の**ア～ケ**より1つ選び，記号で答えなさい。

《文章Ⅲ》

次に，振り子Bを水平なレールの上を進む電車の天井からつるしました。おもりを手で支え，図3の位置で静かに離します。この操作を，「電車が停止しているとき」と「電車が矢印の向きに進み，一定の割合で速くなっているとき」で行い，電車の中で観察しました。図中の破線は電車が停止しているときの振り子の位置を示しています。なお，電車の窓やドアは開いていません。

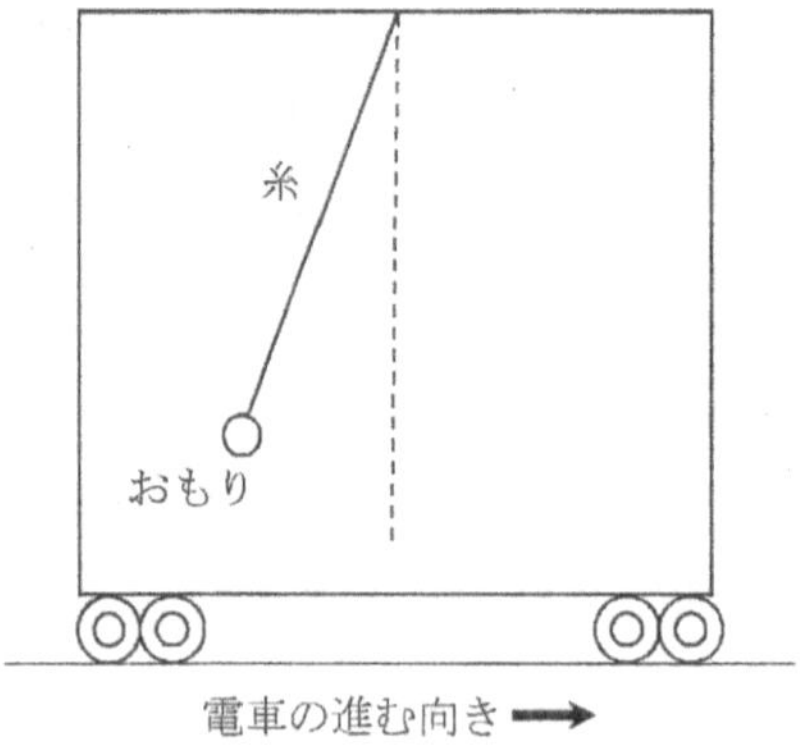

図3

問7　電車が停止しているときの様子に比べて，電車の速さが一定の割合で速くなっているときの振り子の様子について正しく述べているものを，次の**ア～オ**よりすべて選び，記号で答えなさい。

ア．停止しているときと同じだった。
イ．振り子の運動の中心の位置が破線の位置より電車の進む向きにずれた。
ウ．振り子の運動の中心の位置が破線の位置より電車の進む向きと反対向きにずれた。
エ．振り子の振れ幅が大きくなった。
オ．振り子の振れ幅が小さくなった。

【社　会】（40分）〈満点：50点〉

【注意】全ての問題について，特に指定のない限り，漢字で答えるべき所は漢字で答えなさい。

1　人口について述べた次の文章を読み，以下の設問に答えなさい。

世界の人口は増加しており，世界人口白書によると2022年に(　ア　)億人に達した。2023年現在，10億人を超える国は(　イ　)カ国ある。しかし，①人口の推移は国により違いがみられる。日本の総人口は2010年以降減少を続けており，2070年には9000万人を割り込むという予想もある。日本は人口減少と同時に，超高齢化にも直面している。②総人口に占める高齢者の割合が高い自治体の中には，共同生活の維持が困難な地域もある。そのため，政府や自治体はこれらの課題解決に向けて積極的な対策をとってきた。労働力不足解消のために③外国人を積極的に受け入れる自治体もみられる。

問１　文章中の(　ア　)・(　イ　)に当てはまる最も適当な数字を次の中からそれぞれ選び，その数字を答えなさい。

1　　2　　3　　4　　50　　60　　70　　80

問２　下線部①に関連して，次の図１中のA～Dは中国と日本の総人口に占める15歳未満の人口の割合および，65歳以上の人口の割合の推移を示したものです。中国の15歳未満の人口の割合を示すものを図１中のA～Dより一つ選び，記号で答えなさい。

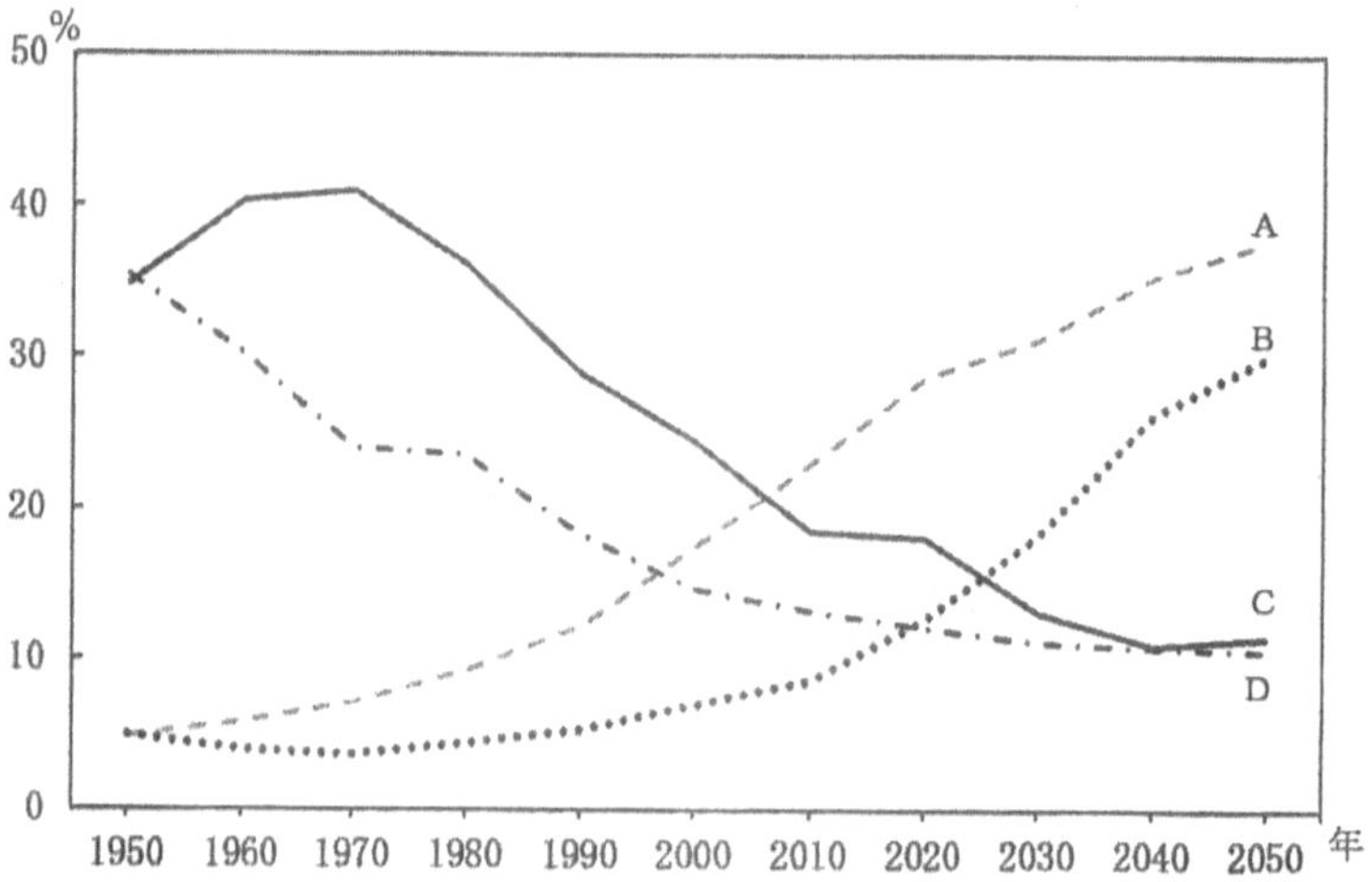

2030年以降の統計は推計値。World Population Prospectsにより作成。

図１

問３　下線部②に関連して，地方では高齢化の進行が深刻な問題となっています。このような地域でとられる高齢化の進行をおさえるための対策と，高齢化の進行にともない生じると考えられる課題として適当なものを，次のe～hの文のうちからそれぞれ選び，その組合せとして正しいものを，次のページのカ～ケより一つ選び，記号で答えなさい。

〔対策〕 e　育児と仕事との両立が可能な労働環境の整備。

　　　　f　住宅地における移動販売の拡大。

〔課題〕 g　医療や介護の分野で失業者が増加する。

　　　　h　空き家が増え，治安悪化の可能性が高まる。

	カ	キ	ク	ケ
対　策	e	e	f	f
課　題	g	h	g	h

問4　下線部③に関連して，次の表1は総人口に占める外国人人口の割合が大きい上位5市区町村の総人口に占める外国人人口の割合と，外国人人口の出身国*の国籍を人口の多い順に示したものです。これを見て，以下の(1)・(2)の問いに答えなさい。

*韓国・北朝鮮は「韓国・朝鮮」としている。

表1

順位	市区町村	総人口に占める外国人人口の割合(%)	外国人人口の出身国の国籍		
			1位	2位	3位
1	大阪府大阪市生野区	21.8	韓国・朝鮮	中国	ベトナム
2	長野県川上村	19.0	フィリピン	インドネシア	中国
3	群馬県大泉町	18.4	J	ペルー	ネパール
4	長野県南牧村	14.0	フィリピン	ベトナム	インドネシア
5	大阪府大阪市浪速区	12.4	中国	韓国・朝鮮	ベトナム

統計年次は2020年。国勢調査により作成。

(1)　表1中のJに当てはまる国籍を答えなさい。

(2)　次の図2は，ある地域の人口ピラミッドを日本人と外国人に分けて示したものであり，K・Lは表1中の川上村と，商業施設や住宅が集中する浪速区のいずれかです。K・Lのうちから川上村に当てはまる人口ピラミッドを答え，続けて，川上村の外国人がこのような人口構成になる要因について以下の語句を用い，あわせて50字以内で答えなさい。語句はくり返し用いてもかまわないが，使用した箇《か》所には下線を引きなさい。

指定語句：栽培

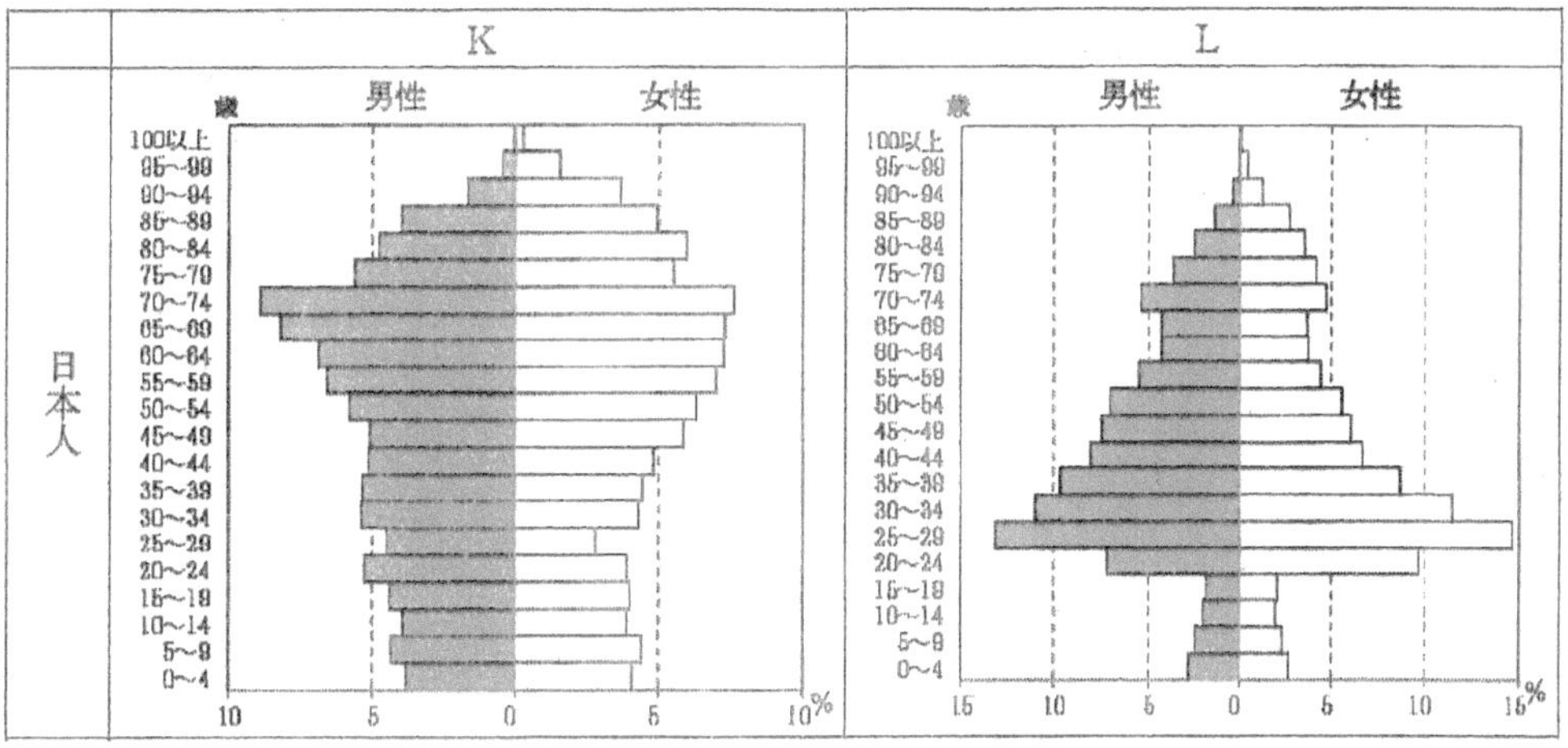

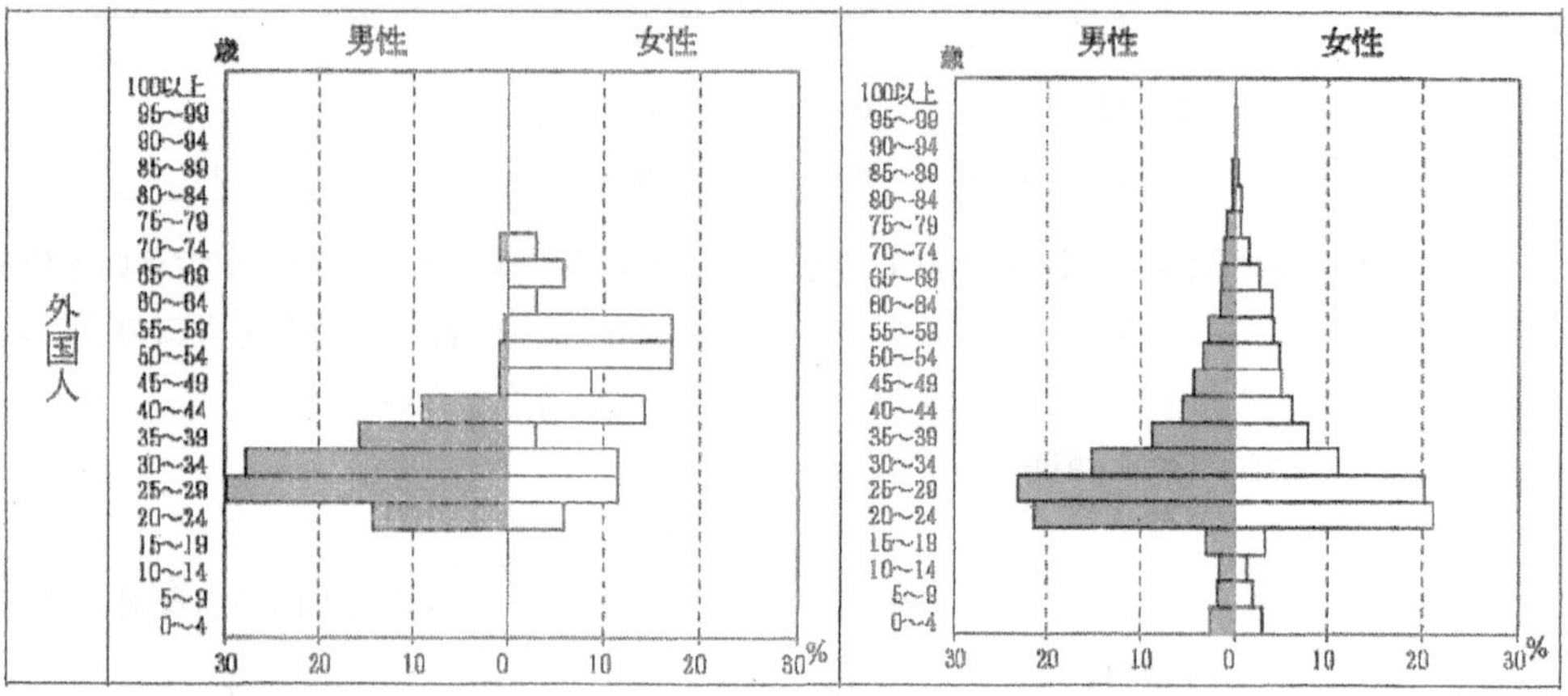

縦軸が年齢，横軸が割合を示す。2023年1月1日時点。住民基本台帳により作成。

図2

2 九州・沖縄地方を示す次の図1を見て，以下の設問に答えなさい。

地理院地図により作成。

図1

問１　次の図２は，図１中のXの範囲におけるシラスの分布を示したものです。シラスについて述べた下の①・②の文の正誤の正しい組合せを後のア～エより一つ選び，記号で答えなさい。

地学雑誌により作成。

図２

①　肥沃《ひよく》なシラスの広がる地域では，稲作がさかんに行われている。

②　冬の北西季節風の影響でシラスの分布は火山の南東側にかたよっている。

	ア	イ	ウ	エ
①	正	正	誤	誤
②	正	誤	正	誤

問２　次の表１は，図１中のa～cの地点における風速毎秒10m以上の風を記録した日数，日照時間，最も暖かい月の平均気温，最も寒い月の平均気温を示します。E～Gとa～cとの正しい組合せを後のカ～サより一つ選び，記号で答えなさい。

表１

	風速毎秒10m以上の風を記録した日数（日）	日照時間（時間）	最も暖かい月の平均気温（℃）	最も寒い月の平均気温（℃）
E	110.0	1515.8	27.5	11.8
F	4.1	1992.4	27.7	6.5
G	2.4	1761.4	24.3	2.2

1991～2020年における年間の平均を示す。気象庁の資料により作成。

	カ	キ	ク	ケ	コ	サ
E	a	a	b	b	c	c
F	b	c	a	c	a	b
G	c	b	c	a	b	a

問３　次の図３は，図１中のdの島の南東部の土地利用を示したものです。この島の大半で広く生産されている農作物の名称を答えなさい。

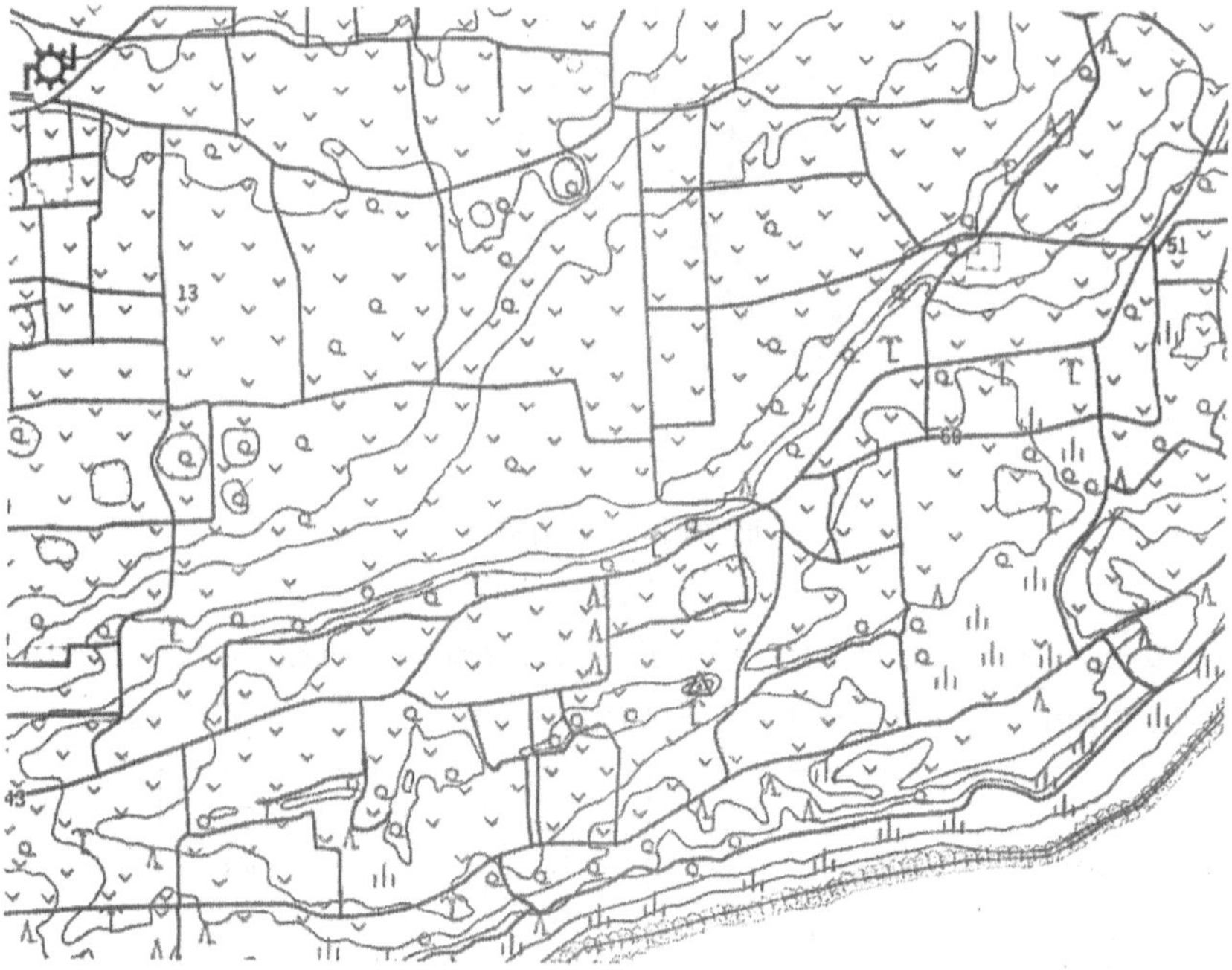

地理院地図により作成。

図３

3　文字の使用に関する次の文章を読み，以下の設問に答えなさい。

中国で漢字が生み出され，日本列島にも伝わった。志賀島で発見された金印は，中国の歴史書と照らし合わせると1世紀の中頃に，①現在の福岡市のあたりに成立していた小国にもたらされたと考えられる。3世紀には「親魏倭王」という称号と金印，銅鏡百枚を与えたと中国の歴史書は伝えている。

2023年に遺物の発見が公表され，現地調査が行われた②奈良県の富雄丸山古墳では，日本列島で製作されたと考えられる銅鏡と鉄剣の発見が話題となった。

5世紀になると日本列島で漢字の使用が確認されている。埼玉県の稲荷山古墳や熊本県の江田船山古墳で発見された遺物から，③同一人物の影響が現在の埼玉県や熊本県の地方豪族におよんでいたことが分かる。日本最古の歌集には，④漢字を日本語の音に合わせてそのまま使った文字で記されていたが，平安時代の中頃には，カタカナとひらがながつくられ，和歌や物語や⑤随筆などの文学が発達した。平安時代から鎌倉時代にかけて，漢字は貴族の支配や教養に欠かせなかったが，武士には十分に普及していなかった。⑥御成敗式目を定めた人物は，「この式目は仮名を知っている者が世間にも多いので，あまねく人にわかりやすくするために，また武家の人への配慮のために仮名書きしているのである。(現代語訳)」と述べている。御成敗式目は江戸時代になると，⑦庶民が読み書きの教科書として使った。

江戸時代には木版印刷によって文学などが庶民に普及した。元禄文化で上方の町人の生活をテーマに『日本永代蔵』などの浮世草子を著したのは（　⑧　）である。明治時代になると，活字印刷の技術が発達して新聞や雑誌の発行もさかんになった。

問１　下線部①の小国の名称を答えなさい。

問２　下線部②について，富雄丸山古墳で出土した銅鏡と鉄剣のいずれかの特徴を，一つ具体的に記しなさい。

問３　下線部③の同一人物とは誰か，人名を答えなさい。

問４　下線部④の文字を何というか答えなさい。

問５　下線部⑤に関して，平安時代中頃の代表作を答えなさい。

問６　下線部⑥の人物とは誰か，人名を答えなさい。

問７　下線部⑦に関して，江戸時代に町人や農民が学んだ教育機関を何というか，答えなさい。

問８　空欄⑧に当てはまる人名を答えなさい。

4　貨幣は誰がどのような目的で発行し，また，人々は使用してきたか，以下の設問に答えなさい。

問１　古代から江戸時代の貨幣に関する説明として**誤っているもの**を，次のア～オより一つ選び，記号で答えなさい。

ア　ヤマト政権は中国の貨幣を参考にして富本銭の鋳造を行った。

イ　9世紀に発行された和同開珎は都の東市や西市などで流通した。

ウ　12世紀には大量の宋銭が輸入され貨幣が広く使用されるようになった。

エ　15世紀には宋銭や明銭が流通し，土倉や酒屋が高利貸しを営んだ。

オ　江戸幕府は金貨・銀貨とならんで銭貨として寛永通宝を鋳造した。

問２　鎌倉時代や室町時代の貨幣経済に関するA～Dの説明文を読み，正しいものの組合せを，後のア～カより一つ選び，記号で答えなさい。

A　鎌倉時代や室町時代には平安時代より貨幣が広く使用され，年貢を貨幣で納める人も現れた。

B　元軍との戦いに従軍した御家人の中には，借金を抱えて領地を失った人もいた。

C　鎌倉幕府は大量の貨幣発行により御家人を救おうとしたので，物価が上がった。

D　鎌倉幕府は永仁の徳政令を出して借金を帳消しにしたので，御家人は借金をしやすくなった。

ア　AとB　　イ　AとC　　ウ　AとD　　エ　BとC　　オ　BとD　　カ　CとD

問３　次の史料は室町時代に発達した今堀という惣（惣村）で，おきてとして定められた条文です。この3つの条文をよく読み，これに関連したA～Dの説明について正しいものの組合せを，後のア～カより一つ選び，記号で答えなさい。

一，惣の共有地と私有地との境界争いは，お金で解決しなさい。
一，寄合があるとき，二度連絡しても参加しない者は，五十文の罰金とする。
一，森林の苗木を切った者は，五百文の罰金とする。

A　土地をめぐる対立は武力などの実力で解決してきたが，平和な解決を望むようになった。

B　惣村ではおきてなどを定める寄合の参加は，村人の自由であった。

C　惣村の森は肥料の材料となる柴を確保する上で大切であったので，おきてを定めて管理した。

D　惣村には大量の貨幣が持ち込まれたので，武士は農民に借金をすることが多くなった。

ア　AとB　　イ　AとC　　ウ　AとD　　エ　BとC　　オ　BとD　　カ　CとD

問4　江戸時代の末期に開国したころに関する資料文を読み，A～Dの説明について正しいものの組合せを，後のア～エより一つ選び，記号で答えなさい。

(資料文)　日本の貨幣と欧米の貨幣は，金貨・銀貨ごとに同量で交換されることが定められた。ところが日本と欧米では金貨と銀貨の交換比率が違ったので，日本から金貨が流出した。そこで幕府は，金貨に含まれる金の含有量を変えて流出を防いだ。その結果，物価が上がる要因が加わることとなった。

A　開国時，日本より欧米の方が金貨に対する銀貨の価値が高かった。

B　開国時，日本より欧米の方が金貨に対する銀貨の価値が低かった。

C　幕府は金の含有量を増やして金貨の流出を防いだ。

D　幕府は金の含有量を減らして金貨の流出を防いだ。

ア　AとC　　イ　AとD　　ウ　BとC　　エ　BとD

5　次の1871年以降の資料を見て，以下の設問に答えなさい。

1871年　廃藩置県が行われた。

1872年　日本と清の両方に属していた琉球王国を改め，琉球藩とした。

1875年　ロシアとの条約で，ロシアが樺太(サハリン)を領有し，日本が千島列島を領有することになった。

1876年　日朝修好条規が結ばれ，日本だけが領事裁判権を持つことになった。

1879年　琉球藩を廃止して沖縄県としたが，清はこれを認めなかった。

1895年　下関条約が結ばれ，清は沖縄県が日本の統治下にあることと朝鮮の独立を認め，台湾などを日本にゆずることになった。その後，遼東半島は清に返還されることになった。

1897年　朝鮮が国号を韓国に改め，王国から帝国(大韓帝国)に変わった。

1898年　ロシアが旅順・大連の租借権や満州の鉄道経営権などの権益を獲得した。

1905年　ポーツマス条約が結ばれ，ロシアが樺太(サハリン)や，旅順・大連の租借権，南満州の鉄道経営権をゆずることになった。

1910年　韓国併合が行われ，朝鮮総督府による統治が行われるようになった。

1912年　清に替わって中華民国(中国)が成立した。

1915年　中国はドイツが山東省に持つ権益を日本にゆずることを認めた。

1917年　ロシアで皇帝を倒す革命が起こり，やがて社会主義のソ連が成立した。翌年以降，革命に対して日本など資本主義の国々はシベリア出兵を行って干渉したが1925年までに撤兵した。

1919年　強国の支配に対して民族自決の声が世界各地で広がり，朝鮮では独立を求める運動が起こり，中国では権益を回収する運動が始まった。

1922年　山東省の権益を中国に返還することになった。

1931年　関東軍が満州事変を起こし，満州全土を占領すると，清の最後の皇帝を立てて「満州国」を建国した。こうして中国との15年にわたる戦争が始まった。

1937年　満州(中国東北部)を実質的に支配する日本が，華北にも勢力を広げ，中国軍と衝突して開戦した後，日中戦争は上海や南京などにも広がった。ソ連やアメリカ，イギリス，インドシナ半島を支配するフランスなどは中国を支援し，戦争が長期化した。

1941年　日本は中国への支援を断ち切るため，インドシナ半島にも軍を進めると，アメリカは日本に対して石油の輸出を禁止するなどの措置をとったので，対立が激しくなり，日本はアメリカやイギリスとの戦争に踏み切った。

1945年　日本はポツダム宣言を受け入れて降伏し，連合国軍による占領統治を受けた。日本の敗戦にともない，植民地支配から解放された朝鮮は，やがてソ連軍が支援する北部の朝鮮民主主義人民共和国(北朝鮮)と，米軍が支援する南部の大韓民国(韓国)に分裂した。

1949年　日本の侵略を打ち破った中国では国民党と共産党の内戦となり，国民党は内戦に敗れて台湾に逃れ，共産党は中華人民共和国を成立させた。

1952年　日本は独立国として主権を回復したが，すべての交戦国や植民地との国交を回復したわけではなかった。また，沖縄は長く占領状態が続き，返還後も米軍基地が多く残されている。

問1　沖縄が「県」として日本の主権の下にある年代として正しいものを，次のア～クより一つ選び，記号で答えなさい。

ア　1872年以降今日まで
イ　1872年～1945年と1952年以降今日まで
ウ　1872年～1945年と1972年以降今日まで
エ　1872年～1945年まで
オ　1879年以降今日まで
カ　1879年～1945年と1952年以降今日まで
キ　1879年～1945年と1972年以降今日まで
ク　1879年～1945年まで

問2　2つの韓国(大韓帝国と大韓民国)の主権が実際に及ぶ領域に関する説明として正しいものを，次のア～エより一つ選び，記号で答えなさい。

ア　両国の領域は同じく朝鮮半島全域である。
イ　大韓帝国の領域は朝鮮半島全域にわたっていたが，大韓民国の領域は朝鮮半島の南部である。
ウ　大韓帝国の領域は朝鮮半島の北部に限られていたが，大韓民国の領域は朝鮮半島全域である。
エ　両国の領域は同じく朝鮮半島の南部である。

問3　中国本土と台湾が政治的に分裂した原因や背景について，A～Dの説明として正しいものの組合せを，後のア～カより一つ選び，記号で答えなさい。

A　アメリカを中心とする資本主義国とソ連を中心とする社会主義国の対立があった。
B　50年にわたる日本の台湾植民地支配が終わったことと，中国本土で共産党が内戦に勝利したことがあった。
C　朝鮮戦争が始まり，台湾では米軍から大量の物資の注文を受けて好景気となった。
D　サンフランシスコ平和条約が結ばれ，台湾の統治権を獲得したアメリカが基地を設けた。

ア　AとB　　イ　AとC　　ウ　AとD　　エ　BとC　　オ　BとD　　カ　CとD

問4　資料から1910年代に植民地や権益を獲得する動きと植民地や勢力圏とされた地域で自立を求める動きがぶつかることがわかります。民族自決や自立の動きが始まるきっかけとなった1914年に始まった出来事は何か答えなさい。

問5　日本が太平洋戦争の開戦に踏み切った理由について資料を参考にしながら，「日中戦争」「経済制裁」の2つの用語を使って100字以内で説明しなさい。用語の使用順は自由とします。

指定語句：日中戦争　経済制裁

6 次の文章を読み，以下の設問に答えなさい。

2023年5月，広島で第49回主要国首脳会議(サミット)が行われた。会議にはG7のほかオーストラリアや①インドネシアなどの招待国8か国，②国際連合や③WHOなど7つの招待機関，ゲスト国としてウクライナが参加した。④岸田文雄内閣総理大臣が議長となり，世界経済だけでなく⑤外交・安全保障や環境，複合的危機への連携した対応など幅広い分野について話し合われた。

さらに，複合的危機への対応のために2030年までに達成をめざす⑥SDGsについては9月に国際連合本部で「SDGsサミット」が開催された。

問１　下線部①について，インドネシアは周辺国との間で組織する経済・政治・社会などに関する地域協力機構の議長国として招待されました。10か国からなる地域協力機構の名称を答えなさい。

問２　下線部②について，次のグラフは国際連合の加盟国数の推移をオセアニア，アジア，アフリカ，ヨーロッパ，南北アメリカの地域別にあらわしたものです。グラフを見て，後の問いに答えなさい。

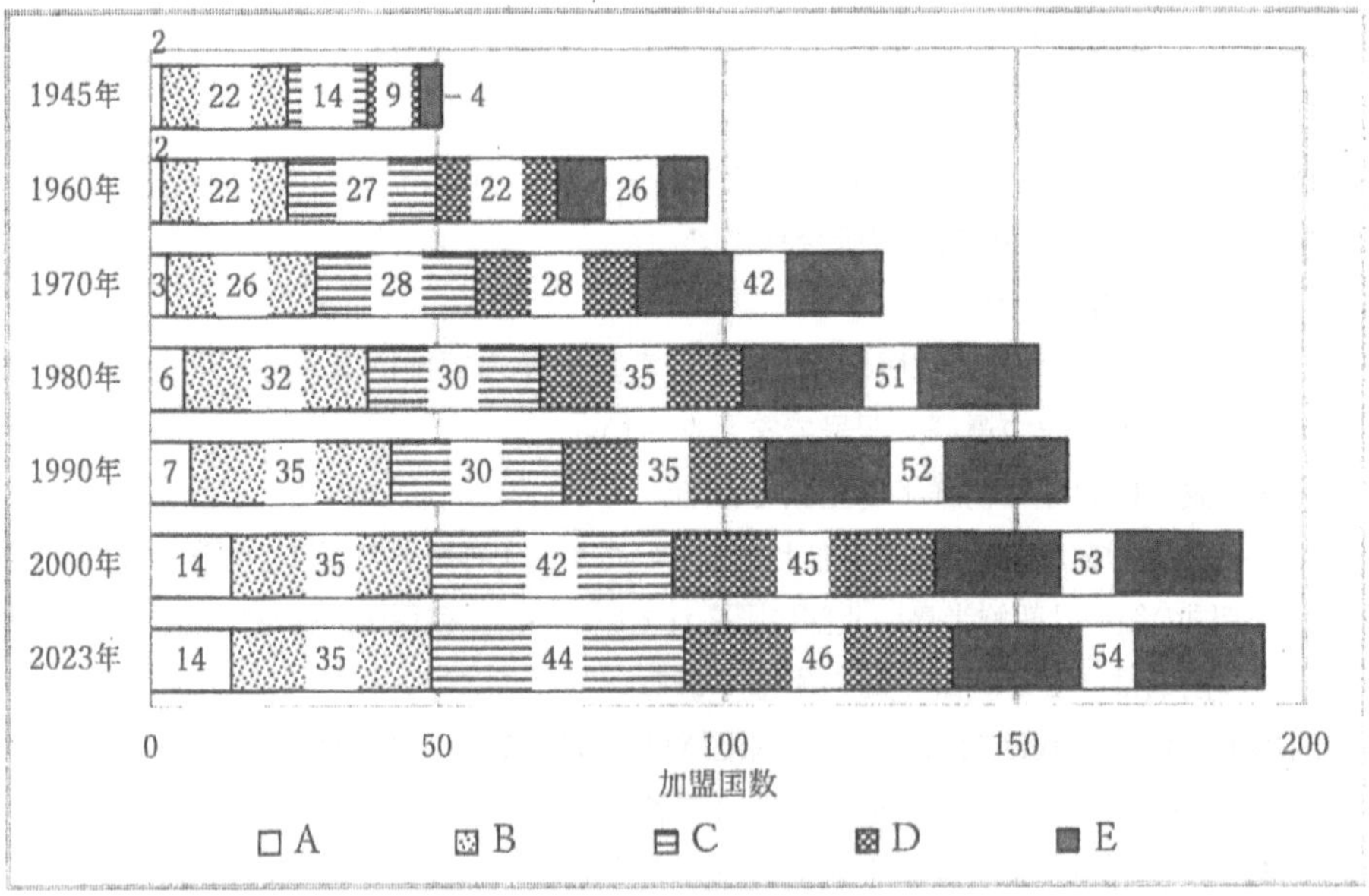

『最新政治・経済資料集2023』より作成。

（１）　1990年から2000年にかけて加盟国数が増加した理由を，国際情勢の変化をふまえて説明しなさい。

（２）　グラフ中のA～Eのうち，オセアニア，アフリカ，南北アメリカにあたるものの組合せとして正しいものを，次のア～エより一つ選び，記号で答えなさい。

ア　オセアニア－D　　アフリカ－E　　南北アメリカ－A

イ　オセアニア－A　　アフリカ－E　　南北アメリカ－B

ウ　オセアニア－D　　アフリカ－C　　南北アメリカ－A

エ　オセアニア－A　　アフリカ－C　　南北アメリカ－B

問3　下線部③について，WHOはすべての人々の健康を増進し保護することを目的として設立された機関です。これに関連して，日本の社会保障制度の4つの柱のうち，保健所を設置するなどして国民の健康の保持・増進を図ることを何というか，漢字4字で答えなさい。

問4　下線部④に関連して，内閣総理大臣に関する説明として正しいものを，次のア～エより一つ選び，記号で答えなさい。

ア　内閣総理大臣の指名は，衆議院のみに認められた権限である。

イ　内閣総理大臣が欠けたときは，内閣は総辞職をしなければならない。

ウ　内閣総理大臣は，国会議員のなかからすべての国務大臣を任命しなければならない。

エ　内閣総理大臣は，国会が議決した法律案を拒否する権限を持っている。

問5　下線部⑤に関連して，日本の安全保障をめぐるA～Cの記述のうち正しいものの組合せを，次のア～キより一つ選び，記号で答えなさい。

A　自衛隊は，サンフランシスコ平和条約と同日に結ばれた日米安全保障条約の調印をきっかけに警察予備隊にかわって発足した。

B　日本は唯一の被爆国として，核兵器を「持たず，作らず，持ち込ませず」の原則をかかげている。

C　国民主権や基本的人権の尊重とあわせて日本国憲法の基本原理である平和主義の理念にもとづき，日本国憲法第9条では，戦争放棄，戦力不保持，交戦権否認が明記されている。

ア　A　　イ　B　　ウ　C　　エ　AとB　　オ　AとC　　カ　BとC　　キ　AとBとC

問6　下線部⑥について，SDGsの目標10「人や国の不平等をなくそう」では，国内や国家間で起こる不平等をなくすことがめざされています。これに関連して，不平等の是正に関する説明として**誤っているもの**を，次のア～エより一つ選び，記号で答えなさい。

ア　ノーマライゼーションとは，あらゆる人が障がいの有無や年齢の違いなどに関わらず，ともに生活できる社会をめざす考え方である。

イ　特定の民族や国籍の人々を排斥《はいせき》する言動をヘイトスピーチといい，日本では差別的な表現にあたるとして解消に向けた法律が制定されている。

ウ　アムネスティ・インターナショナルは，発展途上国の無医村などの医療施設のない地域で医療活動を行うことを目的として設立された。

エ　発展途上国の生産者や労働者の生活改善と自立をめざして，発展途上国で生産された原材料や製品を公正な価格で取引することをフェアトレードという。

イ　弘美のせりふに敬語を入れないことで、彼女《かのじょ》と「私」の間柄《あいだがら》が、対等で、仕事に徹《てっ》したものであることを伝えている。

ウ　はる子さんを何かと思《おも》い浮《う》かべるところを入れることで、彼女に少なからず好意を持っていることを伝えている。

エ　「山菜も時季だし」「日差しがあるおかげで車内が暖かい」などの描写《びょうしゃ》で、初夏の季節感をかもし出している。

オ　入浴しなかったり、夕食どきでも食欲がわかなかったりする描写を通じて、一人暮らしの淋《さび》しさを強調している。

c　目を輝かせた　　d　目を皿にして

オ　a　応対がうまい　　b　せっかちに
　　c　満足げな　　d　目を皿にして

3　傍線部①・②には、ともに「寂しい」という語が登場する。「寂しい」気持ちの理由について、以下のように説明してみた。空欄に入る内容を自分で考え、指定字数内で答えなさい。

人が大勢いる町にいる、また、美味しかった妻の手料理を自分で作れる、どちらも［21～25字］ので、寂しい。

4　傍線部③「独居老人は地域とのつながりを大切にするようにという話」について、「私」はどのような考えや気持ちでいるか。最も適当なものを次のア～オから選び、記号で答えなさい。

ア　役所から言われたことに、当初は反発を感じたが、やはり言われたとおり、人付き合いを大切にしようと考え直し、「はる子さん」と親しくなろうと、あれこれ手段を考えている。

イ　家族がいなくても、買い物や料理、洗濯《せんたく》など自分の生活は自分で切り回せている自信があり、今さら、地域の生活支援《しえん》サービスは必要ないと息巻いている。

ウ　山小屋生活が長くなり、自分一人の生活に一抹《いちまつ》の不安を感じているところへ、役所からちょうどその不安を指摘《してき》してきたので、反射的に怒《いか》りを感じている。

エ　家族に見とってもらうならともかく、ひとりで自分の生活をきちんと保てている今、地域や行政に頼《たよ》る必要はなく、自分のペースで毎日をすごしたいと思っている。

オ　役所が、独居老人を脅すようなことばかり言うことに反感を持ち、現実的に、医者や看護師、町内の隣人《りんじん》をつなげる具体策をつくることは役所の仕事だと批判している。

5　傍線部④「そのハチミツは品質が落ちるんだ」と言った「私」が、傍線部⑤「ああ、やってみるよ」と気持ちを変えた理由として、当てはまらないものを、次のア～オから二つ選び、記号で答えなさい。

ア　クセがあって不味い蕎麦のハチミツが、工夫《くふう》しだいで魅力的《みりょくてき》なものになりうると分かったから。

イ　蕎麦のハチミツは、養蜂家には敬遠されがちであっても、栄養豊富で価値のあるものだと知ったから。

ウ　蕎麦粉のパンケーキが自分の好みの味で、これに蕎麦のハチミツを合わせるアイディアに乗り気になったから。

エ　クセのある蕎麦のハチミツだが、はる子さんなら、きっと、このハチミツを喜びそうな気がして、楽しくなったから。

オ　蕎麦粉のパンケーキは、亡妻の作ったパンケーキと通じるものがあり、その再現に蕎麦のハチミツが役立つと考えたから。

6　波線部A「だったら住みなれた場所でひとり静かに死にたい」と言っていた「私」が、波線部B「なんだかやる気が湧いてくる。そうとなれば、蕎麦百パーセントの濃いハチミツを作らねばなるまい」と考えるようになったのはなぜか。「私」の心情に即して、80字以内で説明しなさい。

7　本文の表現の効果と内容の説明として、最も適当なものを次のア～オから選び、記号で答えなさい。

ア　「～た」という文末を多く用いることで、読み手も「私」に寄り添《そ》ってその場にいるような気にさせる。

ろうと考えた。ここにはる子さんを連れて来たら、喜びそうな気がする。

「いいね、このパンケーキ。昼ご飯に、もう一枚くれる？」

「よかった。じゃあ、おじさん、蕎麦のハチミツもお願いします」

「⑤ああ、やってみるよ」

店を出て軽トラを走らせながら、クセが強くて嫌われものの蕎麦のハチミツも、純粋《じゅんすい》であれば価値があるのかと可笑《おか》しくなった。世の中には家で愛されているのに、大勢に交ざると変わり者に見える人間がいるものだ。Bなんだかやる気が湧《わ》いてくる。そうとなれば、蕎麦百パーセントの濃《こ》いハチミツを作らねばなるまい。

帰り道に山のなかまで入り、桜の木のそばに置いた巣箱の様子を見て、小屋に戻《もど》った。見ためよりもとにかく頑丈《がんじょう》であるようにと注文して、知り合いの大工に作ってもらった小屋は、平屋で窓が二つしかない。緑色のトタン屋根は雪が落ちるよう三角にして軒下《のきした》を広くとってある。

その軒下に干してあった洗濯物《せんたくもの》を取《と》り込みながら小屋に入ると、買ってきたものを冷蔵庫に入れた。米も袋ごと冷蔵庫の野菜室だ。もともとひとりであれば、それなりに身《み》の丈《たけ》に合った物を揃《そろ》えたのだが、冷蔵庫は家族向けの大型で、物干しハンガーも大きい。余った隙間《すきま》を見るにつけ、ひとりを思い知らされる。

昨日は麓《ふもと》にある町営温泉に行ったから、今日は風呂《ふろ》に入らなくていいことにする。あとはラジオでも聴《き》いて、ゆっくり晩飯を作ってゆっくり食べて、一日はおしまいだ。

夕日が沈もうとしても腹が空かないと思えば、昼のパンケーキか。それでは今夜は買ってきた卵とハムを焼いてY仕舞《しま》いにしよう。

（神田茜《あかね》『母のあしおと』より）

1　二重傍線部X「まかなえる」・Y「仕舞い」の、ここでの意味を次のア～オからそれぞれ選び、記号で答えなさい。

X「まかなえる」：ア　下ごしらえできる
イ　必要な分は手に入る
ウ　豊富に食べられる
エ　少しだが食事に出せる
オ　たくさん保管できる

Y「仕舞い」：ア　主なおかず
イ　楽しみ
ウ　終わり
エ　片付け
オ　主食

2　空欄a～dに入る語の組み合わせとして、最も適当なものを次のア～オから選び、記号で答えなさい

ア　a　愛想《あいそ》のいい　b　せっかちに
c　目を輝《かがや》かせた　d　顔をほころばせて

イ　a　応対がうまい　b　あわてて
c　顔をしかめた　d　顔をほころばせて

ウ　a　愛想のいい　b　あわてて
c　満足げな　d　手ぐすねをひいて

エ　a　物怖《ものお》じしない　b　てきぱきと

とう作ってはくれなかった。

「あ、忙《いそが》しい時間かい？」

「あ、おじさん。もうランチが落ち着いたところ。どうぞ」

「いや、お茶はいいよ。ほら、ハチミツ」

「あー嬉《うれ》しい。初物だ」

客商売をしているだけあって、［a］娘だ。なにやら相談したいことがあるのだと、カウンターの席に座《すわ》らされた。弘美は隣《となり》の椅子《いす》を引き、腰《こし》かけないうちから［b］話しだす。

「うちのひとの実家で蕎麦《そば》が穫《と》れるからね、蕎麦粉パンケーキの材料に使ってみたの」

「ああ、いいね、蕎麦」

そう言えば、店主の実家は、蕎麦や小麦や小豆《あずき》を作る農家と聞いた。

「けっこう美味しいパンケーキになったから、店の新メニューで出そうと思ってるんだけど。それで、蕎麦についていろいろ調べているうちにね、蕎麦のハチミツが体にいいって、最近売れてるんだって。知ってる？」

［c］弘美は、何か企《たくら》んでいそうだ。

「蕎麦のハチミツは昔から嫌《きら》われもんなんだよ。蜂の先生のところで舐《な》めたけど、クセがあって不味《まず》いんだ。だから養蜂家《ようほうか》は蕎麦の花が咲く前に採蜜をあせるの。ヘタをすると蕎麦の花が早く咲いて、混じっちゃうことがあって、④そのハチミツは品質が落ちるんだ」

「そうなんだ。ネットで一個買ってみたら、やっぱりクセがある味ね。でもね、ミネラル、鉄分がすごく多くて美容にいいんだって。せっかく蕎麦粉のパンケーキにするなら、蕎麦のハチミツかけたら面《おも》白《しろ》いんじゃないかと思って。おじさん、今年、採ってみてよ」

「蕎麦で？」

「そう」

レジ横の壁《かべ》に貼《は》ってあるカレンダーを見ながらすこし考えた。蕎麦の花が咲く時期は七月から八月だから、その時期までに新しい巣箱を置けばいい。店主の実家の畑に置かせてもらおうか。苦情が来ないように通学路などのない場所にしないといけない。まあ、知り合いの養蜂家に尋《たず》ねながら実験的に一箱だけやってみるか。

弘美の顔を見て「うん」と頷《うなず》いた。

「やったー。じゃあ、お願い」

「蕎麦は広いから、確実にハチミツは採れると思うけど、あの味はよっぽど使い方を考えないとね」

「それは研究しておくからさ」

［d］、弘美が試作品の蕎麦粉パンケーキを食べてみてほしいという。木の皿に載《の》ったそれをナイフで切って口に運ぶと、しっかり歯ごたえのある生地《きじ》だ。甘《あま》みを抑《おさ》えてあるので、蕎麦の香《かお》りをちゃんと感じられる。

「これはね、おやつとかデザートじゃなくて食事にしたいの。野菜サラダや、キンピラや、かぼちゃの煮《に》たのを載せて」

「その上から蕎麦のハチミツ？」

「バルサミコ酢とか、ヨーグルトと合わせて、新しいソースを作るの。まだ試作中だけど、体にいいほうが売りになるもんね」

その話を聞きながら、はる子さんなら体にいいパンケーキを好きだいつも常連で賑《にぎ》わっていそうだ。

連れ合いに先立たれた者が、賑やかな場所に行って大勢で騒《さわ》いで、それから家に帰ってひとりで寝《ね》るのはどんなに寂しいものか。いやしかし、それも私の性格上の問題で、私以外のひとり者は、大勢でいればすこしでも寂しさが紛《まぎ》れるものなのか。

ウインカーを上げて左折すると、大型スーパーの駐車場に軽トラを停《と》めた。

【　中略　】

スーパーの入口にソフトクリーム売り場があり、ちょっとした休憩《きゅうけい》スペースではいつも幼子らのはしゃぎ声がしている。そこの前を素通《すどお》りすると大きなカートを押《お》して、牛乳と卵、ハムの塊《かたまり》と、ツナやサバの缶詰《かんづめ》をカゴに入れた。あとは米を十キロ。小屋の冷蔵庫には、鮭《さけ》やホッケが冷凍してあるし、青野菜は小屋の前に種を蒔《ま》いて芽が出ている。山菜も時季だし、野菜類はしばらくXまかなえるだろう。空いている通路を選んでレジに向かった。

道子は毎朝作る味噌汁《みそしる》に、山で採ったきのこを入れていた。あとはウドの酢味噌和《すみそあ》え、ワラビのおひたし、フキの煮物《にもの》もよく作った。もう一度食べたいと思うが、自分で作る気にはならない。②私が作って美味《おい》しかったとしても、寂しいだけのような気がする。

カートに乗せたカゴと米の袋《ふくろ》をレジ台に置きながら、はる子さんにこんど山で採れた山菜を持って行こうと思いついた。

「ポイントカード、お持ちですか？」

レジの女性に問われ、あわてて財布《さいふ》からそれを取り出した。なんど来ても言われるまで出すのを忘れてしまう。

はる子さんも、道子と同じくらい長く家事をしてきたひとだ。もしも機会があったら、はる子さんの味付けで山菜料理を食べてみたい。一緒《いっしょ》に歩いて舞茸《まいたけ》の出る場所を教えてやりたい。そんなずうずうしいことを考えてみた。

運転席に乗《の》り込《こ》みながら、助手席にさっき放《ほう》り投げた郵便物のなかに、また役所からの集会の誘《さそ》いがあるのが見えた。こんな封筒《ふうとう》など持ってこないで捨ててしまえばよかったと、気分が沈《しず》んだ。役所の誘いに乗って行ったことがあるが、③独居老人は地域とのつながりを大切にするようにという話を聞かされるだけだった。どこぞで死後何日も経《た》った孤独《こどく》死体が見つかったなどと、老人を脅《おど》すようなことばかり言って、有難《ありがた》がるとでも思っているのだろうか。

ひとりで死ぬことの何が悪いというのか。死ぬ間際《まぎわ》に誰《だれ》かに「死にそうだ」と告げたとしても、看取《みと》ってくれるのは知らない医者か看護師か、町内の誰かだろう。Aだったら住みなれた場所でひとり静かに死にたい。

日差しがあるおかげで車内が暖かい。従妹《いとこ》の子どもがやっている国道沿いの喫茶店《きっさてん》に向かった。そこの弘美《ひろみ》という娘《むすめ》は札幌《さっぽろ》の調理師学校に行き、同級生と結婚《けっこん》して喫茶店を開いた。

お茶とパンケーキが売り物らしく、若い客でけっこう賑わっている。道子が元気なころは毎週食べに来ていた。道子はパンケーキがふわふわで美味しいと行っていたが、私にはやわらかすぎた。子どもたちが小さかったころに道子が作っていた、硬《かた》めで卵の味がするホットケーキが食べたくなった。店を出てからよくそう言ったものだが、道子は若いころ作ったホットケーキは失敗作だったと言い張って、とうべずに過ごす。温暖化が進むと解氷が早くなるため、狩りの期間が以前より短くなり、食物不足や母乳の脂肪分《しぼうぶん》不足で子グマの生存率が下がる。

オ　コムクドリという鳥は春に南から日本へ渡って子育てをする。コムクドリは桜の実を好んでヒナの餌として与えているが、温暖化による気温上昇が原因で桜の開花よりも子育ての開始が早くなり、餌が手に入りにくくなる。

6　空欄Cに入る語句として、最も適当なものを次のア～オから選び、記号で答えなさい。

ア　分布する魚種の変化　　イ　魚種ごとの適温の変化

ウ　多様な魚種の分布　　エ　魚種ごとの生態の変化

オ　世界の海水温の上昇

7　傍線部③について、「問題となること」の説明として、最も適当なものを次のア～オから選び、記号で答えなさい。

ア　環境変化に対応するために野生生物に複雑な変化が生じたことによって、同じ場所で単一種類が栽培される農作物に、野生生物と同様に深刻な生育障害が発生するようになったこと。

イ　野生の生物が地球温暖化の影響を受けて生活環境の変化に対応しているのとは異なり、人間の栽培する農作物は環境の変化に対応できずに、生育障害が発生するようになったこと。

ウ　野生生物が徐々《じょじょ》に進化しながら地球温暖化による環境変化を克《こく》服《ふく》しているのに、人間の手で育てられる農作物は地球温暖化に対応できないため、障害に苦しむようになったこと。

エ　人間が栽培している農作物についても、地球温暖化の影響を野生生物と同じように受けることで、高温早熟障害、黒星病、変色、分離などの生育障害が発生するようになったこと。

オ　さまざまな生物が共存している地球上において、明確に示されている地球温暖化の証拠に人間が気づかなかった結果、野生生物や栽培作物にも大きな被害《ひがい》が生じるようになったこと。

8　波線部「重要なことは、はっきりと地球温暖化のフィンガープリントが読み取れるようになったということです」とあるが、「はっきりと地球温暖化のフィンガープリントが読み取れるようになった」ことを、筆者はなぜ「重要」と考えているのか、本文の内容に即《そく》して80字以内で説明しなさい。

三　次の文章を読んで、後の問いに答えなさい。

ふたりの息子《むすこ》は東京で家庭を持ったので、私は定年を迎えてから親《おや》父《じ》が生前買っていた山のなかに山小屋のようなものを建てた。養蜂《ようほう》を始めるのが目的だったのに、道子はそこでの暮らしを気に入り、春から秋までは家よりも小屋に寝泊《ねと》まりすることが多くなった。道子がいなくなって三年半になるが、ひとりになった今も、雪のない時期は山にいて蜂《はち》の世話をしている。

いつか、はる子さんに「山でひとりじゃ、寂《さび》しいでしょう」と言われ、「いやあ、①町にひとりでいるほうが寂しいよ」と答えたことがある。はる子さんは怪訝《けげん》な顔をしていたが、あのころはまだご主人が健在で意味がわからなかったのだろう。

前を走るシルバーの車が右折して、パチンコ屋の駐車場《ちゅうしゃじょう》に入った。ほとんど行ったことはないが、パチンコ屋とカラオケ屋というのは、

2　空欄X内には、次のa～dの文が入る。a～dの正しい順番はどれか、最も適当なものを次のア～オから選び、記号で答えなさい。

a　というのは、野生植物は花が受精すると周辺部に花粉を振《ふ》り撒《ま》くだけでなく、虫にくっついたり、風に吹《ふ》かれたり、獣《けもの》の毛にくっついたり、鳥に食べられ遠くまで運ばれたり、というような方法で次の世代の子孫である花粉を広い場所に散らばらせているからです。

b　植物は自分では動くことはできませんが、生える場所は移動できるのです。

c　そして、その土地が植物の好む温度や湿度《しつど》であれば発芽して花を咲《さ》かせ、温度が高くて成育に好ましくなければ発芽しないままとなりますから、植物も生育の条件が良い土地に移動すると言えますね。

d　野生植物でいえば、高山植物がどの程度山の高い場所へと移動しているかが調べられています。

ア　a→b→d→c　　イ　b→d→c→a
ウ　d→a→b→c　　エ　a→d→c→b
オ　d→b→a→c

3　傍線部①「私は、この研究をとても高く評価しています」について、著者が高く評価している点として当てはまらないものを次のア～オから一つ選び、記号で答えなさい。

ア　長期間、さまざまな地域で動植物の動きを観察し続けている点。
イ　不規則的な変化や不十分なデータを注意深く確認《かくにん》している点。
ウ　記録を整理して、地球温暖化による変化を読み取っている点。
エ　採集者ごとのデータの矛盾や地域ごとの差を直している点。
オ　膨大《ぼうだい》な数の資料から、研究に必要な記録を見つけ出している点。

4　空欄Aに当てはまる言葉を、本文中から2字で抜き出しなさい。また、文中の空欄Bに当てはまる言葉を、文中の言葉を用いて5字以内で書きなさい。

5　傍線部②「その順序が狂うと野生生物が死に絶えることになりかねないのです」とあるが、その例として当てはまらないものを次のア～オから一つ選び、記号で答えなさい。

ア　エゾエンゴサクという花は雪解けとともに芽を出し、春に開花する。その花粉の受《う》け渡《わた》しをする役目はマルハナバチが担《にな》っているが、温暖化の影響でマルハナバチの出現よりも早く開花してしまい、種子ができなくなる。
イ　ジャイアントパンダは竹林に生息し、その竹を食物としている。野生の竹は数十年おきに開花するものもあり、その間に温暖化で気温や気候に変化が起こると生長できなくなる。その結果、竹林の減少や消滅《しょうめつ》につながり、ジャイアントパンダの生存がおびやかされる。
ウ　トナカイは夏の間に北極圏《ほっきょくけん》から植物の豊かなツンドラへ移動し、栄養を蓄《たくわ》えて秋の終わりに出産する。しかし、温暖化によって北極圏での結氷や降雪の状況が変化すると、ツンドラにおける夏の訪れが遅《おく》れ、食物不足で繁殖《はんしょく》が難しくなる。
エ　ホッキョクグマはアザラシなどの獲物《えもの》が豊富な春に海氷の上で狩《か》りを集中的に行って脂肪《しぼう》を蓄え、氷の解ける夏の間は何も食だヒナが育つ前に毛虫がいなくなり、マダラヒタキのヒナが腹を空《す》かせていて危機的状況《じょうきょう》である、ということが報告されています。マダラヒタキは、春先にアフリカから渡《わた》ってくる鳥で、ヨーロッパの温暖化が進んでいることを知らないままやって来て、毛虫がいなくなっているという困難に陥《おちい》っているようなのです。

海の魚の分布を調べた研究もあります。北海に潜《もぐ》って、どのような魚種が多く泳いでいるかを、地域ごとの分布を調べたものです。その結果、この30年の間にタラとかシャケ（サケ）とかの比較的低温を好む魚の分布の中心が、北に２００㎞も移動していることがわかってきました。海水温はいったん上がるとなかなか冷えず、地球温暖化の効果が持続して累積《るいせき》していきますから、[C]が明確にわかるのです。北極海の温暖化が進むとタラやシャケの行き所がなくなってしまうでしょう。やがて海水温が高すぎて生息できる場所がなくなり、死に絶えることになるかもしれません。

以上が地球温暖化のフィンガープリントの話題です。生態系というさまざまな生物が共存している地球上で、私たちの目には何も変わらないように見えて、実際には温暖化の効果がさまざまな形で現れていることがわかると思います。

③そこで問題となることがあります。人間が農作物として育てている植物は、常に人間に管理されているので、高山植物のようにより生育に適した土地へ移動するというわけにはいきません。その結果、農作物が暑さに負けて育ちが悪くなるという、地球温暖化による生育障害が起こるようになっているのです。イネが高温早熟障害によってコメ粒《つぶ》が白濁《はくだく》したり割れやすくなったりし、梅の実は春先に雨と高温があると黒星病が発生して黒い斑点《はんてん》ができ、ミカンは果皮が日焼けして褐《かっ》色《しょく》に変色したり果皮と果肉が分離《ぶんり》したりというふうに、さまざまな高温障害が報告されています。

犯人探しの推理小説に喩《たと》えると、地球温暖化のフィンガープリントの研究がかすかな痕跡（指紋）を辿《たど》って地球温暖化という犯人を炙《あぶ》り出しているのに対し、栽培《さいばい》植物の高温障害は明確な殺人事件の捜査《そうさ》のようなものかもしれません。犯人は高温であるとわかっていて、さてどのような方法で障害（殺人）を起こさせたかを調べるようなものですから。いずれにせよ、地球温暖化は地球の生態システムに大きな変化をもたらすであろうことは確かで、地球の持続可能性にたいする大きな問題になりつつあり、放っておくわけにはいかなくなっているのです。

（池内了《さとる》『なぜ科学を学ぶのか』より）

注　※この研究…「地球温暖化のフィンガープリント」の研究。今回抜《ぬ》き出した部分を含《ふく》む章では、新現象を予言した科学研究を複数紹介《しょうかい》しており、その一例として提示する言い方である。

1　空欄《くうらん》Ⅰ～Ⅲにあてはまる語句の組み合わせとして、最も適当なものを次のア～オから選び、記号で答えなさい。

ア　Ⅰ　ところで　Ⅱ　また　Ⅲ　かつ
イ　Ⅰ　とりわけ　Ⅱ　同様に　Ⅲ　すなわち
ウ　Ⅰ　さて　Ⅱ　さらに　Ⅲ　そして
エ　Ⅰ　たとえば　Ⅱ　あるいは　Ⅲ　つまり
オ　Ⅰ　すでに　Ⅱ　一方　Ⅲ　または

拠が示せるのではないでしょうか。

[X]　寒いところを好む高山植物も地球温暖化のために、より気温が低い場所、[Ⅲ]より高い場所へと「登る」わけです。

このようなさまざまな記録を世界各地から集約して、実際に地球温暖化が野生の動植物の分布にどのような影響《えいきょう》を与《あた》えているかを調べた研究があります。指紋を調べて犯人の挙動を推理するのに似て、長年の動植物の動きを指紋と同じように読み取り、地球温暖化がどのような痕跡《こんせき》を自然に与えてきたかを探ろうというわけです。

①私は、この研究をとても高く評価しています。まず、いろんな地域で動植物の地道な観察が行われ、それを何年にもわたって続けていることに敬意を表したいと思います。さらに、その報告を数多くの文献《ぶんけん》から探し出して整理し、地球温暖化のフィンガープリントとして歴史を読み取る研究の粘《ねば》り強さにも脱帽《だつぼう》しています。実際のデータは採集者ごとに矛盾《むじゅん》していたり、地域ごとの差があったりする上、年ごとの変化はジグザグで一辺倒《いっぺんとう》ではないし、不十分なデータを補わねばならない、というように実に注意深い研究が必要であるからです。

そして１５００種くらいの動植物のデータを集約して、この10年間に、野生の生物は約6㎞[A]し、高山植物は6ｍ[B]、鳥が卵を孵化《ふか》し、桜の花が開花するのが2・3日早くなったという結果が報告されています。「たったそれだけの変化なの?」と思われるかもしれませんが、このような変化が１００年続くとすれば、この結果を10倍しなければなりません。実際には地球温暖化は加速され、どんどん進み方が速くなっていますから、50年でこの10倍になり、１００年先には50倍になっているかもしれません。重要なことは、はっきりと地球温暖化のフィンガープリントが読み取れるようになったということです。地球の生物の分布に大きな変化が生じるようになっていると言えるのです。

この研究の予言が証明されつつあることを述べておきましょう。春先になると①植物の若葉が広がり、②昆虫の幼虫(毛虫)が蠢《うごめ》き始め、③鳥が卵をかえしてヒナの養育を開始します。実は、自然界がこの①—②—③の順序で春を迎《むか》えるということが、野生の生物にとってとても重要なことなのです。昆虫の毛虫は柔《やわ》らかい葉っぱしか食べられませんから、幼虫が蠢き始める頃には植物に新緑が芽を出していなければなりません。また、鳥はかえったばかりの幼いヒナに毛虫を餌《えさ》として与えますから、鳥が孵化してヒナとなるころには毛虫が蠢き始めていなければなりません。このように、植物の新緑の葉—毛虫—ヒナが、ほぼ同じ頃に順序を違えずに育っている必要があり、②その順序が狂《くる》うと野生生物が死に絶えることになりかねないのです。

例えば、植物の若芽が早く育ってしまい、毛虫が動き始める頃にはもはや固い葉っぱになっているとか、逆に植物の新緑が出るのが遅くなると、生まれた毛虫には食べ物がなく死んでしまうでしょう。あるいは、毛虫が現れるのが早すぎて、鳥のヒナが育つころにはチョウやガになって飛び回っていたら、親鳥もヒナのために必要な餌を集めることができないでしょう。何しろ、ヒナは1日に50匹は毛虫を食べるそうですから。だから、ヒナが育つころに毛虫がいなくなっていたら、ヒナは餌がなくて餓死《がし》してしまうことになります。野生生物が生き残る上では、微妙《びみょう》な時期の調節がなされる必要があるのです。

実際に、最近のヨーロッパの研究で、毛虫が育つのが早すぎて、ま

【国　語】〈五〇分〉〈満点：一〇〇点〉

【注意】＊　設問の都合で、本文には一部省略・改変がある。
＊　字数制限のある場合は、句読点なども字数に入れること。

一　次の傍線《ぼうせん》部《ぶ》のカタカナを漢字に直し、漢字は読みをひらがなで答えなさい。

1　各地のタンデンが日本のエネルギー需要《じゅよう》を支えていた。
2　重大なジキョクに直面している。
3　数多くのオウチョウが成立しては滅《ほろ》びていった。
4　誕生会にたくさんのお客さんをショウタイする。
5　自然の営みはまるで永遠に続くように見える。

二　次の文章を読んで、後の問いに答えなさい。

春が近づくと「桜前線」が日本列島を北上していくことで春の訪《おとず》れを思い、晩秋になると今度は「紅葉前線」が日本列島を南下していくことで冬の訪れを実感しています。日本列島がほぼ南北方向に並んでいるために、気温の上昇《じょうしょう》が南から北へ、気温の下降が北から南へと進んでいくことを、桜と紅葉で代表させていると言えるでしょう。

※この研究で取り上げるのは、例えば桜が開花する日がどれくらい早くなったか、紅葉が始まる日がどれくらい遅《おそ》くなったかで、地球の温暖化がどれくらい進んでいるかを調べようというものです。実は、桜前線は３００年以上前から暦《こよみ》などに書かれてきましたから、３００年の間の開花の記録があります。桜や紅葉だけでなく、さらに昔からのいろんな記録を使って、野生の動植物が地球の気温変化にどう反応したかを調べれば、地球が温暖化している証拠《しょうこ》が得られるのではないか、と期待できるでしょう。これを「地球温暖化のフィンガープリント（指紋《しもん》）」と言います。自然が何気なく残した「指紋」を読み取れば、過去の地球環境《かんきょう》の変化を探《さぐ》れるだろう、というアイデアです。

Ⅰ、比較的《ひかくてき》温度が低い場所を好むクマゼミが、日本列島を北上していることを知っていますか？　クマゼミは、最初九州や沖縄《おきなわ》の島々に生息していたのですが、少しずつ北上を続けて１９８０年代に関西の都市部で見られるようになり、１９９０年代には中部地方、２０００年代には神奈川や東京にまで広がってきたことが報告されています。クマゼミの生息地が北上しているのは確かなのです。実際にこのことを具体的に確かめようと、大阪や京都の博物館が呼びかけて子どもたちの協力を得て、いつクマゼミが鳴き始めたか、その数はどう変わったか、都市部と山間部でどんな違《ちが》いがあるか、などの観察が10年以上にわたって続けられました。その結果、クマゼミが鳴き出す時期は早くなり、関西での全体の数は減っており、都市部から山間部へと移動していることがわかってきました。やはりクマゼミは気温が高くなった場所から、比較的低温の場所へと移動しているようなのです。

Ⅱ、低温を好むツクツクボウシが鳴く時期が、8月末頃《まつごろ》であったのが、9月に入って鳴くようになり、そのうちに9月末になってやっと鳴き始めたというふうに、暑い時期が長引くのでツクツクボウシが姿を見せる時期が遅くなっていることも観察されています。その他のさまざまな昆虫《こんちゅう》（コオロギ、スズムシ、ホタル、カブトムシ、トンボなど）の分布の変化も併《あわ》せて調べれば、もっと地球温暖化の証

MEMO

大切なことはメモしておこうネ！

午後特別

2024年度

解 答 と 解 説

《2024年度の配点は解答欄に掲載してあります。》

＜算数解答＞

[1] (1) 10　(2) 189　(3) 67　(4) エ 3　オ 9　カ 20
[2] (1) 39　(2) 108　(3) 30.144　(4) 131.88
[3] (1) 202個　(2) 1011段　(3) 20100 cm^2　(4) 49段
[4] (1) サ 169点　シ 12通り　(2) ス 1種類　セ 13通り
[5] (1) 288cm^3　(2) 756cm^3　(3) 486cm^3

○配点○

[2](4) 7点　[4](1), (2)ス 各5点×3　(2)セ 8点　他 各6点×15([1](4)オ，カ完答)
計120点

＜算数解説＞

本 [1] **(四則計算，場合の数，集合，最小公倍数)**

(1) $63\div7+\frac{13}{10}\times\frac{7}{10}-\frac{4}{25}+\frac{1}{4}=9+\frac{91}{100}-\frac{16}{100}+\frac{25}{100}=9+\frac{100}{100}=10$

(2) 出た目の積が偶数になるためには大中小どれかの目が偶数である必要がある。ひとつも偶数が出ない，つまりすべて奇数になる出方は3×3×3＝27(通り)　目の出方は全部で6×6×6＝216(通り)　したがって，大中小どれかの目が偶数となる目の出方は216－27＝189(通り)

(3) 2で割り切れる数は100÷2＝50(個)　3で割り切れる数は100÷3＝33…1より33個　2と3の最小公倍数である6で割り切れる数は100÷6＝16…4より16個　したがって，2か3で割り切れる数は50＋33－16＝67(個)

(4) 1ヶ月の定期券の料金の差は3610－2810＝800(円)　弟が800円より多く切符を買えば弟の交通費の合計は兄より多くなる。弟が1回定期券を忘れると往復分である180×2＝360(円)交通費が余計にかかるので，800÷360＝2…80より，3回忘れると弟の交通費の合計が兄より多くなる。また，兄の交通費の合計と弟の交通費の合計が同じになるとき，1ヶ月の定期券の料金の差である800円の[オ]ヶ月分と，弟が1回定期券を忘れることによりかかる切符料金である360円の[カ]回分が同じ金額になる。つまり800×[オ]＝360×[カ]となり，これを求めるには800と360の最小公倍数を求めればよい。800と360の最小公倍数は7200であり，7200÷800＝9ヶ月分の定期の料金の差額と7200÷360＝20(回分)の切符の料金が等しくなる。

要 [2] **(平面図形，角度，面積，立体図形，体積)**

(1) 四角形ABCDは平行四辺形であるため，角DCB＝70°，角ABC＝110°　角ECB＝70－32＝38°であり，三角形CEBはCE＝CBより二等辺三角形なので，角EBC＝(180－38)÷2＝71°　角EBA＝110－71＝39°であり，DCとABは平行であることから，角CFE＝角EBA　したがって㋐＝39°

(2) 次ページの図の通り頂点に記号を付ける。ここでEはDGの延長線とBFの延長線の交点である。このとき，角EFG＝角BFA，角FGE＝角FAB＝120°，AF＝GFより，三角形AFBとGFEは

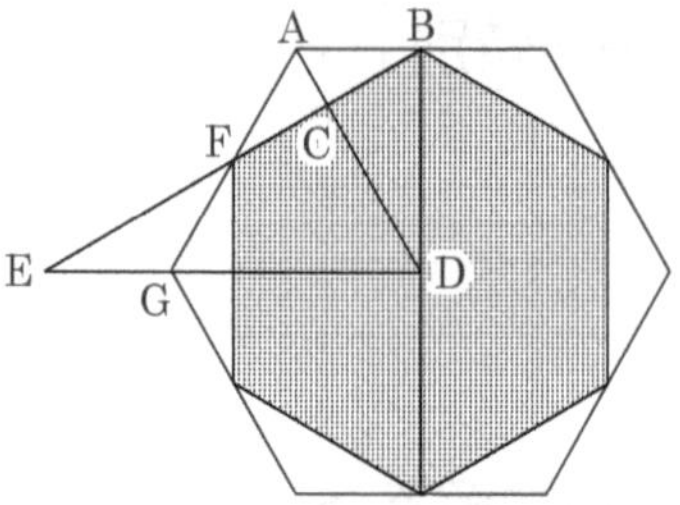

合同であり，EG＝AB　また，正六角形より，DGの長さは正六角形の一辺の長さと等しく，ABの長さの2倍。三角形ABCと三角形DECは相似であることから，AC：CD＝AB：ED＝1：3であることが分かる。このとき，三角形ABCの面積と三角形DBCの面積の比は1：3であることから，三角形ABD：三角形DBC＝4：3　正六角形の他の頂点についても同様に考えると，小さい正六角形の面積は大きい正六角形の面積の$\frac{3}{4}$であることがわかり，小さい正六角形の面積は$144\times\frac{3}{4}=108$(cm^2)

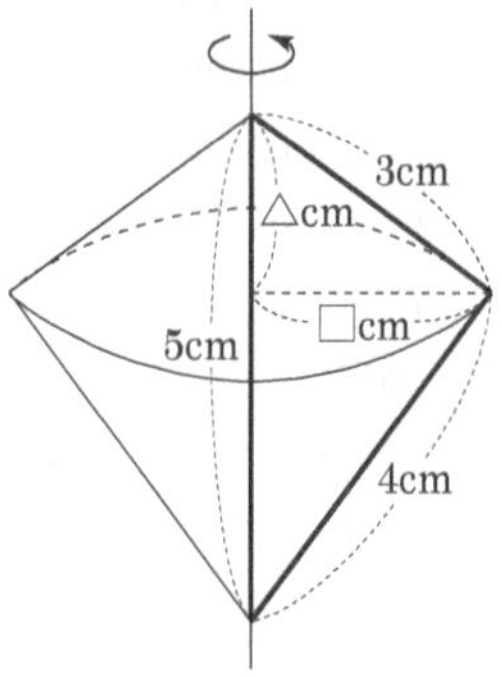

(3)　1回転させてできる立体は右図の通り。底面が同じ円である円すいを重ね合わせた立体。底面の円の半径を□cmとすると，三角形の相似を用いて，5：4＝3：□より，□＝2.4(cm)　同様に，上の円すいの高さを△cmとすると，5：3＝3：△より，△＝1.8(cm)　下の円すいの高さは5－1.8＝3.2(cm)　したがって，求める立体の体積は，$2.4\times2.4\times3.14\times1.8\times\frac{1}{3}+2.4\times2.4\times3.14\times3.2\times\frac{1}{3}=2.4\times2.4\times3.14\times5\times\frac{1}{3}=30.144$(cm^3)

(4)　1回転させたとき，図形が通る部分は下図の網掛け部分。両はしは中心角が90°，半径6cmのおうぎ形，中央部分の長方形は高さ6cm，

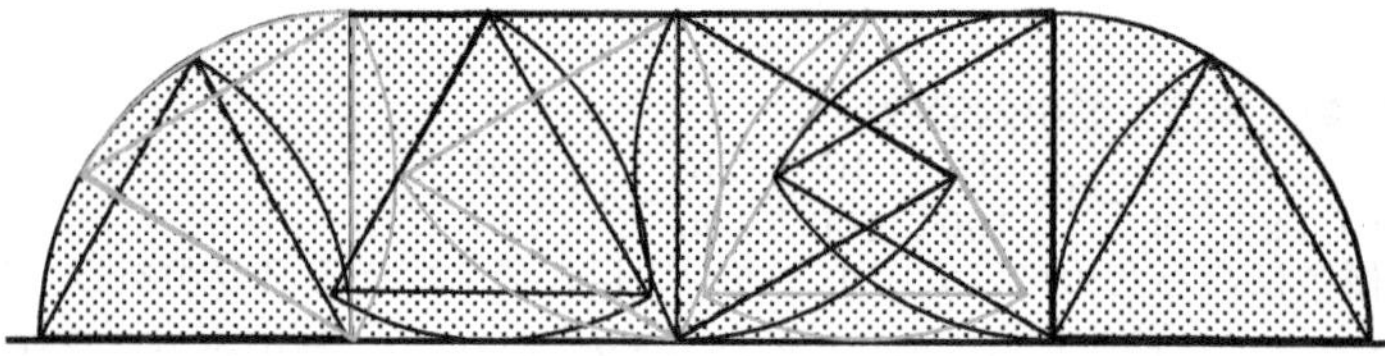

横の長さは中心角60°のおうぎ形の弧2つ分である$6\times2\times3.14\times\frac{1}{6}\times2=12.56$(cm)　したがって，斜線部分の面積は$6\times6\times3.14\times\frac{1}{4}\times2+12.56\times6=131.88$(cm^2)

重要 3　**(規則性)**

(1)　段が増えるごとに最上段の2個ずつ頂点が増加するので，100段のときの頂点の個数は4＋2×(100－1)＝202(個)

(2)　段数を□とすると，4＋2×(□－1)＝2024　(□－1)＝1010　□＝1011より，1011(段)

(3)　□段の面積は1～□までの合計となる。例えば3段の面積は1＋2＋3＝36(cm^2)。したがって，200段の面積は1＋2＋3＋…＋199＋200＝(1＋200)×200÷2＝20100(cm^2)

(4)　□段の面積は1～□までの合計であり，1＋2＋3＋…＋□－1＋□＝(□＋1)×□÷2＝1225(cm^2)　(□＋1)×□＝2450　50×49＝2450なので，□＝49であり，49(段)

重要 4　**(場合の数)**

(1)　最高得点は出来るだけ大きな数字の組み合わせ。3枚のカードが2種類のマークの組み合わせのとき，同じマークのカードの数は13と12，もう1種類のマークのカードの数は13のときが最高得点になり，得点は13×12＋13＝169(点)　また，4種類のマークから2種類のマークを選ぶ組み合わせは4×3＝12(通り)

(2)　手順(Ⅱ)で引いた3枚のマークが2種類のときの最高得点は169点であり，3種類のときの最高得点は13＋13＋13＝39(点)なので，いずれも240点に届かない。したがって，3枚のマークは1(種類)。240点になる3枚の組み合わせは(2，10，12)，(3，8，10)，(4，5，12)，(4，6，10)，(5，6，

8)の5通り。最高得点が240点なので，手順(Ⅱ)で引かれなかった数はそれぞれの組み合わせの一番小さい数より小さい数である。したがって，手順(Ⅰ)で選んだ4つの数の組み合わせは，(2，10，12，1)，(3，8，10，1)，(3，8，10，2)，(4，5，12，1)，(4，5，12，2)，(4，5，12，3)，(4，6，10，1)，(4，6，10，2)，(4，6，10，3)，(5，6，8，1)，(5，6，8，2)，(5，6，8，3)，(5，6，8，4)の13(通り)

難 5 **(立体図形，体積)**

(1) 切断した立体は右図1の通り。Bを含まない立体は三角すいとなり，体積は$12\times12\times\frac{1}{2}\times12\times\frac{1}{3}=288(\mathrm{cm}^3)$

(2) 切断した立体は右下図2の通りであり，点Aを含まない立体は三角すいが3つになる。この三角すい3つの体積は$6\times6\times\frac{1}{2}\times6\times\frac{1}{3}\times3=108(\mathrm{cm}^3)$　したがって，点Aを含む立体の体積は$6\times6\times6\times4-108=756(\mathrm{cm}^3)$

図1

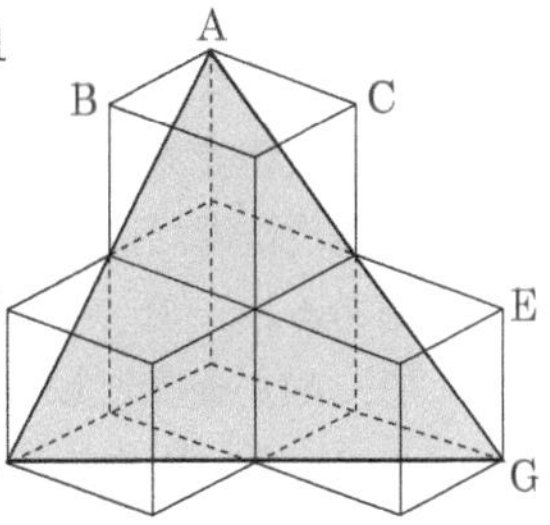

図2

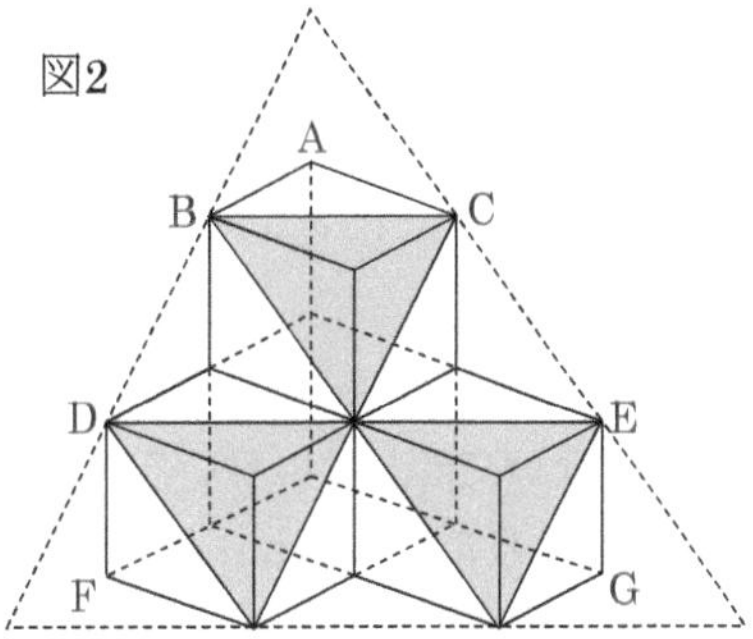

(3) 切断した立体は下図3の通り。A，D，Gを通る平面で切ったとき，Aを含む立方体は図3－1のように切断される。このうち，Bを含まない立体の体積は，大きい三角すいから小さい三角すいを引いて，$6\times6\times\frac{1}{2}\times12\times\frac{1}{3}-3\times3\times\frac{1}{2}\times6\times\frac{1}{3}=63(\mathrm{cm}^3)$　Dを含む立方体と，Aを含む立方体の下の立方体は図3－2のように切断される。このうち，Fを含む立体の体積は，2つの立方体から三角すいを引いて，$6\times6\times6\times2-6\times6\times\frac{1}{2}\times12\times\frac{1}{3}=360(\mathrm{cm}^3)$　Eを含む立方体は図3－3のように切断される。このうち，Eを含まない立体の体積は図3－1と同じであり，$6\times6\times\frac{1}{2}\times12\times\frac{1}{3}-3\times3\times\frac{1}{2}\times6\times\frac{1}{3}=63(\mathrm{cm}^3)$　したがって，3点A，D，Gを通る平面で切ったとき，点Fを含む立体の体積は$63+360+63=486(\mathrm{cm}^3)$

図3

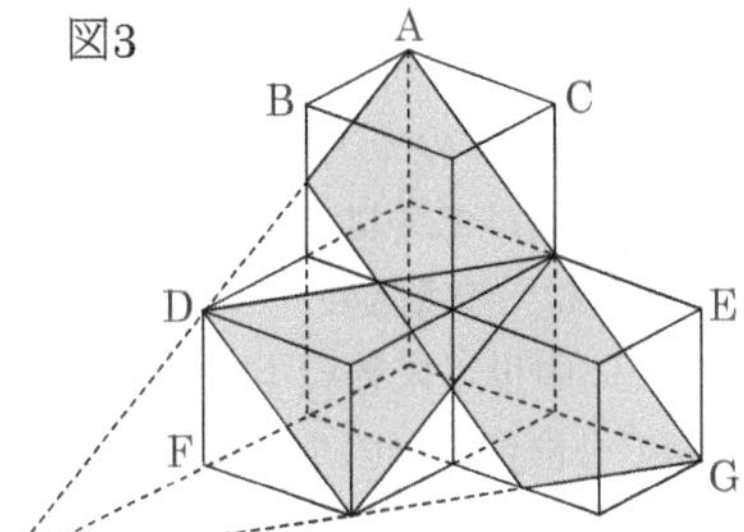

図3-1

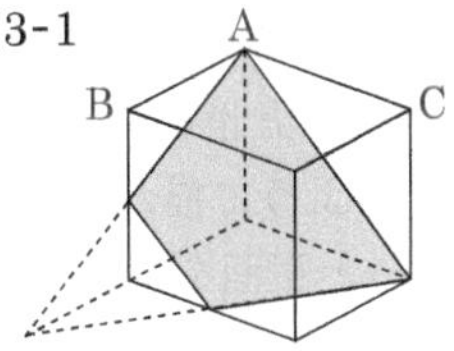

図3-2

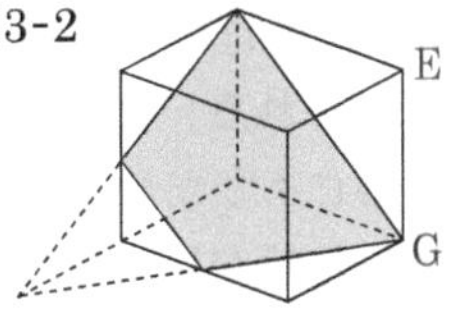

図3-3

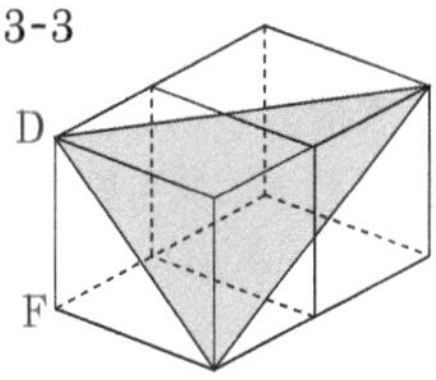

★ワンポイントアドバイス★

5は立体切断の問題。(1)，(2)はまだわかりやすいかもしれないが，(3)になるとちょっと複雑で，切断した後の立体をイメージできなかったかもしれない。解説のように分解してみることもトライしてみよう。

＜国語解答＞

一　1　ま(ぜ)　2　はつごおり　3　かいそ　4　くめん　5　しゃおく
二　1　文句　2　青雲　3　紅顔　4　機転　5　易(しい)
三　1　ア　2　(例)　レオナルド・ダ・ヴィンチの「聖アンナと聖母子」は，中世以来のキリスト教の教義上の約束事として決まっている象徴表現の意味を理解したうえで，人物の表情や複雑な動きを安定した構図にはめこむというたくみな技術を見ぬきその効果を味わうことが大切である。現代のアート作品は，絵の表面に残された目に見える形や色といった表象や表現技術だけでなく，絵の背景にある目に見えない作者の心象や意図を見ぬくことが重要である。　3　(例)　この画像は，AIが自分の意図で作り出したものではなく，人間の意思で，AIを道具として使って生成させたものにすぎない。ここには画像の作者の意思がふくまれていないため，この画像はアートとは言えない。

○配点○
一・二　各2点×10　三　1　6点　2　30点　3　24点　計80点

＜国語解説＞

一　(漢字の読み)

1の「ない交ぜ」はいろいろのものをまぜ合わせること。2はその冬に初めて張った氷のこと。3は組織をあらためること。4は金銭を整えるために，あれこれと工夫すること。5は会社の建物。

二　(漢字の書き取り)

1の「名文句」は心を動かすような，すばらしい言葉。2の「青雲の志」は立派な人物になろうとする心。3の「紅顔の美少年」は若々しく生き生きとした美しい少年のこと。4は物事に応じた対応ができる心づかい。5は簡単であること。同訓異字で思いやりがあるという意味の「優しい」と区別する。

三　(論説文－要旨・大意・細部の読み取り，記述力)

基本　1「十四世紀のジョットーや……十五世紀のマサッチオにおいてさえ，マリアもイエスも厳しい表情でじっと正面を睨んでいるように描かれていた」と述べているのでアがあてはまる。「マリアもイエスも厳しい表情でじっと正面を睨んでい」ない他の絵画はあてはまらない。

やや難　2　レオナルド・ダ・ヴィンチの「聖アンナと聖母子」については，文章Aの「しかしながら……」から続く2段落で「はっきりと教義的な内容を備えており……中世以来教義上の約束ごととして決まっている象徴表現が……見られる」こと，【中略】以降で「群像構図のモティーフ」が「きわめて複雑な動きを示」しているにもかかわらず「安定した構図のなかに見事におさめられている」ところに「レオナルドの絶妙な技巧が見てとれる」と述べていることをふまえ，これらの内容をレオナルド・ダ・ヴィンチの「聖アンナと聖母子」の鑑賞のしかたとしてまとめる。現代のアート作品については，文章Bの最後の段落で「20世紀のアート」は「絵の表面に残された目に見えるかたちや色といった表象やその表現技術ではなく，絵の背景にある，直接は見えない作者の心象や意図に鑑賞の対象の中心が移っていくことになります」と述べていることをふまえ，これらの内容を現代のアート作品の鑑賞のしかたとしてまとめる。

重要　3　解答例では，AIを道具として使っているだけで作者の意思がふくまれていないことを理由に，AIが作成した画像はアート作品とは言えないことを述べている。反対に，アート作品と言える場合は，AIが描いたということを前提に鑑賞する，AIの意思も人間の意思と同様にとらえて鑑賞する，などが考えられる。いずれの場合も，なぜそのように考えるかの理由を明確にして述べていこう。

★ワンポイントアドバイス★

論説文の記述問題では，記述に必要な本文の箇所を的確に読み取っていくことが重要だ。

第1回

2024年度

解　答　と　解　説

《2024年度の配点は解答欄に掲載してあります。》

＜算数解答＞

[1]　(1)　$\frac{4}{25}$　　(2)　62　　(3)　2　　(4)　$\frac{105}{26}$

[2]　(1)　33　　(2)　$\frac{3}{2}$　　(3)　1008

[3]　(1)　90分　　(2)　①　15分　　②　15分

[4]　(1)　4cm　　(2)　9cm　　(3)　27　　(4)　108

[5]　(1)　①　28cm　　②　16875cm^3　　(2)　7875cm^3

○配点○

[4](2)，[5](1)①　各5点×2　　他　各6点×15　　　計100点

＜算数解説＞

基本 [1]　**(四則計算，数の性質，最大公約数・最小公倍数)**

(1)　$\frac{26}{100}\times\frac{33}{13}-\left(1\frac{6}{8}-\frac{1}{8}\right)\times\frac{4}{13}=\frac{33}{50}-\frac{13}{8}\times\frac{4}{13}=\frac{33}{50}-\frac{1}{2}=\frac{4}{25}$

(2)　$\frac{100}{17}$－([イ]－13)÷17＝3　　([イ]－13)÷17＝$\frac{49}{17}$　　[イ]－13＝49　　[イ]＝62

(3)　個数を多くするためには30円のチョコレートを出来るだけ多く買えばよい。1000円で30円のチョコレートは1000÷30＝33…10より，最も多くて33個買える。チョコレートを33個購入すると合計990円であり，50円のアメとあわせてちょうど1000円にすることはできない。同様に32個買うと960円，31個買うと930円であり，アメとあわせてちょうど1000円にすることはできない。チョコレートを30個買うと900円であり，アメを2個買えばちょうど1000円となる。したがって，個数の合計が最も多いとき，50円のアメの個数は2(個)

(4)　$\frac{260}{21}$，$\frac{182}{15}$のいずれにかけても積が整数になるためには，分子は21と15の公倍数，分母は260と182の公約数である必要がある。その中で最小の分数は，分子が21と15の最小公倍数である105，分母が260と182の最大公約数である26となる$\frac{105}{26}$

重要 [2]　**(平面図形，角度，面積，立体図形)**

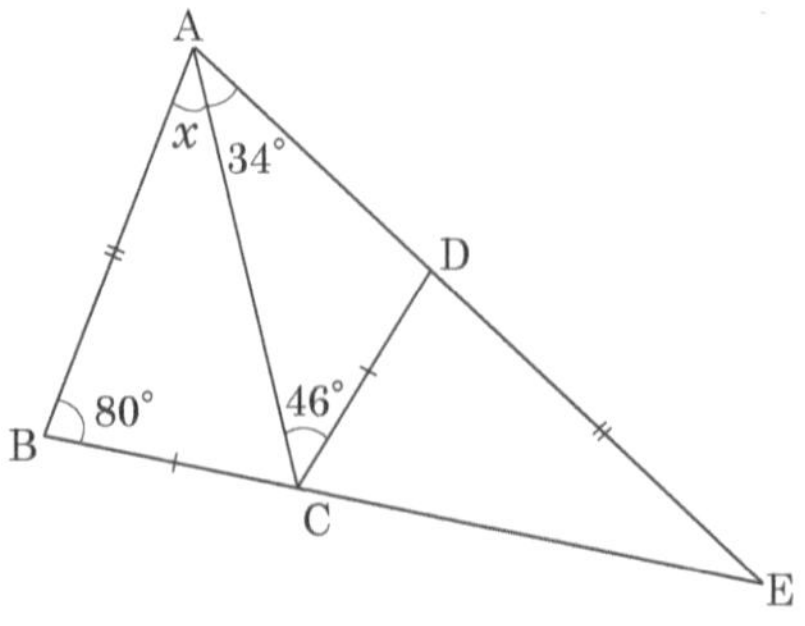

(1)　角DAC＝34°，角ACD＝46°より各CDA＝180－(34＋46)＝100°であり，角CDE＝80°　　三角形ABCと三角形EDCにおいて，AB＝ED，BC＝DC，角CBA＝角CDE＝80°より三角形ABCと三角形EDCは合同である。したがって，角DEC＝xなので，三角形ABEにおいて，x＋34＋x＋80＝180　　x＋x＋114＝180　　x＋x＝66　　x＝33(度)

(2)　角BEG＋角EBG＋角EGB＝180°，角EGB＋角EGI＋角IGC＝180°より角BEG＝角CGI　　角EBG＝角GCI＝90°であり，角BEG＝角CGIなので，三角形EBGと三角形GCIは相似　　同様に，三角形GCIと三角形FHIも相似　　GC＝6(cm)より

GI＝$\frac{15}{2}$(cm)　AE＝EG＝5(cm)より，もとの正方形の一辺の長さは9cmなので，IH＝9－$\frac{15}{2}$＝$\frac{3}{2}$(cm)　三角形GCIと三角形FHIは相似なのでFH＝2(cm)

したがって，三角形IHFの面積は2×$\frac{3}{2}$÷2＝$\frac{3}{2}$(cm^2)

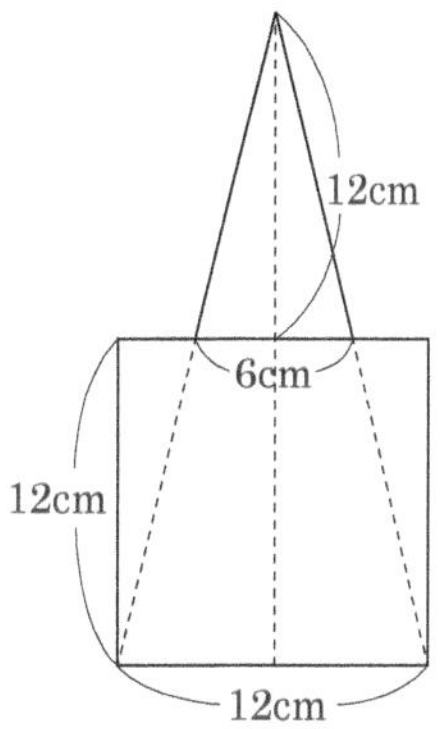

(3)　正面からこの立体を見ると右図の通り。正四角すいと立方体が重なっている部分は，正四角すいから立方体の外に出ている正四角すいを除いた立体である。正四角すいの体積は12×12×24×$\frac{1}{3}$＝1152(cm^3)

立方体の外に出ている正四角すいの体積は6×6×12×$\frac{1}{3}$＝144(cm^3)

したがって，重なっている部分の体積は1152－144＝1008(cm^3)

要 3　**(仕事算)**

(1)　太郎君が1人で1分する掃除の量を①とすると，45分掃除をするので，全体の掃除の量は㊺。全体の$\frac{2}{3}$は㊺×$\frac{2}{3}$＝㉚なので，残りは⑮。これを太郎君と次郎君で40－30＝10(分)で掃除をするので太郎君と次郎君の二人で掃除をする場合の1分当たりの掃除の量は⑮÷10＝(1.5)。したがって，次郎君が1人で1分する掃除は(1.5)－①＝(0.5)。全体の掃除の量は㊺なので，次郎君が1人で子供部屋を掃除すると㊺÷(0.5)＝90(分)

(2)　①　半分の掃除の量は㊺÷2＝(22.5)　2人で1分間にする掃除の量は(1.5)なので，(22.5)÷(1.5)＝15(分)

②　残りの半分を35－15＝20(分)で掃除したことになる。太郎君だけで残りの半分を掃除すると(22.5)÷①＝22.5(分)かかるところを，2人で20分なので，太郎君の掃除の時間は22.5－20＝2.5(分)短くなったことが分かる。つまり，太郎君が2.5分かかる掃除の量を次郎君がしてくれたことになるので，次郎君が掃除をしてくれたのは(2.5)÷(0.5)＝5(分)　したがって，次郎君が休んでいたのは35－15－5＝15(分)

難 4　**(平面図形)**

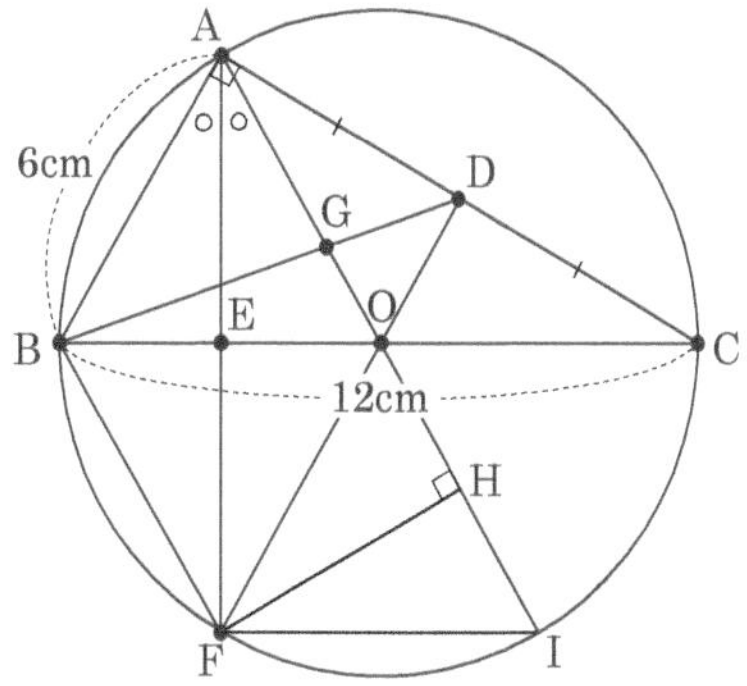

(1)　ODを結ぶ。DはACの真ん中の点であり，OもBCの真ん中の点なので，三角形ABCと三角形DOCは相似。相似比は2：1であり，ODの長さは3cm　三角形GABと三角形GODも相似であり，相似比はAB：OD＝6：3＝2：1　したがって，AG：OG＝2：1であり，OAの長さは円の半径の6cmなので，AGの長さは6×$\frac{2}{3}$＝4(cm)

(2)　ABとAOの長さが6cmで等しく，角BAEと角OAEが等しいので三角形ABEと三角形AOEは合同　したがって，BE＝EOであり，EO＝6÷2＝3(cm)なので，ECの長さは3＋6＝9(cm)

(3)　AB＝AO＝BO＝6(cm)より三角形ABOは正三角形であり，角BAE＝角OAE＝30°，角AOE＝角ABE＝60°，角AEB＝角AEO＝90°　三角形AOCはAO＝OCより二等辺三角形であり，角CAO＝90－60＝30°，角ACO＝30°　角AEO＝角FEO＝90°，角AOE＝60°＝角DOC＝角EOFより，角OAE＝角OFE＝30°　また，OE＝BE，角OEF＝角BEF＝90°より三角形OEFと三角形BEFは合同であり，角EFB＝30°，角EBF＝60°　以上から，角EBF＝角EAC＝60°，角ACE＝角BFE＝30°であり，三角形EBFと三角形EACは相似。したがって，AE：EC＝BE：EFであり，AE×EF＝EC×BE＝9×3＝27

(4)　FからAOの延長線上にひいた垂線の足をHとし，AOの延長線と円との交点をIとおく。三角形AOFはOA＝OF(円の半径)より二等辺三角形であり，角OAF＝角OFA＝30°なので，角AOF＝120°　よって，角FOI＝60°であり，OI＝OFより三角形OFIは正三角形　三角形OFHと三角形IFHは(2)と同様，合同であり，OH＝6÷2＝3(cm)なので，AHの長さは6＋3＝9(cm)　また，三角形AFHと三角形CBAは相似(角FAH＝角BCA＝30°，角FHA＝角BAC＝90°)　したがって，AC：BC＝AH：AFであり，AC×AF＝BC×AH＝12×9＝108

やや難 5　**(立体図形，体積)**

図1

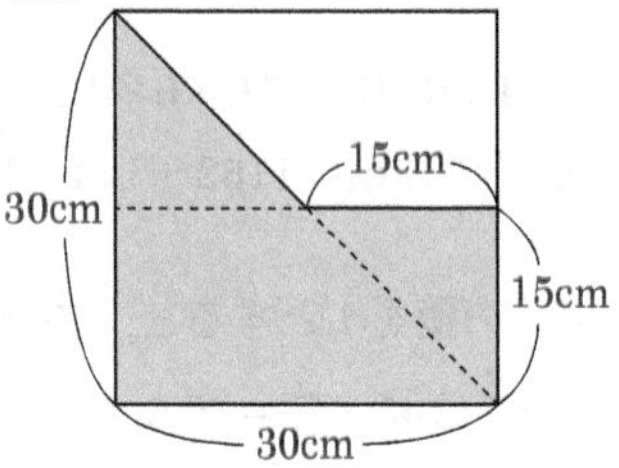

図2

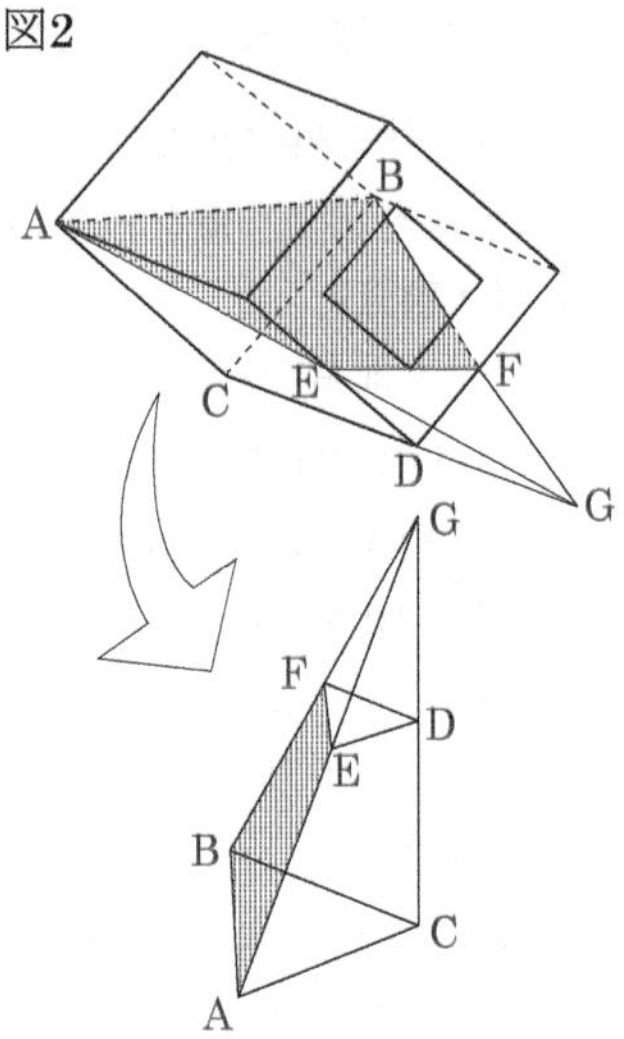

(1)　①　入っている水の量は15×30×30＝1350(cm³)　したがって，$(x+2)\times30\div2\times30=1350$　$x+2=30$　$x=28$(cm)

②　側面において，水の通過した部分は右図1の網掛け部分の通り。この部分の面積は(30＋15)×15÷2＋15×15＝337.5＋225＝562.5(cm²)　したがって，水が通過した部分の体積は562.5×30＝16875(cm³)

(2)　残っている水は右図2の通り，大きい三角すいから小さい三角すいを除いたものとなる。大きい三角すいの体積は$30\times30\times\frac{1}{2}\times60\times\frac{1}{3}=9000$(cm³)　小さい三角すいの体積は$15\times15\times\frac{1}{2}\times30\times\frac{1}{3}=1125$(cm³)　したがって，残っている水の体積は9000－1125＝7875(cm³)

★ワンポイントアドバイス★

4(3)，(4)は長さの積を求める問題。長さが求まればかけ算すれば良いが，積を求められているということは，あえて長さを出す必要はない。積を出すためには比が使えることをおさえておこう。

<理科解答>

1　問1　20g　問2　12cm　問3　34g　問4　2cm　問5　3.75kg　問6　20cm
問7　70g　問8　ばねばかり1　42g　ばねばかり2　28g

2　問1　ア，イ　問2　13.5時間　問3　軽くなり上にあがる　問4　(1)　イ　(2)　ウ
(3)　ア　(4)　ア　問5　温度があがりにくい　問6　867L

3　問1　地球が太陽の周りをまわる動き(公転)　問2　計算式　360÷24＝15　数値　15
問3　計算式　360÷12＝30　数値　30　問4　④　30　⑤　イ　問5　おとめ座
問6　7月　問7　うお座

4　問1　ウ　問2　(1)　カーボンニュートラル　(2)　温室効果ガスの排出量と吸収量を均衡させること　問3　イ，ウ，エ，オ　問4　クーリング

○配点○

1 問8 各1点×2 他 各2点×7 2 問4 各1点×4 他 各2点×5(問1完答)
3 問2，問3 各1点×2 他 各2点×5(問4完答)
4 問1，問3 各1点×2(問3完答) 他 各2点×3 計50点

＜理科解説＞

1 (てこ・てんびん・滑車・輪軸―てんびん)

本 問1 てんびんでは，支点の両側で(おもりの重さ)×(支点からの距離)が等しくなるとてんびんが水平につりあう。おもり②の重さを□gとすると，40×15＝□×30 □＝20(g)である。なお，棒の重さは棒の中心(重心)に糸をつなげているので，考慮しなくてもよい。

問2 MDの長さを□cmとすると，40×15＝10×30＋25×□ □＝12(cm)

要 問3 ここではたこ糸を付ける位置を中心からずらしたので，棒の重さも考える必要がある。棒の重さ30gは棒の中心(重心)部分にかかると考えてよいので，位置Nから5cm左に30gの重さがかかる。さらに⑤と⑥を考えて，おもり⑥の重さを□gとすると，20×35＋30×5＝□×25 □＝34(g)

問4 さおばかりの目盛り0の位置をEから□cmとすると，Eからさおの中心までの距離は40－16＝24(cm)なので，500×16＝250×24＋1000×□ □＝2(cm)になる。

問5 最大の重さを□gとすると，Bから2cmの位置に分銅をつり下げるときが最大の重さになるので，(□＋500)×16＝250×24＋1000×(78－16) □＝3750(g) よって3.75kgまではかれる。

要 問6 点Rの左右のおもりの重さの比は50：20＝5：2になる。点Rでつり合うので，点Rから左右のおもりまでの距離の比は2：5になる。PQの長さが35cmなので，PRの長さは$35\times\frac{2}{7}=10$(cm)であり，ARの長さは20cmになる。

問7 棒の重さは考えなくてもよいので，2つのばねばかりにかかるおもりの重さの合計は70gになる。このとき70gの重さが点Rにかかると考えてよい。

問8 距離の比はAR：RB＝20：30＝2：3なので，ばねばかり1にかかる力：ばねばかり2にかかる力＝3：2になる。全体の重さが70gなので，ばねばかり1の表示は$70\times\frac{3}{5}=42$(g)，ばねばかり2の表示は$70\times\frac{2}{5}=28$(g)になる。

2 (燃焼―ろうそくの燃え方)

要 問1 ろうそくの炎の温度は，酸素が最も多く完全燃焼できる外炎の部分が最も高い。ろうの主成分のパラフィンは炭素，水素，酸素を含むので，燃焼すると二酸化炭素のほかに水も発生する。液体のろうは熱せられて気体となりこれが燃える。水で湿らせた割り箸は，温度の高い外炎の部分で燃焼して黒くなるが，内炎の部分では燃焼できない。芯の近くの炎心の部分では，ろうの気体が発生している。ガラス管を入れると，気体のろうが白い煙になって出てくる。

問2 ろうそくが燃え尽きる時間はろうそくの体積にのみ比例するので，$\frac{1.5\times1.5\times3.14\times15}{0.5\times0.5\times3.14\times10}=\frac{27}{2}=13.5$ よって13.5時間かかる。

問3 気体は熱せられると軽くなって上昇する。そのため空気が上に運ばれて，炎が上に伸びた形になる。

問4 (1) コップをかぶせると酸素が入ってこられなくなるので火が消える。 (2) 水をかけると温度が下がるので，発火点以下の温度になり火が消える。 (3) 息を吹きかけるとロウの気

体が吹き飛ばされるので，燃える物質がなくなり火が消える。 (4) 芯をピンセットでつまむと，ろうが芯を上がってこられなくなり燃える物質がなくなるため火が消える。

問5 ものが燃えるためには，温度が発火点以上になる必要がある。ビニール袋に水が入っているのでビニール袋の温度が発火点以下になるため，炎が当たる部分の温度が上がらず燃えない。

問6 500gの水の体積は$\frac{500}{0.98}$$cm^3$であり，これが水蒸気になると1700倍の体積になるので，$\frac{500}{0.98}\times 1700 \div 1000 = 867.3 \fallingdotseq 867$(L)になる。

3 (星と星座―星の日周運動と年周運動)

基本 問1 星が1年かけて地球の周りを1周するように見える運動を年周運動といい，これは地球が太陽の周りを公転しているからである。

基本 問2 地球は1日で1回転するので，1時間当たりでは360÷24＝15°進む。

基本 問3 地球は1年で太陽の周りを1周するので，1ヶ月あたりでは360÷12＝30°移動する。

重要 問4 2か月後の午後10時には真南より西に30×2＝60°の位置に見えるが，その2時間前の午後8時にはこれより15×2＝30°東の位置にある。よって真南から30°西の位置に見える。

重要 問5 午前0時に南の空にいて座が見えるので，このときの地球の位置はいて座と太陽を結んだ線上にある。これより2か月前の地球の位置は太陽を中心に反時計回りに60°戻った位置にある。このとき午前0時に南の空にてんびん座が見える。この時刻より2時間前の午後10時にはこれより30°西のおとめ座が南の空に見えていた。

問6 6月20日の午前0時におとめ座が地平線に沈むので，これより2時間前の午後10時に地平線に沈むのは，地球がさらに30°進む7月20頃である。

問7 地球がAの位置にあるとき，日没時刻の東の空にうお座が見える。その後，真夜中にうお座は南の空に見えるようになる。

4 (環境と時事―地球温暖化・カーボンニュートラル)

問1 日本政府は2050年までに，温室効果ガスの排出を全体としてゼロにする脱炭素社会の実現を目指すと宣言している。

問2 (1) 温室効果ガスの排出を全体としてゼロにする取り組みを「カーボンニュートラル」という。 (2) 温室効果ガスの排出量を0にするのではなく，排出量と吸収量がつり合い結果的に温室効果ガスが増えない社会を目指すということ。

問3 森林の保全は温室効果ガスの削減に有効な手段であるが，排出量の削減とは関係ない。その他はすべて排出量を削減する取り組みである。

問4 冷房の効いた部屋を開放し，暑さをしのぎ熱中症などの対策に役立てることを目的とした施設をクーリングシェルターという。

★ワンポイントアドバイス★

物理分野からの出題が多い。計算問題も出題されるので，問題演習で対応するように備えたい。また，ニュースなどで理科に関係する話題には注目しておくこと。

＜社会解答＞

1 問1 ア　問2 カ　問3 (1) サ　(2) 日照時間の長い北上盆地に沿って立地している。　問4 ナ　問5 ヘ　問6 (1) 北上川　(2) ム

2 問1 ウ　問2 イ　問3 ア　問4 ウ　問5 ア　問6 江戸時代初期には幕府のために戦う役割が求められていたが，綱吉の時代には朱子学を学んで，主君に忠実にはたらく役割が重視された。　問7 エ　問8 イ　問9 イ　問10 イ　問11 イ　問12 ウ　問13 イ　問14 エ　問15 (1) 高句麗　(2) 倭寇　(3) 種子島　(4) ジュネーヴ[ジュネーブ]

3 問1 弾劾　問2 法の精神　問3 消費税が導入され，段階的に引き上げられたから。

4 問1 ア　問2 ウ　問3 カ

○配点○

1　問1 1点　他 各2点×7

2　問4・問5・問6・問15(1)～(4) 各2点×7　他 各1点×11

3　問3 2点　他 各1点×2　4 各2点×3　計50点

＜社会解説＞

1 (日本の地理－「岩手県」を起点とした問題)

重要 問1 米の生産比率は1971年よりも2021年のほうが低いことから，Aが2021年，Bが1971年と判断できる。さらに，岩手県よりも秋田県のほうが米の産出量が多いことからCが岩手県，Dが秋田県と判断できる。

問2 やませが北東からの冷たい風で，秋田県よりも岩手県のほうが作況指数が低いことから特定していきたい。

重要 問3 (1) サは宇和海であり，三陸海岸と同様にリアス海岸の地形となっている。 (2) 「日照時間が長い」「北上盆地付近」といった要素を盛り込む必要がある。

問4 焼津港のトップのHがカツオ類で，2021年の大船渡のトップのIがイワシ類で，残ったGがサンマという流れで特定していきたい。

基本 問5 J 将棋の駒は山形県天童市の工芸品である。 K 「鉄鋼や石油化学の工場」ではなくIC工場である。

問6 (1) 北上川は日本で5番目に長い河川である。 (2) M 大正2年の時点で，仲町は住宅街であったが，桜台は水田が広がっていた。

2 (日本の歴史－古代から現代)

基本 問1 ア 「銅」が不適。 イ 「桓武天皇」ではなく聖武天皇である。 エ 「商人たちは～」が不適。

問2 ア 「百済の王から」が不適。 ウ 「隋」ではなく唐である。 エ 「百済」ではなく新羅である。

問3 イ 「天武天皇」ではなく文武天皇である。 ウ 「律」と「令」が逆である。
エ 「郡司」が不適。

基本 問4 ア 「足利尊氏」ではなく足利義満である。 イ 「朱印状」ではなく勘合符である。
エ 「綿織物」が不適。

問5 イ 「キリスト教～」が不適。 ウ 「比叡山延暦寺」が不適。 エ 「貴族の荘園」が不適。

重要 問6　幕府の政治が武力・強権の発動による武断政治から学問・教育を奨励し人心をおさえる文治政治に移行したことを踏まえる必要がある。

問7　アは11代将軍家斉の時代，イは天保の改革時であり，ウは「御成敗式目」ではなく，公事方御定書である。

重要 問8　ア　「浮世絵」ではなく「浮世草子」である。　ウ　「滝沢馬琴」ではなく十返舎一九である。エ　江戸を中心に発展した文化は化政文化である。

問9　ア　「綿糸」ではなく生糸である。　ウ　「代わって～」が不適。　エ　「鉄鋼業や～」が不適。

問10　アは赤痢菌の発見者で，ウはタカジアスターゼを創製し，エは黄熱病の研究を行った人物である。

問11　ア　「小村寿太郎」ではなく西園寺公望である。　ウ　「イタリア」ではなくドイツである。エ　ワシントン会議の説明となる。

問12　ウ　沖縄返還時は「池田勇人」内閣ではなく，佐藤栄作内閣である。

問13　ア　「自衛隊」ではなく警察予備隊である。　ウ　「地主の反対～」が不適。　エ　ソ連とは1956年の日ソ共同宣言で国交が回復した。

基本 問14　国連で包括的核実験禁止条約が採択されたのは1996年となる。

問15　(1)　高句麗は白村江の戦いの直後の668年に滅亡した。　(2)　倭寇は北九州や瀬戸内海沿岸の漁民や土豪が中心であった。　(3)　鉄砲伝来時の種子島の領主は種子島時尭である。
(4)　ジュネーブはスイス南西部に位置する。スイスは19世紀以降永世中立国である。

3　(政治－裁判・租税)

問1　弾劾裁判所は衆参両院で7名ずつ選出された裁判員で構成されている。

基本 問2　法の精神の中で，「三権分立」が主張されている。

重要 問3　「消費税の導入」「段階的な引き上げ」について触れる必要がある。

4　(政治－「選挙」を起点とした問題)

基本 問1　イ・ウ　アダムズ方式は都市部の意向が反映されやすく，地方の声が国会に届きにくい。エ　「差が広がる」が不適。

問2　ア　「市議会」ではなく市長である。　イ　「2百人」が不適。　エ　「投票した9万人」が不適。

問3　x　3900万(賛成票)÷1億(有権者総数)×100＝39(％)　y　3900万(賛成票)÷8000万(投票総数)×100＝48.75(％)　z　3900万(賛成票)÷7700万(有効投票総数)×100≒50.65(％)

★ワンポイントアドバイス★

本校の問題には，単純知識だけでは対応できない問題が多いので，日頃から思考力を鍛えておこう。

＜国語解答＞

一　1　見聞　2　景勝　3　結実　4　音信　5　けいけい

二　1　Ⅰ　イ　Ⅱ　カ　Ⅲ　ウ　2　エ　3　ア　4　エ　5　慎重に正しい手順で身体の訓練を行うこと　6　(1)　オ　(2)　感覚―運動スキル　7　(最初)身体による　(最後)れてこない　8　最初すぐには何も見えないが，光の刺激を受けそれに応じ身体を動かす経験を積み，視覚的な表れと触覚的な表れを結びつけ，事物を知覚する。

三　1　A　ア　　B　オ　　C　イ　　2　(例)　大好きな元の飼い主がいると気づいたから。
3　a　美月　　b　母親　　4　(例)　飼い主が病気で，犬を飼える状況にないが，タヌ吉ともう一度一緒に暮らすことを目標にして頑張っているので人に預けて返してもらいづらくしないため。　5　イ・オ　　6　ウ　　7　エ

○配点○
一　各2点×5　　二　1　各2点×3　　4・6(1)・7　各5点×3　　8　10点　　他　各4点×4
三　2　6点　　4　11点　　5　各3点×2　　6・7　各5点×2　　他　各2点×5　　計100点

＜国語解説＞

一　(漢字の読み書き)

1は見たり聞いたりして得た経験や知識。2は風景がすぐれていること。3はよい結果が得られること。4は手紙などによる連絡。5は，たやすく，いかにも簡単に，という意味。

二　(論説文－要旨・大意・文章構成・細部の読み取り，接続語，空欄補充，記述力)

本　1　空欄Ⅰは直前の内容からの予想とは異なる内容が続いているのでイ，Ⅱは直前の内容を言いかえた内容が続いているのでカ，Ⅲは「……からである」の形で直前の内容の理由が続いているのでウがそれぞれ当てはまる。

2　一文の「そんなこと」は「身体で覚えるものは……」で始まる段落最後の「知覚される世界，感覚される世界は，赤ん坊でも大人とたいして変わらない。こう思われるかもしれない」ということを指し，一文の後，次段落で「知覚や感覚も……次第に習得されるものである」と続くのでエが適当。

要　3　□直後で，「手で触れれば，どちらが立方体で，どちらが球かを正しく述べることができる」と述べているのでアが適当。直後の内容をふまえて，「触覚によって」「言葉を習得した」ことを説明していない他の選択肢は不適当。

4　「手で知っている」ことである傍線部①の説明として直後の段落で，「脳と手のあいだには，双方向的な信号のやりとりがあ」り，「双方向的なやりとりを繰り返すことによって……手の巧みな動きが可能になる」と述べているのでエが適当。直後の段落内容をふまえていない他の選択肢は不適当。

5　傍線部②は直前の段落で述べているように「身体で覚える」ための「身体をつくる」練習のことで，「身体で覚えるのは……」で始まる段落で「身体で覚える」ことについて，「慎重に正しい手順で身体の訓練を行うこと(19字)」が何よりも重要であることを述べている。

要　6　(1)　傍線部③は「世界……に応じて身体を動かすという経験を積んで……そのような世界との交わりの経験」によって「それぞれの事物が互いに明確に区別される」ことなので，その人自身の経験を積むことで，事物を区別できるということではないオは当てはまらない。　(2)　最後の2段落で，「分節化された知覚が成立するためには……事物から新たな刺激を探り出し，その刺激に応じて身体……を適切に動かすということを繰り返していく必要があ」り，「このような『刺激の探り出し』を適切に行う能力」を「感覚―運動スキル(8字)」とよばれることを述べている。

7　最後の段落で，傍線部④の考え方に必要な「感覚―運動スキル」は「事物との交わりを通じて……習得」し「このスキルを用いて事物から刺激を適切に探り出すことによって，分節化された知覚を得る」と述べており，このことと同様のこととして「知覚や感覚もまた……」で始まる段落で「身体による世界との交わりがなければ，世界は分節化されて立ち現れてこない(35字)」

と述べている。

やや難　8 「生まれつき眼の見えない人が開眼手術を受け」た後について「しかし，じっさいは……」で始まる段落で，「すぐには何も見えない」→「立方体や球から光の刺激を受け，それに応じて身体……を動かすという経験を積まなければならない」→「立方体と球の視覚経験のなかには，触覚経験が入りこんでいる」，と述べていることをふまえ，「生まれつき眼の見えない人」が事物を見分けられるようになる，すなわち事物を知覚する段階を指定字数以内で説明する。

三 (小説－心情・情景・細部の読み取り，空欄補充，記述力)

基本　1 空欄Aは間に入って和らげるものという意味でアが適当。イはすぐれた才能，エはもとになる材料，オは音を吸収させて防音するもの。「消耗財」「消耗品」という言葉はあるがウは用いられない。Bは悲しさや寂しさなどで胸がしめつけられるような気持ちを表すオが適当。Cは個人的な感情を入れずに考えたり，行動したりするという意味のイが適当。

2 傍線部①後で，車椅子に乗っている女性のところにまっすぐ走っていくタヌ吉の様子，その女性の母親らしき女性が摩耶子と智美に「『……いつもお世話になっています』」とあいさつしていることから，その女性がタヌ吉の飼い主であることが読み取れるので，これらの内容をふまえ，タヌ吉が①のようになった理由を指定字数以内で説明する。

基本　3 「面会は……」で始まる場面で，傍線部②aの「女性」に摩耶子が「『じゃあ……』」とあいさつすると「彼女の母が頭を下げ」，さらに摩耶子が「『……美月さん，お大事にしてくださいね』」と話しかけていることから，aは「美月」，bは美月の「母親」ということが読み取れる。

やや難　4 「彼女たちと別れて……」で始まる場面で，美月の難病の治療のためにこちらに引っ越して犬を飼える状況ではなくなっていること，美月はもう一度タヌ吉と一緒に暮らしたいと望んでおり，人に預けてしまうと情がうつって返してくれとは簡単には言えなくなるから，タヌ吉はブランケットにいることが描かれているので，これらの内容と設問の指示の「飼い主」が美月であることをふまえて，傍線部③の理由として指定字数以内で説明する。

5 傍線部④a・④bの場面の摩耶子と美月の会話から，④aでは，今も元気なタヌ吉が以前も困るぐらい元気だったことを思い出して懐かしむ気持ち，④bでは，タヌ吉をブランケットに預けてもう二年も経った淋しさと今も美月のことを覚えていてくれるタヌ吉への愛情が読み取れるが，イの「タヌ吉が台無しにした物……を思い出し，つらくなった」とオの「意欲がかきたてられた」は当てはまらない。

6 最後の場面で，「『自分の仕事が犬を幸せにしているなんて思わない……』『でもね，この仕事があることで，犬と飼い主との間に，選択肢がひとつ増えるの。それは誇りに思っているわ』」と摩耶子が話していることからウが適当。アの「犬の幸せな生活を維持しているという強い誇り」，イの「犬自身が……感じているかについては自信が持てない」，エの「勝手な事情」，オの「飼い主に反発を感じている」はいずれも不適当。

重要　7 傍線部⑥前の「飼い主の抱えている事情が，よんどころないものか，身勝手かなんて，犬にはわからない」という智美の心情と，⑥のように智美にも喜んでなついているタヌ吉の様子からエが適当。アの「自分が飼い主の替わりとなれるよう」，イの「タヌ吉に同情して暗い気持ち」，ウの「やるせない気持ち」，オの「拍子抜けした気持ち」はいずれも不適当。

★ワンポイントアドバイス★

論説文では，具体例を通して何を述べようとしているのかをしっかり読み取ろう。

●2024年度　第2回 問題　解答●

《配点は解答欄に掲載してあります。》

<算数解答>

1　ア　54.2　イ　2160　ウ　6　エ　16　オ　425　カ　38

2　キ　45　ク　$\frac{39}{8}$[4.875, $4\frac{7}{8}$]　ケ　33.7　コ　386.22　サ　4

3　(1)　$989.1cm^3$　(2)　$678.24cm^3$

4　(1)　(a, b, c, d)＝(1, 1, 1, 3), (1, 1, 3, 1), (1, 3, 1, 1), (3, 1, 1, 1), (1, 2, 1, 2), (1, 2, 2, 1), (2, 1, 1, 2), (2, 1, 2, 1)　(2)　20通り　(3)　34通り

5　(1)　7.5%　(2)　11.8%

○配点○

3(2)　7点　4　各5点×3　他　各6点×13(1ウ・エ完答)　計100点

<理科解答>

1　問1　気体の発生が止まった　問2　右図　問3　E
問4　0.4g　問5　55.7g　問6　水酸化カルシウム
問7　青色　問8　0g　問9　生じた気体が容器から放出されなかったから

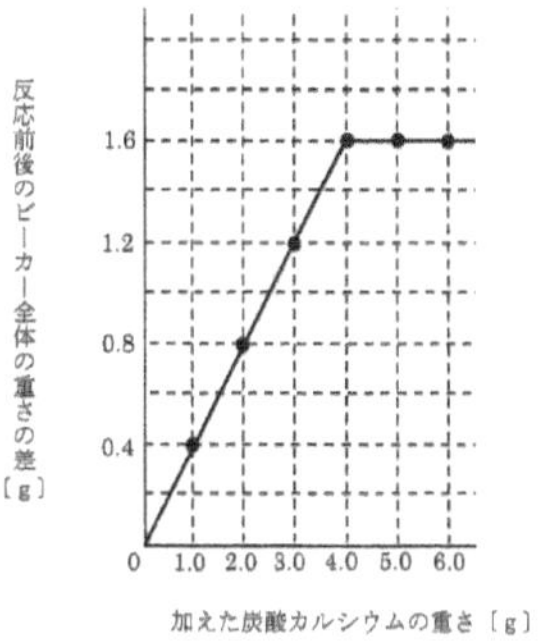

2　問1　イ　問2　ウ　問3　ア　問4　エ
問5　(スズラン)　ウ　(カラスウリ)　イ　問6　ウ
問7　黄色の紙の位置を覚えている　問8　明るさ
問9　花粉を遠くへ運んでもらえない

3　問1　B, E, F　問2　C, D　問3　B, E　問4　オ
問5　イ　問6　イ　問7　ウ, オ

○配点○

1　問2　3点　他　各2点×8

2　問7・問9　各3点×2　問8　2点　他　各1点×7

3　問1・問7　各3点×2(各完答)　他　各2点×5(問2・問3各完答)　計50点

<社会解答>

1　問1　(ア)　80　(イ)　2　問2　C　問3　キ　問4　(1)　ブラジル　(2)　K。高冷地でのレタスなどの抑制栽培を，流出し不足する若年男性にかわり，外国人がうけ負うため。

2　問1　エ　問2　コ　問3　サトウキビ[さとうきび]

3　問1　奴国　問2　盾型銅鏡か蛇行剣　問3　ワカタケル大王　問4　万葉がな[万葉仮名]
問5　枕草子　問6　北条泰時　問7　寺子屋　問8　井原西鶴

4　問1　イ　問2　ア　問3　イ　問4　エ

5　問1　キ　問2　イ　問3　ア　問4　第一次世界大戦[第1次世界大戦]

問5　日本は東南アジアへの勢力拡大による日中戦争の解決を試みたが，中国を支援するアメリカやイギリスなどは日本に石油輸出を禁止するなど経済制裁を加えた。対立がつのったので日本は太平洋戦争の開戦に踏み切った。

6　問1　ASEAN[東南アジア諸国連合]　　問2　(1)　冷戦の終結にともない，旧ソ連が解体して加盟国が増加しているため。　　(2)　イ　　問3　公衆衛生[保健医療]　　問4　イ　　問5　カ　　問6　ウ

○配点○

1　問2・問3　各2点×2　　問4(2)　3点　　他　各1点×3　　2　問3　1点　　他　各2点×2
3　各1点×8　　4　各2点×4　　5　問4　1点　　他　各2点×4
6　問4～問6　各2点×3　　他　各1点×4　　計50点

＜国語解答＞

一　1　炭田　　2　時局　　3　王朝　　4　招待　　5　いとな(み)

二　1　エ　　2　オ　　3　エ　　4　A　北上　　B　高く登り　　5　イ　　6　ア　　7　イ　　8　地球上では，私たちの目には何も変わらないように見えて，実際には温暖化の効果が表れていることがわかり，地球の持続可能性について放っておくわけにはいかなくなるから。

三　1　X　イ　　Y　ウ　　2　ア　　3　今はもう妻がおらず自分が一人だと強く感じる　　4　エ　　5　ウ，オ　　6　クセのある蕎麦のハチミツを，一人でいたがる変わり者の自分と重ね，ハチミツのクセも純粋であれば価値があるなら，自分こそそれを作るのにふさわしいと思ったから。　　7　ウ

○配点○

一　各2点×5
二　5～7　各5点×3　　8　10点　　他　各4点×5
三　1・5　各3点×4　　2　4点　　3　8点　　4・7　各5点×2　　6　11点　　計100点

2023年度

★★★★★★★★★★★★★★★★★★★★★★★★

入　試　問　題

2023年度

昭和学院秀英中学校入試問題（午後特別）

【算　数】（60分）　＜満点：120点＞

【注意】 円周率は3.14とし，角すいや円すいの体積はそれぞれの角柱や円柱の体積の$\frac{1}{3}$とします。

1 次の［　］に当てはまる数を答えなさい。

(1) $2\frac{6}{7}\times\left\{\frac{2}{3}-\left(0.7\times5\frac{5}{7}-3\frac{3}{23}\right)\div2.4\right\}=$［ア］

(2) $1+2+4+5+7+8+10+11+\cdots\cdots+997+998+1000+1001=$［イ］

(3) 2023より小さい整数の中で，2023との最大公約数が1であるものの個数は［ウ］個です。なお，289は素数ではありません。

(4) 歯の数が90の歯車Aと歯の数が120の歯車Bがかみ合って動いています。歯車Aの回転数は歯車Bの回転数の［エ］倍になります。さらに，歯車Bの歯の数を30増し，歯車Bの回転数を20%増すと，歯車Aの回転数は，もとの回転数の［オ］倍になります。

2 次の［　］に当てはまる数や番号を答えなさい。

(1) 右の図は半径6㎝のおうぎ形OABと半径2㎝のおうぎ形OCDを重ねたものです。重なっていない斜線部分の周の長さが44㎝のとき，斜線部分の面積は［カ］cm^{2}です。

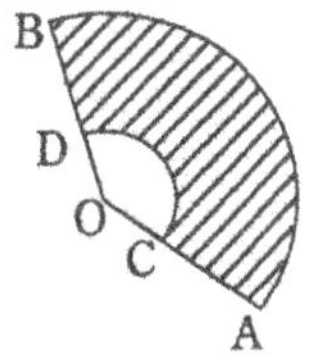

(2) 右の図において，xの角度は［キ］度です。

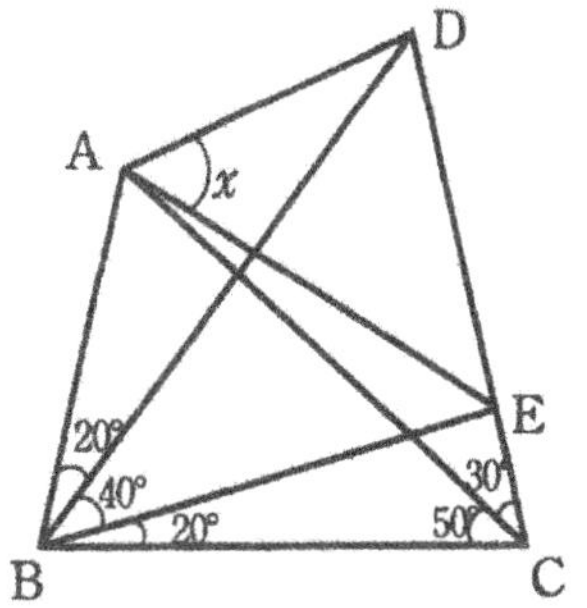

(3) 右の図のように東西に7本，南北に8本の道があります。図のA地点からB地点まで遠回りしないで行く道順は［ク］通りです。そのうちP地点もQ地点も通らない道順は［ケ］通りです。

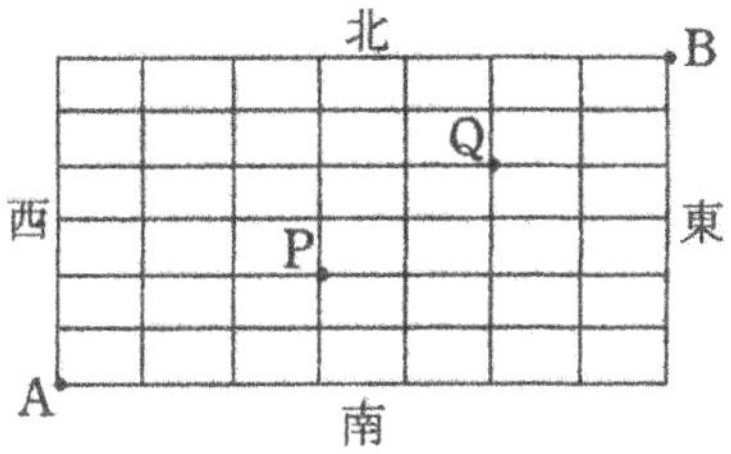

(4)　矢印が書かれた半径１㎝のコインが右のようなコースをＳからＧまで滑ることなく転がっていきます。直線部分の長さの和は半径1.5㎝の円の周の長さと等しいです。Ｇについたときのコインの向きを下の①～⑧の中から番号で答えると [コ] です。

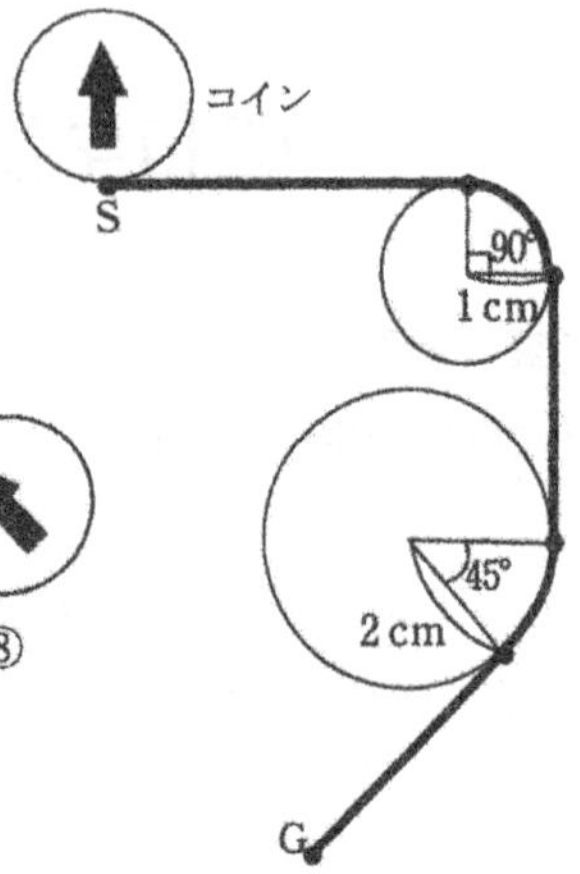

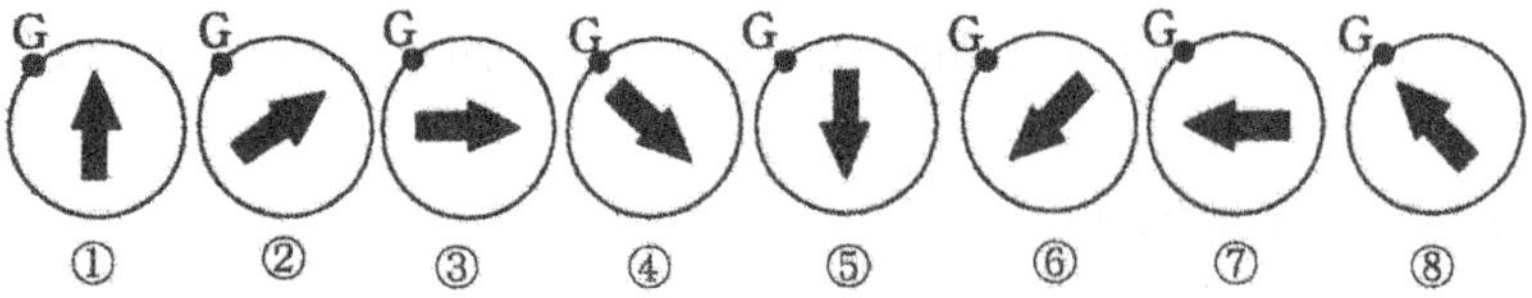

[3]　硬貨を何枚かずつ組み合わせて合計金額をつくる方法が何通りあるか考えます。ただし，使わない硬貨があってもよいものとします。例えば，10円玉と50円玉を組み合わせて合計500円を作る方法は，全部で11通りあります。次の各問いに答えなさい。

(1)　10円玉と50円玉を組み合わせて合計5000円をつくる方法は，全部で何通りありますか。

(2)　10円玉と50円玉と100円玉を組み合わせて合計10000円をつくる方法は，全部で何通りありますか。

[4]　次の各問いに答えなさい。

(1)　１辺の長さが７㎝の正方形があります。この４つの各辺を３：４に分ける４点を結んで，元の正方形の内部にさらに正方形を作ります。作った正方形の面積を求めなさい。

(2)　右の図のような六角すいがあります。底面は１辺の長さが３㎝の正六角形で，頂点Ｐから底面の正六角形の各頂点までの長さはすべて５㎝，六角すいの体積は30.6cm^3です。
この六角すいの底面積を求めなさい。

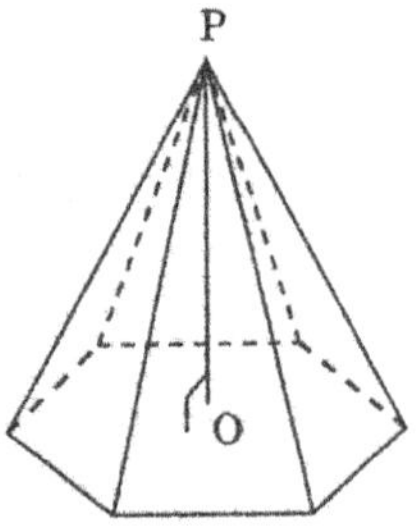

(3)　(2) の六角すいを２点Ｐ，Ｏを含む平面で切るとき，切り口の面積が最も小さくなるように切断します。このときの切り口の面積を求めなさい。

[5]　右の図のようなマス目があります。１マスのたてと横の長さはそれぞれ１㎝です。このマス目のたてと横が重なる点を頂点とする正方形を作ります。例えば，面積が１cm^2の正方形を作るには図のABCDを結ぶと作れることになります。

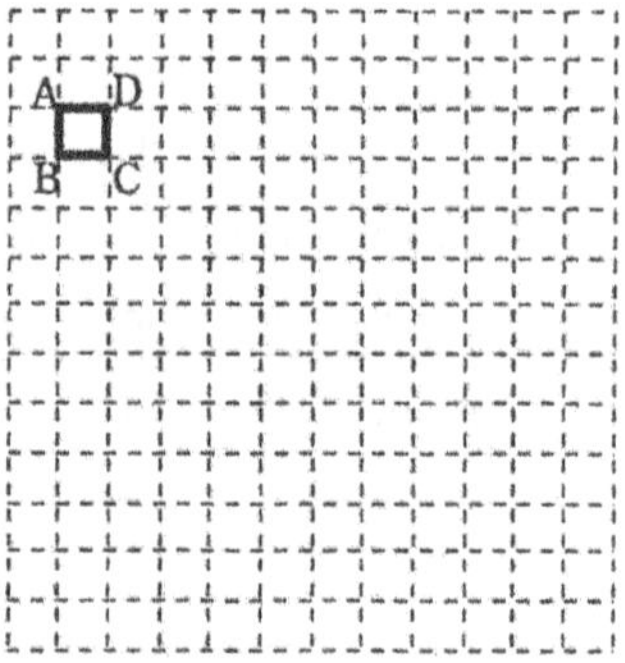

(1)　次の会話文を読み [ア]，[イ] に当てはまる整数を答えなさい。

ただし，[ア] ≦ [イ] （[ア] は [イ] 以下）とします。

児童Ａ「面積が２cm^2や４cm^2の正方形は作れるのに，どうして面積が３cm^2や６cm^2になる正方形は作れないんだろう。」

児童B「先生によると，中学校で習う“三平方の定理”に理由があるみたいなんだ。」

三平方の定理

直角三角形の直角をはさむ2辺の長さを a，b，斜辺の長さを c とすると，次の等式が成り立つ。

$a^2+b^2=c^2$ （$a\times a$ を a^2 で表す）

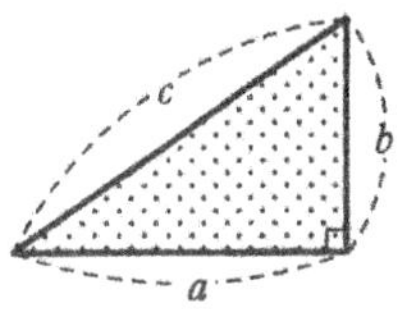

児童B「この定理を使うと，$a=1$，$b=1$ のときに面積が $2\,\text{cm}^2$ の正方形が作れて，$a=0$，$b=2$ のときに面積が $4\,\text{cm}^2$ の正方形は作れるよね。さらに，$5=c^2=\boxed{\text{ア}}^2+\boxed{\text{イ}}^2$ が成り立つから面積を $5\,\text{cm}^2$ の正方形も作れるよね。でも，$3=a^2+b^2$ や $6=a^2+b^2$ になるような整数 a, b がないから面積が $3\,\text{cm}^2$ や $6\,\text{cm}^2$ の正方形は作れないんだ。」

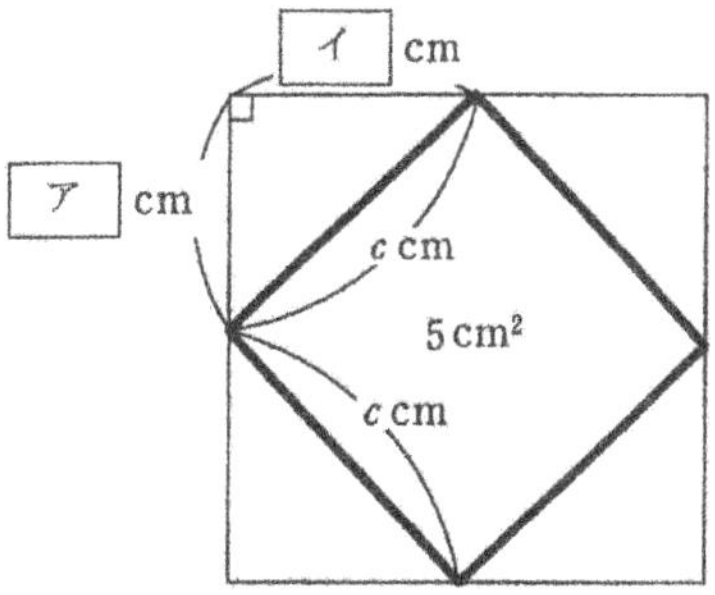

図は正確ではありません

児童A「たしかにそんな整数はないね。だから面積が $3\,\text{cm}^2$ や $6\,\text{cm}^2$ の正方形は作れないんだね。」

(2) 面積が整数になるような正方形を作っていくとき，小さい方から数えて10番目に作れる正方形の面積を求めなさい。

(3) 面積が $50\,\text{cm}^2$ 以下の整数の値で，2通りの方法で作れる正方形の面積をすべて求めなさい。すなわち。$c^2=a^2+b^2$ （$a\leqq b$）となる整数の組（a，b）が2組できるような50以下の c^2 の値をすべて求めなさい。

に阻《はば》まれ、こうした行動が一般化《いっぱんか》していない。食べ残しを持ち帰りたいと思っても、人の目を気にして言い出せない消費者も多い。当然、その食べ残しは食品ロスとなる。外食産業の理解を求めることも必要だが、消費者にも「自分の責任において持ち帰る」という積極的な態度が必要だ。

家庭でも、過剰購入《こうにゅう》（在庫）と食べ残しによる食品ロスが発生している。しかし、農林水産省の調べによると、家庭で最も多いのは、野菜の皮を必要以上に厚くむくなど、調理時の過剰除去であるという。「中国人は味で食べ、日本人は目で食べ、韓国人《かんこくじん》は腹で食べる」と表現する研究者もいるが、日本人は見た目を重視し過ぎているのかもしれない。

（小林富雄「食品ロス　日本の特殊事情」（二〇一四）による。原文は横書き。）

※図5…問題では図を省略している。

※バイオキャパシティ…自然環境が持つ、天然資源を生み出したり二酸化炭素を吸収したりする能力。

※糾弾…罪を問いただして非難すること。

1　本文中の空らんにあてはまるものを、次のア～オから選び、記号で答えなさい。

ア　２０００年から２０１８年にかけて、40％前後のカロリーベース総合食料自給率を維持していますが、世界の主要国の多くは自給率を向上させています。

イ　１９６５年に73％あったカロリーベース総合食料自給率は、２０１８年には37％と大幅《おおはば》に低下しています。先進国の中でも、日本の食料自給率の低さは際立《きわだ》っています。

ウ　１９６５年から２０１８年の間で、カロリーベースでも生産額ベースでも、食料自給率は30％ほど低下しています。世界の国とくらべても、日本ほど食料自給率の低い国はありません。

エ　２０１８年のカロリーベース総合食料自給率は37％しかありませんが、生産額ベースでは66％を維持しています。先進国の中では日本の自給率は低く見えますが、データには不十分な面もあります。

オ　カロリーベース総合食料自給率は、１９６５年から１９８５年の20年間で73％から53％へと急落しましたがその後は横ばいの状態です。主要国からは、日本が食料自給率を上げないことを非難されています。

2　傍線部「農家人口」について、日本の農業人口はどのように変化したか、その変化の理由にも触《ふ》れながら、100字以内で説明しなさい。

3　波線部「食品ロス」とあるが、「食品ロス」はとくに日本においてはなぜ問題なのか、本文から読み取って説明しなさい。また、その問題に対してはどのような対策が必要だと考えられるか、あなたの考えを述べなさい。これらをあわせて200字以内で書きなさい。

であるが、これが都市や道路などに２２０万ha余転用され、また40万ha余が耕作放棄され（両者の合計２６０万ha余）、この減少を農地造成１００万ha余で補ったものの、現在では４５０万ha余まで縮小している。農地の減少などによる食料の供給不足は輸入に依存し、これを農地面積に換算すると１２００万ha余にもなる。

【中略】

世界の人口は90億人にまで増加すると想定されており、その食生活の水準も相当向上するだろう。このことを考えれば、今後、世界の食料事情は緊迫《きんぱく》してくることが避《さ》けられない。また、現在の日本には海外から食料を輸入するだけの経済力があるが、これがいつまでも続く保証はない。

自国民の食料の確保というもっとも大切な安全保障に努力しない国は、世界からも相手にされないだろう。また、自国の※バイオキャパシティを活用しないで、他国のそれに依存することは、地球環境《かんきょう》に負荷《ふか》を与えることにもなり、世界から※糾弾《きゅうだん》されることになる。

なお、表４にみるように世界の主要国は、国民に安定的に食料を供給することは国の安全保障の第一であると考えている。

（石坂匡身・大串和紀・中道宏『人新世の地球環境と農業』（二〇二〇）による）

表４　主要各国の食料自給率（％）

国名	カロリーベース 2013年	生産額ベース 2009年	備考
カナダ	264	121	
オーストラリア	223	128	
アメリカ	130	92	
フランス	127	83	
ドイツ	95	70	
イギリス	63	58	
イタリア	60	80	
スイス	50	70	
日本	38	66	日本のデータは2017年

文章C

わが国でも、他国にはない特殊《とくしゅ》な事情で食品ロスが発生している。まず、欠品防止に対する強い執着《しゅうちゃく》である。これは、小売店がメーカーや卸《おろし》売業者《うりぎょうしゃ》に要求する、品ぞろえのレベルを比較《ひかく》するとわかりやすい。たとえば、米国の大手スーパーは許容される欠品率を定めているのに対し、日本の小売店は「欠品ペナルティー」を科して仕入れ先に欠品ゼロを求める。これは品ぞろえに対する消費者の要求が高すぎることが要因であり、その結果、多くのメーカーや卸売業者が過剰《かじょう》な在庫を持たざるを得ない。そして、それに付随《ふずい》するコストは消費者に見えないかたちで価格に転嫁《てんか》され、最終的に食品ロスも生じている。

また、鮮度《せんど》に対する極端《きょくたん》な反応も特徴的《とくちょうてき》である。日本には、食品の製造日から賞味期限の3分の1の期間が過ぎると小売店に出荷《しゅっか》できなくなる「3分の1ルール」という商習慣がある。他国では、少なくとも2分の1程度は猶予《ゆうよ》があるといわれ、相対的に日本人の鮮度志向が強いことは否《いな》めない。棚《たな》の奥からより新しい食品を選ぶ行動が、このような商習慣を生む一因となり、食品ロスを発生させる。

業態によって対応は異なるが、外食での食べ残しを持ち帰る「ドギーバッグ」が禁止されるのも、日本の特徴《とくちょう》である。米国では店員からドギーバッグを勧《すす》められるほどだが、日本では衛生面での配慮《はいりょ》という建前は定年退職を迎《むか》える年齢《ねんれい》です。いくら農家の方たちががんばっても、あと何十年も農業の現場に立ち続けることは難しいでしょう。新しく農業を始める新規就農者では、49歳以下の割合が37・3％（２０１７年）となっていますが、全体では新規就農者よりも離農者《りのうしゃ》の数が上回っています。その結果、農業就業者数は、２０１０年から２０１９年にかけて35・5％も減少しました。

そして、耕作されなくなった農地（耕作放棄地《ほうきち》）が増え、全体の約1割、富山県ほどの面積になっています（２０１５年）。食料自給率の低さに悩《なや》む国で農地が棄《す》てられているのは、なんだか不思議ですね。

なぜ、日本では農業生産者が減少し、高齢化しているのでしょうか。確かに、他の先進国でも、経済成長をとげると国内総生産（ＧＤＰ）や就業人口に占める農業の割合は低下する傾向があります。それでも、日本ほど農業生産者が高齢化している国は他にありません。

背景には、戦後の日本が家電製品や自動車、金融《きんゆう》サービスなどを輸出し、稼《かせ》いだ外貨で海外から食料を輸入するという経済モデルを優先してきたことがあります。でも、私たちは高価な車やパソコンをかじって空腹を満たすことはできません。私たちの健康や安定した暮らしを守るためには、国内で食料を調達できるように必要な政策を整える必要があります。

（関根佳恵『１３歳からの食と農』（二〇二〇）による）

文章Ｂ

日本はこの70年、激しい人口動態に襲《おそ》われた。

第二次大戦後に直面した問題は、復員・満州などからの引揚《ひきあげ》者に敗戦で荒廃《こうはい》した国土において衣食住を用意すること、次いで、誕生した団塊《だんかい》世代への対応であった。その後は、急速に進んだ長寿化《ちょうじゅか》問題である。１９４７年（昭和22）年の男子の平均寿命《じゅみょう》は先進国中最低の50歳で、社会生活、社会体制も寿命50歳を前提としていた。これが※図5にみるように、１９８６（昭和61）年には75歳になり、その後も延伸《えんしん》を続けている。

寿命延伸にともない、サラリーマンは、定年後を、老後やシニアライフとは呼べないくらい長い期間過ごさねばならず、これをいかに送るかが人生の大きな課題となっている。自営業や農業においては、昭和20年代までのように家業を50歳で次世代に譲《ゆず》ることはなくなった。世代交代（人の循環《じゅんかん》）がそれ以前の時代とは様変わりし、小規模経営の一般《いっぱん》農家や自営業では、次三男だけでなく、長子まで農村や家業を離れざるを得なくなった。農村を離れた子孫、家業を離れた子弟《してい》を受け入れたのは高度経済成長下の都市である。人口の移動が、農村から都市へ、地方から中央へと進んだ。これは何も農村に限ったことではない。地方都市の市街地でも同様の事態が進行した。

人が何を生業とするか、どこに住むかは個人の意志であるが、当時は農業を営み、農村に住む選択《せんたく》はきわめて限られていたのである。その後も農村から都市への人口の移動は続き、農村は過疎《かそ》になり、生業や地域を維持《いじ》することが困難な地域が増えている。農業の担《にな》い手《て》を育てる仕組みは長い間用意されていなかったのである。

【中略】

日本は、人口に比べてその農地面積はきわめて小さく、単位農地面積当たりで養うべき人口は世界平均の４人／haに比べ28人／haと大きい。日本が史上有した最大の農地面積は１９６１（昭和36）年の６０８万ha

の生活にどのような影響《えいきょう》をおよぼしているでしょうか。日本の共有される食料のうち、どのくらいを国産でまかなえているかを示す指標として、「食料自給率」というものがあります。特に、全食料を供給熱量（カロリー）に換算《かんさん》して示したものを「カロリーベース総合食料自給率」とよび、農林水産省が毎年公表しています。□日本は食料純輸入国になっているのですね。

　日本に食料を輸出している国が、いつまでも安定的に食料を供給してくれるとは限りません。そのことを、身をもって体験する出来事がありました。２０２０年の新型コロナウイルスの世界的流行（パンデミック）です。感染《かんせん》予防のためのマスクや治療《ちりょう》のための人工呼吸器が不足しましたが、感染拡大や外出自粛《じしゅく》などによって農業生産や流通、販売《はんばい》にも大きな影響が出ました。同時期にサバクトビバッタの大群が発生し、世界各地の農産物が食害にあったことも重なり、世界的に飢えに苦しむ人たちが急増すると国連は警鐘《けいしょう》を鳴らしました。こうした事態を受けて、ロシアやウクライナ等の国は、国内消費を優先するために、小麦などの食料輸出制限をしました。実は、こうした貿易制限措置《そち》は、２００８年の世界食料危機のときにも発動されました。「お金さえあれば、食料を輸入できる」という思いこみは、そろそろ見直すべきでしょう。どんな事態になっても、生命をつなぐために欠かせない食料を確保できるように、輸入食料への依存《いそん》は見直す必要があります。

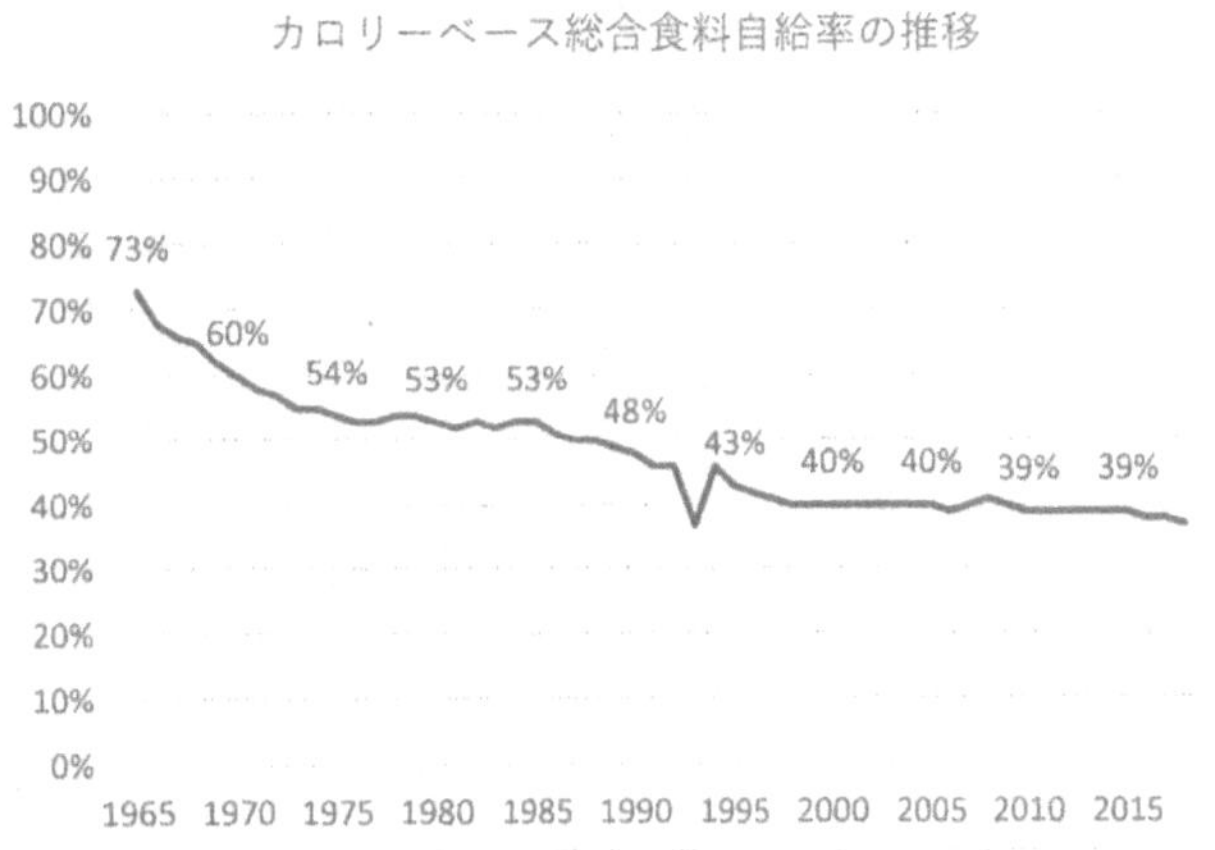

【中略】

　今、日本では社会全体で少子高齢化《こうれいか》が進んでいます。みなさんは何人きょうだいですか。お父さん、お母さんは、おじいさん、おばあさんは何人きょうだいでしょうか。日本の年間出生数は、第１次ベビーブームには約７０万人、第２次ベビーブームには約２１０万人でしたが、２０１６年には１００万人を割りこみました。人口も２０１０年ごろから減少し始め、高《こう》齢《れい》化率（人口に占《し》める65歳《さい》以上の割合）は28・4％（２０１９年９月）になりました。

　農家人口の高齢化率は、もっと高く45・2％（２０１９年）です。農業就業人口の高齢化率は、なんと70・2％（２０１９年）にのぼります。山地や離島《りとう》では、さらに高くなる傾向《けいこう》があります。65歳といえば、企業《きぎょう》で

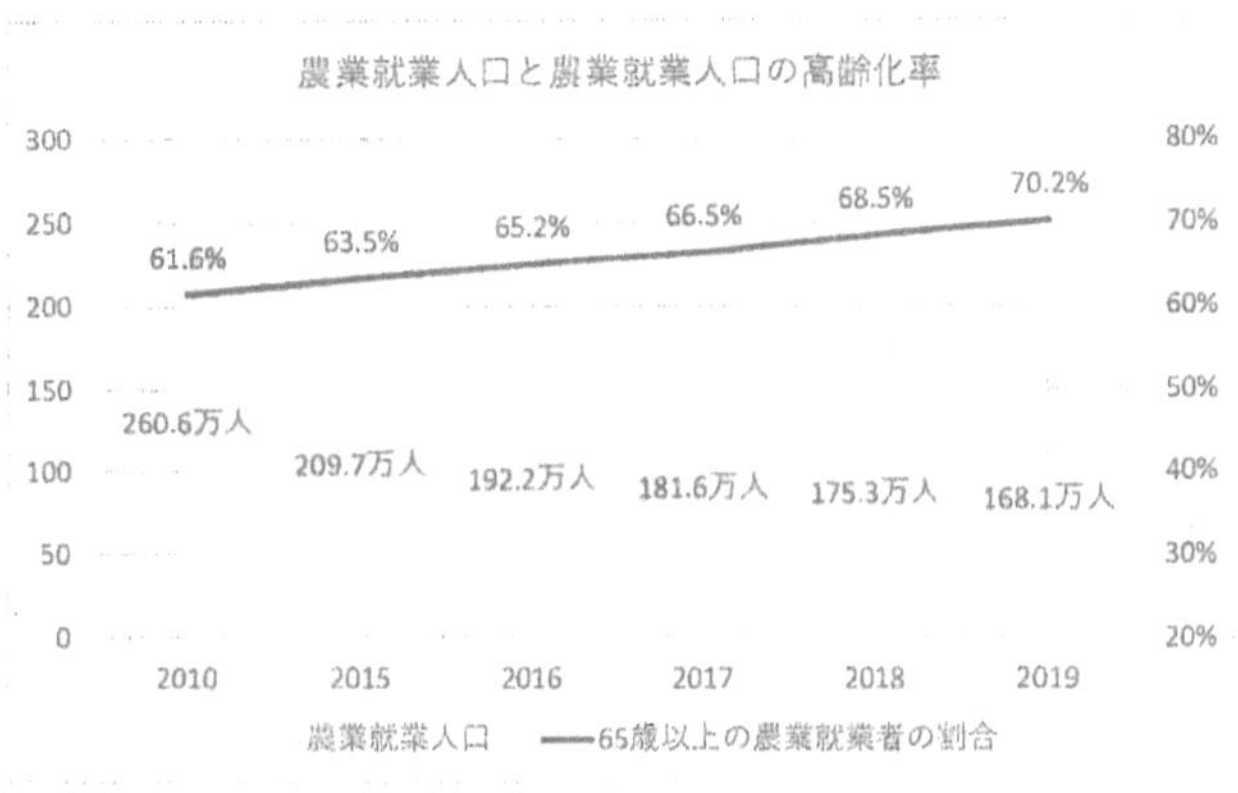

【国語】（四〇分）〈満点：八〇点〉

一　次の傍線《ぼうせん》部の漢字の読みをひらがなで答えなさい。

1　かみなりが聞こえたら、戸外での活動はすぐにやめましょう。
2　上に立つ者として、積極的に垂範するよう心がけたい。
3　茶道を習っている人の所作が、がさつな私とくらべて美しい。
4　みかんやりんごといった類いのくだものを、贈《おく》り物に選ぶ。
5　少しずつ蚕食されていた領地を、話し合いですべて取りもどした。

二　次の傍線部のカタカナを漢字に直しなさい。

1　どんなことをビトクと考えるか、文化や時代ごとに変わることがある。
2　社会の課題をイッキョに解決するすばらしい考えを思いついた。
3　良い点を認め合い、たがいにウヤマうことが、よいチームへの第一歩だ。
4　この発見は、期をカクするすばらしい研究成果である。
5　国王がクンリンする国は、今は昔ほどには多くなくなった。

三　次の三つの文章AからCを読み、これら全体をふまえて、あとの問いに答えなさい。

文章A

みなさんは、家庭や学校で「食べものを残してはいけないですよ」と言われてきたと思います。日本では、昔から「もったいない」といって、野菜の皮をおつけものにしたり、炒《いた》めてキンピラにしたり、工夫《くふう》して捨てずに食べてきました。

でも、今は飽食《ほうしょく》の時代になり、私たちは、毎日たくさんの食べ物を捨てながら生きています。賞味期限や消費期限が切れてしまったり、スーパーマーケットの安売りでつい買いすぎて、使いきれずくさらせてしまったり。スーパーマーケットやコンビニエンスストアのおにぎり、お弁当、おそうざいなどは、まだ食べられる状態でも、売れ残りを定時に捨てるルールがあります。レストランや居酒屋さん、結婚《けっこん》式場などでは、いつもお客さんの食べ残しが出てしまいます。

まだ食べられるのに捨てられてしまう食品、いわゆる「食品ロス」は、日本だけでも年間６１２万トン（２０１７年）にのぼります。これは、世界で飢《う》えに苦しむ人たちへの食料援助量《えんじょりょう》の1・6倍に当たります。このうち約半分は家庭で捨てられたものです。私たちが毎日、一人お茶わん1杯《ぱい》分のご飯を捨てている計算になります。また、農産物を作りすぎたため畑で廃棄《はいき》したり、流通の過程で傷《いた》んだため捨てられたりするものもあります。地球上で生産されている農産物の約3分の1が、消費者に届く前に捨てられているという推計もあります。世界の人口のうち、飢えに苦しむ人が11人に1人いるのに、本当にもったいないことですね。

私たちがこんなに多くの食品を捨てるようになったのは、産地と消費地が離《はな》れてしまったこと、外食や中食が増えてきたこと、食の簡便化にともなって食に対する感謝の気持ちが薄《うす》らいでしまったことと関係しています。つまり、グローバル化と農と食の工業化が生み出した負の側面です。

グローバル化の下で海外から輸入される食料が増えることは、私たち

2023年度

昭和学院秀英中学校入試問題（第１回）

【算　数】（50分）　＜満点：100点＞

【注意】 円周率は3.14とし，角すいや円すいの体積はそれぞれの角柱や円柱の体積の$\frac{1}{3}$とします。

1 次の［　　］の中に適当な数または語句を入れなさい。

(1) $\left(23\times 2\frac{1}{2}-4.5\right)\div 0.025-97=$ ［　ア　］

(2) $1.2345+12.345+123.45+1234.5-12345\times 0.1101=$ ［　イ　］

(3) １時間に５秒早く進む時計があります。「９月15日」「午前」「９時」に時計を合わせました。この時計が３分早く進んだときの正しい日時は「９月［　ウ　］日」「午［　エ　］」「［　オ　］時」です。

(4) ある中学校の昨年度の生徒数は一昨年度よりも12％増え，今年度は昨年度より５％減ったため，今年度の生徒数は一昨年度の生徒数よりも32人増えました。今年度の生徒数は［　カ　］人です。

2 次の［　　］の中に適当な数を入れなさい。

(1) 図のように３辺の長さがAB＝９cm，BC＝10cm，CA＝７cmの三角形があります。辺BC上に点Dがあり，BD＝３cmとします。辺CA上に点Pがあり，２点D，Pを通る直線が三角形ABCを２等分します。このとき，CPの長さは［　ア　］cmになります。

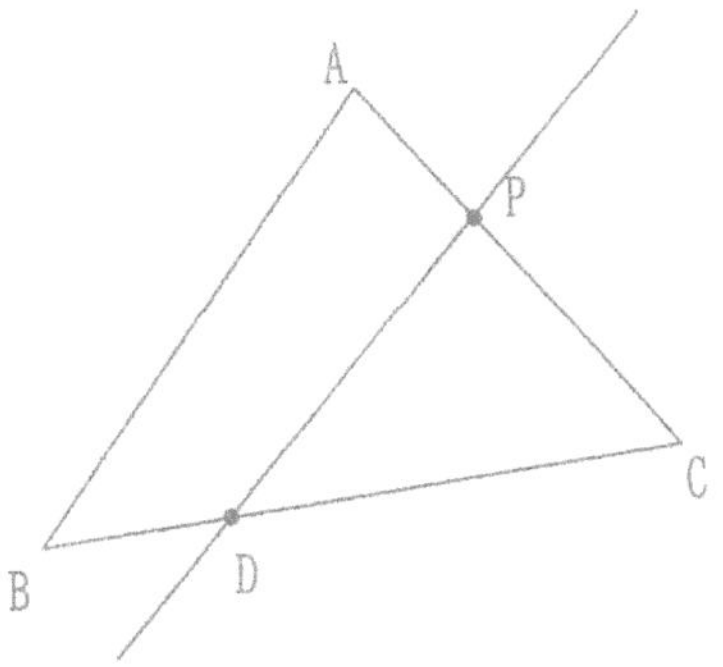

(2) 図のように半径10cmの円が４つあります。隣《とな》り合う２つの円は２カ所で交わっており，その２点を端《たん》点に持つ（短い方の）弧《こ》の長さは円周の長さの$\frac{1}{4}$倍です。このとき，斜《しゃ》線部分の面積は［　イ　］cm^2になります。

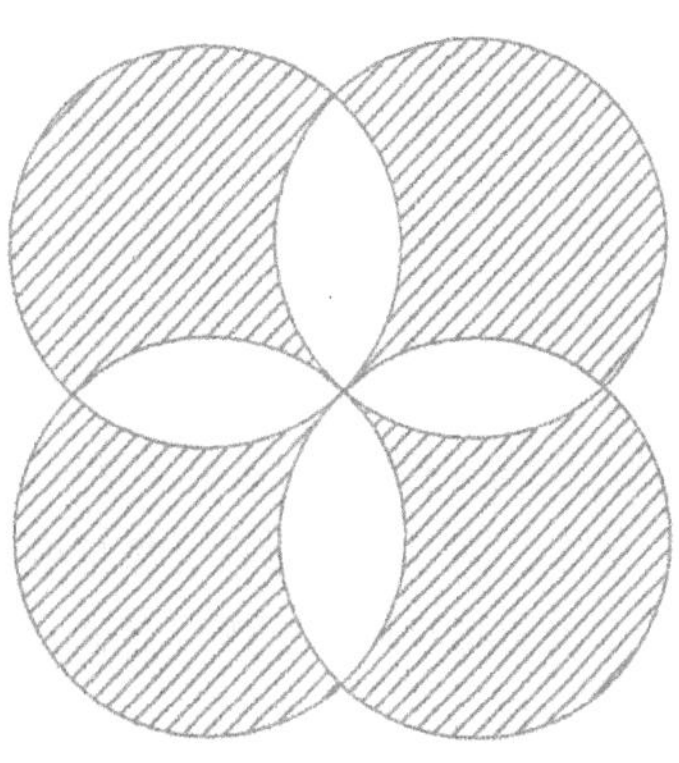

(3)　１辺が６㎝である立方体の上に，１辺が３㎝である立方体を図のように角をそろえてくっつけた立体を考えます。この立体を３点B，C，Dを通るような平面で切断しました。点Aを含《ふく》む方の立体の体積は［ ウ ］cm^{3}になります。

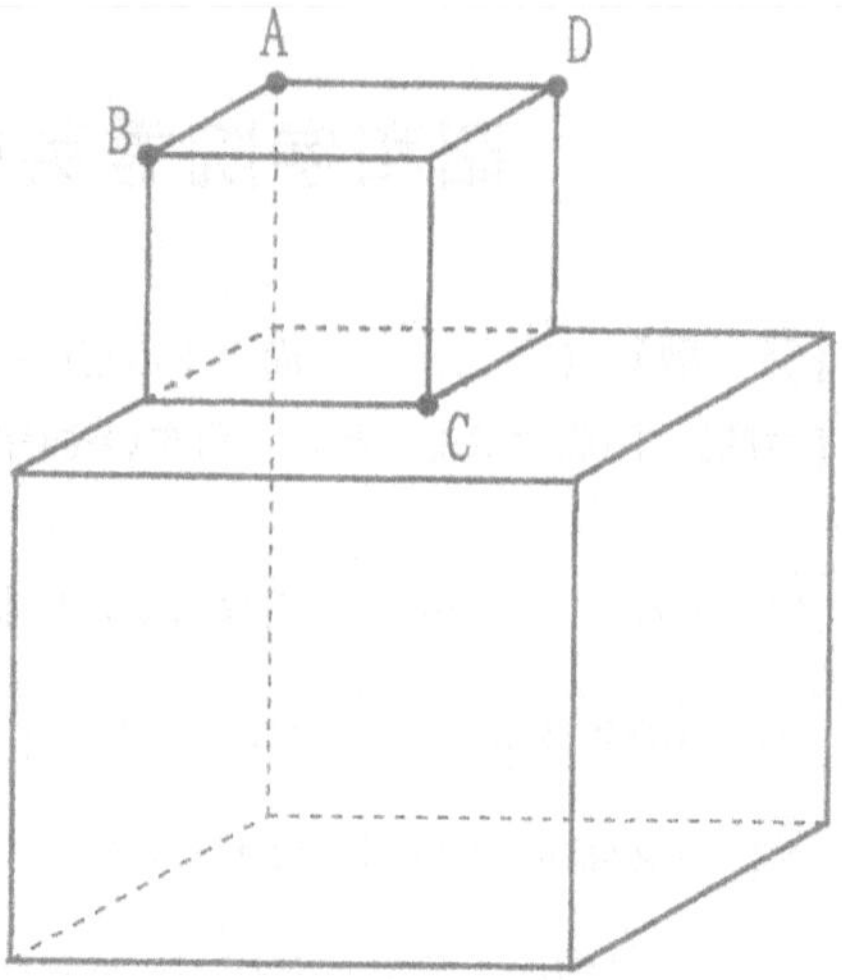

(4)　図のような三角形ABCを辺ABのまわりに１回転してできる立体の体積は［ エ ］cm^{3}になります。

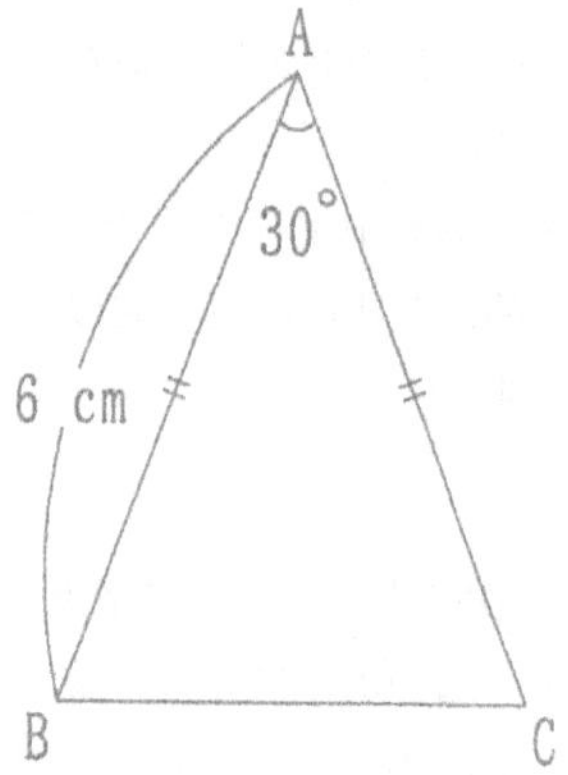

3　図のように点Oを中心とする半径６㎝の円周上に，等間隔《かく》に点A，B，C，D，E，Fをとります。２点C，Dを端《たん》点に持つ（短い方の）弧《こ》の真ん中に，点Gをとります。

(1)　アの角度を求めなさい。

(2)　三角形OGDの面積を求めなさい。

(3)　図の斜《しゃ》線部分の面積を求めなさい。

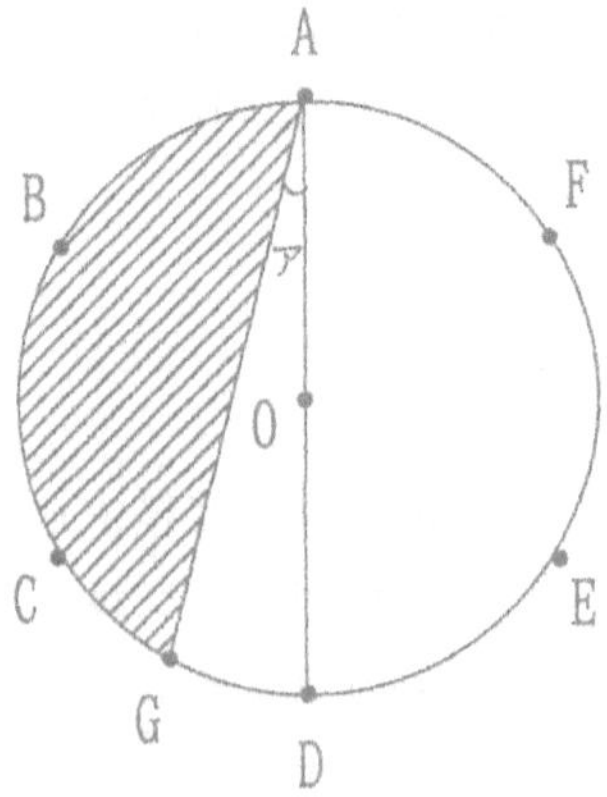

4　120点を持ち点としてゲームをはじめます。１個のサイコロをふり，出た目の数で持ち点を割ります。割り切れたら計算結果の数を持ち点とし，割り切れないときは持ち点は120点に戻ります。これを繰《く》り返して持ち点が１点になったところでゲームが終了《しゅうりょう》します。

(1)　サイコロを２回ふって持ち点が割り切れなくなり，持ち点が120点に戻るまでの目の出方は６通りあります。このときの出た目の数をすべて答えなさい。

(2)　サイコロを３回ふってゲームが終了するまでの目の出方は何通りですか。

(3)　サイコロを４回ふってゲームが終了するまでの目の出方は何通りですか。

5　図１は容器を真上から見たもので，面積が４cm^{2}の正方形がすきまなく15個並んでできる形をしています。また，図２は容器を正面から見たもので，面積が４cm^{2}の正方形がすきまなく５個並んでできる形をしています。この仕切りのない容器に72cm^{3}の水を入れ，密閉しました。

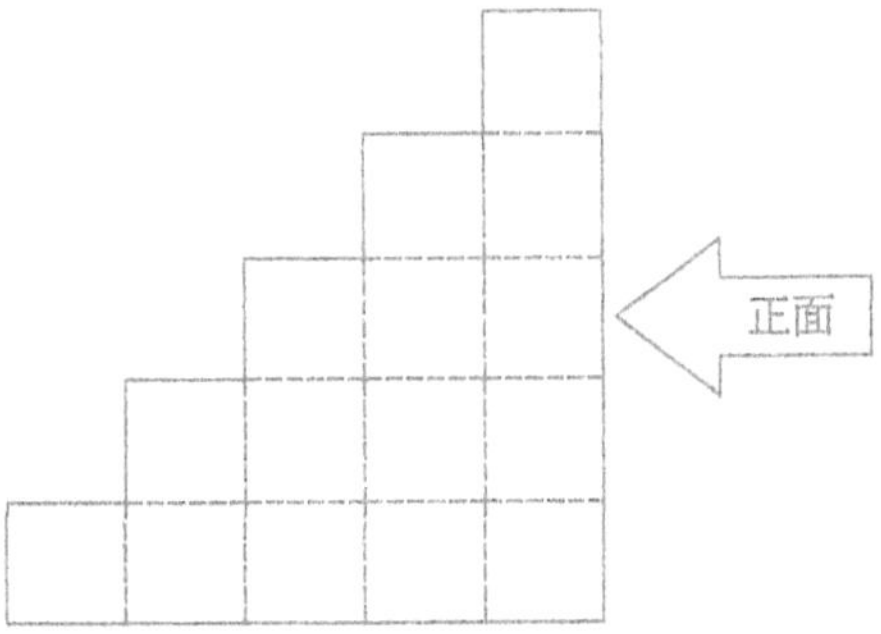

図１

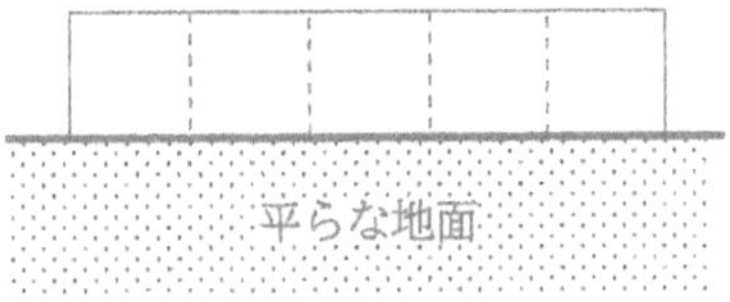

図２

(1)　水の深さを求めなさい。

(2)　図３が容器を正面から見たもので，図４が真上から見たものになるよう容器を動かしました。水の深さを求めなさい。

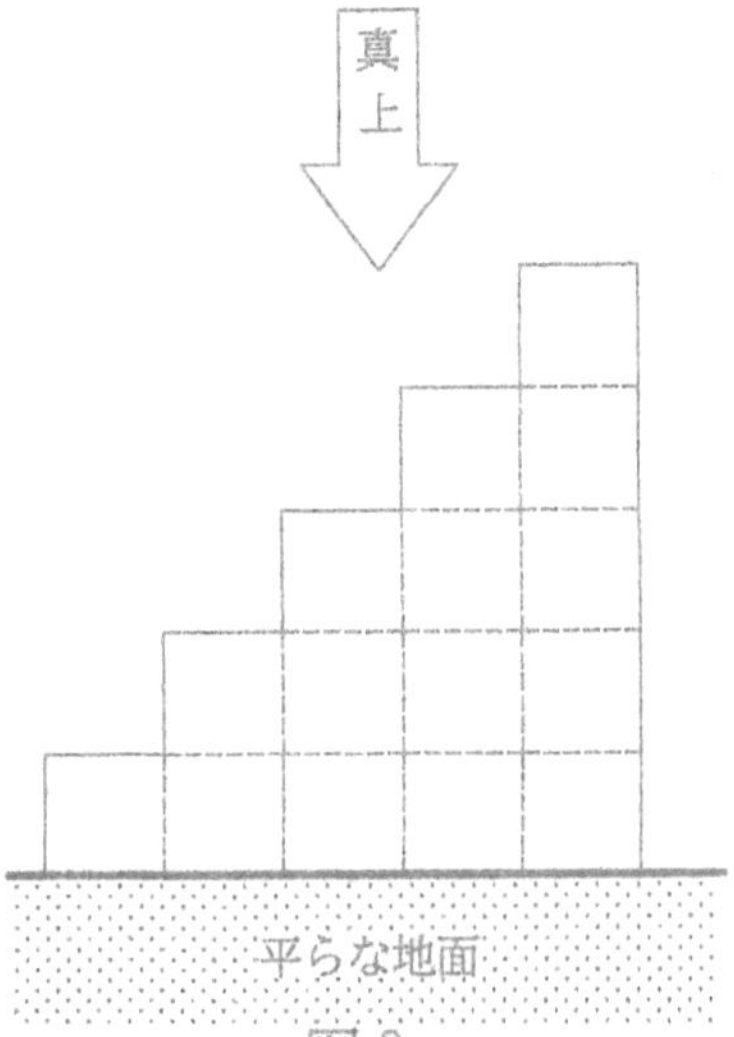

図３

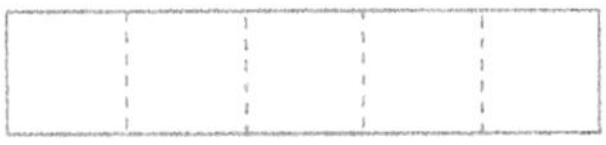

図４

(3)　図５が容器を正面から見たもので，図６が真上から見たものになるよう容器を動かしました。正面から見た図５において，面積が４cm^2の正方形15個の中で水に触《ふ》れているのは何個ですか。

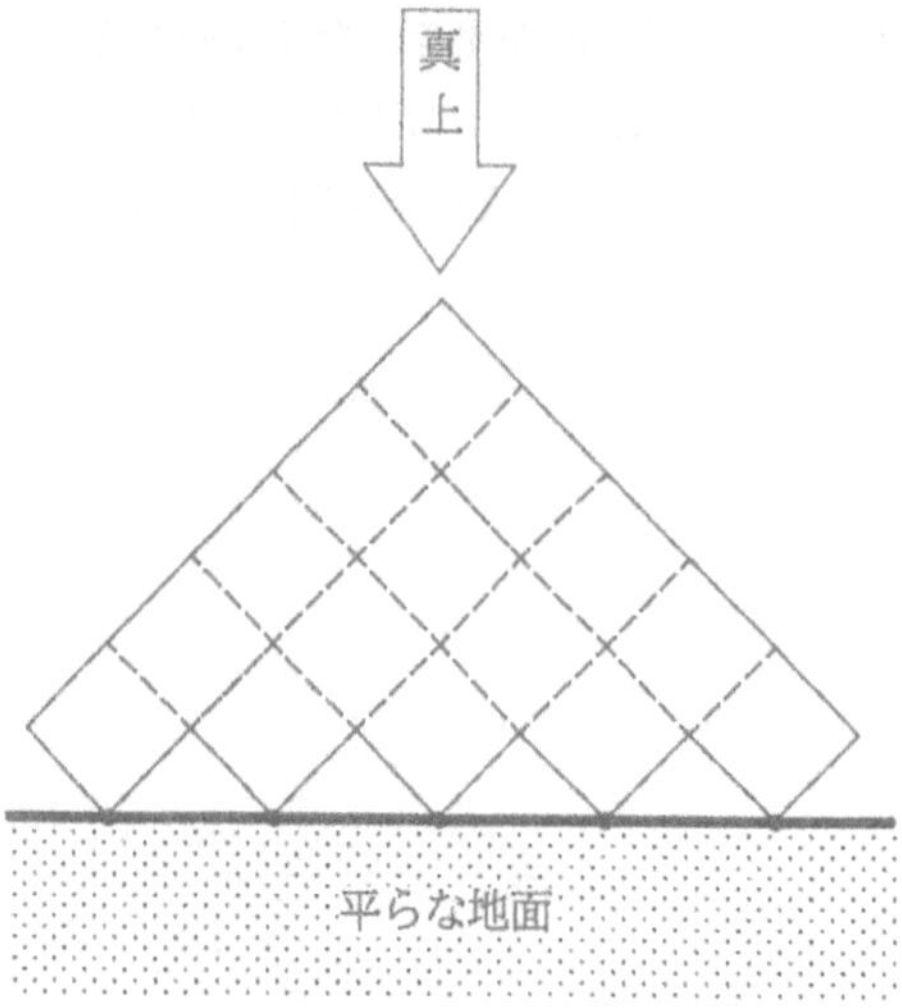

図５

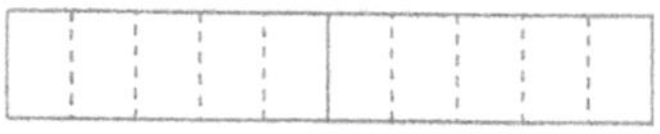

図６

【理　科】（40分）　＜満点：50点＞

1　次の文章を読み，以下の各問いに答えなさい。ただし，円周率は3.14とします。

［本文］

図１は自転車の動力部分を表しています。歯車（以下，「スプロケット」とします。）にはチェーンがかかっています。足でペダルを１回転こぐと，クランクと呼ばれる棒を通して力が伝わり，スプロケットＡが１回転します。そして，スプロケットＡが回転すると，チェーンによってつながったスプロケットＢ，Ｃ，Ｄ（同じ回転軸《じく》で固定されています。）が回転し，それらと同じ回転軸で固定された後輪が回転します。このとき，スプロケットＢ，Ｃ，Ｄが１回転すると，後輪も１回転します。

また，自転車には走行中に速さを変えることができる変速機がついており，どのスプロケットにチェーンをかけるかを選べる仕組みになっています。

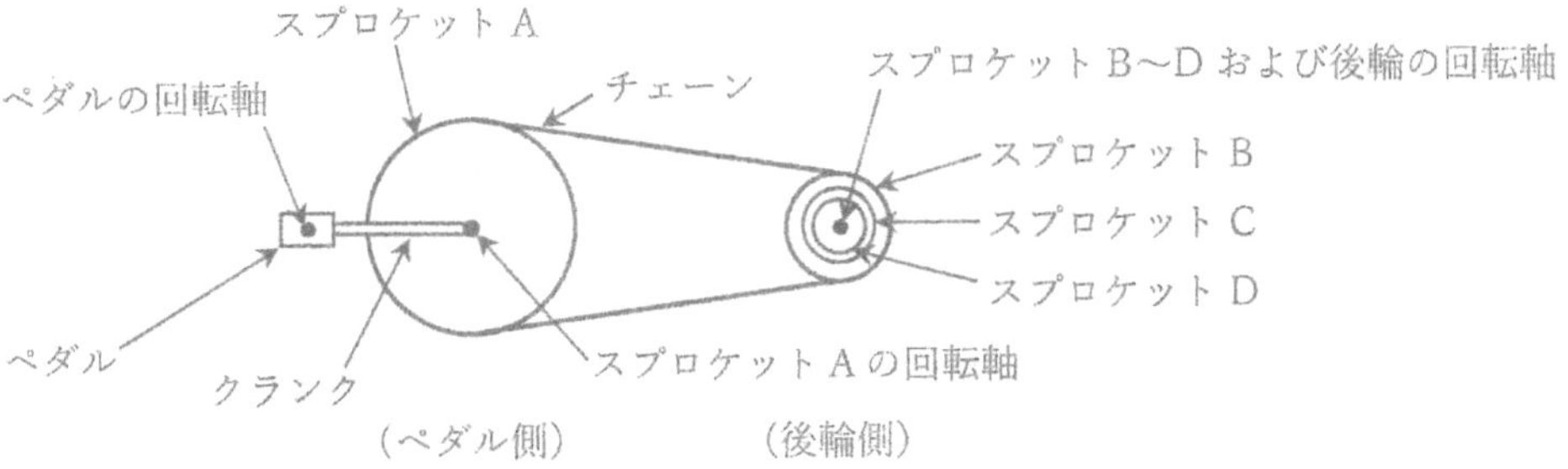

図１

スプロケットの歯の間隔《かんかく》は一定で，歯数は，Ａが48個，Ｂが32個，Ｃが16個，Ｄが12個で，チェーンとスプロケットとの間で空回りはしないものとします。また，前輪および後輪の半径は0.5ｍで，地面との間で空回りはしないものとします。

問１　スプロケットＢを使用しているとき，ペダルを１回転こぐと，自転車の後輪は何回転しますか。

問２　スプロケットＣを使用しているとき，ペダルを１回転こぐと，自転車は何ｍ進みますか。

問３　スプロケットＤを使用しているとき，後輪を１回転させるには，ペダルを何回転こがなければなりませんか。

問４　10秒間にペダルを５回転こぎながら走る場合について，次の各問いに答えなさい。

⑴　スプロケットＢ，Ｃ，Ｄのどれを選んだ方が最も速く走ることができますか。記号で答えなさい。

⑵　⑴のときの速さは毎秒何ｍですか。

［文章Ⅰ］

スプロケットＡ～Ｄについて，以下の実験を行いました。

図２（次のページ）のように後輪に軽いひもを取り付け，そのひもにおもりをつり下げました。次に，ペダルとクランクを水平にして，図２の太い矢印の向きにペダルを押しておもりを静止させました。

ただし，図２は実際の長さの比率を無視して描《えが》かれています。

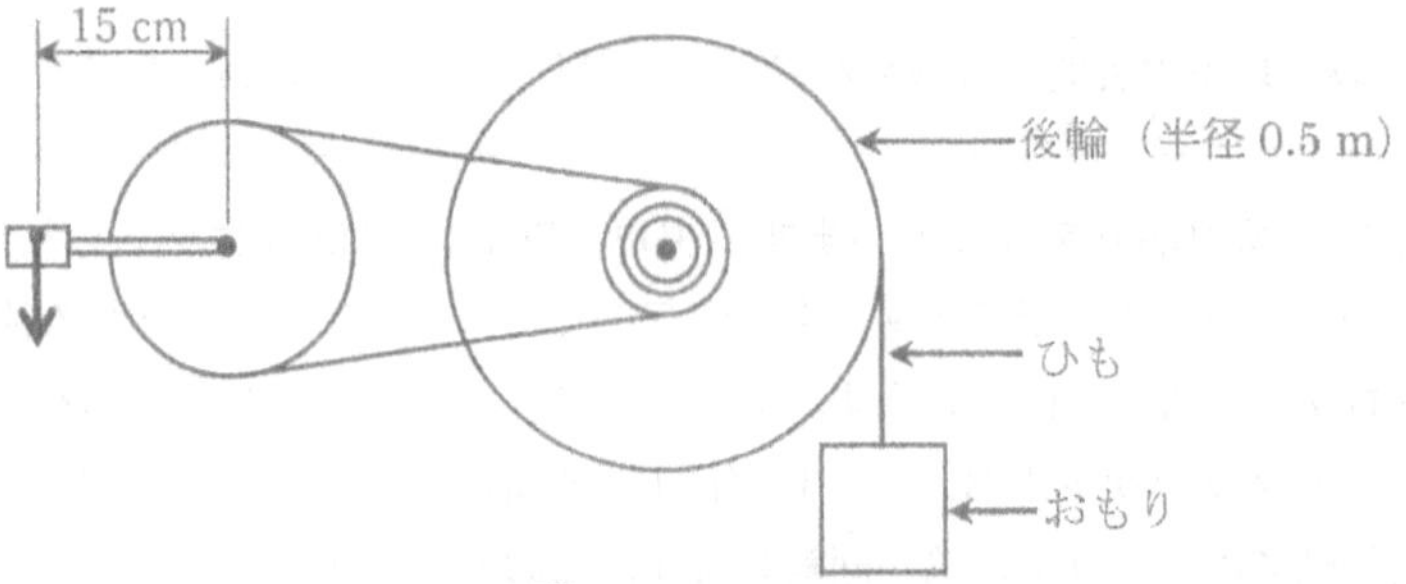

図２

ペダルの同転軸の中心からスプロケットＡの回転軸の中心までの距離《きょり》は15㎝，スプロケットの半径はＡが12㎝，Ｂが10㎝，Ｃが５㎝，Ｄが３㎝とし，ペダルやクランクの重さや，チェーンなどの摩擦《まさつ》による影響《えいきょう》はないものとします。

問５　スプロケットＡの中心は，スプロケットＡを「てこ」とみなしたときの何に相当しますか。適切な語句を次の**ア**～**ウ**より１つ選び，記号で答えなさい。

ア．作用点　　**イ**．支点　　**ウ**．力点

問６　スプロケットＢを使用しているとき，ペダルを押す力の大きさは20kg分の力でした。次の各問いに答えなさい。

⑴　チェーンがスプロケットＡを引く力の大きさは何kg分の力ですか。

⑵　おもりは何kgですか。

問７　同じ重さのおもりを支えるとき，ペダルを図２の太い矢印の向きに押す力が最も小さいものは，スプロケットＢ，Ｃ，Ｄのうちのどれですか。記号で答えなさい。

［文章Ⅱ］

これらのことから，スプロケットを変えたときの違《ちが》いについて，次のような文章にまとめました。

後輪から地面に伝わる力の大きさが同じになるように，ペダルに力を加えます。このとき，スプロケットＤよりも，スプロケットＢを使用したときの方が，ペダルを押す力の大きさは（①　**ア**．大きく　**イ**．小さく　）なり，同じ距離を進むためにペダルをこぐ回数は，（②　**ア**．多く　**イ**．少なく　）なります。

問８　文章Ⅱ中の空欄《くうらん》①，②に当てはまる適切な語句をそれぞれ選び，記号で答えなさい。

2　次の文章を読み，以下の各問いに答えなさい。

［本文］

日本で見られる野鳥の多くは，季節によって移動します。野鳥の移動は，山地と平地，北海道と本州，日本と海外など様々です。特に日本と海外とを移動する野鳥を「渡《わた》り鳥」と呼んでいます。

渡り鳥のうち，夏に日本を訪れる鳥を「夏鳥《なつどり》」，冬に日本を訪れる鳥を「冬鳥《ふゆどり》」，渡りの途中で日本に立ち寄る鳥を「旅鳥《たびどり》」と呼びます。夏鳥は主に（①　**ア**．子育ての　**イ**．暑さまたは寒さを逃《のが》れる ）ために（②　**ア**．南　**イ**．北 ）の国から渡ってきます。そして，それが終わると，元の国に戻《もど》っていきます。冬鳥は主に（③　**ア**．子育ての　**イ**．暑さまたは寒さを逃れる ）ために（④　**ア**．南　**イ**．北 ）の国から渡ってきます。そして，それが終わると，元の国に戻っていきます。

逆に，渡りをしないで，一年中同じ場所に留まり続ける鳥を「留鳥《りゅうちょう》」といいます。留鳥は渡りをしないので，１年を通して観察することができます。また，日本の中で季節的な移動をする鳥は「漂鳥《ひょうちょう》」と呼ばれ，標高の高い所や緯度《いど》の高い地域で（⑤　**ア**．子育てをし　**イ**．暑さまたは寒さを逃れ ），平地や緯度の低い地域に移動して（⑥　**ア**．子育てをし　**イ**．暑さまたは寒さを逃れ ）ます。ただし，個体や地域によっては移動したりしなかったりするので，「漂鳥または留鳥」と記述される場合もあります。

渡り鳥など，水鳥の休憩地《きゅうけいち》としても重要な役割を果たしている湿地《しっち》を守るために，A1971年に制定された条約があります。現在，この条約では，国際協力によって，湿地の保全のみならず，賢明《けんめい》な利用を進めていくことを目的とし，それを促進《そくしん》する交流・学習等が重視されています。また，この条約により，国際的な基準に従って指定され，条約事務局が管理する湿地は日本に53カ所あります（2021年11月18日時点）。その中で，B千葉県習志野市の西部に位置する干《ひ》潟《がた》は，鳥類にとって極めて重要な渡りの中継地《ちゅうけいち》，および越冬地として，鳥獣《ちょうじゅう》保護区にも指定されています。

問１　本文中の空欄①～⑥に当てはまる適切な語句をそれぞれ選び，記号で答えなさい。

問２　次にあげる(1)～(4)の鳥は，**ア**～**オ**のいずれかに分類されます。適切なものを**ア**～**オ**よりそれぞれ選び，記号答えなさい。

(1)　ウグイス　　(2)　マガモ　　(3)　ホオジロ　　(4)　コハクチョウ

ア．夏鳥　　**イ**．冬鳥　　**ウ**．旅鳥　　**エ**．留鳥　　**オ**．漂鳥

問３　次の各問いに答えなさい。

(1)　本文中の下線部Ａの条約の名称《めいしょう》を答えなさい。

(2)　本文中の下線部Ｂの干潟の名称を答えなさい。

［文章Ｉ］

私たちにとって身近な鳥であるツバメも渡り鳥の仲間です。ツバメは尾《お》の羽が長く，特に（①　**ア**．オス　　**イ**．メス ）の方が良いのが特徴《とくちょう》です。また，ツバメは（②　**ア**．小魚　**イ**．木の実　　**ウ**．花の蜜《みつ》　　**エ**．昆虫類 ）を主食としています。

ツバメが巣作りにかかる期間は約（③　**ア**．１　　**イ**．３　　**ウ**．６ ）週間で，材料には通常（④　**ア**．砂や小石　　**イ**．泥《どろ》や草　　**ウ**．棒や木の枝 ）が使われます。また，ヒナが生まれてから巣立ちまでの期間は約（⑤　**ア**．１　　**イ**．３　　**ウ**．６ ）週間で，最初に作った巣でヒナが巣立つと，多くの場合，２度目の巣作りをして再び子育てを行います。

問４　文章Ｉ中の空欄①～⑤に当てはまる適切な語句をそれぞれ選び，記号で答えなさい。

問５　ツバメが関わる言い伝えに「ツバメが低く飛ぶと雨」というものがあります。その理由として適切なものを次の**ア**～**オ**より１つ選び，記号で答えなさい。

ア．空気中の湿度《しつど》が高くなると，ツバメの羽に水分がつき，高い位置を飛びにくくなるから。

イ．ツバメは飛ぶことが苦手で，天候が悪くなると，地面に落下する恐《おそ》れがあるため，安全のため，低い位置を飛ぶようにしているから。

ウ．ツバメは視力が弱く，天候が悪くなると，視界が悪くなるため，安全のため低い位置を飛ぶようにしているから。

エ．空気中の湿度が高くなると，ツバメのエサとなる虫の羽が重くなり，低い位置を飛ぶようになるから。

オ．天候が悪くなると，ツバメのエサとなる水中の小魚が，光を多く求めて水面近くを泳ぐようになるから。

問６　ツバメは玄関《げんかん》や軒先《のきさき》など，人の出入りの多い所に巣を作る習性があります。その理由として適切なものを次の**ア**～**オ**より１つ選び，記号で答えなさい。

ア．ツバメは，好奇心《こうきしん》が強く，人を怖《こわ》がらないから。

イ．人の出入りの多い所は，周囲に食べ残しのゴミなどがたくさんあり，何かあった場合でも，ツバメが食べるものに困ることが少ないから。

ウ．ツバメは，暗がりが苦手な鳥なので，街灯などで，夜も明るく照らされている所をより好むから。

エ．人の出入りの多い所は，ヘビやカラスなどといった，ツバメの卵やヒナを狙《ねら》う天敵が近づきにくいから。

オ．人の出入りの多い所は，ツバメの巣作りに必要な材料が入手しやすいから。

問７　ツバメが最初の巣作りをする時期の他の生物の様子はどうなっていますか。次にあげる⑴～⑶の生物について，適切なものを**ア**～**エ**よりそれぞれ１つずつ選び，記号で答えなさい。

⑴　サクラ

ア．葉が枯《か》れ落ち，枝には芽ができている。

イ．枝が伸《の》びて葉をしげらせる。

ウ．葉を出す。

エ．葉を色づかせる。

⑵　カマキリ

ア．卵が見られる。　　**イ**．体が大きくなる。

ウ．卵から孵《かえ》る。　　**エ**．卵を産む。

⑶　ヘチマ

ア．茎《くき》が盛んに伸びて，花が咲《さ》く。

イ．種から芽が出る。

ウ．実が茶色になり，葉・茎・根が枯れる。

エ．実が大きくなる。

3　次の文章を読み，以下の各問いに答えなさい。

［本文］

図1のように集気びんに酸素とスチールウールを入れ，ふたをして燃やしました。燃えた後のスチールウールはすべて黒色物質Aに変わりました。

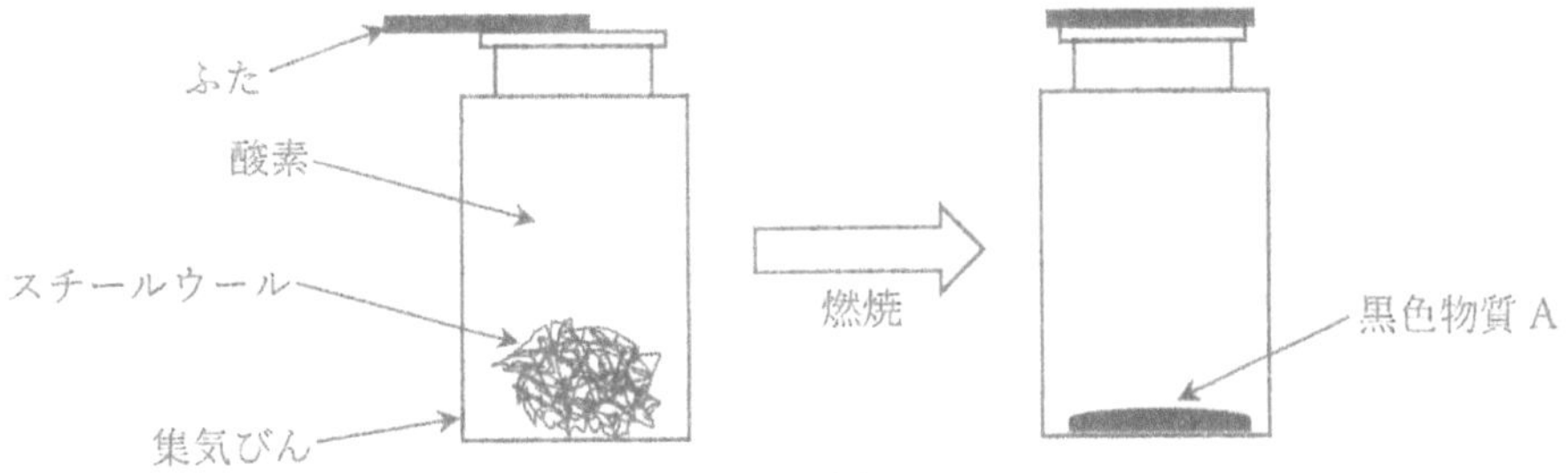

図1

問1　この実験後の物質の性質について，正しく述べているものを次の**ア～オ**より2つ選び，記号で答えなさい。

ア．スチールウールを燃やした後の集気びんに石灰水を入れると白く濁《にご》る。

イ．黒色物質Aに磁石を近づけてもつかない。

ウ．黒色物質Aはスチールウールよりも電流が流れやすい。

エ．集気びんの中の黒色物質Aをすべて回収して重さをはかると，元のスチールウールよりも軽くなる。

オ．黒色物質Aはうすい塩酸に入れても溶《と》けない。

問2　アルミニウム，銅，鉄について，次にあげる(1)，(2)に当てはまるものはいくつありますか。それぞれ0個～3個で答えなさい。

(1)　うすい塩酸に入れると溶けるもの

(2)　うすい水酸化ナトリウム水溶液《すいようえき》に入れると溶けるもの

［文章Ⅰ］

マグネシウムとうすい塩酸（以下，「塩酸」とします。）が反応すると気体Bが発生します。

そこで，一定量のマグネシウム板に塩酸を加える実験を行いました。その結果，加えた塩酸と発生する気体Bの体積の関係は図2のようになりました。

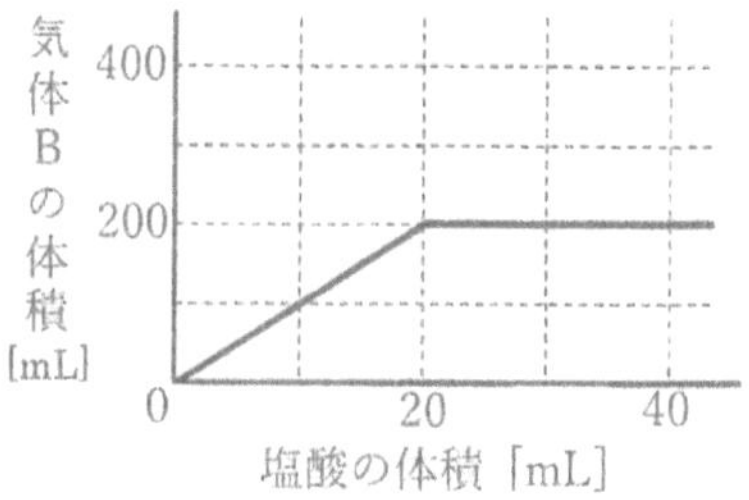

図2

問3　気体Bの性質として正しいものを次の**ア～オ**より2つ選び，記号で答えなさい。

ア．空気よりも軽い。　　**イ**．においがする。

ウ．火をつけると燃える。　　**エ**．水に溶けやすい。

オ．緑色のBTB溶液を青色に変える。

問４　この実験を次にあげる条件１～３に変えて行いました。加えた塩酸と発生した気体Ｂの体積の関係を示すグラフとして適切なものを次の**ア～カ**よりそれぞれ選び，記号で答えなさい。なお，グラフの縦軸と横軸は図２と同じものとします。

［条件１］　塩酸の濃度《のうど》を２倍にする。

［条件２］　マグネシウムの量を２倍にする。

［条件３］　マグネシウムを細かくする。

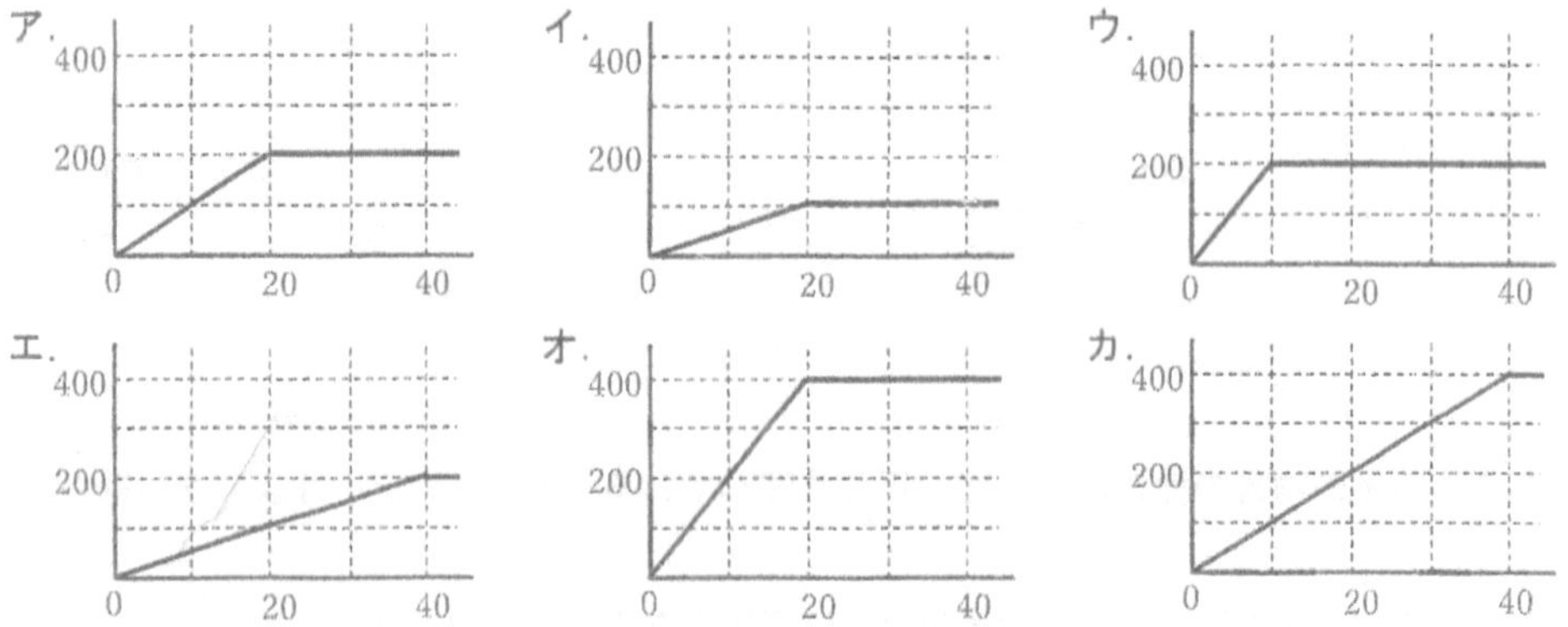

［文章Ⅱ］

金属球Ｃ～Ｈはアルミニウム，金，亜鉛《あえん》のいずれかでできています。金属球Ｃ～Ｈを分類するために次の操作１～３を行いました。

［操作１］　金属球Ｃ～Ｈの重さをはかった。

［操作２］　50mLの水が入ったメスシリンダーを６本用意し，金属球Ｃ～Ｈをそれぞれに入れて，体積をはかった。

［操作３］　水の代わりに食塩水を使って，操作２と同じ操作を行った。

操作１～２の測定値は表１のようになりました。図３は問題を解答するために自由に用いてかまいません。ただし，水１㎤あたりの重さは１ｇ，食塩水１㎤あたりの重さは1.1ｇとします。

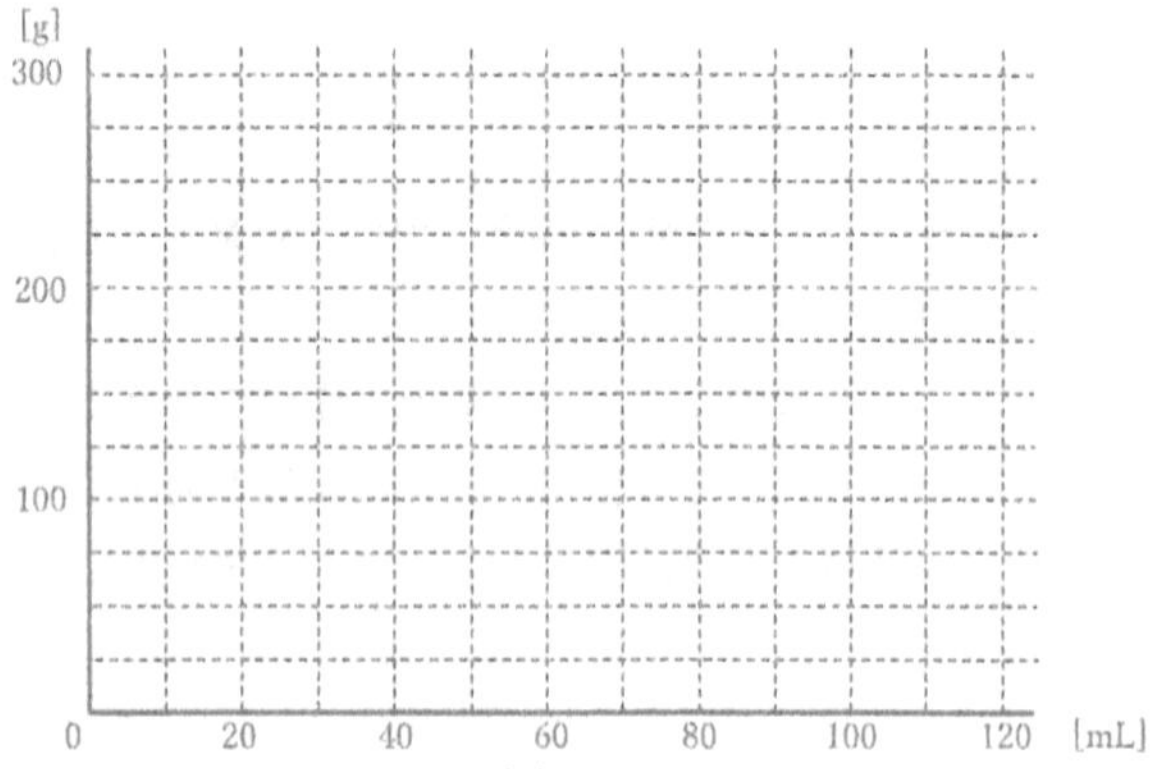

図３

表１

金属球	C	D	E	F	G	H
金属球の重さ[g]	54	107	108	193	135	214
金属球を入れた後の体積[mL]	70	65	90	60	100	80

問５　金属球Ｃの１cm^{3}あたりの重さは何ｇになりますか。割り切れない場合は，小数第二位を四捨五入して第一位まで答えなさい。

問６　金属球Ｃ～Ｈはどの金属できていますか。(1)～(3)のそれぞれに当てはまるものをＣ～Ｈよりすべて選び，記号で答えなさい。ただし，１cm^{3}あたりの重さは，金＞亜鉛＞アルミニウムとします。

(1)　アルミニウム　　(2)　金　　(3)　亜鉛

問７　操作３の測定値から金属１cm^{3}あたりの重さを求めた場合，操作２の測定値に比べてその値はどのようになりますか。正しいものを次の**ア**～**ウ**より１つ選び，記号で答えなさい。

ア．操作２の測定値より大きくなる。

イ．操作２の測定値と変わらない。

ウ．操作２の測定値より小さくなる。

[文章Ⅲ]

複数の金属や非金属（炭素など，金属ではない物質）を融《と》かし合わせたものを「合金」と呼びます。合金の中には金属中に気体の水素（以下，「水素ガス」とします。）を取り込《こ》むことができるものがあります。これを利用することで，気体のままでは体積が大きく，取り扱《あつか》いにくい水素を，効率よく運搬《うんぱん》・保存することができます。

問８　アルミニウムと銅でできた合金Ｘの１cm^{3}あたりの重さは3.0ｇでした。Ｘに含《ふく》まれる銅の重さの割合は何％ですか。小数第二位を四捨五入して第一位まで答えなさい。ただし，銅の１cm^{3}あたりの重さは9.0ｇとします。

問９　水素ガスを取り込める合金Ｙは，１ｇで0.02ｇの水素ガスを取り込むことができます。水素ガスの重さを100cm^{3}あたり0.0009ｇとするとき500Ｌの水素ガスを取り込むためにはＹは何ｇ必要になりますか。

【社　会】（40分）　＜満点：50点＞

【注意】 全ての問題について，特に指定のない限り，漢字で答えるべきところは漢字で答えなさい。

1　太郎さんと花子さんは，中国・四国地方について調べ学習を行い，クラスで発表しました。２人の発表を読み，以下の問いに答えなさい。

太郎：中国・四国地方には，様々な①気候がみられ，地域ごとにそれぞれ特徴ある暮らしが営まれています。これからそれらの一部を紹介していきます。

花子：まずは愛媛県です。タオルの生産で有名な（　X　）市と広島県の尾道市を結ぶ瀬戸内しまなみ海道によって本州と結ばれています。日当たりのよい斜面を利用してみかんなどの柑橘《かんきつ》類の生産が盛んです。

太郎：続いて香川県です。瀬戸大橋によって本州とつながるほか，小豆島ではオリーブが生産されています。また讃岐平野では吉野川から用水が引かれて利用されています。

花子：徳島県の北部には，中央構造線と呼ばれる②断層に沿って吉野川が流れ，河口部には徳島市が位置します。徳島県にはLED（発光ダイオード）の世界的なメーカーがあり，LEDの出荷額が日本一です。LEDは蛍光灯などに比べて消費電力が少ないため，③二酸化炭素の排出削減に効果があると考えられています。

太郎：高知県の四万十川には，写真１のような④欄干《らんかん》のない橋がいくつもかけられ，生活道路として住民に利用されています。

花子：四国地方や中国地方には，⑤漁業の盛んな地域も多いです。

太郎：四国地方は⑥山がちで，高知県をはじめとして総土地面積に対する林野面積の割合が高いです。

花子：山口県にはカルスト地形の秋吉台があり，宇部ではセメント工業が盛んです。

太郎：瀬戸内地域は⑦工業が盛んな地域でもあります。

写真１

問１　下線部①に関連して，次の図１中のア～エの雨温図は，それぞれ岡山（岡山県），小田原（神奈川県），鳥取（鳥取県），松本（長野県）の各都市のいずれかのものです。岡山の雨温図にあたるものを，ア～エより１つ選び記号で答えなさい。

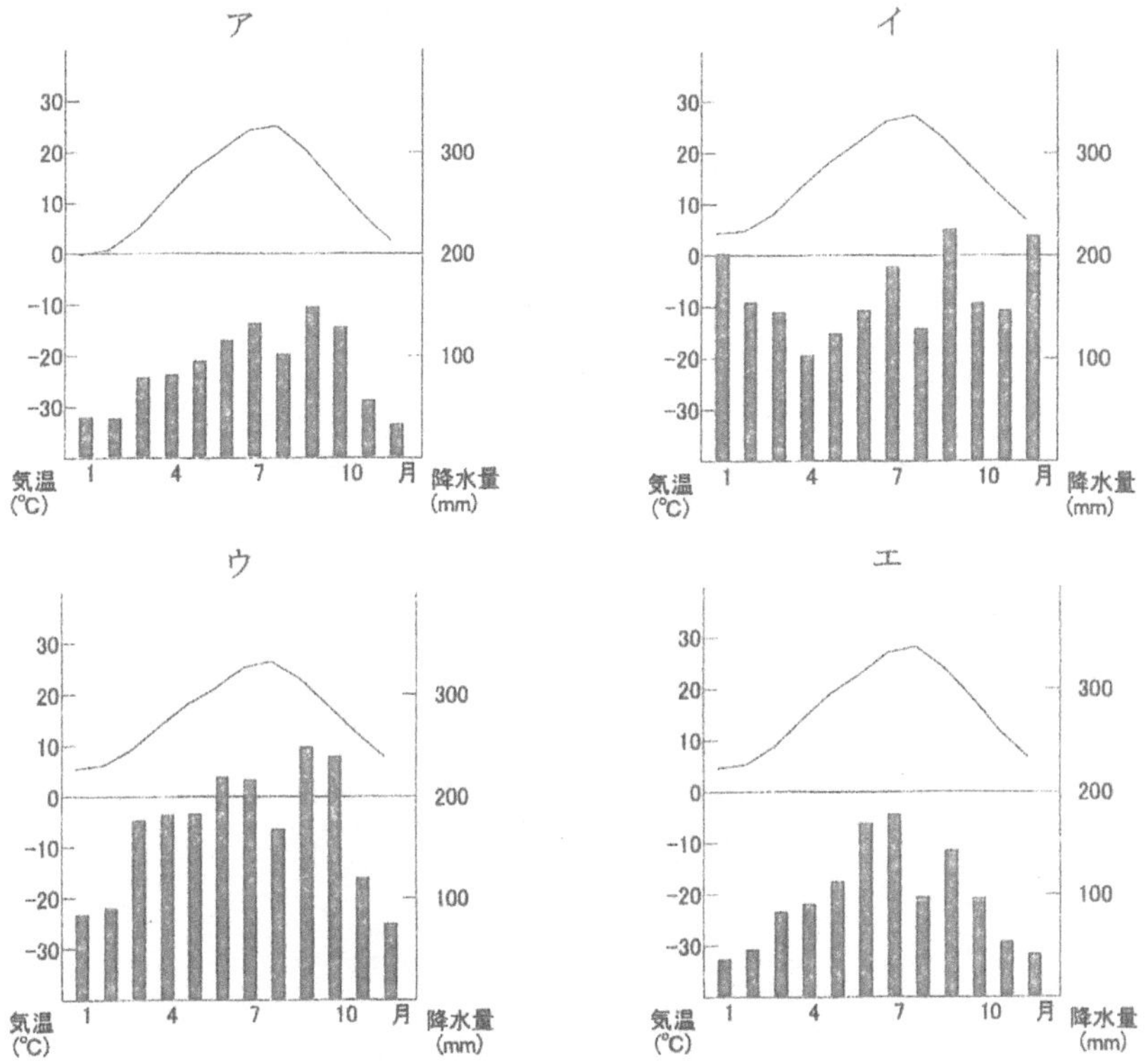

1991～2020年の平年値。気象庁ＨＰより作成。

図１

問２　文中の空欄（Ｘ）にあてはまる都市の名称を答えなさい。

問３　下線部②に関連して，本州の中央部にも新潟県糸魚川市と静岡県静岡市を結ぶ巨大な断層（糸魚川・静岡構造線）が縦断しています。この断層を西端とする東北日本と西南日本の境界を何とよぶか，カタカナで答えなさい。

問４　下線部③に関連して，次の表１は，主な国の温室効果ガス排出量（二酸化炭素換算）を示したものであり，カ～ケはアメリカ合衆国，インド，中国，日本のいずれかです。日本にあたるものを，カ～ケより１つ選び，記号で答えなさい。

表１

	温室効果ガス総排出量（百万トン）			１人あたり二酸化炭素排出量（トン 2019年）
	1990年	2010年	2019年	
カ	2,361	8,485	10,619	7.07
キ	5,112	5,701	5,246	14.44
ク	602	1,668	2,422	1.69
ケ	1,064	1,147	1,071	8.37

『日本国勢図会 2022/23』より作成。

問５　下線部④に関連して，次の図２は，図３中の観測地点（●）における四万十川の日流量変化を示したものであり，時期によって流量に変化があることが読み取れます。欄干《らんかん》とは，橋の縁に設けられた柵のことですが，四万十川流域には欄干のない橋がいくつも残っています。欄干がないことにはどのような利点があると考えられるでしょうか。図２を参考にして，その利点を40字以内で答えなさい。

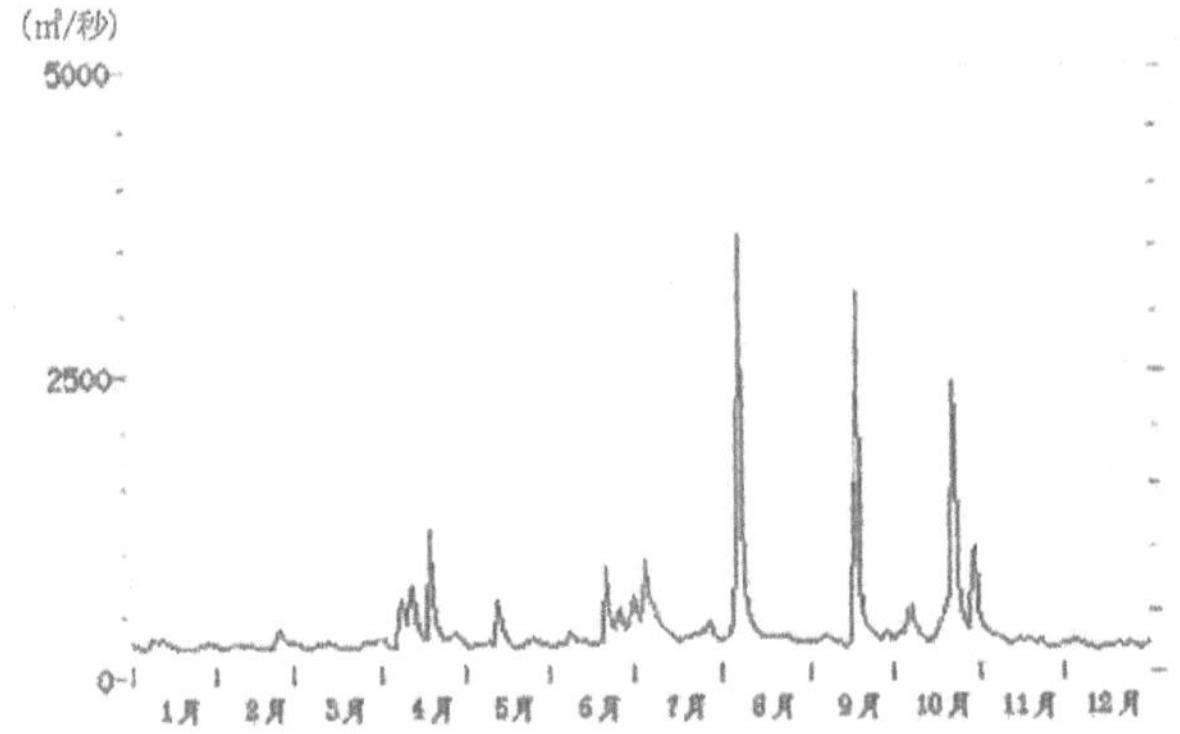

国土交通省　水文水質データベースより作成。観測地点は具同（無堤）。データは2017年。

図２

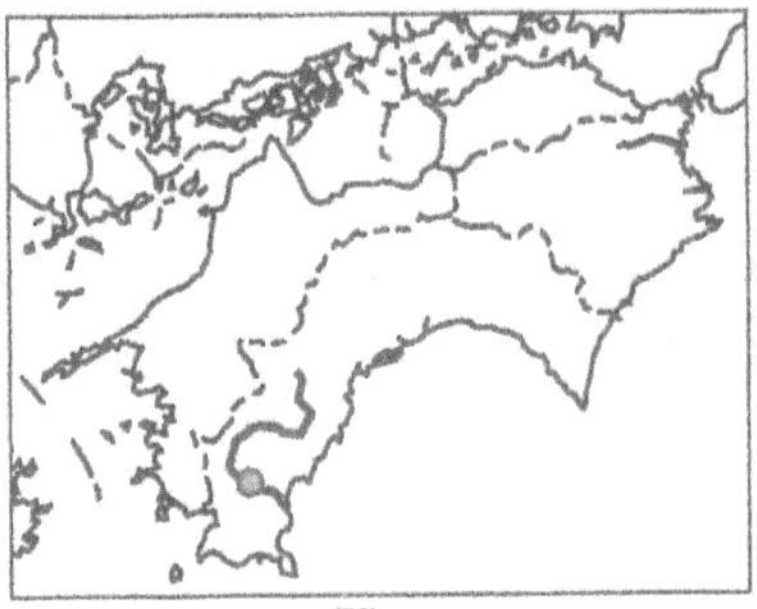

図３

問６　下線部⑤に関連して，次の表２は，いくつかの県の海面漁業漁獲量・養殖業の収穫量の合計と上位の魚種などを示したものであり，表２中のＡ～Ｃは愛媛県，高知県，広島県のいずれかを，Ｄ，Ｅは，海面漁業漁獲量，海面養殖業収穫量のいずれかを示しています。愛媛県と海面養殖業収穫量との正しい組合せを，あとのサ～タより１つ選び，記号で答えなさい。

表２

	A		B		C	
D	合　　計	13,933	合　　計	74,473	合　　計	62,803
	いわし類	10,376	いわし類	33,152	かつお類	18,677
	た い 類	615	さ ば 類	16,433	まぐろ類	13,972
E	合　　計	101,952	合　　計	64,207	合　　計	20,008
	か き 類	99,144	ま だ い	35,350	ぶ り 類	10,991
	の り 類	2,352	ぶ り 類	20,798	ま だ い	6,334

統計年次は2019年。単位はトン。『データでみる県勢2022』により作成。

	サ	シ	ス	セ	ソ	タ
愛媛県	A	A	B	B	C	C
海面養殖業収穫量	D	E	D	E	D	E

問７　下線部⑥に関連して，次の図４は，日本の木材の供給量と自給率の推移について示したものです。図から読み取れることがらやその背景について述べた下のＦ・Ｇの文の正誤の正しい組合せを，あとのナ～ネより１つ選び，記号で答えなさい。

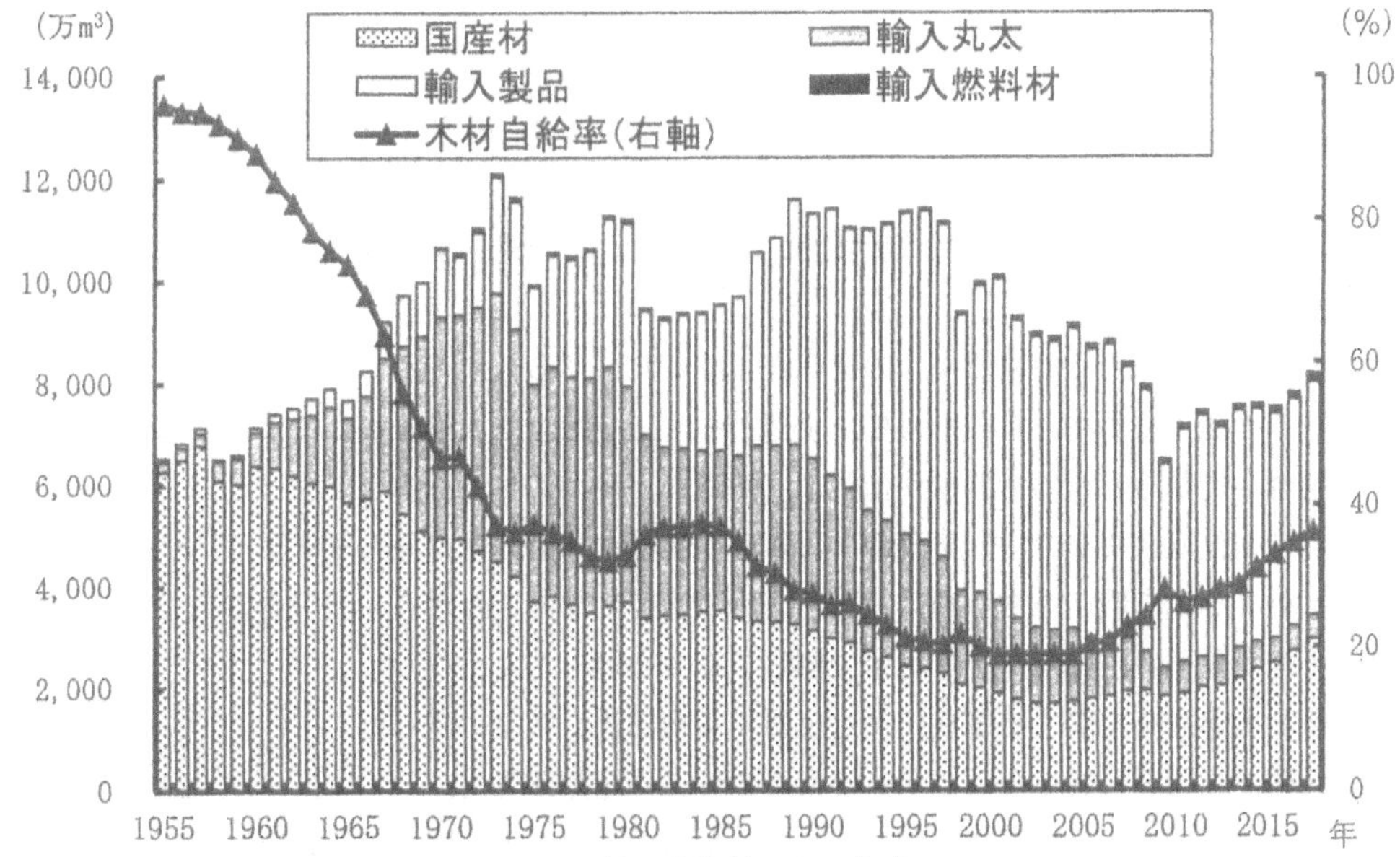

林野庁資料により作成。

図４

Ｆ：高度経済成長期には，建築需要の高まりにより，国産材も外国産の用材もともに供給量が伸びている。

Ｇ：2000年代以降，木材の自給率は上昇傾向にあり，2010年代には国産材の供給量が過半を占めるようになった。

	ナ	ニ	ヌ	ネ
F	正	正	誤	誤
G	正	誤	正	誤

問８　下線部⑦に関連して，次の表３は，いくつかの工業地域・地帯*の工業出荷額の内訳（％）を示したものであり，表中のＨ～Ｊは，関東内陸工業地域，瀬戸内工業地域，中京工業地帯のいずれかです。表中Ｈ～Ｊと工業地域・地帯名との正しい組合せを，次のページのハ～マより１つ選び，記号で答えなさい。

表３

H		I		J	
機械工業	44.4	機械工業	68.6	機械工業	35.1
うち輸送用機械	22.2	うち輸送用機械	49.9	うち輸送用機械	19.9
食料品工業	15.8	金属工業	9.5	化学工業	22.3
金属工業	11.9	化学工業	6.6	金属工業	18.1
化学工業	10.3	食料品工業	4.7	食料品工業	7.8
その他	17.6	その他	10.6	その他	16.7

＊関東内陸工業地域は栃木県、群馬県、埼玉県。瀬戸内工業地域は岡山県、広島県、山口県、香川県、愛媛県。中京工業地帯は愛知県、三重県。

『日本のすがた2022』により作成。

	ハ	ヒ	フ	ヘ	ホ	マ
関東内陸工業地域	H	H	I	I	J	J
瀬戸内工業地域	I	J	H	J	H	I
中京工業地帯	J	I	J	H	I	H

2　古くから人類は数多くの戦争を経験してきました。日本が国内外で行った戦争について，以下の問いに答えなさい。

問１　日本列島で戦争が始まった時代に関する説明として**誤りのもの**を，次のア～エより１つ選び，記号で答えなさい。

ア　収穫した米をたくわえる高床の倉庫がつくられ，くらしが安定した。

イ　家族の無事や勝利を祈るために，土偶という土でできた人形をつくるようになった。

ウ　朝鮮半島から青銅器や鉄器が伝わり，銅鐸などがつくられるようになった。

エ　吉野ケ里遺跡などでは，集落のまわりに濠を構えるようすが見られるようになった。

問２　次のア～エの戦いを**古い順**に並べ替え，**３番目**になることがらの記号を答えなさい。

ア　大海人皇子が，大友皇子を戦争で倒して権力を握った。

イ　仏教の導入を主張する蘇我氏が，反対する物部氏を戦争で倒した。

ウ　倭国が高句麗と戦ったことが，好太王の碑文に記録された。

エ　倭国が滅ぼされた百済を助けるため，唐や新羅の連合軍と戦い，敗れた。

問３　次のア～エの戦いを**古い順**に並べ替え，**３番目**になることがらの記号を答えなさい。

ア　源義経らが率いる軍隊に敗れ，安徳天皇を奉じた平氏は滅亡した。

イ　後白河天皇と崇徳上皇の天皇家の実権をめぐる対立は，命令を受けた武士の戦いで決着した。

ウ　後鳥羽上皇は北条義時を倒す命令を出したが，上皇方が敗れた。

エ　院の近臣間の権力争いから，平清盛は源氏を倒す戦いに勝って政治的な地位を高めた。

問４　次のア～ウは朝廷から軍事指揮官に任じられた人物です。ア～ウの人物が誰かを考え，それぞれの氏名の**最後の一文字**を解答用紙に書きなさい。（例：人物が卑弥呼なら，「呼」と書く）

ア　桓武天皇から東北地方の武力平定を命じられ，律令国家の拠点を胆沢城に移した。

イ　後醍醐天皇と対立することになり，北朝の光明天皇から任命された。

ウ　関ヶ原の戦いで勝利を収めたことから，全国の大名を支配する権力を手に入れた。

問５　次のページの図１と図２は共通した下級武士の姿を描いています。図１では雇われた武士たちが敵の根拠地に攻め込んで乱暴しているようすを表しています。彼らは戦場で獲得したものは自分のものにしましたが，雇い主から給料をもらうことはありませんでした。図２では大名から給料をもらい，与えられた鉄砲を構えて敵の襲来に備えています。２つの図に表された下級武士の名前を明らかにしながら，戦争において下級武士がどのように変化したか説明しなさい。

図１

図２

問６　次の文章を読んで，下線部①～③が表している政策や戦いが何か，それぞれ答えなさい。

戦国時代の戦いは大名間だけでなかった。仏教勢力は信徒や経済力を獲得するために争い，百姓も武士の支配や他の惣村との争いを抱えていた。織田信長の比叡山延暦寺の焼き打ちや石山戦争は仏教勢力の政治・経済力を奪う戦いでもあり，豊臣秀吉の天下統一は大名間の国境だけでなく村の境界も定めるものであった。1588年には武士が政治権力を独占して，①庶民の武装を解除する政策が行われた。豊臣秀吉は対外戦争に乗り出したが，江戸幕府は200年以上にわたって対外戦争を行わなかった。②1615年の戦争で大名間の戦争が終結し，③1638年に九州地方で約４万人の一揆軍を鎮圧してから国内でも約200年戦争のない時代をつくった。全ての身分で武器の所持が禁じられ，戦争を禁じるのはさらに後の話である。

3　日本とアメリカ合衆国の関係の歴史について述べた次の文章を読み，以下の問いに答えなさい。

18世紀末ころから，日本の近海にアメリカ船が姿を見せるようになりました。アメリカやヨーロッパ諸国は日本と交易することや，捕鯨船の寄港地にすることを望んでいました。しかし，江戸幕府は清やオランダ以外との交易を認めず，1837年には日本人漂流民を乗せたアメリカ船モリソン号を砲撃によって追い払いました。1854年の日米和親条約によって，ようやく日本とアメリカ合衆国の国交が成立しました。

戊辰戦争後，①1871年から1873年にかけて岩倉具視を全権大使とする使節団が出国し，その最初の訪問先がアメリカでした。このとき行われた②不平等条約の改正交渉は失敗に終わりましたが，a欧米諸国の政治制度や産業，文化を実地に見聞したことが，その後の改革に活かされます。

20世紀初めころの東アジアでは，ロシアが南へ勢力を広げ，満州へ進出しようとしていました。この情勢に対し，日本やイギリス，アメリカが危機感を強め，③日露戦争が起こりました。約17億円が費やされ，そのうちの約７億円はイギリスやアメリカからの借金で調達されました。日露戦争に勝利した日本は，アメリカなど他の列強諸国の黙認のもとで韓国併合を行い，第一次世界大戦ではアジアにおけるドイツの拠点や植民地を奪いました。アメリカは，このような日本の勢力拡大を警戒するようになっていきます。

1929年にアメリカで発生した世界恐慌は，貿易関係で結びついた日本の経済にも影響を及ぼしました。日本国内では戦争によって事態の打開をはかろうとする風潮が高まり，④政党政治家が排除されて，軍部が台頭しました。また，⑤アジアや太平洋をめぐって日本とアメリカが対立を深めていきます。

戦後，日本はアメリカ軍を中心とする連合国軍の占領下におかれ，日本政府を通じてGHQが改革を行いました。アメリカはソ連を中心とする東側陣営への対抗から，b日本を西側陣営の前線基地に位置づけ，経済復興を支援しました。戦後の日米関係は緊密な同盟によって結ばれてきましたが，経済面では貿易摩擦などの問題も生じました。近年は，日米関係を軸に，韓国やインド，オーストラリア，イギリスなどとの連携がはかられており，太平洋を挟む２国間の関係は今後も重要なものとなっていくと考えられています。

問１　波線部ａ・ｂについて，それぞれ以下の問いに答えなさい。

ａ　岩倉使節団に随行してアメリカに留学し，女性の高等教育の発展に貢献して，2024年発行予定の新５千円札の肖像となることが決定されている人物を答えなさい。

ｂ　1960年に日米安全保障条約を改定し，日米相互の義務や協力関係が定められましたが，このときの首相を答えなさい。

問２　下線部①に関連して，**この期間に行われた政策ではないもの**を，次のア～エより１つ選び，記号で答えなさい。

ア　徴兵令の発布　　イ　太陽暦の導入　　ウ　版籍奉還の実施　　エ　地租改正の開始

問３　下線部②について，不平等条約の改正交渉について述べた以下の文章のうち，適当なものを次のア～エより１つ選び，記号で答えなさい。

ア　ノルマントン号事件が起こると，関税自主権がないためにイギリス人船長を裁判にかけることができなかったため，日本国内では不平等条約への反発が高まった。

イ　外務卿の井上馨は，鹿鳴館を建設するなど日本の西洋化をアピールし，欧米列強に対して条約改正への賛同を得ようとはかった。

ウ　日清戦争の直前となる1894年に，外務大臣の伊藤博文はイギリスと交渉し，治外法権を撤廃させた。

エ　列強の一員として国際的地位を高めた日本は，1911年に外務大臣の陸奥宗光がアメリカと交渉し，関税自主権の回復に成功した。

問４　下線部③について，右の図１は日露戦争のポーツマス条約を風刺して描かれたものですが，図１から読み取れることとして適当なものを，次のア～ウより１つ選び，記号で答えなさい。

ア　図１中のＡの人物は日本の全権大使小村寿太郎をあらわしており，講和の内容に悩んでいる。

イ　図１中のＢの人物は戦争で傷ついたロシアをあらわしており，賠償金を獲得して喜んでいる。

ウ　図１中のＣの人物はポーツマス条約を仲介したイギリスをあらわしている。

図１

若林悠編『風刺画が描いたＪＡＰＡＮ』国書刊行会より引用。

問５　下線部④について，1930年代の日本で進んだ軍国主義化について述べた以下の文章のうち，適当なものを次のア～エより１つ選び，記号で答えなさい。

ア　陸軍の青年将校によって二・二六事件が起こり，犬養毅首相が暗殺された。

イ　国家総動員法が制定され，議会の承認なく，人や物資を政府が調達できるようになった。
ウ　治安維持法が制定され，社会主義者への取り締まりを強めた。
エ　軍部の台頭に反発する政党政治家は大政翼賛会を結成して抵抗した。

問６　下線部⑤について，右の図２は1930年代に東南アジアをめぐる日本とアメリカの対立を風刺して描かれました。ベンチの背もたれに書かれた「TIMOR」とは，現在のインドネシアの東に位置するティモール島のことです。ティモール島東部はポルトガルの植民地でしたが，本国の政治が不安定になって支配がおろそかとなっており，これをチャンスと考えた日本とアメリカが奪い取ろうとねらっています。ティモール島西部を支配するオランダが巻き込まれることを恐れて不安そうにしています。図２をふまえて，日本の東南アジア進出について述べた以下の文章のうち，適当なものを次のア～エより１つ選び，記号で答えなさい。

図２

若林悠編『風刺画が描いたＪＡＰＡＮ』国書刊行会より引用。

ア　ミッドウェー海戦に敗北し，太平洋戦争で苦戦する日本は，資源の確保のために東南アジアへ進出した。
イ　真珠湾攻撃の同日，日本軍はポルトガルの植民地であったマレー半島にも上陸した。
ウ　オランダはアメリカなどと連帯し，日本に対する石油の輸出制限を行なった。
エ　日本は大東亜共栄圏の建設を掲げ，フィリピンでは，現地住民は日本国民と同等の人権が認められた。

4　次の資料はＸさんが2022年６月に読んだ新聞記事です。これを読み，以下の問いに答えなさい。

> 通常国会が閉会　～参院選に向けてａ経済政策の検討を～
> 　通常国会が15日に会期末を迎える。今国会においては，重要物資のサプライチェーン（供給網）強化を進める経済安全保障推進法や，子どものｂ人権が保障される社会の実現に向けてのｃこども家庭庁設置法など，ｄ政府が新規に提出した法案61本がすべて成立した。これは1996年以来26年ぶりのことである。参議院選挙を控え，政府が法案を絞り込んだことがその理由としてある。また，政府を批判したり将来の政権交代に備えたりする（　Ａ　）の一政党がｅ内閣不信任決議案を提出する場面はあったものの，（Ａ）が抵抗戦術を抑制したことからも，国会は円滑に進行した。通常国会は会期を１回だけ延長できるが，（　Ｂ　）年に１度行われる参議院選挙の年は会期通りに終えることが多く，今回も会期が延長されることはなかった。

問１　資料中の空欄（Ａ）（Ｂ）にあてはまる語句を答えなさい。ただし，（Ｂ）は数字で答えなさい。

問２　下線部ａに関連して，グローバル化が進む現在の国際社会では，国内の政策だけで根本的解決をはかることが難しい経済問題が起きています。経済に関する様々な問題を解決するための国際的取り組みについての記述として**誤りのもの**を，次のア～エより１つ選び，記号で答えなさい。

ア　国際連合の組織のうち，経済，社会，保健などの問題を扱う経済社会理事会は，専門機関と連携して世界の人々の生活改善のための活動を行っている。

イ　経済援助の必要な国に実施される政府開発援助（ODA）には返済の必要がない無償援助と，返済が必要な有償援助がある。

ウ　自由貿易を促進するために，二国あるいは多国間で協定を結び，地域限定の自由貿易市場をつくる地域主義の動きが活発になっている。

エ　発展途上国の間でも経済格差が広がる南南問題を解決するための組織として，経済協力開発機構（OECD）が設立された。

問３　下線部ｂに関連して，Ｘさんは日本国憲法に規定されている人権について調べ，次のメモに日本国憲法の一部を抜粋して書き出しました。Ｘさんの作成したメモを読み，文章中の空欄（C）にあてはまる語句を答えなさい。

> 第13条　すべて国民は，個人として尊重される。生命，自由及び幸福追求に対する国民の権利については，（　C　）に反しない限り，立法その他の国政の上で，最大の尊重を必要とする。

問４　下線部ｃに関連して，Ｘさんはこども家庭庁についてさらに詳しく知りたいと思い，先生に質問をしました。以下は，Ｘさんと先生の会話です。会話文中の（D）～（F）にあてはまる語句の組合せとして適当なものを，あとのア～クより１つ選び，記号で答えなさい。

Ｘさん　こども家庭庁について詳しく教えてください。どんな仕事をするんですか？

先生　　これまで（　D　）や内閣府にあった子ども関連部局が統合されて新たに作られるんだよ。児童虐待の防止策や，子どもの貧困対策，（　E　）の支援なども担当するよ。

Ｘさん　なるほど。日本の社会保障の４本柱の一つである（　F　）では，高齢者や障がい者だけでなく，児童を保護したり援助したりするしくみがあるから，それを実現する政策といえますね。

先生　　授業で習ったことをよく覚えているね。

ア	D　総務省	E　ホームヘルパー	F　社会福祉
イ	D　総務省	E　ホームヘルパー	F　公衆衛生
ウ	D　総務省	E　ヤングケアラー	F　社会福祉
エ	D　総務省	E　ヤングケアラー	F　公衆衛生
オ	D　厚生労働省	E　ホームヘルパー	F　社会福祉
カ	D　厚生労働省	E　ホームヘルパー	F　公衆衛生
キ	D　厚生労働省	E　ヤングケアラー	F　社会福祉
ク	D　厚生労働省	E　ヤングケアラー	F　公衆衛生

問５　下線部ｄに関連して，Ｘさんは法案の提出件数と成立率について調べ，次のページの図１にまとめました。図１から読み取ることのできる内容として適当なものを，あとのア～エより１つ選び，記号で答えなさい。

図１　法案の提出件数と成立率の推移

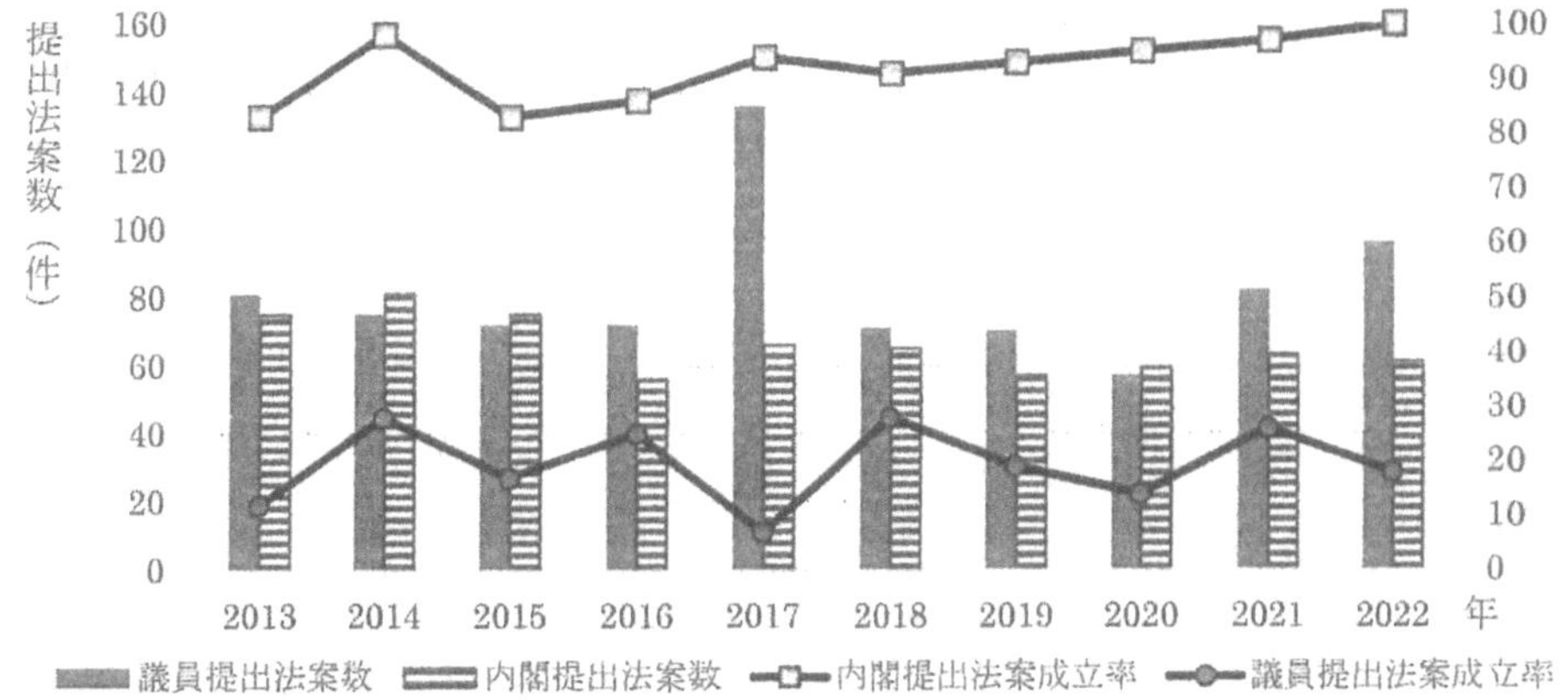

（注）通常国会のみのデータで作成している。　　　　衆議院資料より作成。

ア　内閣提出法案数が議員提出法案数よりも多い年はなく，議員提出法案数が内閣提出法案数の２倍以上になっている年もある。

イ　議員提出法案数が内閣提出法案数よりも多い年はなく，すべての年において内閣提出法案成立率は議員提出法案成立率より高くなっている。

ウ　議員提出法案成立数が内閣提出法案成立数よりも多い年はなく，議員提出法案成立数が50件を上回る年はない。

エ　内閣提出法案成立数が議員提出法案成立数よりも多い年はなく，すべての年において内閣提出法案成立率は議員提出法案成立率より高くなっている。

問６　下線部ｅに関連して，次のメモは，Ｘさんが内閣不信任決議について授業で習ったときに，その内容をまとめたものです。メモ中の空欄（Ｇ）にあてはまる語句を答えなさい。

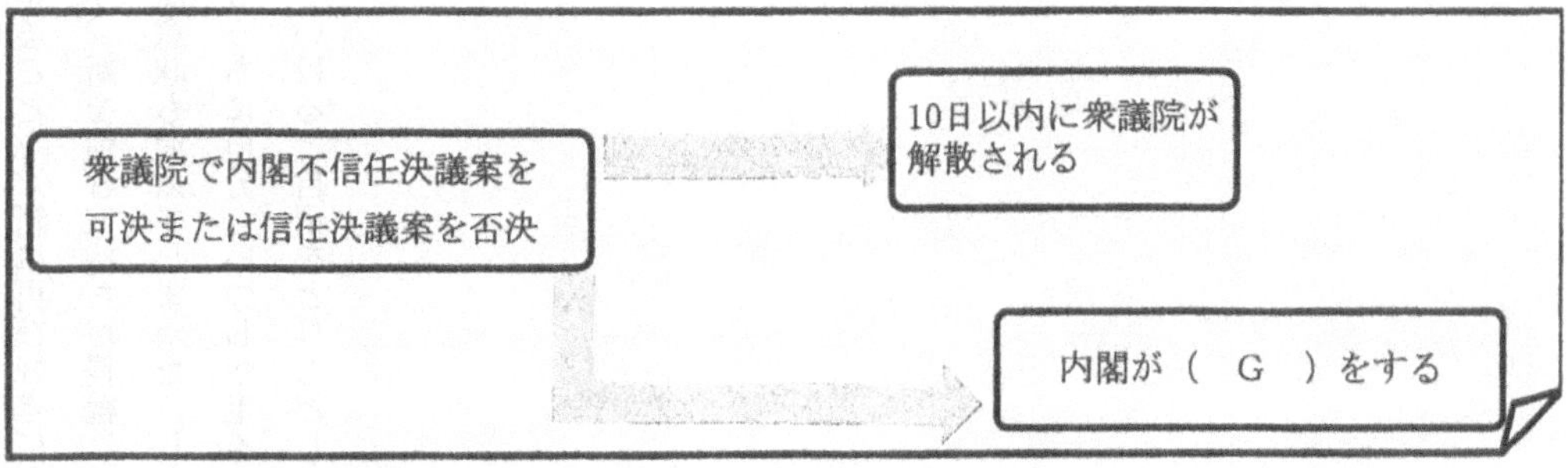

6　傍線部⑤「強くなって、また朔とも走る。走りたい」とあるが、この時の新の心情を具体的に、80字以内で答えなさい。

7　傍線部⑥「たしかにその光景が朔の中に広がっていく」とあるが、この情景描写《びょうしゃ》の説明として最も適当なものを次の**ア**～**オ**から選び、記号で答えなさい。

ア　朔はブラインドマラソンを、新に対する後ろ暗い感情から始めたが、その感情から目を背け続けたことで、今になって走る意味が見えなくなっていた。しかし新は朔の動機を打ち明けられても朔を軽《けい》蔑《べつ》せず、むしろ感謝して一緒に走りたいと言ってくれたので、朔は救われ目の前が開けた気持ちになった。

イ　朔がブラインドマラソンを始めた目的は、新を伴走者とすることで、一度は走ることをあきらめた新を苦しめることだったが、そのような目的を持つ自身に幻滅し、もうやめたいと思うようになった。しかし新が走る楽しさを再認識していると言ったことで、自分の暗い気持ちが浄化《じょうか》され晴れわたっていった。

ウ　朔は、新に対して今にいたるまで内心恨みを抱いていると同時にそんな自分を嫌悪もしている。しかし、ブラインドマラソンを始めたきっかけを正直に新に打ち明けたところ、新はその恨みにすら理解を示し、朔を受け入れてくれたため、新を恨む気持ちも自己嫌悪も消え、自分の罪がゆるされた気持ちになった。

エ　朔は、新を、断れないことを承知のうえでブラインドマラソンにさそい、一緒に走ることを強制してきたが、走ったその先に何かあるのか分からなくなってしまった。しかし新はあいかわらず走ることが好きで、走ること自体がゴールなのだと気付かせてくれたため、もやもやしていた心が解き放たれた。

オ　朔は、走ることを、新に再び好きにさせたうえで改めて奪《うば》うつもりでいたが、新を恨む気持ちが長続きせずその目的が消え、同時に自分が走る意味も消えてしまった。しかし新の生き生きとした走りにつきあううちに自分もいつしか走ることが好きになり、新と二人なら走っていけると自信をとりもどした。

ることができるのかと不安になっている。

イ　走ることのその先に何があるのか分からず、今まで考えたこともなかったため、ただ順位やタイムを気にしていた自分がはずかしくなっている。

ウ　ブラインドマラソンを始めた理由が後ろ向きなものである自分は、到達《とうたつ》したい場所や目指している目標などがないため、新の言葉に動揺《どうよう》している。

エ　自分が傷つかないようにあえて忘れていた「走ることの目標」について話題に出されて、ゴールなどあるわけない現実と向き合わされて深く傷つき悲しんでいる。

オ　新が目指している場所と自分が目指している場所が違うことに気がつきつつも知らないふりをしてきたが、それが限界であることをさとり覚悟《かくご》を決めている。

3　傍線部②「オレ、新が陸上やめたこと知ったとき、腹が立った」とあるが、これはなぜか。その説明として最も適当なものを次の**ア**～**オ**から選び、記号で答えなさい。

ア　朔は、視力を失ったのはどうしようもないと思っているのに、自分を気づかうせいで新までもが、自らの選択で大切なものを失うことに納得ができなかったから。

イ　朔は、新に恨みや憎しみをいだく自分がいやで、そうした思いを新本人には向けないよう少しずつ消してきたのに、新が朔の神経を逆なでするような行動をとってきたから。

ウ　朔は、視力を失うきっかけになった新を恨みたくても、新が罪をつぐなうため新の大切なものを手放してしまうと、それ以上恨むことができず、もやもやした思いが残るから。

エ　朔は、新の都合にあわせたせいで視力を失ったが、新が大切にしていた陸上をやめることで安易《あんい》に朔と同じ痛みを負ったつもりになっているように感じたから。

オ　朔は、せっかく家族の荷物にならないように努力してきたのに、新が大切にしているものを手放してしまっては元通りにはならず、自分の努力が水の泡《あわ》となってしまうから。

4　傍線部③「それ」とは何かを説明したものとして最も適当なものを次の**ア**～**オ**から選び、記号で答えなさい。

ア　朔がもしもの話を頭の中で繰り返し続けたこと。

イ　新ともう一緒に走りたくないと思ったこと。

ウ　朔が自分自身に幻滅しそうになったこと。

エ　新を苦しませるために走ろうとしたこと。

オ　新を激しく恨み同じ目にあわせてやろうと考えたこと。

5　傍線部④「自由だ」とあるが、その内容の説明として最も適当なものを次の**ア**～**オ**から選び、記号で答えなさい。

ア　つらくなったら、自分一人だけでも走ることを止めてよいということ。

イ　目的にしばられて走るのではなく、欲求のままに走るということ。

ウ　伴走者がいても、自分一人の力で走らなければならないということ。

エ　走る理由は、だれかのためでもあり、自分のためでもあるということ。

オ　走るか走らないかを決めるのは、結局は自分自身だということ。

たのに、それでもまた走っている。オレも同じだ。

「オレ、やっぱり走ることが好きだ」

黙《だま》ったまま朔は小さくうなずいた。

ほおに日差しがあたり、朔は空を見上げた。

「前に朔、言っただろ、『新はいろんなものを見せてくれる』って。あれ嬉《うれ》しかった。オレ、ずっと朔の役に立ちたかったから」

新のことばを聞きながら、朔はそっと目を閉じた。

白くもやのかかったような薄曇《うすぐも》りの空から、一筋光がこぼれる。

「だけど、逆だよ」

朔はぴくりと肩《かた》を揺らした。

「オレが見えなくなってたものを、朔が見せてくれた」

驚《おどろ》いたように朔は新のほうに顔を向けた。

「オレ、走りたい。走るよ、逃げないで走る。で、強くなる」

――三十秒前です。

マイクの音が響いた。話し声や笑い声でにぎわっていたグラウンドが静かになった。

「⑤強くなって、また朔とも走る。走りたい」

朔はこみ上げてきたものをこらえるように、もう一度空を見上げた。

重たい雲をこじあけるようにして、空が青く広がる。

見えるわけではない。

でも、⑥たしかにその光景が朔の中に広がっていく。

大きく息をつき、一度うなずいて朔は正面を向いた。

ロープを軽く握り直す。

――イチニツイテ

一瞬《いっしゅん》の静寂《せいじゃく》のあと号砲《ごうほう》が鳴った。

（いとうみく『朔と新』より）

※・ブラインドマラソン…視覚障碍《がい》者が行うマラソン競技。障碍が重い場合、同等以上の走力を持った伴走者と走る。走者と伴走者とは互いにロープを持って走る。

・境野さん／内村…どちらも新の、伴走者の仲間

・秋田さん…ブラインドマラソンの出場者　・かぶり…頭

・コーティングして…ぬりかためて　・欺瞞…ごまかしだますこと

・梓…朔の友人　・渇望…心の底から願うこと

1　文中の空欄**A**～**C**にあてはまる語の組み合わせとして最も適当なものを次の**ア**～**オ**から選び、記号で答えなさい。

ア【**A**　じっと　**B**　ぴくりと　**C**　ふっと】

イ【**A**　ふっと　**B**　ぴくりと　**C**　じっと】

ウ【**A**　ふっと　**B**　はっと　**C**　ぴくりと】

エ【**A**　ぴくりと　**B**　ふっと　**C**　そっと】

オ【**A**　にやりと　**B**　ふっと　**C**　そっと】

2　傍線部①「朔の内側が鈍く音を立てた」とあるが、この時の朔の心情を説明したものとして最も適当なものを次の**ア**～**オ**から選び、記号で答えなさい。

ア　新と笑いながら話し合ったことでリラックスした状態でいたが、ゴールという言葉を改めて出されたことで、本当に最後まで走りき

失うことの、奪《うば》われることの苦しさはそんなものではない。それを味わわせたい――。

だけど、わかっていなかったのはオレだ。

オレは、新の苦しみをわかっていなかった。わかろうとしなかった。

「おしまいにする」

「はっ？」

「もう新とは走らない」

「なに言ってんの？」

「……勝手なこと言ってるのはわかってる。けど、ごめん。これ以上、自分に幻滅《げんめつ》したくない」

新は朔が手にしているロープを握《にぎ》った。

「きっかけなんて、どうでもいいじゃん。神様じゃないんだ、人間なんだからいろいろ思うだろ。オレが朔なら、どうなってたかわかんないよ。まわりに当たり散らして、壊《こわ》して、傷つけて、自分の中にこもって、なにもできなかったんじゃないかって思う。朔が思ったことはあたりまえのことだよ」

一気に言うと、新は大きく息をついた。

「それに、朔、③それずっと続かなかっただろ」

朔の顔が B 動いた。

「わかるよ、毎日一緒に走ってきたんだから。伴走頼まれたとき、オレ、マジでいやだった。でもいまはよかったと思ってる。朔が言ってくれなかったら、オレはいまだってきっと、朔からも走ることからも逃げてたと思う」

「だからそれは」

ううん、と新は首を振った。

「伴走引き受けてからも、ずっと朔のために走ってるんだって自分に言い訳して、ごまかしてた。それで納得《なっとく》しようとしてた。でも、たぶん違った。伴走者としては間違ってるし、オレは失格かもしれないけど、やっぱりオレは、オレのために走ってた。朔と走ることは朔のためじゃなくてオレのためだった」

新はロープを握り直した。走ることは、孤独《こどく》だ。どんなに苦しくても、辛《つら》くても、誰《だれ》かに助けてもらえるものではない。走れなくなったらその場に立ち止まり、倒《たお》れ込《こ》むだけだ。それはブラインドマラソンも同じだ。ふたりで走っていても、伴走者が支えるわけじゃない。手を引くわけでも、背中を押すわけでも、代わりに走るわけでもない。

ふたりで走っていても、それは変わらない。

走ることはやっぱり孤独だ。

孤独で、④自由だ。

「行こう」

「オレは」

「最後ならそれでもいいよ。だけど、ここで棄権《きけん》するとか言うなよな」

新は朔の腕をつかんで、スタートゲートへ足を向けた。

にぎやかな音楽が響《ひび》いている。曇天《どんてん》の下、ゲート前は数百人のランナーたちがひしめき、からだを動かしたり談笑《だんしょう》したりしながらスタートを待っている。

朔の背中に手を当ててインコース側に立つと、何列か前に※内村の姿が見えた。その背中を新は C 見た。

あの人も一度は走ることをやめた人だ。あきらめて、自分で断《た》ち切っ

「ごめん」

「え、なに？」

朔は浅く息をした。

「いつか新、言っただろ、オレのこと偽善者《ぎぜんしゃ》だって」

「はっ？」

「あれ正しいよ。②オレ、新が陸上やめたこと知ったとき、腹が立った」

どうしてそんなに腹を立てたのか、あのときは朔にもわからなかった。考えようともしなかった。ただ無性《むしょう》に、猛烈《もうれつ》に腹が立った。

「オレがブラインドマラソンを始めたのは、おまえを走らせようと思ったからだよ」

「そんなことわかってたよ。朔はオレのために」

「違う」ことばを断《た》ち、もう一度「違う」と朔はくり返した。

「そう思わせただけ。ただの※欺瞞《ぎまん》だ」

新の目がぐっと見開いた。

「オレは、新が思ってるようないい兄貴でもないし、人のことを思いやったりできる人間でもない。嫉妬《しっと》も後悔もするし、うらんだりもする。新のことだって」

「いいよ！　いいよ、そんなこと言わなくて。ていうかなんで言うんだよ、しかもいまってなんだよ」

「いまだから」

いまじゃなかったらオレは話せていない。

また気づかないふりをしてしまう。逃《に》げてしまう――。

「意味わかんねんだけど」

新の声がかすれた。


「おまえに伴走を頼んだのは、オレのそばにいて、オレと一緒に走ることで、新が苦しむことがわかっていたからだ」

新を傷つけてやりたかった。失明したのは新のせいじゃない。事故だった。ただ運が悪かっただけだ。頭ではわかっていたつもりだった。それでも、病院のベッドの上でも家を離《はな》れてからも、もしもと同じことが頭をよぎった。

新のせいにするなんてどうかしている。そんなことを思うなんて、頭がおかしくなったんじゃないかと自分を疑った。でも、頭ではわかっているはずなのに、気持ちがついていかなかった。どうしても、もしもと考え、それをあわててかき消して、また同じことを繰《く》り返した。

時間とともに、身のまわりのことがひとつひとつできるようになり、視力に頼《たよ》らず暮らしていくすべを覚えていった。もしも、ということばが頭をもたげることもほとんどなくなった。これなら家に戻《もど》っても、家族の荷物にならず生活できる。新と会っても感情が揺《ゆ》れることはない。そう思って帰ったのに、※梓《あずさ》から新が陸上をやめたことを聞いたとき、時計の針が逆回転した。

あのとき、新がやめた理由を梓に問いながら、朔には察しがついていた。

オレが視力を失った代わりに、新は陸上をやめた――。

そういうことを考えるやつだとわかっていた。だけどそれは、裏を返せば単に楽になろうとしているだけのことではないのか？　大切なものを手放し、失うことで、同じ痛みを負ったつもりになっている。

そんな弟を、あのとき激しく嫌悪《けんお》した。

新を走らせる。走らせて、走ることへの※渇望《かつぼう》をあおってやりたい。

三　次の文章を読んで、後の問いに答えなさい。

兄の「朔《さく》」は、弟の「新《あき》」の部活動（陸上部）の都合に合わせて、二人で高速バスに乗ったところ、事故に遭《あ》い、そのせいで失明してしまう。その後、「朔」は「新」に※ブラインドマラソンの伴走《ばんそう》者を頼《たの》んで練習に励《はげ》み、初めて大会に出場することになった。

「あ、※境野さんたちだ。ずいぶん前のほうにいる」新がかかとをあげた。

「※秋田さんは、早めに準備しておきたいタイプなんだろうな」

「そういえば、待ち合わせも時間よりずいぶん早くに来てたし」

「アップを始めるのも早かった」

朔はそう言って、[A]笑《え》みをこぼした。

「境野さんって、そういうところをちゃんと押《お》さえてくんだよ」

「……な、朔は境野さんが目指してることとって聞いたことある？」

「ん？」

「伴走者としてってやつ」

いや、と※かぶりを振《ふ》ると、新は口角をあげた。

「伴走したランナーが、また次も走りたいと思えるレースをすること、だって」

「ああ、うん」

「目標タイムで走ることでも、順位でも、完走することでもない」

「境野さんらしいね。でもそうだよな、走る目的も、理由も、ひとりひとり違《ちが》う」

そう言った朔の横顔を見て、新はにっと笑った。

「でもみんな、ゴールを目指してる。そこは一緒《いっしょ》だよ」

どくっ。

①朔の内側が鈍《にぶ》く音を立てた。

……ゴール。

「朔？」

朔の腕《うで》に新はひじを当てた。

「どうした？　腹でも痛い？　もしかして緊張《きんちょう》してきたとか？」

ふたりの横を、スタートゲートに向かうランナーたちが追《お》い越《こ》していく。

……ゴール。

朔は薄《うす》く唇《くちびる》を開いた。

オレは、どのゴールを目指しているんだろう。目指してきたのだろう。

ゴールが見えない。いや、見えるわけがないのだと朔は唇を噛《か》んだ。

そんなことは、とっくにわかっていた。だって、最初から間違《まちが》った方向へ向かって駆《か》け出《だ》していたんだから。そのことに気づきながら、ずっと気づかないふりをしてきた。自分の内にあるものを、きれいなことばで※コーティングして、正当化した。自分が傷つかないよう、汚《よご》れないよう、気づかないふりをしているうちに、それは都合よく自分の意識から消えていった。

朔は喉《のど》に手を当てて、息を吸った。喉の奥《おく》が小さく震《ふる》える。

だけど、このまま気づかないふりをして、新をしばって、その先になにがあるんだろう。

あるのは、たぶん、きっと、後悔《こうかい》だ。

5　空欄A～Eにあてはまる語の組み合わせとして、最も適当なものを次のア～オから選び、記号で答えなさい。

ア【A　変えてはいけない　B　変えてよい　C　変えてよい
　D　変えられる　E　変えられる】

イ【A　変えられない　B　変えられる　C　変えられない
　D　変えられる　E　変えられる】

ウ【A　変えてはいけない　B　変えてよい　C　変えられない
　D　変えてよい　E　変えてはいけない】

エ【A　変えられない　B　変えられる　C　変えてよい
　D　変えられる　E　変えてよい】

オ【A　変えられない　B　変えられる　C　変えられない
　D　変えてよい　E　変えてよい】

6　傍線部③「自分の置かれたどこであっても、自らの真実の姿に巡り合える」とは例えばどのようなことか。前後の内容をふまえた時、最も適当な例を次のア～オから選び、記号で答えなさい。

ア　幼いころ、事故で両親をなくし、親の知人に育てられた。育ての親は自分をかわいがってくれ、その家にすっかりなじんで育ったつもりだったが、ある日育ての親に「実の親に言動がそっくりだ」と言われ、自分はやはり両親似だと知った。

イ　高校で海外にホームステイすることになった。日本にいた頃はおとなしい方だったが、海外では、学校でも家庭でも自分から行動したり意見を言ったりすることが求められ、それに応じるうちに、帰国時は外向的・社交的な性格に変わっていた。

ウ　親の仕事の都合で、急に転校することになった。転校先の学校で、最初は緊張《きんちょう》してしまい友達ともなじめなかったが、自分から話しかけたりいっしょに遠足に行ったりするうちにだんだん親しい友達ができ、やっと本音で話せるようになった。

エ　就職試験に落ち、望んでいた職種とはちがう仕事についた。任された仕事は果たしたが、それと同時に初めに志望した仕事に関する勉強も独学で続けた。何度かの転職を重ねた後に、最初行きたかった会社に採用され、望んでいた仕事で働くことができた。

オ　修学旅行で、くじ引きで旅行委員になった。委員になりたいわけではなかったが、友達と見学先について調べたり、現地で進行役を務めたりするうちに周囲に信頼《しんらい》され、委員の役割を、やりがいと楽しみをもって果たしている自分に気づいた。

7　筆者は雑草に比べ、人間のことをどのようにとらえているか。次のア～カから適当なものを二つ選び、記号で答えなさい。

ア　最も大切な原則以外のことにこだわり、原則を守りきれない。

イ　目的が明確になると、目的までの道すじは自由に選ぶことができる。

ウ　自分で自分自身を分類し、それにこだわって生活史を変えることができない。

エ　あいまいでつかみどころが無いものも、分類・整理すれば理解できる。

オ　生きるうえで変えてもよいものに妥協《だきょう》してしまい、エネルギーを無駄に使っている。

カ　自分が今いる環境に適応しようと努力せず、文句や不満をいだきがちである。

私たち人間は、整理しないと理解できない生物だから、自分たち自身さえも「理系と文系」「体育会系と文化系」と区別したがる。そして、「男らしく、女らしくしなさい」だとか、「高校生だから……」と分類に呼応して特徴づけたがるのである。

しかし、雑草の自由さを見ていれば、「こうあるべき」というのが、どんなに狭《せま》い考え方かわかるだろう。私たちが住む自然界というのは、もっともっと自由なのだ。

（稲垣栄洋『雑草はなぜそこに生えているのか』より）

※・示唆的…一見無関係なことから、ヒントを示すこと。
・固執…こだわること。
・越年生…秋に芽生え、冬を越《こ》して春や夏に開花すること。
・攪乱…ここでは日照りや大雨など、植物の生活が乱れる事。
・一年生夏雑草…春に芽生え、夏のうちに開花する雑草。
・臨機応変…その時、状況に応じて適切に変わるさま。

1　「雑草はバラバラ」の節を読み進めながら、Xさんは次のようなメモを作った。本文の内容に基《もと》づいて、次の問いに答えなさい。

生物種の例	変異の例
人	身長
雑草	Ⅰ

Ⅱ	変異の種類
遺伝	遺伝的変異
環境	表現的可塑性

違いは「同所栽培」実験で分かる。

（１）空欄《くうらん》Ⅰにあてはまる語を、他の節から、漢字２字で見つけて答えなさい。

（２）空欄Ⅱには、どのような見出しが適切か。本文と表を参考に考え、３字以上５字以内で答えなさい。

2　傍線部《ぼうせんぶ》①「表現的可塑性」とはどのようなことか。「雑草はバラバラ」の節をふまえて、25字以内で説明しなさい。「変異」という言葉は用いないこと。

3　傍線部②「雑草のすごいところ」とあるが、筆者が「すごい」と考えている点について、本文の内容をふまえていないものを次の**ア**～**オ**から一つ選び、記号で答えなさい。

ア　自分の周囲に生える植物にあわせ、図鑑とは違う高さまで背を伸ばし、必要な日照を確保するところ。

イ　水分等が十分とれなかったり踏まれたりするような道ばたでも、しっかり根づいて成長するところ。

ウ　育ちづらい環境では、遺伝子を変化させて成長のペースを変え、開花のチャンスをのがさないところ。

エ　肥えた土地で育つ場合、茎や葉を大いに伸ばすのはもちろん、花や実も多くつけるところ。

オ　生育条件がどんなに整っていなくても、繁殖分配率が最適になるよう、環境に適応するところ。

4　二重傍線部「植物の中でも、雑草は可塑性が大きいと言われている」とあるが、雑草の可塑性が「野菜や花壇の花」より高いと筆者が言うのはなぜか。その理由を、二重傍線部から後の部分をふまえ、40字以内で説明しなさい。

これは「[A]ものは変えられない。[B]ものを変える」ということなのだろう。

[C]ものというのは、環境である。環境は変えられない。そうだとすれば、[D]ものを変えるしかない。[E]ものというのは、雑草自身である。

それが雑草の可塑性である。

そして、雑草が自在に変化できる理由は、「変化しないことにある」と私は思う。

どういうことだろうか。

植物にとってもっとも重要なことは何だろう。それは、花を咲かせて種子を残すことである。雑草は、ここがぶれない。どんな環境であっても、花を咲かせて、種子を結ぶのである。

種子を生産するという目的は明確だから、目的までの道すじは自由に選ぶことができる。だからこそ雑草は、サイズを変化させたり、ライフサイクルを変化させたり、伸び方も自由に変化させることができるのである。

これは人生にも※示唆《しさ》的である。生きていく上で「変えてよいもの」と「変えてはいけないもの」がある。変えてよいものに※固執《こしつ》して、無《む》駄《だ》なエネルギーを使うよりも、変えてはいけない大切なものを守って行けば良いのだ。

中《なか》江《え》丑吉《うしきち》（一八八九―一九四二）という思想家は「人間はそれぞれ守るべき原則をひとつかふたつ持てばそれでいい。他のことはさっさと妥《だ》協《きょう》してしまえ」と言っていたという。「妥協してしまえ」というのは、乱暴にも聞こえるが、裏を返せば守るべき原則だけをしっかり守れということでもある。

あるいは禅《ぜん》の言葉に、「随処《ずいしょ》に主《しゅ》と作《な》れば、立処皆《りっしょみな》真なり」という言葉がある。

③自分の置かれたどこであっても、自らの真実の姿に巡《めぐ》り合える、という意味である。

大きくても、小さくても、どちらもそれが雑草の姿である。そして、どんな場所であっても、必ず種子を残すのである。変えられない環境に文句を言っても仕方がないのだ。（略）

雑草の分類

雑草は表現的可塑性が大きく、変化する植物である。そのため、人間の決めた分類を飛び越《こ》えて変化してしまうものも少なくない。

たとえば、ヒメムカシヨモギという雑草は、道ばたや空き地、畑などあらゆる場所によく見られるキク科の雑草である。ヒメムカシヨモギは、秋に芽生える※越年生《えつねんせい》の雑草である。そして、冬の間に葉を広げて栄養分を蓄《たくわ》えると、春から夏にかけて茎を伸ばして花を咲かせるのである。

ところが、※攪乱《かくらん》の大きい場所では、ゆっくりと生長して花を咲かせている余裕《よゆう》はない。そこで、春から夏にかけて発芽し、数週間の間に成長して花を咲かせてしまう。つまり、※一年生夏雑草として、生活をしているのだ。また、ヒメムカシヨモギは北米原産の雑草だが、冬のない熱帯地域に広がったものは、越冬《えっとう》の必要がないから、もっぱら一年草として暮らしている。こうして、※臨機応変に、その生活史さえも、変えてしまうのである。

というのは、図鑑の姿とまるで違うことが、ときどきある。

図鑑には、数十センチと書いてある雑草が、背の高いトウモロコシ畑の中で競《せ》り合って背を伸ばして数メートルにもなっていたり、道ばたで踏《ふ》まれながら数センチで花を咲《さ》かせていて、驚《おどろ》かされることが少なくないのだ。

花の時期も、図鑑には「春」と書いてあるのに、平気で秋に咲いていたりする。まったく雑草というのは、とらえどころのない植物である。

この表現的可塑性が大きいことが、さまざまな環境に適応するために重要な性質なのだ。身体の大きさについて言えば、植物は動物よりも可塑性が大きい。

人間では、成人どうしであれば、大きい人と小さい人で二倍の差があるということはない。しかし、植物は見上げるような大木も、小さな盆《ぼん》栽《さい》も同じ樹齢《じゅれい》ということがある。この植物の中でも、雑草は可塑性が大きいと言われている。

雑草のサイズの変化と言えば、誰《だれ》もが、道ばたの劣悪《れつあく》な条件で小さな花を咲かせている雑草の姿を思《おも》い浮《う》かべることだろう。

アメリカの雑草学者のハーバード・G・ベーカー（一九二〇―二〇〇二）は論文『雑草の進化』の中で「理想的な雑草の条件」として十二の項目《こうもく》を挙げているが、その中には以下のようなものがある。

「不良環境下でも幾《いく》らかの種子を生産することができる」

どんなに劣悪な環境でも花を咲かせて、種子を結ぶ。これはまさに、雑草の真骨頂《しんこっちょう》と言っていいだろう。しかし、②雑草のすごいところは、これだけではない。

良いときも悪いときも

「不良環境下でも種子を残す」という一方で、ベーカーの理想的な雑草の中には、次のような項目もある。

「好適環境下においては種子を多産する」

つまり、条件が悪くても種子をつけるが、条件が良い場合には、たくさん種子を生産するというのである。当たり前のように思えるかも知れないが、そうではない。

たとえば、私たちが栽培する野菜や花壇《かだん》の花では、肥料が少ないと生きていくのがやっとで花が咲かずに枯《か》れてしまうことがある。逆に、肥料をやりすぎるとどうだろう。茎《くき》や葉ばかりが茂《しげ》って、肝心《かんじん》の花が咲かなかったり、実が少なくなってしまったりすることもある。まるで、植物にとってもっとも大切な、種子を残すということを忘れてしまうかのようだ。

しかし、雑草は違う。条件が悪い場合にも、最大限のパフォーマンスで種子を生産するが、条件が良い場合にもまた、最大限のパフォーマンスで種子を生産するというのである。

自分の持っている資源を、どの程度、種子生産に分配するかという指標を「繁殖《はんしょく》分配率」というが、雑草は、個体サイズにかかわらず繁殖《はんしょく》分配率が最適になるとされている。

条件が悪いときは悪いなりに、条件が良いときには良いなりにベストを尽《つ》くして最大限の種子を残す。これこそが、雑草の強さなのである。

変化するために必要なこと

雑草は可塑性が大きい。

【国　語】〈五〇分〉〈満点：一〇〇点〉

【注意】＊設問の都合で、本文には一部省略・改変がある。
＊字数制限のある場合は、句読点なども字数に入れること。

一　次の傍線部の１～５のカタカナは漢字に直し、漢字は読みをひらがなで答えなさい。

1　皆さんのお知恵をハイシャクしたおかげで、すばらしい発表ができました。
2　仏壇《ぶつだん》に故人の好きだったお菓子《かし》をソナえる。
3　成立した法律をひろく国民にコウフする。
4　ガソリンはすぐキハツして気体になる。
5　しろうとにとっては、この暗号は複雑多岐で解読が大変だ。

二　次の文章を読んで、後の問いに答えなさい。

雑草はバラバラ

雑草は、変異が大きいことで特徴《とくちょう》づけられる。

「変異」とは、同じ生物種の中で、形質が異なることを言う。たとえば、人間の中にも背の高い人や背の低い人がいる。これは変異である。

さて背が高くなる形質をもつ理由は二つ考えられる。

一つは遺伝である。両親も兄弟も背が高い。もともと背が高くなる遺伝的な形質というものはある。

もう一つは環境《かんきょう》である。たとえば、遺伝的に同じ双子《ふたご》の兄弟が、別々の環境で暮らすうちに、十分に運動したり、栄養や睡眠《すいみん》をたっぷり取っていた方が背が高くなったということがあるかも知れない。これは、遺伝ではなく環境の影響《えいきょう》である。このように、形質を決めるものには、先天的な「遺伝」と後天的な「環境」がある。

雑草の変異にも、遺伝と環境とが影響している。

変異のうち、遺伝の影響によるものは「遺伝的変異」と呼ばれている。これに対して、環境によって変化することを「①表現的可塑《かそ》性」と呼んでいる。

雑草は、この「遺伝的変異」と「表現的可塑性」のどちらも大きいとされている。

もともと、生まれもった形質はバラバラであるし、環境に応じて変化する力も大きいのである。

同じ種類の雑草なのに、大きく伸《の》びる集団と、小さな集団があったとする。この大小の違《ちが》いは、先天的に持つ「遺伝的変異」によるものなのだろうか、それとも環境によって変化した「表現的可塑性」なのだろうか。

これは「同所栽培《さいばい》」という方法で明らかとなる。環境の異なるところで育っている集団から種子を採取してきて、同じ環境で育てる。もし、個体の違いが環境によるものであれば、同じ環境で育てれば差はなくなる。しかし、それが遺伝的に異なるものであれば、同じ環境で育てても差が見られるのである。（略）

変化する力

雑草が多様である要因は、遺伝的な変異が大きいことだけではない。もう一つの要因である「表現的可塑性」についても、少し触《ふ》れてみよう。

植物図鑑《ずかん》を見ると草丈《くさたけ》が記載されている。しかし、厄介《やっかい》なことに雑草

2023年度

昭和学院秀英中学校入試問題（第２回）

【算　数】（50分）　＜満点：100点＞

【注意】 円周率は3.14とし，角すいや円すいの体積はそれぞれの角柱や円柱の体積の$\frac{1}{3}$とします。

1　次の［　　］の中に適当な数を入れなさい。

(1)　$0.43\times\left(\frac{7}{2}-2.2\right)-4\times\frac{1}{8}=$ ［ア］

(2)　あるチーム競技の選手には，階級ごとに１点，２点，３点，４点，4.5点の持ち点が与えられています。試合のときは，１チーム５人の持ち点の合計が14点以下になるように選手を選びます。持ち点１が５人，２が５人，３が４人，４が３人，4.5が２人いるチームで，持ち点の合計が14点になる組合せは［イ］通り，13.5点になる組合せは［ウ］通りあります。ただし，同じ持ち点の選手は区別しません。

(3)　容器Ａに，コーヒー３Ｌと牛乳２Ｌを入れて混ぜました。次に，容器Ｂに，コーヒー２Ｌと牛乳２Ｌを入れて混ぜました。さらに，容器Ｃに，Ａから２Ｌ，Ｂから３Ｌのコーヒー牛乳を入れて混ぜました。Ｃからコップに注いだコーヒー牛乳200mLの中に，コーヒーは［エ］mL入っています。

(4)　湖の周りを一周するのに，歩きだと45分，自転車だと11分15秒かかります。スタート地点から同時にＡは歩きで，Ｂは自転車で，逆方向に進んだところ，２人はＰ地点で出会いました。Ｐ地点からはＡが自転車で，Ｂが歩きでそのまま進み，スタート地点に戻りました。Ａ，Ｂの両方がスタート地点に戻ってきたのは，出発してから［オ］分後です。ただし，自転車を乗り換える時間は考えないものとします。

2　次の各問いに答えなさい。

(1)　長方形の紙をＡＢを折り目にして折ったところ，下の図のようになりました。角㋐の大きさを求めなさい。

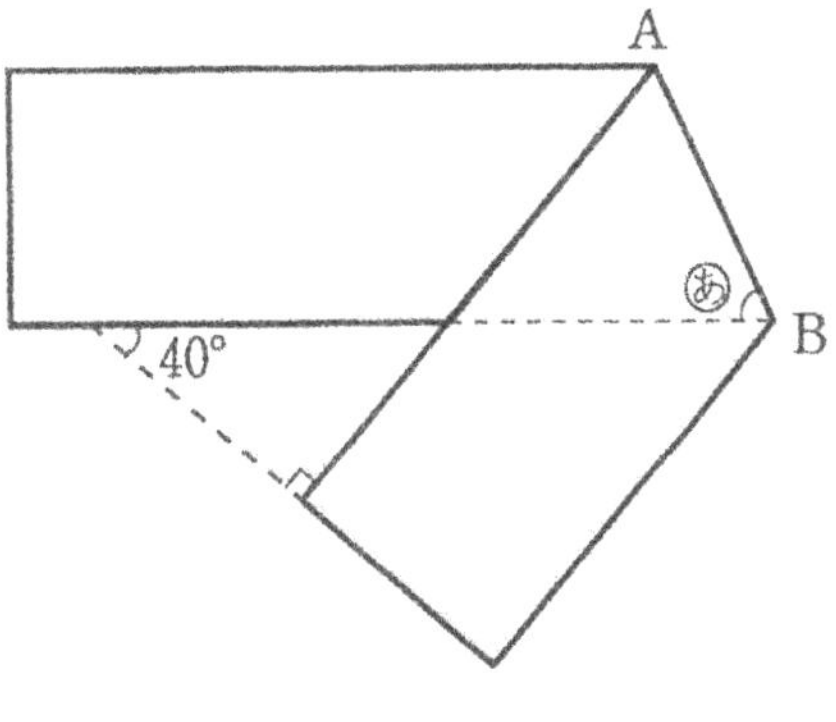

(2) 右図のような直角三角形ABCの辺BC上に点Dがあります。また，辺ACの真ん中の点をE，直線ADと直線BEが交わる点をFとします。三角形BDFと三角形ABDの面積の比を，もっとも簡単な整数の比で書きなさい。

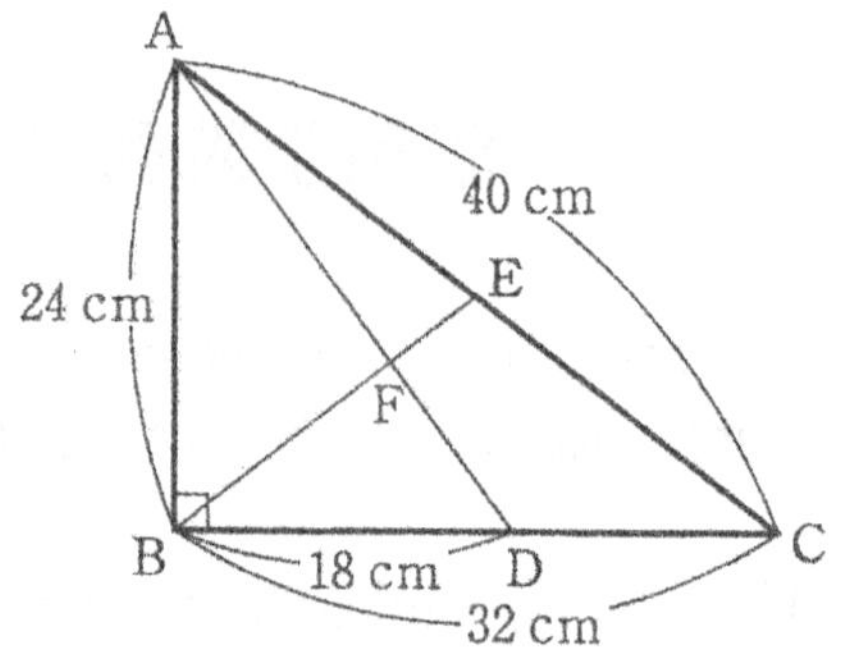

(3) 右図のような四角柱があります。この四角柱を３点A，B，Mを通る平面で切ったとき，大きい方の立体の体積を求めなさい。

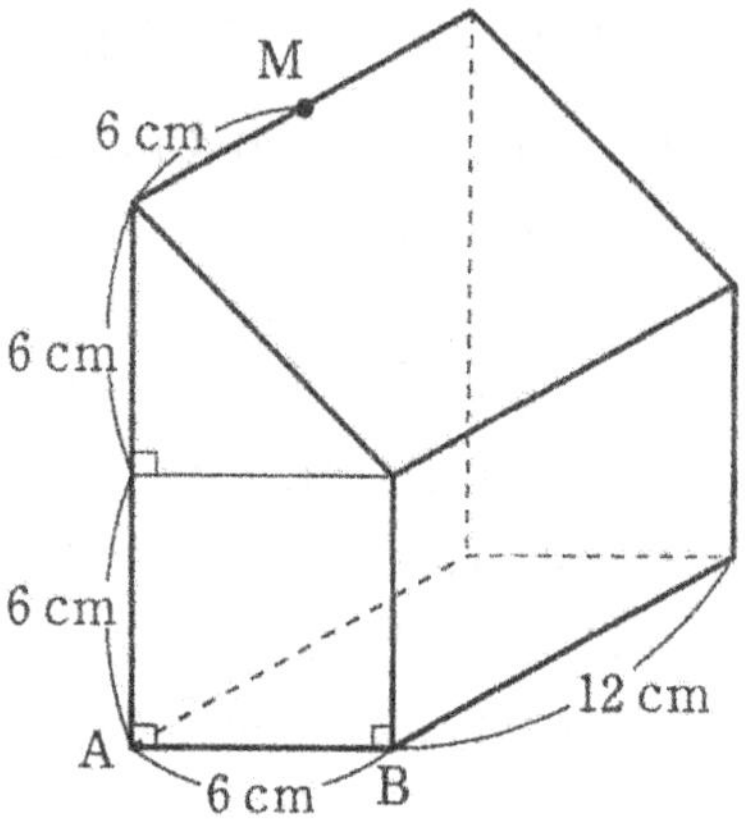

3 図のような深さが20㎝の直方体の容器に水が入っています。ここに円柱型のおもりAを，円の底が容器の底につくように入れていきます。

＊Aを１つ入れたとき，水の深さは６㎝

＊Aを２つ入れたとき，水の深さは７㎝

となりました。このとき，次の各問いに答えなさい。

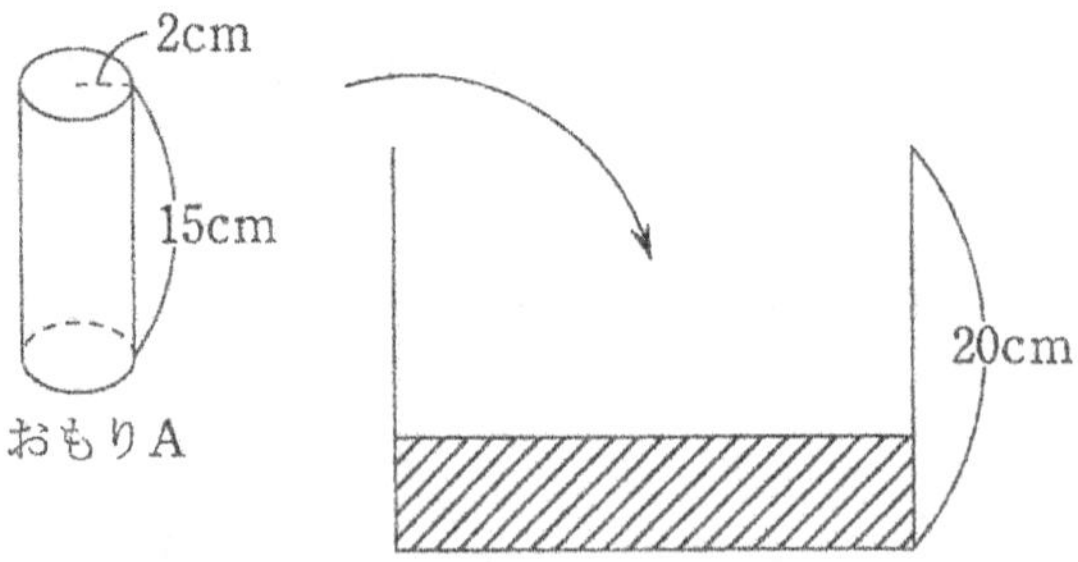

(1) 容器に入っている水の量を求めなさい。

(2) おもりAを３個入れたときの，水の深さを求めなさい。

(3) 初めて水があふれるのは，おもりAを何個入れたときか答えなさい。またそのとき，あふれた水の量を求めなさい。

４　次の各問いに答えなさい。

(1)　図１の正方形を，点Ｐを中心に図のように一回転させたとき，正方形が通ってできる図形の面積を求めなさい。

(2)　図１の長方形を，点Ｑを中心に図のように一回転させたとき，長方形が通ってできる図形の面積を求めなさい。

図１

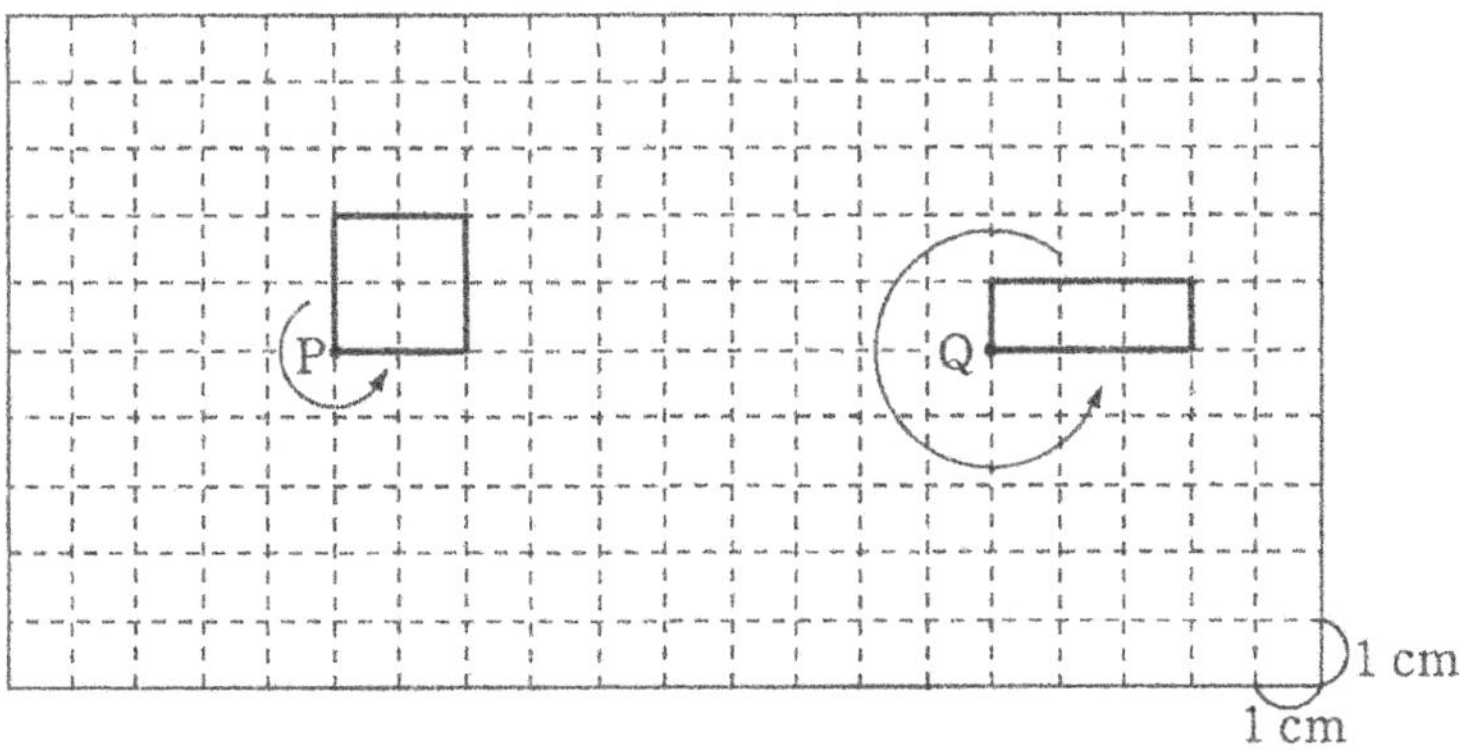

図２は同じ直方体２個が重なってできた立体です。

(3)　この立体をＡＢを軸に１回転させてできる立体の体積を求めなさい。

(4)　この立体をＤＣを軸に１回転させてできる立体の体積を求めなさい。

図２

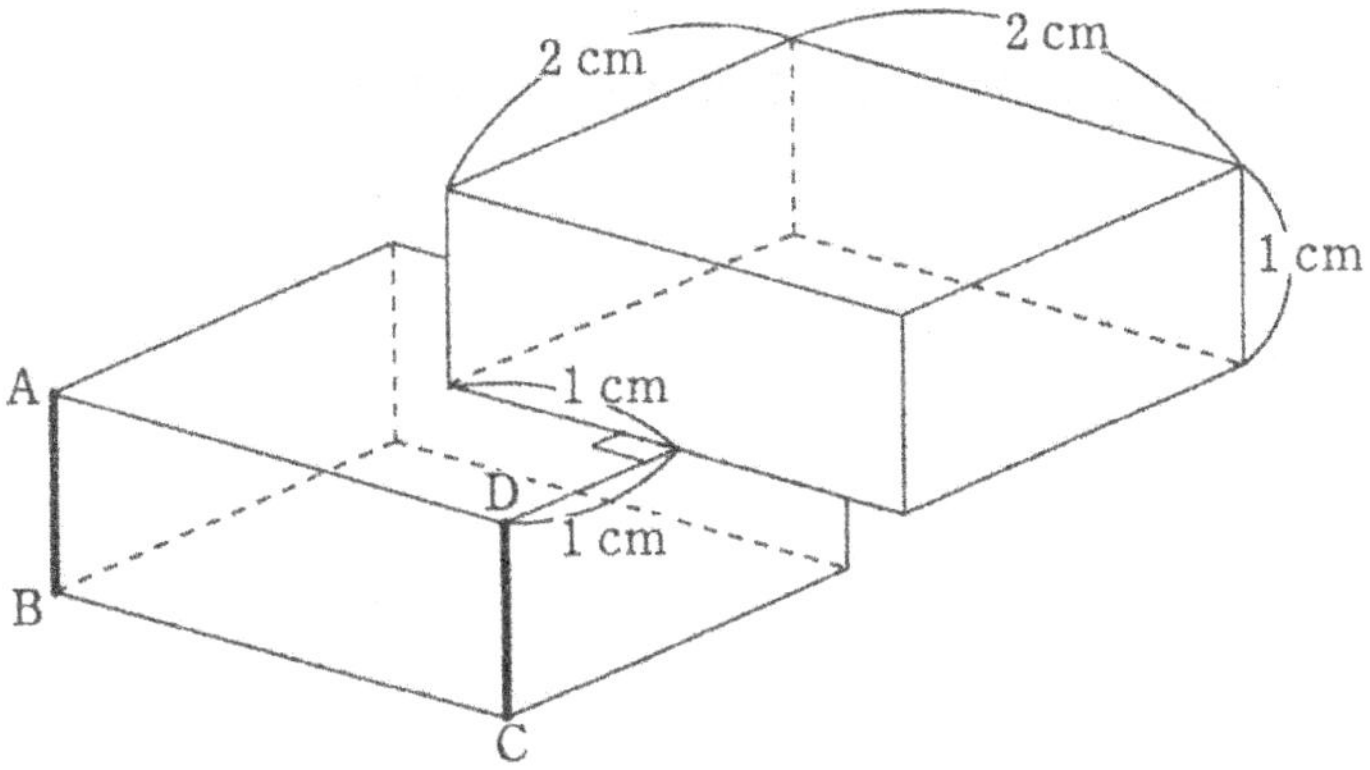

５　いくつかの数を小さい順に並べたとき，中央にある数を「真ん中の数」とします。並べた数が偶数個のときは，中央にある２つの数の平均を「真ん中の数」とします。例えば，並んだ数が１，２，３，４であれば「真ん中の数」は2.5，並んだ数が１，２，２，３であれば「真ん中の数」は２になります。

ＡからＩの９人の児童が算数の試験を受けたところ，70点未満はＡ，Ｂ，Ｃ，Ｄ，Ｅの５人でした。そのうちの１人の点数に間違いがあったので修正しました。修正前の５人の平均点は46.2点，

「真ん中の数」は46点でした。また修正後の点数は，Ｂが49点，Ｃが21点，Ｄが69点，Ｅが48点で，５人の平均点は46.6点でした。次の各問いに答えなさい。

(1) 修正後のＡの得点を答えなさい。

(2) 点数を修正した児童と，修正前の点数を答えなさい。

(3) 修正後の９人の平均点は59点で，最高点はＦの77点でした。また，70点以上の児童全員の点数の「真ん中の数」は74.5点でした。点数が明らかになっていないＧ，Ｈ，Ｉの点数の組合せをすべて答えなさい。答え方は（１，２，３）のように書きない。ただし，（１，２，３）や（３，２，１），（１，３，２）などは同じ組合せとします。

【理　科】（40分）　＜満点：50点＞

1　次の文章を読み，以下の各問いに答えなさい。

［本文］

一日中太陽にさらした水道水，砂，泥《どろ》を入れた水槽《すいそう》を用意し，そこにミジンコとミジンコのエサになる生物Wを入れて，水槽内のミジンコの様子を観察することにしました。図１は，昼間の水槽内部における物質の出入りを矢印で示しています。

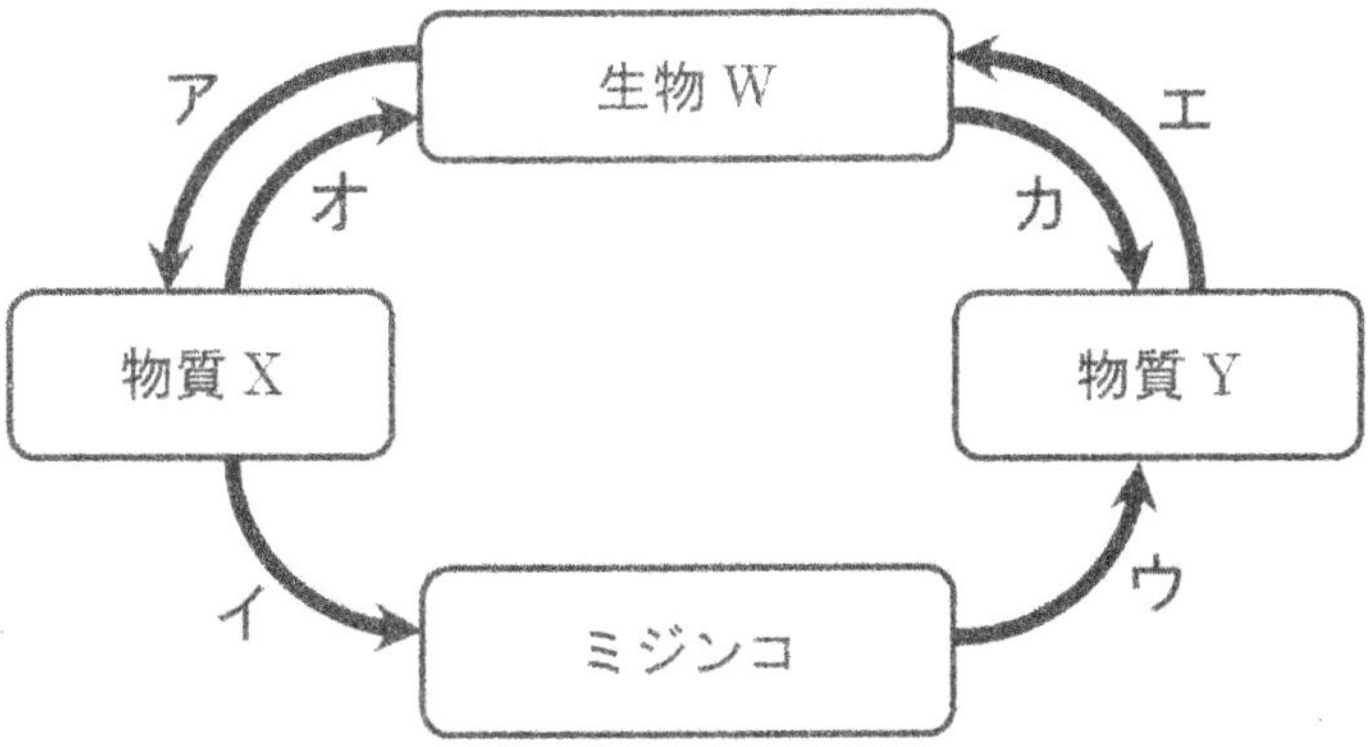

図１

問１　からだのつくりに着目したとき，ミジンコと同じ仲間に分類される生物を次の**ア**～**オ**より１つ選び，記号で答えなさい。

ア．アメーバ　　**イ**．ミミズ　　**ウ**．カニ　　**エ**．クラゲ　　**オ**．イソギンチャク

問２　生物Wとして，最も適切なものを次の**ア**～**オ**より１つ選び，記号で答えなさい。

ア．ボウフラ　　**イ**．オオカナダモ　　**ウ**．イトミミズ　　**エ**．アメーバ　　**オ**．ミカヅキモ

問３　図１のミジンコや生物Wの間で出入りする物質XとYの名称《めいしょう》を答えなさい。

問４　図１で示される矢印のうち，夜間には見られなくなるものはどれですか。適切なものを図１の**ア**～**カ**よりすべて選び，記号で答えなさい。

［文章Ⅰ］

このまま，水槽の様子を観察し続けたところ，ミジンコの数は多少の増減があるものの，全《ぜん》滅《めつ》することはなく，比較的安定した数を維持《いじ》し続けました。調べてみると，この水槽の中には，ミジンコや生物W以外に，別のはたらきをする小さな生物Ｚがいることがわかりました。

問５　文章Ⅰ中の生物Ｚのはたらきについて，最も適切なものを次の**ア**～**オ**より２つ選び，記号で答えなさい。

ア．この生物Ｚは，急激に数をふやし，水面に日陰《ひかげ》をつくる。

イ．この生物Ｚは，生物Wが必要とする養分をつくる。

ウ．この生物Ｚは，ミジンコの卵にとって良い生育環境《かんきょう》をつくる。

エ．この生物Ｚは，物質Ｙを吸収する。

オ．この生物Ｚは，ミジンコや生物Wの死骸《しがい》や排泄物《はいせつぶつ》を分解する。

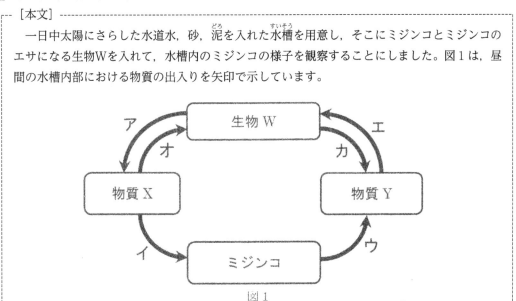

［文章Ⅱ］

　自然界では，「食べる」「食べられる」の関係はもっと複雑になります。表1は，ある里山にいる生物A～Ｉの「食べる」「食べられる」の関係を示しています。これらの生物は以下にあげる①～④のいずれかに含まれます。

①　植物のグループ
②　植物のグループを食べる動物のグループS
③　グループSを食べる動物のグループT
④　グループTを食べる動物のグループU

表1

食べる側	食べられる側
生物D	生物A
生物E	生物B，生物C
生物F	生物D，生物E
生物G	生物D，生物E
生物H	生物E
生物Ｉ	生物F，生物G，生物H

問6　グループSに当てはまるものを次の**ア**～**ケ**よりすべて選び，記号で答えなさい。

ア．生物A　**イ**．生物B　**ウ**．生物C　**エ**．生物D　**オ**．生物E
カ．生物F　**キ**．生物G　**ク**．生物H　**ケ**．生物Ｉ

問7　表1の生物A～Ｉのすべての関係を，食べられる側から食べる側に向かって矢印で結びました。

⑴　グループSとグループTのそれぞれの生物を結ぶ矢印は全部で何本引くことができますか。その本数を答えなさい。

⑵　グループTとグループUのそれぞれの生物を結ぶ矢印は全部で何本引くことができますか。その本数を答えなさい。

2　次の文章を読み，以下の各問いに答えなさい。

［本文］

　私たちの身の回りのものには，温まりにくいものや温まりやすいものがあります。物体は，加熱などによって熱を得ると温度が上昇《じょうしょう》します。熱の伝わり方には，「放射」，「伝導」，「（　**あ**　）」の3種類があります。物体が得た熱の量とその物体の温度の上昇を調べるために，次の実験を行いました。

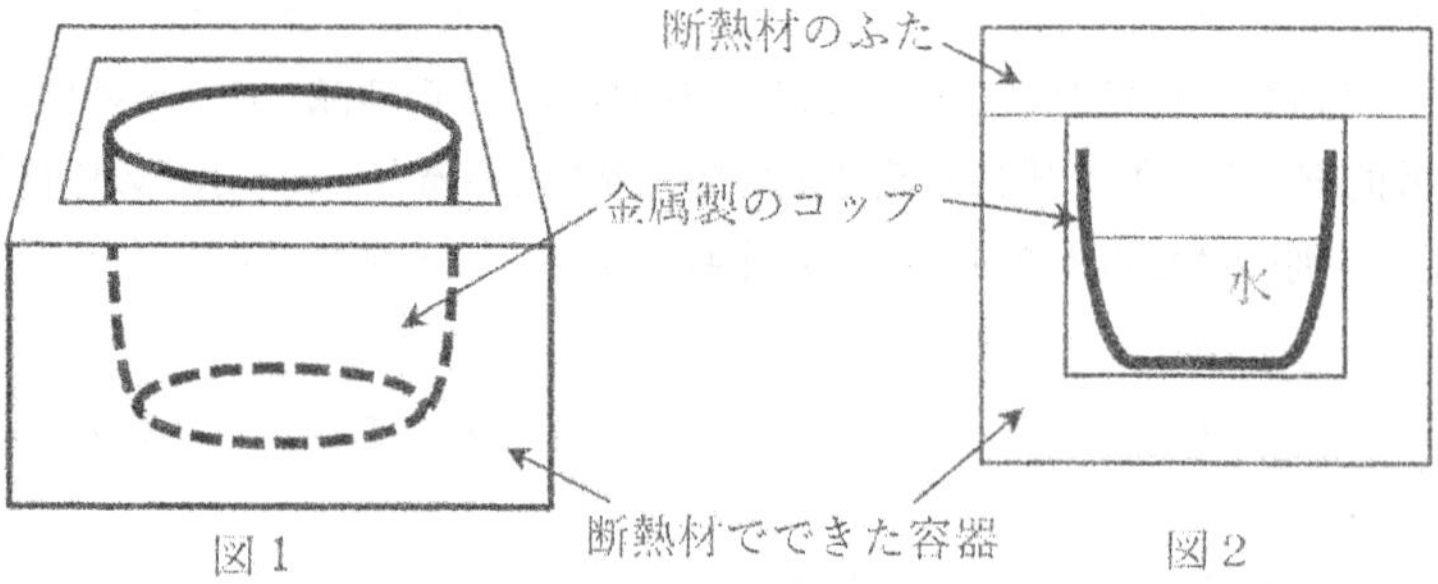

図1　図2

図3

　図1のように，金属製のコップ（以降，「コップ」とします）を断熱材でできた容器に入れました。このコップに60ｇの水を入れ，図2のように断熱材でふたをしました。断熱材は熱を受け取ることはなく，その容器の外に熱を逃《に》がすこともありません。

　断熱材のふたに小さな穴をあけて図3のような熱電対《ねつでんたい》を挿入《そうにゅう》し，これを用いてコップ内の水

（以降，「水」とします）の温度を測定します。熱電対は異なる種類の金属線を接触《せっしょく》させたもので，接触させた部分（前のページ図３の上端《じょうたん》Ａと下端《かたん》Ｂ）に温度差を与《あた》えると電流が流れます。これをゼーベック効果といい，熱電対のＡＢ間の温度差が大きいほど大きな電流が流れ，この電流を測定することで温度を測定することができます。電流の大きさは，私たちにとって身近な乾電池《かんでんち》を用いた回路の1000分の１倍程度です。また，熱電対の一方の温度を一定にすることが適切です。

図３の太さの異なる２本の曲線は，熱電対の２種類の金属線を表しています。アルコール温度計は，アルコールを膨張させて温度を測定するために，温度計のガラスやその中のアルコールが得る熱の量を無視することができません。しかし，熱電対は細い金属線でできているため，熱電対が得る熱の量は極めて少なくて無視することができます。

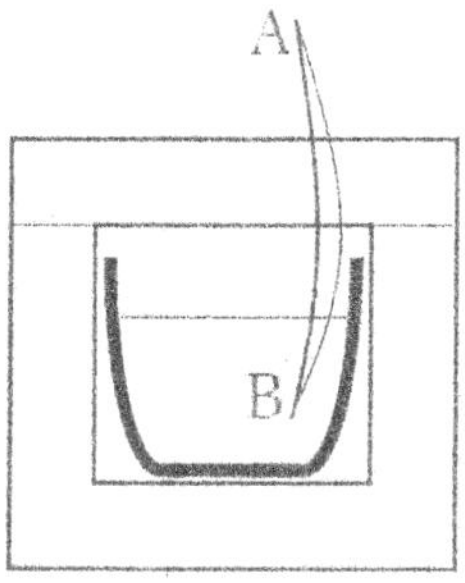

図４

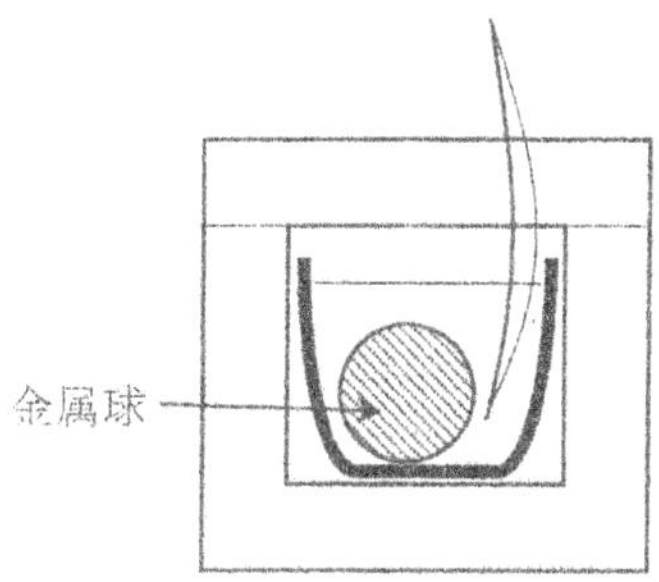

図５

図４のように実験の準備を終えたとき，水の温度は20℃でした。次に，図５のように100℃にした120ｇの金属球をコップに入れて素早くふたをしました。

金属球が放出した熱は，水中で（**あ**）を起こして水全体に伝わります。さらに，熱は水からコップに伝わってコップの温度を上昇させます。やがて，水の温度は32℃で一定になりました。

金属球の温度を１℃上昇させるのに必要な熱の量は54Ｊ（Ｊ《ジュール》は熱の量の単位）です。また，金属球の温度が１℃下がるときには「金属球は54Ｊの熱を放出する」ことが分かっています。断熱材の内側の空気の量はとても少ないので，空気が得る熱の量は考えなくてよいです。また，コップとその内部の水の温度は常に等しいものとします。

この実験では，水が得た熱の量とその温度の関係を正確に測定するために熱電対を用いて温度の測定を行いました。このとき，熱電対の上端Ａを常に（　**い**　）ことが適切です。熱電対の代わりにアルコール温度計を用いて同じ実験を行った場合，コップの水の温度は，（　**う**　）で一定になると考えられます。

また，金属球１ｇあたりの温度を１　℃上昇させるのに必要な熱の量は，１ｇの水の温度を１℃上昇させるのに必要な熱の量の約（　**え**　）倍であることが分かります。このように，私たちの身の回りの物質には，同じ熱の量でも温度の上がりやすいものとそうではないものがあります。後者は，与《あた》えられた熱の量に対して温度が変化しにくく，温度が下がるときに放出する熱の量も大きい物質で，水や水溶液《すいようえき》がその例です。

このように同じ熱の量をうけても温度の上がりやすさが異なることが原因となる現象に，海風や陸風があります。良く晴れた日の日中では，陸の方が海よりも温まり（①　**ア**．やすいイ．にくい ）ので，陸と海の間に気温の差によって気圧の差が生じ，それを解消するように（②　ア．海風　　イ．陸風 ）が吹きます。

近年では埼玉県熊谷市で最高気温を記録し，日本一暑いと言われたことがあります。それは，「(　お　）効果ガス」による地球温暖化や都心の「(　か　）アイランド現象」によって（②）の温度が上昇したために，この地域の気温が下がりにくくなったことが原因の一つと考えられています。

問１　本文中の空欄《くうらん》（**あ**），（**お**），（**か**）に当てはまる適切な語句を答えなさい。

問２　本文中の空欄（**い**）に当てはまる適切な語句を次の**ア**～**ウ**より１つ選び，記号で答えなさい。

ア．氷水で冷しておく

イ．実験室の空気中に放置しておく

ウ．金属などの温度変化しやすい物質に触れさせておく

問３　本文中の空欄（**う**）に当てはまる適切な語句を次の**ア**～**ウ**より１つ選び，記号で答えなさい。

ア．32℃よりわずかに高い値　　**イ**．32℃よりわずかに低い値　　**ウ**．32℃

問４　金属球をコップに入れてから水の温度が一定になるまでの間に，金属球が放出した熱の量は何Ｊになりますか。

問５　容器内の温度が一定になるまでに，容器内の水が得た熱の量は何Ｊになりますか。ただし，１ｇの水の温度を１℃上昇させるのに必要な熱の量は4.2Ｊとします。

問６　コップの温度を１℃上昇させるのに必要な熱の量は何Ｊになりますか。

問７　本文中の空欄（**え**）に当てはまる適切な数値を次の**ア**～**オ**より１つ選び，記号で答えなさい。

ア．10　　**イ**．5.7　　**ウ**．2.0　　**エ**．0.18　　**オ**．0.11

問８　本文中の空欄①，②に当てはまる適切な語句をそれぞれ選び，記号で答えなさい。

3　次の文章を読み，以下の各問いに答えなさい。

［本文］

水や塩化ナトリウムなどの物質は，それ以上細かくできない小さい粒《つぶ》が互《たが》いに様々な強さの力で引きつけ合い，結びついてできています。

物質の元になる「小さい粒」（以降，「粒子《りゅうし》」とします）には，大きさや重さなど，特徴《とくちょう》の異なる多くの種類があります。物質の性質の違《ちが》いは，構成する粒子の種類や組み合わせ，結びついた後の形の違いなどに大きく影響《えいきょう》されます。

このとき作用する「引きつけ合う力」の１つに静電気力という力があります。この静電気力により，「２つのもののうち一方がプラスの電気を帯び，もう一方がマイナスの電気を帯びていると互いに引き合い，プラス同士やマイナス同士の電気を帯びたものは反発する」という性質が現れます。

物質の元になる粒子は，共通の性質をもつ集団ごとにプラス・マイナスどちらの電気を帯びやすいかが決まっています。例えば，金属の元になる粒子は，プラスの電気を帯びやすい性質があります。また，粒子が帯びる電気の大きさは，構成する粒子の種類ごとに異なり，互いに引き合う強さも異なります。

塩化ナトリウム，塩化マグネシウム，塩化アルミニウムは，電気を帯びた粒子同士が，静電

気力によって結びついてできています。これらの物質は，図１のように粒子が帯びている電気のプラスとマイナスの電気がつり合うように結びつき，これを１つの単位（以降，「基本単位」とします）として繰《く》り返します。よって，１粒あたりが帯びる電気の大きさの違いにより，基本単位を構成する「プラスの電気を帯びた粒子」と「マイナスの電気を帯びた粒子」の数の割合が異なります。図２のグラフは，塩化ナトリウム，塩化マグネシウム，塩化アルミニウムの基本単位を構成する「プラスの電気を帯びた粒子」の数と「マイナスの電気を帯びた粒子」の数の割合を示しています。そして，この基本単位が，さらにたくさん結びついて結晶《けっしょう》になります。

これら３種の物質は，A水溶液にすると電気を通すという共通の特徴があり，B濃度《のうど》のうすい水溶液中では，構成する粒子同士の結びつきが外れて電気を帯びた状態で散らばっています。

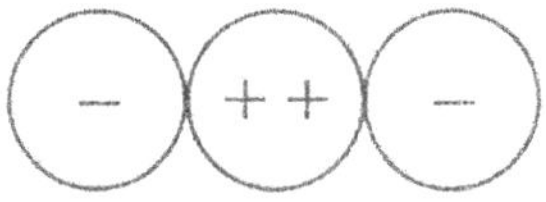

図１

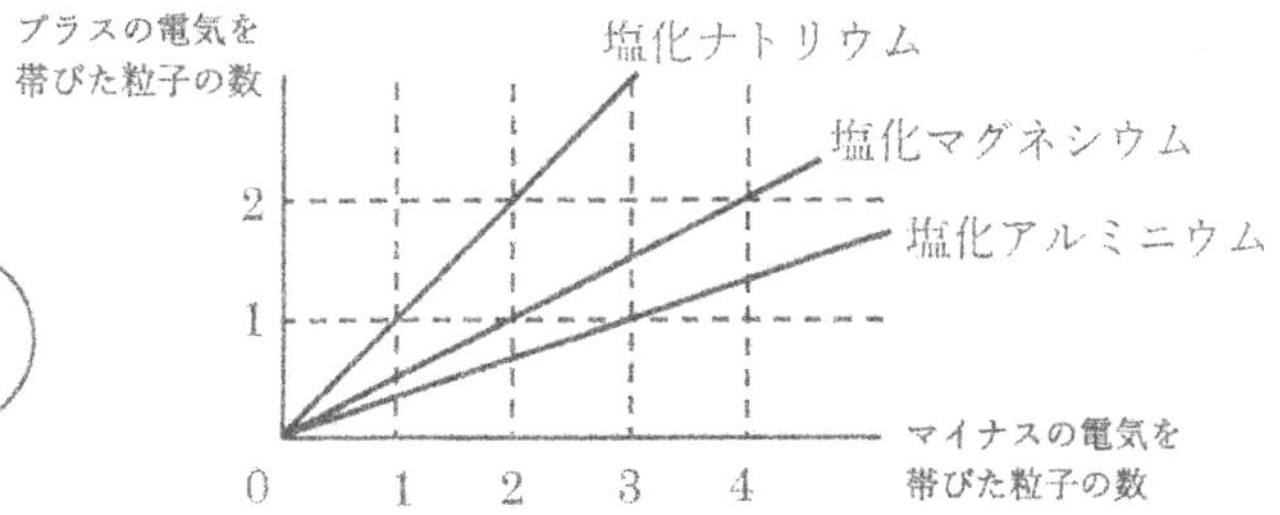

図２

粒子同士が結びついて物質になった後でも，部分的に電気を帯びているものもあります。例えば，水の粒（以降，「水分子」とします）は，図３のように２種類の粒子３つでできており，Ｘ（●）がプラスの電気を帯び，Ｙ（○）がマイナスの電気を帯びています。このため，静電気力がはたらき，電気を帯びた他の物質の粒子と水分子が引き合う現象が起こります。

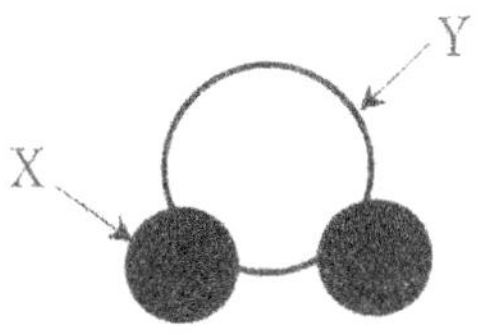

図３

問１　本文中の下線部Aについて，同じ特徴をもつ水溶液を次の**ア**～**オ**よりすべて選び，記号で答えなさい。

ア．酢　　**イ**．砂糖水　　**ウ**．石灰水　　**エ**．炭酸水　　**オ**．アルコール水溶液

問２　本文中の下線部Bについて，うすい塩化ナトリウム水溶液中の粒子と水分子の様子を表した図として正しいものを，次の**ア**～**エ**より１つ選び，記号で答えなさい。

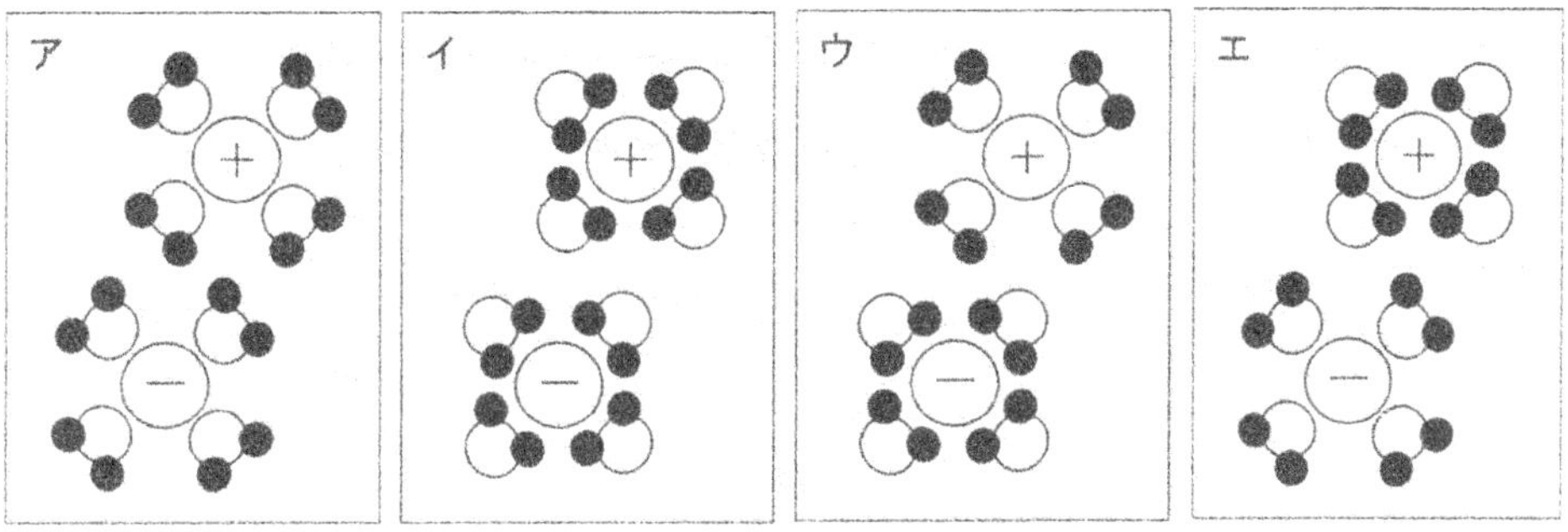

［文章Ⅰ］

本文中の下線部Ｂについて，常温で濃度・温度を一定に保ったうすい塩化ナトリウム水溶液は，そのままでは水溶液中に塩化ナトリウムの結晶が生じることはありません。しかし，水を蒸発させて水溶液を濃縮《のうしゅく》していくと，いずれ水溶液中に結晶が見られるようになります。

このとき，水溶液中に散らばっていた電気を帯びた粒子の持つ電気の大きさは（①　ア．大きくなります　イ．小さくなります　ウ．変わりません　）。また，水が蒸発していくと，塩化ナトリウムを構成していた粒子同士の距離は（②　ア．遠くなります　イ．近くなります　ウ．変わりません　）。すると，静電気力がはたらき（③　ア．やすく　イ．にくく　）なります。

問３　文章Ⅰ中の空欄①～③に当てはまる適切な語句をそれぞれ選び，記号で答えなさい。

［文章Ⅱ］

マイナスの電気を帯びているタンパク質の粒を含《ふく》む水溶液（以降，「溶液Ｐ」とします）に，本文中の下線部Ｂのような特徴をもつ物質を加えると，タンパク質の粒が静電気力で集まって塊《かたまり》になり，やがて沈殿《ちんでん》します。

図４のように，体積，濃度，温度が同じ溶液Ｐに対し，溶液中のタンパク質の粒を沈殿させるために，それぞれ，塩化ナトリウム，塩化マグネシウム，塩化アルミニウムの水溶液を加えると，沈殿のしやすさに差が生じました。ただし，用いた水溶液は，それぞれの物質を構成する基本単位が同数になるように水に溶《と》かして，同じ体積の水溶液として調製したものとします。

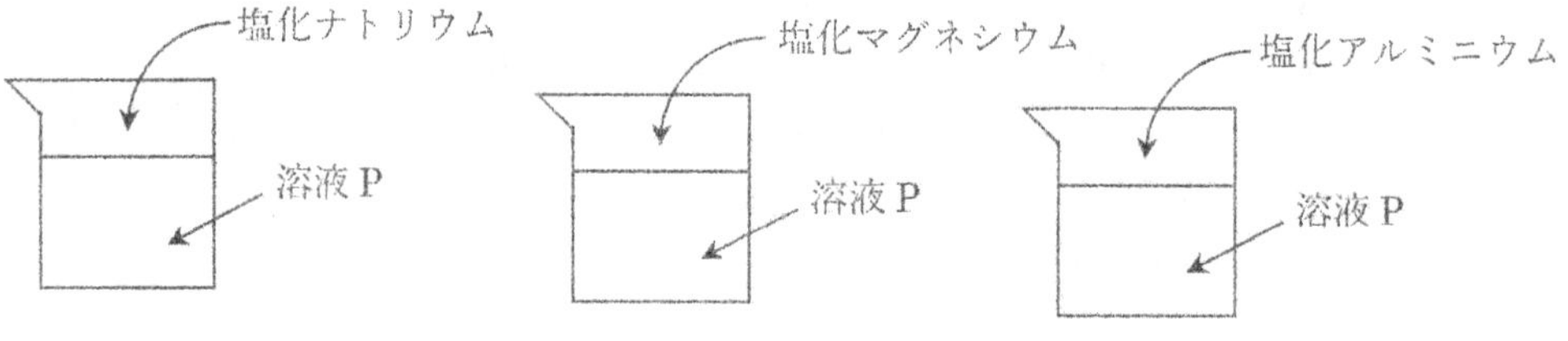

図４

沈殿のしやすさに差が生じた理由は，（④　ア．塩化ナトリウム　イ．塩化マグネシウム　ウ．塩化アルミニウム　）は，他の２つの物質に比べて，（⑤　ア．プラス　イ．マイナス　）の電気を帯びた粒子１つあたりに結びつく（⑥　ア．プラス　イ．マイナス　）の電気を帯びた粒子が最も多いからです。

（④）は帯びている（⑦　ア．プラス　イ．マイナス　）の電気が最も大きい粒子を含む物質なので，他の２つの物質に比べて（⑧　ア．多量　イ．少量　）の水溶液を加えることで多くのタンパク質の粒を集めて沈殿させることができたわけです。

問４　文章Ⅱの空欄④～⑧に当てはまる適切な語句をそれぞれ選び，記号で答えなさい。

［文章Ⅲ］

図５は，塩化ナトリウムの結晶を構成する電気を帯びた粒子同士が結びついている状態の断面を横から見たときの様子を簡単に表しています。岩塩（塩化ナトリウムの大きな塊）にカッターの刃をあてて，上からハンマーでCある方向（図５の**ア**か**イ**のどちらかの方向）から叩《たた》いたところ，細かく砕《くだ》けずにきれいに分割されました。これは，電気を帯びた粒子の特徴によって見られる現象です。

岩塩が細かく砕けずにきれいに分割されたのは，叩くことで（　**あ**　）の方向から力が加わり，粒子がずれて（　**い**　）が起こったからです。

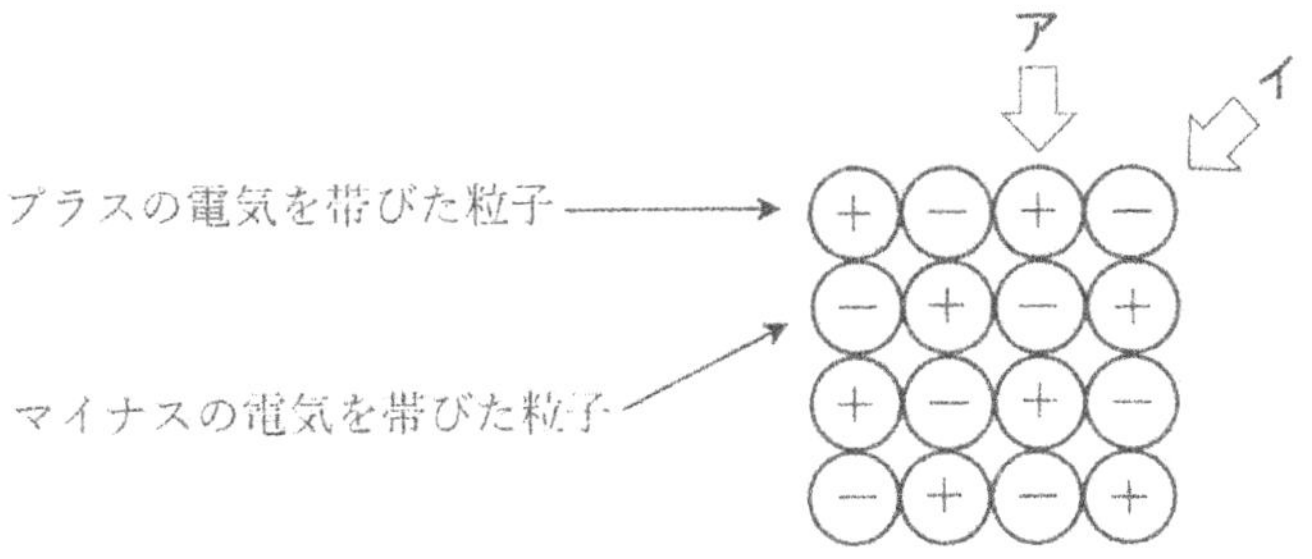

図５

問５　以下の各問いに答えなさい。

⑴　文章Ⅲ中の空欄（**あ**）に当てはまる適切なものを図５の**ア**，**イ**より１つ選び，記号で答えなさい。また，空欄（**い**）に当てはまる適切な語句を答えなさい。

⑵　文章Ⅲ中の下線部Cの操作の後，その断面を図５と同じ方向から見たときの粒子の様子を，図５を参考に，解答欄《かいとうらん》の図の点線を利用して描《か》きなさい。

【社　会】（40分）　＜満点：50点＞

【注意】 全ての問題について，特に指定のない限り，漢字で答えるべき所は漢字で答えなさい。

1　愛知県とその周辺の地域について，以下の問いに答えなさい。

問１　次の写真１は図１のＡ半島で撮影された園芸農業の施設のもので，菊に電灯を当てて栽培しています。以下の問いに答えなさい。

写真１

図１

⑴　図１中のＡ～Ｃの名前を解答欄に適する形で答えなさい。

⑵　Ａ半島では，水の確保に苦労していましたが，用水がＡ半島の先端まで引かれたことによって，菊などの栽培がさかんになりました。この用水の名前を答えなさい。

⑶　次の表１は，柿，菊，キャベツ，トマトの出荷量の上位５都道府県と，全国の出荷量に占める割合をあらわしたものです。菊にあてはまるものを，次のア～エより１つ選び，記号で答えなさい。

表１

ア		イ		ウ		エ	
愛知県	19.1%	愛知県	33.9%	熊本県	20.4%	和歌山県	22.1%
群馬県	17.9%	沖縄県	18.1%	北海道	9.5%	奈良県	15.6%
千葉県	8.6%	福岡県	6.2%	愛知県	6.3%	福岡県	8.1%
茨城県	7.7%	鹿児島県	5.1%	茨城県	6.2%	岐阜県	6.4%
鹿児島県	5.0%	長崎県	3.8%	栃木県	4.5%	愛知県	6.2%

農林水産省作物統計（2020年）による。

⑷　写真１の栽培方法について述べた文のうち，最も適当なものを，次のカ～ケより１つ選び，記号で答えなさい。

カ　菊は日照時間が短くなると開花する性質があるため，出荷する時期に合わせて電灯を当てる時間を調整することで一年中出荷することができる。

キ　菊は日の出を感知することで開花することから，電灯を当てることで開花時刻を早めて早朝の競《せ》りに間に合わせ鮮度の高い商品を全国に出荷することができる。

ク　露地栽培の菊は天候等により品質がばらばらであるのに対し，電灯や空調で最適な環境を整えることで高品質な菊を大量に生産することができる。

ケ　菊に電灯を当てることで成長を促し，生育期間を半分に短縮することで露地栽培の菊に比べて出荷量を増やすことができる。

(5)　表２は前のページの図１中のＣ空港を離陸する国内線の航空便の行き先上位５位を表しています。サにあてはまる都市名を答えなさい。

表２

行き先	旅客数（人）
新千歳（札幌）	317,998
那覇	257,643
サ	224,487
鹿児島	91,632
仙台	69,034

2021年の１年間。航空輸送統計調査による。

問２　次の図２のＸ～Ｚは，一定規模以上の火力発電所，水力発電所，風力発電所のいずれかの分布を示しています。Ｘ～Ｚと発電所との適当な組合わせを，次のタ～ナより１つ選び，記号で答えなさい。

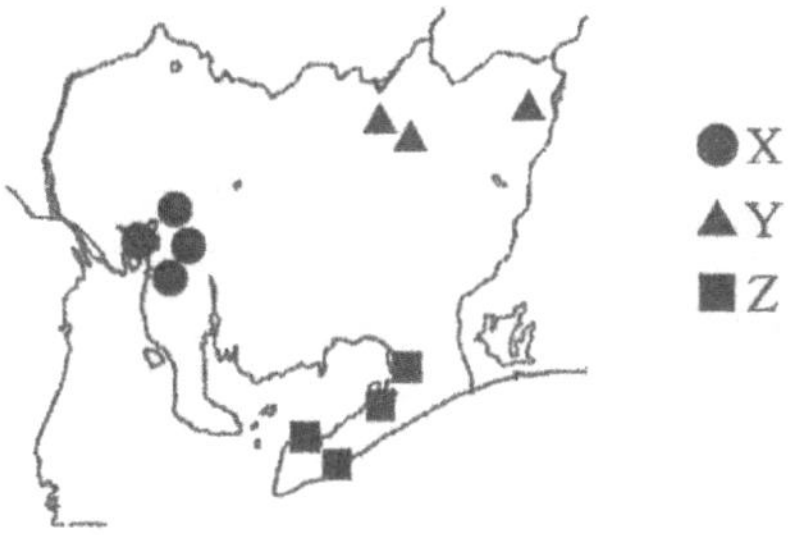

図２

	タ	チ	ツ	テ	ト	ナ
Ｘ	火力発電所	火力発電所	水力発電所	水力発電所	風力発電所	風力発電所
Ｙ	水力発電所	風力発電所	火力発電所	風力発電所	火力発電所	水力発電所
Ｚ	風力発電所	水力発電所	風力発電所	火力発電所	水力発電所	火力発電所

水力発電所は出力300MW（メガワット）以上、火力発電所は1500MW以上（バイオマスを除く）、風力発電所は５MW以上のものに限る。ElectricJapanウェブページによる。

2　図１と次ページの図２はそれぞれ東京都東部の同じ範囲を示した明治42年の２万分の１地形図と，平成27年の２万５千分の１地形図です（２つの地形図の縮尺が同じになるように縮小している)。両方の図を見て，あとの問いに答えなさい。

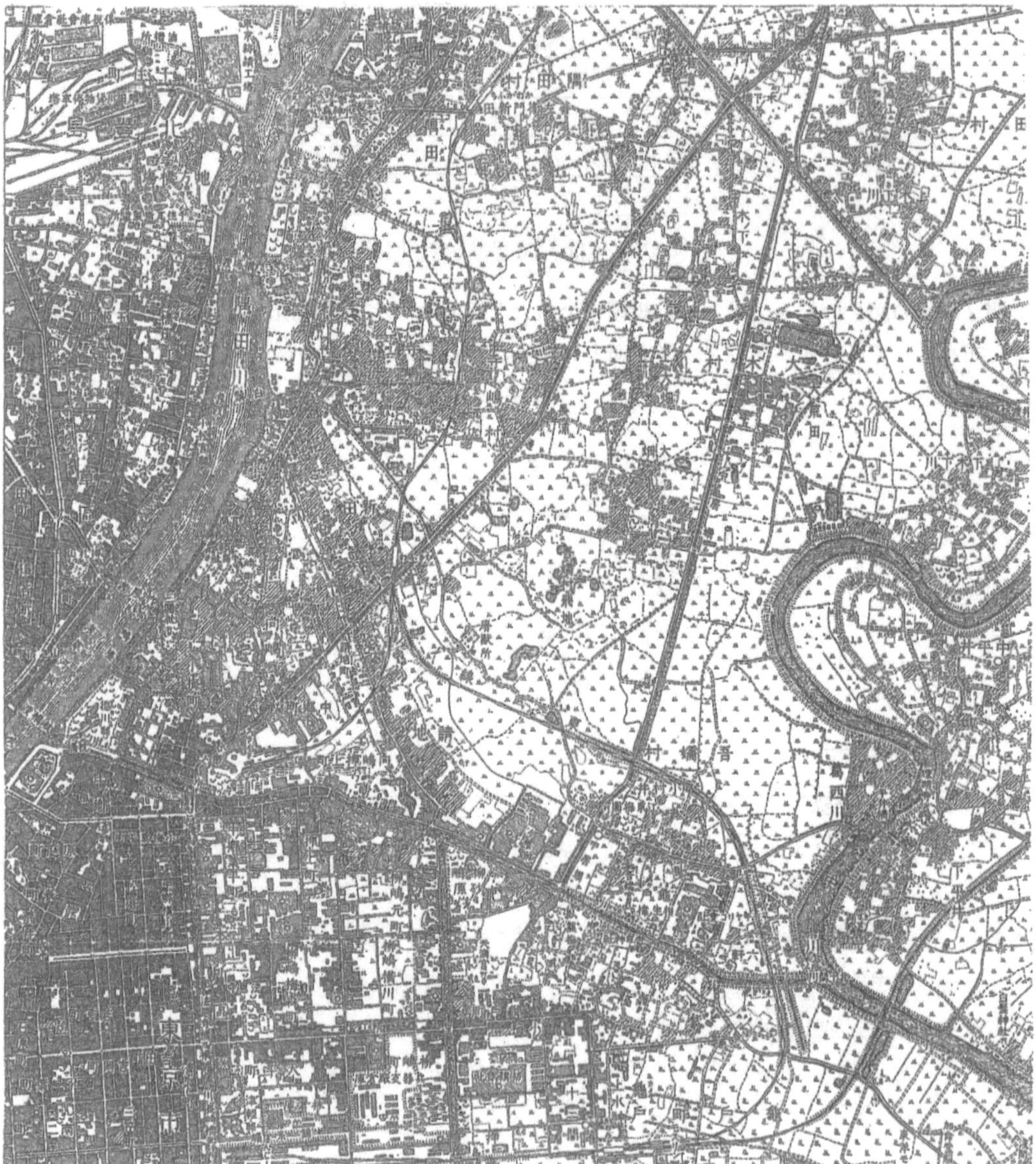

図１

横書きの語句は右から左に向かって読みます。

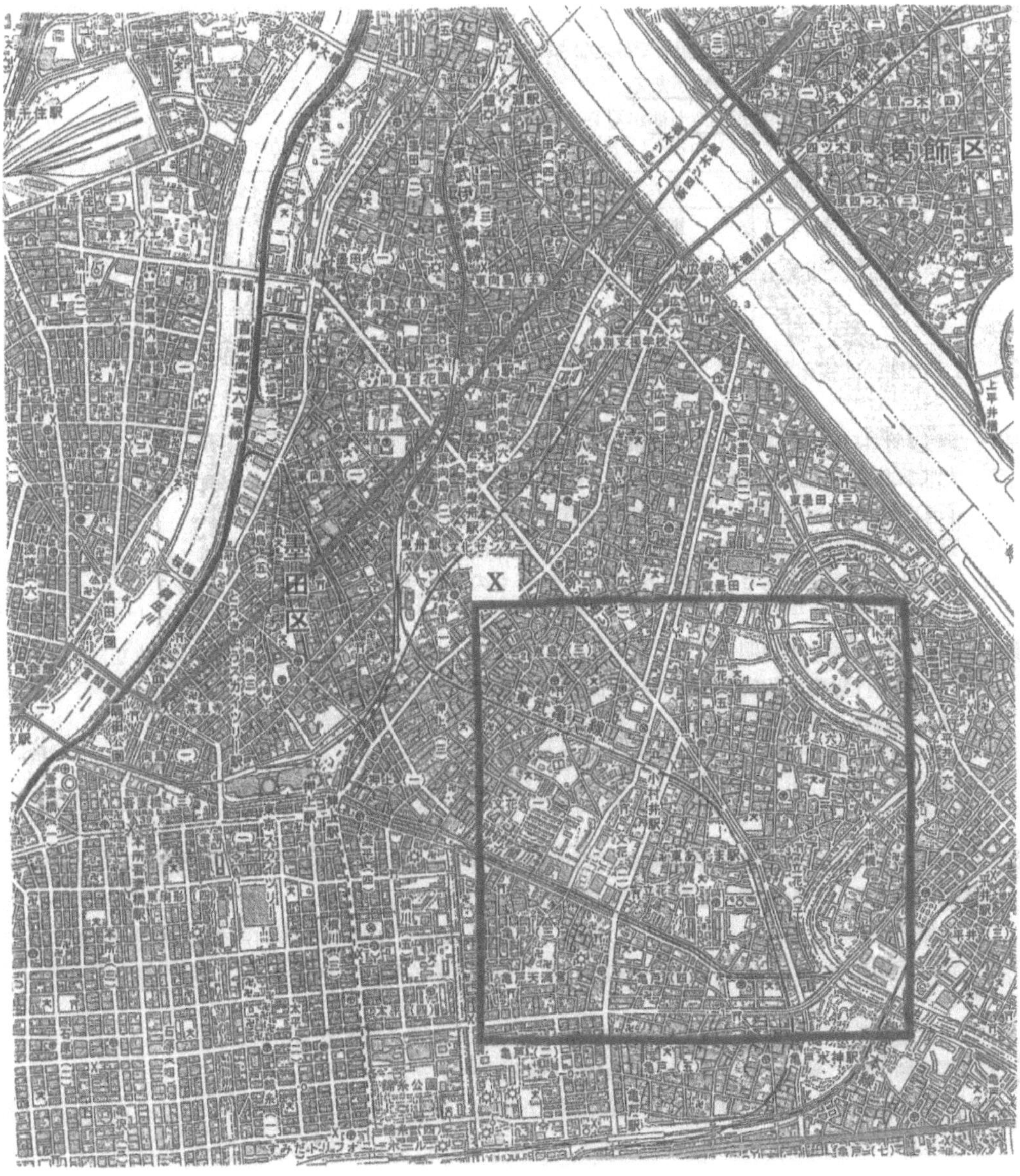

図２

問１　図２では，ある防災対策のために前のページの図１と比べて大きく変わっている所があります。どのような災害に備えて何が行われたか，25字以内で答えなさい。

問２　図２のXの枠内で読み取れることがらについて述べた文Ａ・Ｂの下線部の正誤の正しい組合わせを次のア～エより１つ選び，記号で答えなさい。

Ａ　小村井駅の西側に博物館がある。

Ｂ　都市化が進み，海面下の土地が見られる。

	ア	イ	ウ	エ
Ａ	正	正	誤	誤
Ｂ	正	誤	正	誤

3　以下の問いに答えなさい。

問１　縄文時代に関する説明として，**誤りのものを**次のア～エより１つ選び，記号で答えなさい。

ア　たて穴住居や高床倉庫がつくられ，その周囲をほりや柵で囲んだ。

イ　石の表面を磨いた磨製石器や，動物の骨や牙を利用した骨角器がつくられた。

ウ　狩猟採集が中心の生活だったため，食料の獲得は気候や自然に左右された。

エ　縄文土器は厚手であり，複雑な形をしているものもあった。

問２　奈良時代に関する説明として，適当なものを次のア～エより１つ選び，記号で答えなさい。

ア　710年に，聖武天皇が藤原京から奈良の平城京に都をうつした。

イ　朝廷は墾田永年私財法を出し，開墾者は孫の代まで土地の私有が認められた。

ウ　遣唐使によって唐の文化が伝わり，国際色豊かな天平文化が栄えた。

エ　漢字をもとに，ひらがなやかたかなが作られ，使用されるようになった。

問３　日本の文化の移り変わりや民衆の生活に関して述べた次のア～オの内容を**古い順に**並べ，**４番目に**なることがらを選び，記号で答えなさい。

ア　兼好法師は『徒然草』をあらわし，親しみのある文章で社会や人間についての随筆を残した。

イ　金銭や出世を追い求めて喜んだり悲しんだりする町人の姿が，浮世草子とよばれる小説に書かれた。

ウ　『万葉集』がつくられ，天皇や貴族だけではなく，農民の歌もおさめられた。

エ　『浦島太郎』や『一寸法師』などの物語（御伽草子）が人気となった。

オ　活版印刷術が伝わり，ヨーロッパ風の衣服が登場した。

問４　日本の政治や外交，法律の移り変わりに関して述べた次のア～オの内容を**古い順に**並べ，**３番目に**なることがらを選び，記号で答えなさい。

ア　将軍のもとに，大名が領地を支配できる幕藩体制が整った。

イ　御家人をまとめる侍所，政務をあつかう政所，裁判の仕事を行う問注所が新たに設置された。

ウ　現在の近畿地方で勢力を強めた大王を中心に豪族が連合し，大和朝廷を作った。

エ　守護は国司に代わって，地方の支配を行うようになった。

オ　大宝律令がつくられ，天皇を中心とした政治制度が完成した。

問５　三代将軍徳川家光の時代になると，キリシタンを見つける絵踏が行われました。その背景のひとつとなった戦乱にふれながら，キリスト教をとりしまる政策が行われた理由を説明しなさい。

問６　これまで，多くの外国人が日本の歴史に影響を与えてきました。日本の歴史にかかわった外国人に関する以下の文章を読み，空欄（あ）～（う）にあてはまる適当な語句を答えなさい。

ア　「私」は，モンゴル帝国第５代皇帝です。日本を２度せめましたが，失敗しました。２度目の戦いは，日本では（　あ　）の役と呼ばれているそうですね。

イ　「私」はオランダ商館に医師としてやってきたドイツ人です。長崎郊外の鳴滝塾で高野長英ら多くの蘭学者を育てました。私が来日するよりも前から，杉田玄白ら日本の医師たちは西洋の知識を求めてオランダ語の人体解剖書を翻訳し，（　い　）を出版しました。

ウ　「私」は，1549年に鹿児島に来航し，日本ではじめてキリスト教を伝えました。その数年前には，種子島に漂着した船に乗っていたポルトガル人から，日本の戦国時代の戦い方に大きな影響を与えた（　う　）が伝えられたそうですね。

4　戦争に関する次の年表を見て，以下の問いに答えなさい。

年代	出来事
	↓ A
1868	鳥羽・伏見の戦いをきっかけに、（　あ　）が始まった。
	↓ B
1877	鹿児島の不平士族たちが（　い　）を中心に西南戦争を起こした。
	↓ C
1895	①伊藤博文首相と陸奥宗光外務大臣が下関条約に調印した。
	↓ D
1905	小村寿太郎外務大臣のもとでポーツマス条約が締結された。
	↓ E
1914	②第一次世界大戦に、連合国側の一員として参戦した。
	↓ F
1932	満州地域を武力で占領し、「満州国」を建国した。
	↓ G
③1950	朝鮮戦争が発生し、日本の治安を守るために警察予備隊が作られた。
	↓ H

問１　右のポスターは，納税資格を問わない初めての選挙が行われた際に作成されたものです。このポスターの作成時期として，適当なものを年表中のA～Hより１つ選び，記号で答えなさい。

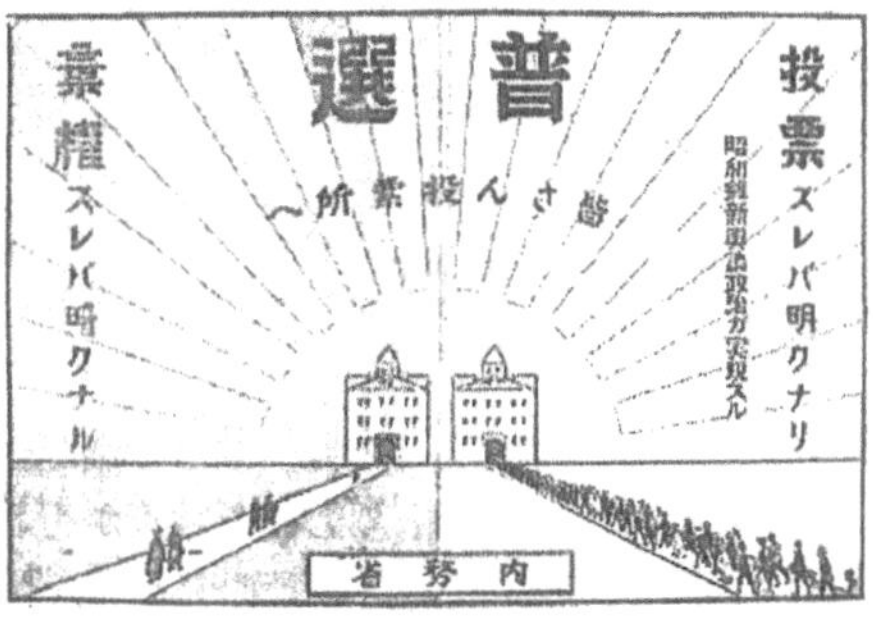

山川出版社『中学歴史　日本と世界』より作成。

問２　年表上のA，C，E，Fの時期に起こった出来事として，適当なものを次のア～エより１つ選び，記号で答えなさい。

ア　Aの時期には，政治を行う権限を徳川吉宗が明治天皇に返上する大政奉還が行われた。

イ　Cの時期には，天皇を国家の主権者と規定する大日本帝国憲法が公布された。

ウ　Eの時期には，ロシアが満州地域に進出したことを受けて日英同盟が結ばれた。

エ　Fの時期には，陸軍の青年将校らによるクーデターである二・二六事件が発生した。

問３　下線部①に関連して，伊藤博文に関して述べた以下の文章のうち，適当なものを次のア～エより１つ選び，記号で答えなさい。

ア　伊藤博文は薩摩藩の出身で，岩倉具視を団長とする岩倉使節団のメンバーとして活躍した。

イ　伊藤博文は日本で初めての内閣総理大臣となり，初の選挙で衆議院の多数派となった政党の支持のもと，政治を行った。

ウ　伊藤博文はノルマントン号事件に際して条約改正の必要を痛感し，鹿鳴館にて欧米各国の人々をもてなす外交交渉を行った。

エ　伊藤博文は韓国併合に際して力を発揮したが，韓国併合を見届けることなく活動家安重根によって暗殺された。

問4　下線部②に関連して，第一次世界大戦期の日本に関して述べた以下の文章のうち，適当なものを次のア～エより1つ選び，記号で答えなさい。

ア　世界的な船不足を背景として，日本は世界第三位の海運国へと成長し，急に財をなした人々は成金と呼ばれた。

イ　日本は清に対して二十一カ条の要求を行い，ドイツの持っていた権益を継承することを認めさせることに成功した。

ウ　第一次世界大戦中に発生したロシア革命の影響拡大を防ぐため，日本は南樺太へと出兵を行った。

エ　第一次世界大戦の発生に際して，吉野作造は植民地を拡大して国家の利益を増やすことを訴える民本主義を唱えた。

問5　下線部③に関連して，1950年代の日本と世界に関して述べた以下の文章のうち，誤りのものを次のア～エより1つ選び，記号で答えなさい。

ア　朝鮮の独立を認めるサンフランシスコ平和条約が締結され，日本は独立を回復した。

イ　日本は国際連合に加盟することに成功し，国際社会への復帰を果たした。

ウ　日本と中華人民共和国の国交回復を宣言する日中共同声明が出された。

エ　日本の安全と東アジアの平和維持を目的として日米安全保障条約が結ばれた。

問6　（前のページの）年表中の（あ）・（い）にあてはまる適当な語句を答えなさい。

5　次のメモは，ある中学生が「令和4年に起きた政治的事柄を調べる」という夏休み課題に対して情報を収集したときのものです。メモを見て，あとの問いに答えなさい。

5月20日に、第20代最高裁判所長官に戸倉氏を指名することが（　A　）において、全会一致で決定した。この決定を受けて6月24日に戸倉氏は（　B　）から最高裁判所長官に任命された。

6月17日に、①東京電力福島第一原子力発電所の事故で避難をしていた住民らが損害賠償を求めた4件の集団訴訟について、最高裁判所は国の賠償責任を認めないという判決を出した。

5月15日に沖縄県で、復帰50周年記念式典が開かれた。5月には米軍基地問題についての世論調査が多く行われて話題となった。②令和3年に沖縄県企画部が実施した県民意識調査の結果も注目されている。

6月13日にインターネット上で他人を傷つけるような書き込みをすることに対して、侮辱罪《ぶじょくざい》の厳罰化を盛り込んだ③改正刑法が成立した。

6月9日の④国連総会では、安全保障理事会の10カ国の（　C　）のうち12月末に任期が切れる5カ国の改選が行われ、日本は史上最多となる12回目の（C）を務めることになった。

問１　（前のページの）メモ内の空欄（A）～（C）に，あてはまる適当な語句をそれぞれ答えなさい。

問２　下線部①に関連して，民事裁判や行政裁判で訴えを起こした側の当事者を何といいますか。

問３　次の３つのグラフは下線部②の調査結果の一部です。３つのグラフから読み取れることとして適当なものを，あとのア～エより１つ選び，記号で答えなさい。

（【グラフ３】は次のページにあります。）

【グラフ１】　回答者の年代別内訳

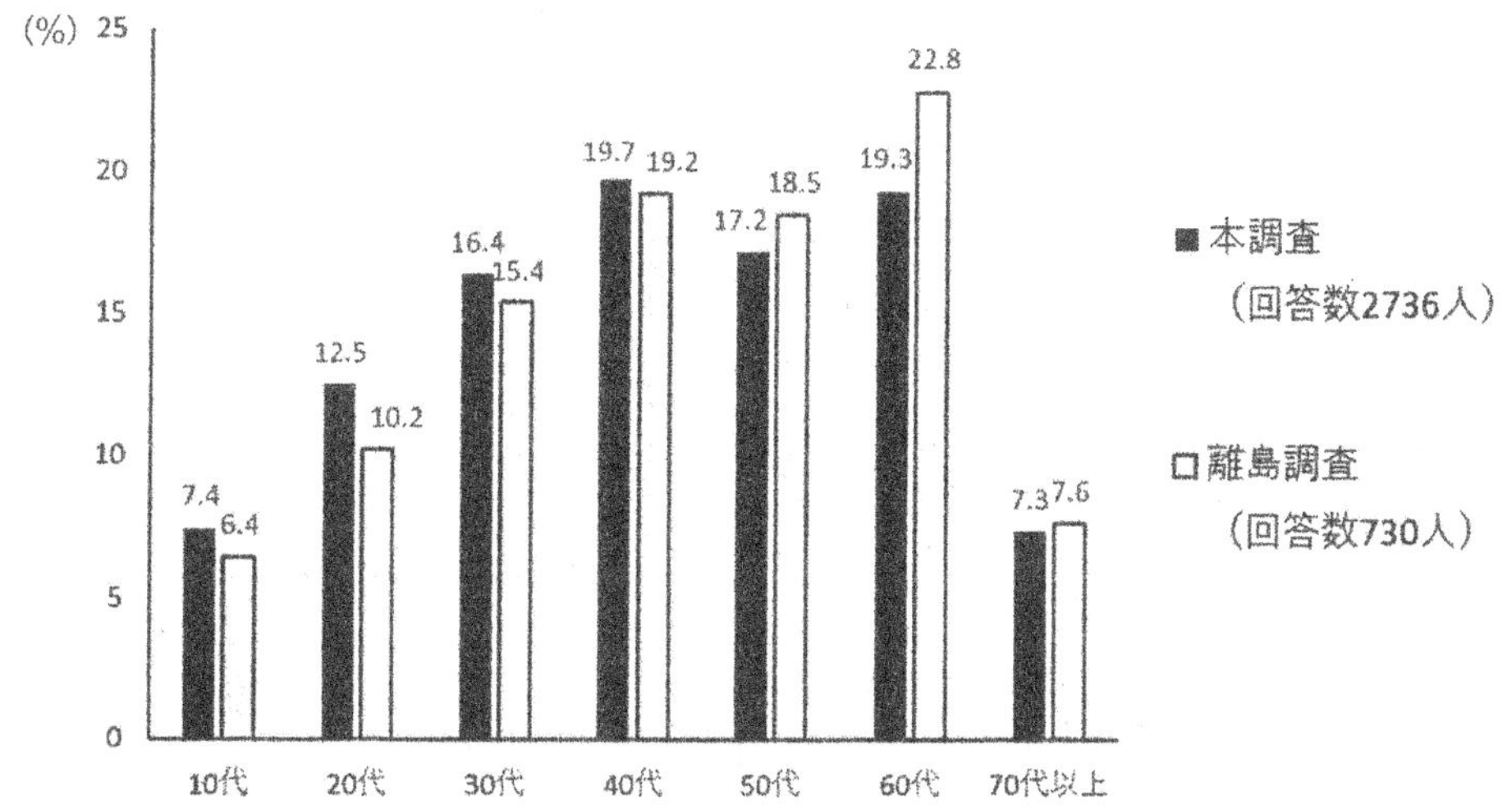

【グラフ２】「沖縄県に全国の米軍専用施設面積の約 70%が存在していることについて、差別的な状況だと思いますか」という質問に対する年代別回答割合

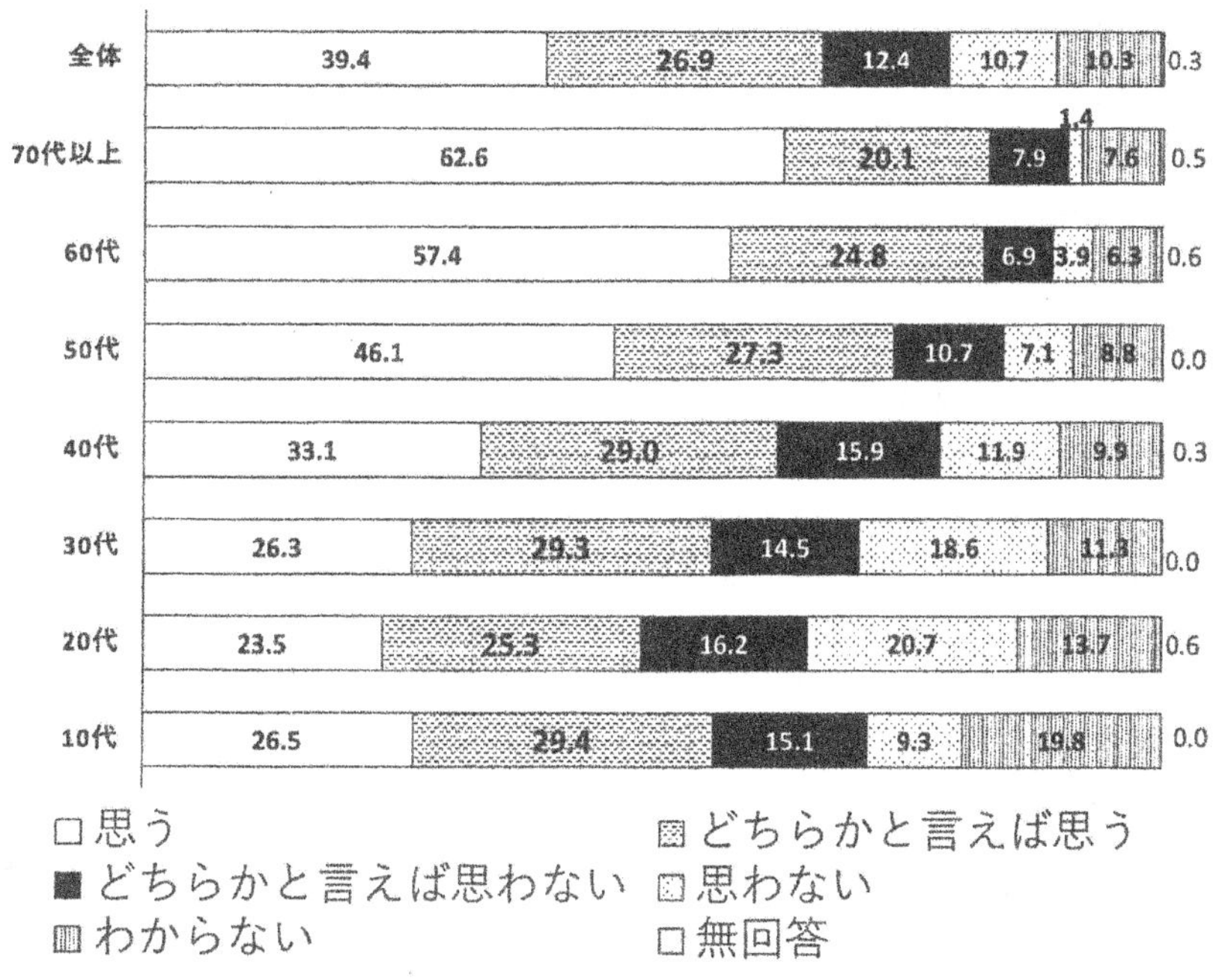

【グラフ３】グラフ２と同じ質問に対する全体の回答割合の推移

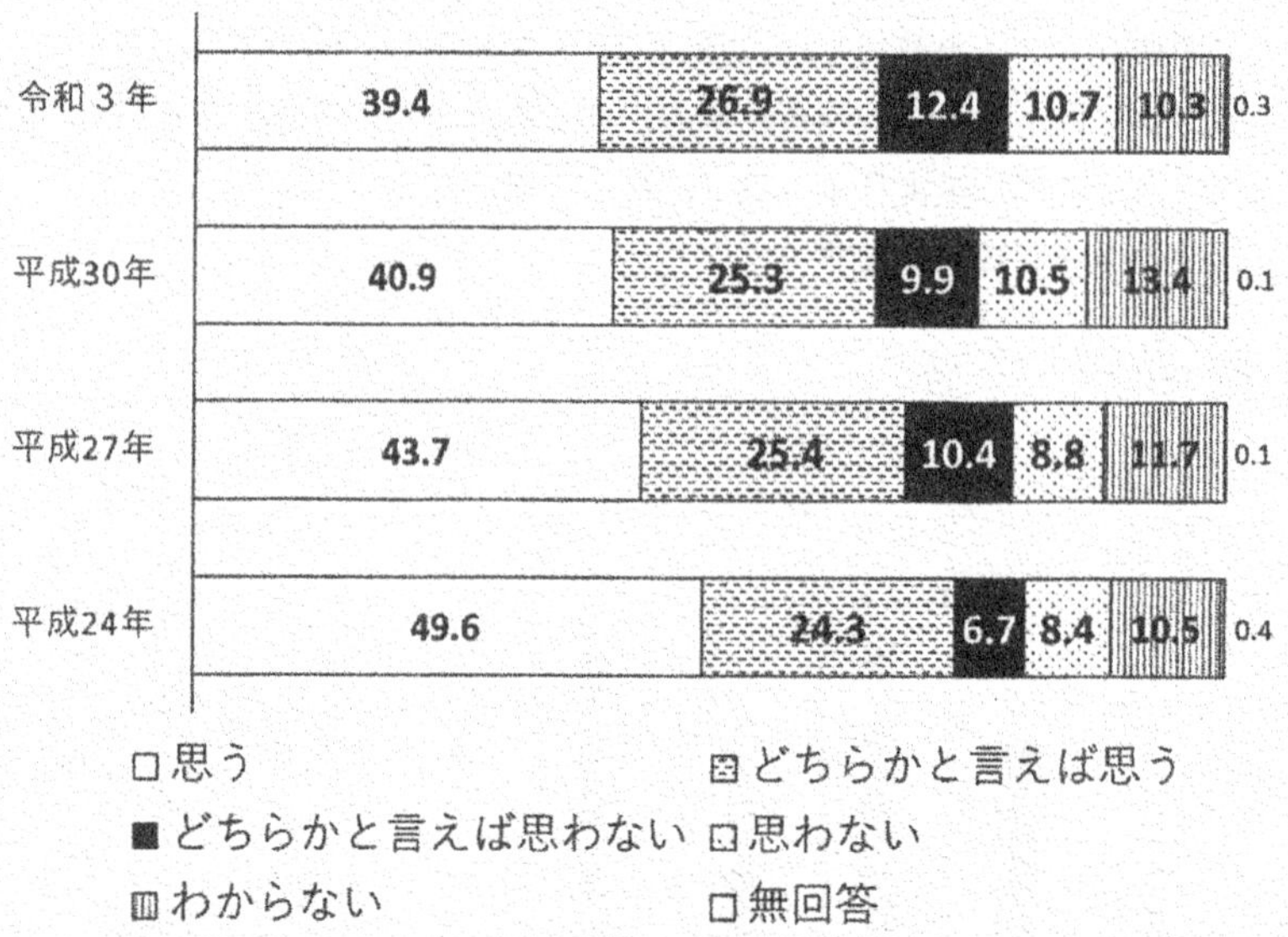

※合計値は概数のため足して100にならない場合がある。
※『第11回県民意識調査』より作成。

ア　離島に住む人口は，10代よりも20代の方が多い。

イ　離島調査での60代の回答数は，本調査の70代以上の回答数よりも多い。

ウ　回を重ねるごとに「思わない」と「どちらかと言えば思わない」の割合の合計が増加している。

エ　「思う」と「どちらかと言えば思う」の割合の合計は，10代から50代にかけて，年代が上がるにつれて増加している。

問４　下線部③に関連して，法律の制定手続きの説明として適当なものを，次のア～エより１つ選び，記号で答えなさい。

ア　法律案の審議は必ず衆議院から行わなければならない。

イ　法律案の議決が衆議院と参議院で異なり，両院協議会でも意見が一致しなかった場合，衆議院の議決が国会の議決となる。

ウ　法律案を作成し，提出することができるのは内閣のみである。

エ　各議院の議長から法律案の審査を任された委員会は，公聴会を開くことができる。

問５　下線部④に関連して，次の国連憲章第51条中の下線部で定められている「集団的自衛の固有の権利（集団的自衛権）」とはどのような権利か，説明しなさい。

この憲章のいかなる規定も，国際連合加盟国に対して武力攻撃が発生した場合には，安全保障理事会が国際の平和及び安全の維持に必要な措置をとるまでの間，個別的又は集団的自衛の固有の権利を害するものではない。この自衛権の行使に当って加盟国がとった措置は，直ちに安全保障理事会に報告しなければならない。…（略）…

ア　楽観的すぎる百井にあきれつつ、人間はそんなに良い人ばかりではないと悟《さと》ったため、今後は自分が彼《かれ》をいじめから守りお人好《ひとよ》しな百井はそのままでいてもらおうと決意した。

イ　自分だったら許せないような出来事も、最初から何もなかったかのように振《ふ》る舞《ま》える百井に負けた悔しさを抱きつつ、悔しまぎれに百井があまりにも世間知らずであることをからかった。

ウ　誰の心にも悪意が潜《ひそ》んでいることには同意するが、その悪意を他人に向けてはならないことは当然であり、あのような「イチかバチか」ではなく自分たちを責めるべきだと非難した。

エ　百井が大人の態度であるため自分が反抗《はんこう》する子どものようで、また自分の中の後悔の気持ちを見ぬかれたことも含《ふく》めて恥《は》ずかしく、そんなことはないという否定する思いで悪口を言った。

オ　百井のおかげで自分の中の悪意と向き合うことができたうえで、百井の落ち着いた態度には敵わないという思いを素直に言い表せないため憎《にく》まれ口《ぐち》で照《て》れ隠《かく》しした。

6　傍線部④「ちょっと緊張しながら教室のドアを開けた」のはなぜか。その説明として最も適当なものを次の**ア**～**オ**から選び、記号で答えなさい。

ア　百井に怪我させたことや職員室に呼び出されたことはクラスメイトに知られていたため、白い目で見られるのではないかと心配していたから。

イ　友達として百井に自分から挨拶《あいさつ》しようと決心したものの、昨日までいじめていた相手になんと挨拶すればよいか分からなかったから。

ウ　百井の味方でいようと覚悟《かくご》は決めたものの、昨日までのことを考えると今さら百井にどのように接すればよいか態度を決めかねていたから。

エ　優等生である自分が初めてザワ先に怒《おこ》られた昨日のことが思い起こされ、また今日も怒られるのではないかと考えると怖くて身がすくんでしまったから。

オ　勝手に百井の味方でいることを決心したものの、百井に嫌《きら》われていない保証はなく、百井から無視されるのではと不安にかられたから。

7　傍線部⑤「安心したように」とあるが、百井は何に安心したのか。その説明として最も適当なものを次の**ア**～**オ**から選び、記号で答えなさい。

ア　自分に負けていると人に知られてしまうことを負《ま》けず嫌《ぎら》いな矢代が気にしていない様子であること。

イ　目立つことでロコツないじめが起こるのではないかと思ったが矢代の様子から大丈夫そうなこと。

ウ　たけるがどういう人物か分からず受け答えに迷っていたが矢代の友人だと分かったこと。

エ　たけるの発言のせいで矢代が機嫌《きげん》をそこねるかもしれないと気にかけたがむしろ上機嫌《じょうきげん》であったこと。

オ　軽口とともにどつかれたことでかえって矢代の本当の友達になれたことを自覚したこと。

8　傍線部⑥「俺は『そうか？』と笑った。決して強がりではなかった」とあるが、どのような気持ちで矢代は「笑った」のか、50字以内で答えなさい。

「うん」と小さくうなずいた。
「なんか意外だなあ。大地がくやしがらないなんてさ」
と［B］を丸くするたけるに、⑥俺は「そうか？」と笑った。決して強がりではなかった。むしろこの時、百井の返答に騒然《そうぜん》となるクラスメイトたちを見て、痛快な気持ちになったぐらいだったのだから。

（水野瑠見『十四歳日和《さいびより》』「星光る」より）

注　※ミーハー……流行に左右されやすい人のことをさす。

1　「俺」の名字は「矢代」です。名前を答えなさい。

2　空欄**A**・**B**にあてはまる身体の一部分を示す語を答えなさい。ただし、**A**・**B**にはそれぞれ別の語が入ります。

3　傍線部①「お前ら、なんでこんなことになったんだ？」とあるが、「ザワ先」はこの時どのようなことを考えていたと思われるか、最も適当なものを次の**ア**～**オ**から選び、記号で答えなさい。

ア　百井の成績のことで快く思っていなかった矢代が山居たちと手を組んで、百井に怪我を負わせることで勉強ができないようにしたと推測している。

イ　以前から続いていた山居たちの嫌がらせが激しくなり、百井を突《つ》き飛《と》ばすなどすることでわざと怪我をさせたのではないかと疑っている。

ウ　わざと怪我させたわけではないと分かっているものの、怪我をさせたことに対して山居たちが罪悪感を抱《いだ》いていないことを見抜《みぬ》いている。

エ　仲が良かったはずの四人が喧嘩《けんか》してしかも一人が怪我までしたため、完全な亀裂《きれつ》が生まれてしまう前に仲直りする道を探《さぐ》ろうとしている。

オ　だれも何も言わなかったことから教室でいじめが起こっていたことに気付かず、全く状況《じょうきょう》が分からないため正確に事情をくみとろうとしている。

4　傍線部②「こんな時なのに、俺はザワ先のことをちょっと見直していた」とあるが、この時の矢代の考えとして最も適当なものを次の**ア**～**オ**から選び、記号で答えなさい。

ア　先生のことを「ザワ先」などと少なからずあなどっていたのに、怖《こわ》い一面を見て、うろたえたり何もできなかったりというわけではないのだと認識《にんしき》を改めている。

イ　いつも頼《たよ》りない雰囲気《ふんいき》の担任の先生なのに、いざという時に自分の味方になってくれるであろうことを知り、今後のことを考え心強く感じている。

ウ　自分がいじめの実行犯として詰問される立場であるのに、百井のことを心から心配し、親身になるザワ先に対して素直《すなお》に敬意を抱いている。

エ　今までの優等生としての自分の立ち位置が崩《くず》れるかもしれないのに、自分でも気付いていなかった残酷さをザワ先が見抜いたことを評価している。

オ　わざとではないものの百井に怪我を負わせた罪を裁かれる時であるのに、ザワ先のきちんと事態に向き合おうとする熱心な態度に感心している。

5　傍線部③「……バカじゃねえの？」と言った時の矢代の心情の説明として最も適当なものを次の**ア**～**オ**から選び、記号で答えなさい。

明日から、どうなるのか分からない。

百井への嫌がらせはまだつづくかもしれない。むしろ過熱するかもしれない。

それでも俺はちゃんと、こいつの味方でいよう、って。

だが結果として——百井の読みどおり、翌日からいじめはパッタリとやんだのだった。

いじめが始まった時と同じように、はっきりした理由は分からなかった。

山居と岸上が急におとなしくなったからかもしれないし、単純に、みんなが飽《あ》きたのかもしれない。けど、中には、「今まで見て見ぬふりでごめんね」と百井に謝りに行ってる女子も何人かいたから、百井の、良心にうったえる作戦が功を奏したのもあるだろう。

なんにせよ、クラスメイトの性分《しょうぶん》を正しく見極《みきわ》めた、百井の勝利、というわけだ。

で、ここにもうひとつ、決定的な変化がある。

それは、百井と俺が友達になった、ってことだ。

声をかけてきたのは、百井からだった。

職員室に呼び出しを食らった翌日、④ちょっと緊張《きんちょう》しながら教室のドアを開けた俺に、百井はあっさり笑って、「矢代くん、おはよう」と言ったのだ。まるでずっと前からそうしてたみたいに。まったく、敵《かな》わないよな。

それからは、俺からも、百井にちょくちょく声をかけるようになった。

「なあ百井、数学の宿題、〝問い四〟分かる?」

と俺が聞けば、百井が俺のノートをのぞき、

「矢代くん、図形のここに補助線引けば、解けると思うよ」とすらすら答える。

百井は簡単に、答えを俺に教えたりはしなかった。ヒントや手がかりを与《あた》えて、あくまでも答えそのものは俺に導かせる、ってスタンス。ずるいやり方をさせないのが、百井らしいといえば、らしいよな。

よくしゃべるようになって知ったのは、百井が雑学王ってこと。「日本で最初にブーツを履《は》いたのって、坂本龍馬《りょうま》らしいよ」とか、「ミジンコって危険を察知したら頭がとがるんだって」とか。どこでそんなの知るんだよっていうような知識を、ガムでもくれるみたいに、ぽん、と差し出してくる。で、それがけっこう、おもしろいんだ。

その一方で、テレビやお笑いなんかの話題については、百井はとにかくうとかった。はやりのドラマも漫画《まんが》も、決まって、「何それ?」。だからそのたびに、俺がイチから全部教えてやらなければならなかった。

「百井って俺より頭いいくせに、なんでそんな浮《う》き世離《よばな》れしてるわけ?仙人かよ」

「いや、僕からすれば、矢代くんはちょっと※ミーハーすぎるよ」

なんてやり取りを人前で何度かするうちに、いつしか、〈万年トップ〉の正体は百井じゃないかといううわさがクラス全体に、果ては学年中に流れ始めた。

「なあなあ、百井って、実は学年トップなの?」

ある日の昼休み、俺が百井とだべっていたら、たけるがやってきてそう聞いた。百井は一瞬ちらっとこっちを見たけれど、俺が「バーカ、何遠慮《えんりょ》してんだよ」とどついてやると、⑤安心したようにちょっと笑って、

か？

「いや、うん。矢代くんの言いたいことは分かるよ。分かるけど」

俺のあきれた表情を読んでか、百井は、あわてたように言葉をつぐ。

「でもやっぱ、基本いい人たちだと思うんだ。だって今までうちのクラス、あからさまないじめってなかったじゃん。派手な層と地味な層が共存をはかれてた、っていうかさ。僕、前に住んでた町では、もっとロコツないじめ受けてたし」

共存。全然ぴんときてない俺に、百井は一瞬《いっしゅん》がっかりしたようだっだけど、「だからさ」とすぐに気を取り直したように、言った。

「みんな根はいい人たちだから、あの場で僕がフォローしておいたほうがいいのかな、って思ったんだよね。そのほうが、良心にうったえられそう、っていうか」

「……いやいやいや」

楽観的すぎるだろう、と俺は今度こそあきれた。だって俺たちをかばうことで、「こいつには何言っても平気」って、かえってナメられることも、大いにありうる。

「たしかに、イチかバチか、ではあったけど。逆効果の可能性もあるしね」

百井は鼻の頭をかいて、苦笑《くしょう》した。

「でも、明日から少なくとも、山居くんと岸上くんは嫌がらせしてこないと思うな。だってさっきも、すごく気まずそうだったじゃん」

「……………」

「それに矢代くんだって、ドッジの日の後は、一度も僕につっかかってこなかっただろ？　あれって、後悔《こうかい》したからだよね？」

「……………」

「ね？」

と、百井は、ガキを諭《さと》すオトナみたいな顔で笑うと、ゆっくりとした動作で上履きを靴箱にしまった。かわりに、うす汚《よご》れたスニーカーを取り出して、ぽつりと言う。

「みんな、本当の悪人じゃないんだよ。半年同じ教室でいたら、それぐらいは分かる」

百井の言うことには、たしかに一理あるような気がした。残酷《ざんこく》な衝動《しょうどう》や、意地悪な感情は、きっとだれの中にでもある。俺の中にも、クラスのヤツらの中にも、きっと。

だからって、こんなに、簡単に許せるんだろうか？　いや、「許す」も何も百井ときたら、ハナから俺たちのことを恨《うら》んですらいないように見える。

でも――きっと、そうなんだ。百井は恨んでないんだ。本当に。

「③……バカじゃねえの？」

と、俺はようやく、それだけつぶやいた。

「ほんっと、お前って、バッカじゃねーの？」

「うん。そうかもしれない」

ふり向いた百井は、いい笑顔《えがお》をしてた。心をトン、と突《つ》かれるような。

その瞬間、俺の中から、百井に対する敵意や嫉妬《しっと》がすうっとうすれて消えていった。くやしいけど負けたな、って思えた。ああ、俺とはまるで器《うつわ》がちがう、って。なのに、どうしてだろう。これほどおだやかで、晴れやかな気持ちになれたのは、ずいぶん久しぶりだったんだ。

だから俺は、決めた。

「そうか」

ザワ先はほっとしたようにうなずき返し、それから、表情を引きしめてつづけた。

「百井、どういう経緯《けいい》でお前が怪我したのか、教えてくれないか。山居たちからは、ふざけ合ってただけと聞いたが……俺を呼びに来た女子は、お前が一方的に絡《から》まれてた、と言ってたぞ。それに、以前からお前に対する嫌がらせがあった、とも」

なあ百井、とほとんど必死な様子で、ザワ先は言う。その声には、演技ではない悲しみとやるせなさがにじんでいて、②こんな時なのに、俺はザワ先のことをちょっと見直していた。と同時に、ああこれまでだ、と観念する気持ちにもなった。百井は安堵《あんど》して、これまでに受けた数々の仕打ちを暴露《ばくろ》するに決まってる。そうするべきなのだ。

百井がどんな表情をしているのか、うつむいて足元を見つめている俺には、まったく分からなかった。でも、百井がゆっくりと身じろぎしたのは、気配で分かった。

——来る。

「山居くんたちの、証言のとおりです」

ぐっと身を縮めた俺の隣《となり》で、百井の声が、すっきりと響いた。瞬間《しゅんかん》、俺ははっと顔を上げた。いや、俺だけじゃない。山居も、岸上も、ザワ先も。

「ふざけてて、僕《ぼく》が、ひとりで転びました」

淡々《たんたん》とした、けれど、はっきりとした口ぶりだった。俺たちにびびってるから、という感じはまるでない。意思のはっきりしたしゃべり方に、俺たちは、完全に不意をつかれた。

「……いや、百井。本当のことを言ってくれ。それでお前の立場が悪くなるようなことには、俺が絶対させないから。な？」

ザワ先のほうがよほどあせった様子で、百井のほうを見る。しかし百井はおだやかな仙人《せんにん》みたいな顔をして、「いえ。本当のことですから」と、言い切った。

「心配かけて、すみませんでした」

これでおしまい、とでも言うようにふかぶかと頭を下げる百井を、俺たちはあっけに取られて見つめた。

とまどいがただよう沈黙《ちんもく》の中、百井ひとりが、平然とたたずんでいる。

……分かんねえ。マジで、わけ分かんねえ。なんで俺たちをかばったのか。裏があるのか。単なるバカか。お人よしなのか。

職員室から解放された後、山居と岸上は気まずさから逃げるように、「塾《じゅく》があるから」と、そそくさと帰っていった。そんなわけで俺はなりゆき上、百井と並んで、廊下を歩くことになったのだった。もちろん、そうとう居心地は悪い。百井はしゃべらないし、何を考えてるかも分からないし、俺だって、なんて話していいのやら。

「……なんだよ、さっきの」

と、ようやく俺が口を開いたのは、靴箱《くつばこ》の前にたどり着いた時だった。上履きを脱《ぬ》ごうとしていた百井が、顔を上げて俺を見る。そして、ふっと目を細めた。

「……この学校ってさ、いい人、多いじゃん」

「は？」

何言ってんだこいつ、と俺は思った。勉強できるくせに、バカなの物とつきあった経験の蓄積が生き物への情愛に直結することを、「内からのまなざし」から伝えている。

オ　最後の「小さな花に目がとま」る話は、「赤とんぼを好きになる」、また「お玉杓子の死に責任を感じる」理由が、どちらも人間の人生全般《ぜんぱん》に通じることを強調している。

三　次の文章を読んで、後の問いに答えなさい。

「俺《おれ》（矢代）」はテストで毎回学年二位であったが、影《かげ》の薄《うす》い「百井《ももい》」が誰《だれ》にも知られず学年一位であったと知る。その悔《くや》しさから、体育のドッジボールの際に、逃《に》げてばかりの百井に強くあたってしまう。それがきっかけとなりクラスの中で数人の男子から百井への嫌《いや》がらせが始まった。嫌がらせは成績返却《へんきゃく》の際にもおこり、百井の順位を無理矢理《むりやり》見ようとした山居や岸上と、百井と、百井に負けていると知られたくない「俺」がもみあいとなり、百井は倒《たお》れて怪我《けが》をしてしまう。そこでザワ先（担任の小沢《おざわ》先生）は関係者を職員室に集めた。

「もう一度聞く。①お前ら　なんでこんなことになったんだ？」

放課後の職員室。

山居、岸上、俺の三人は一列に並べられ、ザワ先に尋問《じんもん》を受けていた。どうやらさっきもみ合っている間に、だれかが担任を呼びに職員室へ走っていたらしい。そういえば俺たちがおたおたしているかたわらを、小走りで駆《か》けていく女子ふたりを視界のすみに見たような気もする。美術部の瀬川《せがわ》と佐古《さこ》――だったような気もするけれど、今となっては、それがだれでもたいした問題ではなかった。ともかく現場に駆けつけたザワ先は、惨状《さんじょう》を見るなり　A　をつり上げた。で、流血している百井はひとまず保健室へ向かうこととなり、俺たちだけが先に職員室へ連行されたのだけど――。

「え？　山居、説明ぐらいしろよ。何がどうなって百井が怪我したって？」

どすのきいた詰問に、山居は居心地《いごこち》悪そうに、上履《うわば》きの爪先《つまさき》で床《ゆか》を蹴《け》る。

「……ふざけてどつき合ってたら、百井がよろけて、それで、」

「ほう。岸上も矢代も、同じ言い分か？」

ぎろりと疑わしげな目線を送られ、俺と岸上は、うつむいたままだまり込《こ》んだ。

職員室へ向かう廊下《ろうか》ではばくばくしていた心臓は、今ではすっかり冷えていた。百井へのひがみ、ドッジの後で百井につっかかったこと、ハブられる百井を見て見ぬふりをしたこと……そのすべてが、今となってはなんてバカだったんだろうと思った。ちょっと冷静になれば、どっかでストップをかけることくらい簡単だったはずなのに――。

ぴりぴりした硬直《こうちょく》状態が、一秒、二秒、三秒……とつづいた、その時だった。

「失礼します」

落ち着いた声が入り口から響《ひび》き、額にガーゼを貼《は》った百井が職員室へ入ってきた。

「百井、怪我は大丈夫《だいじょうぶ》か」

心配そうに眉《まゆ》をひそめたザワ先に、百井はあっさりうなずいた。

「はい。傷はたいしたことなくて、病院へ行くほどでもなかったので」

5 傍線部《ぼうせんぶ》①「科学的な外からのまなざし」とあるが、年配の百姓が赤とんぼを好きになったことを科学的に分析《ぶんせき》すると、どのようなことだったと筆者は述べているか。解答欄《かいとうらん》の形式に合うように70字以内で説明しなさい。

6 図2（70ページ）のグラフと本文から読み取れることとして、最も適当なものを次の**ア**～**オ**から選び、記号で答えなさい。

ア 五十代以上の「百姓」のアンケート回答数は、若い世代の4倍近くにものぼっていることから、深刻な社会問題となっている働き手の高齢化《こうれいか》が農業においてもすすんでいることがわかる。

イ 若い「百姓」で、このアンケートに対して無回答だった人数は五十代以上の「百姓」の3倍にものぼっていることから、若い「百姓」が自然や生きものの保護に対していかに無関心であるかがわかる。

ウ 若い「百姓」で、お玉杓子の死を「仕方ない」「役立つはずだったのに惜《お》しい」とする人があわせて6割いることから、若い「百姓」には物事を合理的に考える傾向《けいこう》があることがわかる。

エ 五十才以上の「百姓」では、お玉杓子を死なせた場合に「ごめん、悪かった」とは感じない人が7人であることから、感情移入するくらいお玉杓子を身近な存在と捉《とら》えていることがわかる。

オ 五十才以上の「百姓」に対し、若い「百姓」のアンケート回答数が32人分しかないことから、データの信ぴょう性が低いと同時に、日本の農業に従事する人間が激減していることがわかる。

7 傍線部②「つい自分の無意識が目をとめさせた」とあるが、それはなぜか。その理由にあたるものとして最も適当な一文を文中から見つけ、最初の5字を抜き出しなさい。

8 傍線部③「生きものに目が向く場所」とはどのようなところか。最も適当なものを次の**ア**～**オ**から選び、記号で答えなさい。

ア さまざまな生きものについての知識を得た身近な場所であり、その知識にあてはまりそうな生きものがいるところ。

イ さまざまな生きものを観察した場所であり、そうした生きものたちとふれあうことができそうだと感じているところ。

ウ さまざまな生きものを見てきた経験を重ねた場所であり、その経験が無意識によみがえる身の回りの心地《ここち》よいところ。

エ さまざまな生きものを目にした場所であり、人間の身の回りにありながらも生物の棲息《せいそく》にふさわしい自然があるところ。

オ さまざまな生きものにまなざしを注いできた場所であり、人と生きものが無意識のうちに助け合いながら生活していたところ。

9 本文についての説明として、誤っているものを次の**ア**～**オ**から一つ選び、記号で答えなさい。

ア 冒頭《ぼうとう》の『日本書紀』のエピソードによって、古くから日本人が赤とんぼを好むということを伝え、読み手をスムーズに本文の主題にひきこんでいる。

イ 年配の百姓の「赤とんぼを好きだ」と感じる理由と、（　）内の内容を並べることで、体験的な意味づけと科学的な分析との違《ちが》いを分かりやすくしている。

ウ アンケート結果とその説明は、赤とんぼを好きになるのは、日本人としての本能ではなく、百姓経験の長さや質の違《ちが》いに左右されるという主張の理由になっている。

エ 筆者自身の、お玉杓子を全滅《ぜんめつ》させた経験やその時の感覚は、生き

※山田耕筰……日本の作曲家、指揮者（一八八六～一九六五）

1 波線部《はせんぶ》Ⅰ「めざとく」・Ⅱ「詰問《きつもん》した」の本文中の意味として最も適当なものをそれぞれ後の**ア**～**オ**のうちから選び、記号で答えなさい。

Ⅰ「めざとく」

【**ア** 巧《たく》みに　**イ** すばやく　**ウ** 首尾《しゅび》よく
エ かしこく　**オ** こっそり】

Ⅱ「詰問した」

【**ア** 問いただした　**イ** 聞き返した　**ウ** 訳を聞いた
エ 問いかけた　**オ** 聞き出した】

2 空欄《くうらん》**A**に入る語として最も適当なものを次の**ア**～**オ**のうちから選び、記号で答えなさい。

ア 記念碑《きねんひ》　**イ** 博物館　**ウ** 造形美
エ 風物詩　**オ** 生命力

3 筆者が昆虫《こんちゅう》学者でなく「百姓」であることが最初に分かるのは、どの段落か。その段落の最初の５字を抜《ぬ》き出《だ》して答えなさい。

4 Ｘさんは、赤とんぼについて、本文にもとづき、左のようなメモを作った。表の【A】【B】の組み合わせとして、最も適当なものを、次の**ア**～**オ**からそれぞれ選び、記号で答えなさい。

	事実	内からのまなざし	外からのまなざし
①	田に入った百姓の周囲に集まる	百姓を慕《した》っている	集まるのは、百姓の周囲の虫を食べるため
②	夕方、大群になって飛ぶ	荘厳《そうごん》で美しい	集まるのは、夕方集まる蚊《か》を食べるため
③	お盆前になると急に増える	先祖の霊が乗っているという言い伝えがある	【B】
④	子守歌《こもりうた》に登場する	【A】	その歌が広く歌われ始めた時期が、百姓の幼少期と重なった

ア 【A】その子守歌のおかげで、夕焼けと赤とんぼの風景が強く印象に残っていた
【B】急増するのは、お盆前に、産卵《さんらん》された卵がかえるため

イ 【A】赤《あか》ん坊《ぼう》の頃《ころ》から歌ってもらった子守歌に出てくるので、なつかしかった
【B】急増するのは、お盆前が、ヤゴから成虫になる時期にあたるため

ウ 【A】昔から歌われている子守歌を通じて赤とんぼの知識を得、理解が深かった
【B】急増するのは、田植え後に産卵したばかりであるため

エ 【A】小さい頃から有名な歌に登場するものなので、よく親しんでいた
【B】急増するのは、お盆前に、卵が一斉《いっせい》にヤゴになるため

オ 【A】自分がよく歌った歌詞に登場するので、自然となじみ深くなっていた
【B】急増するのは、羽化《うか》するタイミングがお盆前であるため

死ぬと、責任を感じるのは、生きものの命を大切にしたいという気持ちがあるからでしょう。そしてその気持ちは、田んぼの水を切らさないようにする目的の一つとは自覚していなくても、無意識に「お玉杓子のためにも水を溜める」気持ちになっていたのです。

そこで、同じ質問に対する若い百姓の回答をみてください。私はこの回答にもびっくり仰天《ぎょうてん》したのです。半ば冗談《じょうだん》で「仕方がない。分解されて、良質の有機質肥料になればいい」と「惜《お》しい。蛙《かえる》になるまで育てば、天敵として役立ったのに」という項目《こうもく》を付け加えていたのに、まさかこちらを選ぶ青年たちが多いとは想像もしていませんでした。その場で「真面目《まじめ》に答えているのか」とⅡ詰問《きつもん》したのですが、全員正直に答えていました。これは百姓経験の差でしょう。若い百姓は田んぼに通って、お玉杓子と顔を合わせる経験が私たち年配の百姓に比べると圧倒的《あっとうてき》に少ないからです。さらに現代では、かつてのように朝昼晩と田んぼに通うような情愛は、効率が悪いと批判される風潮ですから、田んぼに通い、生きものと目を合わせる仕事の時間は激減しています。

私たち人間は生きていくために、自然をしっかり見るように進化してきたのかも知れません。しかし、お玉杓子に何十年も内からのまなざしを注ぎ続けた百姓には、生きものへの情愛が身体の底に蓄積《ちくせき》してきたのです。若い百姓と比較《ひかく》すると、この生きものを殺すまいとする情愛は、百姓の経験に左右されてしまうことがよくわかります。

私はその後、お玉杓子を全滅《ぜんめつ》させた田んぼに入ったときの感覚をよく覚えています。ほんとうにさびしいと感じました。それまでは田んぼに入ると、いつも足下《あしもと》で泳ぎ回っていたお玉杓子が、その田んぼでは一匹《ぴき》もいないのですから。「ああ、いつも一緒《いっしょ》にこの田んぼで過ごしていたんだなあ」と感じたのでした。

道を歩きながら、ふと小さな花に目がとまります。それは偶然《ぐうぜん》ではありません。②つい自分の無意識が目をとめさせた、と考えてもいいのです。したがって、野の花が好きな人はしょっちゅう目がとまります。そうでない人は、ただ通り過ぎていきます。しかし、そういう人でもたまには目がとまることがあるのです。なぜなら、これまでの人生で、草花と無縁《むえん》に過ごしてきたはずはないからです。もちろん無意識の世界ですから、たぶん忘れているでしょうが、花を摘《つ》んだり、花に見とれたことが過去にはあったはずです。

みなさんも生きものを、意識的ではなく無意識に見ている時間の方が圧倒的に多いのではないでしょうか。それはそれまでの自分の人生で積み重ねてきたまなざしが、背後で働いているからです。生きものの名前をよく知っている人は、それだけ何回も出会いを重ねてきた証拠《しょうこ》です。そしてよく③生きものに目が向く場所と、そうでない場所があるということにも気づきます。いつも生きものを見てきたのは、身の回りの「いい自然」の中でのことです。私たちは無意識に自然（らしいところ）をさがして、そこに目を向けているのです。このように意識的に自然を見ている時には気づかない世界があります。自然が見えている時には、このような無意識の経験、体験の蓄積が働くのです。

（宇根豊『日本人にとって自然とはなにか』より）

注
※蜻蛉《かげろう》……とんぼの古い呼び名。
※秋津洲《あきつしま》……古代における日本本州の呼び名。
※揺蚊《ゆすりか》……双翅目《そうしもく》ユスリカ科の昆虫《こんちゅう》の総称《そうしょう》。夕方に畑や野原で群れて飛ぶ。
※三木露風《ろふう》……日本の詩人、童謡《どうよう》作家、歌人、随筆家《ずいひつか》（一八八九～一九六四）

らいになっていました。国民一人あたり約二〇〇匹《ぴき》ほども分配できるほどの数です。これほど大発生して目立つ虫は他《ほか》にはありません。日本の夏空、秋空を彩《いろど》る自然の［Ａ］の代表となるのも当然のことです。

［6］日本に田んぼ（水田）がなかった縄文《じょうもん》時代には、赤とんぼはあまりいませんでした。赤とんぼは、水の流れがなく、浅く、温かく、しかもヤゴの餌となるプランクトンがいっぱいいて、天敵の魚が少ない田んぼで99％が生まれています。昔の日本人のほとんどは百姓でしたから、無意識に田んぼや稲作《いなさく》と切《き》り離せない生きものとして認識《にんしき》していたのではないでしょうか。神戸市の桜ヶ丘《さくらがおか》遺跡《いせき》から出土して国宝になっている銅鐸《どうたく》には赤とんぼをはじめとして、田んぼの生きものばかりが描《えが》かれているのもそれを裏付けています。

どうですか。外からのまなざしの方〔［1］～［4］の（　）内〕と［5］［6］が、わかりやすく、くわしい説明になっていると思いませんか。しかし、体験に基《もと》づいた内からのまなざしの方が、話が生き生きとしていて、心から納得《なっとく》できそうな気持ちになります。

赤とんぼとのさまざまなつきあいが、体験として私たちの身体の中に蓄積《ちくせき》され、知らず知らずに赤とんぼが好きになったのです。何かを好きになるということは、このように知らず知らずに、無意識に、いつのまにか好きになっていることが多いものです。

無意識に好きになると言うと、それこそ本能だという証拠《しょうこ》ではないかと思う人もいるでしょうがそうでもありません。数年前に私がびっくりしたことを紹介《しょうかい》しましょう。

うっかり一枚の田んぼだけ水が行き届かずに、干上《ひあ》がってしまったことがありました。田植えしてまだ二〇日ぐらいしか経《た》っていなかったので、お玉杓子《たまじゃくし》は全部死んでしまいました。私は、「ごめんよ。悪かった」とお玉杓子《たまじゃくし》の死骸《しがい》に謝《あやま》りました。そこで、友人の百姓にこのことを話すと、「私もそういう体験があるし、その時もそう感じた」と言うので、他の百姓にもアンケートをとってみたのです。

「うっかり田んぼの水が干上《ひあ》がって、お玉杓子《たまじゃくし》が死んでしまったらどう思いますか」と尋《たず》ね、答えはわざと三択《たく》にしてみました。その答えが図２です。予想していたとおり、五〇歳《さい》以上の百姓のほとんどが「ごめん、悪かった」と答えました。そこで私は「それでは、あなたたちはお玉杓子《たまじゃくし》のためにも田んぼに水を溜《た》めていたのですか」と尋《たず》ねると、全員が、「そういうつもりはまったくない。田んぼに水を溜めるのは、稲《いね》がよく育つことと、草を抑《おさ》えることを目的にしているのだ」と否定します。「それならなぜお玉杓子に謝《あやま》るのですか。可哀《かわい》そう、ぐらいの気持ちで済ませばいいじゃないですか」と重ねて問うと、「そういうわけにはいかない」と反発します。お玉杓子のために水を溜めていたのではないのに、

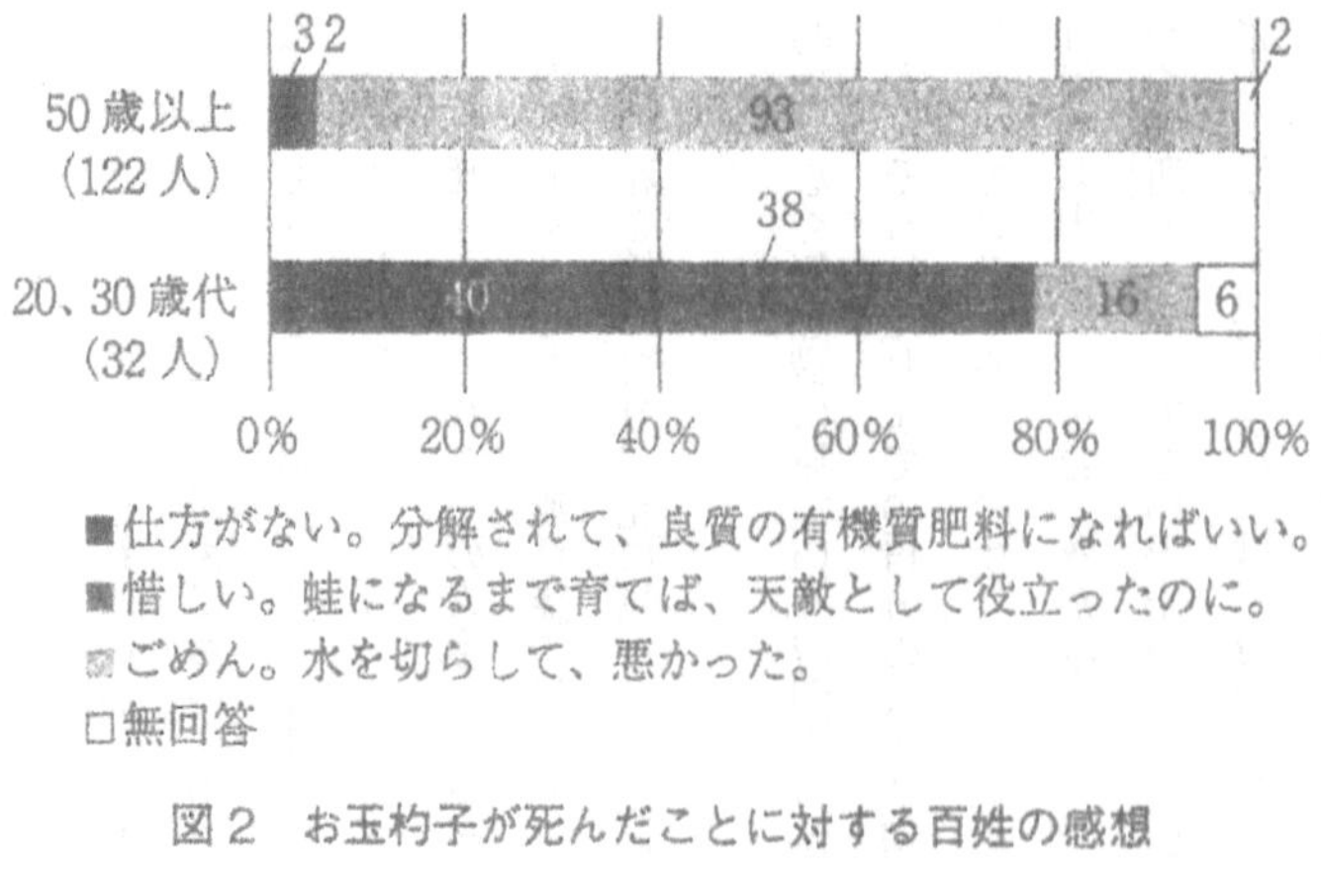

図２　お玉杓子が死んだことに対する百姓の感想

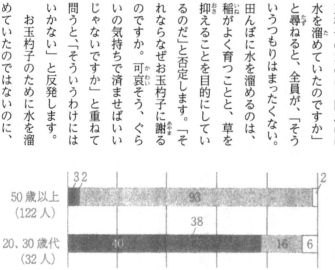

【国　語】（五〇分）〈満点：一〇〇点〉

【注意】＊　設問の都合で、本文には一部省略・改変がある。

＊　字数制限のある場合は、句読点なども字数に入れること。

一　次の１～５の傍線部《ぼうせんぶ》のカタカナは漢字に直し、漢字は読みをひらがなで答えなさい。

１　ホウドウによれば、国連総会における演説が各国を動かしたとのことである。

２　子どものアンピの確認《かくにん》を、最近は携帯《けいたい》電話を使ってすぐにできる。

３　よいチンタイ住宅を見つけるのは大変だ。

４　テイコクで始めれば終わりもそれほど遅《おそ》くならないはずだ。

５　紙幣《しへい》を刷ることはできるが、無計画に行えば社会が混乱しかねない。

二　次の文章を読んで、後の問いに答えなさい。

日本人には赤とんぼが好きな人が多いようです。『日本書記』や『古事記』では天皇が赤とんぼを誉《ほ》める場面が出てきます。

『日本書記』では、神武天皇が奈良《なら》の山に登り、国の様子を見て、「ああ、なんと美しい国を得たものよ。まるで。※蜻蛉《かげろう》（赤とんぼ）が交尾《こうび》している形に似ている」と言われた。これによって初めてこの国を「※秋津洲《あきつしま》」と呼ぶようになった、と書かれています。

「赤とんぼの国」という名前をつけた理由は、この時代になると田んぼが増えて、赤とんぼがいっぱい飛ぶようになったからにちがいありません。天皇までもが、赤とんぼが好きだったようです。

現代でも年配の百姓《ひゃくしょう》なら、ほとんどが「赤とんぼが好きだ」と答えます。しかし、なぜ好きなのか、その理由を問うと、すぐには答えが出てきませんが、次第《しだい》に思い出して答えてくれます。（　）内は、それを外から客観的に分析《ぶんせき》した説明です。

１　私が田んぼに入ると赤とんぼが集まってくるんだ。まるで自分を慕《した》って寄って来るような気がして、可愛《かわい》いと思うからかな。（ほんとうは、百姓《ひゃくしょう》が田んぼに入ると、稲《いね》に着いていた虫が跳《と》びはねるので、赤とんぼは餌をⅠめざとく見つけて、百姓のそばに来るのです。）

２　夕日に群れ飛ぶ赤とんぼの羽がきらきら輝《かがや》いているのを見ていると、この世の風景とは思えないぐらいの荘厳《そうごん》だと感じるな。（ほんとうは、夕方になると赤とんぼの餌《えさ》の※揺蚊《ゆすりか》が蚊柱《かばしら》をつくるので、食べるために寄って来て、群舞《ぐんぶ》するのです。）

３　赤とんぼは八月のお盆《ぼん》の前になると、急に増えてくる。あれは先祖の霊《れい》を乗せてやって来て、盆《ぼん》が終わると先祖の霊《れい》を乗せて帰っていくんだ、という言い伝えがあるぐらいだから、ずっと前から大事にされてきたんだ。（ほんとうは、田植えした直後の田んぼで産卵《さんらん》され、それがヤゴになって、四五日ぐらい経《た》って一斉《いっせい》に羽化《うか》してくる時期がたまたま盆前《ぼんまえ》にあたっているのです。）

４　小さい頃《ころ》から「夕焼け小焼けの赤とんぼ、負われてみたのはいつの日か」という子守歌《こもりうた》（※三木露風《ろふう》作詞、※山田耕筰《こうさく》作曲）をよく歌っていたからかもしれない。（この歌は昭和二年に曲がつけられ、よく歌われるようになったのは、戦後です。）

①科学的な外からのまなざしによる答えをまとめると次のようになります。

５　日本で毎年生まれている赤とんぼの総数は多い年には二〇〇億匹《ひき》ぐ

MEMO

大切なことはメモしておこうネ！

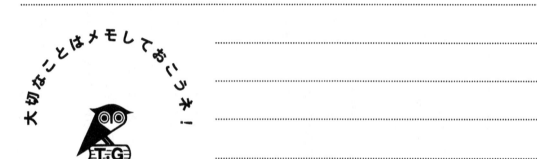

午後特別

2023年度

解 答 と 解 説

《2023年度の配点は解答欄に掲載してあります。》

<算数解答> 《学校からの正答の発表はありません。》

1 (1) ア $\frac{20}{23}$ (2) イ 334668 (3) ウ 1632 (4) エ $\frac{4}{3}\left[1\frac{1}{3}\right]$

オ $1.5\left[\frac{3}{2},\ 1\frac{1}{2}\right]$

2 (1) カ 72 (2) キ 70 (3) ク 1716 ケ 620 (4) コ ④

3 (1) 101通り (2) 10201通り

4 (1) $25cm^2$ (2) $22.95cm^2$ (3) $10.2cm^2$

5 (1) ア 1 イ 2 (2) $17cm^2$ (3) 25, 50

○推定配点○

1, 5(1) 各6点×6(5(1)完答) 他 各7点×12(5(1)完答) 計120点

<算数解説>

重要 1 (四則計算，数列，数の性質，割合と比，2量の関係)

(1) $\frac{20}{7}\times\left(\frac{2}{3}-\frac{20}{23}\times\frac{5}{12}\right)=\frac{20}{7}\times\frac{7}{23}=\frac{20}{23}$

(2) (1＋1001)×1001÷2＝501×1001 3＋6＋9＋…＋999＝3×(1＋2＋3＋…＋333)＝3×334×333÷2＝501×333 したがって，求める和は501×1001－501×333＝501×668＝334668

(3) 2023＝7×17×17 2022までの7の倍数の個数…2022÷7の商より288個 2022までの17の倍数の個数…2022÷17の商より118個 2022までの7×17の倍数の個数…2022÷119の商より16個 したがって，求める個数は2022－(288＋118－16)＝1632(個)

図1

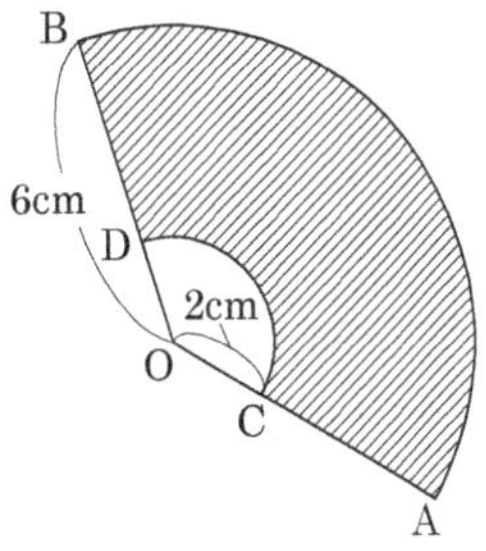

(4) エ 120÷90＝$\frac{4}{3}$(倍) オ 歯車Bの歯数を120＋30＝150にして，その回転数を1.2倍にすると，歯数Aの回転数は150÷120×1.2＝1.5(倍)になる。

2 (平面図形，図形や点の移動，場合の数)

重要 (1) 右図1より，弧AB＋弧CD…44－(6－2)×2＝36(cm) 半径6cmと2cmの円の円周の和…(6＋2)×2×3.14＝16×3.14(cm) したがって，斜線部は(6×6－2×2)×3.14÷(16×3.14)×36＝72(cm^2)

図2

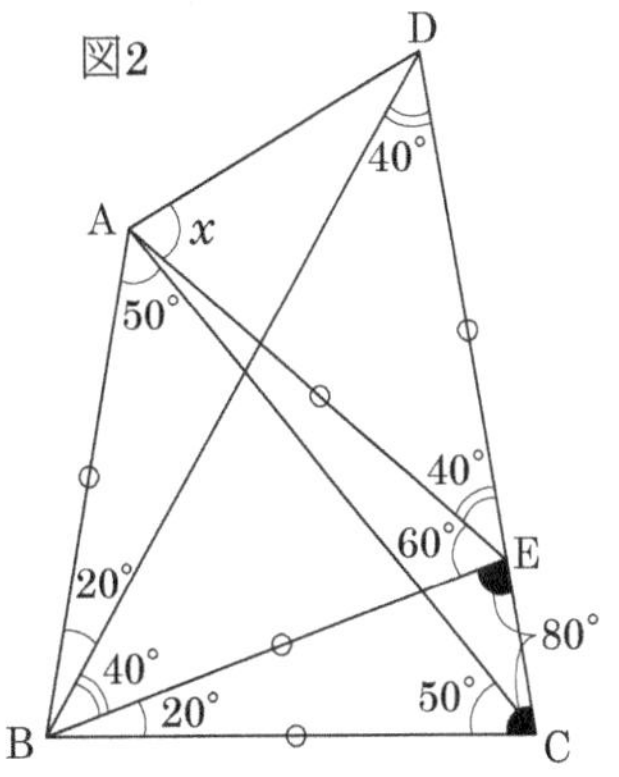

(2) 右図2より，三角形ABEは正三角形，三角形BCE，BCA，EDAは二等辺三角形であり，角AEDは80＋20－60＝40(度) したがって，角xは(180－40)÷2＝70(度)

(3) ク 次ページ図3より，1716通り PもQも通る方法…10×6×6＝360(通り) PまたはQを通る方法…10×70＋126×6＝1456(通り) ケ 1716－(1456－360)＝620(通り)

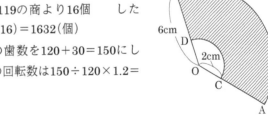

図3

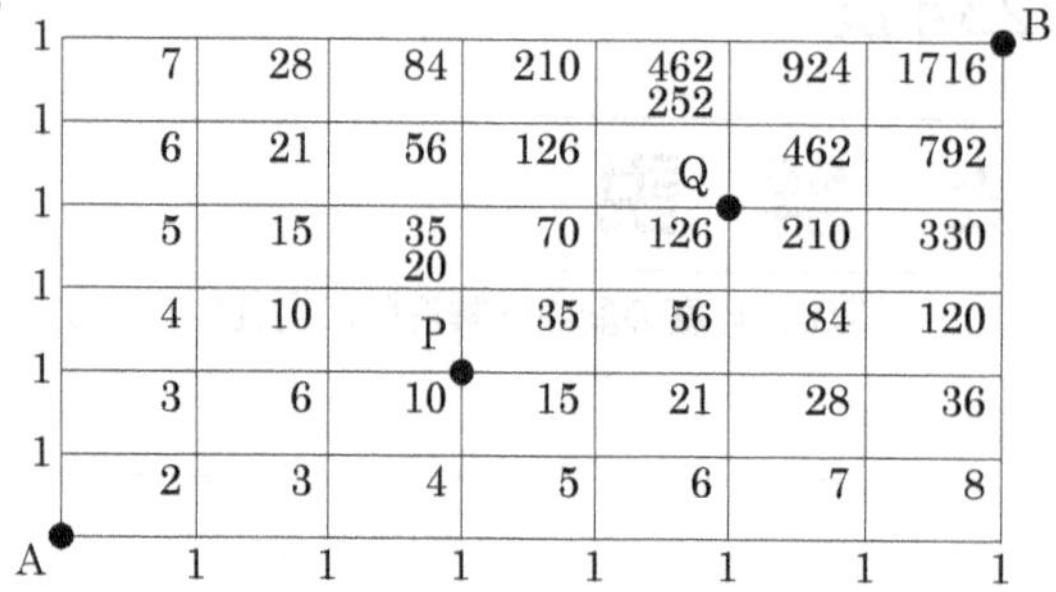

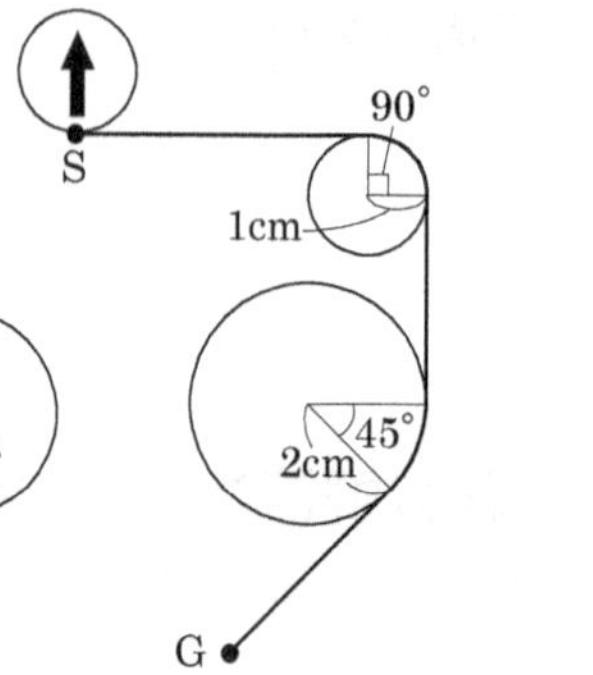

やや難 (4)　直線部分での回転…3÷2＝1.5(回転)

図ア　0.5回転　　図イ　135回転＝$\frac{3}{8}$回転

したがって，1.5＋0.5＋$\frac{3}{8}$＝2$\frac{3}{8}$(回転)より，④を選択する。

図ア

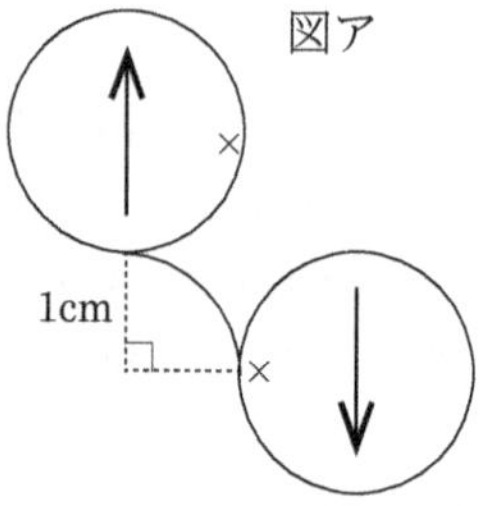

図イ

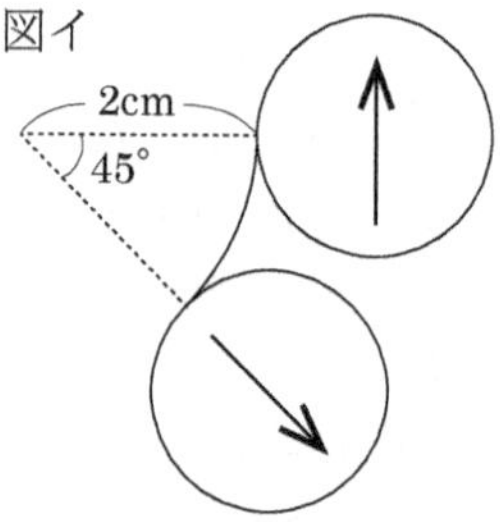

3　**(場合の数，数の性質)**

重要 (1)　5000＝50×100　　したがって，50円玉が0枚をふくめて101通り

やや難 (2)　100円玉100枚の場合…1通り　　100円玉99枚の場合…100÷50＋1＝3(通り)　　100円玉98枚の場合…200÷50＋1＝5(通り)　　100円玉0枚の場合…10000÷50＋1＝201(通り)　　201…202÷2＝101(番目)の奇数　　したがって，1から201までの奇数の和は101×101＝10201(通り)

4　**(平面図形)**

基本 (1)　図1　7×7−3×4×2＝25(cm²)

重要 (2)　図2　30.6×3÷4＝22.95(cm²)

図1

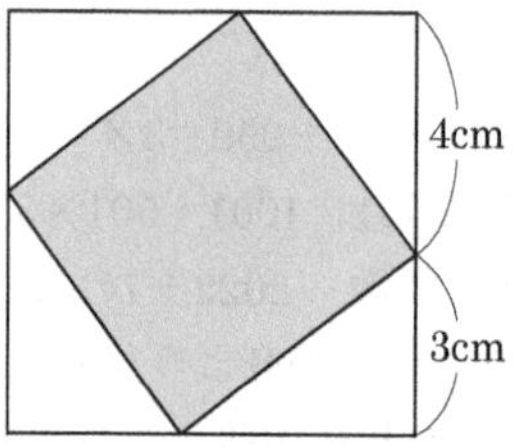

図2

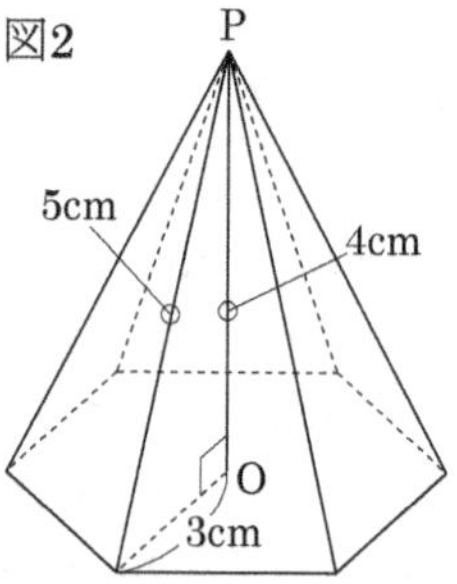

図3

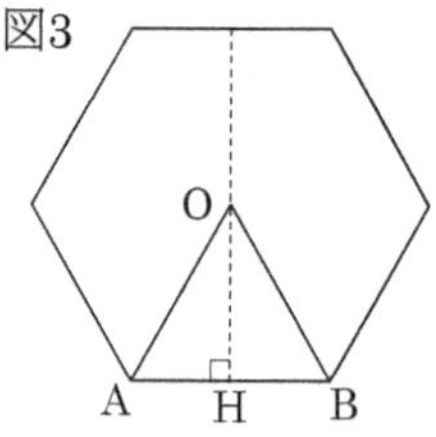

やや難 (3)　正三角形OAB…(2)より，図3において22.95÷6＝3.825(cm²)　　OH…3.825×2÷3＝2.55(cm)　　したがって，P・H・Oを通る切り口の面積は2.55×2×4÷2＝10.2(cm²)

5　**(平面図形，数の性質)**

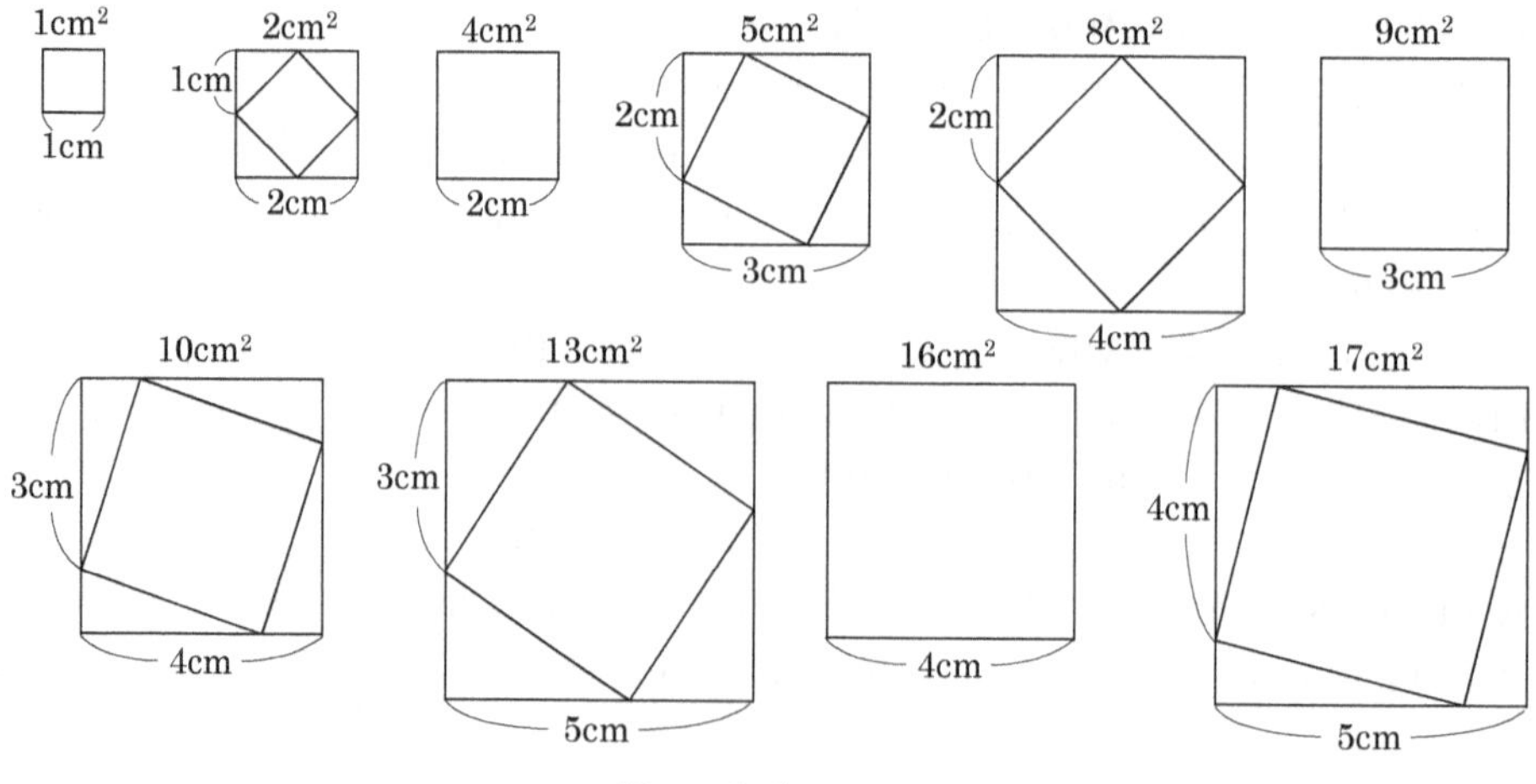

要 (1)　3×3−5＝4＝1×2×2より，ア＝1cm，イ＝2cm

難 (2)　前ページ図より，10番目の正方形は$17cm^2$

(3)　25＝0×0＋5×5＝3×3＋4×4　　50＝1×1＋7×7＝5×5＋5×5

★ワンポイントアドバイス★

[1](3)「最大公約数が1である数」の個数を求める問題は，2023という数にまどわされやすく，[2](2)「角度」では，問題の図がかなり変形して描かれているため，これもヒントを見つけにくい。[3](2)「硬貨1万円」も，容易ではない。

＜国語解答＞《学校からの正答の発表はありません。》

一　1　こがい　　2　すいはん　　3　しょさ　　4　たぐ(い)　　5　さんしょく

二　1　美徳　　2　一挙　　3　敬(う)　　4　画(する)　　5　君臨

三　1　イ　　2　(例)　戦後の寿命の延伸で，高齢まで農業を続けたため農家の子どもは都市へ出ることになり，跡つぎが育たず，都市における経済モデルを優先して農村が過疎になったため，農業従事者は高齢化し，日本の農業人口は減少した。(100字)

3　(例)　食料自給率が低い日本においては，輸入してまで食品を捨てるのはもったいないことであるうえ，万が一食料輸入が止まったときに，少ない食料を有効に利用することができなくなる点で，食品ロスは問題である。対策として，食べ残しを持ち帰る習慣を広めたり，賞味期限が近づいた食品も流通を認めたりして無駄なく食品を利用するほか，若い農家への減税を行って農業人口を増やすなどして，国内での食料生産を増やすことも必要である。(200字)

○推定配点○

一・二　各2点×10　　三　1　5点　　2　25点　　3　30点　　　計80点

＜国語解説＞

一　(漢字の読み)

1は家や建物の外。2は模範や手本を示すこと。3は身のこなしやしぐさ。4の音読みは「ルイ」。熟語は「類似」など。5は蚕(かいこ)がくわの葉を食うように，端からだんだんと侵略すること。

二　(漢字の書き取り)

1は人として望ましい立派な心のあり方や行い。2は一度にまとめて物事をやること。3の音読みは「ケイ」。熟語は「敬意」など。4は物事をはっきり分けること。5は主君として国家を統治すること。

三　(論説文ー要旨・大意・細部の読み取り，記述力)

本　1　「カロリーベース総合食料自給率の推移のグラフ」では，1965年に73％→2018年には37％を表し，表4の内容からもイがあてはまる。アの「自給率を向上させています」，ウの「生産額ベースでも」，エの「2018年の」，オの「その後は横ばい」「非難されている」はいずれもあてはまらない。

要　2　文章Aの【中略】以降で，日本で農業生産者が高齢化している背景として，輸出で稼いだ外貨で食料を輸入するという経済モデルを優先してきたこと，文章Bで，日本は戦後の寿命延伸にともない，農業において農家の子どもたちは家業を離れて都市に出ることになったことで，農村は過疎になり，農業の担い手がいなくなっていることを述べている。これらの内容を踏まえ，戦後の寿命延伸で，農業生産者は高齢まで農業を続ける→農家の子どもは都市へ出ることになり，跡つぎが育たない→都市における経済モデルを優先するという背景もあって農村が過疎になる→そのため，農業従事者は高齢化し，日本の農業人口は減少した，というような内容で「日本の農業人口」の変化を説明する。

やや難 3 「食品ロス」が日本において問題であることとして，文章Aを踏まえて，食料自給率が低い日本は輸入食料に頼っているが，そうした食品を捨てているのはもったいないことであり，もし輸入が止まった場合に，少なくなる食料を有効に利用できなくなることを説明する。また「食品ロス」の対策として解答例では，文章Cを踏まえて，食べ残しを持ち帰る習慣を広めることや，賞味期限が近づいた食品の流通を認めて無駄なく食品を利用すること，文章Aを踏まえて，政策として若い農家への減税を行って農業人口を増やすなどして，国内での食料生産を増やす必要がある，というような内容を説明している。本文で指摘している問題点や対策に着目して，具体的な考えを述べていこう。

★ワンポイントアドバイス★

グラフや表は，項目や数字を正確に読み取ることが重要だ。

第1回

2023年度

解 答 と 解 説

《2023年度の配点は解答欄に掲載してあります。》

＜算数解答＞《学校からの正答の発表はありません。》

1 (1) ア 2023 (2) イ 12.345 (3) ウ 16 エ 後 オ 9
(4) カ 532

2 (1) ア 5 (2) イ 800 (3) ウ 202.5 (4) エ 56.52

3 (1) 15度 (2) 9cm^2 (3) 38.1cm^2

4 (1) 解説参照 (2) 6通り (3) 54通り

5 (1) 1.2cm (2) 4cm (3) 12個

○推定配点○

5(1)・(2) 各5点×2 他 各6点×15(1(3), 4(1)各完答) 計100点

＜算数解説＞

1 (四則計算，速さの三公式と比，時計算，単位の換算，割合と比)

(1) 53÷0.025－97＝53×40－97＝2023

(2) 1.2345×(1111－1101)＝12.345

要 (3) 3分早く進む時間…60×3÷5＝36(時間) 36時間…1日12時間 したがって，求める日時は9月16日21時すなわち午後9時

要 (4) 一昨年度の生徒数…○とする。今年度の生徒数…○×1.12×0.95＝○×1.064 ○…32÷0.064＝32000÷64＝500(人) したがって，今年度は500×1.064＝5×106.4＝532(人)

要 2 (平面図形，立体図形，図形や点の移動，割合と比)

(1) 図1より，$\frac{7}{10}\times\frac{ア}{7}=\frac{ア}{10}=0.5$(倍) したがって，アは5cm

(2) 図2より，10×10×2×4＝800(cm^2)

(3) 図3より，3×3×3＋6×6×6－(3×3÷2×3＋6×6÷2×6)÷3＝243－40.5＝202.5(cm^3)

(4) 図4より，3×3×3.14×6÷3＝18×3.14＝56.52(cm^3)

図1

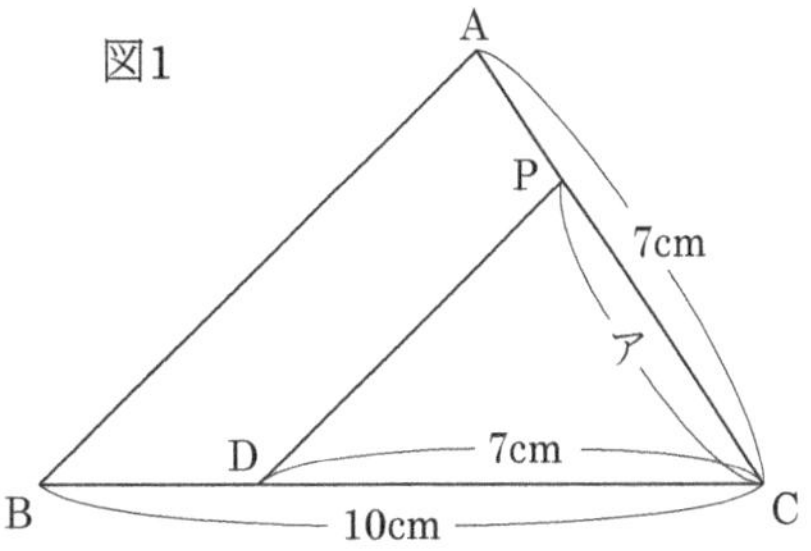

図2

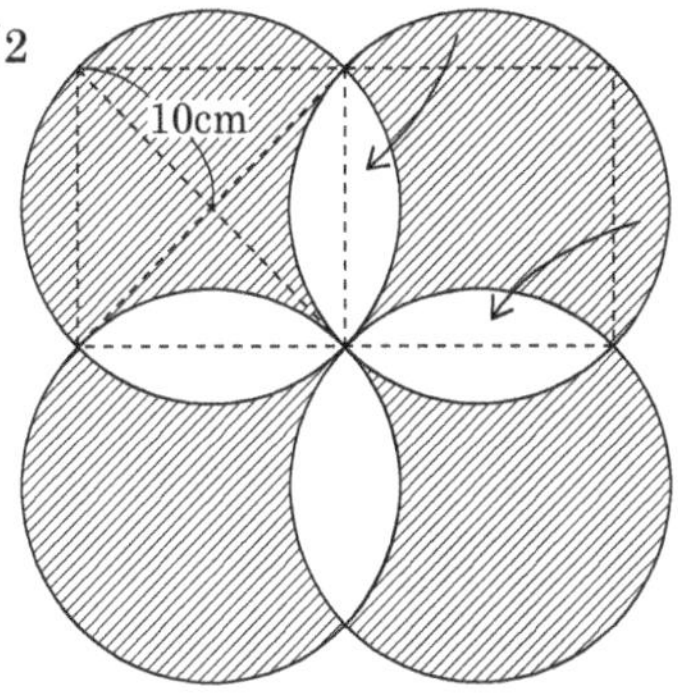

図3

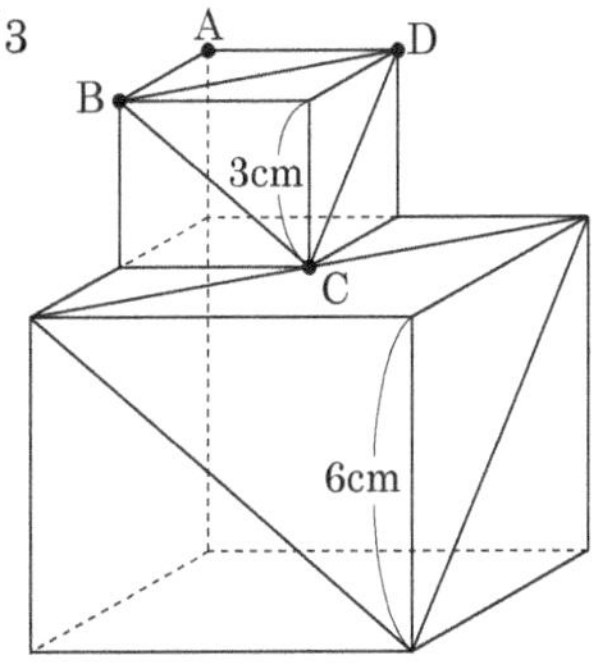

図4

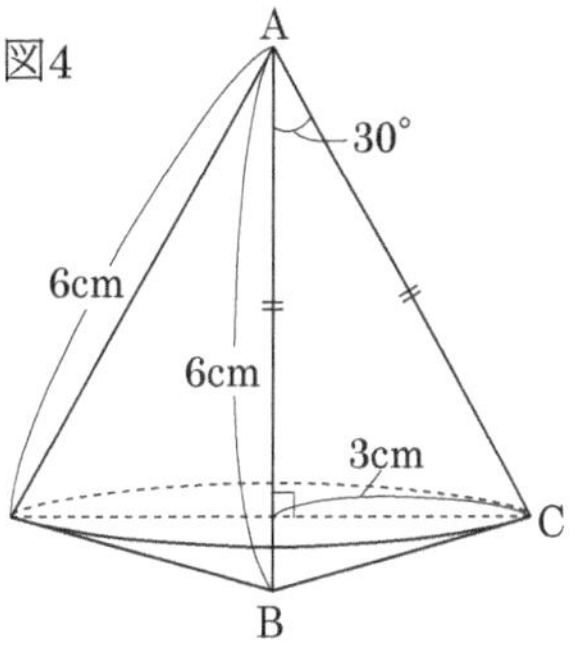

3 (平面図形)

(1) 角ア…右図より，30÷2＝15(度)

(2) 三角形OGD…6×3÷2＝9(cm^2)

(3) 三角形OAG…(2)より，9cm^2 したがって，斜線部は6×6×3.14÷360×150－9＝38.1(cm^2)

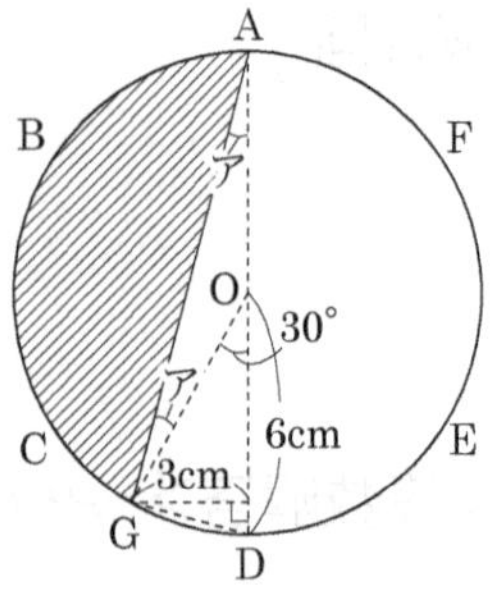

4 (数の性質，場合の数)

割り切れない…商が整数で余りがある

重要 (1) 1回目の目が3のとき…120÷3＝40 40を割り切れない目…3，6 1回目の目が4のとき…120÷4＝30 30を割り切れない目…4 1回目の目が5のとき…120÷5＝24 24を割り切れない目…5 1回目の目が6のとき…120÷6＝20 20を割り切れない目…3，6

	出た目の数					
1回目	3	3	4	5	6	6
2回目	3	6	4	5	3	6

(2) 120＝4×5×6より，4，5，6の目の出方は3×2×1＝6(通り)

やや難 (3) 120＝2×2×5×6より，2，2，5，6の目の出方は4×3÷2×2＝12(通り) 120＝2×3×4×5より，2，3，4，5の目の出方は4×3×2×1＝24(通り) (2)より，4回で終了する場合24－6＝18(通り) したがって，全部で12＋24＋18＝54(通り)

重要 5 (平面図形，立体図形，割合と比)

(1) 容器の底面積…図アより，4×(1＋2＋3＋4＋5)＝60(cm^2) したがって，水の深さは72÷60＝1.2(cm)

(2) 下から2段目までの容積…図イより，4×2×(4＋5)＝72(cm^3) したがって，水の深さは2×2＝4(cm)

(3) (2)より，図ウにおいて下部の9個の正方形の面積に相当する部分まで水が入っている。したがって，水に触れているのは5＋4＋3＝12(個)

図ア

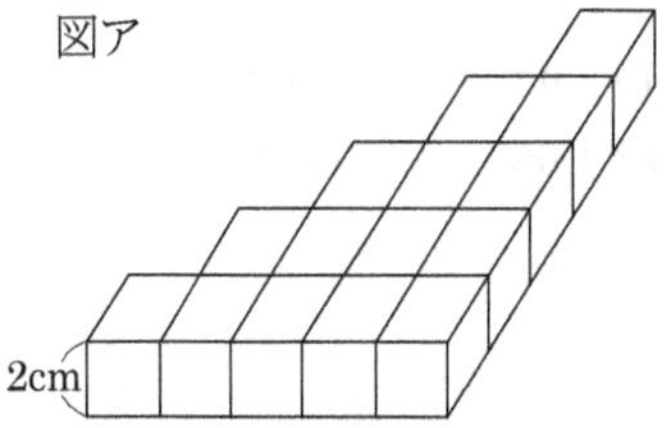

図イ

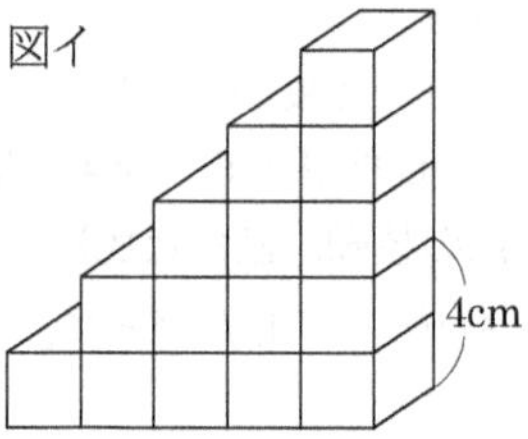

図ウ

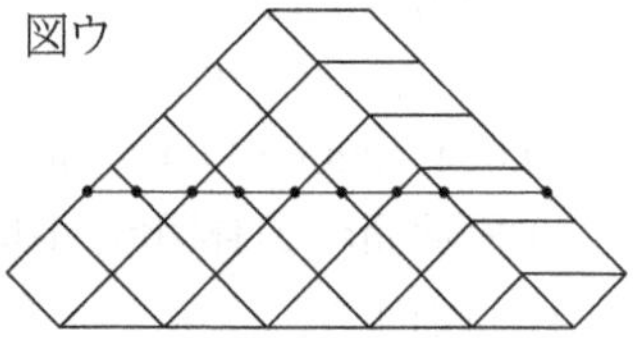

★ワンポイントアドバイス★

基本レベルの問題はないが，特に難しいと思われる問題もない。2(1)「三角形の2等分」が，なかでは容易ではないと感じられるかもしれない。4「サイコロのゲーム」は，差がつきやすい問題であり，注意が必要である。

＜理科解答＞《学校からの正答の発表はありません。》

1 問1 1.5回転 問2 9.42m 問3 0.25回転 問4 (1) D (2) 毎秒6.28m 問5 イ 問6 (1) 25kg分の力 (2) 5kg 問7 B 問8 ① イ ② ア

2 問1 ① ア ② ア ③ イ ④ イ ⑤ ア ⑥ イ

問2　(1)　オ　(2)　イ　(3)　エ　(4)　イ　問3　(1)　ラムサール条約
(2)　谷津(やつ)干潟　問4　①　ア　②　エ　③　ア　④　イ　⑤　イ
問5　エ　問6　エ　問7　(1)　ウ　(2)　ウ　(3)　イ

[3]　問1　イ，オ　問2　(1)　2個　(2)　1個　問3　ア，ウ　問4　1　ウ　2　カ
3　ア　問5　2.7g　問6　(1)　C，E，G　(2)　F　(3)　D，H　問7　イ
問8　4.8％　問9　225g

○推定配点○

[1]　問1～問3，問4(2)，問6(1)，(2)　各2点×6　他　各1点×4(問8完答)
[2]　問2，問5，問6　各1点×6　他　各2点×5(問1，問4，問7各完答)
[3]　問2～問4，問6，問7　各1点×10(問3，問6各完答)　他　各2点×4(問1完答)
計50点

＜理科解説＞

[1]　(てこ・てんびん・滑車・輪軸―自転車のペダル)

要　問1　スプロケットの回転で定点を通過する歯車の数は，スプロケットの種類によらず同じ数になる。ペダルを1回転こぐと，スプロケットAが1回転し，定点を通過する歯車の数は48個になる。これと等しくなる時のBの回転数を□とすると，1×48＝□×32　□＝1.5(回転)になる。

問2　スプロケットCはペダルを1回転こぐと，1×48＝□×16　□＝3(回転)する。この時後輪も3回転するので，自転車が進む距離は，0.5×2×3.14×3＝9.42(m)である。

問3　ペダルを□回転こぐとして，□×48＝1×12　□＝0.25(回転)である。

問4　(1)　スプロケットの歯車の数が少ないほど，ペダル1回転での回転数が多くなるので，最も速く進む。Dが最も歯車の数が少ない。　(2)　ペダルを5回転こぐとスプロケットDは，5×48＝□×12　□＝20(回転)する。後輪も20回転するので，秒速は(0.5×2×3.14×20)÷10＝6.28(m)になる。

問5　スプロケットAをてことみなしたとき，中心は支点になる。ペダルが力点で，チェーンのかかっているところが作用点になる。

要　問6　(1)　スプロケットAの中心からの距離が，ペダルは15cm，Aの半径が12cmなので，チェーンがスプロケットAを引く力の大きさは，20×15＝□×12　□＝25(kg)である。　(2)　チェーンにかかる力はどこでも同じなので，スプロケットBにも25kgの力がかかる。後輪の半径が50cmでBは10cmなので，おもりの重さは25×10＝□×50　□＝5(kg)である。

問7　同じ重さのおもりを支えるとき，スプロケットB～Cにかかる力の大きさは半径が大きいほど小さくなる。そのとき，ペダルを矢印の向きに押す力が最も小さくなるので，Bが答えである。

問8　問7と同様，スプロケットBの方が半径が大きいので，ペダルを押す力は小さくなる。しかし，ペダルを押す力が小さくなると，後輪の回転数が少なくなるので，同じ距離を進むにはペダルを多くこがなければならない。

[2]　(動物―鳥の生態)

問1　夏鳥は主に子育てをするために南からやってくる。越冬は日本より南の地域で行う。冬鳥は主に寒さを逃れ，エサを見つけるために北からやってくる。漂鳥は日本国内だけで移動する鳥である。北海道を繁殖地とし，本州の南の方で越冬する鳥が多い。また，山地で繁殖し，平地で越冬する鳥が多い。

問2　ウグイスは漂鳥，マガモは冬鳥，ホオジロは留鳥，コハクチョウは冬鳥である。

問3 (1) 湿地の保全を目的として定められた条約で，ラムサール条約という。 (2) 千葉県習志野市の谷津(やつ)干潟である。

問4 ツバメはオスの方が尾の羽が長い。ツバメの主食は昆虫類である。ツバメの巣作りは約1週間で完成し，泥や草を使って巣をつくる。ヒナが生まれてから巣立つまでの期間は，平均で3週間である。

問5 ツバメは空中を飛んでいる昆虫をエサにする。雨が近づき湿気が多くなると，エサの昆虫の羽が湿気で重くなり低く飛ぶため，そのように言われている。

問6 ヒナを狙うヘビやカラスから守るために，人の住んでいる近くに巣をつくっている。

重要 問7 ツバメが巣作りをするのは3月から6月である。 (1) サクラの花が散って葉が出るころである。 (2) カマキリは春の時期に卵からかえる。 (3)ヘチマは夏の植物で，この時期には種が芽を出す。

3 (物質の状態変化—水の状態変化)

問1 スチールウールを燃焼しても二酸化炭素は生じないので，石灰水は濁らない。燃焼後の酸化物は磁石にくっつかないと思われるが，鉄を空気中で燃焼すると四酸化三鉄という物質が生じる。これは磁鉄鉱と呼ばれ磁石にくっつく。しかし，中学校の教科書等では鉄の酸化物が磁石にくっつかないとあるので，ここではイは正しいとする。燃焼後の物質は電流を流さず，燃焼前に比べて酸素が結びついた分重さは重くなる。また，酸化物はうすい塩酸とは反応しない。

重要 問2 (1) アルミニウムと鉄はうすい塩酸に溶けて水素を発生する。 (2) アルミニウムは水酸化ナトリウム水溶液に溶けて水素を発生する。

重要 問3 マグネシウムと塩酸が反応して水素が発生する。水素の性質は空気より軽く，無色，無臭の気体で水に溶けない。火を近づけると音がして燃える。

重要 問4 条件1 塩酸の濃度を2倍にすると，マグネシウムが全て溶けるまでに加える塩酸の体積が半分になる。発生する水素の量は変わらない。グラフはウである。 条件2 マグネシウムの量を2倍にすると，最終的に発生する水素の量が2倍になり，その時の塩酸の量も2倍になる。グラフはカになる。 条件3 マグネシウムを細かくしても量は変わらないので，発生する水素の量も，加える塩酸の量も変わらない。反応の速さは速くなる。

重要 問5 金属球Cの重さは54gで体積は$70-50=20(\text{cm}^3)$なので，密度は$54\div20=2.7(\text{g/cm}^3)$である。

問6 それぞれの金属球の密度を求めると，Cが2.7g/cm^3，Dが7.13g/cm^3，Eが2.7g/cm^3，Fが19.3g/cm^3，Gが2.7g/cm^3，Hが7.13g/cm^3である。3つの金属のうち，最も密度が小さいものがアルミニウム，最も大きいものが金なので，C，E，Gがアルミニウム，Fが金，D,Hが亜鉛である。グラフに重さと体積をとると，C，E，Gが一直線上に並ぶので同じ金属とわかる。同様にDとHも一直線上に並ぶ。

問7 食塩水に金属球をつけると金属球の受ける浮力は大きくなるが，金属球の重さと体積は変化しないので，操作2の測定値と変わらない。

やや難 問8 合金X1cm³中の銅の重さの割合を□%，アルミニウムの重さの割合を(100−□)%とすると，

$9.0\times\frac{\square}{100}+2.7\times\frac{100-\square}{100}=3.0$　　$\square=4.76\fallingdotseq4.8(\%)$

問9 合金Y1gが取り込める水素ガスの体積は$(0.02\div0.0009)\times100=\frac{20000}{9}\text{cm}^3=\frac{20}{9}(\text{L})$であり，500Lの水素を取り込むのに必要な合金Yの重さは。$500\div\frac{20}{9}=225(\text{g})$である。

★ワンポイントアドバイス★

物理分野からの出題が多い。計算問題も出題されるので，問題演習で対応するように備えたい。また，ニュースなどで理科に関係する話題には注目しておくこと。

<社会解答>《学校からの正答の発表はありません。》

1 問1 エ　問2 今治　問3 フォッサマグナ　問4 ケ　問5 急な増水時に欄干に流木等がぶつかり，水の流れが悪くなり氾濫することを防止できる。　問6 セ　問7 ネ　問8 ヒ

2 問1 イ　問2 エ　問3 ア　問4 ア 呂　イ 氏　ウ 康　問5 足軽が発生した応仁の乱では臨時の傭兵であったが，長篠の戦いでは鉄砲隊に組織された。
問6 ① 刀狩(令)　② 大坂(大阪)の役(陣)　③ 島原・天草一揆[島原の乱]

3 問1 a 津田梅子　b 岸信介　問2 ウ　問3 イ　問4 ア　問5 イ　問6 ウ

4 問1 (A) 野党　(B) 3　問2 エ　問3 公共の福祉　問4 キ　問5 ウ　問6 総辞職

○推定配点○

1 問2・問3 各1点×2　問5 3点　他 各2点×5
2 問6 ①～③ 各1点×3　他 各2点×5(問4完答)　3 問1 a・b 各1点×2　他 各2点×5　4 問2・問4・問5 各2点×3　他 各1点×4　計50点

<社会解説>

1 (日本の地理ー中国・四国地方)

本 問1 岡山は瀬戸内地方であり，年間通して降水量が少なく，冬でも比較的温暖である。瀬戸内と中央高地の雨温図の見分けポイントは，冬の気温の水準である。

問2 今治市はタオル生産のほかにも造船業がさかんである。

問3 フォッサマグナは，本来は「大きな裂け目」という意味で明治期にドイツ人地質学者のナウマンによって命名された。

要 問4 カが中国，キがアメリカ合衆国，クがインドである。

要 問5 知識問題というよりもデータの解読力と思考力が問われている問題である。

問6 「かき類・のり類」に注目すると判定しやすいといえる。

問7 F 高度経済成長期，国産材の供給量は減少傾向である。

問8 機械工業の比率が最も高いのが中京工業地帯で，化学工業の比率が最も高いのが瀬戸内工業地域で，残ったのが関東内陸工業地域である。

2 (日本の歴史ー戦乱史)

問1 イ「家族の無事や勝利を祈るために」という目的が誤りである。

問2 アが7世紀(672年)，イが6世紀，ウが4世紀，エが7世紀(663年)である。

本 問3 アが1185年，イが1156年，ウが1221年，エが1159年である。

本 問4 アは坂上田村麻呂，イは足利尊氏，ウは徳川家康である。

問5　応仁の乱については「足軽」が，長篠の戦いについては「鉄砲隊」がそれぞれキーワードである。

問6　①　刀狩によって，兵農分離が進んでいった。豊臣秀吉は本能寺の変後，太閤検地や刀狩を断行して，1590年に小田原の北条氏を倒して天下統一を達成した。　②　大坂の陣で豊臣氏は滅亡した。　③　島原・天草一揆は，天草四郎が主導するキリシタン信徒によって起こされたものである。

3　(日本の歴史－日米関係史)

問1　a　津田梅子は女子英学塾(現在の津田塾大学)の創設者である。　b　岸信介内閣は日米安保改定を実現して退陣した。

基本　問2　版籍奉還の実施は1869年である。

重要　問3　ア　「関税自主権」ではなく「治外法権」である。　ウ　「伊藤博文」ではなく「陸奥宗光」である。　エ　「陸奥宗光」ではなく「小村寿太郎」である。

問4　イ　Bの人物(ロシア)は，日本に対する賠償金を払わなくて済んで喜んでいる。　ウ　「イギリス」ではなく「アメリカ」である。

問5　ア　犬養毅首相は五・一五事件で暗殺された。　ウ　治安維持法制定は1925年である。
エ　政党政治家が主導して大政翼賛会が結成されたのではない。

問6　ア　ミッドウェー海戦時にはすでに日本は東南アジアへ進出していた。　イ　マレー半島はイギリス領であった。　エ　「フィリピン」ではなく「朝鮮」である。

4　(政治－国会を起点とした問題)

基本　問1　A　次期政権を準備する野党の存在は，政党政治の成熟の観点で重要となる。現在の日本の最大野党は立憲民主党である。　B　参議院議員は3年ごとに半数改選となる。

重要　問2　エ　「発展途上国」ではなく「先進国」である。なお，「南北問題」とは，先進国と発展途上国との経済格差の問題で，「南南問題」は発展途上国間の経済格差の問題である。

問3　基本的人権は無制限に認められているわけではなく，「公共の福祉に反しない限り」に認められている。

問4　D　厚生労働省は2001年の中央省庁再編により，厚生省・労働省を統合して設置された。
F　社会福祉は20世紀前半に各国で普及した労災保険などに由来する。

問5　ア　「内閣提出法案数が議員提出法案よりも多い年はなく」が誤り。　イ　「議員提出法案数が内閣提出法案数よりも多い年はなく」が誤り。　エ　「内閣提出法案成立数が議員提出法案成立数よりも多い年はなく」が誤り。

問6　「内閣不信任決議」関連の流れは記述問題でも対応できるようにしっかりおさえておきたい。

★ワンポイントアドバイス★

単なる用語暗記だけでは対応しきれない「思考力」や「読み取り力」が求められている問題もあるので，しっかり対策しておこう。

＜国語解答＞《学校からの正答の発表はありません。》

一　1　拝借　2　供(える)　3　公布　4　揮発　5　たき

二　1　(1)　草丈　(2)　(例)　変異の理由[原因，要因]　2　(例)　同じ生物種でも，形質が環境によって変化すること。　3　ウ　4　(例)　植物にとって最も重要な種子を残すという点でどんな環境でも最大限の成果を残すから。　5　イ　6　オ　7　ア・カ

三　1　イ　2　ウ　3　エ　4　エ　5　オ　6　(例)　朔への罪悪感から陸上をやめたが，自分の弱さや走ることが本当に好きなことに気づき，自分のためにまた走ることで心を強くして，朔とも一緒に走りたいと思っている。　7　ア

○推定配点○

一　各2点×5　二　1(1)　2点　1(2)　4点　2　8点　4　10点　6　6点　7　各3点×2　他　各5点×2　三　6　12点　7　7点　他　各5点×5　計100点

＜国語解説＞

一　(漢字の読み書き)

1は借りることをへりくだって言う語。2は神仏などに物をささげること。同訓異字の「備える」と区別する。3は一般に広く知らせること。4は通常の温度で液体が気体になること。5の「複雑多岐」はこみいっていて非常にわかりにくいさま。

二　(論説文－要旨・大意・細部の読み取り，空欄補充，記述力)

本　1　(1)　空欄Ⅰは「人」の「身長」にあたるものなので，「変化する力」の節の「植物図鑑を……」で始まる段落の，草の背の高さという意味の「草丈」があてはまる。　(2)　空欄Ⅱの項目の「遺伝」「環境」について，本文では，雑草の変異の二つの理由として挙げているので，Ⅱには「変異の理由(原因，要因など)」といった見出しが適切。

要　2　傍線部①の段落までで，同じ生物種の中で形質が異なることである変異のうち，環境によって変化する変異を①と呼ぶと述べているので，これらの内容を指示に従って指定字数以内でまとめる。

3　傍線部②前で，ハーバード・G・ベーカーの論文を引用して「どんなに劣悪な環境でも花を咲かせて，種子を結ぶ」という雑草のすごさを述べているが，ウの「遺伝子を変化させて」とは述べていない。ア・イは「変化する力」の節，エ・オは「良いときも悪いときも」の節でそれぞれ述べている。

難　4　「良いときも悪いときも」の節の「たとえば……」から続く2段落で，野菜や花壇の花は，植物にとって最も大切な種子を残すということを忘れているかのように，肥料の量によって花が咲かずに枯れてしまうことがあるが，雑草は条件が悪くても良くても最大限のパフォーマンスで種子を生産する，ということを述べているので，これらの要旨を踏まえて二重傍線部の理由を指定字数以内で説明する。

5　空欄A・CはA直後の「環境は変えられない」から，いずれも「変えられない」があてはまる。B・DはA・Cと対比させているので，いずれも「変えられる」があてはまる。Dを踏まえているEも「変えられる」があてはまる。

6　傍線部③は「環境は変えられない」「雑草が自在に変化できる」ことを踏まえ，自分の望まない状況や環境であっても，その状況を受け入れることで自分の真実の姿に気づく，ということなのでオが適当。自分が気づいたことを説明していないア・ウ，望まない環境ではないイ・エはいずれも不適当。

重要　7　ア・カは「変化するために必要なこと」の節で，雑草と対比させて人間について述べていることを踏まえている。雑草のことであるイは不適当。ウの「それにこだわって生活史を変えることができない」，エの「あいまいでつかみどころが無いものも」，オの「変えてよいものに妥協して」も述べていないので不適当。

三　(小説－心情・情景・細部の読み取り，空欄補充，記述力)

基本　1　空欄Aは軽く笑顔になるという意味で「ふっと」，Bは身体の一部がひきつるように少し動くさまを表す「ぴくりと」，Cは視線を動かさないさまを表す「じっと」がそれぞれあてはまる。

2　傍線部①後で，新に「『でもみんな，ゴールを目指してる』」と言われたが，伴走の新を傷つけるためという「間違った方向」でブラインドマラソンを始めたのに，正当化して気づかないふりをしてきた自分に「ゴールが……見えるわけがないのだ」という朔の心情が描かれているのでウが適当。エの「深く傷つき悲しんでいる」は不適当。①後の朔の心情や新との会話を踏まえ，ゴールがないことに動揺していることを説明していない他の選択肢も不適当。

3　傍線部②について「あのとき……」で始まる場面で，「オレが視力を失った代りに，新は陸上をやめた」が，「大切なものを手放し，失うことで同じ痛みを負ったつもりになっている」新に「激しく嫌悪した」という朔の心情が描かれているのでエが適当。この場面の朔の心情を踏まえていない他の選択肢は不適当。

4　傍線部③は，直前の新の「『朔が思ったこと』」すなわち，新を苦しめるために走ろうとしたことなのでエが適当。

重要　5　傍線部④前で，伴走を頼まれなかったら「『朔からも走ることからも逃げてたと思う』『やっぱりオレはオレのために走ってた』」と新が話していること，④後で，内村の背中を見ながら「あの人も一度は走ることをやめた……それでもまた走っている。オレも同じだ」と思っている朔の心情が描かれていることからオが適当。これらの描写を踏まえていない他の選択肢は不適当。

やや難　6　傍線部⑤までで，新は自分のせいで朔が視力を失ったことで陸上をやめたが，朔の伴走を通して，自分のために走っていたこと，走ることが好きだということを「『朔が見せてくれた』」ことで「『走りたい』」と思うようになったことが描かれている。これらの内容を踏まえ，朔への罪悪感から陸上をやめたが，伴走を通して，走ることへの自分の気持ちに気づき，心を強くしてまた朔とも走りたいという新の心情を，指定字数以内で説明する。

重要　7　傍線部⑥は「見えるわけではない」が「重たい雲をこじあけるようにして，空が青く広がる」光景を感じている朔の様子である。「その光景」の「重たい雲」は，伴走の新を傷つけるためにブラインドマラソンを始めたことでゴールが見えなくなっていたこと，「空が青く広がる」は，そんな朔の思いを聞かされても新は受け止め，むしろ新自身の思いを朔が見せてくれたことに感謝し，これからも朔と走りたいと言ってくれたことを表していることからアが適当。新が朔に感謝し，また一緒に走りたいと言ってくれた⑥前の場面を踏まえていない他の選択肢は不適当。

★ワンポイントアドバイス★

小説では，心情の変化が何をきっかけとしているかも読み取っていこう。

●2023年度　第2回 問題　解答●

《配点は解答欄に掲載してあります。》

＜算数解答＞《学校からの正答の発表はありません。》

1　ア　$\frac{59}{1000}$[0.059]　イ　7　ウ　4　エ　108　オ　18

2　(1)　65度　(2)　三角形BDFの面積：三角形ABDの面積＝9：25　(3)　522cm^3

3　(1)　527.52cm^3　(2)　8.4cm　(3)　8個，25.12cm^3

4　(1)　25.12cm^2　(2)　31.4cm^2　(3)　75.36cm^3　(4)　53.58cm^3

5　(1)　46点　(2)　E，46　(3)　(72，72，77)，(72，73，76)，(72，74，75)

○推定配点○

3・4(1),(2)・5(1),(2)　各5点×8　他　各6点×10(1イ・ウ完答)　計100点

＜理科解答＞《学校からの正答の発表はありません。》

1　問1　ウ　問2　オ　問3　X　酸素　Y　二酸化炭素　問4　ア，エ
問5　イ，オ　問6　エ，オ　問7　(1)　5本　(2)　3本

2　問1　あ　対流　お　温室　か　ヒート　問2　ア　問3　イ　問4　3672J
問5　3024J　問6　54J　問7　オ　問8　①　ア　②　ア

3　問1　ア，ウ，エ　問2　ウ　問3　①　ウ　②　イ　③　ア
問4　④　ウ　⑤　ア　⑥　イ　⑦　ア　⑧　イ
問5　(1)　あ　ア　い　反発　(2)　右図

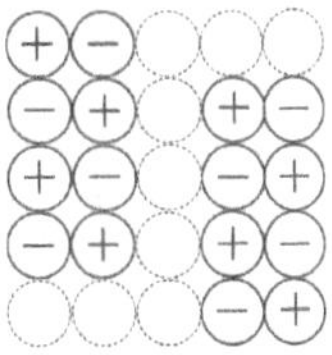

○推定配点○

1　問3・問4・問6・問7　各2点×6(問4・問6各完答)　他　各1点×4

2　問1・問6　各2点×4　問4・問5　各3点×2　他　各1点×5

3　問2・問5(1)あ　各1点×2　問5(2)　3点
他　各2点×5(問1・問3・問4④⑤⑥・⑦⑧各完答)　計50点

＜社会解答＞《学校からの正答の発表はありません。》

1　問1　(1)　A　渥美(半島)　B　浜名(湖)　C　中部国際(空港)　(2)　豊川用水
(3)　イ　(4)　カ　(5)　福岡　問2　タ

2　問1　洪水を防止するため，新しい水路を開削した。　問2　ウ

3　問1　ア　問2　ウ　問3　オ　問4　イ
問5　島原・天草一揆[島原の乱]がおこり，キリスト教徒が団結して抵抗することを恐れたため。
問6　(あ)　弘安　(い)　解体新書　(う)　鉄砲

4　問1　F　問2　イ　問3　エ　問4　ア　問5　ウ
問6　(あ)　戊辰戦争　(い)　西郷隆盛

5　問1　(A)　閣議　(B)　天皇　(C)　非常任理事国　問2　原告　問3　ウ　問4　エ
問5　自国と密接な関係にある外国に対する武力攻撃に対して，自国が直接攻撃されていないにもかかわらず，実力をもって阻止することが正当化される権利。

○推定配点○

1 問1(1) 各2点×3 他 各1点×5 2 問1 3点 問2 1点
3 問5 3点 問6 各2点×3 他 各1点×4 4 問6 各2点×2 他 各1点×5
5 問3・問4 各1点×2 問5 3点 他 各2点×4 計50点

＜国語解答＞《学校からの正答の発表はありません。》

一 1 報道 2 安否 3 賃貸 4 定刻 5 す

二 1 Ⅰ イ Ⅱ ア 2 エ 3 うっかり一 4 オ 5 日本では水田が多く，赤とんぼが大発生したために稲作と切り離せない生き物と認識し，赤とんぼとさまざまにつきあった体験が蓄積されたことで無意識に(好きになったということ。) 6 エ
7 それはそれ 8 ウ 9 オ

三 1 大地 2 A 眉[まゆ] B 目[め] 3 イ 4 ウ 5 オ 6 ウ
7 ア 8 百井に人間として負けたということを素直に認めることで，敵意や嫉妬心から解放された晴れやかな気持ち。

○推定配点○

一 各2点×5
二 1 各2点×2 2・3 各4点×2 4・6・7 各5点×3 5 10点
8・9 各6点×2
三 1・2 各2点×3 3・4・6・7 各5点×4 5 6点 8 9点 計100点

2022年度

★★★★★★★★★★★★★★★★★★★★★★★★

入 試 問 題

2022年度

昭和学院秀英中学校入試問題（午後特別）

【算　数】（60分）　＜満点：120点＞

【注意】 円周率は3.14とし，角すいや円すいの体積はそれぞれの角柱や円柱の体積の$\frac{1}{3}$とします。

1　次の［　　］の中に適当な数を入れなさい。

(1)　$a\times a-b\times b=(a+b)\times(a-b)$ が成り立ちます。従って

$$\left(\frac{1}{2}+\frac{1}{3}\right)\times\left(\frac{1}{2}+\frac{1}{3}\right)+\left(\frac{1}{3}+\frac{1}{4}\right)\times\left(\frac{1}{3}+\frac{1}{4}\right)-\left(\frac{1}{2}-\frac{1}{3}\right)\times\left(\frac{1}{2}-\frac{1}{3}\right)-\left(\frac{1}{3}-\frac{1}{4}\right)\times\left(\frac{1}{3}-\frac{1}{4}\right)=\boxed{\text{ア}}$$

となります。

(2)　「尺（シャク）」という単位は3.3尺が１m，「yd（ヤード）」という単位は１ydが0.91mとします。このとき，2.5尺の棒の長さは，ydを使って表すと［　イ　］ydです。ただし小数第３位を四捨五入して小数第２位までで答えなさい。

(3)　１～300の整数のうち，整数aで割り切れる数は５個で，整数bで割り切れる数は７個です。このとき，$a-b$を計算したとき，最も小さい値は［　ウ　］です。

(4)　５で割ると４余る２桁の整数があります。十の位の数と一の位の数を入れ替えると，もとの数の２倍より15大きくなります。もとの数は［　エ　］です。

(5)　ＡさんとＢさんの家は一本道で900m離れています。Ａさんが一定の速さでＢさんの家との間を往復すると16分，Ｂさんが一定の速さでＡさんの家との間を往復すると20分かかります。ＡさんとＢさんが同時にそれぞれの家を出発して，互いの家までを往復するとき，２回目にすれ違うのはＡさんの家からに［　オ　］mのところです。

2　次の各問いに答えなさい。

(1)　右の図において，BC＝CD＝３㎝，DE＝８㎝，AE＝AD＝ABのとき，四角形ABDEの面積を求めなさい。

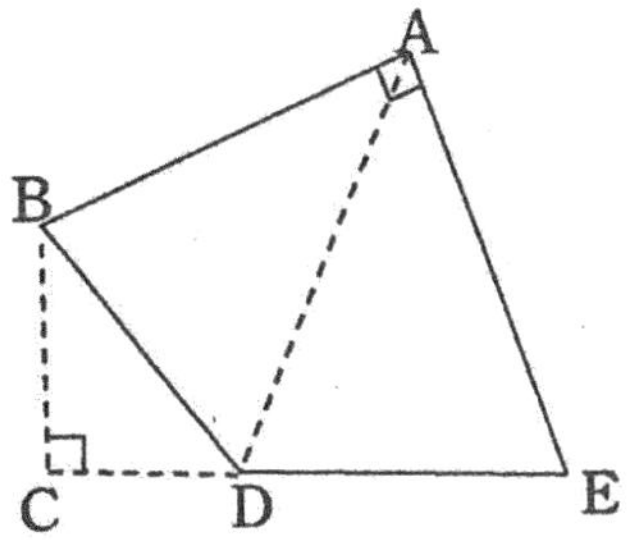

(2)　中心角が90°のおうぎ形３つが，右の図のように重なっています。一番大きなおうぎ形の半径は32㎝です。斜線部分の面積の合計を求めなさい。

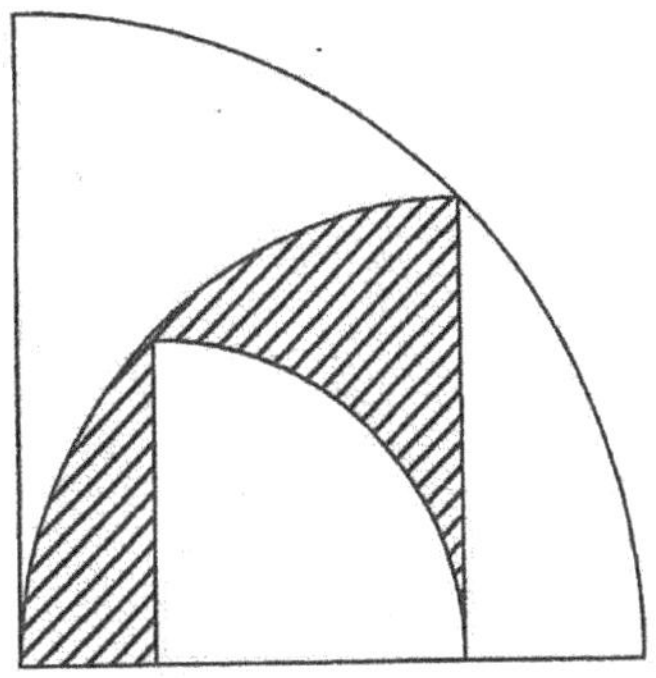

(3)　ABを軸として回転してできる立体の体積を考えるとき図２でできる立体は，図１でできる立体の体積の何倍ですか。

図1

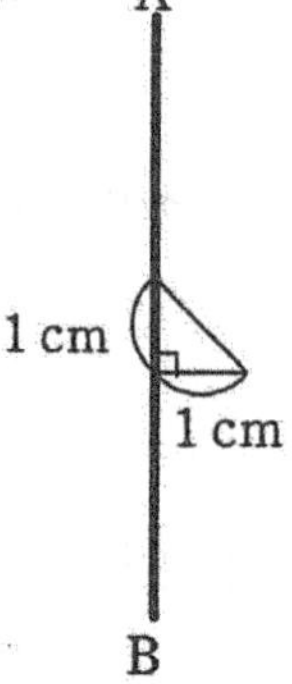

図2

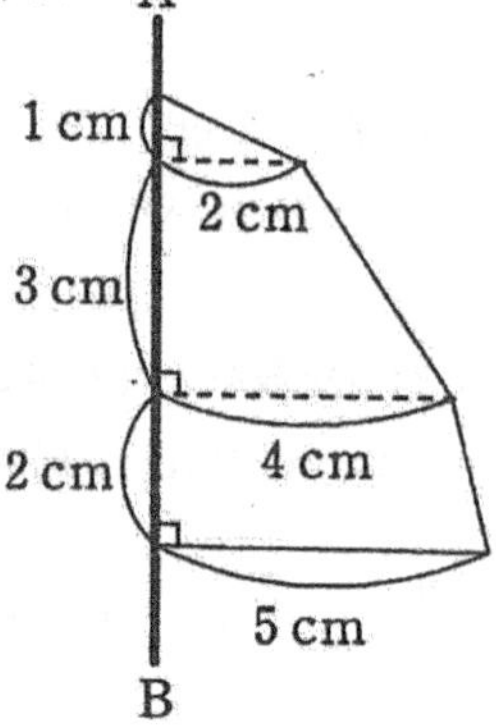

(4)　円周上に針金を立てて円周を等分し，真横から見た図を考えます。４本の針金を立てて真横から見た図は，針金は２本のときと，３本のときと，４本のときがあります。12本の針金を立てて真横から見た図の，見える針金の本数として可能性があるものをすべてあげなさい。

3　$a \times a \times a$ を記号＜a，3＞で表します。

(1)　＜２，３＞＝８を［２，８］＝３で表します。［４，4096］を求めなさい。

(2)　＜２，３＞＝８を【３，８】＝２で表します。【５，7776】を求めなさい。

(3)　＜２，［２，64］＞を求めなさい。

(4)　＜【９，19683】，９＞を求めなさい。

4　１辺の長さが１cmの正六角形がある。ただし，ABの長さは1.7cmとします。

(1)　正六角形の面積を求めなさい。

(2)　正六角形の各頂点を中心として半径が0.5cmの円をかいたとき，正六角形の外側にあたる部分の円の面積を求めなさい。

(3)　正六角形の各頂点を中心として半径が１cmの円をかいたとき，正六角形の外側にあたる部分の円の面積を求めなさい。

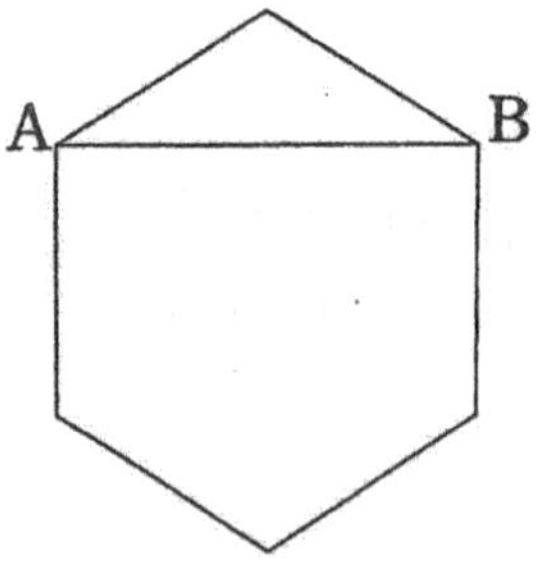

5 (1) 図アは１辺が１cmの立方体を11個積み上げたものを真上から見た図です。□の中の数字は積み上がっている立方体の個数を表しています。この立体をA（正面）の方向から見える図を書きなさい。

(2) この立体の表面積を求めなさい。

(3) 新しく図イの位置に９個の立体を積み上げて新しく立体を作ります。少なくとも１個は□の位置に置くものとして自由に積み上げていきます。このときA（正面）から見える図は何通りありますか。

図ア
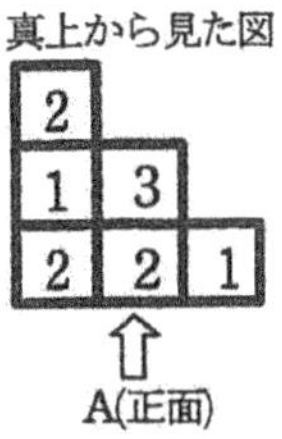

図イ
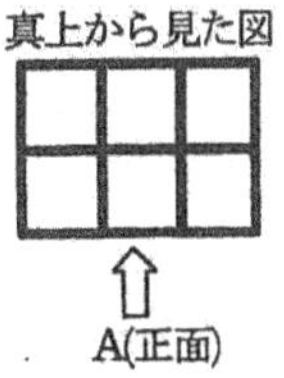

イ　覚えたつもりでもだんだん記憶がうすれていくが、時間がたつとまた思い出す

ウ　やる気がしだいに低下したあとに、テストの直前に努力して復習しようとする

エ　はじめに聞いた単語と最後に聞いた単語を特に繰り返し練習する傾向がある

オ　何度も聞いた単語と、めったに聞かない珍しい単語がとくに思い出しやすい

2　傍線部「これが現実なのだが、多くの人はそうは考えていない。」とある。この理由について、本文の内容をふまえて200字以内で説明しなさい。なお、解答の際、次の2点をあわせて行うこと。

a．図3全体に基づいて、指示語の内容を具体的に述べる。

b．aの指示語の内容は200字のうちの60字程度とする。

3　小学生のAさんは、年下のきょうだいのBさんに比べて、家の手伝いをたくさんしていると自分では思っている。一方、Aさんの保護者（家族）は、AさんよりもBさんのほうが手伝いをがんばっていると言っている。Aさんとその保護者との間の認識《にんしき》のちがいを小さくするためにAさんはどうすればよいか。本文の内容から有効な手段を考え、100字以内で述べなさい。

いての記事を書かねばならないとすれば、どちらを選ぶだろうか。また
テレビ番組の編成を考える立場であるとして、どちらの事件を長く放送するだろうか。間違《まちが》いなく、高校生の殺人の方だろう。なぜならそちらの方が珍しいからだ。有名な言葉に「犬が人を噛《か》んでもニュースにならないが、人が犬を噛めばニュースになる」というものがあるが、これはメディアの本質を突《つ》いている。

珍しいもの、つまりめったに起こらないことを報道するメディアの特性と、前節で述べたリハーサル効果に基づく利用可能性ヒューリスティックを考えると、非常におかしな結論が得られる。それは、メディア社会に生きる私たちは、めったに起こらないことほど、よく起きると考える、というものだ。

あなたは日本の少年犯罪についてどう思っているだろうか。少年の犯罪は増加しており、凶悪化《きょうあくか》していると考えているのではないだろうか。そういう人は、図3を見てほしい。

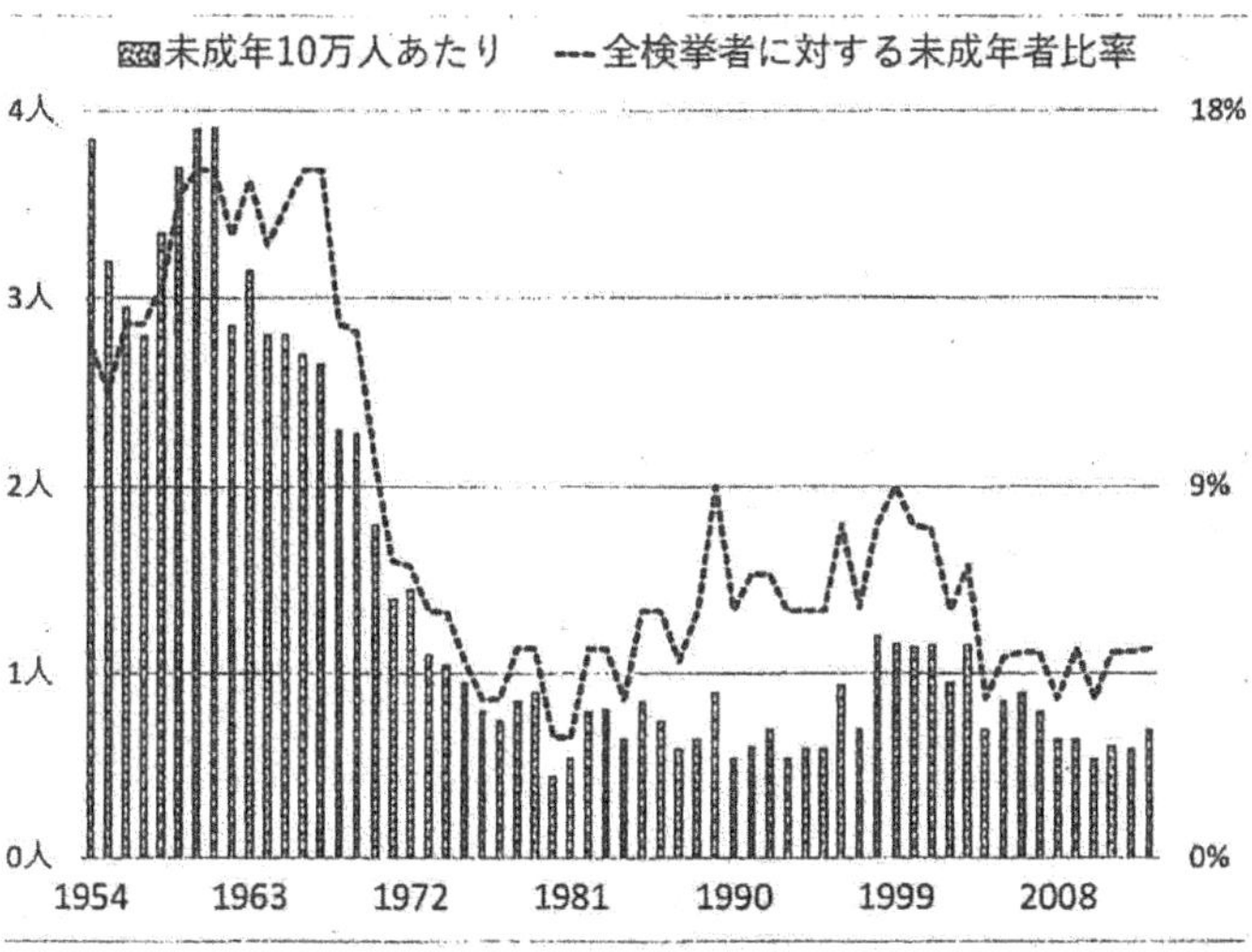

図3　未成年者の殺人検挙者数の推移

【中略】

これが現実なのだが、多くの人はそうは考えていない。2015年に発表された内閣府の調査によれば、この5年間で少年による重大な事件が減っていると答えた人は2・5パーセントであり、約8割の人が増加していると考えている（ちなみにこの5年間に関しては「変わらない」が正解）。

どうしてそのような現実とはまったく異なる少年像を私たちは描《えが》いてしまうのだろうか。これはまさに、利用可能性ヒューリスティックとメディアの特性から生み出されたものと考えられる。

（鈴木宏昭『認知バイアス』より）

※1　ハフィントンポスト……アメリカで創設された、ニュースなどを扱うオンラインメディア。

※2　利用可能性ヒューリスティック……思いつきやすさや思い出しやすさで発生頻度を判断する、人間の考え方の傾向。

1　本文中の空らんにあてはまるものを、次の**ア**～**オ**から選び、記号で答えなさい。

ア　最初と最後は比較的よく思い出されるが、真ん中あたりはあまり思い出されない

え」という単語が現れれば、頭の中で「つくえ、つくえ、つくえ……」と唱えるだろう。心理学者はこれをリハーサルと呼ぶ。

さて仮に一つの単語から別の単語に移るまでの間に20回ほどリハーサルする時間があるとしよう。するとはじめの単語「つくえ」は次の「ほうき」がくるまでに、20回フルにリハーサルできる。「ほうき」が読み上げられると、「つくえ、ほうき、つくえ、ほうき……」というようにする。すると各々《おのおの》10回リハーサルされる。これをまとめたものが表2である。

	つくえ	ほうき	ことり	さくら	きぶん
1語目	20				
2語目	10	10			
3語目	7	7	6		
4語目	5	5	5	5	
5語目	4	4	4	4	4
合計	46	26	15	9	4

表2　各単語ごとのリハーサルの回数

これを見ればわかるように、はじめの単語は他の単語に比べてリハーサルの回数がとても多い。このように頭の中で繰《く》り返《かえ》せば、覚える確率が格段に増す。これはリハーサル効果と呼ばれている。これは当たり前だろう。何度も練習したことは忘れない。繰り返しやればそのうち覚える、といったことは日常生活の常識だと思う。舞台《ぶたい》などでリハーサルをやるのも、自分のセリフや動作を覚えて、本番で手間取ることなく、即座《そくざ》に演技ができるようにするためだ。（ちなみに最後も思い出しやすいのは、まだ頭の中に残っているからだ。直後に思い出させるのではなく、別の課題を挟《はさ》んだりすると成績は図2の破線のようになり、最後の項目《こうもく》の再生率は下がる）。

以上のことから、なぜ人は利用可能性ヒューリスティック、思い出しやすさを頻度の代わりに用いるかがわかる。何度も出会っていれば記憶によく残る。記憶によく残れば、すぐに思い出しやすくなる。逆は必ずしも真ではないのだが、このことを逆に考えてみると、思い出しやすさは記憶への定着を意味する。記憶への定着はリハーサル効果、つまり繰り返しに基《もと》づく。だから主観的には思い出しやすいことは頻繁《ひんぱん》に出会っていることを意味するのだ。

メディアと利用可能性ヒューリスティック

前の節で見てきたように、このヒューリスティックはおおむねうまく働く。しかし、むろん思い出しやすさは、リハーサルによるものだけではない。大変に印象的なことは、リハーサルの数が少なくてもすぐに思い出すことができる。図1で左寄りでも上の方にあるようなものは、印象に残るからだ。竜巻や洪水はめったに起きないが、多くの人が一時に被害《ひがい》にあうため、印象に残りやすいのだ。

利用可能性ヒューリスティックがうまく働かない点を考える上で重要なのは、メディアの存在である。印象的になるのはなぜだろうか。竜巻、洪水を実際に体験し、それが衝撃的《しょうげきてき》であるために記憶に残る人も存在するだろう。しかし、多くの人は直接体験せずに、メディアを通してそれを知る。

さてメディアが報道するものには、どんな類のものが多いだろうか。きっと珍しいことが多いだろう。そして珍しさの度合いが上がれば上がるほど、メディアはその報道回数を増加させる。たとえばある日に2つの殺人事件が起きたとする。一つは高校生が同級生を刺《さ》し殺《ころ》したもので、もう一つは前科3犯の暴力団構成員が敵対する組の幹部を射殺した、だったとしよう。あなたが新聞社に勤めていて、このどちらかにつ元にして、アメリカ合衆国において、1年間に何人の人が何が原因で亡《な》くなったかを※1ハフィントンポストがまとめたものである。アメリカ人の約半数が脅威《きょうい》と思っているイスラム過激派による殺害は、芝《しば》刈《か》り機《き》による死亡の1／5以下、ベッドからの転落の1／70程度でしかない。

イスラム過激派（亡命者）	2
極右テロリスト	5
イスラム過激派（アメリカ市民を含む）	9
銃などの武器を持った幼児	21
雷	31
芝刈り機	69
バスの追突	264
ベッドからの転落	737
アメリカ人による銃撃	11737

表1　原因別年間のアメリカ人の死亡者数

それらの死因に対する人数の推定値のデータは存在しない。しかし、これは多くの人にとって相当に直感に反すると思う。イスラム過激派はもっと人を殺しているはずだし、芝刈り機で死ぬなんてあり得ない、というのが大方の反応ではないだろうか。しかし事実は異なっている。ここでも珍《めずら》しいものの頻度を高く見積もり、よくあることの頻度を低く見積もる傾向が表れている。

　こうした私たちの傾向が、起きなくてもよい事故に繋《つな》がることもある。イスラム過激派のテロリストたちによってニューヨークの世界貿易センタービルに2機の旅客機《りょかくき》が激突《げきとつ》させられた事件を鮮明《せんめい》に記憶《きおく》している読者は多いだろう。これによって約3000人が亡くなり、6000人以上が負傷した。さてその後の1年に起きたことはなんだっただろうか。ダン・ガードナーの『リスクにあなたは騙《だま》される』（早川書房《しょぼう》）によると、それは交通事故による死亡者の増加である。9章で何度も登場するゲルト・ギーゲレンツァーの試算によると、この事件以来、飛行機をやめて車での移動を選択《せんたく》したゆえの死者数の増加は1年で1595名にも及ぶという（飛行機の搭乗者《とうじょうしゃ》で亡くなったのは約250名）。

リハーサル効果と※2利用可能性ヒューリスティックの起源

　こうしたことはなぜ生じるのだろうか。なぜ思いつきやすさによって頻度を推定しようとするのだろうか。それには記憶のメカニズムが深く関係している。心理学の学生がもっとも最初に習うものの一つに、系列内位置効果というものがある。これは単語などのリストを読み上げられて、それを記憶する際に見られるものだ。図2は、横軸に単語が読み上げられた順番、縦軸にその再生率を示したものである。図からわかるように、［　　　］。このような曲線はリストを読み上げた直後に再生テストをやれば、ほとんどどんなリストであっても現れる。

　リストの最初の部分の再生率がよくなるのは初頭効果と呼ばれている。これが起こる仕組みはとても簡単だ。仮に「つくえ、ほうき、ことり、さくら、きぶん」という単語がリストに並んでいたとしよう。こういうものが読み上げられて、それを覚えなければならない時に私たちは何をするだろうか。多くの人は頭の中で読み上げられた単語を復唱するだろう。「つく

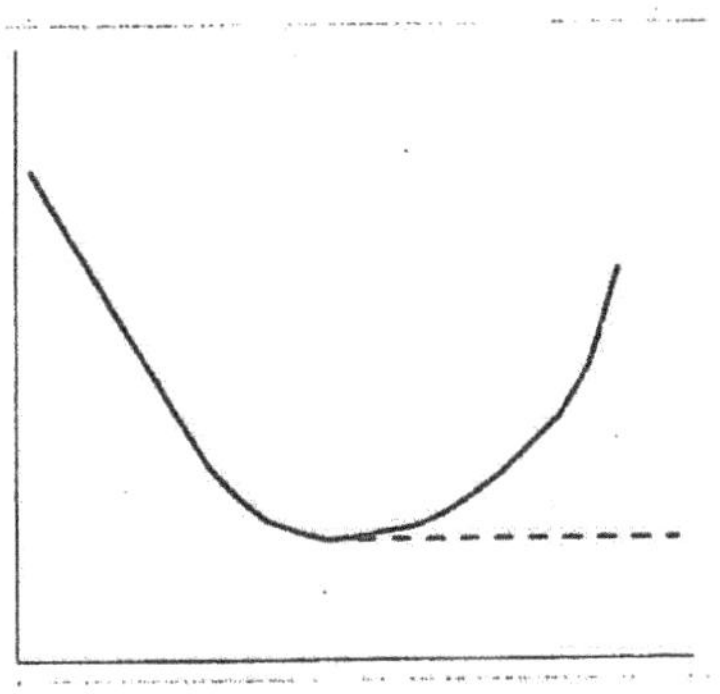

図2　系列内位置曲線：縦軸は再生率、横軸は単語が提示された順番を表す。実線は直後に再生を行ったときの再生率、破線は途中に別の課題をはさんだ時の再生率を示す。

【国　語】〈四〇分〉〈満点：八〇点〉

一　次の傍線《ぼうせん》部の漢字の読みをひらがなで答えなさい。

1　戸別の訪問は禁止されている。
2　昔は冬至を祝う習慣があった。
3　お社が地域で大切にされている。
4　努力して頂に到達《とうたつ》する。
5　秘密は早晩あきらかになるだろう。

二　次の傍線部のカタカナを漢字に直しなさい。

1　うれしい出来事があいツいで起きた。
2　農薬のサンプを最小限におさえる。
3　お年寄りのために席をアけておく。
4　この海はケイショウ地として有名だ。
5　みんなの意見に対してイゾンはない。

三　次の図表をふくむ文章を読んで、後の問いに答えなさい。

少ないことは多め、多いことは少なめ

さて、では私たちのこうした傾向《けいこう》がリスクの認知《にんち》にどんな影響《えいきょう》を及《およ》ぼすかについて考えてみよう。この分野の研究の礎《いしずえ》を築いたスロービックやリヒテンシュタインたちによる大変に有名な研究がある。これは１９７０年代後半に行われたもので、アメリカ人が何によって死亡するか、その頻度《ひんど》を推定させるという課題である（ちなみにこの実験では交通事故の死亡者が年間5万人という基準情報を与《あた》えている）。すると、とても面白《おもしろ》いことが判明した。事故死と病死はほぼ同じと推定されたが、実際は後者が15倍もある。また殺人と脳卒中は同程度と判断されたが、実際は脳卒中が11倍もあるし、洪水《こうずい》は喘息《ぜんそく》よりも多いとされたが実際は喘息が9倍もある。

この結果をグラフにしたのが図1である。これは対数グラフになっているが、縦軸《たてじく》が推定値、横軸《よこじく》は実際の死者数である。真ん中の直線に近ければ正しいことを示し、それよりも上ならば過大評価、下ならば過小評価を示している。

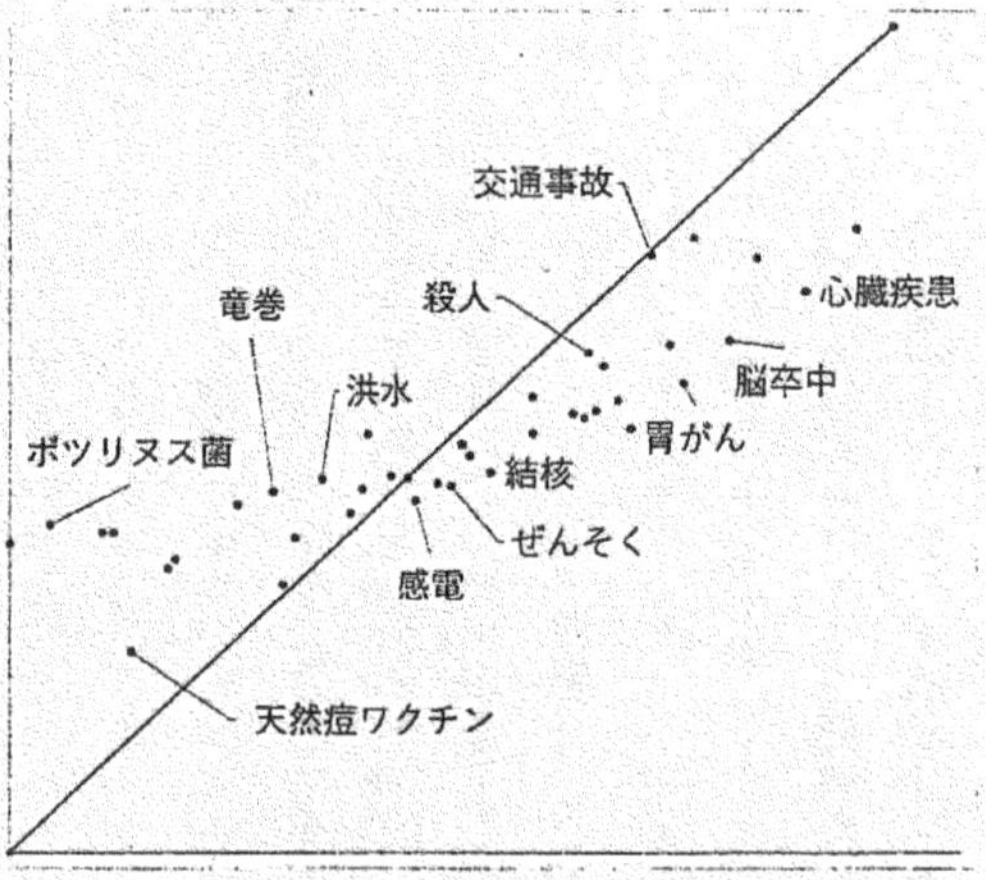

図1　実際の死者数（横軸）と推定値（縦軸）

これを見ると、めったに起こらない事柄《ことがら》（ボツリヌス菌《きん》、竜巻《たつまき》、洪水など）はその発生頻度がかなり高く評定されている。一方、グラフの右側に記された、よくある病気が死因の評定値は直線よりもかなり下に置かれており、過小評価されていることがわかる。つまり私たちはめったにないことに怯《おび》え、よくあることには無関心ということになる。

この研究はずいぶんと前に行われたものだが、比較的《ひかくてき》最近のデータも面白い事実を伝えている。表1は、２００２年以降の10年間のデータを

2022年度

昭和学院秀英中学校入試問題（第1回）

【算　数】（50分）　＜満点：100点＞

【注意】 円周率は3.14とし，角すいや円すいの体積はそれぞれ角柱や円柱の体積の$\frac{1}{3}$とします。

1　次の □ 中に適当な数を入れなさい。

(1)　１から2022までの整数をすべてかけあわせたとき，一の位から連続して並ぶ０の個数は ア 個です。

(2)　連続する３つの整数をかけると4896になります。このような３つの整数のうち，最も大きい数は イ です。

(3)　長さの合計が３mの２本の棒をプールにまっすぐに立てたところ，１本は長さの$\frac{1}{6}$，もう１本は長さの$\frac{3}{13}$が水面より上に出ました。このプールの水深は ウ mです。ただし，棒を立たせたときにプールの水深は変わらないものとします。

(4)　A，B，Cの３人が合わせて25200円持っています。AがB，Cにそれぞれ自分の所持金の$\frac{1}{5}$，$\frac{1}{3}$にあたる金額をあげました。次にBがCに600円あげたところ，３人の所持金の比が１：２：３になりました。はじめにBが持っていた金額は エ 円です。

2　(1)　面積が10cm^{2}の三角形ABCがあります。辺ABをBの方向に２倍に伸ばしたところの点をD（つまりAB：BD＝１：１），同様に辺BCをCの方向に３倍に伸ばしたところの点をE，CAをAの方向に1.5倍に伸ばしたところの点をFとしたとき，三角形DEFの面積を求めなさい。

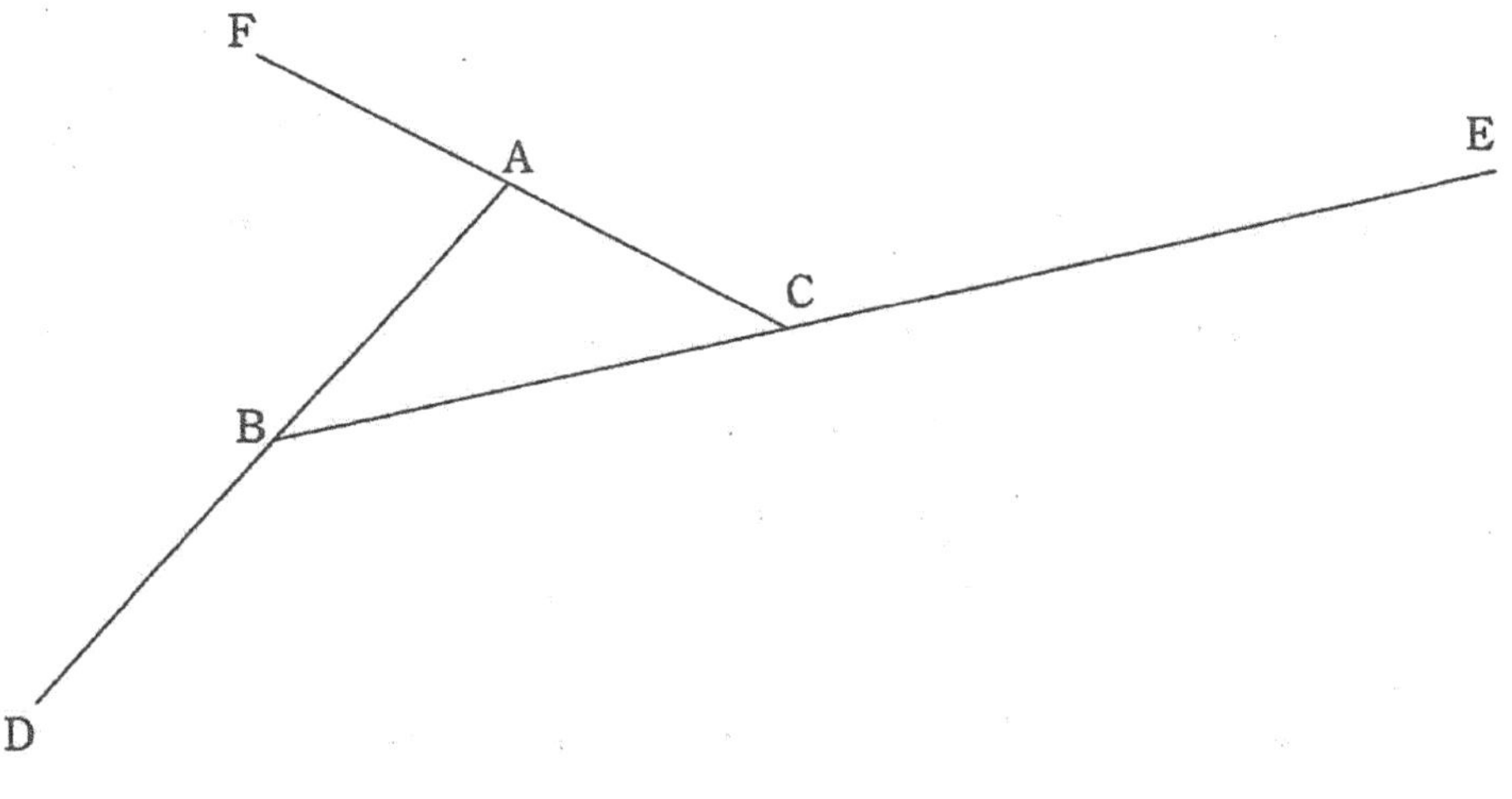

(2)　１辺の長さが７㎝の正方形ABCDの辺ADの真ん中の点をM，辺ABの真ん中の点をNとおきます。MN，CM，CNを折り目にして折り，三角すいを作ります。三角形CMNを底面としたとき，三角すいの高さを求めなさい。

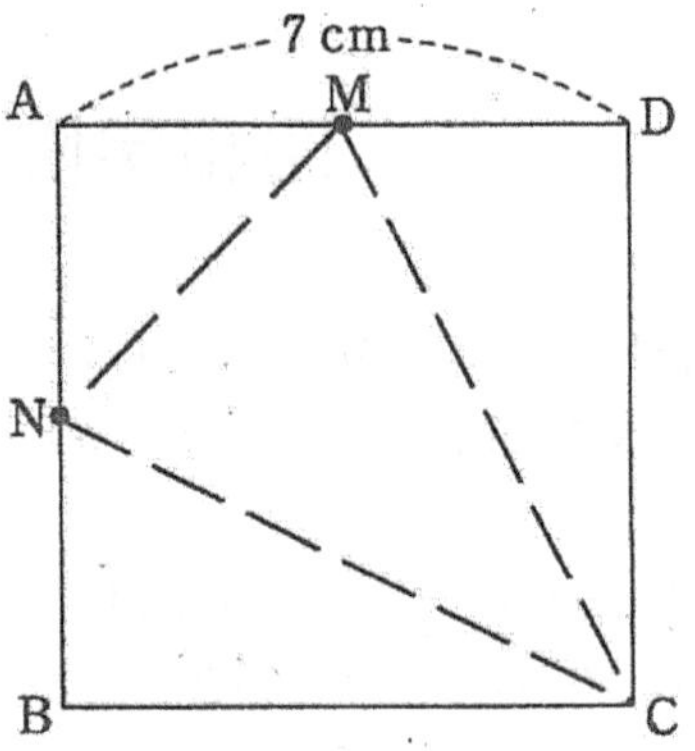

(3)　ACの長さが６㎝である台形ABCDをＡとＣを通る直線を軸として１回転したときにできる立体の体積を求めなさい。

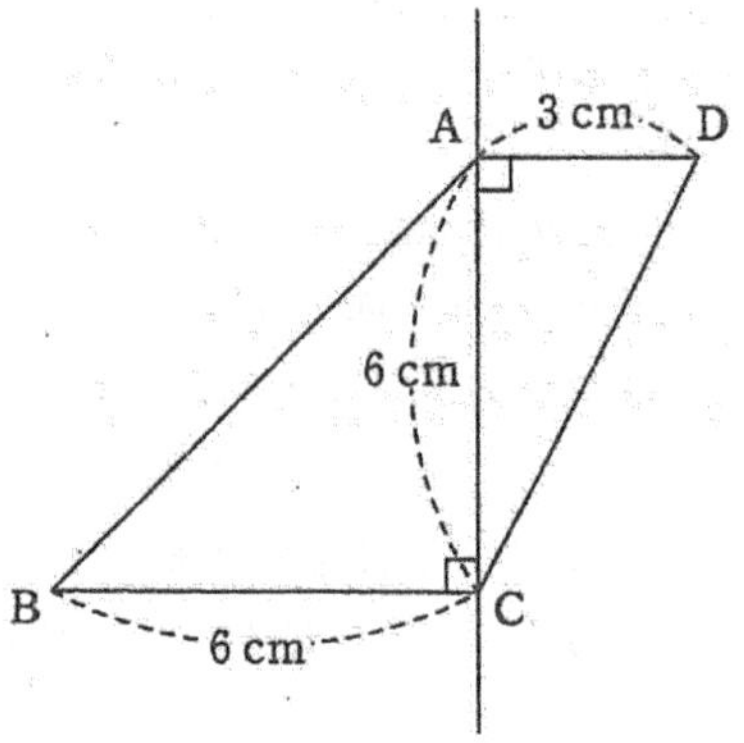

(4)　右の図は円すいの一部を切り取ってできた立体の展開図です。この立体の体積を求めなさい。

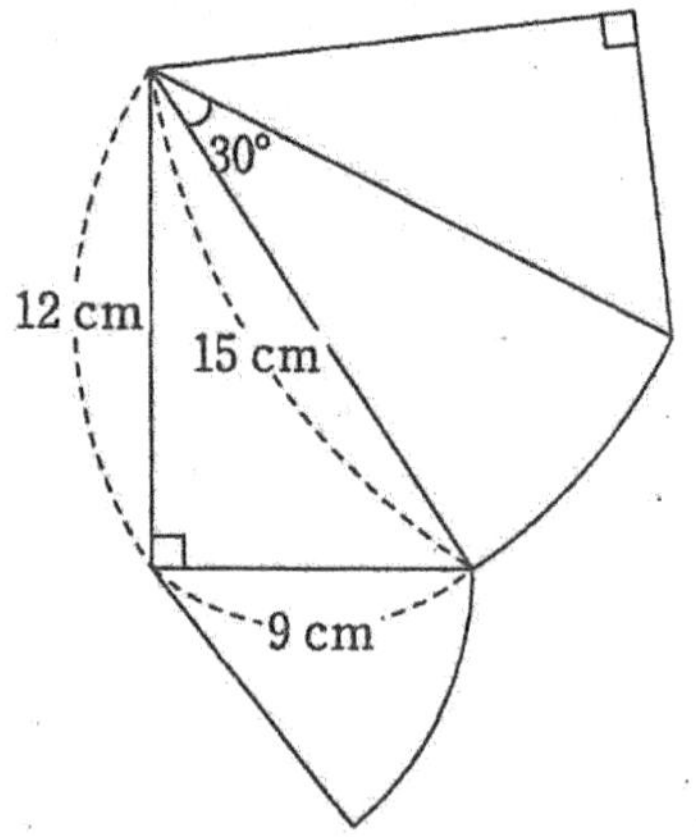

３ (1)　２桁の整数10，11，12，…，98，99について，７で割ったときの余りが１になる素数をすべて求めなさい。

(2)　７で割ると２余る２桁の整数と７で割ると３余る２桁の整数がある。この２つの数の合計が５の倍数になるとき，２つの数の合計の中で２番目に小さい値を答えなさい。

(3)　Ａを７で割った余りがＣで，Ｂを７で割った余りがＤのとき，Ａ×Ｂを７で割った余りはＣ×Ｄを７で割った余りに等しいことがわかっています。

10×10，11×11，12×12，…，98×98，99×99の整数について，７で割ったときの余りが１になる数の個数を求めなさい。

4　下の図は，AB＝10m，BC＝６m，CA＝８m，角Cが90°の直角三角形です。また，円と辺AB，BC，CAにすきまはないものとします。次の問いに答えなさい。

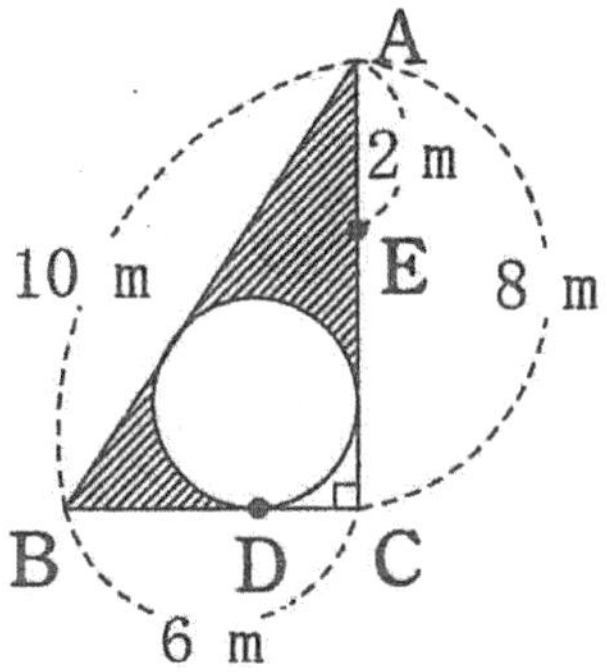

(1)　三角形ABCの面積を利用して円の半径を求めなさい。

(2)　斜線部分の面積の合計を求めなさい。

(3)　三角形ABCの斜線部分以外をＡとＣを通る直線を軸にして回転させた。えられる立体は点Dが回転する平面に置かれているとします。以下，この平面を地面とします。立体に点Aから光を当てたとき，地面（立体のある部分以外）にできる影の面積を求めなさい。

(4)　(3)の立体に点Aの２m下の点Ｅから光を当てたとき，地面（立体のある部分以外）にできる影の面積は(3)の面積の何倍になるのかを求めなさい。

5　ある水そうには一定の割合で水が流れ込んでいます。水がいっぱいに入っているとき，３台のポンプで水をくみ出すと20分で水がなくなり，５台のポンプで水をくみ出すと８分で水がなくなります。ただし，ポンプはすべて同じ割合で水をくみ出します。また，水がなくなるとは，流れ込んでくる水以外にたまっている水が残っていない状態のことです。次の問いに答えなさい。

(1)　水がいっぱいに入っているとき，10台のポンプで水をくみ出すと，水がなくなるまで何分かかるかを答えなさい。

(2)　水がいっぱいに入っているとき，２分で水をなくすには，何台のポンプが必要になるかを答えなさい。

(3)　水がいっぱいに入っているとき，初めは４台のポンプで水をくみ出していました。途中で２台のポンプを追加しました。このとき，最初に水をくみ出してから水がなくなるまで10分かかりました。ポンプを追加したのは，水をくみ出してから何分後かを答えなさい。

【理　科】（40分）　＜満点：50点＞

1　次の文章に続く問いに，それぞれ答えなさい。ただし，空気中を伝わる音は，音を発している物体の速さに関係なく秒速340メートル（以降「340m/秒」と表す）の速さで伝わることとします。

20m/秒の速さで一直線の線路を走行していた貨物列車（以降Ｓとする）が5.0秒間だけ警笛を鳴らした。この音をＳの前方で観測（以降観測者をＰとする）した。Ｓからの警笛をＰが聞く時間について考える。

音を発した物体からその音を観測する者に向けた「音の列」を仮定する。その音の列の先頭（はじめに発せられた音）から後尾（最後の瞬間に発せられた音）までの長さは，音を発した物体が静止している場合では，音の伝わる速さと音を発している時間をかけて求める。

Ｓが発した警笛の音の列の長さを求める。Ｓが警笛を鳴らす5.0秒の間に，音の列の先頭が進み，同時にＳも（　①　）m進む。そのため，警笛の音の列の先頭から音の列の後尾までの長さは（　②　）mになる。

警笛の音の列はやがてＰを通過し，その間，Ｐはこの警笛の音を聞く。Ｐが警笛の音を聞く時間は，（　③　）秒間である。

問１

(1)　Ｓの速さは，何km/時ですか。

(2)　文章中の空欄《くうらん》①～③にあてはまる数値をそれぞれ答えなさい。ただし，③は小数第二位を四捨五入して小数第一位まで答えなさい。

一直線の道路上を一定の速さで走行している自動車の速さを測定する方法を考える。走行する自動車に向けて，自動車の前方の点Ｑから一定時間，超音波を送った。そして自動車で反射した超音波を点Ｑで受けた。このとき点Ｑで超音波を受けていた時間を４台の自動車Ａ～Ｄについて測定し，その結果を表１にまとめた。

自動車で反射した超音波は，自動車の速さに関係なく340m/秒の速さで伝わることとする。

表１

自動車	点Ｑで超音波を受けていた時間［秒］
A	0.95
B	0.92
C	0.93
D	0.98

問２

(1)　最も速かった自動車は，Ａ～Ｄのどれですか。

(2)　(1)の「最も速かった自動車」が超音波を反射していた時間はちょうど１秒間でした。この自動車の速さは何m/秒ですか。小数第一位を四捨五入して整数で答えなさい。

2　次の文章を読んで続く問いに，それぞれ答えなさい。

次のページの図１のように空気の入った注射器の先端《せんたん》を消しゴムで塞《ふさ》ぎ，ピストンを押す。注射器内の空気は圧縮されて，その体積は小さくなる。やがて指や手の力ではこれ以上ピストンを押すことができなくなる。このときピストンには，「指や手がピストンを押す力」と，「(　①　) がピストンを押す力」がはたらいている。

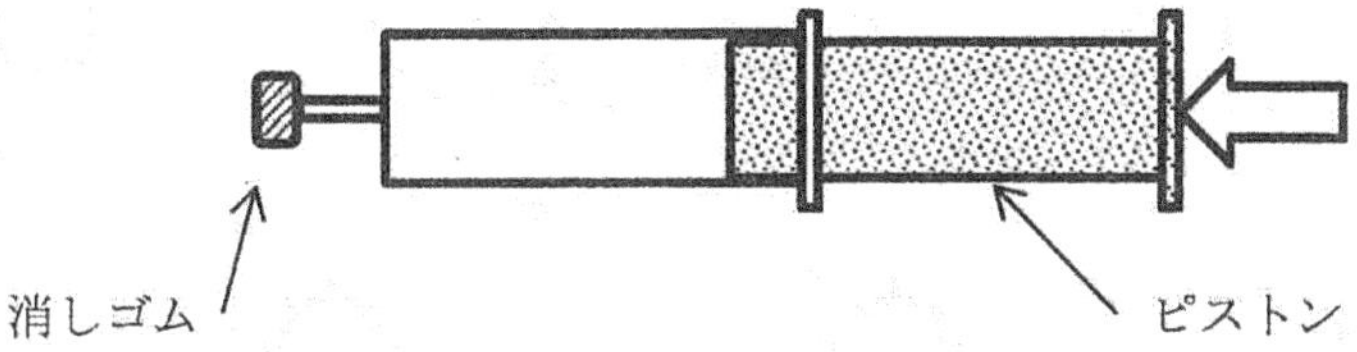

図１

次に，この注射器に図２のように空気で膨《ふく》らませた風船を入れる。先端を消しゴムで塞いでピストンを押すと，風船は（　②　）が小さくなった。これは，③風船の外側にはたらく圧力(注)が大きくなったためである。風船の素材は均一であり，伸びたり縮んだりする性質に偏《かたよ》りはないこととする。なお，見やすくするために風船は注射器の中央に円で描いた。

(注)圧力：押さえつける力。物体の表面あるいは内部の面を垂直に押す，1m^2 あたりの面積にはたらく力でその大きさを表す。

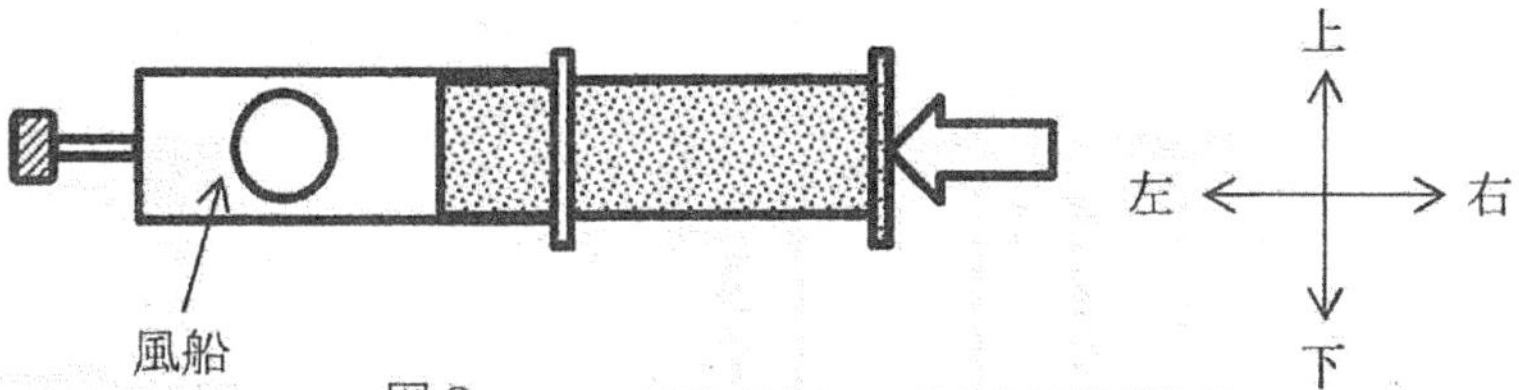

図２

問１　文章中の空欄①にあてはまる語句を文章中から選び，答えなさい。

問２　文章中の空欄②にあてはまるものを次の**ア**～**オ**から１つ選び，記号で答えなさい。

ア．形を変えず，大きさ

イ．上下の長さは変えず，左右の長さ

ウ．左右の長さは変えず，上下の長さ

エ．上下の長さが小さくなるよりも左右の長さの方

オ．左右の長さが小さくなるよりも上下の長さの方

問３　上にある文章中の下線部③について，圧力のかかり方を５種類の長さの矢印で表しました。正しい図を次の**ア**～**カ**から１つ選び，記号で答えなさい。ただし，矢印の向きは圧力の向き，矢印の長さは圧力の大きさを表しています。また，**イ**～**カ**は，注射器などを省略して表しています。

ア

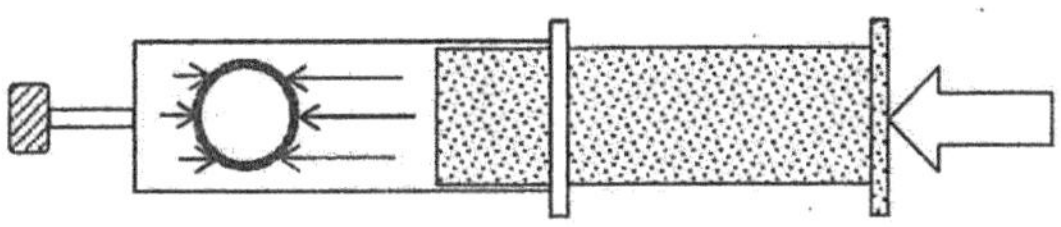

イ

ウ

エ

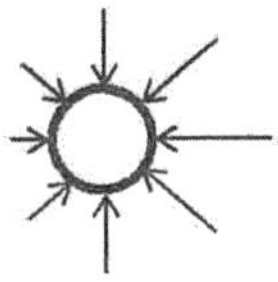

オ

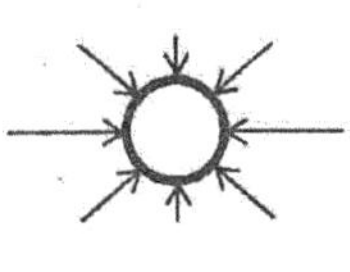

カ

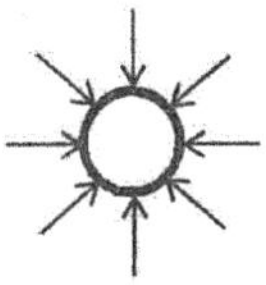

もう一つ，太い注射器を用意した。２つの注射器のピストンはそれぞれなめらかに動き，図３のように消しゴムで塞がずにシリンダーを上下の向きに固定すると，ピストンはその重さでゆっくりと下降した。

太い方の注射器をA，もう一方の注射器をBとする。Aの内径（シリンダーと呼ばれる円筒の内側の直径）は６㎝，Bの内径は２㎝である。注射器Aのピストンは18ｇである。

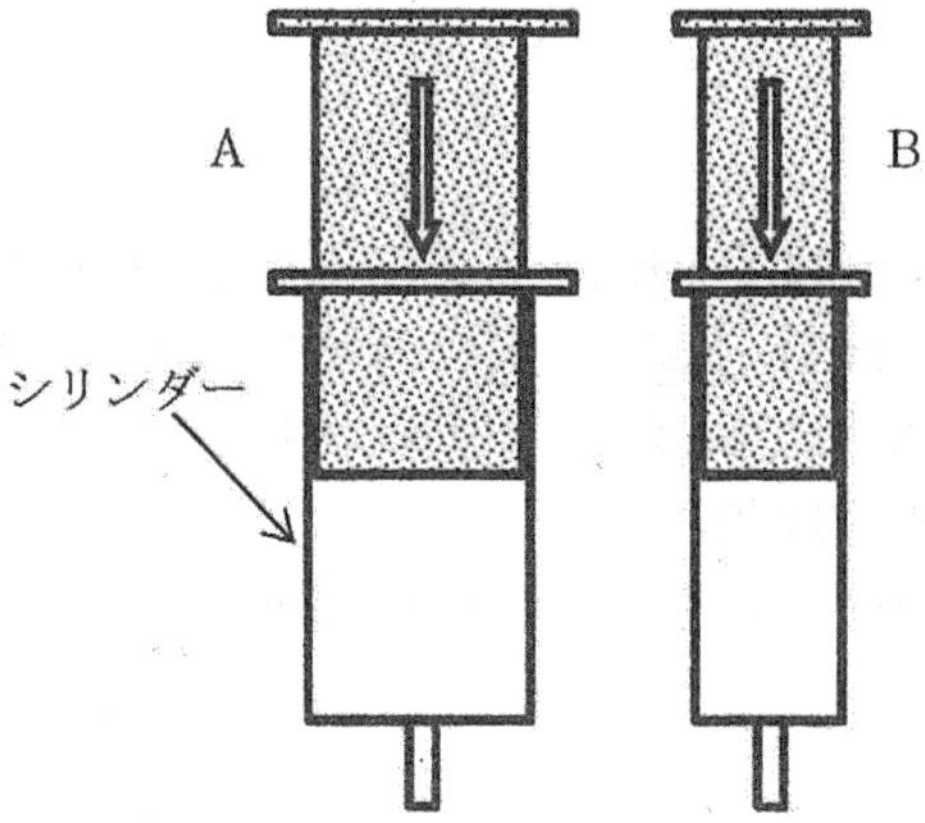

図３

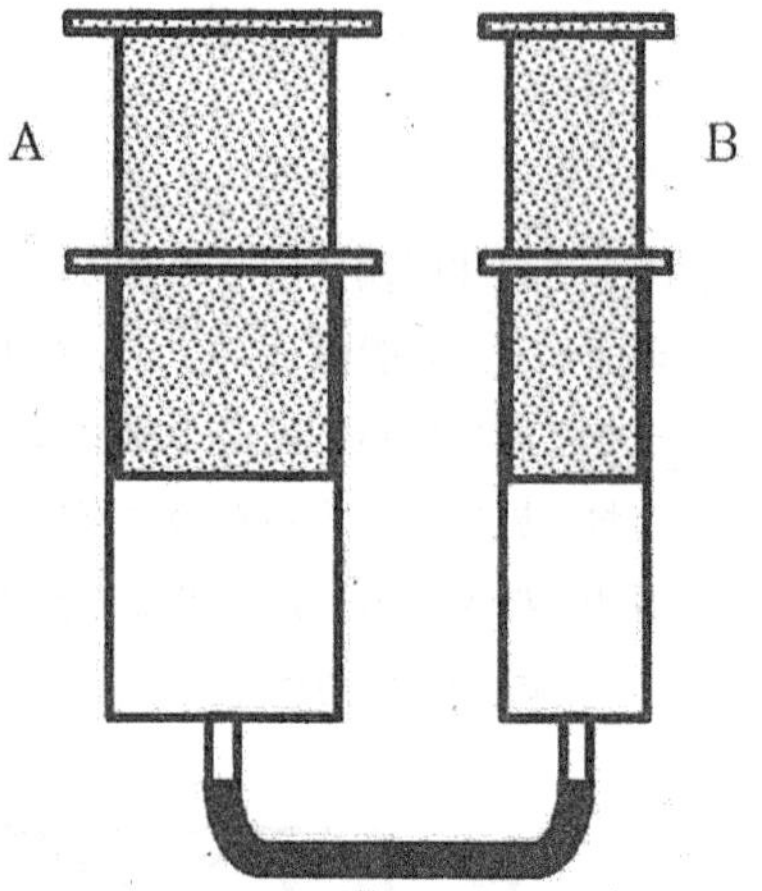

図４

この２つの注射器のシリンダーを上下の向きに固定し，さらに注射器どうしを図４のようにゴム管でつないだ。２つのピストンを手放すと，注射器Aのピストンはゆっくりと下降し，注射器Bのピストンはゆっくりと上昇した。

問４　注射器Aのピストンが１㎝下降すると，注射器Bのピストンは何㎝上昇しますか。

問５　図４のときに，２つのピストンを手放しても注射器Aのピストンが下降せずに，AとBのピストンそれぞれが静止するのは，Bのピストンが何ｇの場合ですか。

問６　問５のときに，注射器Bの内側にはたらく圧力を３種類の長さの矢印で表しました。正しいものを次の**ア**～**カ**から１つ選び，記号で答えなさい。ただし，**イ**～**カ**は，注射器Aを省略して表しています。

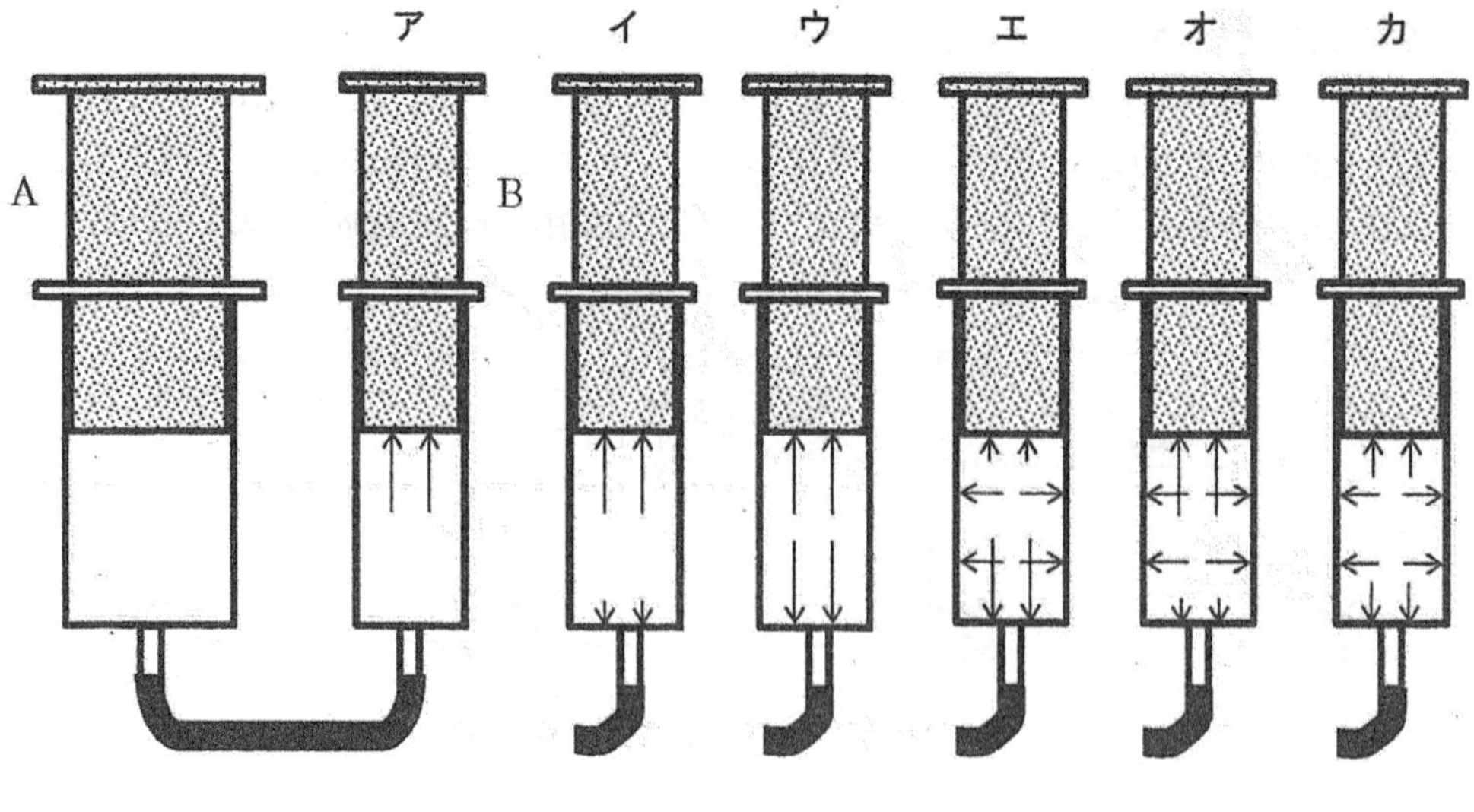

3　次の各問いにそれぞれ答えなさい。

問１　水の固体，液体，気体の様子を調べるために次のような実験を行いました。図１のように氷の入った丸底フラスコをガスバーナーで加熱し，フラスコ内の温度を測定しました。その結果について，横軸《よこじく》を加熱時間，縦軸をフラスコ内の温度としてグラフ（図２）にしました。図２の①～④は加熱時間の区分を表しています。ただし，沸騰《ふっとう》し始めるまで蒸発は考えないこととします。

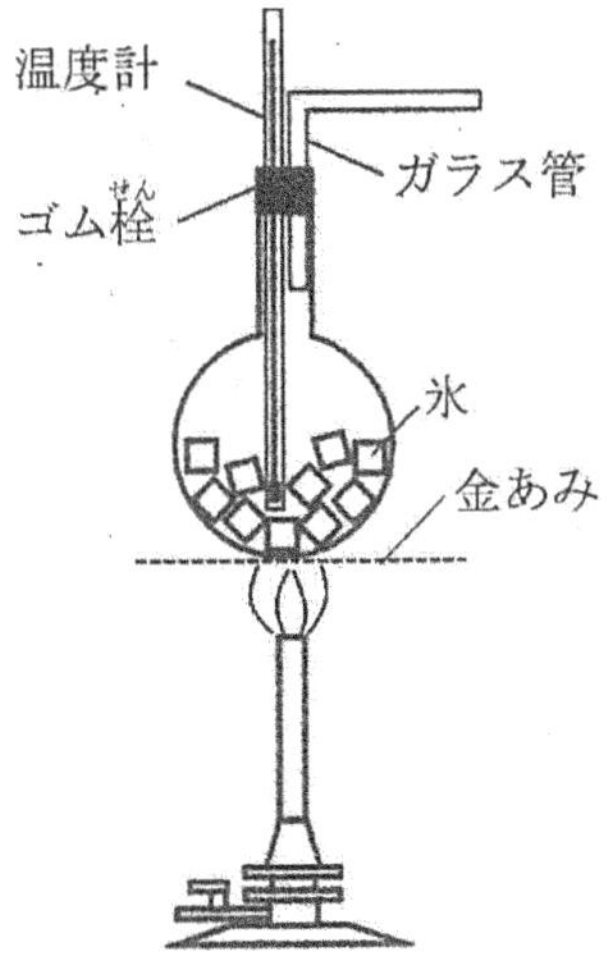

図１

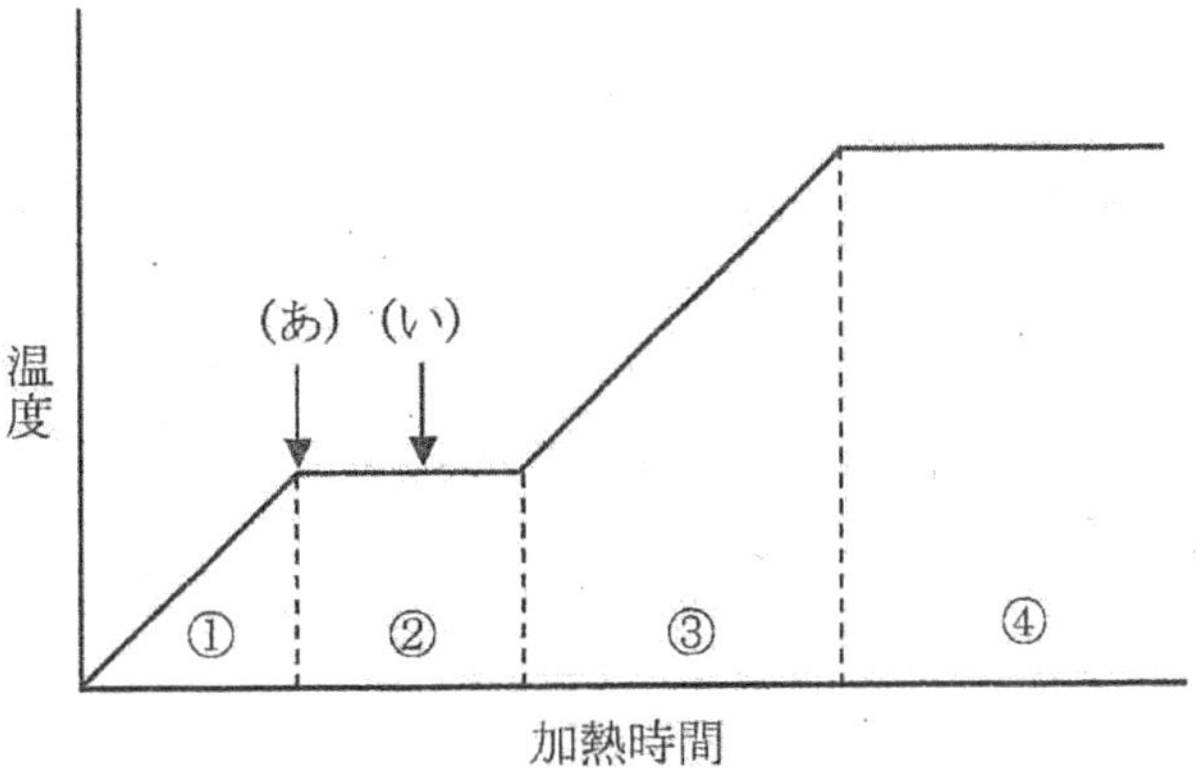

図２

⑴　図２の③のとき，水はどのような状態で存在しますか。次の**ア**～**オ**から１つ選び，記号で答えなさい。

ア．固体　　**イ**．液体　　**ウ**．気体　　**エ**．固体と液体　　**オ**．液体と気体

⑵　図２の②のとき，フラスコの中に入っている氷，水（液体）の重さの合計は①に比べてどのようになりますか。次の**ア**～**ウ**から１つ選び，記号で答えなさい。ただし，空気の重さは考えないこととします。

ア．重くなる　　**イ**．軽くなる　　**ウ**．変わらない

⑶　図２の（あ）のとき，フラスコの中に入っている氷，水（液体）の体積の合計は（い）に比べてどのようになりますか。次の**ア**～**ウ**から１つ選び，記号で答えなさい。

ア．（あ）の方が大きい　　**イ**．（あ）の方が小さい　　**ウ**．変わらない

⑷　図２の②と同じ変化が起きているものを次の**ア**～**キ**からすべて選び，記号で答えなさい。

ア．濡《ぬ》れていた洗濯《せんたく》物が乾く。　　**イ**．冷たいコップの表面に水滴《すいてき》がつく。

ウ．地面に積もった雪が水になる。　　**エ**．炭酸水をコップに入れると泡《あわ》が発生する。

オ．食塩を水に入れて溶かす。　　**カ**．液体窒素《ちっそ》が空気に触《ふ》れると白い煙が見える。

キ．鉄を高温に加熱すると融《と》ける。

⑸　図２の③のとき，フラスコの内側に小さい泡（空気）が確認できました。この泡が生じる理由として，次の文の空欄にあてはまる語句を入れて答えなさい。

水に溶けていた気体は，水の温度が高くなると（　　）なるため。

⑹　図２の④のとき，フラスコの底から大きな泡が発生することが確認できました。この泡は何を最も多く含みますか。名称を答えなさい。

問２　物質の状態と体積に関する以下の問いに答えなさい。

⑴　100℃ の液体の水を温度を変えずに全て気体に変化させると体積は1700倍になります。100℃の水50ｇが全て気体になったとき，体積は何Ｌになりますか。小数第二位を四捨五入して小数第一位まで答えなさい。ただし，100℃の液体の水は１cm^{3}あたり0.96ｇとします。

⑵　ビーカーの半分まで液体の水を入れ，しばらく冷却《れいきゃく》すると全て固まりました。ビーカー内の氷を横から見た様子（ビーカーの断面）を解答用紙の図に描《か》きなさい。

⑶　ビーカーの半分まで液体のロウを入れ，しばらく冷却すると全て固まりました。ビーカー内の固体のロウを横から見た様子（ビーカーの断面）を解答用紙の図に描きなさい。

４　次の各問いに，それぞれ答えなさい。

問１　ナナホシテントウは，野菜や花などの「害虫」を食べるため，「益虫《えきちゅう》」と呼ばれています。ナナホシテントウが主に捕食《ほしょく》する害虫の名称を答えなさい。

問２　テントウムシは，卵→幼虫→蛹《さなぎ》→成虫と成長過程で姿を変えていく昆虫です。次の**ア**～**ク**の図は，昆虫の卵と幼虫を描いたものです。ナナホシテントウの「卵」を次の**ア**～**エ**から，「幼虫」を**オ**～**ク**から，それぞれ１つずつ選び，記号で答えなさい。

ア

葉の表面《ひょうめん》

イ

葉の表面

ウ

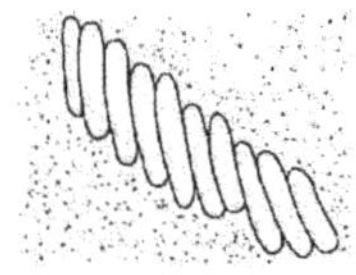

土の中

エ

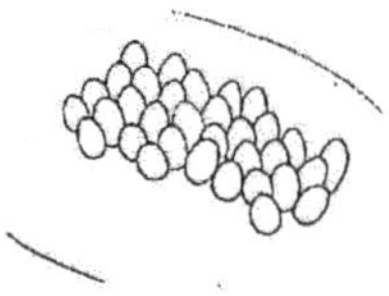

葉の表面

オ

カ

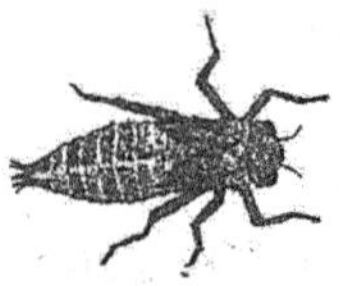

キ

ク

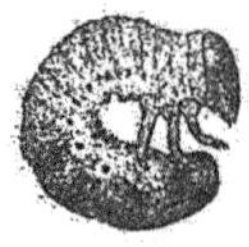

問３　ナナホシテントウの成長過程について述べた次の文章の空欄①～③に，あてはまる語句を次の選択肢**ア**～**コ**からそれぞれ選び，記号で答えなさい。

ナナホシテントウの場合，メスは一度に（　①　）個くらいの卵を生みます。卵は（　②　）色をしていて，２日ほどで幼虫になります。幼虫の期間は約２週間で，その間に３回脱皮して成長した後，蛹となり１週間ほどで羽化し成虫となります。

ナナホシテントウの寿命はおよそ（　③　）ヶ月くらいですが，秋に産まれたものは越冬《えっとう》します。

【選択肢】

ア．２　**イ**．５　**ウ**．８　**エ**．12　**オ**．30　**カ**．100

キ．橙《だいだい》　**ク**．黒　**ケ**．緑　**コ**．白

問４　ナナホシテントウのように，成虫で越冬する生き物を次の**ア**～**オ**から１つ選び，記号で答えなさい。

ア．トノサマバッタ　**イ**．オニヤンマ　**ウ**．アゲハ　**エ**．オオスズメバチ　**オ**．カブトムシ

問５　ナナホシテントウのからだに触れていると，黄色い汁を出すことがあります。この汁が出されるからだの部位を**ア**～**エ**から，特徴《とくちょう》・はたらきについてを**オ**～**コ**からそれぞれ１つずつ選び，記号で答えなさい。

【部位】

ア．口　　**イ**．脚《あし》の関節　　**ウ**．背中と羽の間　　**エ**．おしり

【特徴・はたらき】

オ．拡散しやすい液で，敵に襲《おそ》われた場合などに，危険を仲間に知らせる。

カ．甘い液で，この汁をアリに与える代わりに，アリに守ってもらう。

キ．天敵の眼や触覚などに吹きかける液で，目くらましの役割をする。

ク．道しるべのための液で，迷わずに巣に帰れるようにする。

ケ．においが強い液で，仲間にエサが豊富にある場所を知らせている。

コ．臭《くさ》くて苦い液で，天敵に食べられないようにする。

５　次の各問いに，それぞれ答えなさい。

問１　「雷が鳴ると梅雨《つゆ》が明ける」ということわざがあります。梅雨の終わりに雷が鳴りやすいことから言い伝えられてきました。なぜそのように言われてきたのか，梅雨の仕組みから考えてみます。

図１のように２つの異なる気団(注)がぶつかり，触れ合っている境界面のことを「前線面」と呼びます。また，前線面が地面と交わる部分を「前線」と呼びます。そして，前線付近では雲ができやすいという特徴があります。梅雨の原因となる梅雨前線も，２つの性質の違う気団の境目にできます。１つは日本の北にある（　Ａ　）気団，もう１つは日本の南にある（　Ｂ　）気団です。梅雨前線付近では，（Ａ）気団と（Ｂ）気団の空気がぶつかって，上昇《じょうしょう》気流が発生しています。梅雨の時期は，２つの気団の勢力が同じくらいなので，前線の位置はほとんど動かず，長くとどまります。そのため，日本に１か月以上もの間，雨を降らせます。

梅雨の終わりになると，（Ｂ）気団の勢力が増し，梅雨前線を北上させていくため，強い上昇気流が発生しやすくなります。すると上空では，次々に積乱雲が発生し，大雨や雷が各地で観測されるようになります。そのため，大雨や雷が観測される日が増えるということは，梅雨前線が北上したということ，つまり「雷が鳴ると梅雨が明ける」といわれるようになったと考えられます。

(注)　気団：同じような性質（温度や湿度など）を持った空気のかたまりのこと。

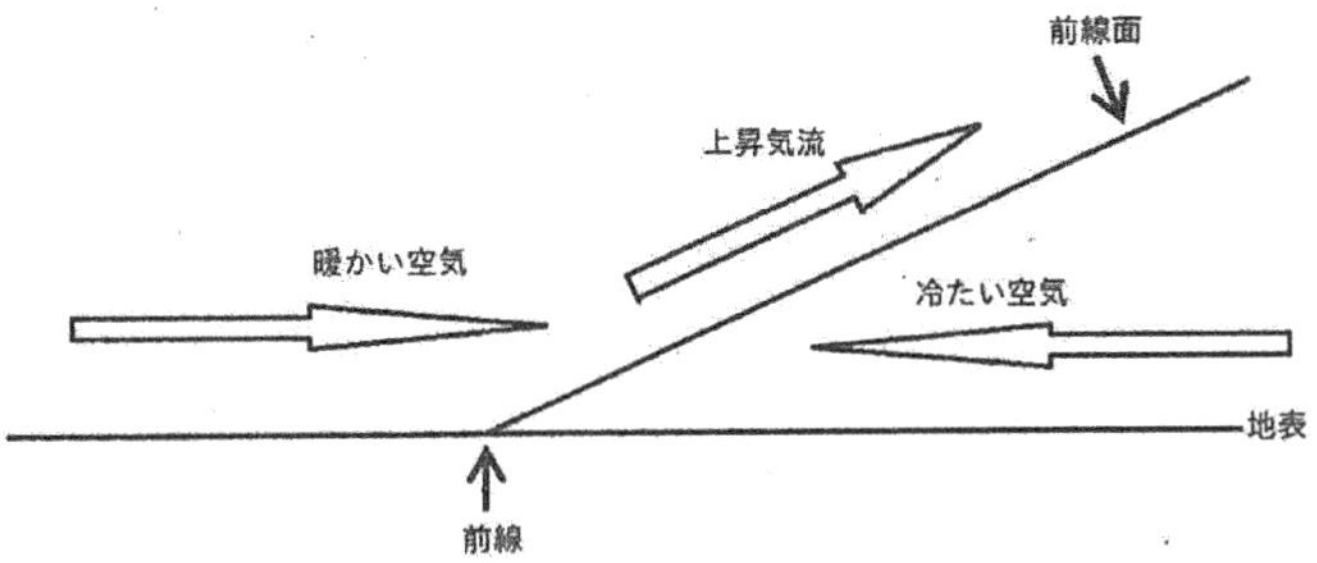

図１

(1)　文章中の空欄Ａ，Ｂにあてはまる気団の名称を次の**ア**～**エ**からそれぞれ１つずつ選び，記号で答えなさい。

ア．オホーツク海　　**イ**．シベリア　　**ウ**．小笠原　　**エ**．赤道

⑵　次の文章は，梅雨前線付近で雲ができやすい理由を説明したものです。図１を参考に，文章中の空欄①～④にあてはまる語句をそれぞれの選択肢から選び，記号で答えなさい。

梅雨は，（A）気団と（B）気団の勢力はほぼ同じで，押し合いの状態となっています。梅雨前線には，北の（A）気団から（　①　）風，南の（B）気団から（　②　）風が吹き込みます。暖かい空気は軽いため，冷たく重い空気の上に乗り上げます。空気は上昇していくと（　③　）で温度が下がります。そうすると，空気の中に含むことができる水蒸気の量が（　④　）なり，含みきれなくなった水蒸気が水滴となって雲ができやすくなります。

【①，②の選択肢】　ア．低温で乾燥した　　イ．低温で多湿の
　　　　　　　　　ウ．高温で乾燥した　　エ．高温で多湿の

【③の選択肢】　ア．膨《ふく》らん　　イ．縮ん

【④の選択肢】　ア．少なく　　イ．多く

⑶　雲は，できる高さや形の違いから10種類の基本形（十種雲形）に分けられており，その名称は，５つの漢字の組み合わせでできています。「積乱雲」もその１つで，５つの漢字のうち，上の方に積み重なった雲という意味の「積」と，雨を降らせる雲という意味の「乱」という２つの漢字が使われています。その他に，雲（十種雲形）の名称に使用されている漢字３つを，次の**ア**～**コ**から選び，記号で答えなさい。

ア．層　　イ．平　　ウ．明　　エ．暗　　オ．黒
カ．白　　キ．巻　　ク．直　　ケ．低　　コ．高

⑷　天気に関することわざには，他にもたくさんのものがあります。次の**ア**～**オ**から間違っているものを２つ選び，記号で答えなさい。

ア．ツバメが高く飛ぶと晴れ，低く飛ぶと雨　　イ．太陽に暈《かさ》がかかると晴れ
ウ．夕焼けは雨，朝焼けは晴れ　　エ．櫛《くし》が通りにくいときは雨
オ．アリの行列を見たら雨

問２　天気は雲の量（雲量）で決められています。次の文章中の空欄①～⑤には０～10の数字のいずれかが入ります。その数字をすべて足すといくつになるか答えなさい。

気象観測では，空全体の広さを（　①　）としたときの雲量で，「晴れ」か「くもり」かを決めています。雲量が（　②　）～（　③　）の場合を「くもり」，雲量が（　④　）～（　⑤　）の場合を「晴れ（快晴を含む)」としています。

問３　防災気象情報と警戒《けいかい》レベルとの対応に関して，住民への避難《ひなん》情報を分かりやすくし，逃げ遅れによる被災《ひさい》を防ぐために，「改正災害対策基本法」が，令和３年５月20日に施行《しこう》されました。住民は「自らの命は自らが守る」意識を持ち，「自らの判断で避難行動をとる」との方針が示され，この方針に沿って自治体や気象庁等から，５段階の警戒レベルを明記して防災情報が提供されることとなりました。

⑴　次の**ア**～**エ**は，改正災害対策基本法が施行される前と，施行された後の避難情報の一部を示したものです。改正により廃止されたものを**ア**～**エ**から１つ選び，記号で答えなさい。

ア．緊急安全確保　　イ．避難指示　　ウ．高齢者等避難　　エ．避難勧告

⑵　５段階の警戒レベルのうち，「危険な場所から全員避難しましょう」とされているのは，レベル１～５のどれになりますか。数字で答えなさい。

【社　会】（40分）　＜満点：50点＞

【注意】 全ての問題について，特に指定のない限り，漢字で答えるべきところは漢字で答えなさい。

1　日本の産業と人口に関する以下の設問に答えなさい。

問１　農業の成立には，気候や地形などの自然条件が関係します。次の図１は東北地方の一部を切り取り，地表面の起伏を立体的に示したものです。図中の曲線で囲まれた地域は盆地の一部です。これらの地域で生産の盛んな農作物名を，そこに広がる地形の名称とともに答えなさい。

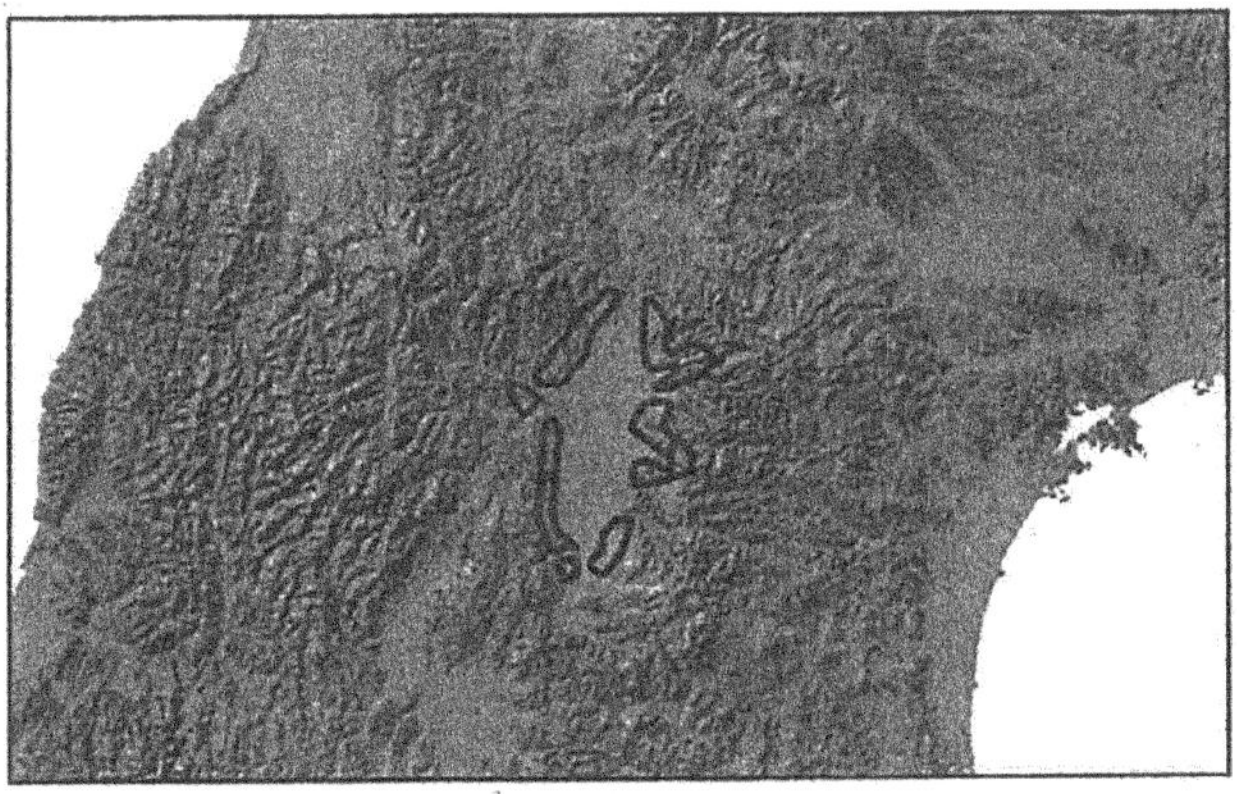

地理院地図により作成。

図１

問２　日本ではかつてさまざまな鉱産資源が採掘されていました。次の図２中のＡ・Ｂは鉱業都市として栄えていました。Ａ・Ｂについて述べたあとの文章中の（１）・（２）に当てはまる最も適当な語句をそれぞれ１つずつ答えなさい。

図２

Ａの鉱山で産出した（　１　）は，日本の近代化を支えてきた。しかし，エネルギーの中心が変化したことに加え，オーストラリアをはじめとする海外から安価な（　１　）が輸入され，その地位は低下した。2007年，Ａは財政再建団体に指定され，以降も人口は減少している。2015年の国勢調査によると，Ａは全国で２番目に人口の少ない市であった。Ｂでは近世に開かれた銅山を背景に採掘技術が発達し，その技術は金属工業や（　２　）工業の発展を促した。だが，高度経済成長が終わると，（　２　）工業の中心は京葉工業地域などに移った。

問３　人口は，出生や死亡だけでなく転入や転出によっても増減します。次の図３は，東京都に隣接する３県（神奈川県・埼玉県・千葉県）と東京都の人口増加率について示したものであり，Ｃ～Ｅは1960～65年，1985～90年，2010～15年のいずれかです。Ｃ～Ｅと年代との正しい組み合わせをあとのア～カより１つ選び，記号で答えなさい。

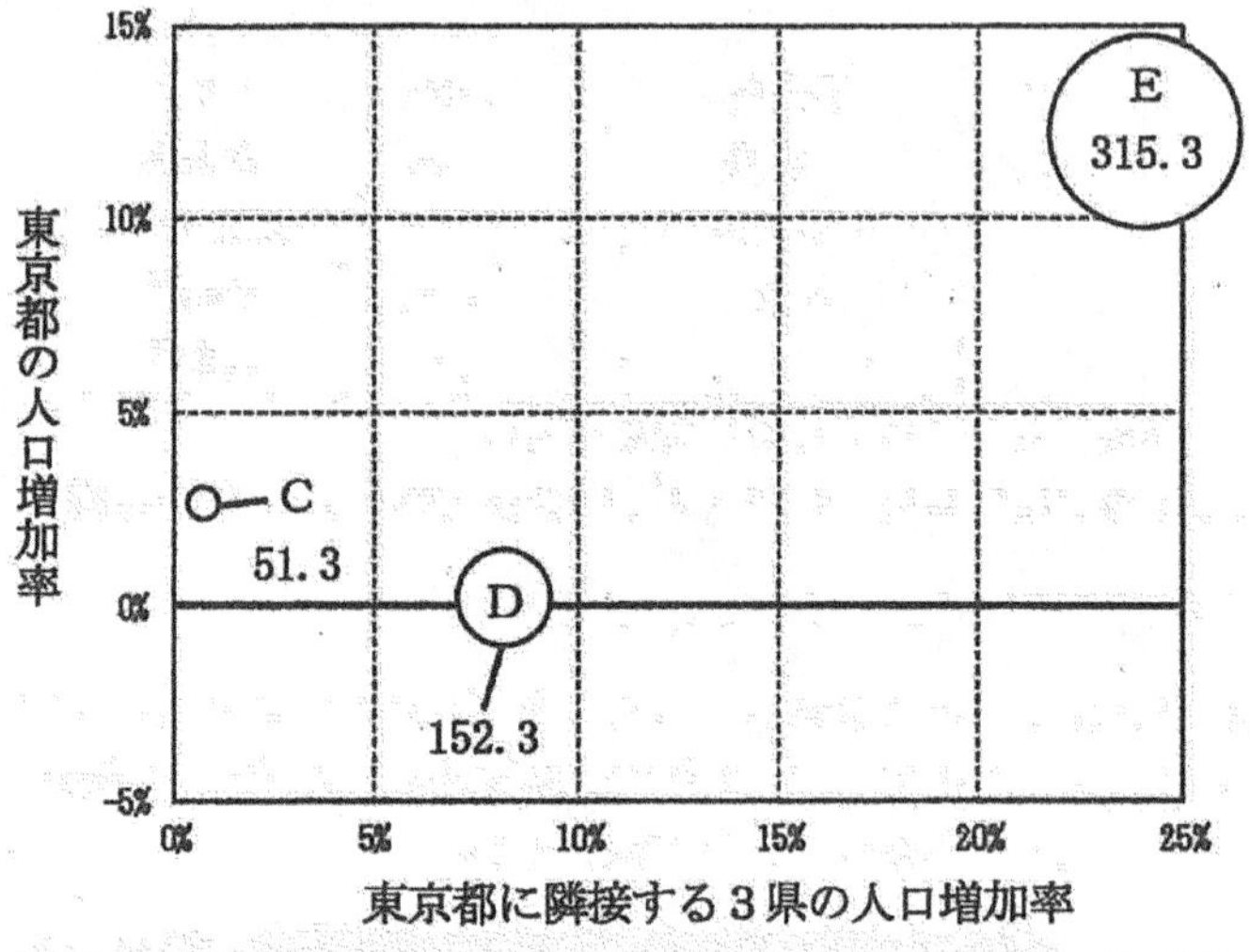

円の大きさは４都県の人口増加の実数(万人)を示す。「国勢調査」により作成。

図３

	ア	イ	ウ	エ	オ	カ
1960～65年	C	C	D	D	E	E
1985～90年	D	E	C	E	C	D
2010～15年	E	D	E	C	D	C

２　離島について述べた次の文章を読んで，以下の設問に答えなさい。

国連海洋法条約によると「自然に形成された陸地であって，水に囲まれ，高潮時においても水面上にあるもの」を島という。日本は複数の島から成り立ち，本州，北海道，九州，四国，沖縄島を除くものは「離島」と呼ばれる。離島の数は多いが，①面積が小さく，国土面積に占める総面積の割合は５％程度である。離島は平地に乏しく人口も限られ，離島の市町村の財政基盤は弱く，その多くは②人口問題に直面している。③産業は農業や水産業，観光業に依存するが，発展はおくれている。しかし近年，離島の重要性が見直されている。離島は④周辺海域の保全や海洋資源の開発，多様な文化の継承・保存の場として重視され，政府は定住や自立的発展を支援し離島振興をうながしている。

問１　下線部①に関連して，次のページの表１は日本の島（本州，北海道，九州，四国，沖縄島を除く）を面積の大きい順に並べたものです。これを見て，あとの設問に答えなさい。

表１

順位	島名	面積(㎢)	都道府県名
1	択捉島	3, 166. 6	北海道
2	国後島	1, 489. 3	北海道
3	佐渡島	854. 8	新潟県
4	奄美大島	712. 4	鹿児島県
5	対馬	695. 7	長崎県
6	(　　　)	592. 4	兵庫県

順位・面積は令和３年４月１日時点のもの。
「国土地理院技術資料　令和３年全国都道府県市区町村別面積調」により作成。

⑴表中の（　）に当てはまる島の名称を答えなさい。

⑵表中の佐渡島は氷河期に本州と陸続きだったと考えられています。次の図１は佐渡島周辺の海底のようすについて示したものです。この図では海面が何m低下すると陸続きになるか，最も小さい値をあとのア～エより１つ選び，記号で答えなさい。

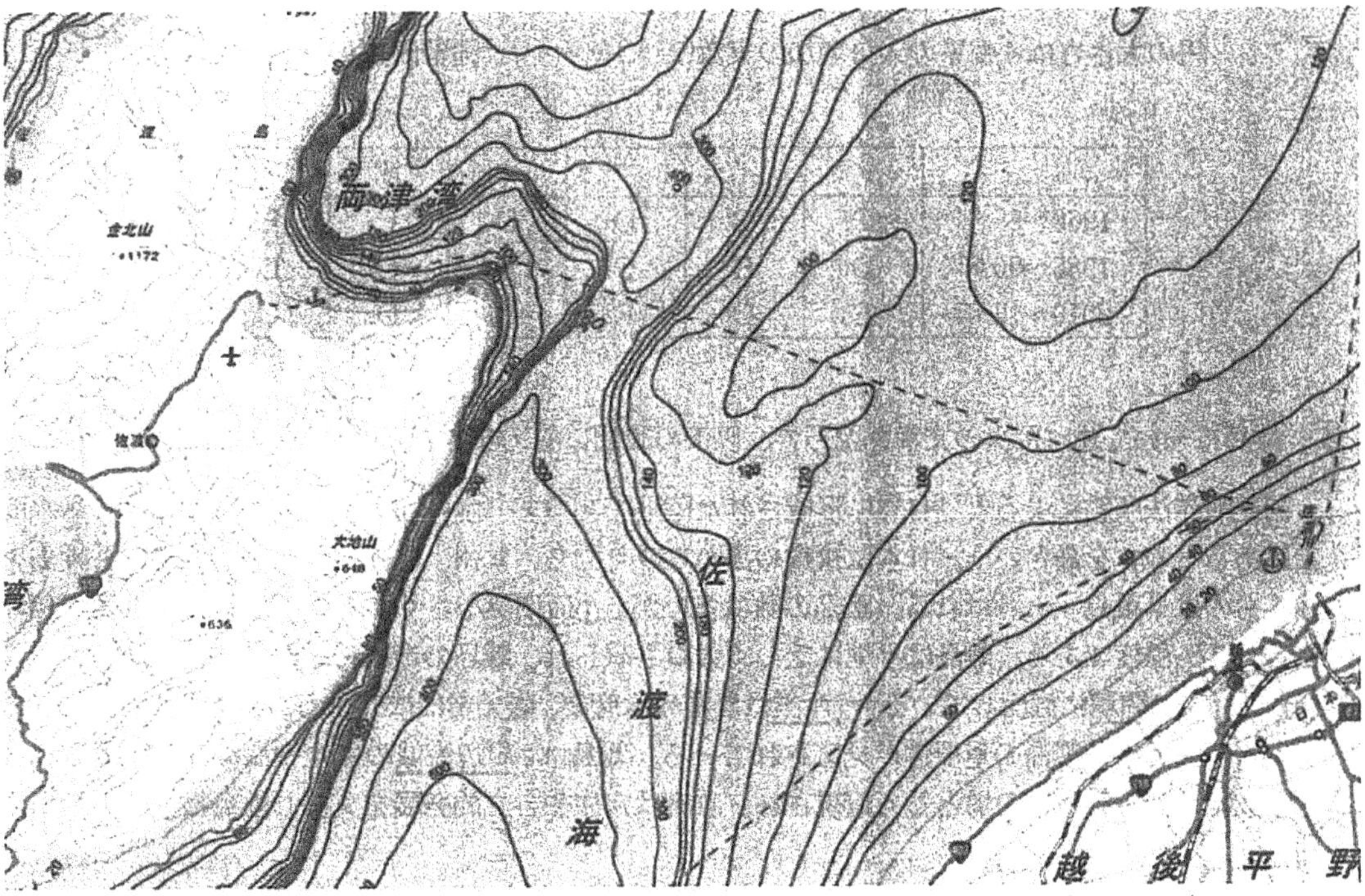

図中の曲線は等しい深さを結んだものであり、数値は水深を示す(単位はm)。
Webサイト「みんなの海図」により作成。

図１

ア．300m　　イ．400m　　ウ．500m　　エ．600m

問２　下線部②に関連して，次のページの図２は，次のページの図３中のＸの五島市における年齢別人口割合の推移について示したものであり，Ａ～Ｃは15歳未満，15～64歳，65歳以上のいずれかです。Ａ～Ｃと年齢との正しい組み合わせをあとのカ～サより１つ選び，記号で答えなさい。

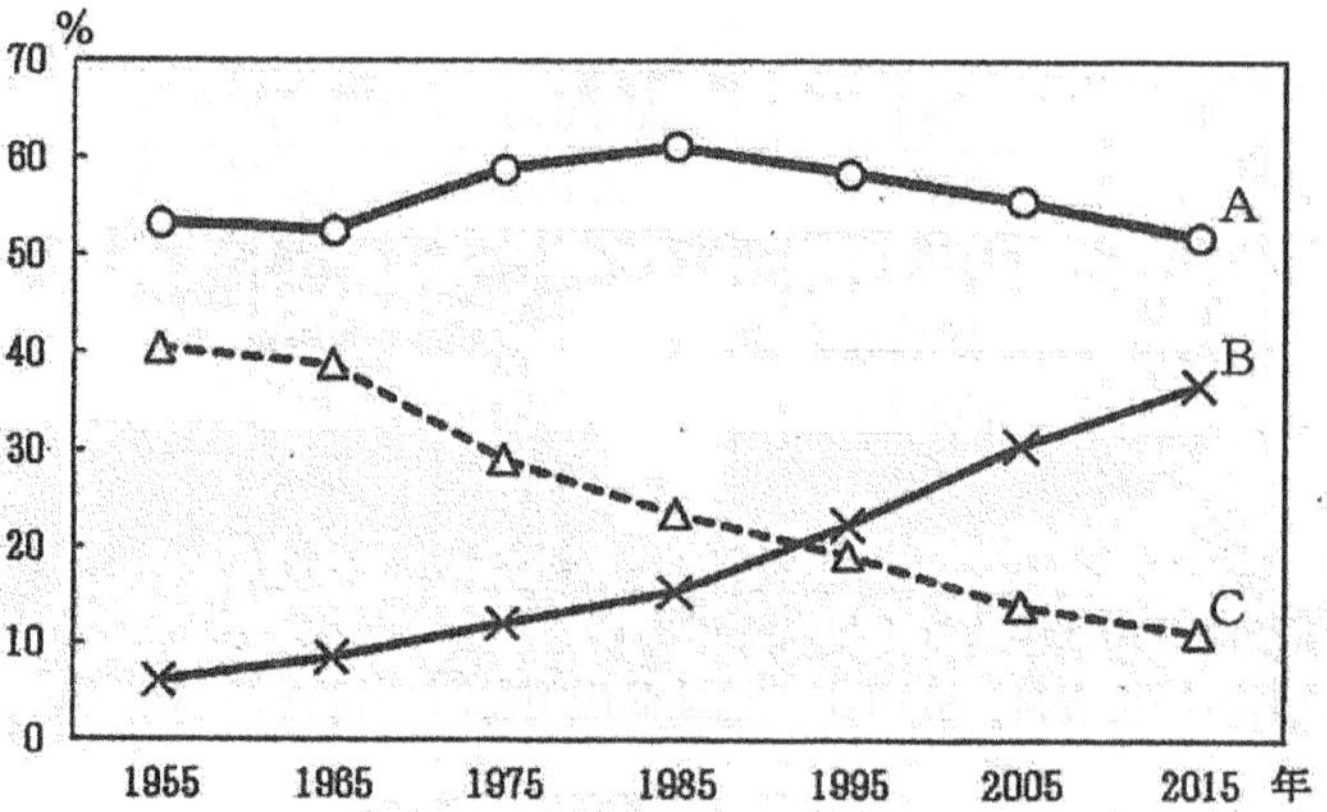

『令和２年版　五島市統計書』により作成。

図２

	カ	キ	ク	ケ	コ	サ
15 歳未満	A	A	B	B	C	C
15～64 歳	B	C	A	C	A	B
65 歳以上	C	B	C	A	B	A

問３　下線部③に関連して，次のⅰ・ⅱの文は，次の図３中のＤ～Ｇのいずれかの離島について述べたものです。ⅰ・ⅱの説明文とＤ～Ｇとの最も適当な組み合わせを下のタ～テより１つ選び，記号で答えなさい。

ⅰ：古来国際的な交通の要衝として栄えたが，その重要性は低下した。マグロの一本釣りや，複雑な海岸の内湾を利用したアワビ漁など，水産業が盛んである。

ⅱ：産業の中心は，製塩業からレモンなどのかんきつ類の生産に移行した。生産された果実は，主として陸路を通じて全国に出荷されている。

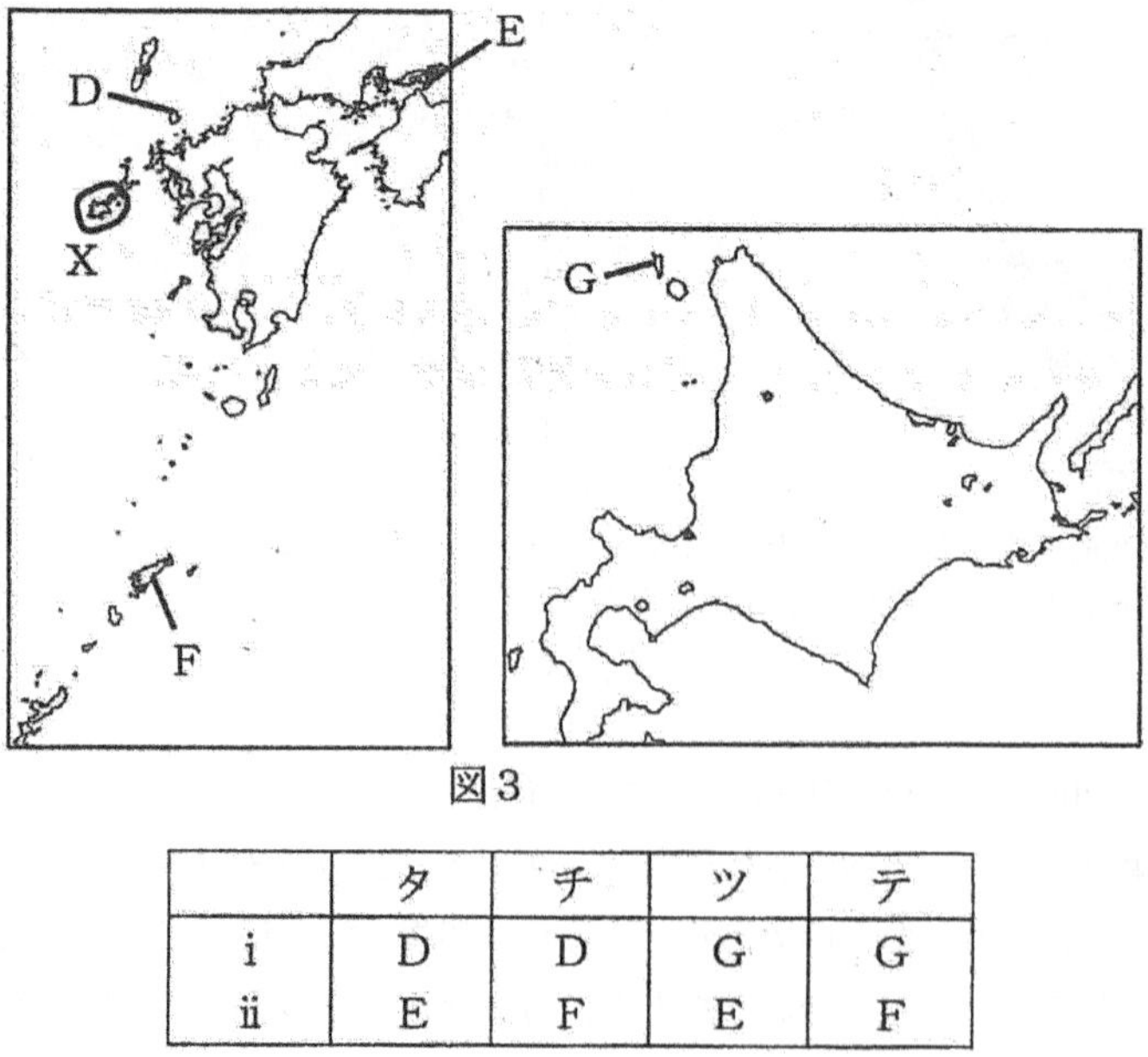

図３

	タ	チ	ツ	テ
ⅰ	D	D	G	G
ⅱ	E	F	E	F

問４　下線部④に関連して，次の図４は沿岸の周辺海域について模式的に示したものです。これに関するあとの設問に答えなさい。

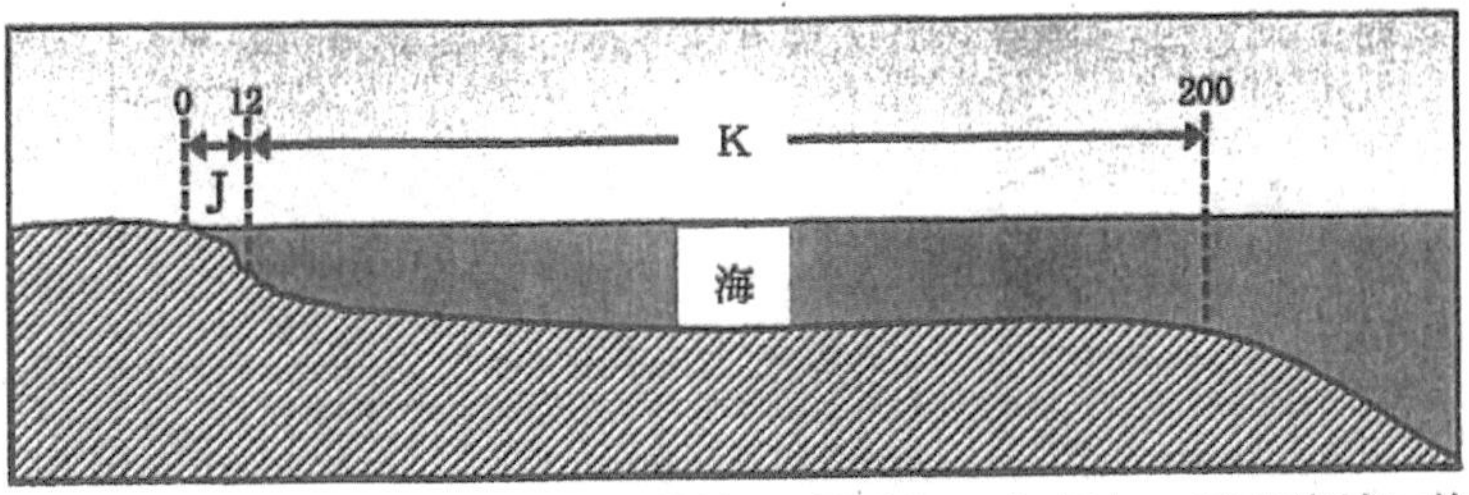

数値は干潮時の海岸線からの距離を示す。単位は「海里」。ただし、同じ海域に複数の国が面する場合はこの限りにはならない。海上保安庁の資料により作成。

図４

(1)海域Ｊ・Ｋで沿岸国以外のあらゆる国に認められている権利について述べた次のｉ・ⅱの文の正誤の正しい組み合わせをあとのナ～ネより１つ選び，記号で答えなさい。

ｉ．海域Ｊでの船舶の自由な航行　　ⅱ．海域Ｋの海底での鉱産資源の採掘

	ナ	ニ	ヌ	ネ
ｉ	正	正	誤	誤
ⅱ	正	誤	正	誤

(2)次の表２は，いくつかの国における海域Ｋの面積・体積と国土面積について示したものです。海域Ｋの名称を明らかにしながら，この表から読み取れる日本の海域Ｋの特徴について30字以内で述べなさい。

表２

	海域Ｋ		国土面積
	面積（百万 km^2）	体積（百万 km^3）	（万 km^2）
オーストラリア	7.9	18.2	769
インドネシア	6.1	12.7	191
日本	4.5	15.8	38
ブラジル	3.6	10.5	852

Global Maritime Boundaries Database Aug. 2004 に基づく海洋政策研究所の資料により作成。
国土面積の統計年次は 2019 年。「世界の統計 2021」により作成。

3　次のページの図１・２は，日本の歴史上重要な２つの使節の航路を示したものです。この図を見て，あとの設問に答えなさい。

問１　図１の使節の長として日本に来航した人物が，当時の日本政府と結んだ条約の名称を何というか，答えなさい。

問２　図２の使節でアメリカにわたり，女子英学塾を創設するなど日本の女子教育に多大な貢献があり，2024年度に発行される新紙幣では5000円札の肖像とされている人物の名前を答えなさい。

図１

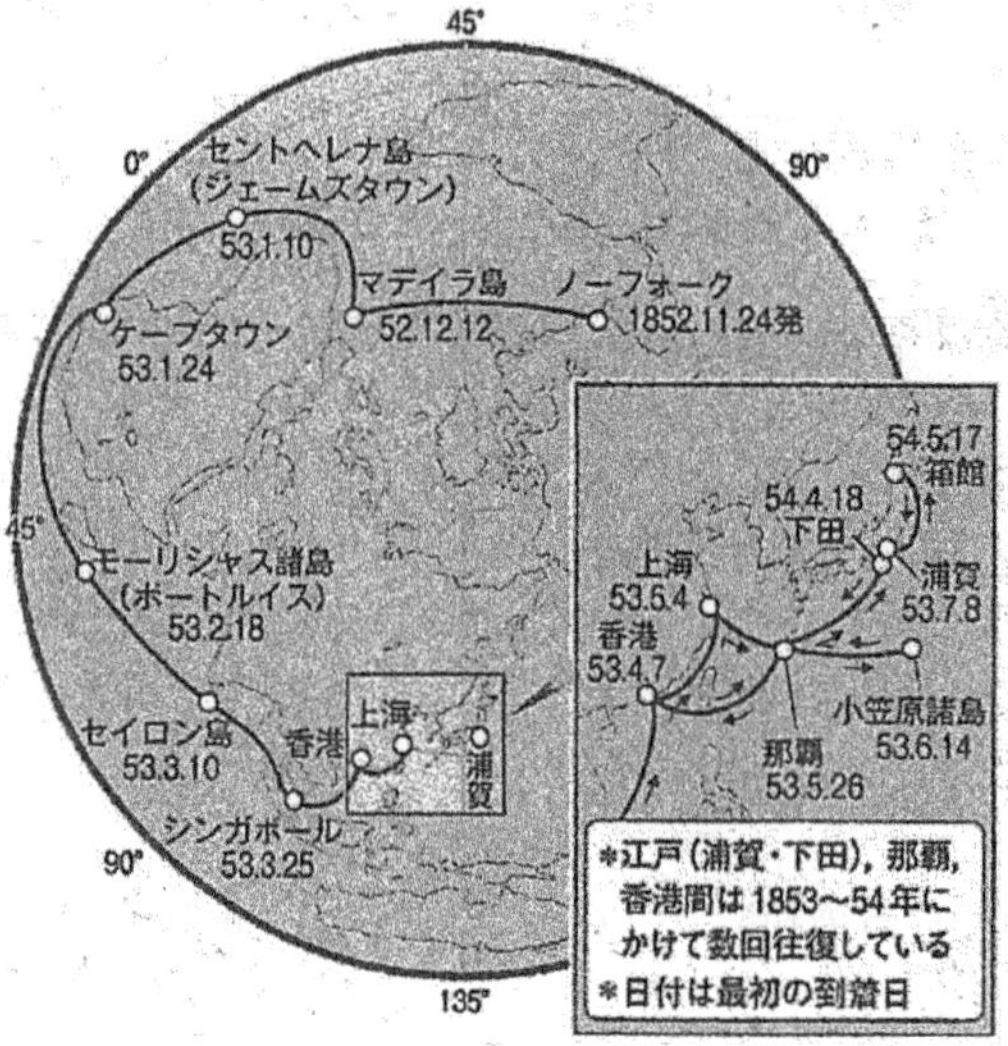

図２

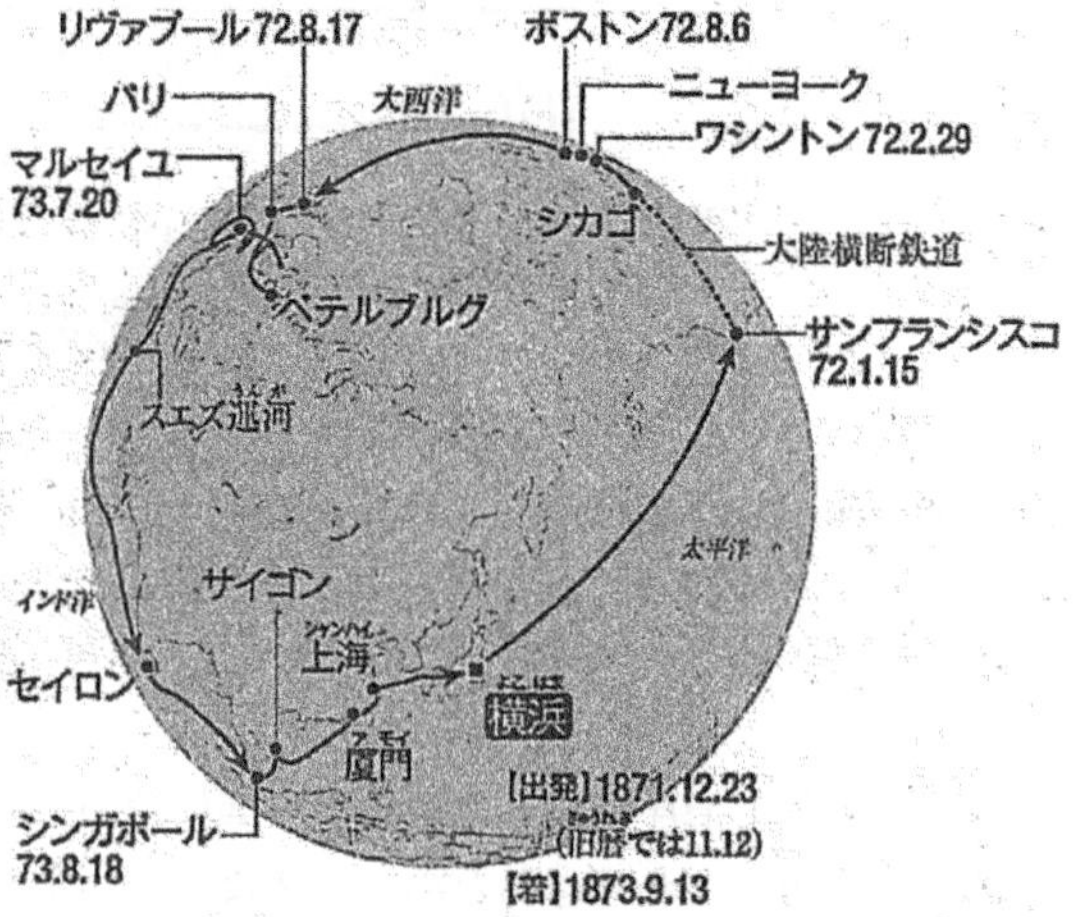

『中学歴史　日本と世界』図版・『高校日本史』図版より引用。

問３　図１に関連して，第二次世界大戦の敗戦後，アメリカ合衆国の管理下に置かれた小笠原諸島は，1968年に日本に返還されました。小笠原諸島の日本返還よりも後に起こった出来事として，適当なものを次のア～オより２つ選び，記号で答えなさい。

ア　神戸を中心に大きな被害を出した阪神・淡路大震災が発生した。

イ　日米安全保障条約がはげしい安保反対闘争の中で改定された。

ウ　日ソ共同宣言が結ばれ，日本とソビエト連邦とが国交を回復した。

エ　大阪にて日本で初めて万国博覧会が開催された。

オ　湯川秀樹が日本人で初めてノーベル賞を受賞した。

問４　図１の使節が停泊した港に関連して述べた次の文Ｘ・Ｙについて，その正誤の組み合わせとして適当なものを，次のア～エより１つ選び，記号で答えなさい。

Ｘ　箱館は，開港後ロシアのレザノフら多くのロシア人が来航し，交易が行われた。

Ｙ　香港は，アヘン戦争に勝利したフランスの植民地となっており，多くの使節が寄港した。

	ア	イ	ウ	エ
Ｘ	正	正	誤	誤
Ｙ	正	誤	正	誤

問５　図１・２に関連して，２つの使節の航路に関して，誤りのものを次のア～エより１つ選び，記号で答えなさい。

ア　図１の使節は，アフリカ南部のケープタウンを経由して日本へと向かったことがわかる。

イ　どちらの使節も現在のスリランカにあたるセイロン島（セイロン）を経由していることが図から読み取れる。

ウ　どちらの使節も太平洋を横断して航海を行ったことが図から読み取れる。

エ　図２の使節は，リヴァプール到着後約11ヶ月にわたってヨーロッパを視察したことがわかる。

問６　前のページの図１の使節が日本に来航してから前のページの図２の使節が帰国するまでに日本で起こった出来事として，**誤りのもの**を次のア～オより**２つ**選び，記号で答えなさい。

ア　徳川慶喜により，新たな陸軍を整備する幕府政治の改革が行われた。

イ　幕府の元役人による大塩平八郎の乱が発生したが，半日で鎮圧された。

ウ　西郷隆盛が反乱を起こしたが，政府軍によって鎮圧された。

エ　明治天皇が王政復古の大号令を出し，天皇を中心とする政治に戻すことを宣言した。

オ　坂本龍馬の仲立ちにより，薩摩藩と長州藩が同盟を結んだ。

問７　図２の使節団は，横浜を出航したあとアメリカへと向かいました。はじめにアメリカへと向かったのは，この使節団の目的と深く関わっています。この使節団が当初かかげた目的を簡潔に記述しなさい。

4　次の文章は，秀英生の秀美さんと英太さんとの会話です。この会話を読み，あとの設問に答えなさい。

英太：今年の修学旅行は滋賀県に行くことになったね。滋賀県ってどんな見所があるのかを調べる宿題，もうやった？

秀美：少しずつ調べ始めているけど，２つのテーマについて調べなきゃいけないのが大変ね。

英太：今の滋賀県の地域は江戸時代までは近江国と呼ばれていたみたいだから，「近江」で検索したらいろいろ出てきたよ。僕は１つ目に①古代に近江国に作られた大津宮と紫香楽宮の２つの都について調べることにしたよ。

秀美：大津宮は海外との戦争に敗れた天智天皇が遷都した後，即位した都として知られているし，紫香楽宮は聖武天皇が大仏造立の詔を出した都として知られているね。どちらの都も国内が危機的状況だった時に近江国に都が置かれているのは面白いよね。私は１つ目には琵琶湖の北西側の地域について調べることにしたわ，京都に近く，自然も豊かだった琵琶湖の北西側の地域は，②12代将軍の足利義晴や13代将軍の足利義輝が戦乱を避けてたびたび逃げ込んでいることがわかったの。

英太：へえ，そうなんだ。確かに戦国時代には「近江を制するものは天下を制す」といわれていたようだし，多くの城が作られたことも知られているね。なので僕は２つ目に琵琶湖の東側に作られた城について調べることにしたよ。③安土城や彦根城など多くの城が作られた城好きにはたまらない地域だよ。それに琵琶湖の東側は④江戸時代になると街道も整備されて，江戸と京都を結ぶ重要な道となったんだ。

秀美：なるほど。私は２つ目に⑤大津事件について調べてみることにしたわ。外国の皇太子が日本人の警官に襲われて国際問題に発展した事件なの。

英太：調べてみると⑥滋賀県って歴史的に重要な出来事がたくさん起こっている都道府県ということがわかって面白かったね。この宿題が終わったら，次は⑦滋賀県に関する人物調べをやらないといけないな。

秀美：完全に忘れていた。早速取りかからないと。

問１　下線部①に関連して，都が大津宮に置かれていた際の出来事として，適当なものを次のページのア～エより１つ選び，記号で答えなさい。

ア　豪族の蘇我氏を倒し，改新の詔を出して天皇を中心とする国づくりが行われた。

イ　出身地に関係なく，能力や功績のある人物を取り立てる冠位十二階の制度ができた。

ウ　日本で初めての戸籍である庚午年籍が作られた。

エ　唐にならって大宝律令を制定し，律令に基づいた国の支配が始まった。

問２　下線部①に関連して，都を紫香楽宮に遷した聖武天皇の時代の出来事として，適当なものを次のア～エより１つ選び，記号で答えなさい。

ア　唐の貨幣にならって，富本銭や和同開珎が鋳造され，全国に流通した。

イ　藤原道長が，摂政として幼い天皇を支えて政治を天皇に代わり行った。

ウ　豪族の平将門が，一族の領地争いから関東で反乱を起こした。

エ　新しく開墾した土地を私有することを認める墾田永年私財法が出された。

問３　下線部②に関連して，足利義晴や足利義輝が戦乱を避けて京都から近江に逃げ込んだ時期に起こった出来事として，適当なものを次のア～オより１つ選び，記号で答えなさい。

ア　観阿弥と世阿弥の親子が能楽を大成した。

イ　朝廷を監視するために，六波羅探題が京都に設置された。

ウ　南北朝の皇統が足利義満の手によって合一された。

エ　文禄の役・慶長の役の二度の朝鮮出兵が行われた。

オ　フランシスコ＝ザビエルが来航し，キリスト教が伝来した。

問４　下線部③に関連して，安土城が建設された当時は，安土は琵琶湖周辺の小さな湖沼に囲まれていましたが，1942年からある理由により干拓事業が始められました。この干拓が始められた理由として，適当なものを次のア～エより１つ選び，記号で答えなさい。

ア　高度経済成長期にベッドタウン化が進み，住宅に利用する土地が必要になったため。

イ　第二次世界大戦の長期化により，食料を増やすための水田とする土地が必要になったため。

ウ　戦後アメリカ軍の占領下において，琵琶湖周辺に米軍基地を作るための土地が必要になったため。

エ　大正時代に水力発電が急速に普及し，琵琶湖の水を利用して水力発電用のダムを造るための土地が必要になったため。

問５　下線部③に関連して，安土城を築いた人物の行った政治について述べた以下の文章のうち，適当なものを次のア～エより１つ選び，記号で答えなさい。

ア　武士たちに質素・倹約をすすめることでききんからの脱出をはかった。

イ　民衆に広がった一向一揆の勢力と戦い，降伏させることに成功した。

ウ　安土の町に楽市令を出し，特定の商人が利益を独占できるようにした。

エ　鉄砲を大量に利用した戦術により，駿河の今川義元を破ることに成功した。

問６　下線部④に関連して，京都から琵琶湖の東岸を北上しつつ通過して江戸にいたる街道として，適当なものを次のア～オより１つ選び，記号で答えなさい。

ア　奥州道中　　イ　山陽道　　ウ　中山道　　エ　日光道中　　オ　東海道

問７　下線部⑤に関連して，次ページの文章は，滋賀県で発生した大津事件について秀美さんがまとめた文章です。文中の空欄Ｘ・Ｙについて，その組み合わせとして適当なものを，次ページのア～カより１つ選び，記号で答えなさい。

1891（明治24）年，来日中の（　X　）皇太子を，警備担当の警官が襲う大津事件が発生した。（　X　）との関係悪化を恐れた政府は，警官を死刑にしようとしたが，当時の大審院（現在の最高裁判所にあたる）長は法律に従って無期懲役を主張し，（　Y　）の独立を守った。

ア　X　ロシア　Y　行政　イ　X　ロシア　Y　立法　ウ　X　ロシア　Y　司法
エ　X　イギリス　Y　行政　オ　X　イギリス　Y　立法　カ　X　イギリス　Y　司法

問8　下線部⑥に関連して，滋賀県で起こった出来事について述べた以下のア～カの文章を読み，時代の古い順に並べ替えたとき，2番目と5番目になる記号を答えなさい。なお，市町村名は現在のものです。

ア　大津市の瀬田の唐橋で，壬申の乱の最終決戦が行われた。
イ　野洲市の大岩山遺跡で，現在出土している中で最大の銅鐸が作られた。
ウ　近江八幡市を通る朝鮮人街道を利用して，通信使が将軍のもとへと向かった。
エ　栗東市の鈎《まがり》の陣中で，応仁の乱の原因となった9代将軍足利義尚が出陣中に亡くなった。
オ　長浜市の国友村で，伝来してすぐに鉄砲の国産化が進められた。
カ　大津市の石山寺で，紫式部は『源氏物語』の執筆を始めた。

問9　下線部⑥に関連して，滋賀県は，海に面していない内陸県としても知られています。以下のア～オの文章のうち，日本の内陸県にある史跡として適当なものを2つ選び，記号で答えなさい。

ア　栃木県の足尾銅山は，明治時代に公害問題が発生し，参議院議員の田中正造が操業の中止を訴えたことで知られている。
イ　佐賀県の吉野ヶ里遺跡は，弥生時代の水田の跡や敵の侵入を防ぐための堀の跡が残る大規模な環濠集落として知られている。
ウ　群馬県の富岡製糸場は，多くの工女を集めて綿織物の原料となる生糸を生産し，日本の殖産興業を支えた工場として知られている。
エ　長野県の川中島古戦場史跡は，甲斐の戦国大名武田晴信（信玄）と越後の戦国大名長尾景虎（上杉謙信）との間で数度にわたる戦いが行われた場所として知られている。
オ　奈良県の法隆寺は，厩戸王（聖徳太子）が7世紀にはじめて建造したとされ，再建後の建物は現存する世界最古の木造建築として知られている。

問10　下線部⑥に関連して，滋賀県に隣接する都道府県で起こった出来事について述べた以下の文章のうち，誤りのものを次のア～オより1つ選び，記号で答えなさい。

ア　徳川家康の率いる東軍と石田三成らの率いる西軍が関ヶ原で激突した。
イ　曹洞宗を始めた道元が，中心寺院として永平寺を開いた。
ウ　高度経済成長期には，四日市市を中心とする地域にぜんそくによる被害が発生した。
エ　米の安売りを求める民衆によって，米騒動が最初に発生した。
オ　浄土信仰の広がりの中で，藤原頼通が宇治に平等院を建てた。

問11　下線部⑦に関連して，以下の文章は，滋賀県にゆかりのある3人の人物について秀美さんと英太さんが調べたものです。それぞれ誰のことか，答えなさい。

(1)　この人物は，織田信長の家臣として活躍し，琵琶湖畔の長浜城を与えられました。主君である織田信長が襲われ亡くなると，信長を襲った明智光秀を討ちました。
(2)　この人物は，彦根に生まれ，幕府の大老として開国を主導しました。江戸城へ登城中に安政の大獄に反対する尊王攘夷派の武士に襲われ亡くなりました。

⑶　この人物は，比叡山のふもとに生まれ，平安時代のはじめに唐に渡りました。帰国後は比叡山で天台宗を開いた人物として知られています。

5　次の文章は，2021年度に小学校６年生の蒼さんと緑さんが小学校に入学してから起きた出来事についての会話文です。会話文を読んで，あとの設問に答えなさい。

蒼：入学直後に①熊本地震が発生したことを覚えているよ。

緑：2016年の夏に小池百合子さんが東京都知事に選出され，女性初の都知事になったことも話題だったね。同じ年にトランプさんがアメリカ大統領選挙で勝利したことも覚えているよ。

蒼：２年生の秋には衆議院が解散されて，第48回衆議院議員総選挙があったね。②憲法改正っていう言葉をたくさん聞いた気がするよ。

緑：３年生の夏休みはとにかく暑くて，外で遊ぶこともできなかったよね。夏の猛暑だけでなく，西日本豪雨，北海道地震，台風21号の被害など，自然の脅威を痛感した年だったよ。

蒼：４年生になった2019年は元号が平成から令和に変わったね。秋に消費税が10％になったのも印象的かな。

緑：2019年の夏には，③グレタ・トゥンベリさんの国際連合のサミットでのスピーチと，そのサミットに出席するために飛行機ではなくヨットで大西洋を横断したというニュースに衝撃を受けたな。自分たちがしっかりと世界の問題も考えなくてはいけないと思ったよ。

蒼：2020年の冬に新型コロナウイルスの流行が始まって，行動に制限が多くなったよね。

緑：春から夏にかけては，２度の④補正予算が成立して，国民に一律10万円が給付されたよね。他にも様々な給付金が支払われたよ。この補正予算の財源のために国債を発行したんだよね。

蒼：給付金や助成金の支給が滞ったことで，日本のデジタル化の遅れという課題も顕著になったよ。秋に菅義偉さんが内閣総理大臣に選出されたときには，国の行政のデジタル化を進めることが公約として掲げられていたよね。

緑：2021年に実施された東京オリンピック・パラリンピックのコンセプトでもあった⑤多様性と調和の時代。自分の意見をしっかりと持って，行動に移していく必要があるよね。そのために，中学校でも多くのことを勉強したいな。

問１　二重線部に関連して，東京都の知事，アメリカの大統領，日本の内閣総理大臣の選出方法に関する説明Ｘ～Ｚのうち，内容が適当なものの組み合わせを，あとのア～キより１つ選び，記号で答えなさい。

Ｘ　東京都の知事は，東京都民からの直接選挙によって選出される。

Ｙ　アメリカの大統領は，選挙人による選挙によって最終的に選出される。

Ｚ　日本の内閣総理大臣は，内閣で指名されて，国会で任命される。

ア　Ｘ　　イ　Ｙ　　ウ　Ｚ　　エ　ＸとＹ

オ　ＸとＺ　　カ　ＹとＺ　　キ　ＸとＹとＺ

問２　下線部①に関連して，大規模地震が起きたときに活躍する消防庁が所属している省を，次のア～エより１つ選び，記号で答えなさい。

ア　防衛省　　イ　総務省　　ウ　環境省　　エ　国土交通省

問３　下線部②の憲法に関連して，憲法第14条１項の空欄にあてはまる語句を答えなさい。

憲法第14条　１　すべて国民は，［　　］であつて，人種，信条，性別，社会的身分又は門地により，政治的，経済的又は社会的関係において，差別されない。

問４　下線部②に関連して，憲法改正に関する説明Ｗ～Ｚのうち，内容が適当なものの組み合わせを，あとのア～クより１つ選び，記号で答えなさい。

Ｗ　衆議院もしくは参議院で，総議員の３分の２以上の賛成が得られた場合，憲法改正を発議することができる。

Ｘ　憲法改正の国民投票では，投票されなかった票は反対票として数えられる。

Ｙ　憲法改正の国民投票は，満18歳以上の日本国民に投票権が与えられているが，高校生のうちは投票することができない。

Ｚ　日本国憲法の改正は，最終的に，天皇によって国民の名で公布される。

ア　Ｗ　　イ　Ｘ　　ウ　Ｙ　　エ　Ｚ

オ　ＷとＸ　　カ　ＸとＹ　　キ　ＹとＺ　　ク　ＷとＺ

問５　下線部③に関して，次のア～エは，国連の総会やサミットなどの国際的な場で女性が行った有名なスピーチの日本語訳の一部です。グレタ・トゥンベリ氏のスピーチとして適当なものを，次のア～エより１つ選び，記号で答えなさい。なお，文中の・・・は略を表しています。

ア「・・・オゾン層の穴のせいで日光を浴びるのが怖くなりました。化学物質が心配で息をするのも怖いです。・・・オゾン層の穴をなくす方法も知らないし，汚れた川にサケを呼び戻す方法も絶滅した動物を生き返らせるすべも知りません。砂漠になってしまった森はもう元には戻らないのです。直し方を知らないなら，壊すのはもうやめてください。・・・」

イ「・・・本とペンを手に取り，全世界の無学，貧困，テロに立ち向かいましょう。それこそ私たちの最も強力な武器だからです。１人の子ども，１人の教師，１冊の本，そして１本のペンが，世界を変えられるのです。教育以外に解決策はありません。教育こそ最優先です。」

ウ「・・・女性が男性と同じ賃金をもらうことは正しいと考えます。自分自身の身体について自分で決定をすることができると考えます。・・・自分への疑いに対し，こう自分に言い聞かせます。『私でなければ―誰が？』『今でなければ―いつ？』もしみなさんが自分を疑うような場面に出会ったらこの言葉を思い出してくれればと思います。・・・」

エ「・・・二酸化炭素の排出量を10年で半分に減らしたとしても，地球の平均気温上昇を1.5℃以下に抑えるという目標を達成する可能性は50％しかありません。・・・若い世代はあなたたちの裏切りに気づき始めています。・・・もしあなたたちが裏切ることを選ぶのであれば，私たちは決して許しません。・・・」

問６　下線部④に関連して，次のページのグラフは平成30（2018）年度と令和２（2020）年度の一般会計歳入の内訳を表しています。ただし，令和２（2020）年度は第２次補正後の予算となっています。グラフ中のＡ～Ｄにあてはまる語句の組み合わせとして適当なものを，下のア～エより１つ選び，記号で答えなさい。

	A	B	C	D
ア	所得	消費	建設	特例
イ	所得	消費	特例	建設
ウ	消費	所得	建設	特例
エ	消費	所得	特例	建設

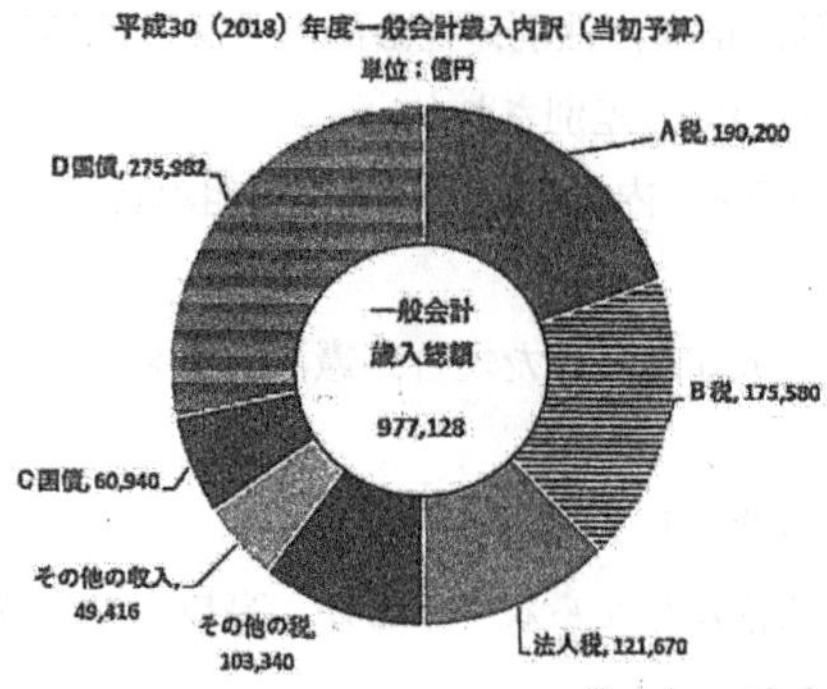

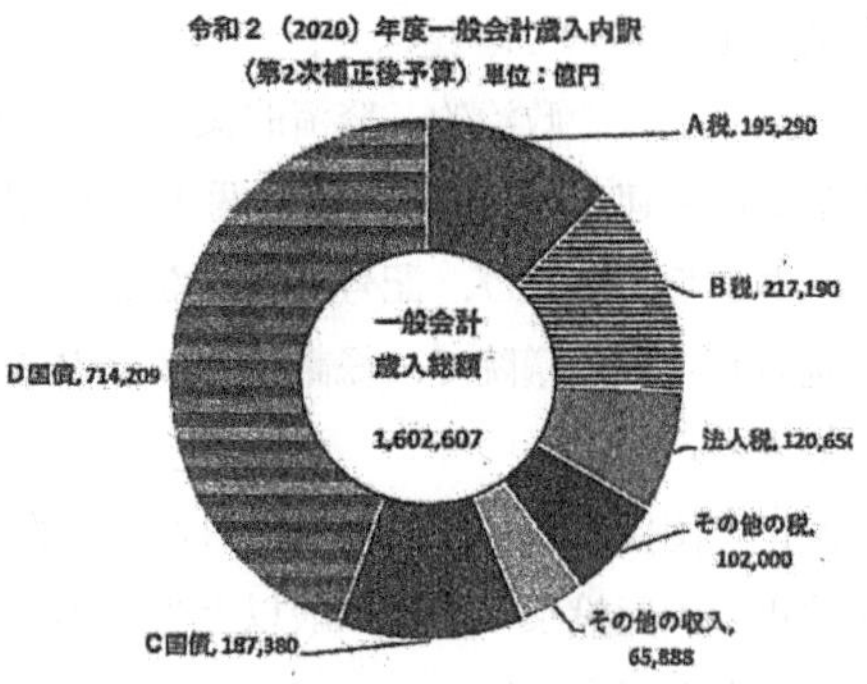

『日本の財政関係資料』平成30年10月版・令和２年７月版より作成。

問７　下線部⑤に関連して，次のグラフは世界経済フォーラムが発表している「グローバル・ジェンダー・ギャップ報告書2021」から作成した，教育，経済，健康，政治の各分野における男女の格差を表した指数を示しています。0が完全不平等，1が完全平等を示します。グラフから読み取れることとして適当なものを，あとのア～カより２つ選び，記号で答えなさい。

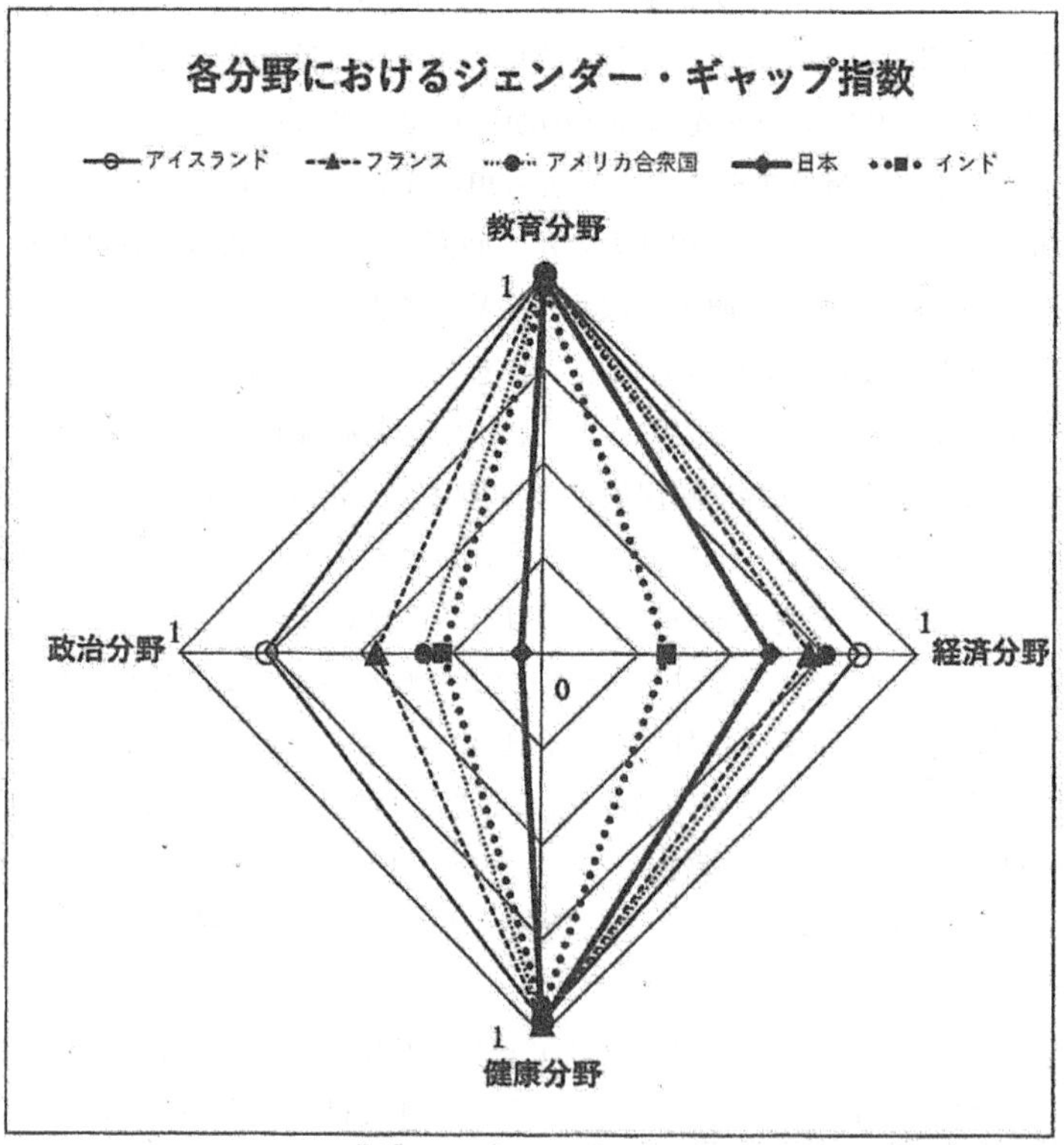

「グローバル・ジェンダー・ギャップ報告書2021」より作成。

ア　アイスランドは，4分野の数値を平均すると，最も男女の格差が大きい国である。

イ　日本は，4分野の数値を平均すると，最も男女の格差が小さい国である。

ウ　アメリカは，フランスと比べて経済分野での格差が小さいが，政治分野での格差は大きい。

エ　フランスは，インドと比べて経済分野での格差が小さいが，政治分野での格差は大きい。

オ　日本は，アメリカと比べて経済分野も政治分野も格差が大きい。

カ　日本は，インドと比べて経済分野も政治分野も格差が小さい。

から選び、記号で答えなさい。

a「言うたな？」

ア とても信じられないぞ
イ 不満があるのだな
ウ 本当だと信じるぞ
エ 失礼なやつだな

b「なんと言うても父親や」

ア 父親なのだからお前をいつまでも苦労させてはおかないはずだ
イ 父親が子どものお前より劣っていることなどあるはずがない
ウ 父親なのだから母親ほど子どもを大事に思うことはないだろう
エ 父親を見捨てたらむしろお前の方が世間から責められるだろう

4 傍線部①「酔いがさめると、正座して刀の手入れをしている」とあるが、この行動から父親のどんな気持ちが読み取れるか。最も適当な説明を次の**ア**～**オ**から選び、記号で答えなさい。

ア 何もできないくやしさを酒にまぎらわせながらも、いつか武士に戻《もど》る日のためにできる努力はしておきたいと思っている。
イ 新しい生活が思いどおりにならないのでつい酒を飲んでしまうが、自分は武士であるという誇りが心の支えになっている。
ウ 町人を相手にして生活のために働くよりも酒を飲む方がまだ武士らしいと考え、貧しくても誇り高く生きようとしている。
エ 働かずに酒ばかり飲んでいることを宗一郎に非難されないように、刀を通じて父親としての力を見せつけようとしている。
オ この世のわずらわしさがすっかり嫌《いや》になり、これからはひとり静かに、自分の心のまま風流な生活をしたいと思っている。

5 傍線部②「なぜか身がかるくなっている。迷いの糸が断ち切られて、今ならなんでもできそうな気がする」について。このときの宗一郎の心情として最も適当な説明を次の**ア**～**オ**から選び、記号で答えなさい。

ア 武士の子らしく男らしくあらねばならないというこれまでのこだわりを生活のために捨て、この町に定住する覚悟を決めたことで、思いがけず解放されたと感じ、気が楽になった。
イ 世話になっている大家さんの言葉にすなおに従うことによって、自分でも周囲の期待に応《こた》えることができると実感し、ここで大人として生きていけるという自信と喜びがわいてきた。
ウ もう二度と野宿をするようなことにならない生活を選んだことで、ずっと心のどこかにひそんでいた恐怖《きょうふ》や不安から解放されて、将来の夢についても考えることができるようになった。
エ 気がすすまなかった仕事が、思い切って自分からやると言ったことをきっかけに本当にやりたい仕事に変わったことから、がんばれば何でも自分の思い通りにできるのだとわかった。
オ 父親をあてにできないと思い切り、どんな仕事でもやろうと決心したことで、子どもとして父親を手助けするのではなく、これからは自分こそがこの家の主であるのだと実感できた。

6 [A] に共通して入る言葉を本文から抜き出しなさい。

7 傍線部③「そんな父親が意外でもあり、少しさびしくもあった」とあるが、宗一郎がこのように感じた理由を考えて、45字以内で答えなさい。

8 傍線部④「酒の臭いがしない」とあるが、父親はどのように思って酒を飲まなくなったのか。本文から考えて60字以内で説明しなさい。

なければならなかった。仕事を選ぶ余裕《よゆう》など、はなからなかった。

　宗一郎は腹の底に力を入れて、

「おおきに。やらしてもらいます」

と、深く腰を折った。

　頭を上げたとたん、宗一郎のからだがふわりと宙に浮いた。そう感じるほど、②なぜか身がかるくなっている。迷いの糸が断《た》ち切られて、今ならなんでもできそうな気がする。

　大家さんは大きくうなずいたあと、

「はよ、おいでや」

と、いい残して外へでていった。

「［A］。すぐに」

［A］と口にして、宗一郎は、もういっぺん腹の底に力をこめた。

　宗一郎は、ぼさぼさの髪に水をつけてなでつけると、障子の前に手をついた。

「父上、仕事にいってまいります」

「そうか。いくのか」

絞《しぼ》り出《だ》すような声だった。

　大家さんとのやりとりは、父親の耳にも届いていたはずだったが、とうとう最後まで「いくな」とはいわなかった。③そんな父親が意外でもあり、少しさびしくもあった。

　おかみさんは宗一郎を見るなり、細い目をいっそう細くした。

「ようきたようきた。仕事をはじめる前に、ここにおすわり。おまえの髪をきれいにしたろ。」

　鏡の前にすわった宗一郎の髪を、おかみさんがていねいにとかしていく。ときおり首に触《ふ》れるおかみさんの手はあたたかく、やわらかかった。忘れていた母の手を思いだす。気がつけば、目頭《めがしら》が【 II 】なっていた。

　髪結いの手伝いは部屋の中なので、からだが凍《こご》えることもない。おかみさんに言われるまま、切った髪をまとめて捨てたり、手ぬぐいを洗ったり、客のはきものを揃《そろ》えたりする程度で、楽だった。

　客はみな男の子の宗一郎をめずらしがっては、かわいがってくれる。

「いやになるまで、毎日おいで」

と、おかみさんにいわれるまま、宗一郎は通い続けた。駄賃《だちん》のほかに、焼き魚やにぎりめしや、野菜の煮込《にこ》みなどの食い物も持たせてくれた。

　おかみさんのもとにいきだしてから、数日たったころだった。

　夕刻、「ただいま戻りました」と帰宅する宗一郎を、「ごくろうであった」と父親が迎えてくれるのはいつものことだが、④酒の臭《にお》いがしない。気のせいかと、何気なく近寄って鼻をきかせてみても、やっぱり酒臭《さけくさ》くはなかった。

（中川なをみ「よろず承り候」）

1　【 I 】に入る最も適当な言葉を次の**ア**～**エ**から選び、記号で答えなさい。

ア　三つ子の魂《たましい》百まで　**イ**　石の上にも三年
ウ　千里の道も一歩から　**エ**　七転び八起き

2　【 II 】に入る最も適当な言葉を次の**ア**～**エ**から選び、記号で答えなさい。

ア　よわく　**イ**　ちかく　**ウ**　ゆるく　**エ**　あつく

3　波線部**a**・**b**のセリフの意味として、最も適当なものをそれぞれ次

「めっそうもありません。父上の仕事やったら、うれしいおもうて」

いいながら、宗一郎は奥の部屋をちらりと見た。破れ障子の向こうで、父親はまだ寝ている。目覚めていても、昼過ぎまでふとんの中にいるのが常だった。

大家さんが宗一郎の耳もとでささやいた。

「あいかわらず、酒をのんではるんか？」

宗一郎はうなだれて、小さくこたえた。

「毎日というわけでもないんですが……」

父親は、十をいくつか越えたばかりの宗一郎の稼ぎの大半を、酒に代えて飲んだくれている。

「およし」と、死んだ母親の名を呼んだり、武家屋敷にいたころの暮らしをなつかしがったりする。すべては三年前に終わったこと。どんなに叫んでも、過ぎ去った時間はとりもどせない。

宗一郎にわかっていることが、どうして父親にわからないのだろう。閉めた障子に向かって、宗一郎は大きくためいきをついた。

大家さんは、

「大人のことは、ガキにはわからん。おまえも苦労するけど、ｂなんと言うても父親や。目がさめるまで待たなしゃあないわ」

そういうなり、宗一郎の頭をぐりぐりなでた。

「仕事やけどな。うちの奥、手伝ってくれるか」

「奥って、おかみさんの髪結《かみゆ》い仕事ですか」

「そや」

（略）

宗一郎は今までにいろいろな仕事をしてきたけれど、髪結いを手伝うのははじめてだ。

「どんなことをしたらええんですか？」

「そら、待ってる客に茶をだしたり、髪をとかしたりするんやろ」

「髪をとかすって、わたしがですか？　そりゃあちょっと……」

「よろず承りやなかったんか？」

大家さんの声が、とがっている。

宗一郎は男だ。男が女の髪の毛にさわる仕事をするのは、決してほめられたことではない。胸の奥には、まだ武士の子のほこりも残っている。

大家さんが袖の中から両手を出すと、ゆっくりと腕を組んだ。

「宗一郎、よう考えや。おまえがここで生きていけるかどうかの分かれ道やで」

分かれ道という言葉が、宗一郎の迷いをゆさぶった。

ここにくる前、一度だけ野宿をしたことがあった。夕方から降り出した雨を軒下《のきした》でしのぐしかできず、おまけに空腹だった。あの夜のみじめさは一生忘れないだろう。

「稼ぎ手は宗一郎、おまえだけなんやろ？」

大家さんにいわれるまでもなかった。頭ではわかるのだが、それでも、髪結いの手伝いには抵抗《ていこう》がある。

「どないするんや？」

大家さんににらまれても、まだ宗一郎の心は定まらなかった。

米びつはすでに空《から》だった。父親をあてにできないなら、自分の力で食べていかなければならない。長屋に住みだしてから、知り合いもできたし、たまには仕事もころがりこんでくる。ここに根を張って生きていかあいそ笑いもできるようになったし、何をいわれても「すいません」とぺこぺこおじぎをしていられる。でも、「へえ」だけはどうしてもいえない。いったつもりでも、ことばがのどにひっかかってでてこない。

大家さんがにっと笑った。

「ま。ええ。【　Ⅰ　】いいよる。お武家さんの家に生まれたんやもんなあ。そのうち、なれるやろ」

宗一郎父子が、この長屋に越してきて、三年になる。

父親は武士の端《はし》くれだったが、仕える殿様《とのさま》の不祥事《ふしょうじ》でお家がとりつぶしとなり、三年前に浪人《ろうにん》になった。やさしいだけが取《と》り柄《え》の父親にかわって、家を取り仕切っていたしっかりものの母親は、武家屋敷《ぶけやしき》を追い出された数日後、流行病《はやりやまい》のコレラにかかって、あっけなく死んでしまった。

行く当てのない父子が流れ着いたのがこの長屋だった。

大家さんがぶるっと大げさにふるえた。

「さっぶいなぁ。桜が咲きそうやゆうのに、いつんなったら暖こうなるんやろ。そやそや、仕事やった。ほんまになんでも引き受けるんやな？」

「はい。ほんまです。看板にいつわりはありませんよって」

「a言うたな？」

入口の横には『よろず承《うけたまわ》り候《そうろう》』と書かれた大きな看板があがっている。なんでもやりますという意味だが、この長屋に住めると決まった翌日、父親がたすきを掛《か》けて一気に書き上げたものだった。

数日後、飛《と》び込《こ》んできたのが日雇《ひやと》いの人足仕事だった。いきなりの力仕事に、父親はすぐに音《ね》を上げ、五日の約束を三日で勝手に切り上げてしまった。

父親はよみかきに関した仕事を予想していた。ところが、頼まれるのは、風呂屋《ふろや》の薪割《まきわ》りや積荷の運搬《うんぱん》などの力仕事ばかりだった。

両手をついて、ていねいに断る父親の言葉は堅苦しくて、言葉の端々《はしばし》に武士のおごりがにじんでいる。頼みにきた町人たちは不愉快《ふゆかい》になって、二度と父親に頼まなかった。

すっかり仕事のなくなった父親が酒をのみだしたのは、そのころだった。①酔《よ》いがさめると、正座して刀の手入れをしている。そんな父親をみていて、宗一郎はせめて、用心棒の仕事でも舞い込んでこないかと、密《ひそ》かに願っていた。

いつだったか父親が宗一郎に向かって、

「仕事なら、なんでもせねばならん。よろず承りの看板が偽《いつわ》りになってしまう……」

と、しみじみと言ったことがあった。

大家さんの仕事も、今なら父親は引き受けるだろう。

「大家さん、ちょっと待っててください」

ぞうりをぬいで、奥の部屋に行こうとする宗一郎の袖を、大家がぐいっと引っ張った。

「宗一郎、これはな、おまえの仕事なんや」

「ええーっ、またですか？」

大家さんはときおり仕事をもってきてくれる。子守《こもり》、そうじ、使い走りもあった。ありがたいけれど、子どもの仕事はもうけが少ない。できれば父親にがっぽり稼《かせ》いでもらいたいのだ。

「なんや、いやなんか？」

を見いだす」「すぐに必要のない情報をキャッチしておく」「特定の対象を選択《せんたく》して※知覚する」といった認識のモードないし注意のタイプに対する名前と考えるべきではないでしょうか。

（伊藤亜紗『目の見えない人は世界をどう見ているのか』）

※モード……ここでは、あることをするために適した態勢。
知覚……感覚器官を通じて認識すること。

問　次の**ア**〜**オ**は、二種類の本文に関して話し合っている場面である。**ア**〜**オ**の発言のうち、本文から考えて適切でない発言を一つ選び、記号で答えなさい。

ア〈生徒X〉最初の文章で、目の見える人と見えない人が分かりあうには「異なることと共通することを丁寧に知り合うこと」が大切だと言っていたでしょう？　目の見える人が目かくしして、暗闇を歩いたり点字を練習したりする体験は、見えない人と同じ感覚を味わうのに良い方法だと思った。私もやってみたくなったな。

イ〈生徒Y〉「同じ感覚」を考えるのは、後の文章でも同じだね。ただ、「注意の向けかた」を重視しているところが面白かった。「注意のタイプ」で分類すれば、両者は確かに同じことをしているわけだ。意外だけど、納得させられたよ。

ウ〈生徒Z〉後の文章では他に、目が見えないからといって「特別な聴覚」を持っているわけではないと言っているね。視力がなくても別に聴覚の感度は変わらないというわけか。そこは、最初の文章とは考え方が違うんだな。

エ〈生徒Y〉最初の文章は、目の見える人と見えない人とで、どうしても異なってしまうことを言った点でも、後の文章と違うよ。同じ小説を読んでも「視点」の設定が無意識に違っていることは、これを読んで初めて知った。参考になるね。

オ〈生徒X〉調べて分かったのは、世界が、とらえ方しだいで、今の自分が見ているよりもっと多様になることなんだ。最初の文章の始めにある「豊かな世界」も、この多様性を言っているんだと思う。

二　**次の文章を読んで、後の問いに答えなさい。設問の都合により、表記を変えたところがあります。**

「おはようさん」

声と一緒に板戸が、がらっと開いた。

長屋の大家さんだ。えりまきを首に巻きつけて、両手は袖《そで》の中に引っ込めている。

土間にいた宗一郎《そういちろう》はていねいに頭を下げて、

「お世話になっています」

と、声を張り上げながら、ほおにはりついた髪の毛をじゃまっけに後に払《はら》った。

「元気でよろし。商売人は、元気やないとあかん」

「はい」

「はいやのうて、返事はへえの方がええんやけどなぁ」

宗一郎は首をすくめて、うつむいた。

ウ　晴眼者がアイマスクで視覚をさえぎることで、いかにふだん視覚に頼っているかを、晴眼者が自覚すること。

エ　世界を把握するには、視覚だけではなく、触覚や聴覚も重要で大切な手段であることに、晴眼者が気づくこと。

オ　晴眼者も、暗闇の世界に入ると、目の見えない人と同じく音や空気の流れに非常に敏感になるのを実感すること。

6　Xさんは、傍線部⑤「目の見えない人たちの世界を、その脳活動から探る研究」についてレポートを書くため、次のようなメモを作った。これについて後の問いに答えなさい。

	実験した研究者	実験対象	実験内容	実験の結果、証明されたこと
Ⅰ	未記名	視覚障害者	点字を読む時の脳活動を計測する	Ⅰ～Ⅳで共通することは B（30字以内）である。
Ⅱ	レオナルド・コーエン	視覚障害者	視覚野に電気ショックを与える	
Ⅲ	コーエンと定藤規弘	視覚を失ったばかりの成人	点字を読む時の脳活動を計測する	Ⅲ・Ⅳで新しく分かったことは C（30字以内）である。
Ⅳ	トマス・カウフマン	A	点字を読む時の脳活動を計測する	

（1）　空欄Aに入れるのに適切な語を、本文から5字以内で抜《ぬ》き出して答えなさい。

（2）　Xさんは空欄Bに、実験Ⅰ～Ⅳで証明されたことのうち共通すること、空欄Cには、実験Ⅲ・Ⅳで新しく分かったことを書き込んでいった。空欄B・Cに入る内容を、それぞれ指定の字数以内にまとめて答えなさい。「である」があとに続くように書くこと。

（3）　Xさんは、視覚とそれ以外の感覚について述べた別の文章を見つけ、友達に紹介した。これについて後の問いに答えなさい。

洋服店に入って特に買う気がないまま棚《たな》の上に置かれた商品を見て回るとき、これは「眺《なが》める」です。「特に買う気がないまま」というところが重要で、寒くて仕方がないときにセーターを買おうとしているなら、これは「探す」になります。つまり「眺める」とは、強《し》いて定義するなら、特定の対象に焦点《しょうてん》を定めずに、周囲に存在する自分の行動にすぐには関係のないさまざまなもの（でもいつか関係するかもしれないもの）についての情報を集めること、ということになるでしょう。

これは、言うまでもなく、視覚以外の器官を用いてもできることです。たとえばカフェにいてぼうっとしているとき、私たちは後ろの席の話し声や外の車の音を何となく耳に入れています。先の定義に従うなら、これはまさに「眺める」と言うべきでしょう。見えない人は、耳のみで「眺める」を行い、カフェの状況《じょうきょう》を把握しているのです。ベテランの視覚障害者だとこの能力が非常に鋭《するど》く、たとえば会話をしながら周囲の様子を音によって「眺めて」いるので、教えなくてもトイレの場所が分かってしまうと言います。「眺める」は、すぐに必要のない情報をキャッチする働きだとしても、状況把握には必須《ひっす》の認識《にんしき》の※モードなのです。視覚障害者は、「特別な聴《ちょう》覚《かく》」を持っているわけではなくて、見える人が目でやっていることを、耳でやっているだけなのです。（略）

私からの提案は、「何かをするのにどの器官を使ったっていいじゃないか」ということです。大事なのは「使っている器官が何か」ではない。むしろ「それをどのように使っているか」です。

「読む」「眺める」「注目する」といった私たちの能力は、特定の器官の機能なのではなくて、「パターンを認識してその連続に意味視覚から触覚へのすり替《か》わりをよりくわしく調べるため、脳科学者のコーエンや定藤規弘《さだふじのりひろ》たちは、目が見えなくなったばかりの成人を対象に脳活動を計測しました。その結果、長年の経験を経《へ》なくても点字の練習で、これらの人たちが点字を読むときに視覚に関する脳の部位が働くことがわかったのです。しかもこのような脳活動は、まだじゅうぶん点字を習得できていなくてもみられたのです。

さらに学習の速さを追求するため、神経科学者のトマス・カウフマンは、目の見える人たちに目かくしをしたまま５日間生活してもらい、点字の訓練を受けさせせました。するとたった５日間でも、指先への触覚的な刺激《しげき》で視覚に関する脳の活動がみられるようになりました。

（山口真美『こころと身体の心理学』より）

※視覚野……大脳において、眼から得た情報を処理するときに働く部分

1　波線部**a・b・c・d・e**のカタカナを漢字に直しなさい。

2　傍線部①「共通の世界について語らえたら」とあるが、この場合の「共通の世界について語らう」とはどういうことか。最も適当なものを次の**ア**～**オ**から選び、記号で答えなさい。

ア　視覚を持つか持たないかの違いはあるにせよ、互いに知り合い、共に同じ空間に存在することの喜びを交わしあうこと。

イ　目で把握したか音と空気の流れで把握したかの違いはあるにせよ、同じ環境に住んでいることを確認しあうということ。

ウ　視覚か聴覚かの違いはあるにせよ、同じ空間にいて、その空間をどう認識しているかを互いに知り、確かめあうこと。

エ　視覚の有無か聴覚の有無かの違いはあるにせよ、同じ環境にいて、その環境をどう受け止めたか、話しあうこと。

オ　視覚の強い影響があるか無いかの違いはあるにせよ、同じ部屋にいて何が置いてあるか、答えを言いあって確かめること。

3　傍線部②「『視点』」について、目の見えない人たちの「視点」とはどのようなものだと筆者は述べているか。最も適当なものを次の**ア**～**オ**から選び、記号で答えなさい。

ア　現実であっても映画や小説であっても、その場面や世界を体験・認識する当人の視点

イ　映画や漫画では登場人物と同じ視点だが、小説では天から見下ろす俯瞰的な視点

ウ　現実や夢であっても、映画や小説であっても、その場面や世界の中心である主人公の視点

エ　現実では自分自身の視点だが、映画や小説では自分を離れて作者になりきった視点

オ　現実であっても映画や小説であっても、空からではなく地上から物事を認識する視点

4　傍線部③「『俯瞰する』という視点が、ピンと来ない」のはなぜか。45字以内で説明しなさい。

5　傍線部④「視覚のない世界の不思議を体験するイベント」とあるが、このイベントの意義を考えたとき、本文の内容と異なるものを次の**ア**～**オ**から一つ選び、記号で答えなさい。

ア　いつもなら目の見えない人を案内する側の晴眼者が、目の見えない人に案内してもらうという逆の立場を経験すること。

イ　目の見えない人がふだんすごしている暗闇の世界が、いかに恐ろしいものかを、晴眼者も実体験して共感すること。

いというのです。漫画や映画を説明されて情景をイメージするときも、自分で小説を読むときも、常に登場人物と同じ視点でいるといいます。

それでは、俯瞰的な視点とは、どのように得られるのでしょうか？　どんな実体験と結びついているのでしょう？　晴眼者にとっては、高いビルや小高い丘《おか》から眼下に広がる街cナみを見下ろしたときなどに見た、さえぎられていたものがなく視野が広がるという、視覚的な経験にもとづいているのではないでしょうか。

一方の視覚障害の学生によれば、俯瞰的な視点は、小説で触《ふ》れたくらいで、実際に体験したことはないそうなのです。

つまり、同じ環境《かんきょう》に住む人たちでも、受け取る感覚の違いから、異なった世界を見ていることもあるということです。互《たが》いの語りをほんとうに理解するためには、異なることと共通することを、丁寧《ていねい》に知りあっていくことが重要なのではないでしょうか。（略）

④視覚のない世界の不思議を体験するイベントがあります。人気が高いために私もまだ経験したことがないのですが、アイマスクをして目をふさぎ、視覚障害者のボランティアにdセンドウしてもらいながら暗闇《くらやみ》の空間を歩きまわり、目の見えない世界を体験するのです。アイマスクをつけると、ほとんどの人は目の前に広がる暗闇に恐怖《きょうふ》を感じ、足を踏《ふ》み出すことすらとまどうそうです。

「頼《たよ》りのない世界」というのが、実感でしょうか。このように感じられるのは晴眼者が、視覚に頼って生きている証拠《しょうこ》ともいえましょう。そもそも人は「視覚の動物」とよばれ、視覚を頼りとし、身体感覚も視覚からの情報が主となります。視覚がないと、支えがなくなったように感じてしまう。いかに視覚にたより切っているかを実感させられます。

このイベントでは、視覚以外の感覚の重要性に気づくことができます。視覚をシャットアウトした暗闇で過ごしてみると、しだいに触覚《しょっかく》や聴覚《ちょうかく》をより強く感じるようになっていくのです。勇気を出して足を踏み出すと、ふだん気づくことのない空気の流れや音の変化に気づくようになるそうです。（略）

⑤目の見えない人たちの世界を、その脳活動から探る研究も行われています。彼ら彼女らは指で点字に触《ふ》れて文字を読むように、触覚を視覚の代用としています。点字を読んでいるときの脳活動をeケイソクしてみると、触覚に関する脳だけでなく、視覚に関する脳も活動していることがわかったのです。触覚で得た文字のイメージを、視覚で処理していたのでしょう。まさしく触覚を視覚の代理として活用していたといえるようです。

心理学者であるレオナルド・コーエンたちは、視覚障害者が点字を読んでいるときに、※視覚野《しかくや》に電気ショックを与えてみることを考えました。脳の特定の領域の活動に影響を与える程度の、軽いものです。電気ショックを与えられると、与えられた脳の箇所だけが一時的に働かなくなります。晴眼者の視覚野にショックを与えれば、目が見えなくなります。ただし、もともと目が見えない視覚障害者は、視覚野にショックを与えたとしても、なにも変化はおこらないはずとも考えられます。

ところが、視覚野に電気ショックを与えられると、視覚障害者たちは点字を読むことができなくなってしまったのです。点字がくずれて意味がわからなくなったというのです。手で触れて読む点字にもかかわらず、点字を読む際には視覚に関する脳の部分が使われるということなのです。（略）

【国　語】〈五〇分〉〈満点：一〇〇点〉

【注意】＊設問の都合で、本文には一部省略・改変がある。
＊字数制限のある場合は、句読点なども字数に入れること。

一　次の文章を読んで、後の問いに答えなさい。

十年ほど前、全盲《ぜんもう》の研究生と一緒《いっしょ》に視覚について考えてみたことがありました。彼《かれ》が感じる世界について話してもらうのです。聞くと驚《おどろ》くことばかり、そこには想像とはまったく異なる、豊かな世界がありました。

（略）

そもそも彼は私の研究室までは白杖《はくじょう》をついて来るのですが、研究室に入った後は、白杖をまったく使わないで歩き回ります。そして、そのまま椅子《いす》のあるところに来て座《すわ》るのです。それはまるで、見えているかのような行動にも思えました。

目が見えないのに、どうしてテーブルと椅子のある場所まで迷わずに歩けるのかと聞いたところ、音のａハンシャから、空間内の広がりやおおよその障害物があることがわかるというのです。彼は旅行好きで、旅先でボランティアの同行をつのっては旅に出るとのことですが、はじめて入るホテルの部屋でも、音の響《ひび》きから部屋の大きさがわかるそうです。広めの部屋では音が広がるというのです。音がｂキュウシュウされる方向から、ベッドの位置もわかるといいます。

つまり彼は視覚がなくても、目の前の空間は、音と空気の流れから把《は》握《あく》できるのです。視覚という、影響力《えいきょうりょく》の強い感覚がなかったとしても、まったく別のルートから作りあげた空間世界を共有できる。こうした違いを意識しながら、①共通の世界について語らえたら、それこそがすばらしいことではないでしょうか。

しかし一方で、視覚障害の彼には理解できない空間経験もありました。彼がボランティアに新聞記事を読みあげてもらっていたときに、片《かた》隅《すみ》にある小さな記事にボランティアが気づくことに驚いたというのです。

晴眼《せいがん》者にはごくふつうのこと、興味をもった記事であれば、小さな記事であっても気づくことができます。しかし、触覚《しょっかく》でひとつひとつ点字を順番に確かめていく目の見えない学生にとって、この一目で気づくという見方が大きな驚きだったのです。

また、当然のことかもしれませんが、どこからどのように見ているかという②「視点」への理解は、彼らには難しく感じられたようです。たとえば天から見下ろすような③「俯瞰《ふかん》する」という視点、ピンと来ないようなのです。

それで気がついたのですが、私を含《ふく》めた晴眼者は、視点の切り替《か》えをよくします。漫画《まんが》や映画を「視点」から見なおしてみると、気づくことができるでしょう。自分自身の視点で見ている風景と、俯瞰する視点から見る風景を、効果的に見えるように、切り替えています。

たとえば広い空間を、敵と味方が複雑に入り交じり格闘《かくとう》する戦闘《せんとう》シーンや、スパイ映画で、敵に追われてビルの上を飛び回るシーン、こうしたシーンは、天から見下ろすような「俯瞰する」視点で描《えが》かれることが少なくありません。ちなみに、こうした視点の切り替えは、夢の中でもおきています。たとえば自分が空を飛んでいる様子を、天から見下ろしているような夢を見たことはありませんか？

晴眼者が日常で頻繁《ひんぱん》に目にするシーンの切り替えは、視覚障害者の学生にとっては理解し難《にく》く、特に俯瞰的な光景をイメージすることが難し

MEMO

大切なことはメモしておこうネ！

2022年度

昭和学院秀英中学校入試問題(第2回)

【算　数】（50分）　＜満点：100点＞

【注意】 円周率は3.14とし，角すいや円すいの体積はそれぞれ角柱や円柱の体積の$\frac{1}{3}$とします。

1　次の □ の中に適当な数を入れなさい。

(1) 18－３×(４× ア －３)＝３

(2) 次の計算結果は イ です。必要があれば下の図を利用してもかまいません。

$$\frac{1}{2}+\frac{1}{4}+\frac{1}{8}+\frac{1}{16}+\frac{1}{32}+\frac{1}{64}+\frac{1}{128}+\frac{1}{256}+\frac{1}{512}+\frac{1}{1024}+\frac{1}{2048}+\frac{1}{4096}+\frac{1}{8192}$$

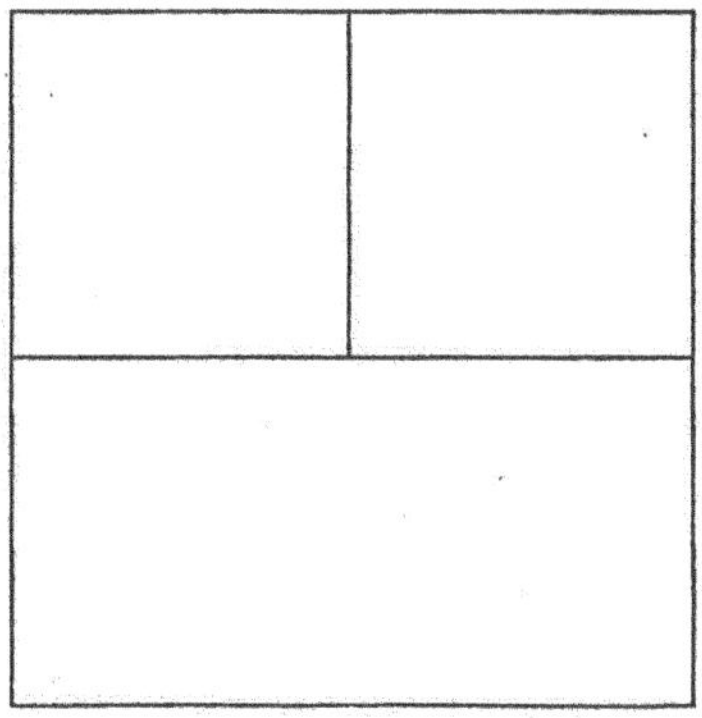

(3) ウ 円で仕入れた品物に，２割の利益を見込んで定価をつけました。ところが売れなかったので，定価の２割引きで売ったところ，39円の赤字でした。

(4) A，B，C，Dの４人が，それぞれたくさんある赤，青，黄のボールから１人１個ずつ選びます。２色以上のボールを選ぶ選び方は エ 通りあります。

(5) 約分しない状態で，分母と分子が97，98，99，100のどれかである分数を考えます。これらの分数を$\frac{97}{100}$から始めて小さい順に並べると，４番目は オ です。

2　次の各問いに答えなさい。

(1) 図の円すいの表面積を求めなさい。

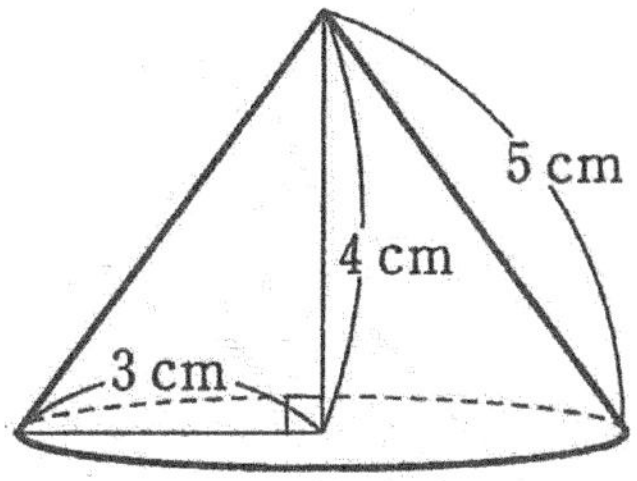

(2)　図のような２つの円と正方形があります。正方形の面積が100cm^2であるとき，斜線部の面積を求めなさい。

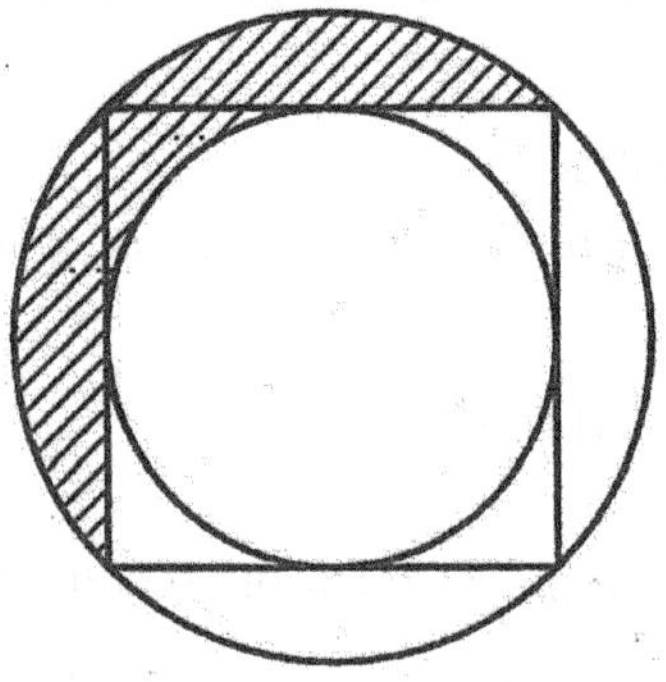

(3)　下の図は，おうぎ形と直角三角形を組み合わせてできた図形です。斜線部を直線ＡＢのまわりに一回転してできる立体の体積を求めなさい。

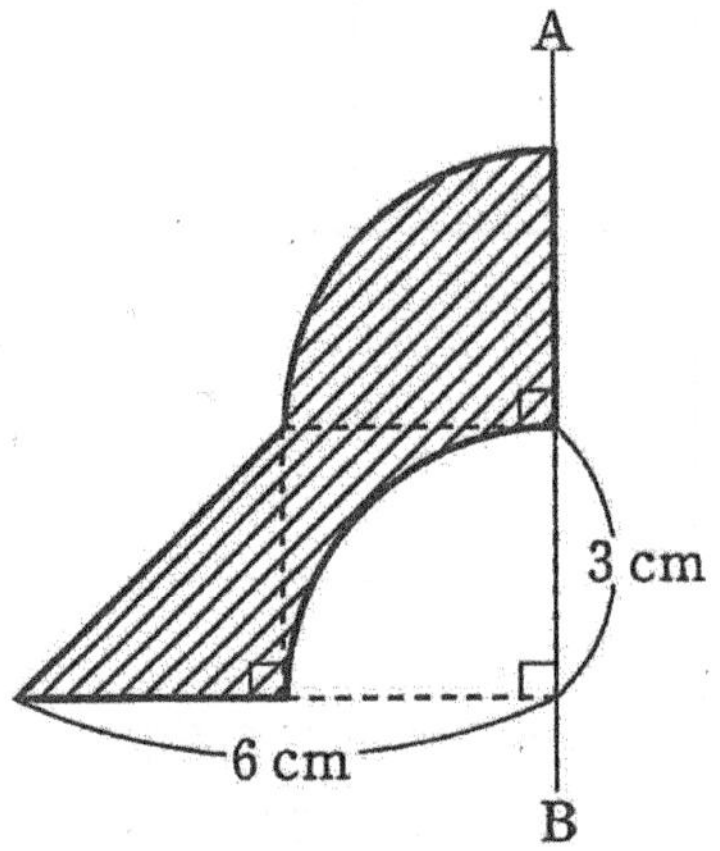

(4)　図は，底面が一辺の長さ４cmの正方形，OA，OB，OC，ODの長さがすべて６cmの四角すいで，点E，Ｆはそれぞれ辺OB，ODの真ん中の点です。３点A，E，Ｆを通る平面と辺OCが交わる点をGとするとき，OGの長さを求めなさい。

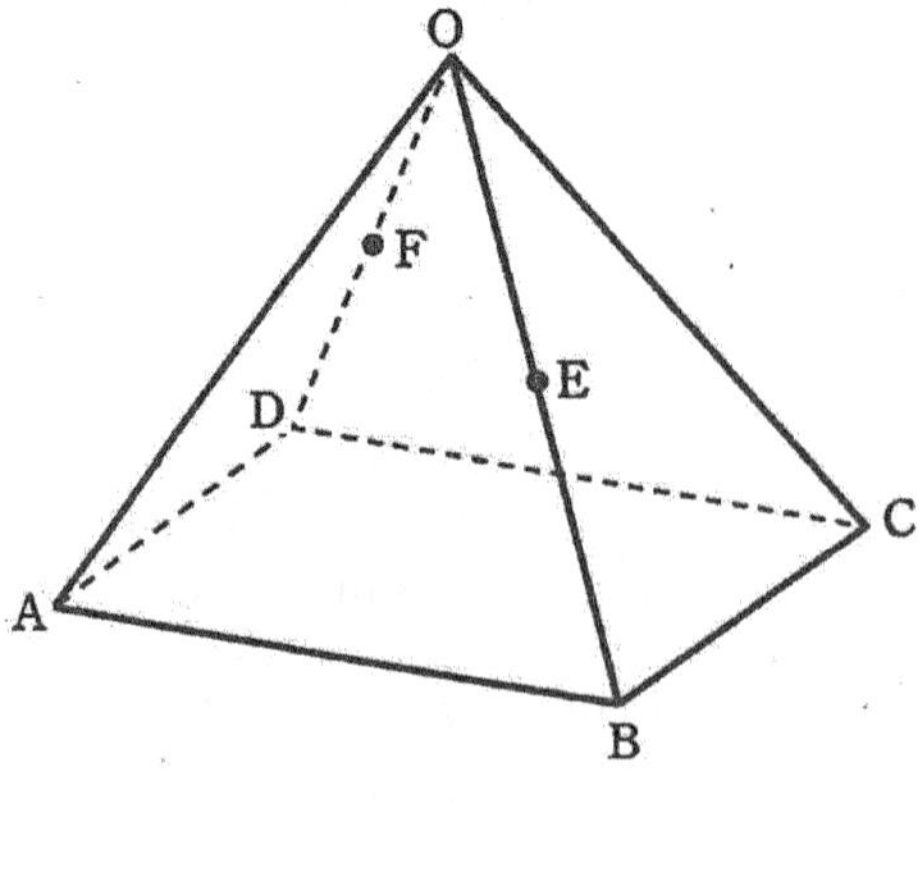

(5)　図１は，正三角形の紙に折り目を付けて，同じ大きさの４つの正三角形を作ったものです。この紙を，図２のように紙Ａと紙Ｂに切り分けました。ＡとＢを貼り合わせた４種類の紙のうち，点線を折り目として正四面体を組み立てられるものをア～エから選びなさい。

図１

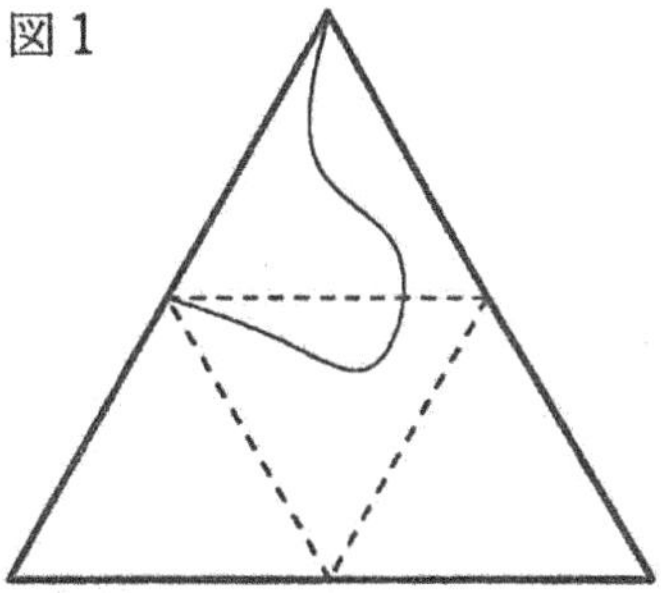

図２

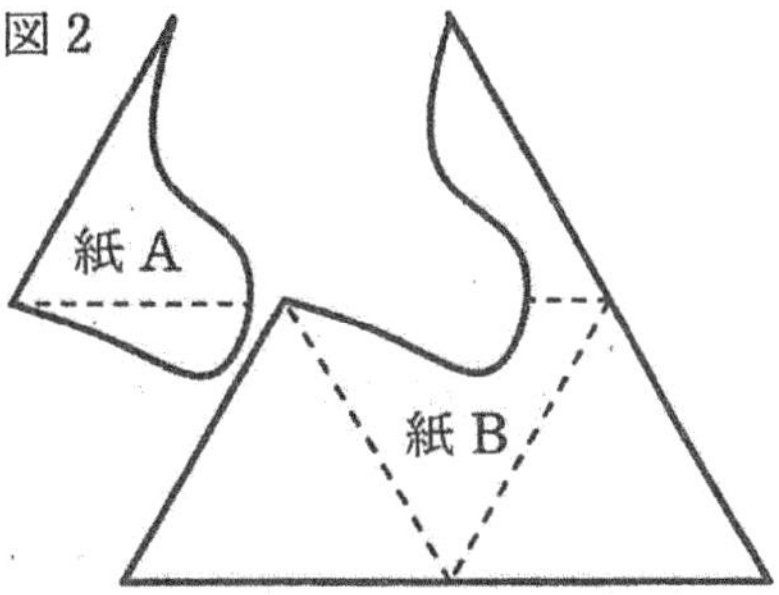

ア

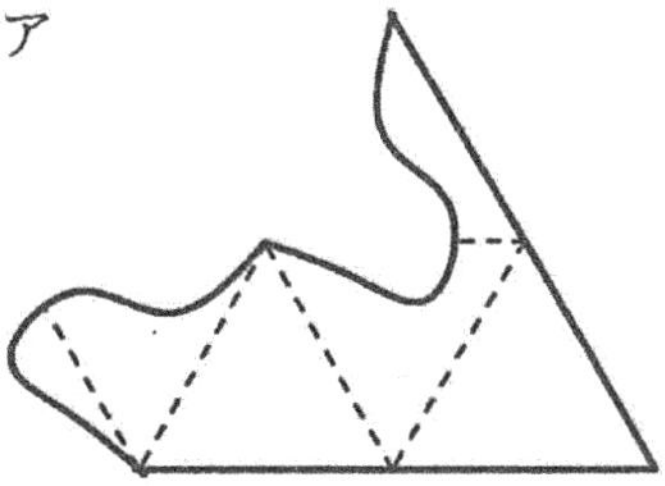

イ

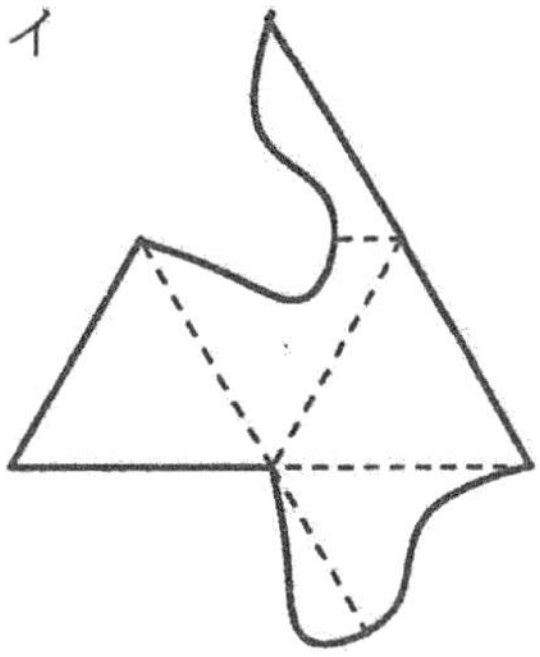

ウ

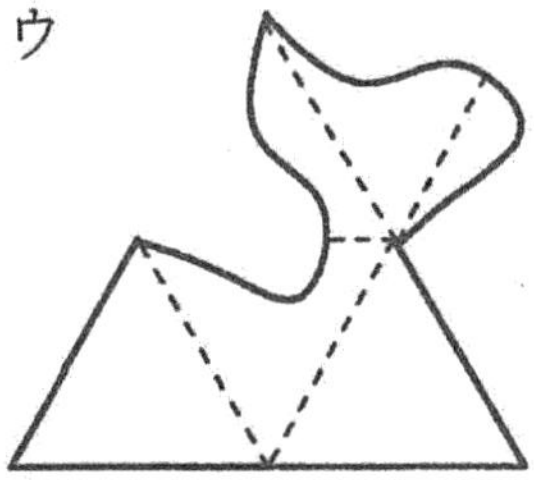

エ

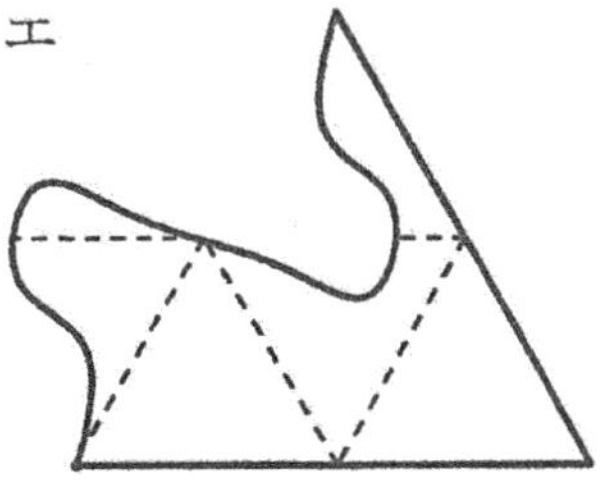

3　ある整数 N について，N 以外の約数の合計を記号《N》で表します。例えば６の約数は１，２，３，６だから，

$$《6》= 1 + 2 + 3 = 6$$

となります。整数 a を３以上の素数とするとき，次の各問いに答えなさい。

(1)　$2 \times 2 \times a$ の約数の個数を答えなさい。

(2)　$《2 \times 2 \times a》= 2 \times 2 \times a$ となるとき，a の値を求めなさい。

(3)　$《2 \times 2 \times 2 \times 2 \times a》= 2 \times 2 \times 2 \times 2 \times a$ となるとき，a の値を求めなさい。

4　ABの長さが２㎝，ADの長さが４㎝の長方形ABCDがあります。点Gは辺ADの真ん中の点で，辺BC上の２点E，FについてBE，FCの長さは１㎝となっています。次の各問いに答えなさい。ただし，長さや面積の比は，もっとも簡単な整数の比で書きなさい。

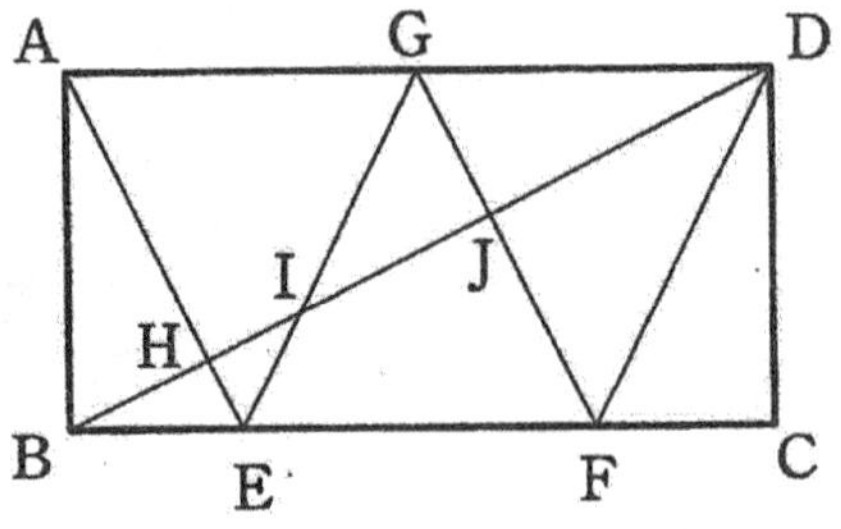

(1)　BH：HJ を求めなさい。

(2)　BH：HI：IJ：JD を求めなさい。

(3)　四角形EFJIと三角形DGJの面積の比を求めなさい。

5　次のア～オに適当な数またはアルファベットを入れなさい。

(1)　縦，横それぞれ11.5mの正方形の観客席スペースに，座面が一辺の長さ50㎝の正方形のイスを，次のように並べます。図ではイスを斜線部分で，通路を灰色で表しています。イスとイスとの間隔は50㎝，通路の幅も50㎝とします。イスは前後の列で重ならないように50㎝ずらして配置します。このとき，座席数は　ア　席です。

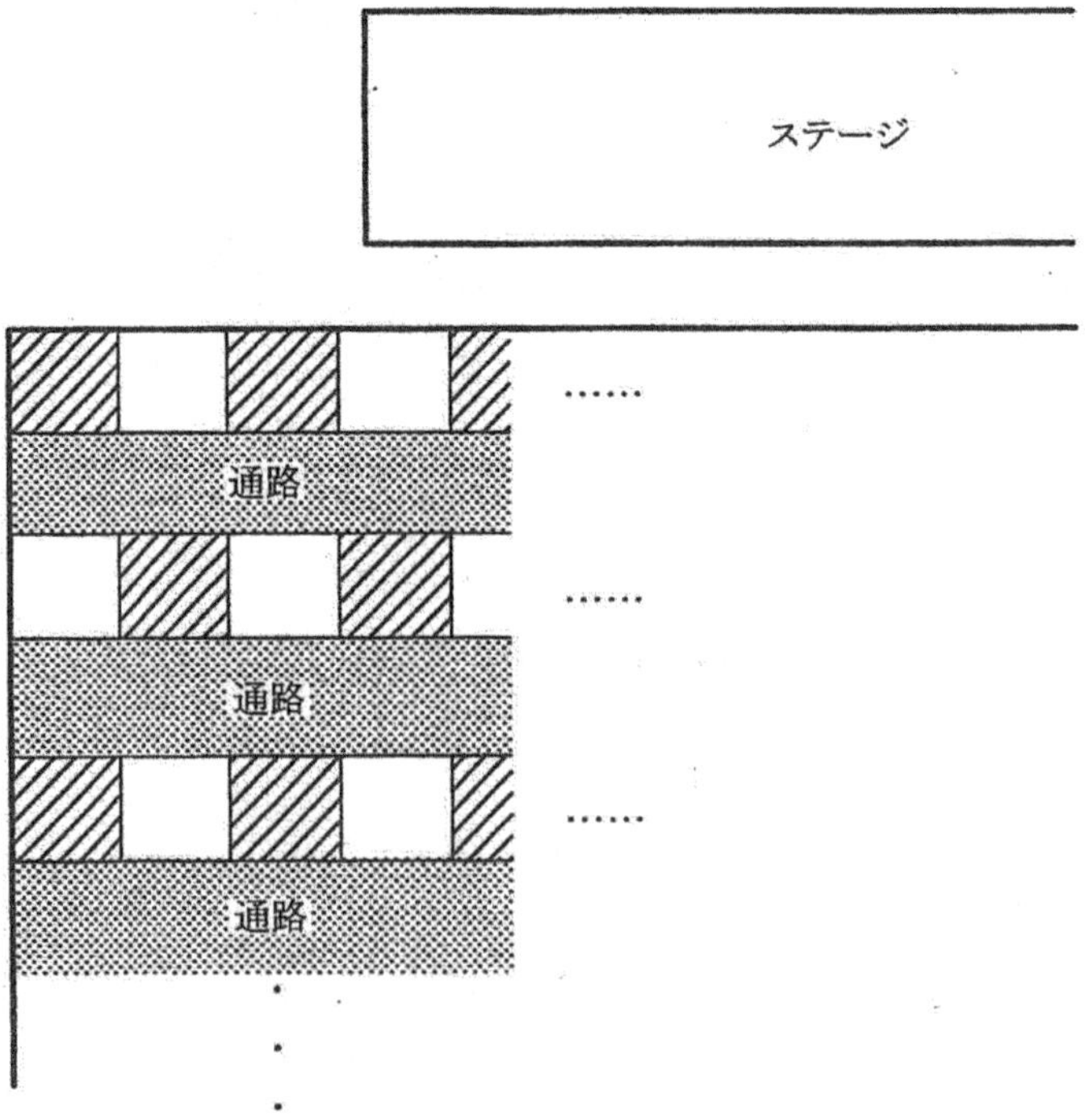

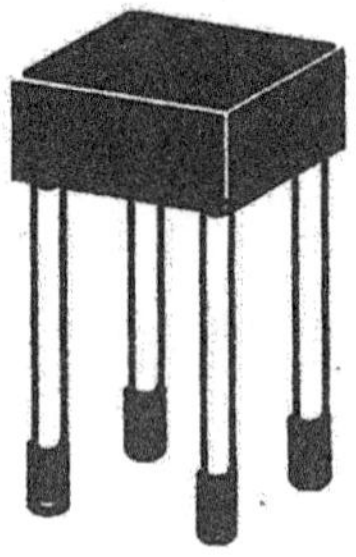

(2)　縦が34.5m，横が11.5mの長方形の観客席スペースに，(1)と同じように椅子を並べます。このとき次のＡ，Ｂの並べ方を考えます。

Ａ：横に通路をつくる

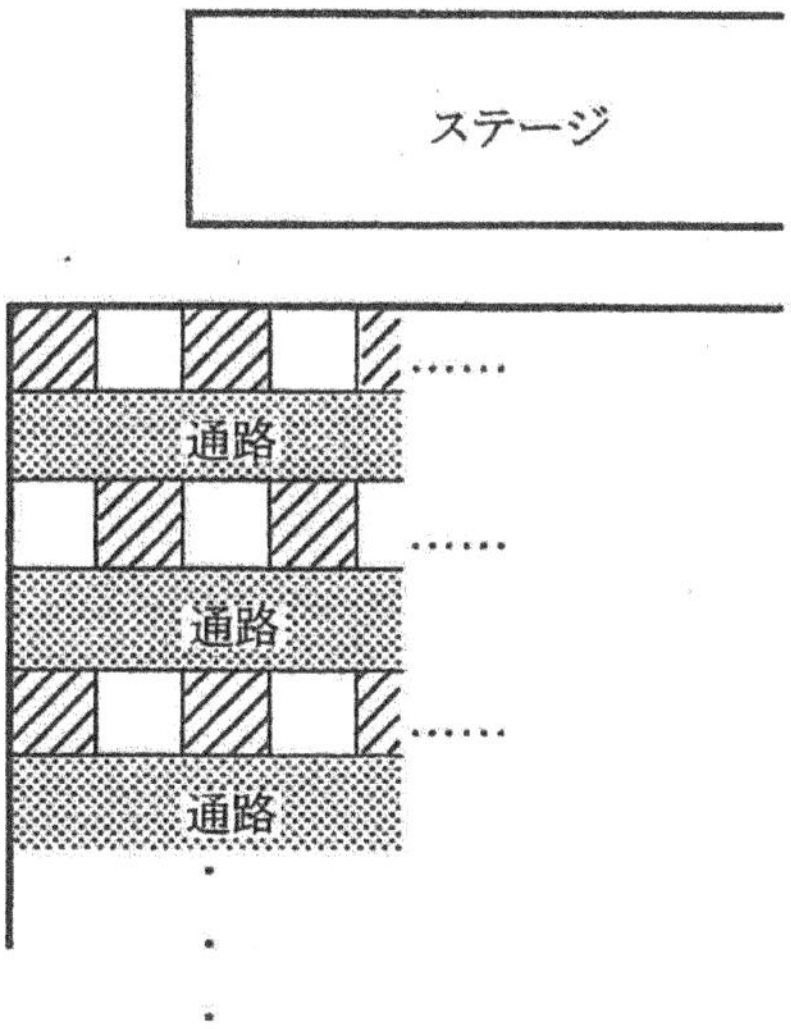

Ｂ：縦に通路をつくる

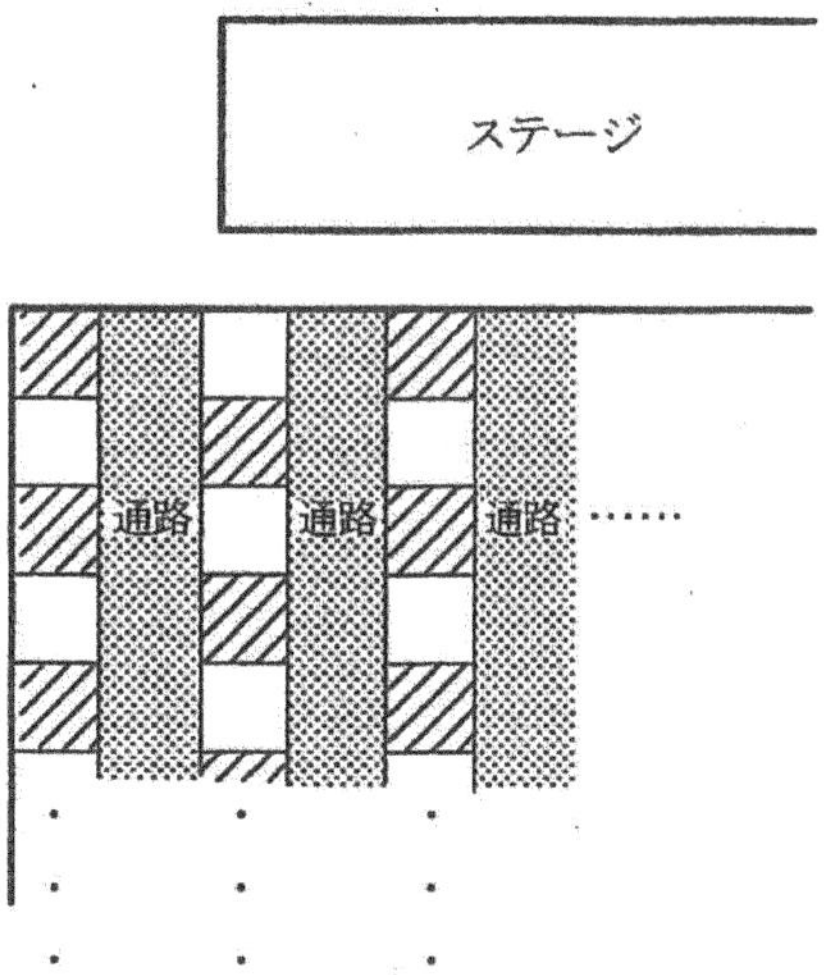

通路の面積の合計は，Ａのときは［イ］m^{2}でＢのときは189.75m^{2}です。Ａ，Ｂのうち座席数が多いのは［ウ］で［エ］席です。またＡでイスどうしの左右の間隔を１ｍとすると，もっとも多くて［オ］席つくれます。ただし通路は50㎝で，前後の座席は重ならないようにします。

【理　科】（40分）　＜満点：50点＞

1　棒，糸，おもりを使っててんびんをつくりました。糸は軽く，重さが無視できるものとして次の各問いに答えなさい。

問1　長さが25cmの重さの無視できる軽い棒Sの左端《ひだりはし》から10cmの位置に糸を取り付け，Sをつり下げました。Sの左端に60gのおもりAをつり下げ，Sの右端におもりBをつり下げたら図1のようにSが水平になりました。Bの重さは何gですか。

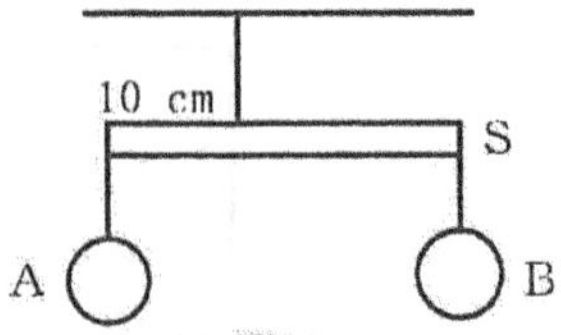

図1

問2　図1のSを，長さが同じで重さの無視できない棒Tに取りかえました。Tの重さはTの中心にあるものとして計算できます。Tをつり下げるために糸を取り付ける位置は図1と同じです。Tの左端に20gのおもりCをつり下げたら図2のようにTが水平になりました。Tの重さは何gですか。

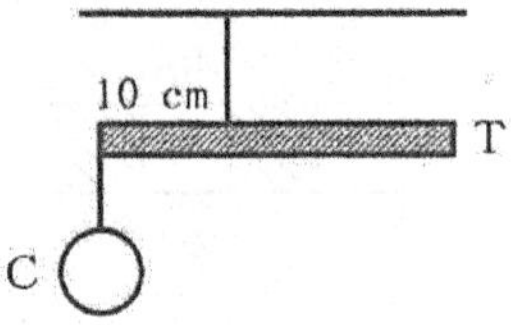

図2

問3　図2のCをTの右端に付けかえ，Tの左端におもりDをつり下げたら，図3のようにTが水平になりました。Dの重さは何gですか。

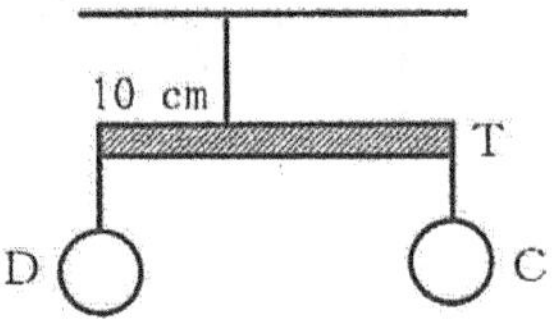

図3

2　次の文章を読み，続く各問いに答えなさい。

ばねにおもりをつり下げたときのばねの伸《の》びは，おもりの重さに比例する。おもりを水などの液体に沈《しず》めると，沈めた部分に液体から浮力《ふりょく》という上向きの力が加わる。おもりにはたらく浮力の大きさは，おもりが液体中に沈んだ部分の体積に比例する。また，その浮力の大きさは，おもりが沈んだ液体の比重に比例する。液体の比重とは，同じ体積の水の重さに対する液体の重さの比である。例えば，液体の重さが同体積の水の1.5倍であるとき，その液体の比重は1.5である。

問1　40gのおもりをつり下げると，2cm伸びるばねがあります。このばねに重さのわからないおもりAを図1のようにつり下げたところ，ばねの長さが4cm伸びて静止しました。Aの重さは何gですか。

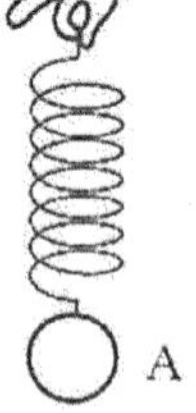

図1

問2　図1のAを，200gの水の入った容器の中にゆっくりと沈めていきました。そして，図2のように容器の底に着かずに水の中に完全に沈んだところで静止させました。このときのばねの伸びは1.5cmでした。Aが水から受ける浮力の大きさは何g分の重さに等しいですか。

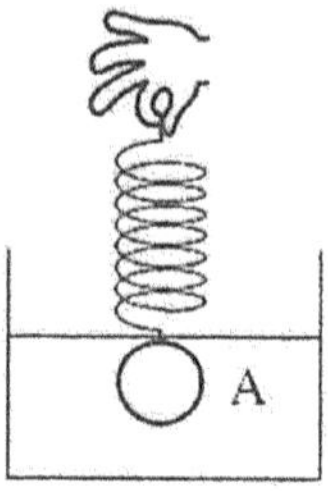

図2

問３　前のページの図２の水を，同じ体積で水とは異なる液体にかえて，Ａを液体の中に少しずつ沈めていきました。そして，図３のように容器の底に着かずに液体の中にちょうど半分だけ沈んだところで静止させました。このときのばねの伸びは2.5㎝でした。この状況《じょうきょう》について述べた次の文章の空欄《くうらん》（あ）～（え）に当てはまる数値を答えなさい。

Ａが液体から受ける浮力の大きさは（　あ　）ｇ分の重さに等しい。図３の液体が水であればＡが水から受ける浮力の大きさは（　い　）ｇ分の重さに等しい。Ａが液体から受ける浮力の大きさが（あ）ｇ分の重さに等しくなるためには，液体の比重が（　う　）である必要がある。したがって，容器の中の液体の重さは（　え　）ｇである。

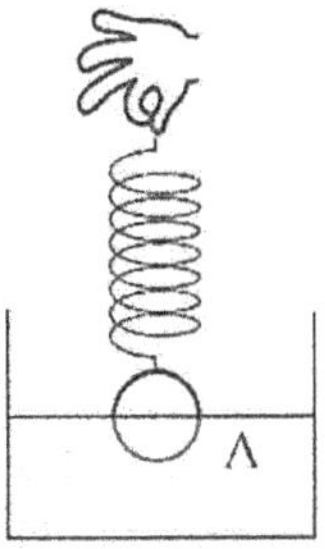

図 ３

問４　図３の液体にＡと同じ体積で材質の異なるおもりＢを入れたら，図４のように全体の体積の20％が液面の上に出た状態で静止しました。Ｂの重さは何ｇですか。

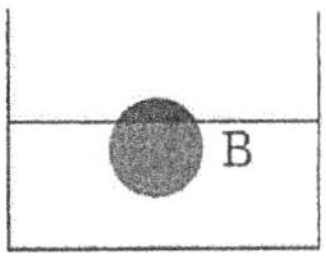

図 ４

３　次の文章を読み，続く各問いに答えなさい。

私たちは，生きるために食べ物を消化し，そこから必要な栄養素を吸収している。消化とは，消化酵素《こうそ》（以後酵素という）を含《ふく》む消化液と食べた物をよく混ぜ，吸収できるまで小さく分解する過程である。消化液は，胃や小腸などから多くの種類が分泌《ぶんぴつ》されている。また，消化液は口でも分泌されている。ご飯をかんでいると甘《あま》く感じるようになるのは，だ液による消化の結果である。酵素の反応のしかたと，特徴《とくちょう》を以下のようにまとめた。

〈酵素の反応のしかた〉

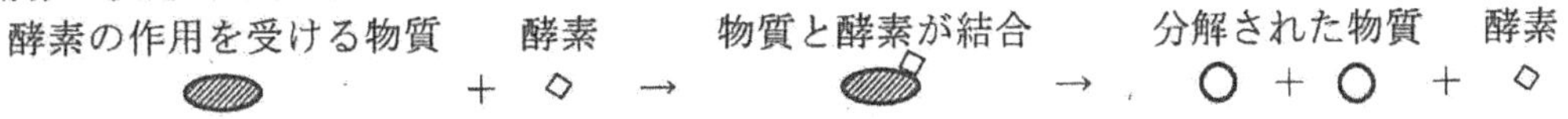

〈酵素の特徴〉

・酵素の作用を受ける物質と結合しないと，はたらかない。
・酵素の作用を受ける物質ごとに，酵素の種類が決まっている。
・作用した後も変化しないで，繰《く》り返《かえ》しはたらくことができる。

食べた物を細かくし，消化液と混ぜることは，口だけではなく，胃や小腸でも行われている。小腸では，分節《ぶんせつ》運動（右図参照）によって食べた物と消化液を混ぜている。分節運動は，消化管にある筋肉によっておこる。

以上のようなはたらきで，食べた物を少しずつ細かくし，得られた栄養素をさらに分解して吸収している。

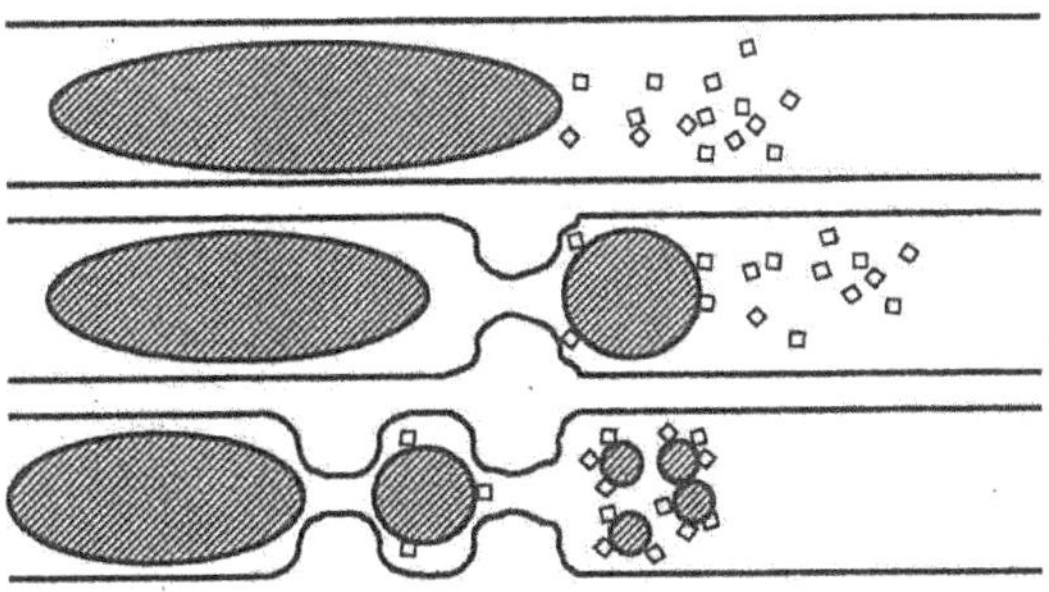
図　腸内の物質が混ざるようす

問１　私たちに必要な栄養素は，五大栄養素と言われ，炭水化物・タンパク質・脂肪《しぼう》・ビタミン・ミネラルがあります。しかし，五大栄養素を消化する酵素は，５種類以上あります。なぜ，多くの種類の酵素が必要なのか，その理由として間違《まちが》っているものを**ア**～**エ**より選び，記号で答えなさい。

ア．五大栄養素とされる物質には，いくつもの種類が含まれるから。

イ．物質ごとにはたらく酵素は，決まっているから。

ウ．酵素は一度はたらいた後も，何度もはたらくことができるから。

エ．１種類の酵素のはたらきだけでは，吸収できる大きさまで分解できない栄養素もあるから。

問２　五大栄養素のうち，①炭水化物，②タンパク質，③脂肪を三大栄養素といい，分解された後，小腸の血管とリンパ管で吸収されます。このうちリンパ管で吸収される栄養素は下線部①～③のどれですか，記号で答えなさい。

問３　消化された栄養素を吸収する主な場所は小腸ですが，五大栄養素以外で，大腸でも吸収される物質があります。その物質の名称《めいしょう》を１つ答えなさい。

問４　デンプンを分解する消化液Ｘを利用して，実験を行いました。

まず，皮をむいて５㎝角にした同じ重さの生のジャガイモを５つ用意しました。次に表１に示す形状にして，それぞれ透明《とうめい》なビニール袋《ぶくろ》に入れました。その後，濃度《のうど》が等しい消化液Ｘを同量ずつ加えて，同じ温度のもとで実験１～５の操作を行いました。デンプンが分解される速さが実験１より速くなるものを，実験２～５からすべて選び，番号で答えなさい。

表１

実験番号	ジャガイモの形状	操　作
実験１	１㎝角の大きさに切ったもの	静かにおく
実験２	５㎝角の大きさのままのもの	静かにおく
実験３	１㎝角の大きさに切ったもの	もむ
実験４	すりおろしたもの	静かにおく
実験５	すりおろしたもの	もむ

問５　五大栄養素とそれらの体内での主なはたらきを，表２にまとめました。

表２

栄養素	炭水化物	タンパク質	脂　肪	ビタミン	ミネラル
はたらき	A	B	C	D	E

表２の空欄Ａ～Ｅに当てはまるものを**ア**～**エ**より１つずつ選び，記号で答えなさい。なお，同じものを選んでもかまいません。

ア．エネルギー源として蓄《たくわ》え，寒さから身を守る。

イ．筋肉をつくる材料となる。

ウ．すぐに使われるエネルギー源になりやすい。

エ．体調を整えたり，骨をつくるのを助けたりする。

問６　私たちは，牛乳を飲んだ直後に逆立ちをしても，飲み込《こ》んだ牛乳が逆流をして口から出てしまうことは通常はありません。また，胃に入った食べた物が食道に，腸に入った食べた物が胃に逆流することも通常はありません。なぜ，食べた物が逆流しないのか，その説明として正しいものを次のページの**ア**～**カ**より２つ選び，記号で答えなさい。

ア．消化管が，食べた物を肛門《こうもん》側に送る運動をしているから。
イ．食べた物が，かみくだかれたり，分節運動を受けたりすることで，細かくなるから。
ウ．食べた物が，消化されることで，すぐに吸収される状態になるから。
エ．消化管が，管を閉じるように動く筋肉を持っているから。
オ．消化管の途《と》中《ちゅう》にある胃が，ふくろのような形をしているから。
カ．柔毛《じゅうもう》が，食べた物を肛門側に移動させるように動いているから。

4　次の文章を読み，続く各問いに答えなさい。

溶液《ようえき》A，B，C，D，Eは，塩酸，酢酸《さくさん》，石灰水《せっかいすい》，水酸化ナトリウム水溶液のいずれかである。それらの濃度は4つが等しく，そのうち1種類のみ濃度が異なるものがある。それぞれの溶液について行った実験操作と結果を次にまとめた。

実験1　同じ体積の各溶液に同じ大きさのマグネシウム片《へん》を加えると，A，C，Eのいずれからも①気体が生じた。最も激しく反応したのはEであった。

実験2　貝殻《かいがら》にCを加えて発生する気体をBに通じると，Bの見た目に変化が見られた。

実験3　CとDを体積比2：1で混合した溶液を蒸発させると，形に特徴のある小さい粒《つぶ》が得られた。

実験4　A，C，D，Eにアルミニウム粉末を加えて生じる②気体と同じ気体を試験管に入れて点火すると音を立てて燃えた。

実験5　DとEを体積比1：1で混合した。この溶液を蒸発させると，実験3で得られた小さい粒と同じ特徴のある小さい粒だけが生じた。

問1　実験2について，変化後のBの見た目を答えなさい。

問2　実験2について，貝殻のかわりに用いても同じ気体が発生するものを**ア**～**カ**よりすべて選び，記号で答えなさい。

ア．サンゴ　**イ**．石灰石　**ウ**．銅線　**エ**．重曹《じゅうそう》　**オ**．鉄釘《てつくぎ》　**カ**．砂糖

問3　実験3について，得られる小さい粒の様子を顕《けん》微《び》鏡《きょう》で観察しました。その粒《りゅう》子《し》の見た目について，特徴がわかるように描《えが》きなさい。なお，描くのは一粒でよい。

問4　A～Eのうち赤色リトマス紙を青色に変化させるものをすべて選び，記号で答えなさい。

問5　下線部①，②の気体が同じ物質である場合は，その気体の名称を，異なる物質の場合は「異なる」と答えなさい。

問6　A，D，Eの水溶液の名称をそれぞれ答えなさい。なお，濃度が異なるものは名称の前に「こい」，「うすい」も書き加えなさい。

【社　会】（40分）　＜満点：50点＞

【注意】 全ての問題について，特に指定のない限り，漢字で答えるべきところは漢字で答えなさい。

1 以下の設問に答えなさい。

問１　日本の稲作に関して**誤りのもの**を，次のア～エより１つ選び，記号で答えなさい。

ア．雑草の除去や害虫駆除を目的に農薬を用いるが，農薬の代わりにたい肥を用いる農家もいる。

イ．品質の向上を目的に品種改良が行われ，コシヒカリなどのブランド米が作られてきた。

ウ．春にはトラクターを使って田を耕し，秋にはコンバインを使って刈り入れが行われる。

エ．複雑な形をした田の耕地整理が行われると，農作業の効率が向上することが多い。

問２　台風など強い低気圧が襲来すると，沿岸部では波が高くなると同時に海面の水位が上昇します。このような現象を何といいますか。

問３　道県に関する設問(1)・(2)に適当なものを，選択肢 ア～クよりそれぞれ１つずつ選び，記号で答えなさい。

選択肢　ア．北海道　イ．宮城県　ウ．千葉県　エ．静岡県
　　　　オ．愛知県　カ．広島県　キ．岡山県　ク．長崎県

(1)　下の文章は道県Ａの産業に関して述べたものです。Ａとして適当なものを選びなさい。

> Ａでは入り組んだ海岸地形を生かし，波の穏やかな湾内でかきの養殖が盛んです。その収穫量は全国１位であり，特産品として全国でも高い知名度をほこります。また工業では日本有数の自動車会社が本社を置いていることもあり，製造品出荷額等割合で最も大きな割合をしめる品目が輸送用機械になっています。

(2)　図１は道県Ｂの製造品出荷額等割合を示しています。Ｂとして適当なものを選びなさい。

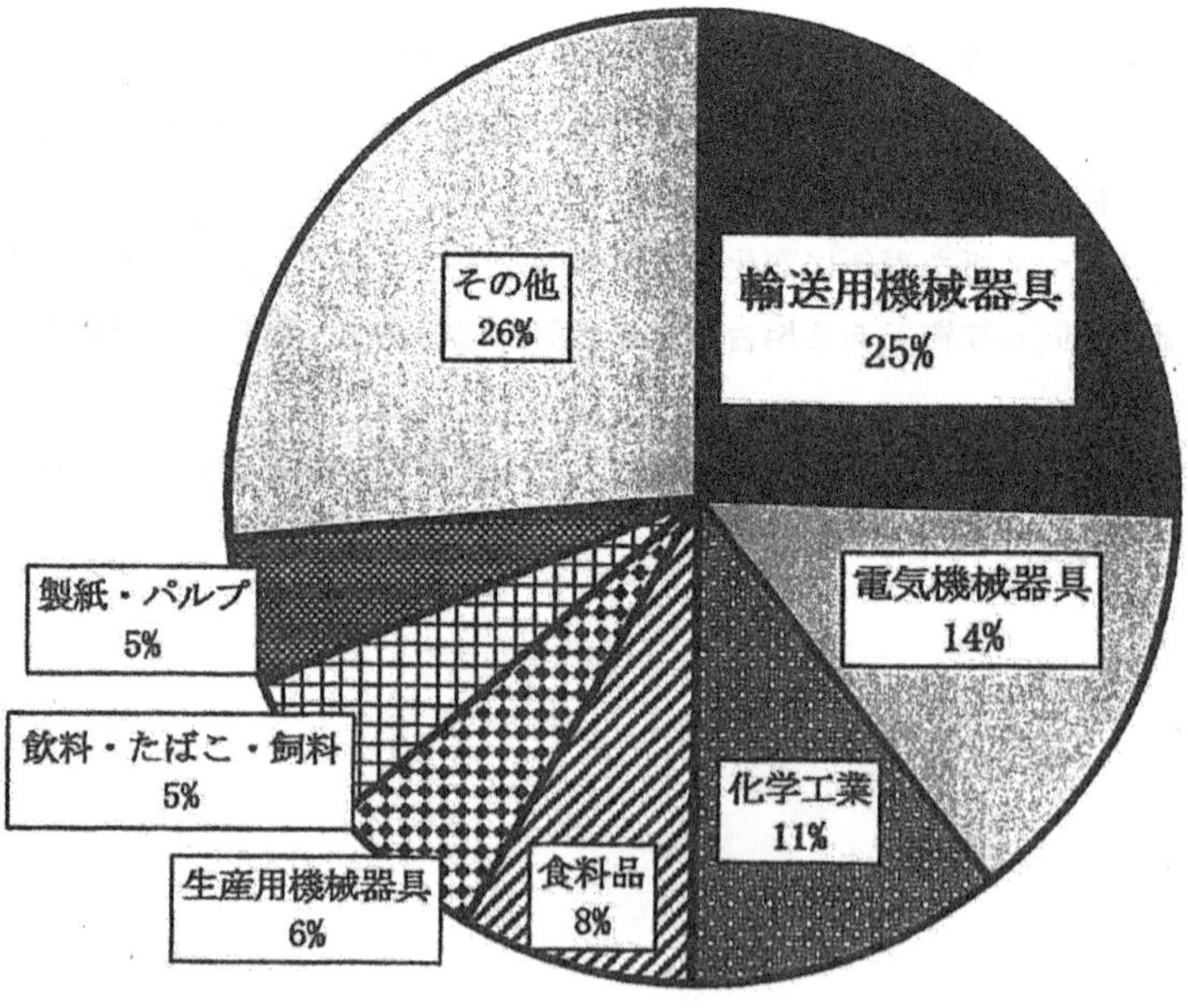

図１

『データで見る県勢　2021年版』（矢野恒太記念会）より作成　統計年次は2018年

問４　下の図２は全国の，図３は沖縄県と東京都の総人口に対する年齢別人口の割合を示したものです。この２つの図からは沖縄県・東京都と全国の人口を比較したときに，両都県に共通した特徴を読み取ることが出来ますが，その背景にある主な要因は沖縄県と東京都で異なっていることが指摘できます。以上をふまえ，全国と比較した際に沖縄県・東京都に共通してみられる特徴と，それぞれの主な要因を合わせて60字以内で説明しなさい。

全国

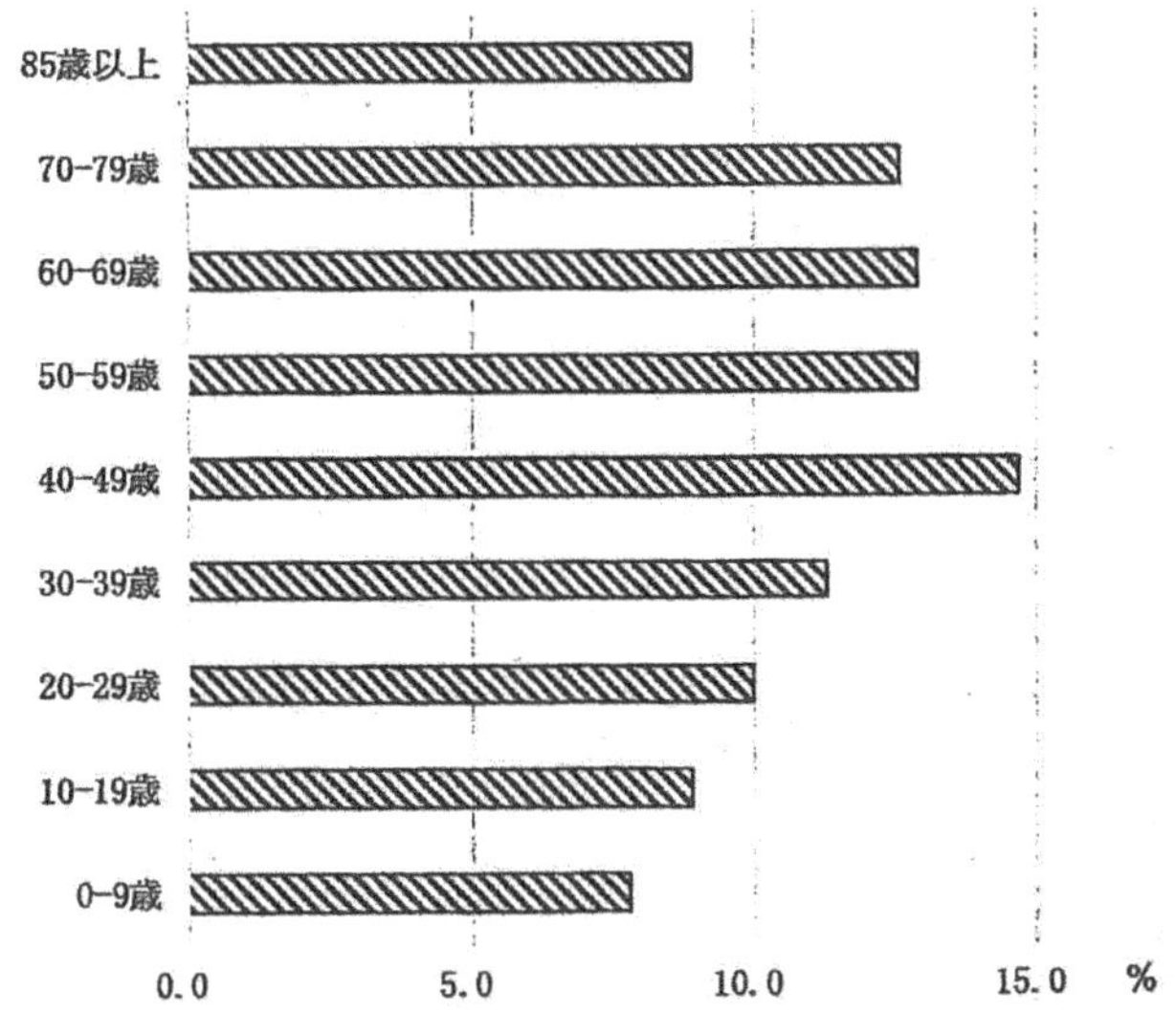

図２

沖縄県と東京都の比較

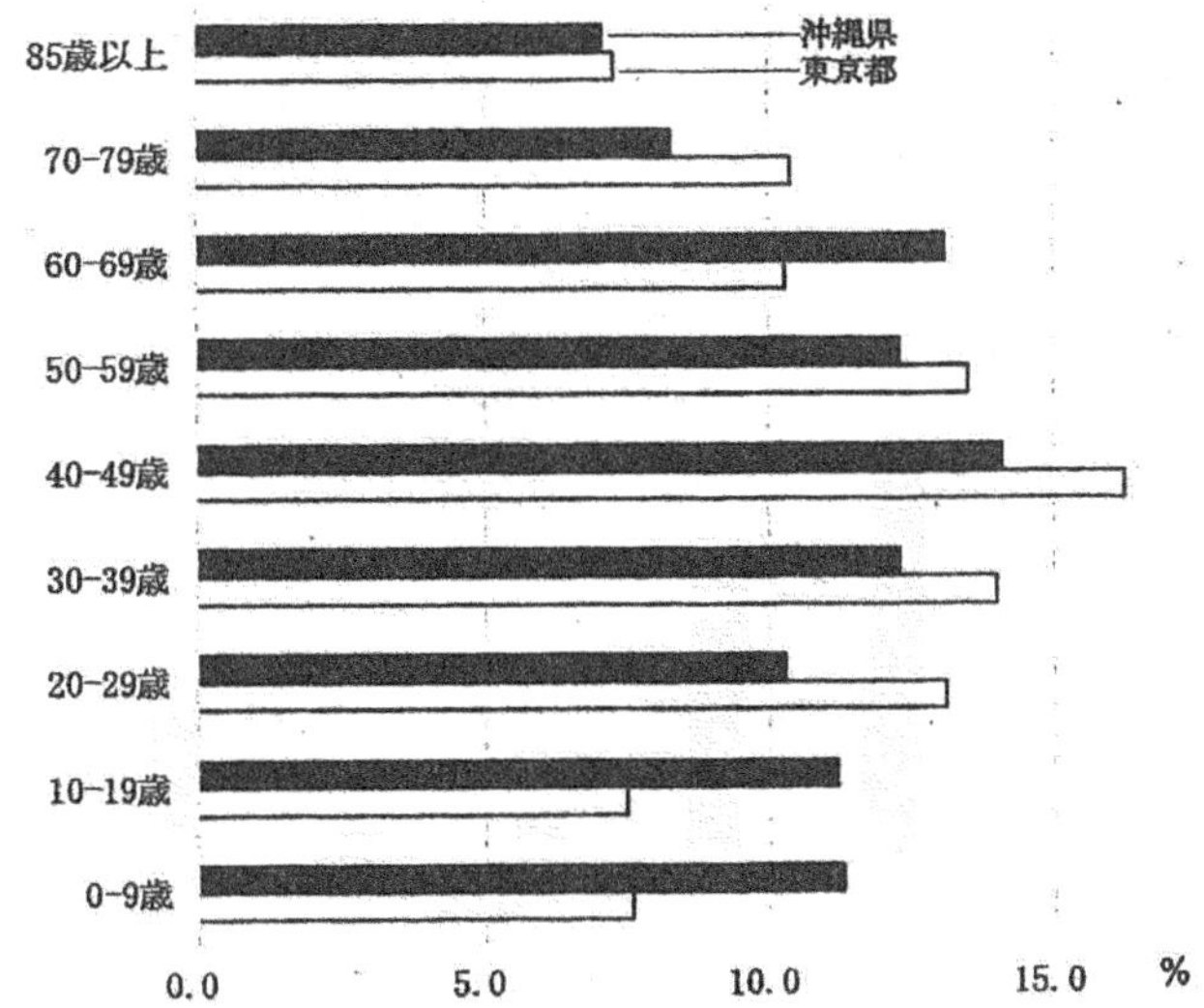

図３

図２・図３共に『データで見る県勢　2021年版』（矢野恒太記念会）より作成　統計年次は2019年

2　以下の設問に答えなさい。

問１　「時間」に関して述べた文章Ａ・Ｂを読み，その正誤の組み合わせとして適当なものを，あとのア～エより１つ選び，記号で答えなさい。

Ａ：日付変更線は180度の経線と重なるように緯線に垂直な直線として設定されている。

Ｂ：日本では東経135度を基準に標準時が定められているように，どの国も標準時が１つに統一されている。

	ア	イ	ウ	エ
Ａ	正	正	誤	誤
Ｂ	正	誤	正	誤

問２　世界の各地域の説明として誤りのものを，次のア～エより１つ選び，記号で答えなさい。

ア．アジアの最高峰であるエベレストの標高は世界最高である。

イ．アフリカで最も面積の大きな湖であるカスピ海は世界最大の湖である。

ウ．南アメリカで最も流域面積の大きな河川であるアマゾン川は世界最大の流域面積をほこる。

エ．世界最大の島はグリーンランドであり，世界最小の大陸はオーストラリア大陸である。

問３　GDPに関する設問⑴・⑵に答えなさい。

⑴　下の表１は世界のＧＤＰ上位５カ国とその値。それぞれの国の１人あたりＧＤＰを示したものです。表１中の国ア～エを人口の多い順に並べたとき，３番目になる国を記号で答えなさい。

⑵　表１中のＣにあてはまる国名を答えなさい。

国名	ＧＤＰ（億ドル）	１人あたりＧＤＰ（ドル）
ア	213744	65118
イ	143429	10262
ウ	50818	40247
エ	38456	46259
Ｃ	28751	2104

表１

『地理データファイル　2021年度版』（帝国書院）より作成　統計年次は2019年

問４　下の図４は人工衛星の累計打ち上げ数を示したものです。Ｄにあてはまる国名を答えなさい。

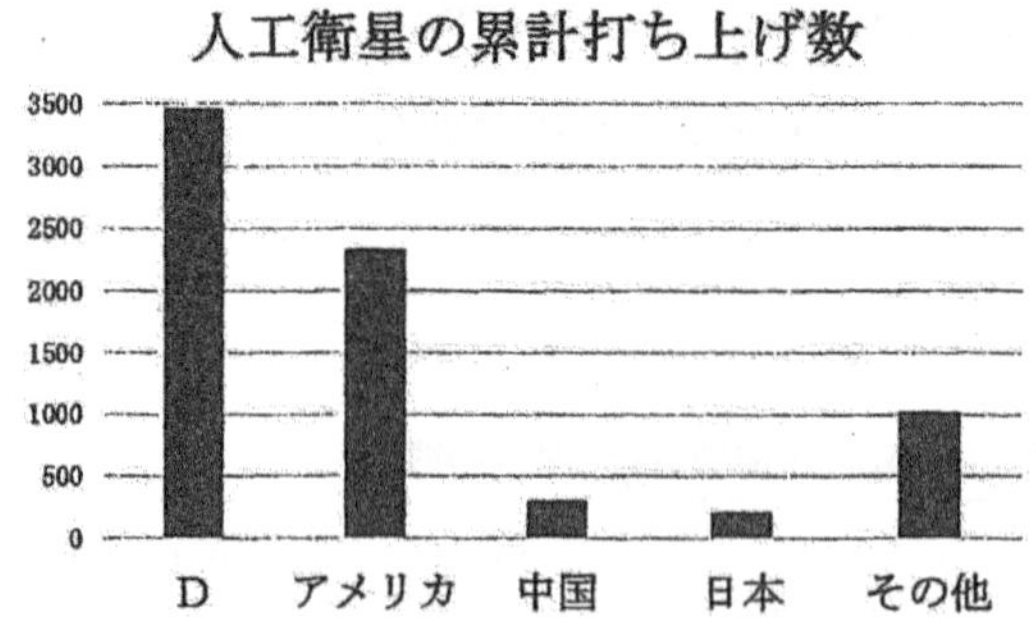

図４

『地理データファイル　2021年度版』（帝国書院）より　統計年次は2016年12月末現在

3 次のＡ～Ｊの文を参考に，適当な内容のものをあとのア～クより３つ選び，記号で答えなさい。

Ａ　公地公民制のもとでは，男女で支給される口分田の面積に違いがあった。

Ｂ　６歳以上の男子は約2,300m^2の口分田が支給され，女子は男子の２／３であった。

Ｃ　公民は戸ごとに与えられた口分田を生活の基盤にしてさまざまな負担をになった。

Ｄ　東国の農民が多く防人に任じられ，『万葉集』には母親もいないのに防人を任じられ，泣く子を残して出征する父親の心情を表したものが収められている。

Ｅ　成人男子には，都まで布などを運んで納める負担，年間に60日を限度に国司の命令で土木工事などに従事する負担などがあったが，その他に公民は租や出挙を国司の役所に納めた。

Ｆ　902年の阿波国の戸籍では，男59人・女376人という状況が見られた。

Ｇ　10世紀には広い田畑を経営する有力農民に，田畑の面積に応じて国司が税を負わせるしくみに変わった。

Ｈ　10世紀には国司に徴税の権限がゆだねられたので，私腹を肥やした国司は有力農民らに訴えられることがあった。

Ｉ　10世紀以降の地方では，田畑の支配をめぐる争いから武士団をつくり，土地を守ろうとした。

Ｊ　武士は都の貴族や寺社に田畑を寄進することで荘官となり，国司の干渉から土地を守ろうとした。

ア．公地公民制のもとでは，男女関係なく生産物や労働を納めるしくみになっていた。

イ．公地公民制のもとでは，男子が兵役だけでなく，納税や労役の負担も重いしくみであった。

ウ．公地公民制のもとでは，負担は地方に納めるものはなく，中央政府に集中されるしくみであった。

エ．奈良時代には文字の読み書きが出来る人が限られ，和歌は貴族だけがたしなんだ。

オ．10世紀には口分田の支給を多くするため，戸籍をいつわるようすがみられた。

カ．10世紀には土地の広さによる税に代わり，国司が戸籍にもとづいて納税させるしくみが整った。

キ．天皇家を祖とする源氏や平氏は，武士の棟梁にかつがれ，地方で武士団を組織した。

ク．地方の武士の中には，荘官となって都の貴族と結びつきをもつものが現れた。

4 次のＡ～Ｅの文が示す「私」はそれぞれ誰かを解答し，あとの設問に答えなさい。

Ａ　私の夫は①鎌倉幕府を開きましたが，夫の死後，私は尼将軍と呼ばれ，後鳥羽上皇が率いる軍隊と戦うときには，御家人の結束を呼びかける演説をしました。

Ｂ　私は，３代目の執権として最初の武家法である②御成敗式目を定め，武家社会の基礎を固めました。

Ｃ　法然の弟子である私は，仏のために善行を積むことの出来ない③悪人でも救われると説きました。

Ｄ　私は京都東山に山荘を建て，そこには銀閣や④畳をしきつめた部屋のある建物が造られましたが，私の後継者などをめぐって京都では⑤10年を超える戦乱になりました。

Ｅ　私は天下布武の印章を使い，支配地では⑥通行税を徴収した施設を撤廃させて商人の活動を活発にさせましたが，家臣の攻撃を受けて本能寺で自害しました。

問１　下線部①の鎌倉幕府の成立については様々な画期があります。次のア～オの事柄を時代の古い順に並べ替えたときに，２番目と４番目になるものを選び，それぞれ解答欄に合うように記号で答えなさい。

ア．幕府軍が朝廷軍を破り，京都に六波羅探題が設置された。

イ．鎌倉に根拠地を定めて侍所を設置し，御家人を束ねるようになった。

ウ．文Ａ中の「私の夫」が征夷大将軍に任命された。

エ．守護と地頭を設置する権限を朝廷から獲得した。

オ．奥州藤原氏を滅ぼし，鎌倉幕府に並び立つ武士団がなくなった。

問２　次の史料は下線部②の御成敗式目の一部を示したものです。史料を参考にして，御成敗式目の説明として適当なものを，あとのア～カより１つ選び，記号で答えなさい。

> 史料
>
> 一，守護の権限は京都大番役に配下の御家人を向かわせる軍事権や謀反人や殺害人，強盗などを取り締まる警察権である。
>
> 一，地頭が年貢を荘園領主に納めず，荘園領主から訴えられたとき，地頭は幕府の監査を受けよ。これにそむいて従わない場合は地頭職を解任する。

ア．朝廷が国司を任命した諸国では朝廷の支配下に，幕府が守護を任命した諸国では幕府の支配下になっていた。

イ．朝廷が任命した国司の支配と並んで，幕府が任命した守護は，軍事権や警察権を担当した。

ウ．幕府が任命した守護は朝廷が任命した国司の権限を吸収して一国全体の支配権を握るようになった。

エ．地頭は荘園に対する支配権を確立し，土地全体の領主権を握るようになった。

オ．地頭は荘園領主と対立したとき，荘園領主によって一方的に解任される立場であった。

カ．地頭は荘園の現場監督として年貢を徴収し，幕府に年貢を納めることで幕府の保護を受けた。

問３　下線部③の教えとして適当なものを，次のア～エより１つ選び，記号で答えなさい。

ア．阿弥陀仏にすがり，南無阿弥陀仏と念仏を唱える。

イ．仏の精神に従い，厳しい戒律を守った生活をする。

ウ．仏の修行に近づくため，ひたすら座禅を組む。

エ．仏の教えを示した妙法蓮華経の題目を唱える。

問４　下線部④の建築様式は何か，次のア～オより１つ選び，記号で答えなさい。

ア．大仏様　　イ．和様　　ウ．校倉造　　エ．書院造　　オ．寝殿造

問５　下線部⑤の戦乱に関する説明文として誤りのものを，次のア～オより２つ選び，記号で答えなさい。

ア．この戦乱では管領家でも後継者をめぐって，東西両軍に分かれて戦った。

イ．この戦乱では幕府の実権をめぐって，東軍の細川氏と西軍の山名氏が争った。

ウ．この戦乱では，放火や略奪の乱暴をはたらく悪党が敵を混乱させた。

エ．この戦乱は守護の上京に伴い，地方文化が衰えて京都に文化が集中するきっかけとなった。

オ．この戦乱をきっかけに，地方の実力者が守護をたおして領国を支配する下剋上の風潮が見られるようになった。

問６　下線部⑥の施設を何というか，答えなさい。

5　次の江戸時代の外交に関するア～ケの文より，適当なものを３つ選び，記号で答えなさい。

ア．徳川家康は九州の大名や京都や長崎などの豪商に朱印状を与えて海外との貿易を行わせた。

イ．徳川家光は1613年に全国に禁教令を出し，キリスト教を禁止して宣教師を国外に追放した。

ウ．島原・天草一揆後にはポルトガル船の来航が禁止され，平戸の出島にオランダ人が移された。

エ．中国の商人は長崎の唐人屋敷で貿易を行い，日本からは主に生糸などが輸出された。

オ．朝鮮との国交が回復し，福岡藩が外交と貿易の窓口になった。

カ．琉球王国は薩摩藩の侵攻後，中国に朝貢するだけでなく，江戸に使節を送るようになった。

キ．蝦夷地でアイヌが生産した海産物は松前藩の支配下に置かれ，長崎から中国に輸出された。

ク．19世紀にロシア船が長崎に侵入するフェートン号事件後に異国船（外国船）打払令が出された。

ケ．来航したペリーと日米修好通商条約を結んだ幕府は下田と箱館（函館）を開港することにした。

6　次のＡ～Ｃの史料とその解説文を読み，あとの設問に答えなさい。

史料

Ａ　広ク会議ヲ興シ万機公論ニ決スヘシ

Ｂ　天は人の上に人を造らず人の下に人を造らずと云へり。

Ｃ　元始，女性は実に太陽であった。真正の人であった。今，女性は月である。他に依つて生き，他の光によつて輝く病人のやうな蒼白い顔の月である。

解説文

Ａは1868年３月，①戊辰戦争で明治維新政府に対する諸大名の支持を得るため，大名を構成員とする会議を設けることを示す目的で起草された文書がもとになっている。この部分は最終的に「広く会議を」とされ，大名の政治参加は明確には約束されなかった。しかし，Ａは天皇が公議世論の尊重を公に発表した政治文書になったので，のちに②国民が国会の開設や自由に意見表明をする権利を求める根拠となっていった。

Ｂは③福沢諭吉が1872～1876年に書いた本の冒頭である。江戸時代は身分による人の上下があるのがあたりまえで，幕末に何度も欧米を巡った福沢諭吉は，学問を修めることで誰もが活躍できることを説いた。福沢諭吉は大坂（大阪）で④緒方洪庵の蘭学塾で学ぶことから西洋の知識に触れたが，自ら⑤1868年に創立した学校は今日，日本有数の大学に発展している。

Ｃは1911年に創刊された雑誌『青鞜』の一文である。⑥『青鞜』を主宰した人物が発刊の辞の中で，この一文から始まる文章を執筆した。青鞜社はもともと文学団体であったが，⑦この文章は大きな影響を与え，平等な政治参加を要求する運動など，社会運動に高めることになった。

問１　下線部①では，1868年の８～９月に東北地方のある藩が城に立てこもって，薩摩藩や長州藩を中心とした新政府軍と戦いました。白虎隊の悲劇でも知られるこの藩の名前を答えなさい。

問２　下線部②を要求する運動は1874年に民撰議院設立建白書を政府に提出することをきっかけに，政府に国会開設を迫り，自分たちで政党を結成し，独自の憲法案を作成しました。この運動に参加した人物として適当なものを次のア～オより１つ選び，記号で答えなさい。

ア．伊藤博文　　イ．大久保利通　　ウ．大隈重信　　エ．木戸孝允　　オ．西郷隆盛問３　下線部③の本は新しい時代に人々の目を開かせるベストセラーとなりました。この本の書名を答えなさい。

問４　下線部④では福沢諭吉の前には大村益次郎が塾頭となるなど，多くの人材が育ちました。この蘭学塾の名前を次のア～オより１つ選び，記号で答えなさい。

ア．懐徳堂　　イ．松下村塾　　ウ．芝蘭堂　　エ．適塾　　オ．鳴滝塾

問５　福沢諭吉は下線部⑤の学校を創設したことで知られています。1868年の９月に改元される前の元号にちなんで学校の名前がつけられました。この時の元号（年号）は何か，答えなさい。

問６　下線部⑥の人物は誰か，その名前を答えなさい。

問７　下線部⑦について，Cの史料がどのような影響を与えたか，答えなさい。また，日本において，政治に参加する権利を平等とする法改正の直接のきっかけを説明しなさい。

7　以下の課題に対してのレポートの一部を見て，設問に答えなさい。

課題

君たちが生まれた「平成」(1989～2019年) の期間は国内外において激動の30年間であった。平成が始まったまさにこの年に，①東西冷戦は終結し，国際社会は新たな局面を迎えた。日本経済は②バブル景気のピークから崩壊に向かい，のちに「失われた10（20）年」と呼ばれる長い経済停滞の期間に入った。日銀の黒田総裁は，平成の時代を「物価が持続的に（　１　）状態，すなわちデフレとの戦い」とまとめた。君たちは「平成」の時代をどのようにとらえ，新しい「令和」の時代をどのように生きるのか？テーマを決めて，簡潔にレポートにまとめよう。

レポート１：生活上の疑問からとらえる平成の時代

私は，普段の生活上の疑問を題材に平成の時代をとらえた。千葉県内を車で家族旅行した時，我が家のカーナビゲーションが古くて，目的地をうまく検索できなかった。これまで見たことのない町名が出てきたからだ。あとで，気になって調べたところ，1990年代後半から2010年ころにかけて，千葉県内だけでなく，全国的に市町村（　２　）が行われており，（２）前の地名が反映されていたのだ。したがって，平成の時代は，地方公共団体の再編が進んだ期間と言えよう。

レポート２：地方自治からとらえる平成の時代

私は二度にわたる③大阪都構想の是非を問う住民投票に注目した。二度の住民投票はどちらも反対が賛成をわずかに上回り，大阪都構想は否決・廃案となった。「地方自治のあり方」が問われた住民投票で，平成・令和の両時代において，大阪市民は「反対」の意思を明確に示した。

レポート３：日本の統治機構や選挙制度の改革でとらえる平成の時代

私は，2000年代前後の国会・行政・司法制度，選挙制度改革について調べた。これらの改革は平成期以前に整えられた仕組みを再構築するために実施された。行政改革を例にあげると，2001年の中央省庁再編に伴い，（　３　）が新たに発足した。（３）は，1971年に発足した機関がこれまで行ってきた任務を引き継ぐとともに，厚生省の所管であった廃棄物部門をとりこんだ。今後も日本の統治機構や選挙制度の改革に目を向けていきたい。

レポート４：新語や流行語でとらえる平成の時代

私は，新語や流行語は，当時の政治・経済の情勢や世相を表すと思い，平成期の新語や流行語を調べた。1989年の新語には，新元号となった「平成」も登場している。令和の時代も，新語や流行語から現代社会の特質をつかんでいきたい。

問１　課題とレポートの中の空欄（１）～（３）にあてはまる語句を答えなさい。

問２　下線部①について，次の短文の空欄 A ～ C にあてはまる語句の組み合わせを，あとのア～クより１つ選び，記号で答えなさい。

冷戦後，東ヨーロッパの国々は敵対していた A への加盟を目指すようになった。また旧ユーゴスラビア内戦に見られるように，冷戦体制下でおさえられていた民族問題が紛争に発展した。

2001年９月に発生した B をきっかけに国際社会は新たな局面を迎えることとなった。国内で制定された特別措置法にもとづき，日本の自衛隊も海外に派遣された。

Ｇ８のロシアは2014年の C を受けて参加が停止され，現在はＧ７でサミットを行っている。

	A	B	C
ア	北大西洋条約機構（NATO）	湾岸戦争	ウクライナ問題
イ	北大西洋条約機構（NATO）	湾岸戦争	パレスチナ問題
ウ	北大西洋条約機構（NATO）	アメリカ同時多発テロ	ウクライナ問題
エ	北大西洋条約機構（NATO）	アメリカ同時多発テロ	パレスチナ問題
オ	ワルシャワ条約機構	湾岸戦争	ウクライナ問題
カ	ワルシャワ条約機構	湾岸戦争	パレスチナ問題
キ	ワルシャワ条約機構	アメリカ同時多発テロ	ウクライナ問題
ク	ワルシャワ条約機構	アメリカ同時多発テロ	パレスチナ問題

問３　下線部②について，資料の「円相場の推移」を参考にし，バブル景気にいたるまでの日本経済の動きを示した次の空欄 D ～ F に入る文章や語句の組み合わせを，次ページのア～クより１つ選び，記号で答えなさい。

1985年9月、プラザ合意が成立した。
↓
D が打撃を受けた。
↓
日銀が金利を E た。
↓
お金が F した。

年月	円相場
1985年9月	1ドル=236円91銭
1986年3月	1ドル=178円83銭
1986年9月	1ドル=154円78銭
1987年3月	1ドル=151円56銭

円相場は「東京外国為替市場17時時点、月中平均」のものであり、「日本銀行　主要時系列統計データ表」に基づいたレートである。

	D	E	F
ア	円安が進み、輸入産業	引き上げ	借りやすくなったことで、株価や地価が上昇
イ	円安が進み、輸入産業	引き上げ	借りづらくなったことで、株価や地価が下落
ウ	円安が進み、輸入産業	引き下げ	借りやすくなったことで、株価や地価が上昇
エ	円安が進み、輸入産業	引き下げ	借りづらくなったことで、株価や地価が下落
オ	円高が進み、輸出産業	引き上げ	借りやすくなったことで、株価や地価が上昇
カ	円高が進み、輸出産業	引き上げ	借りづらくなったことで、株価や地価が下落
キ	円高が進み、輸出産業	引き下げ	借りやすくなったことで、株価や地価が上昇
ク	円高が進み、輸出産業	引き下げ	借りづらくなったことで、株価や地価が下落

問4　下線部③について，資料1中のW～Zは住民投票の種類をそれぞれ示しています。大阪都構想の是非を問う住民投票はYに該当し，Zの住民投票は，資料2が示すように原子力発電所や産業廃棄物処理場建設などの特定の問題について賛成か反対を問うために実施されます。資料1と資料2を見て，資料1中の□に入るZの住民投票の根拠とする法令を示した上で，Zの住民投票は，W～Yの住民投票と比べ，どのような違いがあるかを説明しなさい。

資料1（住民投票の主な種類）

	住民投票で問われる内容	根拠とする法令
W	国会が、その地方公共団体のみに適用される特別法を制定してもよいか。	日本国憲法
X	議会を解散するか、議員・首長を解職するか。	地方自治法
Y	政令指定都市を特別区に再編するかどうか。	大都市地域特別区設置法
Z	特定の問題について賛成か反対か。	

資料2（Zの住民投票の実施例）

巻町における原子力発電所建設についての住民投票（新潟県巻町） 1995年6月26日、住民投票条例制定 1996年8月4日、住民投票実施（建設反対60.9%）→計画撤回
小林市東方における産業廃棄物中間処理場建設についての住民投票（宮崎県小林市） 1997年4月30日、住民投票条例制定 1997年11月16日、住民投票実施（建設反対58.7%）→建設容認・稼働

問5　レポート3について，平成期に行われた改革の例とは**いえないもの**を，次のア～エより1つ選び，記号で答えなさい。

ア．司法制度改革の一環として，裁判員制度が導入された。

イ．選挙制度改革の一環として，小選挙区比例代表並立制が導入された。

ウ．国会改革の一環として，党首討論（クエスチョン・タイム）が導入された。

エ．行政改革の一環として，1府22省庁制が導入された。

問6　レポート4について，平成期に登場した新語や流行語に関する次のア～エの出来事を**時代の古い順**に並べ替えたときに，**2番目と3番目になるもの**を選び，それぞれ解答欄に合うように記号で答えなさい。

ア．衆議院議員総選挙で民主党が勝利を収め「政権交代」を実現し，予算の無駄の洗い出しを目的とした「事業仕分け」が行われた。

イ．小泉首相による「劇場型政治」が展開され，政権末期には「格差社会」という言葉が登場した。
ウ．消費税が初めて導入され，税率が３％に定められたことから「１円玉」の需要が一時高まった。
エ．外交や安全保障をめぐって，「特定秘密保護法」が制定されたり，「集団的自衛権」の行使を限定的に容認する閣議決定が行われた。

れば段ボールと木片《もくへん》の張りぼてであり、文化祭が終われば壊してしまうことを考えるとむなしくなったから。

7　空欄**B**に入る語句を以降の本文の57ページ目から6字で探して書きなさい。

8　傍線部④「大城は嬉しそうに目を細め」とあるが、この時の大城の心情として最も適切なものを次の**ア**～**オ**から選び、記号で答えなさい。

ア　燃やされて「よみがえる戦地」が再び焼失《しょうしつ》していくことを含《ふく》めてこの作品は完成すると考えていたため、少しズレた答えをしてきたものの素直《すなお》な「僕」の意見を嬉しく思っている。

イ　他の生徒は別の出し物をしたがっていたのに自分の提案で戦車のジオラマをつくったことを不安に思っていたが、「僕」だけは楽しかったと言ってくれたため、気が楽になり嬉しく思っている。

ウ　カチューシャのせいでめちゃくちゃになってしまった出し物にクラスメイトは怒っていたが、カチューシャの気持ちを考えると彼女を非難できず、「僕」もその気持ちを分かってくれていると感じて嬉しく思っている。

エ　数週間かけて一生懸命つくったものを無残なものにされたけれど、他のクラスメイトのように投げやりになることもできずもやもやしていた時に、「僕」が前向きな感想を述べてくれたことで嬉しく思っている。

オ　まわりが協力的ではない中で、自分だけは一生懸命つくりあげた作品が燃やされることに寂《さび》しい気持ちでいたが、なぐさめではなく本心から楽しかったと言っている「僕」の気持ちを嬉しく思っている。

9　傍線部⑤「よみがえる戦地は、ほんのちょっぴり真実の出来事だったんだ」とあるが、これはどういうことか。90字以内で答えなさい。

エ　怖《こわ》がってる　　オ　驚いてる

4　傍線部①「戦車や軍事トラックにはどれも、顔がついてる」とあるが、「カチューシャ」はなぜこのようなことをしたのか。その説明として最も適切なものを次の**ア**～**オ**から選び、記号で答えなさい。

ア　あまりにも重厚《じゅうこう》で厳しい雰囲気《ふんいき》のある戦車では、文化祭でこのクラスを見に来た子どもたちが楽しめないと考えたから。

イ　クラスの出し物が本物の重厚な戦車・戦場を再現しすぎたため、わざと対照的な絵を描くことで雰囲気を壊《こわ》したかったから。

ウ　仲間はずれにされたことに対する仕返しとして、一生懸命《いっしょうけんめい》クラスメイトがつくったものを台無しにしてやろうと思ったから。

エ　泣いている顔や怒《おこ》っている顔を描くことで、仲間はずれにされた自分の気持ちをクラスメイトに知ってもらうため。

オ　顔を描き形は恰好良《かっこうよ》いけれど色合いは可愛《かわい》いものにすることで、退屈じゃない完璧《かんぺき》な出し物にしようと思ったため。

5　傍線部②「あっけらかんとしたおかしさがこみあげてくる」とあるが、この部分の説明をしたものとして最も適切なものを次の**ア**～**オ**から選び、記号で答えなさい。

ア　祖父のためを思ってとはいえ、派手なことを好む性格から周りの反応を考えず思い切った行動に出たカチューシャの大胆《だいたん》さに笑いをかみころしている。

イ　戦車をめちゃくちゃにしたのはカチューシャに違いないと疑ってしまった自分に対し恥《は》ずかしさがこみあげてきて、思わず笑ってしまっている。

ウ　一人ぼっちになりたくないはずであるのにクラスの雰囲気に流されるのを嫌《きら》い、あえてクラスの出し物を台無しにすることで一人ぼっちを選ぶカチューシャを想《おも》い、ほほえんでいる。

エ　祖父に哀しい思いをさせたくないという一心から、たとえ仲間はずれにされようとも自分の信念に従って行動するカチューシャのひたむきさに笑《え》みがこぼれている。

オ　カチューシャが戦車をめちゃくちゃにしたのは、祖父を思っての優しさであると気づきつつ、やり方が風変わりなことにあきれながらも笑《え》みがもれてしまっている。

6　傍線部③「僕たちのクラスは、まるで作業に覇気《はき》がない」とあるが、この理由を説明したものとして最も適切なものを次の**ア**～**オ**から選び、記号で答えなさい。

ア　頑張《がんば》ってクラスの出し物を準備したのに、それが台無しにされてしまったことで文化祭自体も思うように楽しめず、名残惜《なごりお》しさもないため片付けも面倒《めんどう》なだけだったから。

イ　一生懸命《いっしょうけんめい》つくったのに他クラスから「幼稚《ようち》だ」とバカにされた出し物に完全にやる気を失ってしまい、それを片付けなければならないことに怒《いか》りがわいてきているから。

ウ　本当は皆《みな》たこ焼き屋など別の出し物がやりたかったのに大城が強《ごう》引《いん》にすすめたことでしぶしぶ戦車のジオラマをつくらされ、しかもそれを自分たちで片付けないといけないから。

エ　せっかく授業ではあり得ないような素晴《すば》らしい出し物をつくりあげたのだから、顔を描かれて台無しになったとはいえ壊《こわ》して燃やしてしまうのは惜《お》しい気持ちがあったから。

オ　作り上げた時には傑作《けっさく》ができたと興奮したものの、よく考えてみ

「ああ」と、僕もうなずく。大城の言うことは、わかる気がした。子どもの気分で物作りを楽しみながらも、僕の思いもぐるぐると、戦車のまわりでとぐろを巻いていたのだ。

そしてそれは、ショウセイの人生や、見知らぬ人々の死や、何か激しく巨大《きょだい》なものへとつながっていく気がしていた。

⑤よみがえる戦地は、ほんのちょっぴり真実の出来事だったんだ。

「俺さあ」大城は、煙《けむり》に目をしばたかせながら、言った。「これ落書きしたやつが誰かなんて、知んねえけどさ。もしもそいつがふざけてやったんじゃなく、なんかやっぱりおっきいこと考えてついやっちまったんだとしたら、ユルせるかな、とか思う。許すとか許さないとかっていうと、偉《えら》そうだけどさ。そう思うんだ」

「たぶん、どうしても、しなきゃいけないことだったんだと思うよ」

僕は言った。どこか**c**厳粛《げんしゅく》な気分で、勢いよく揺《ゆ》れるオレンジの炎を見つめながら。

（野中ともそ『カチューシャ』より）

※　ジオラマ……展示物とその周辺環境《かんきょう》・背景を立体的に表現する方法で、博物館展示方法の一つ。

カチューシャ砲……ここではロケット砲のこと。

デフォルメ……ここでは、対象の特徴《とくちょう》を大げさに強調してシンプルなものにした表現方法のこと。

リタッチ……ここでは、絵画や文章などに手を加えること。

スローモー……なんでもすることが人より遅《おそ》い「僕」をからかうものとして、動きが遅いことを意味する「スローモー（スローモーションの略）」とのんびりした生き物である牛の鳴き声「モー」を合わせ形容したもの。「僕」のあだ名である「モー」もここからきている。

ショウセイ……カチューシャの祖父の愛称《あいしょう》。

レイ……ハワイで用いられる、頭や首、肩《かた》にかける装飾《そうしょく》用の輪。

臨時焼却炉《しょうきゃくろ》……昔は学校にもゴミを燃やす焼却炉があったが、大量の燃やすごみが出た時は焼却炉では間に合わないためこのようなものができた。

1　二重傍線部**a**～**c**の語句の意味として最も適切なものを次の**ア**～**オ**からそれぞれ選び、記号で書きなさい。

a　したり顔　**ア**　得意げな顔　**イ**　納得《なっとく》した顔　**ウ**　意地悪な顔　**エ**　哀しそうな顔　**オ**　苦々しい顔

b　明快な　**ア**　気持ち良い　**イ**　鮮《あざ》やかな　**ウ**　分かりやすい　**エ**　明るい　**オ**　驚《おどろ》くような

c　厳粛な　**ア**　もの悲しい　**イ**　心がなごむ　**ウ**　きつい　**エ**　やる気のある　**オ**　おごそかな

2　空欄☆には「得意げで威勢《いせい》のよいさま。」という意味の四字熟語が入る。その四字熟語として最も適切なものを次の**ア**～**オ**から選び、記号で答えなさい。

ア　公明正大　**イ**　一意専心　**ウ**　猪突猛進《ちょとつもうしん》　**エ**　意気揚々《いきようよう》　**オ**　獅子奮迅《ししふんじん》

3　空欄**A**に入る語句として最も適切なものを次の**ア**～**オ**から選び、記号で答えなさい。

ア　苦しんでる　**イ**　照れてる　**ウ**　笑ってる

「なんかさ。バッカだなあ、カチューシャって」

「うん、バカだ。あいつ成績はいいけど、ことによると俺《おれ》より阿呆《あほう》だ」

香坂も吹《ふ》きだしながら、僕を見て言った。「だけどサイコーだよな。根《こん》性《じょう》すわってるぜ、こんなバカげたことひとりでやり遂《と》げちまうなんて」

「本当だ」と僕は、困り顔を貼《は》りつけた中型戦車に目を向ける。

よく見ると、宙に突《つ》きでた砲身《ほうしん》のまわりには、ハワイの※レイのように愛らしい花柄《はながら》の模様がいくつも描かれていた。

思《おも》い描《えが》いてみる。誰もいない夜の教室で、戦車たちと向かい合うカチューシャ。その張りつめた後ろすがたを。僕には、わからない。それが、学校にとけこむチャンスも投げだし、祖父を心配させてまでやり遂《と》げなきゃいけない重大事だったのかなんて。

ただ、いとおしかった。群れから離《はな》れたくなんてないはずなのに、必死に、ひとりきりで流れに逆らい、ペンキの刷毛《はけ》を動かす彼女の面影《おもかげ》が、いとおしくてたまらなかった。

彼女のショウセイへの誠意の示し方は、たぶん間違《まちが》ってる。でも彼女は、彼女だけのやり方で、家族への思いの強さを証明するしかなかったんだろう。

――僕にとっては、やっぱり、最高の女の子だ。（中略）

校庭のなかほどには、丸太で組んだやぐらがきずかれ、かがり火がたかれている。※臨時焼却炉《しょうきゃくろ》をかねたファイヤー・ストームだ。生徒たちが、解体した展示物を次々に運《はこ》び込《こ》んでは、炎《ほのお》のなかにくべていく。他の教室の連中は、祭りの終わりのように和気あいあいと出し物を片付けていたけれど、③僕たちのクラスは　まるで作業に覇気《はき》がない。すでにばらばらにされた戦車の張りぼては、ただのダンボールや板切れでしかない。破片《はへん》に残された顔は、ますますしょげて情けなかった。

ちぎられ、うち捨てられた顔、顔。

「なんか子どもだましだったよなあ、結局俺《おれ》らの出し物。来年は絶対、たこ焼き屋だな」

「大体なんで文化祭なんて面倒《めんどう》なもんがあるわけ。学校なんて勉強してりゃいいじゃん」

つい数日前まで［　☆　］と戦車作りに没頭《ぼっとう》していたみなは、ぶつくさ言いながら、炎に残骸《ざんがい》を放っている。暮れかけた秋空に、黒っぽい煙《けむり》がお葬式《そうしき》の日のようにもくもくとたちのぼる。大城だけが、揺《ゆ》れる炎の中心をじっと見つめていた。

彼は目があうと、言った。

「モーもさあ、こいつらってただの［　B　］だったと、思う?」

「わかんない」僕は、正直に首を振《ふ》る。「でもさ、子どもみたいには楽しめたかな、作ってるとき。こんなふうに無我夢中《むがむちゅう》で何かを作ろうとしたことなんてなかなかなかった気、するし」

「そっか」と④大城は嬉《うれ》しそうに目を細め、話しだした。

「俺はさ、はじめてセンソーのこと考えた、作ってて。今まではただ、なるたけ珍《めずら》しい模型を完成させて自慢《じまん》したいとか、うまく塗装《とそう》ができるかとか、そんなことばっか考えながら作ってたわけ。でも今回は違う。作りながら、これが本当に動いて人を殺したらヤだなとか、実際につらい目にあったひとがいるんだよなとか。今もどっかでそういうことが実際起こってることや。作りながら、考えがすげえ遠くにつながってくのがわかってさ」

大城《おおしろ》などは、ここ数週間の努力の結晶《けっしょう》を無残にいじられたくやしさで、わなわな震《ふる》えている。どこからか「東高のやつらが忍《しの》びこんでやったんじゃないか」とささやく声が聞こえた。他の教室のやつらが面白《おもしろ》がって、「幼稚園《ようちえん》の出し物みてえ」などと茶化《ちゃか》しにくる。

みんなの顔のなかに、カチューシャを探した。いない。隣《となり》の教室に行ってみる。陸戦ではなく、海戦や航空戦がテーマの隣《となり》の教室は、なぜだか被害《ひがい》は少ないようだった。

それでも、とぼけたトーマス顔の対空兵器を囲んで、みなが険しい顔つきをしている。やっぱり、カチューシャのすがたは、どこにもなかった。

そのときまでには、僕の思考は、哀《かな》しい確信につきあたっていた。

昨夜のカチューシャの様子。頬《ほお》やスカートについた絵の具の色。信じたくはなかったけど、そうに違いないって気持ちがぬぐえない。もちろん、誰にも言う気なんてなかった。

それでも隣の教室のやつらは敏感《びんかん》だった。僕が居合わせたときにたまたま、誰かの「もしかしてカチューシャがやったんじゃねえの」と言う声が耳に飛びこんできた。

あとは、連鎖《れんさ》反応だった。「きっとそうよ」と顔を寄せてうなずき合う女子グループ。「東校の男に入《い》れ知恵《ぢえ》されたんだ」と、ａしたり顔で理由づけするやつ。

ここまできたら、カチューシャの仕業《しわざ》でなかったとしても、彼女《かのじょ》のせいになっただろう。いいことに理由はいらないけど、教室で起こった悪事には、ｂ明快な理由が必要だから。（中略）

「僕」とカチューシャの共通の友人である「香坂《こうさか》」が遅《おく》れて教室にやってくる。香坂は笑って教室の様子を見回し、カチューシャが昨夜遅《おそ》くまで家に帰らず祖父に心配させながら、香坂に電話して買い物を手伝うよう頼《たの》み、ペンや厚紙やカッターなどをたくさん購入《こうにゅう》して夜の学校に入っていったことを、「僕」に告げた。

「カチューシャは、それで、そのとき何て言ってた？」

「別に。ああ、『ちょっとマジすぎて退屈《たいくつ》だから、私の芸術センスで※リタッチしてやる』とかシラ切ってたけどな。結果がこれだもんなあ。確かに、退屈《たいくつ》じゃなくなったけどよ」

「確かに退屈じゃない」思わず、僕もうなずいてしまう。

同時に、頭の奥《おく》で妙《みょう》に納得《なっとく》してる自分とシンクロしていた。いくら※スローモーな頭の働きの僕でも、さすがにわかりかけていたからだ。

彼女は、教室の連中への腹いせで、こんな仕業《しわざ》をしでかしたんじゃないってこと。

そう、「マジすぎた」からだ。

カチューシャは、※ショウセイのためにこんなことをしたんだ。リアルな兵器を再現するのは、戦争で哀しい思いをした祖父に対しての裏切り行為《こうい》の気がしたんだろう。ショウセイが万一学校に来たときに、本物そっくりのカチューシャ砲トラックなんて、見せたくなかったんだ。でもさ、だからって普通《ふつう》こんな真似《まね》するか。

次第《しだい》に、②あっけらかんとしたおかしさがこみあげてくる。思わず口をついていた。

言葉が「他の誰でもない自分」を表現できないと分かっていても、その不便さを受け入れて使い続ける以外に方法がないから。

イ　近代的自我とは人が他の誰とでも交換《こうかん》できるようになったことで芽生えた意識であるため、人々が唯一無二の自分を取《と》り戻《もど》したいなら、社会を近代以前の状態に戻《もど》さないといけなくなるから。

ウ　近代以後の人々が、人間の本当の価値は一人一人の能力や性格ではなく身体的な特徴《とくちょう》にあると気づき始めたように、他者との違いを決める基準にはっきりした決まりがあるわけではないから。

エ　社会が工業主体から情報主体へと現在移り変わっているように、社会は時代によって変化し続けるため、その時代を生きる人々の個性や唯一無二性もずっと変化し続けるだろうから。

オ　人々が豊かさを求めて技術を向上させ、産業を発展させた結果として人の価値を低めてしまったように、今後の情報社会でも技術の追求が人間のあり方に負の影響《えいきょう》を与える可能性が高いから。

二　次の文章を読んで、後の問いに答えなさい。

カチューシャ（伊藤《いとう》ちづる）は自分の学校と仲の悪い「東高」のリーダーとつき合っているらしいことを目撃《もくげき》され、仲間はずれにされる。文化祭の準備をきっかけに「僕（モー）」はカチューシャが学校にとけこめるように取り計らった。その作戦はうまくいき、文化祭当日を迎《むか》えた、ように思えた。

教室内にきずかれた『よみがえる戦地』は、一見何もかわりなく見えた。戦車の位置も、※ジオラマのバランスも、昨日の夜、最終的に教室内に配置したまんまだ。と、思う。

でも、何かが決定的に違う。そして、その理由は、一瞬《いっしゅん》のうちに判明した。

①戦車や軍事トラックにはどれも、顔がついてるんだ！　ロケットランチャー搭載《とうさい》のアメリカ製戦車にも、自衛隊の最新型戦車にも。水陸両用の装甲車《そうこうしゃ》も同様だった。

そしてもちろん、※カチューシャ砲《ほう》トラックにもだ。

どの車にもみな、顔が描《えが》かれていた。

表情まである。泣きそうな顔。いかめしく怒《おこ》ってる顔。哀《かな》しげに眉尻《まゆじり》をさげ、なげいてるような顔。ごていねいに、泣き顔に丸く切った水色の紙を貼《は》りつけ、涙《なみだ》にしてあるのまで。　A　のは、一個もない。ただ、どの表情も思いきり※デフォルメして描《えが》かれているから、ふざけたようなひょうきんな印象になっていた。

口も目も鼻も、赤や黄色、黄緑といったどぎつくあかるい色の絵の具ばかり使われている。そのせいで、カーキ色や三色迷彩《めいさい》で重厚《じゅうこう》に仕上げたはずの戦場は、一気に子どもっぽい絵本じみた世界に様変わりしていた。機関車トーマスみたいに、そのまま教室内をおしゃべりしながら、陽気に走りだしちまいそうな雰囲気《ふんいき》だ。

そしてジオラマの戦地の地面には、でっかい黄色のピースマーク。見る者をからかうように、にっこりとこっちを見てる。誰がやったにしても、たちの悪いいたずらだ。

女子たちは「ひどいよねえ」と憤慨《ふんがい》しつつも、「これはこれで可愛《かわい》いかもね」なんてのんきな声をかわしている。でも、男子たちの表情は険悪だった。当たり前だ。美術の時間にいくらせっつかれても作りえないような傑作《けっさく》を、ひと晩で台無しにされちまったのだから。

かな。

エ 〈生徒Ａ〉工業化によって労働の現場から個人性が失われただけでなく、消費の現場でも人々の行動に個人差がなくなったと述べられているものね。自分の固有性についての悩《なや》みの原因が工業の発展にあるのかもしれないなんて驚《おどろ》いたよ。

オ 〈生徒Ｃ〉工業化だけでなく、民主主義からくる「みな同じ」という平等の考えにも、固有性についての悩みの原因があると書かれているね。僕たちが江戸時代に生まれていたら、「自分らしさ」なんて考えなかったのかもしれないわけだね。

6 傍線部④「そこに個性は必要ない。ときに邪魔《じゃま》でさえある」とあるが、それはなぜか。誤っているものを次の**ア**～**オ**から二つ選び、記号で答えなさい。

ア 大量生産の現場では、自分に与《あた》えられた仕事だけを繰《く》り返《かえ》せばよいため、すぐに仕事ができるようになって、他の働き手との技術的な差や仕事をこなす速さに悩《なや》まなくて済むから。

イ 限られた職人のみが手がけていた仕事が誰にでもできるものになれば、人々の技術習得の手間や負担が減り、職人を一人前に育てるまで長い時間をかける必要がなくなるから。

ウ 特定の職人にしかできない仕事があると、その職人を他の人と取《と》り替《か》えることができず、仕事が進まなかったり製品が完成しないといった不具合が生まれる恐《おそ》れがあるから。

エ 大量に物を生産するには、熟練の職人のみに仕事をさせるのではなく、一つ一つの工程を誰にでもできる作業の連続にすることで仕事を効率化する方が都合がよいから。

オ 大量の商品を買ってもらうには、人と違うものに価値を求める人々ではなく、みんなと同じものを買って同じ水準の生活をしたいという平等意識を持つ人々が必要だから。

7 空欄⑤に当てはまる適切な表現を、本文の内容をもとに自分で考え、６字以上、10字以内で答えなさい。

8 本文中の【「近代的自我」を……そういう性質のものなのである。】の部分で筆者が述べている言葉の性質の具体例として最も適切なものを次の**ア**～**オ**から選び、記号で答えなさい。

ア Ａさんは自分の趣味《しゅみ》の素晴《すば》らしさを友達に話したが、正確に伝わらなかったため、もっと小説を読んで表現を研究しようと考えた。

イ Ｂさんは好きな料理の記事を書いた時、おいしさの表現がどうしても他の料理と似てしまい、言葉だけで説明する難しさを感じた。

ウ Ｃさんは、相手と同じ考えや感覚がないと、相手の言い分が正確に理解できないと考え、常に相手の話をよく聞くよう心がけた。

エ Ｄさんは、クラスの自己紹介《しょうかい》でみんなと違う印象を与《あた》えようと外国の言葉を使ってみたけれど、ほとんどの人が理解できなかった。

オ Ｅさんは会議で自分の考えを伝えようと説明を重ねたけれど、言葉を足しても同じ内容の繰《く》り返《かえ》しになってしまうことに気づいた。

9 傍線部⑥「近代的自我が深めた混迷《こんめい》は収まることなく続くことであろう。」とあるが、それはなぜだと考えられるか。最も適切なものを次の**ア**～**オ**から選び、記号で答えなさい。

ア 人は言葉を使って他者とコミュニケーションをとっているため、

いるという意識ばかりが強いけれど、本当は身体性を伴《ともな》う形で関係性をeコウチクしている。そこには交換《こうかん》不可能な、その人だけのものがある。

生産から消費へ重点を移した社会は、工業から情報へ軸足《じくあし》を移そうとしている。※ポストモダンの到来《とうらい》が言われて久しい。社会が変化すると、社会的な動物である人間のあり方は変化する。社会に生きる「自分」の意味も変わる。今後も続く変化の中にあっても、⑥近代的自我が深めた混迷《こんめい》は収まることなく続くことであろう。そのことは意識しておいた方がよい。評論文を読むときに、もしかしたら小説を読むときにも。

（村上慎一『読解力を身につける』より）

※自我……自分自身に対する、各個人の意識。
徒弟《とてい》制度……ここでは、見習いが親方の家に住《す》み込《こ》んで修業《しゅぎょう》し、一人前に育っていく制度のこと。

テーラーシステム……工場の労働者を効率的に管理する方法。

逆説……「急がば回れ」や「負けるが勝ち」のように、表現の上では一見矛《む》盾《じゅん》しているようだが、よく考えてみると真意を的確に指摘している説。

ポストモダン……ここでは、近代のあとに続くと考えられている時代やその傾向《けいこう》のこと。

1　点線部a・b・c・d・eのカタカナを漢字に直しなさい。

2　空欄《くうらん》A〜Cに入る語の組み合わせとして最も適当なものを次のア〜オから選び、記号で答えなさい。

ア【A　つまり　B　たとえば　C　あるいは】
イ【A　すると　B　つまり　C　だから】
ウ【A　ところで　B　たとえば　C　しかし】
エ【A　すると　B　そして　C　しかし】
オ【A　ところで　B　つまり　C　だから】

3　空欄①に入る最も適切な語を、本文中から抜き出して答えなさい。二カ所ある空欄①には同じ語が入る。

4　傍線部《ぼうせんぶ》②「近代以前の人には、それがなかったと考えられている」とあるが、その理由を75字以内で答えなさい。その際、「身分」「持ち物」「生活」の語を使用すること。

5　傍線部③「近代という時代の理解が問題なのである」とあるが、筆者が述べる「近代」について話し合っている次の発言ア〜オから、筆者の主張と異なる内容を含《ふく》むものを一つ選び、記号で答えなさい。

ア　〈生徒A〉筆者が言うとおり、近代の工業化によってそれまでの産業に大きな変化が生まれたのだね。分業が進めば仕事が効率化されて多くの商品を生産できるけれど、人の手による熟練の技術が失われてしまったということもあったわけだ。

イ　〈生徒B〉熟練の職人が失われたとしても、人間の仕事を機械にやらせることで大量生産が可能になったのでしょう。私たちの社会の発展は工業化のおかげだし、それがなければ現在の自動車産業のシステムだって生まれなかったはずだよ。

ウ　〈生徒C〉確かに、工業化は僕《ぼく》らが考えている以上に社会や人々の生活を変えたのだろうね。ただ、筆者は社会の発展そのものよりも、発展によって近代以降の人々の意識に大きな変化が生まれたことの方を重要視しているのじゃないの技《わざ》は、もはや必要ない。少し習熟すれば、誰にでもできる仕事ばかりがある。④そこに個性は必要ない。ときに邪魔《じゃま》でさえある。無機質な言い方になるが、そこで働く人は取《と》り替《か》え可能な部品のようになる。この分業のあり方を※テーラーシステムと言うが、さまざまな産業に浸透《しんとう》していく。現在の自動車産業のシステムは、この分業の極限を示している。「他《ほか》ならぬ自分であるからこそ」は、労働の現場から次第《しだい》に消失していった。

　大量に生産されたモノは、消費の現場に運ばれ、大量に消費される。そこでも、個人性は薄《うす》れてゆく。同じようなモノを皆《みな》が身に着け、同じようなモノを使い、同じような生活をする。近代の始まりは、そういう時代の始まりでもあった。皆《みな》平等になり、身分によって持ち物が違い、生活が違うということは、次第《しだい》になくなっていった。消費のためのdシキン力の違いだけが問題になっていく。消費の場でも、人の取《と》り換《か》え可能性は高まっていく。「みんな」同じになっていった。近代に広まった民主主義の平等思想がこれを後押《あとお》しした。「他《ほか》ならぬ自分」という意識は、後退していく。

　人々が「　⑤　」、他の誰でもない自分」という※逆説を生きることになったのが近代という時代である。「みんな」とか「普通《ふつう》」とかという意識が人々の間にすっかり行きわたった頃《ころ》から、人々はそういう自分を生きることに戸惑《とまど》いや息苦しさを感じ始め、自分とは何か、個性とは何かという問い返しを始めた。唯一無二《ゆいいつむに》の自分を他者が規定してくれることはない。自分で規定するよりない。自分は何者だろう、自分は他の人とどこが違うのだろう、自分はどこが優《すぐ》れているのだろう、自分はどんな性格なのだろう、自分の個性はどこにあるのだろう、自分としてどういう人生を歩んだらよいのだろう……。容易に答えの出ない問いである。さまざまに考えた末にようやくたどり着く「自分」、それが「近代的自我」である。

【「近代的自我」を規定するためには言語を使う。誰かにそれを示すにも、言葉を用いるよりない。いろいろな言葉を使う。「優《やさ》しい」「粘《ねば》り強《づよ》い」「したたかな」「少し気弱な」「正直な」「正義感の強い」「芯《しん》の強い」「努力できる」「おしゃれな」「シャイな」「傷つきやすい」……そういう自分が本当の自分だというように。しかし、いつまで経《た》っても唯一無《ゆいいつむ》二《に》の自分には行き当たらない。少し考えてみれば分かる。言葉は、誰にでも理解できるよう共有できるようにできている。「優《やさ》しい」という言葉で自分を形容する人、他者に形容される人がどれだけいるか知れない。「優しい」の意味するところは、本当は一人ひとり違うだろう。でも、言葉は同じ、「優しい」。これに「粘《ねば》り強《づよ》い」を加えると、少し該当者《がいとうしゃ》の数は減るかもしれない。さらに「……」を加えると、……。どれだけ言葉を加えても、事情は変わらない。

　言葉で語っている限り唯一無二《ゆいいつむに》には突《つ》き当《あ》たらない。唯一無二に突《つ》き当《あ》たらないだけでなく、本当は異なっているかもしれないものを同じ言葉で語る矛盾《むじゅん》ばかりが大きくなる。言葉が悪いのではない。言葉とは、もともとそういう性質のものなのである。】

　本当の自分は、言葉で表現しきることはできない。しようとすればするほど矛盾《むじゅん》が大きくなるという理解が広がったときに、登場してきたのが「身体論」である。身体性……、その人の表情、しぐさ、熱、雰囲気《ふんいき》、語り口……、その人の身体から立ち上がるもののすべてにこそ唯一無二性があるのではないかということである。人は、言葉で関係性を作って

【国　語】〈五〇分〉　〈満点：一〇〇点〉

【注意】＊　設問の都合で、本文には一部省略・改変がある。
＊　字数制限のある場合は、句読点なども字数に入れること。

一　次の文章を読んで、後の問いに答えなさい。

授業で「「ヒト」と「人間」では、何が違《ちが》うか」と問うたことがある。「またまた……」と口をあんぐりしている生徒もあり、わけが分からないといった風情《ふぜい》の生徒もいる。畳《たた》みかけるように訊《き》く。「君たちは、ヒトであり人間であると思うが、たとえば絶海の孤島《ことう》に一人で生きている人は、ヒトではあっても人間とは言えないのではないか、たとえば、狼《おおかみ》に育てられた子の場合はどうか。」頭の働く生徒は、「なんだ。そういうことか」と質問の意図を理解する。人間には「間」がある。「間」は、自分以外に少なくとももう一人いないとできない。「間」とは、関係性のことである。絶海の孤島《ことう》にいる人は、生物学的に「ヒト」であったとしても、人間ではない。誰《だれ》かと関係を結ぶことができないからである。言葉の必要もない。人間は、徹頭徹尾《てっとうてつび》、関係性の中を生きている、[①]的な動物である。

こんな問をしたこともある。「「自分」という言葉、よく使うよね。[A]、自分の「分」って何？　何からの「分」なの？」こちらの方は、多くの生徒が即座《そくざ》に分かる。周囲の誰《だれ》か、他者から分かたれるところの「自ら」、それが「自分」である。自分という言葉も、人間が[①]的な動物であることに根差している。

さて、次の質問に生徒はすぐには答えられない。多くの生徒が「何を言っているのやら」という顔をする。「自分という言葉と同じように、「※自我《じが》」という言葉、よく使われているよね。君たちの日常会話には、あまり出てこないかもしれないけど……。「自我《じが》」って、何？　この言葉を使うとき、ほとんどは「近代的自我《じが》」という意味で使うのだけれど、②近代以前の人には、それがなかったと考えられているのはなぜ？」。話し合いによって答えてもらおうとすると、質問が出る。「先生、前近代、たとえば江戸《えど》時代の人だって、自分という意識はあったのではありませんか？」。「うん、あったかもしれないね。でも、それは近代以降の人が「自我」と呼んでいるものとは全然違《ちが》うものだと思うよ。どう違《ちが》うのだろう？」「……。」話し合っても答えにいたることは少ない。③近代という時代の理解が問題なのである。

ごく大ざっぱに説明したい。近代社会とは、工業社会である。蒸気機関の発明に端《たん》を発している。工業化が進み、大量生産、大量aユソウが可能になり、大量消費の時代が幕を開ける。この大きな変化は、日本では明治の文明開化に始まる。否応《いやおう》なく人間観の変化をもたらしたが、その進み具合には差があったと思う。地方により、bリョウイキにより、産業により、人により……。大量生産の現場では、「熟練の解体」が起きる。[B]、背広の製作。近代以前には、職人が初めから最後まで一人で仕立てていた。人によって、仕事の出来に差があったことであろう。○○さんという職人が作った背広というところに価値を見いだしていたにちがいない。[C]、大量生産の現場には、熟練の仕立て職人はいらない。裁断するばかりの人、裏生地《きじ》を付けるだけの人、ボタンを付ける人、襟《えり》を付ける人……、分業が始まる。熟練の職人がしてきた仕事は分解され、誰《だれ》もができるcタンジュンな作業になる。その中で自分の分担だけをこなせばよい。※徒弟《とてい》制度により継承《けいしょう》されてきた熟練

MEMO

大切なことはメモしておこうネ！

午後特別

2022年度

解　答　と　解　説

《2022年度の配点は解答欄に掲載してあります。》

＜算数解答＞

1　ア　1　　イ　0.83　　ウ　9　　エ　39　　オ　300

2　(1)　44.5cm^2　　(2)　200.96cm^2　　(3)　210倍　　(4)　6，7，12本

3　(1)　6　　(2)　6　　(3)　64　　(4)　19683

4　(1)　2.55cm^2　　(2)　3.14cm^2　　(3)　8.83cm^2

5　(1)　解説参照　　(2)　40cm^2　　(3)　16通り

○配点○

4・5　各7点×6　　他　各6点×13　　　計120点

＜算数解説＞

1　**(四則計算，割合と比，単位の換算，概数，数の性質，速さの三公式と比，旅人算)**

(1)　$\left(\frac{1}{2}+\frac{1}{3}\right)\times\left(\frac{1}{2}+\frac{1}{3}\right)-\left(\frac{1}{2}-\frac{1}{3}\right)\times\left(\frac{1}{2}-\frac{1}{3}\right)+\left(\frac{1}{3}+\frac{1}{4}\right)\times\left(\frac{1}{3}+\frac{1}{4}\right)-\left(\frac{1}{3}-\frac{1}{4}\right)\times\left(\frac{1}{3}-\frac{1}{4}\right)=\left(\frac{1}{2}+\frac{1}{3}+\frac{1}{2}-\frac{1}{3}\right)\times\left(\frac{1}{2}+\frac{1}{3}-\frac{1}{2}+\frac{1}{3}\right)+\left(\frac{1}{3}+\frac{1}{4}+\frac{1}{3}-\frac{1}{4}\right)\times\left(\frac{1}{3}+\frac{1}{4}-\frac{1}{3}+\frac{1}{4}\right)=1\times\frac{2}{3}+\frac{2}{3}\times\frac{1}{2}=1$

本　(2)　1÷3.3×2.5÷0.91＝2.5÷3.003＝0.8325～より，0.83yd

要　(3)　300までに倍数が5個あるa…300÷6＋1＝51以上300÷5＝60以下　　300までに倍数が7個あるb…300÷8＝37.5より38以上300÷7＝$\frac{426}{7}$より42以下　　したがって，最小の$a-b$は51－42＝9

本　(4)　5の倍数＋4である2ケタの数…14，19，24，29，34，39，～93＝39×2＋15より，39

要　(5)　右図より，点Pを共有する2つの三角形の相似比は12：6＝2：1　　したがって，Aさんの家からPまでは900÷(2＋1)＝300(m)

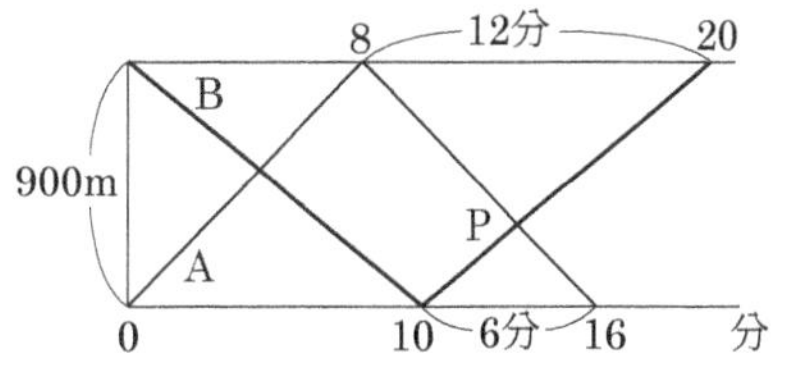

2　**(平面図形，相似，立体図形，割合と比)**

要　(1)　図アより，直角三角形AEFとBAGは合同であり，EFは3＋8－8÷2＝11－4＝7(cm)　　したがって，求める面積は7×11－(7×4＋3×3÷2)＝44.5(cm^2)

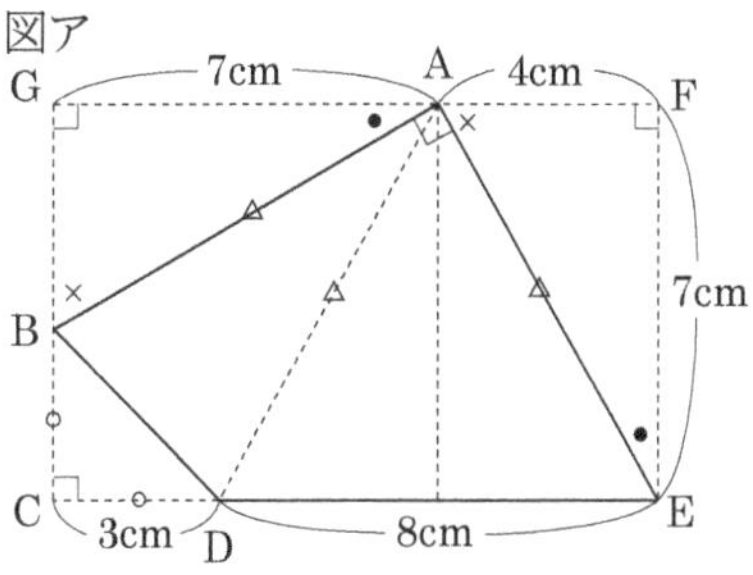

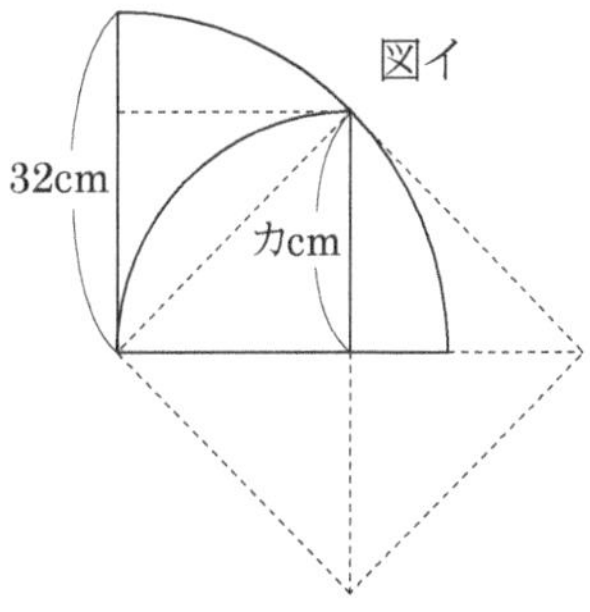

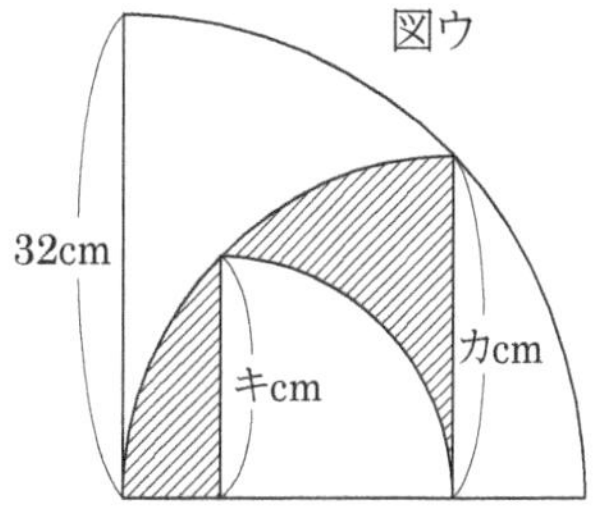

重要　(2)　前ページの図イより，カ×カの面積は32×32÷2＝512(cm^2)　同様に，キ×キの面積は512÷2＝256(cm^2)　したがって，図ウの斜線部分は(512－256)×3.14÷4＝200.96(cm^2)

図1
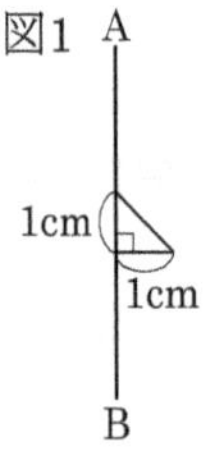

図2
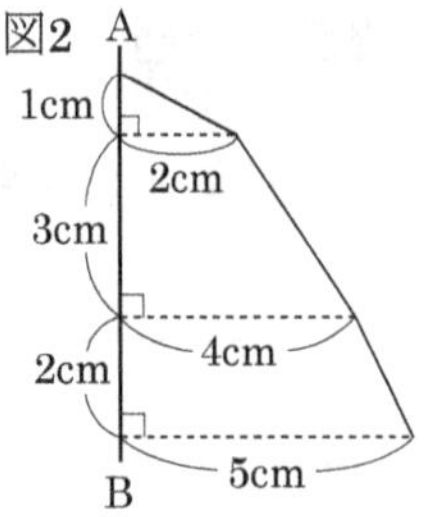

図サ
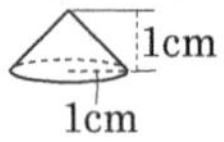

図シ
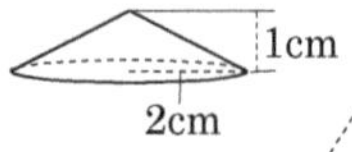

図ス
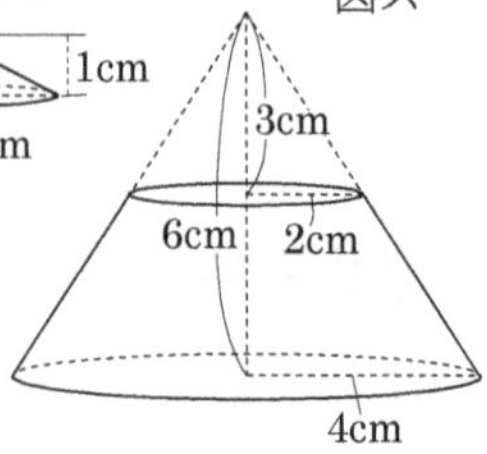

図セ
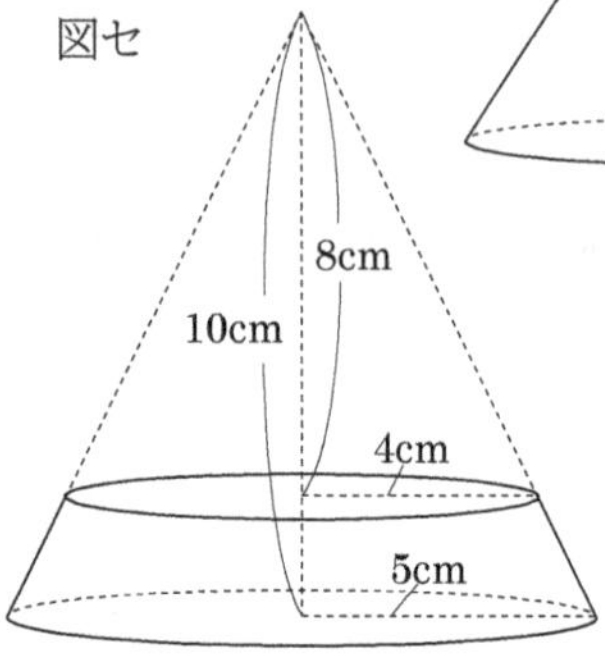

やや難　(3)　図サ…体積を1×1×1＝1とする。
図シ…体積は2×2×1＝4
図ス…上部の円錐部分と全体の円錐部分の相似比は1：2，体積比は1：8であり，円錐台の体積は4×4×6÷8×(8－1)＝84
図セ…上部の円錐部分と全体の円錐部分の相似比は4：5，体積比は64：125であり，円錐台の体積は，5×5×10÷125×(125－64)＝122
したがって，求める割合は(4＋84＋122)÷1＝210(倍)

(4)　移動して真横から見る場合…6本・7本・12本

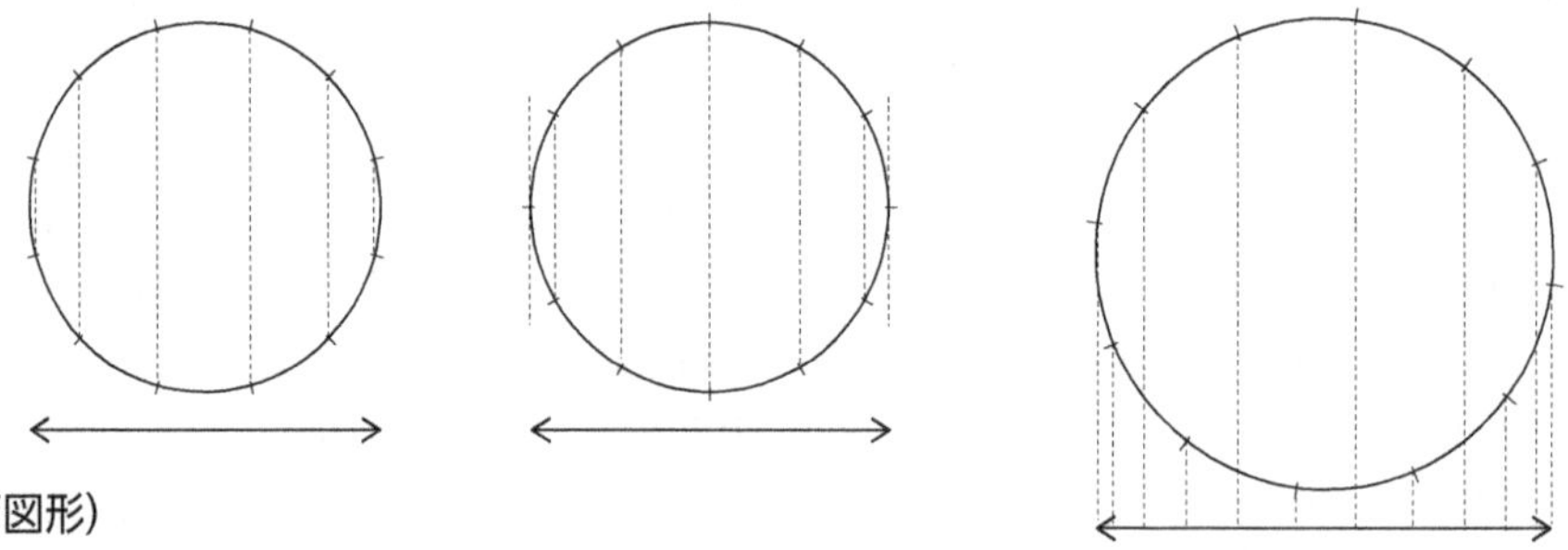

3　(演算記号，数の性質)

基本　(1)　4×4×4＝64，4096＝64×64より，[4，4096]＝6

基本　(2)　□×□×□×□×□＝7776＝6×6×6×6×6より，【5，7776】＝6

重要　(3)　[2，64]＝[2，8×8]＝6，<2，6>＝8×8＝64

(4)　19683＝3×3×3×3×3×3×3×3×3より，<3，9>＝19683

重要　4　(平面図形)

(1)　図アより，正六角形は1.7×0.5×3＝2.55(cm^2)

(2)　図イより，0.5×0.5×3.14÷3×2×6＝3.14(cm^2)

(3)　図ウより，(1×1×3.14÷3＋1.7×0.5÷2)×6＝6.28＋2.55＝8.83(cm^2)

図ア
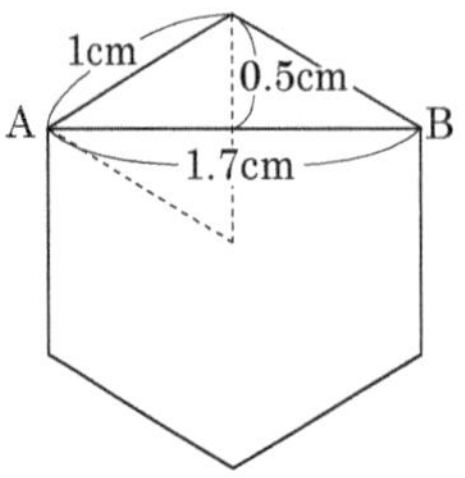

図イ
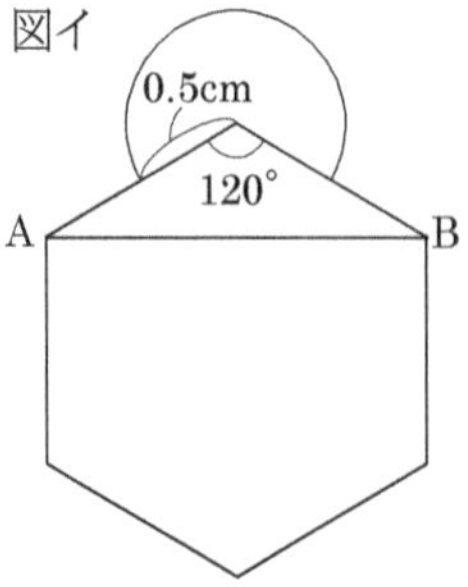

図ウ
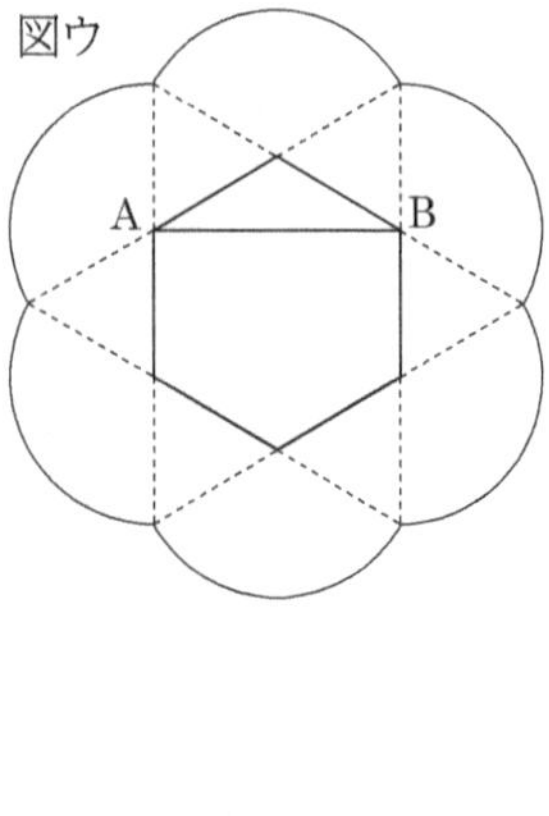

5 (平面図形，立体図形，場合の数)

本 (1) 正面から見える図は，右図のようになる。

要 (2) 左右の面…$7\times2=14(\text{cm}^2)$ 前後・上下の面…$6\times4=24(\text{cm}^2)$ 内側の面…2cm^2 したがって，表面積は$14+24+2=40(\text{cm}^2)$

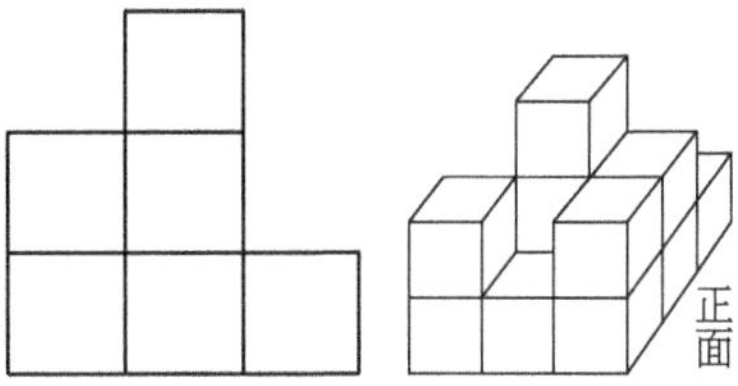

正面図 左面

(3) 下図より，正面から見える図は16通りある。
…前後の列に立方体が重複する場合が6通りある。

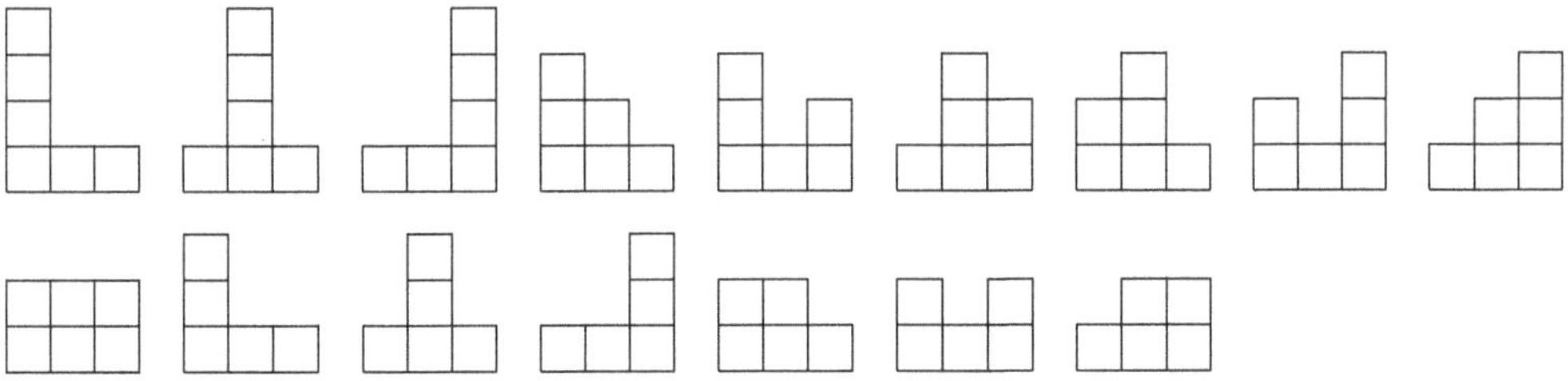

★ワンポイントアドバイス★

[1](5)「2人の往復時間」から，2人がすれ違う位置について距離を求める方法は，グラフ上で相似を利用すると早い。[2](2)「四分円と面積」では，半径が求められず，半径×半径の面積を利用する。[3]「演算記号」は難しくない。

<国語解答>

一 1 こべつ 2 とうじ 3 やしろ 4 いただき 5 そうばん

二 1 次 2 散布 3 空 4 景勝 5 異存

三 1 ア 2 日本の少年犯罪数は七十年前から比べて激減，最近五年間でも大きく増えていないのが現実だが，多くの人が増加していると考えている。それは，人は思い出しやすさを頻度の代わりに用いている傾向があるが，めったに起こらないことのほうがニュースになるから，メディアが少年犯罪というめずらしいことを繰り返し報道するため，リハーサル効果により記憶に残り，思い出しやすくなって，少年犯罪が増えたと考えてしまうからである。 3 年下のきょうだいが手伝いをすることがめずらしいから保護者の記憶によく残っていると考えられる。Aさんは，これまでしていなかっためずらしい内容の手伝いをすることで保護者の印象に残るようにすればよい。

○配点○

一 各2点×5 二 各2点×5 三 1 5点 2 35点 3 20点 計80点

<国語解説>

一 (漢字の読み)

本 1 住宅を数えるとき「一戸・二戸」という数え方がある。「いっこ・にこ」と読むので「戸」は「こ」と読む読み方がある。 2 理科でも学習する言葉。 3 「会社」の「社」は音読み

「シャ」。訓読みで「やしろ」である。　4 「頂」は音読み「チョウ」。「いただき」は訓読み。なお，「頂く」のように動詞で使う場合は送りがなをつける。　5 「早晩」とは，「朝晩」という意味もあるが，「いずれそのような事態になるだろうと予測する気持ち，おそかれ早かれ，いつかきっと」の意味がある。5は後者の意味である。

二 (漢字の書き取り)

1 「あい次いで」ということは，次から次へという意味なので「次」を書く。父の後を継いでのような「つ-ぐ」もあるので，意味としてとらえよう。　2 「散」は全12画の漢字。7・8画目を左右に出さない。　3 「あ-ける」には「開ける・明ける」という同訓の漢字があるが，席をあけるは「空席」の「空ける」である。　4 「景勝」とは，「勝れた(すぐれた)景色」という意味だ。「勝」は全12画の漢字。10画目は7画目と10画目の交点から書き始める。　5 ちがった考えということなので「異」を使う。小学校では未習だが「依存」という他にたよって成り立つという「イゾン」もある。

三 (説明ー細部の読み取り，記述力)

重要 1 図2のカーブを考える。Uの字に近い形だが，縦軸は再生率，横軸は提示された順番ということを理解する必要がある。Uの字に近いということは，順番が早いものと，順番が最後のほうが同じように再生率が高くなると読み取ることができる。中間点が一番低いということは順番も中間あたりは再生率が低いということだからアである。

やや難 2 aをクリアするためには，まず「これが現実」について，図3から，何が現実なのかを確かめよう。未成年者の殺人検挙者は1554年からみると格段に減少していることが明らかである。が「そう考えていない」の「そう」は，この図のようには考えていないということだ。つまり，「あなたは日本の～」で始まる段落にあるように「少年犯罪は増加，凶悪化している」と考えているということになる。この2点をふまえた上で，これを60字程度にまとめる。次に，どうしてそのような思い違いが出てしまうのかを文中から確かめる作業をすることになる。まず，1で考えたU字形の最初のほうがすぐれた再生率を示すのは「リハーサル効果」によるものであることをふまえて，『メディアと利用可能性ヒューリスティク』の小見出しで始まる段落の内容を考える。ここでは，めったに起きないことはメディアが繰り返し報道する傾向にあるため，むしろ少ない少年犯罪などは，繰り返し報道されるため，リハーサル効果により記憶に残り，まるで少年犯罪がしょっちゅう起こる事件のように考えてしまうのである。

やや難 3 2でも考えたように，めったに起きないこと，めずらしいことは記憶に残るという文章だった。3の設問の場合で考えると，Aさんはいつもお手伝いをがんばっていると認識している。つまり，Aさんのお手伝いはめったに起きないことではない認識を保護者が持っているということになる。一方，年下のきょうだいがお手伝いをすると，それはめずらしいことなので保護者の記憶に残り，事実としての回数は少なくても，記憶としてよくがんばっていると感じると考えられる。この認識を小さくするには，保護者に新鮮なできごととして記憶するようなお手伝いをすることが有効だと考えられる。

★ワンポイントアドバイス★

いわば作文だけのような出題だが，好き勝手なことを書く作文ではなく，本文をしっかりつかまないと書くことができない。要約文を書いてみることも有効だ。

第1回

2022年度

解　答　と　解　説

《2022年度の配点は解答欄に掲載してあります。》

＜算数解答＞

1　(1)　503　(2)　18　(3)　1.2　(4)　7200

2　(1)　80cm^2　(2)　$2\frac{1}{3}$cm　(3)　257.48cm^3　(4)　141.3cm^3

3　(1)　29，43，71　(2)　75　(3)　26個

4　(1)　2m　(2)　10.58m^2　(3)　100.48m^2　(4)　$1\frac{7}{8}$倍

5　(1)　3.2分　(2)　15台　(3)　$8\frac{1}{3}$分後

○配点○

4　各4点×4　他　各6点×14　計100点

＜算数解説＞

要 1　(数の性質，規則性，割合と比)

(1)　5の倍数…2022÷5＝404余り2より，404個　25の倍数…2022÷25＝80余り22より，80個　125の倍数…2022÷125＝16余り22より，16個　625の倍数…2022÷625＝3余り147より，3個　偶数の個数はこれらの数の和より多く，したがって，連続する0は404＋80＋16＋3＝503(個)並ぶ。

(2)　4896＝2×2×2×2×2×3×3×17＝16×17×18より，最大の数は18

(3)　右図1より，棒イの長さが13のとき，水中の長さは13－3＝10　棒アの長さが12のとき，水中の長さは12÷6×(6－1)＝10　棒アの実際の長さ…3÷(12＋13)×12＝1.44(m)　したがって，水深は1.44÷12×10＝1.2(m)

図1

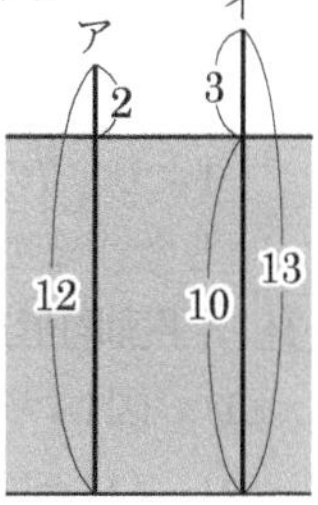

(4)　最後の3人の所持金…A25200÷(1＋2＋3)＝4200(円)，B4200×2＝8400(円)，C4200×3＝12600(円)　BがCに600円をあげる前の3人の所持金…A4200円，8400＋600＝9000(円)，C12600－600＝12000(円)

最初のAの所持金が5×3＝15のとき，Aが15÷5＝3をBにあげて，15÷3＝5をCにあげると，Aの所持金は15－(3＋5)＝7になり，これが4200円に相当する。したがって，最初のBの所持金は9000－4200÷7×3＝7200(円)

要 2　(平面図形，立体図形，図形や点の移動，割合と比)

(1)　図アより，面積を求める。三角形BDE…10×3＝30(cm^2)　三角形FCE…10×2×1.5＝30(cm^2)　三角形FDA…10÷2×2＝10(cm^2)　したがって，三角形DEFは(30＋10)×2＝80(cm^2)

図ア

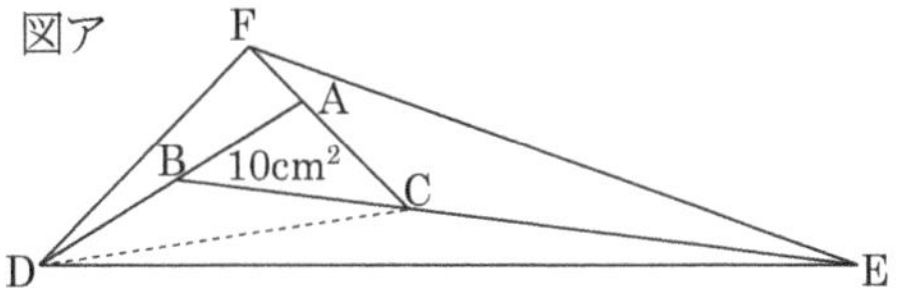

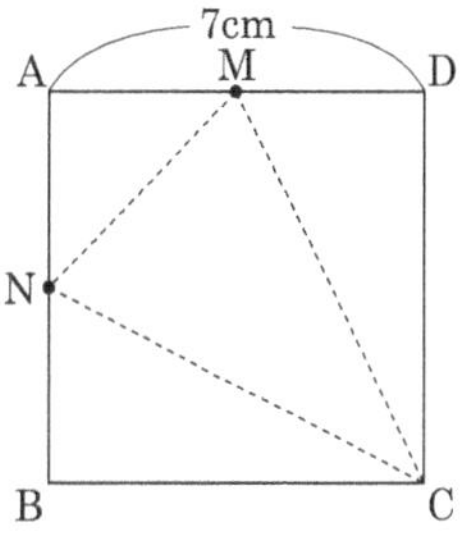

(2)　次ページの図イより，三角柱の底面積×高さは

$\frac{7}{2}\times\frac{7}{2}\div2\times7=\frac{343}{8}$(cm^3)　したがって，三角形CMNを底面にすると高さは$\frac{343}{8}\div\left\{7\times7-\left(7\times\frac{7}{2}+\frac{7}{2}\times\frac{7}{2}\div2\right)\right\}=\frac{343}{147}=\frac{7}{3}$(cm)

図ウ

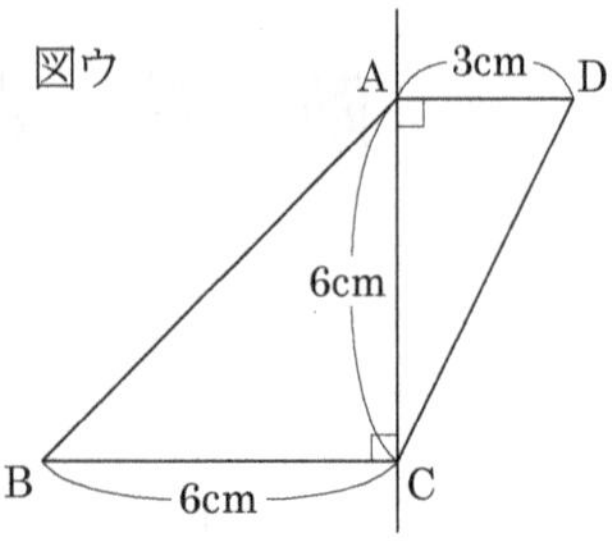

図イ

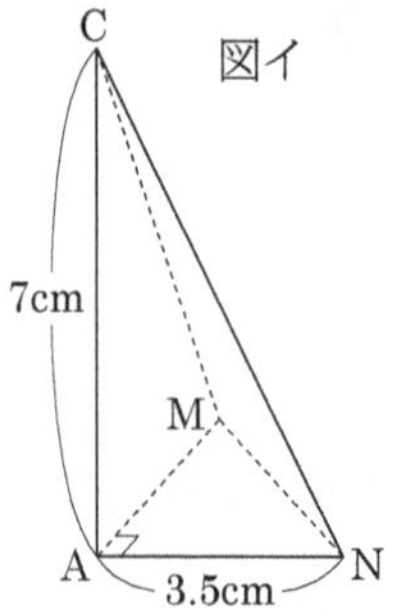

(3)　図ウより，三角形カとキの相似比は3：6＝1：2　三角形クとケの相似比は1：3，対応する体積比は1：27　三角形コとサの相似比は3：2，対応する体積比は27：8

上部の円錐台…$3\times3\times3.14\times6\div3\div27\times(27-8)=\frac{38}{3}\times3.14$(cm^3)　下部の円錐台…$6\times6\times3.14\times6\div3\div27\times(27-1)=\frac{208}{3}\times3.14$(cm^3)　したがって，求める体積は$\left(\frac{38}{3}+\frac{208}{3}\right)\times3.14=82\times3.14=257.48$(cm^3)

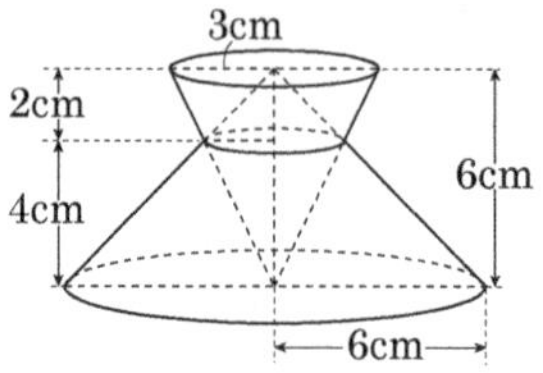

図a

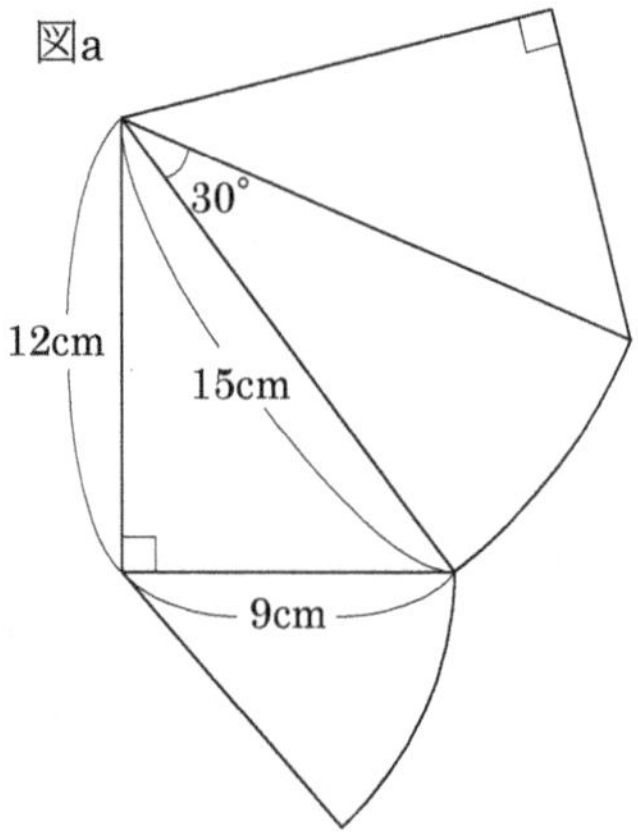

(4)　展開図aにおける弧の長さは半径15cmの円の円周の$\frac{1}{12}$であり，底面のおうぎ形 は半径9cmの円の$\frac{15}{12}\div9=\frac{5}{36}$　したがって，求める体積は$9\times9\times3.14\times\frac{5}{36}\times12\div3=141.3$(cm^3)

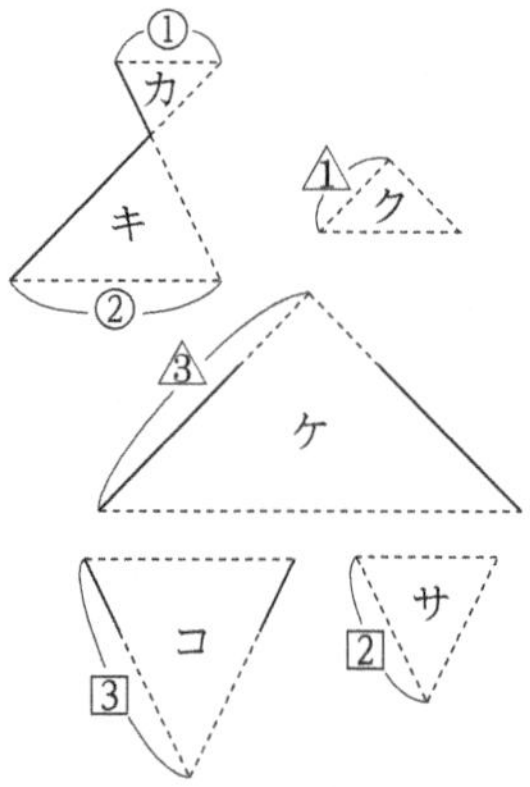

3　(数の性質)

基本　(1)　7の倍数＋1である2ケタの素数…29，43，71

基本　(2)　7の倍数＋2である2ケタの数…16，23，30，37，～　7の倍数＋3である2ケタの数…10，17，24，31，38，45，～　したがって，求める数は30＋45＝37＋38＝75

重要　(3)　(7の倍数＋1)×(7の倍数＋1)は7の倍数＋1になり，(7の倍数＋6)×(7の倍数＋6)も36＝7×5＋1より，7の倍数＋1になる。13＝7×1＋6，15＝7×2＋1，～，97＝7×13＋6，99＝7×14＋1　したがって，求める個数は13×2＝26(個)

4　(平面図形)

重要　(1)　図1より，(10＋6＋8)×ア＝24×アは6×8＝48に等しい。したがって，円の半径は48÷24＝2(m)

(2)　(1)と図1より，斜線部分は$6\times8\div2-2\times2-2\times2\times3.14\times\frac{3}{4}=20-9.42=10.58$(m^2)

基本　(3)　図2より，(6×6－2×2)×3.14＝32×3.14＝100.48(m^2)

図1

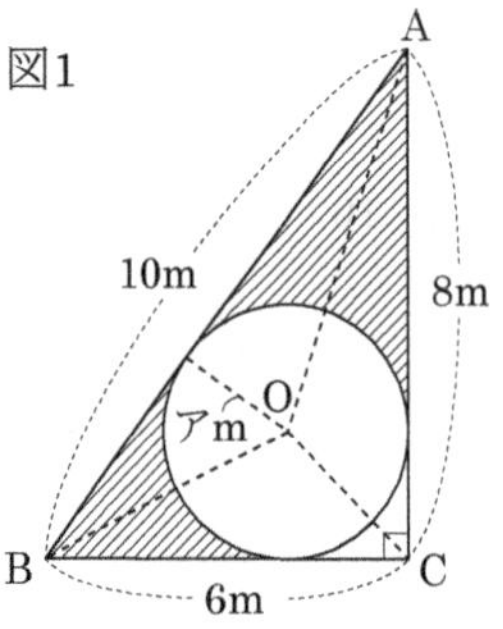

図2

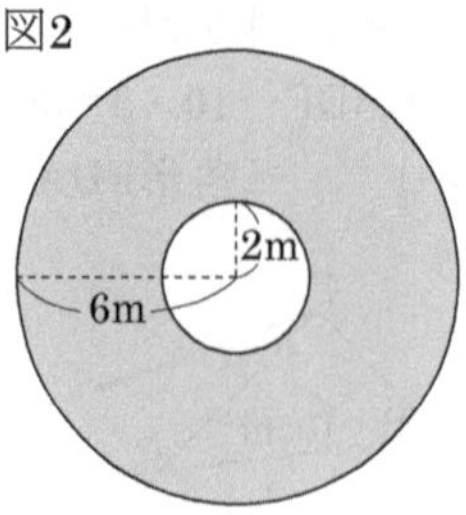

図3

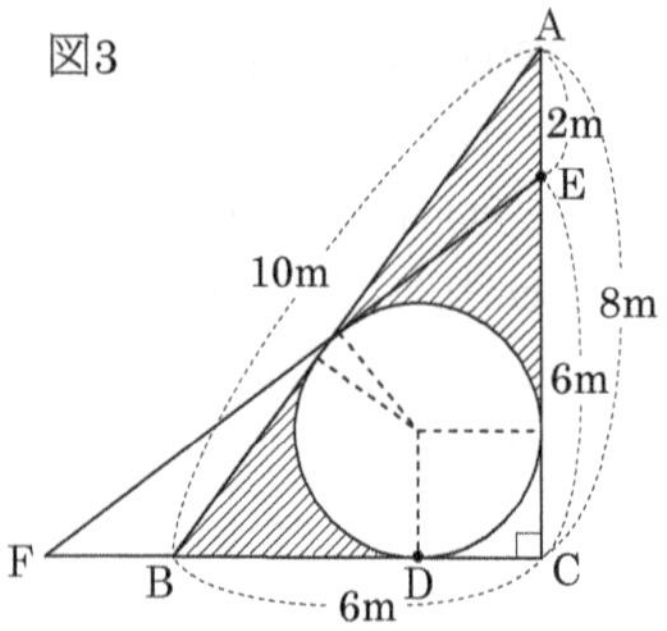

要 (4)　前ページの図3より，直角三角形ABCとFECは合同であり，求める影の面積は$(8\times8-2\times2)\times3.14=60\times3.14(m^2)$　したがって，(3)より，求める割合は$60\div32=\frac{15}{8}$(倍)

要 [5] **(ニュートン算，割合と比，鶴亀算)**

ポンプ1台が1分でくみ出す水量を1とする。1分で水そうに流れ込む水量…$(1\times3\times20-1\times5\times8)\div(20-8)=\frac{5}{3}$　水そうが満水のときの水量…$\left(1\times5-\frac{5}{3}\right)\times8=\frac{80}{3}$

(1)　$\frac{80}{3}\div\left(1\times10-\frac{5}{3}\right)=3.2$(分)

(2)　$\frac{80}{3}\div2+\frac{5}{3}=15$(台)

(3)　ポンプ4台で1分に減る水量…$1\times4-\frac{5}{3}=\frac{7}{3}$　ポンプ6台で1分に減る水量…$1\times6-\frac{5}{3}=\frac{13}{3}$

したがって，$\left(\frac{13}{3}\times10-\frac{80}{3}\right)\div\left(\frac{13}{3}-\frac{7}{3}\right)=\frac{25}{3}$(分)

★ワンポイントアドバイス★

基本レベル問題はないが，特に難しいと思われる問題もない。したがって，分数の計算に注意しながら，自分にとって解きやすいと思われる問題を優先して解いていくとよい。[5]「ニュートン算」は，解ける問題である。

＜理科解答＞

[1]　問1　(1)　72km/時　(2)　①　100　②　1600　③　4.7　問2　(1)　B
　(2)　27m/秒

[2]　問1　(注射器内の)空気　問2　ア　問3　カ　問4　9cm　問5　2g　問6　カ

[3]　問1　(1)　イ　(2)　ウ　(3)　ア　(4)　ウ，キ　(5)　水に溶けにくく
　(6)　水蒸気[水]　問2　(1)　88.5L
　(2)　右図1　(3)　右図2

図1

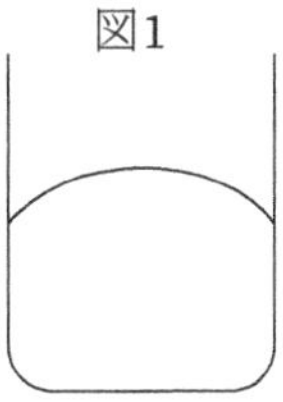

図2

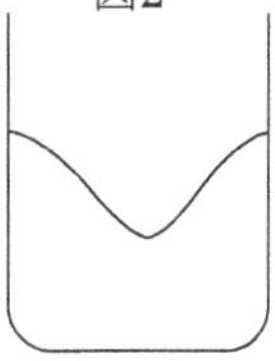

[4]　問1　アブラムシ[アリマキ，ハダニ]
　問2　(卵)　エ　(幼虫)　オ　問3　①　オ
　②　キ　③　ア　問4　エ
　問5　(部位)　イ　(特徴)　コ

[5]　問1　(1)　A　ア　B　ウ　(2)　①　イ　②　エ　③　ア　④　ア
　(3)　ア，キ，コ　(4)　イ，ウ　問2　37　問3　(1)　エ　(2)　4

○配点○

[1]　問1(1)，(2)③　各2点×2　他　各1点×4

[2]　問4，問5　各2点×2　他　各1点×4

[3]　問2(2)，(3)　各1点×2　他　各2点×7

[4]　問2～問4　各2点×3(問2，問3各完答)　他　各1点×3

[5]　問1(2)，問2　各2点×2(問1(2)完答)　他　各1点×5(問1(1)，(3)，(4)各完答)

計50点

<理科解説>

1 (音の性質―音の伝わり方)

基本 問1 (1) 秒速20mは時速になおすと，20×60×60÷1000＝72(km/時)になる。 (2) ① Sは20m/秒で5秒間移動するので，20×5＝100(m)進む。 ② 音の列の先頭は340×5＝1700(m)の位置にあり，音の列の後尾は最初の位置より100m観測者に近づいているので，1700－100＝1600(m)の長さになる。 ③ 最後の音がPに達するのにかかる時間は，1600÷340＝4.70≒4.7(秒)後であり，Pが警笛の音を聞くのも4.7秒間である。

やや難 問2 (1) 自動車の速度が速いほど最後の超音波を反射した地点が点Qに近づくので，点Qで超音波を受ける時間が短くなる。よってBが最も速い。 (2) 超音波の列の先頭から1秒後の後尾までの長さは，自動車の速度を□m/秒とすると340－□mになる。この幅の超音波が点Qを通過する時間は$\frac{340-\square}{340}$＝0.92である。これより□＝27.2≒27m/秒になる。

2 (圧力―気体の圧力)

問1 ピストンの中に閉じ込められている空気の圧力が，ピストンを押す力と等しくなる。

重要 問2 風船には均等に圧力がかかるので，形は変わらず大きさが小さくなる。

重要 問3 風船にはすべての方向から均等に圧力が加わる。

重要 問4 温度が変わらず両方のピストンにかかる圧力の大きさも等しいので，注射器Aで減少する体積とBで増加する体積は等しい。Aの断面積：Bの断面積＝9：1なので，Aが1cm下降するとBは9cm上昇する。

重要 問5 A，Bのピストンが停止するのは，両方にかかる圧力が等しいからである。圧力は力の大きさを力のかかる面積で割ったものである。Aの断面積：Bの断面積＝9：1なので，Bにかかる重さはAの9分の1になる。Aに18gの重さがかかるので，ピストンBは2gである。

問6 気体の圧力はすべての方向に均等にかかるので，カが正しい。

3 (物質の状態変化―水の状態変化)

重要 基本 重要 問1 (1) グラフの①では氷のみが存在する。②では氷と水がともに存在し，③では水のみ，④では水と水蒸気が存在する。 (2) 状態が変化しても物質の重さは変わらない。 (3) 氷は水になると体積が小さくなる。(あ)では水ができ始めたときだが，(い)では水の量が増え氷が減る。そのため体積は減少する。 (4) 固体から液体への変化が②では起きている。これと同じ変化は，ウ，キである。鉄も高温にすると液体になる。 (5) 気体は温度が高くなると水に溶けにくくなる。 (6) ④では水が水蒸気に変化する。液体の内部から気体へ変化する現象を沸騰という。泡は水蒸気である。

重要 問2 (1) 100℃で50gの水の体積は，50÷0.96＝52.08(cm^3)である。これが水蒸気にかわると体積が1700倍になるので，52.08×1700÷1000＝88.53≒88.5(L)である。 (2) 水は氷になると体積が増加する。ビーカー内の水は周りから凍り始める。体積が増加するので中央部が盛り上がって凍る。 (3) 液体のロウが固体にかわると，体積は減少する。周りから凍り始めるので，中央部がへこんで凍る。

4 (動物―ナナホシテントウ)

基本 問1 ナナホシテントウは，葉につくアブラムシ(アリマキ)をエサにする。

問2 ナナホシテントウの卵はエのような形で，葉の裏や木の枝や幹に産み付ける。幼虫の形はオである。

問3 ナナホシテントウの卵は，黄色で1.5mmぐらいの大きさである。一度に30個ほどの卵を産む。寿命は約2か月である。

本 問4　トノサマバッタは卵で，オニヤンマは幼虫のヤゴで，アゲハはさなぎで，カブトムシは幼虫で冬を越す。成虫で冬を越すのはオオスズメバチである。

問5　テントウムシは足の付け根から黄色の汁を出す。これはテントウムシの血液で，独特の苦みや臭みがあり，鳥などの天敵に食べられないようにする効果がある。

5　**(気象―気圧・雲)**

本 要 問1　(1)　梅雨の時期には，北のオホーツク高気圧と南の小笠原高気圧がぶつかり合って前線が停滞することで，雨が長く降る。　(2)　オホーツク高気圧は低温で多湿であり，小笠原高気圧は高温で多湿である。空気は上昇する周りの気圧が低いため膨張し温度が下がる。そのため，飽和水蒸気量が減少し水蒸気が水滴にかわり雲ができる。　(3)　雲の種類は10種類である。巻雲，巻積雲，巻層雲，高積雲，高層雲，乱層雲，層積雲，層雲，積雲，積乱雲である。　(4)　ア　○　空気中に湿気が多く，エサになる虫が低いところを飛ぶので雨が近い。　イ　×　太陽に暈がかかると雨　暈雲は巻層雲で，低気圧や前線が近づいた時にできる雲である。　ウ　×　夕焼けは晴れ，朝焼けは雨　夕焼けするのは西の空に雲がないからで，西の空は晴れている。朝焼けするのは東の空は晴れているが，西の空に雲があり天気が崩れる。　エ　○　髪の毛が空気中の水分を吸って櫛が通りにくくなる。　オ　○　雨が降る前に水から卵を守るために，卵を運び出している。

問2　空の広さを10として，雲の量が9～10を占めるときが「くもり」，2～8が「晴れ」，0，1が「快晴」と決められている。①～⑤に入る数の和は，10＋9＋10＋8＝37になる。

問3　(1)　これまでの「避難指示」と「避難勧告」が1つになり,「避難指示」となった。「避難勧告」の項目が廃止された。　(2)　警戒レベル4の「避難指示」で全員避難するようにとの指示である。警戒レベル5の「緊急安全確保」はすでに安全な避難ができず命が危険なレベルであることを示す。

★ワンポイントアドバイス★

物理分野からの出題が多い。計算問題も出題されるので，問題演習で対応するように備えたい。また，ニュースなどで理科に関係する話題には注目しておくこと。

＜社会解答＞

1　問1　(農作物名)　ブドウ[モモ，西洋ナシなど]　(地形の名称)　扇状地
問2　1　石炭　2　石油化学[化学]　問3　カ

2　問1　(1)　淡路島　(2)　ア　問2　コ　問3　タ
問4　(1)　ネ　(2)　近海は深く，島国なので国土面積に対し排他的経済水域が大きい。

3　問1　日米和親条約　問2　津田梅子　問3　ア・エ　問4　エ　問5　ウ
問6　イ・ウ　問7　江戸幕府が結んだ不平等条約の改正を目的とした。

4　問1　ウ　問2　エ　問3　オ　問4　イ　問5　イ　問6　ウ　問7　ウ
問8　(2番目)　ア　(5番目)　オ　問9　エ・オ　問10　エ
問11　(1)　豊臣秀吉[羽柴秀吉]　(2)　井伊直弼　(3)　最澄

5　問1　エ　問2　イ　問3　法の下に平等　問4　エ　問5　エ　問6　ア
問7　ウ・オ

○配点○

1　問3　2点　　他　各1点×3　　2　問1　各1点×2　　他　各2点×4

3　問3・問6・問7　各2点×3　　他　各1点×4

4　問8・問9　各2点×2　　他　各1点×11

5　問4・問6・問7　各2点×3　　他　各1点×4　　計50点

＜社会解説＞

1　(日本の地理―日本の国土と自然，人口・土地利用，商業，その他)

問1　川が，山間部から出てきたところにできる扇状地は，水はけがよく，ブドウやモモなどの果樹園として利用されている。

問2　Aは，かつて石炭を産出していた夕張炭鉱である。Bは，かつて銅を産出していた別子銅山である。ここの採掘技術は，石油化学工業の発展を促した。

やや難　問3　1960～65年は高度経済成長期であり，東京都も隣接3県も人口増加率が高かった。1980～90年はバブル景気の時であり，東京都も隣接3県も人口増加率は急激に低くなった。2010～15年は平成不況の期間であり，特に隣接3県の人口増加率がさらに低下していった。

2　(日本の地理―日本の国土と自然，人口)

問1　日本の島の面積第6位は兵庫県淡路島である。図中のほぼ中央にある佐渡島と本州を結ぶ点線が通る部分の水深は，300mのところが1番深くなっている。したがって，海面が300m低下すると，点線部分の周辺が陸続きになることが分かる。

問2　離島である五島市は，高齢者人口の割合が高くなっている。これは，過疎地域でみられる特徴である。

問3　Dの長崎県壱岐は，歴史的に朝鮮半島と九州を結ぶ海上交通の要所として栄えた。Eの瀬戸内海のしまなみ海道が通る大島や大三島は，かつては，瀬戸内気候を利用した製塩業がさかんであったが，最近はレモンなどのかんきつ類の生産がさかんになっている。

問4　(1)　Jは領海，Kは排他的経済水域を示している。領海では，沿岸国以外の船舶の自由な航行は，認められていない。また，排他的経済水域では，沿岸国以外の海底での鉱産資源の採掘は，認められていない。

重要　(2)　表2を考察すると，日本は，国土面積が5か国中1番小さいのに，排他的経済水域の面積は，3番目に広く，その体積は2番目に大きい。これは日本近海の水深が深く，日本が島国であることが原因となっている。

3　(日本の歴史―江戸時代から昭和時代)

基本　問1　図1は幕末に来校したペリーの航路を示している。江戸幕府は，1854年ペリーと日米和親条約を結び，開国した。

問2　図2は明治初期に派遣された岩倉使節団の航路を示している。この使節団のメンバーの中で最年少は，7歳の津田梅子であり，彼女は，のちの女子教育の発展に力をつくした。

問3　アの阪神淡路大震災(1995年)，エの大阪万国博覧会(1970年)が正解となる。新安保条約は1960年，日ソ共同宣言は1956年，湯川秀樹ノーベル賞受賞は1949年であり，いずれも該当しない。

問4　Xはレザノフがラクスマンの誤り。Yはフランスがイギリスのあやまりである。

問5　ペリーの使節は，太平洋を横断していない。

問6　ペリーが初めて日本に来航したのは1853年である。岩倉使節団が帰国したのは1873年である。大塩の乱は1837年，西南戦争は1877年である。したがって，イ，ウが誤りとなる。

問7　岩倉使節団は，2年近くにわたって欧米の進んだ政治や産業，社会状況を直接体験し，幕末に欧米諸国と結んだ不平等条約の改正も進めようとしたが，日本に近代的な法制度が整っていないことなどを理由に不成功に終わった。

4　(日本の歴史―飛鳥時代から大正時代)

問1　中大兄皇子は，大津宮に都を移し，そこで即位して天智天皇となり，初めて全国の戸籍(庚午年籍)をつくるなど，政治の改革を進めた。

問2　聖武天皇の時代に，墾田永年私財法がだされている。

問3　1549年，フランシスコ＝ザビエルが，鹿児島に上陸しキリスト教を伝えた。この頃の室町幕府の将軍は足利義輝であるが，幕府の権威は失われていて，各地に戦国大名が登場していた。

問4　1942年は，第二次世界大戦のなかの太平洋戦争が始まった年である。日本は戦争の長期化により，あらゆる物資や食料が不足していた。このような状況を考えると，イが正解となる。

基本　問5　この設問の人物は織田信長である。信長は一向一揆を敵に回し，それを屈服させた。信長は質素倹約を進めていないので，アは誤り。楽市令は，特定の商人が利益を独占する令ではないので，ウは誤り。鉄砲を利用した戦術は長篠の戦であるので，エも誤りとなる。

問6　中山道は，京都から琵琶湖の東岸を北上して，江戸の日本橋とを結ぶ内陸経由の街道で、江戸時代に整備された五街道の1つである。

問7　大津事件とは、1891年(明治24年)当時日本を旅行していたロシア皇太子のニコライ2世が，警備にあたっていた警察官津田三蔵に暗殺されそうになった事件である。政府はロシアの報復を恐れ死刑にしようとしたが、大審院長官児島惟謙は，この事件を法に従ってのみ審議し判決を行い，無期懲役とした。このようにして，彼は司法権の独立を守ったのである。

問8　イ：弥生時代→ア：飛鳥時代→カ：平安時代→エ：室町時代→オ：安土桃山時代→ウ：江戸時代。

問9　武田信玄と上杉謙信の川中島の戦いは今の長野県で起きた。奈良県にある法隆寺は世界最古の木造建築である。田中正造は衆議院議員であったので，アは誤り。佐賀県は内陸県ではないので，イは誤り。生糸は主に絹織物の原料となるので，ウも誤りとなる。

問10　アは岐阜県，イは福井県，ウは三重県，オは京都府で起きていて，いずれも滋賀県に隣接している。米騒動は富山県で起きていて，この県は滋賀県に隣接していない。

問11　(1)　豊臣秀吉は，主君織田信長が，1582年本能寺の変で明智光秀に討たれると，その後，光秀を天王山の戦いで破って天下人になった。　(2)　大老井伊直弼は，安政の大獄のあと，桜田門外の変で，尊王攘夷派の武士に暗殺された。　(3)　最澄は，比叡山延暦寺に天台宗を開いた。

5　(政治―憲法，政治のしくみ，国際社会，時事問題，その他)

問1　日本の内閣総理大臣は国会が指名するので，Zは誤りである。

問2　消防庁は総務省に所属している。

問3　憲法第14条は，法の下に平等をかかげている。「法の下の平等」は「個人の尊重」とも結びついている。

重要　問4　日本国憲法の改正の手続，公布は，憲法第96条に規定されている。それによると，各議院の総議員の3分の2以上の賛成で，国会が発議し，国民投票で過半数の賛成を必要とする。以上の承認を得た場合，天皇が，国民の名で公布する。なお，国民投票権は18歳以上の全ての日本国民である。

問5　グレタ・トゥンベリは、スウェーデンの著名な環境活動家である。主に地球温暖化の弊害を訴えている。したがって，地球温暖化の原因となっている二酸化炭素のことを説いているエの文章が正解となる。

問6　一般会計歳入内訳において平成30年度と令和2年度を比べると，所得税と消費税の割合が逆転している。また，依然として，特例国債の割合は高くなる一方である。特例国債とは、普通国債の一つで、税収及び税外収入等に加えて、建設国債を発行してもなお不足する歳出財源を補うため、特例的に発行される国債である。

やや難　問7　0は完全不平等であるから，0に近ずくほど格差は大きくなる。1は完全平等であるから，1に近づくほど格差は小さくなる。これをもとに報告書を考察すると，日本はアメリカよりも経済分野も政治分野も格差が大きいことがわかる。また，アメリカは，フランスと比べると，経済分野での格差が小さく，政治分野での格差が大きいことがわかる。

★ワンポイントアドバイス★

3 問1　日米和親条約によって開かれた港は，下田と函館の2港である。3 問2　岩倉使節団の他の主要メンバーは，木戸孝允，伊藤博文，大久保利通，山口尚芳などである。

<国語解答>

一　1　a　反射　b　吸収　c　並　d　先導　e　計測(採点から除外)　2　ウ　3　ア　4　目が見えない人は，高いところから見下ろしさえぎるものなく視野が広がる経験をしたことがないから。　5　イ　6　(1)　晴眼者　(2)　B　点字を読む際は触覚で得た文字のイメージを視覚で処理すること　C　短期の練習で触覚のイメージを視覚で処理するようになること　(3)　ウ

二　1　ア　2　エ　3　a　ウ　b　ア　4　イ　5　ア　6　へえ　7　武士の子にふさわしくない仕事につく息子に父親は感心をなくして反対しないのだと思ったから。　8　宗一郎が武士のほこりにこだわらず毎日がんばっている姿を見て，父親として恥ずかしくなり自分も変わらねばならないと思った。

○配点○

一　1　各2点×4　4　8点　6　(1)　4点　(2)・(3)　各6点×3　他　各5点×3

二　1・2　各3点×2　3　各4点×2　7　8点　8　10点　他　各5点×3

計100点

<国語解説>

一　(論説文－要旨・大意，細部の読み取り，漢字の書き取り，記述力)

重要　1　a　「射」は全10画の漢字。6画目は3画目の右側に出ない。8画目は3画目の右側から出た位置が始点だ。　b　「吸」は全6画の漢字。5画目は4画目の左側に出す。　c　「並」は全8画の漢字。1・2画目の向きに注意する。　d　「導」は全15画の漢字。14画目ははねる。

2　イとウで迷うところである。が，傍線①直前の表記が「空間世界を共有できる」とある。ここでの話題は「空間の認識」であり，イのような「同じ環境」ではないのでウを選ぶ。

3　「晴眼者が日常で～」で始まる段落に着目する。「俯瞰」が難しいというのは，「常に登場人物と同じ視点でいる」からだ。つまり，現実でも漫画でも何であっても，その「当人」と同じ視点

だということなのでアだ。

4 「それでは，俯瞰的～」で始まる段落と，続く「一方の～」で始まる段落で述べている対比に着目しよう。晴眼者は「高いところから見下ろしさえぎるものがなく視野が広がる経験をしている」が，「目の不自由な人はその経験がない」から俯瞰するとはどういうことかピンとこないのである。

5 「異なるもの」という条件に注意する。目の見えない人は，見えないという世界でさまざまな感覚を使って空間を感じ取っている。確かに不自由ではあるだろうが，常に「恐ろしい」と感じているわけではない。恐ろしいと感じるのは，晴眼者が目隠しをして急に暗闇の中に入った時としているのだから，「恐怖の共有」のためのイベントではないので，異なるものはイだ。

6 (1) 最終段落に，対象を「目の見える人」とある。しかし，字数制限をオーバーするので「晴眼者」と答える。 (2) B Ⅰ～Ⅳの研究で「共通して証明される」ことを書くということだ。「未記名」に当たる内容は，傍線⑤で始まる段落だ。「コーエン」は「未記名」で述べた内容の延長線上の実験だ。また，「コーエンと藤原」も「カウフマン」も対象者が異なっているが，同様の内容を確かめている。つまり，「未記名」での内容を確かめ，確定しているのだから，着目点は「未記名」の内容ということになる。すなわち，「点字を読む際触覚で得た文字のイメージを視覚で処理する」ということになる。 (3) ⅢとⅣで「新しくわかったこと」ということだ。(2)で考えたように，Ⅰ～Ⅳでは「共通」していたのだから，ⅢとⅣで「新しくわかる」ということは，対象者の違いだ。「視覚を失ったばかりの人・晴眼者」でも，触覚を視覚で処理できるということになるのだから，「短期間の練習でできるようになる」ということになる。

問 「適切でないもの」という条件に注意する。アの内容は，傍線①で言っているように「語り合う」ことの大切さを言っている。また，イベントの説明に誤りはなく，生徒が参加してみたいという希望は正誤に無関係なので内容としては適切だ。 イ 前後の文章で「同じ感覚」を述べていることは正しいb。さらに，違いは「注意の向け方」についてだったので適切である。
ウ 「特別な聴覚」を持っているわけではないという点はイと同様のことを言っているので適切である。しかし，イで考えたように，どちらの文章でも「特別な感覚をもっているわけではない」としているので「最初の文章とは考え方が違う」が適切ではない。 エ エで「違う」としているのは，「違う感覚を持っている」という意味の「違う」ではない。「俯瞰」という視点一つを取り上げてみても，「どうしても異なってしまうこと」はあるので適切だ。 オ イの内容と同じような考え方を「多様性」という言葉で表現しているので適切ということになる。

二 (物語－心情・情景，細部の読み取り，空欄補充，ことわざ，ことばの意味，記述力)

1 返事は「はい」ではなくて「へえ」のほうが良いと言ったものの，「お武家さんの家に生まれた」のだから仕方がないと言っている。武家で育てば「はい」と返事をするように幼いころからしつけられ，それが身についているということなので「三つ子の魂百まで」だ。

2 「忘れていた母の手を思い出して」「泣きそうになる」ということなので「目頭が『あつく』なる」だ。

3 a 直前の「～本間です。～いつわりはありません～」に対しての言葉だ。いまのおまえの言葉を「信じるぞ，信じていいのだな」という念を押した言い方である。 b 「お前も苦労するけれど，目がさめるまで待つしかない」と言い聞かせている。これはつまり，「いつかは父親としてめざめるからがまんして待て」という心情である。それは，「父親なのだから」という前提があるからであるのでアだ。

4 「正座して刀の手入れ」に着目する。これまでしたことのない力仕事や，「武士のおごり」が見える対応などで生活が思うようにいかない父親だ。そのために酒を飲む生活になってしまっているが，それでも正座して刀の手入れをするのは，自分は武士であるという誇りからだ。

5　傍線②中の「迷い」を考えよう。父親ほどではないにしても，自分自身にも「武士の子である」という意識が残っていたが，この町で生きていかなければならないと心を決め，商人としての言葉づかいや態度をとったとたんに，これまでしばられてきたような気持ちから解放されたようになったということでアを選択する。

6　最初に「はい」という返事をして注意されたのは，商人は「へい」と言うのだということだった。この町で，武士ではなく，仕事をして生きていくと決めた返事は「へい」である。

やや難　7　「大家さんとのやりとり」とは，髪結いの手伝いに行くと決めるまでのやりとりである。本人も即答できなかったのは，やはり，髪結いの手伝いは武士にふさわしくない仕事だという思いがあったからだ。武士にこだわる父親にとって息子にやらせたいとは思わない仕事といえる。それなのにはっきりと反対しないことが「意外」であり，反対しないのはもう息子に関心をなくしたのだろうと思うから「さびしさ」を感じるのである。

やや難　8　武士の子どもとしてふさわしくないと思われる仕事に就いた息子である。父親が仕事をせず酒を飲んで暮らしているのは，武士の身分に見合った仕事がないからヤケになっているからだった。この対比をふまえて，父親の立場で考えよう。息子が自分のように武士のほこりにこだわることなく仕事を続けているのを見て，自分の態度を反省し，自分も変わらなくてはと思い，酒を飲まなくしたのだ。

★ワンポイントアドバイス★

記述は部分点も期待できる設問だ。たくさん練習して少しでも高得点を得られるようにしよう。

●2022年度　第2回 問題　解答●

《配点は解答欄に掲載してあります。》

<算数解答>

1　ア　2　イ　$\frac{8191}{8192}$　ウ　975　エ　78　オ　$\frac{97}{98}$

2　(1)　75.36cm^2　(2)　33.875cm^2　(3)　197.82cm^3　(4)　2cm　(5)　エ

3　(1)　6個　(2)　$a=7$　(3)　$a=31$

4　(1)　BH：HJ＝1：2　(2)　BH：HI：IJ：JD＝3：2：4：6

(3)　四角形EFJI：三角形DGJ＝11：6

5　ア　138　イ　195.5　ウ　B　エ　414　オ　280

○配点○

各5点×20(5ウ・エ完答)　計100点

<理科解答>

1　問1　40g　問2　80g　問3　50g

2　問1　80g　問2　50g　問3　あ　30g　い　25g　う　1.2　え　240g

問4　48g

3　問1　ウ　問2　③　問3　水　問4　3，4，5

問5　A　ウ　B　イ　C　ア　D　エ　E　エ　問6　ア，エ

4　問1　白くにごっている　問2　ア，イ，エ　問3　右図

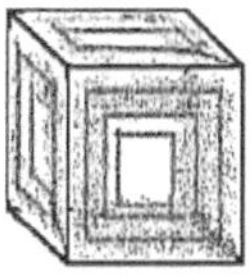

問4　B，D　問5　水素　問6　A　酢酸　D　水酸化ナトリウム水溶液

E　濃い塩酸

○配点○

1　各2点×3　2　各2点×7　3　問3・問6　各3点×2(問6完答)　他　各2点×4(問4・問5各完答)　4　各2点×8(問2・問4各完答)　計50点

<社会解答>

1　問1　ア　問2　高潮　問3　(1)　カ　(2)　エ　問4　共に高齢者の人口割合が小さく，沖縄県は出生に伴う人口の自然増加が，東京都は若年層の移住に伴う人口の社会増加が背景にある。

2　問1　エ　問2　イ　問3　(1)　ウ　(2)　インド　問4　ロシア

3　イ，キ，ク

4　A　北条政子　B　北条泰時　C　親鸞　D　足利義政　E　織田信長

問1　(2番目)　エ　(4番目)　ウ　問2　イ　問3　ア　問4　エ　問5　ウ，エ

問6　関所

5　ア，カ，キ

6　問1　会津藩　　問2　ウ　　問3　学問のすゝめ　　問4　エ　　問5　慶應[慶応]
問6　平塚らいてう　　問7　この文は女性の自立や社会進出を励ます文となり，女性参政権獲得運動などにつながった。民主化を求めるGHQが主導した戦後改革により，1945年に女性参政権が実現した。

7　問1　(1)　下落する　　(2)　合併　　(3)　環境省　　問2　ウ　　問3　キ　　問4　Zの住民投票は，条例を根拠として行われるが，結果に法的な拘束力は伴わない。　　問5　エ
問6　(2番目)　イ　　(3番目)　ア

○配点○

1　問1　2点　　問4　3点　　他　各1点×3　　2　問1・問3(1)　各2点×2　　他　各1点×3
3　2点(完答)　　4　問1・問5　各2点×2(各完答)　　他　各1点×9　　5　2点(完答)
6　問7　2点　　他　各1点×6　　7　問4・問6　各2点×2(問6完答)　　他　各1点×6
計50点

＜国語解答＞

一　1　a　輸送　　b　領域　　c　単純　　d　資金　　e　構築　　2　ウ　　3　社会
4　前近代の人々には身分差があったため，持ち物や生活の質など他者と異なるのが当然で，近代社会の人々のように自分とは何かを考えなくて良かったから。
5　イ　　6　ア，オ　　7　他の誰にでもなれる　　8　イ　　9　エ

二　1　a　ア　　b　ウ　　c　オ　　2　エ　　3　ウ　　4　イ　　5　オ　　6　ア
7　子どもだまし　　8　エ　　9　はりぼてではあっても本物そっくりの戦車をつくることで，つくっていた「僕」や大城が戦争について人の死を含めて現実に起こった出来事として考えるきっかけとなったということ。

○配点○

一　1　各2点×5　　2・3・6　各3点×4　　4　10点　　5・7・9　各6点×3　　8　5点
二　1・2　各2点×4　　3　3点　　4～6・8　各5点×4　　7　4点　　9　10点　　計100点

データ対応

収録から外れてしまった年度の
問題・解答解説・解答用紙を弊社ホームページで公開しております。
巻頭ページ＜収録内容＞下方のQRコードからアクセス可。

※都合によりホームページでの公開ができない内容については，
　次ページ以降に収録しております。

1　傍線部①「カタストロフィ・モデル」について、図A・Bに適した図を、本文の説明をもとに次から選び、記号で答えなさい。Aは【ア～ウ】から、Bは【エ～カ】から選ぶこと。

ア

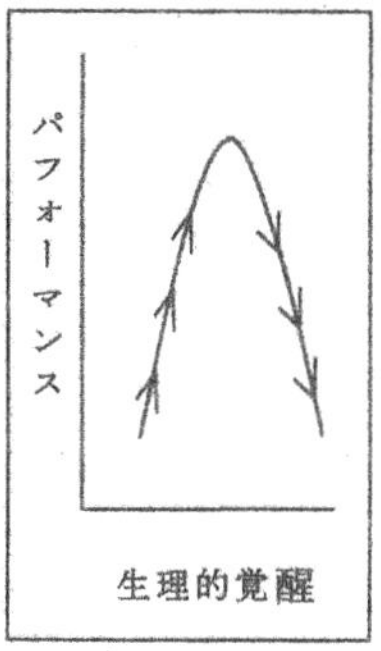

イ

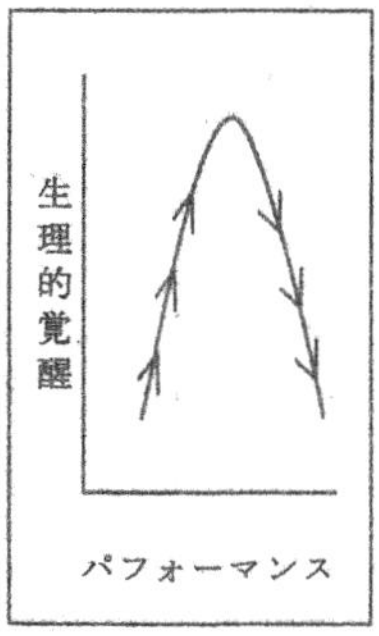

ウ

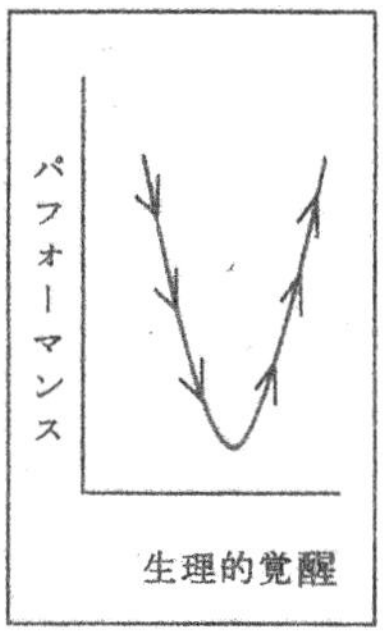

エ

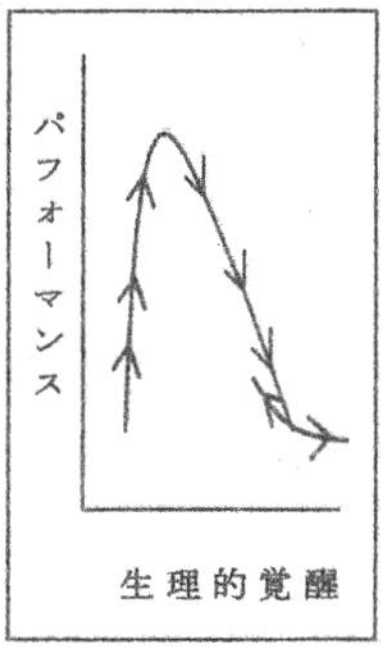

オ

カ

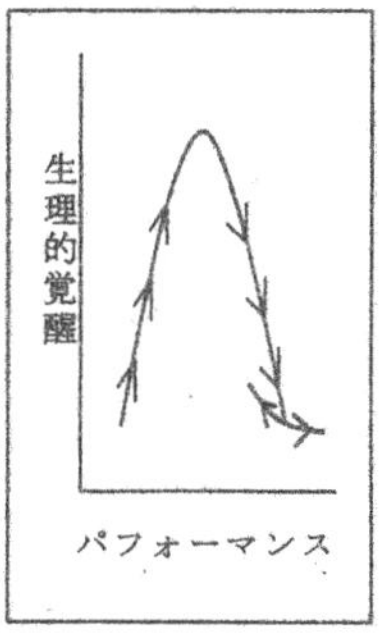

2　傍線部②にある「認知資源不足理論」と「過剰な意識的制御理論」とはそれぞれどのようなものか、本文の内容を160字以内でまとめなさい。

3　入試本番直前にあがらないための具体的な方法を一つあげ、それが有効な理由を、本文の内容にもとづいて81～100字で説明しなさい。

☆書き方

・二文以上で書く。

・第一文では、具体的な方法を提案すること。

・第二文以降では、提案がなぜ有効か、本文の内容を理由として説明すること。

・文末は「だ・である」調にすること。

たので、何も考えずにそのままヒョイとやったら上手くいったんです。でも北京を経験していたことで、今回（注・ロンドン五輪のとき）は五輪が最高の舞台《ぶたい》だというのを知っていた。だからそこでいい演技をしたい、ロンドンでは今までで一番のことをやりたいと思った。でも、それはいつもの自分と違《ちが》っていました。ミスがあって、いい演技もなかったのはそれが原因なのではないかと、今は思っています。

（〈ロンドンでの苦闘、絶対王者が告白〉内村航平「オリンピックには魔物がいた」、傍点引用者）

絶対に失敗の許されない場面では、正確に演技を遂行したいという思いから、できるだけ慎重《しんちょう》に動作を行おうとしてしまいます。普段なら無意識にできてしまうことも意識的にコントロールして、確実にその動作を実現しようと努力します。ここ一番の局面では、有限な資源を出し惜《お》しみせずに、課題遂行に意識を集中させるわけです。

しかし、よかれと思って行ったこの行為《こうい》が、しばしば命取りになるのです。一つ一つのプロセスへの過剰な注意は、練習によって意識的な自覚をともなわずに進行する行動の自動化を崩壊《ほうかい》させ、パフォーマンスを低下させるのです。

内村選手は、同じインタビューの中で「別に気持ちが舞《ま》い上がってしまって冷静さがないまま演技したとかじゃないんです」「いつも通りの精神状態だったのにミスをした。だからプレッシャーを感じてのミスという感じではなかったのです」とも答えていました。つまり、不安や緊張によって、資源が不足したことによるミスではなく、練習を重ねることによって自動化されていた演技が、本番で※一挙手一投足《いっきょしゅいっとうそく》その動きを意識したために、動作がぎこちなくなり失敗してしまったと考えられます。

このように、自動化され、多くを無意識に制御されたものを意識的に制御しようとすると、途端《とたん》にパフォーマンスが落ちます。私が今やっているパソコンのタイピングだってそうです。意識的に特定のキーを打とうとしなくても、まるで指が勝手に動いてくれると感じるほどスムーズに入力されます。しかし、入力ミスのないようにひとつずつ慎重に入力しようと意識すると、あれほどスムーズだった指の動きが急にぎこちなくなります。それぞれのキーがどこにあるのか思い出すのさえ苦労するほどです。

過剰な意識的制御理論では、あがりによってパフォーマンスが低下するのは、行動の制御様式が練習初期に特有な意識的制御中心のスタイルへと逆戻りするからだと説明しています。この逆戻りの現象は、自動化を壊《こわ》してしまうところから、脱《だつ》自動化とよばれています。

ここまで見てきましたように、あがることによってパフォーマンスが落ちてしまうメカニズムには、意識的制御が機能しなくなる場合と、無意識的制御が機能しなくなる場合の二つがありました。

どちらの場合も、結果としてパフォーマンスが低下する点では一緒ですが、そのメカニズムは全く異なるため、あがりによるパフォーマンス低下の対策を考える際には、まずは、そのあがりがどちらによるものなのかを把握《はあく》し、それぞれに合った対処の仕方を考えていく必要があります。

（外山美樹『実力発揮メソッド　パフォーマンスの心理学』）

※協応運動：集中力が必要な、複雑な運動・パフォーマンス

※一挙手一投足：細かい一つ一つの動作

なぜ、緊張や不安を感じると、普段《ふだん》の力が発揮《はっき》できなくなるのでしょうか。ここでは、②あがりによってパフォーマンスが落ちるメカニズムを説明している「認知資源不足理論」と「過剰《かじょう》な意識的制御《せいぎょ》理論」について説明します。（略）

人間の行動をコントロールするシステムには、大別すると二つの制御モードがあります。ひとつは、状況《じょうきょう》を判断しながら意識的にコントロールする意識的制御です。もうひとつは、何も意識しなくても自動的に行動をコントロールする無意識的制御です。（略）あがることによってパフォーマンスが落ちてしまうメカニズムには、意識的制御が機能しなくなる場合もあれば、無意識的制御が機能しなくなる場合もあります。どちらの場合も、結果としてパフォーマンスが低下する点では一緒《いっしょ》ですが、そのメカニズムは全く異なります。（略）次からはそれぞれの理論について詳《くわ》しくみていきます。

私たちは重要な場面では、「大勢の観衆の前で失敗したらどうしよう」、「ここで負けたら今までの苦労が水の泡《あわ》になってしまう」……といった様々な思いに心を奪《うば》われてしまいます。一度に多くのことを意識するには限界があるため、目下《もっか》の課題以外のこれらの情報に気を取られると、課題遂行に必要な資源が不足してしまい、課題に集中することができなくなってしまうのです。その結果、パフォーマンスが低下します。（略）

たとえば、ゴルフのパッティングにおいては、パターを引く大きさが異なっていても、ボールを打つ角度や強さを調節することによって、同じ位置にボールを止めることが可能です。このように、スポーツの多くは複数のパラメータ（要因）の組み合わせによって最適なパフォーマンスが決定されます。こうした※協応運動は、複数のパラメータ（要因）に目を向ける必要があるため、単純な課題よりも多くの資源が必要とされ、その結果、資源の不足によるパフォーマンスの低下が生じやすくなるのです。（略）

このメカニズムによるパフォーマンス低下の最大の要因は、なんといっても緊張や不安でしょう。極度の緊張や不安状態で本番にのぞむと、「頭の中が真っ白になる」という体験をすることがあります。まったく訳のわからないまま時間が進み、自分の思い通りに行動をコントロールしているという感覚が完全に欠如《けつじょ》します。この体験は、「認知資源不足理論」の象徴的な現象と言えます。

緊張や不安が生じることによって、本来集中すべき課題以外のことに資源が使われてしまうため、本番では、この緊張や不安にいかに対処するのかが重要になってきます。

先に紹介しました認知資源不足理論は、あがりによって意識的制御が機能しなくなるというものでした。しかし、ここで説明しますメカニズムはまったく逆の現象、すなわち、あがりによって意識的制御が必要以上に働いてしまう過剰な意識的制御によってパフォーマンスが低下するというものです。

ロンドン五輪の体操団体予選で、思いもしないミスをした内村航平選手は、試合後の取材エリアで「魔物《まもの》がいた」と口にしていましたが、後のインタビューでこのように語っています。

あのとき（注・北京五輪のとき）は大きな国際大会が初めてだっ

【国　語】（四〇分）〈満点：八〇点〉

一　次の1～5の文の傍線部《ぼうせんぶ》を漢字に直しなさい。

1　夏休み中に、校庭のカクチョウ工事を行う。
2　虫のタイグンが畑に押し寄せ、実を食べつくした。
3　手術後、祖父はショウコウ状態を保っていた。
4　決勝戦は、セッセンの末にA校が勝った。
5　最後の敵が倒《たお》されて、ツウカイな思いになる。

二　次の1～5の文の傍線部をひらがなに直しなさい。

1　君の家族は全員、二重まぶたなんだね。
2　庭には雑草がたくさん生えていた。
3　枝葉末節には、こだわらなくてよい。
4　大空に、百個以上の風船の束を放つ。
5　お巡《まわ》りさんが、警笛をピーッと鳴らす。

三　次の文章は「あがり（緊張）」について述べています。後の問いに答えなさい。

さて、こうした誰《だれ》もが経験するあがりの正体は何なのでしょうか。

あがりは、心身の様々な特徴《とくちょう》的変化から構成される複合的な現象です。具体的には、「心拍《しんぱく》数の増加」、「身体の震《ふる》え」、「発汗《はっかん》量の増加」、「息のあがり」などの「生理的覚醒《かくせい》水準の増加」や、「落ち着いていられない」、「不安を感じる」といった「不安の高まり」、「関係のない対象へ注意が向いてしまい、目の前のパフォーマンスに集中できない」といった「注意の変化」が代表的な特徴的変化になります。（略）

それでは、これらの変化とパフォーマンスにはどのような関係があるのでしょうか。ここでは、あがりにおいて生じるパフォーマンスの低下が、心理面や生理面の変化とどのように関係しているのかを説明している「①カタストロフィ・モデル」について紹介《しょうかい》します。カタストロフィとは、「突然の大変動」とか「大きな破壊《はかい》」という意味です。（略）

カタストロフィ・モデルでは、認知的不安が低い場合と高い場合に分けて、生理的覚醒水準とパフォーマンスの関係を説明しています。まずは、認知的不安が低い場合について説明します。パフォーマンス遂行《すいこう》場面で失敗懸念《けねん》や心配があまりない（認知的不安が低い）場合には、図Aで示したように、生理的覚醒水準とパフォーマンスの間には、逆U字形の関係があるとしています。生理的覚醒水準が高まるにつれてパフォーマンスは促進《そくしん》されますが、生理的覚醒がある水準（「最適水準」といいます）を超《こ》えると、徐々《じょじょ》にパフォーマンスが妨《さまた》げられます。

一方で、パフォーマンス遂行場面で「失敗したらどうしよう」といった失敗への懸念・心配が強い（認知的不安が高い）場合には、図Bで示したように、生理的覚醒が一定の水準を超えるとパフォーマンスが急激に低下するとしています。また、いったんあがってパフォーマンスが低下すると、そこからの回復が困難であり、仮に落ち着きを取り戻《もど》し、生理的覚醒の水準が低くなっても、パフォーマンスはもとに戻らないとしています。（略）

面の展開をわかりやすく理解させ、メンバーのすれ違っていた気持ちが一つになっていく過程が強調して描かれている。

イ　物語の語り手を「おれ」と同一にすることによって、読者が「おれ」に感情移入しやすくなっていて、物語を読み進むにつれて「おれ」の緊張感と苦しみが強くなっていく様子が伝わってくる。

ウ　時間の経過とともに物語がスムーズに進んでいく展開は読者が理解しやすくなっており、さらに、わかりやすい会話の連続によって、「おれ」の興奮した気持ちを読者も感じることができる。

エ　時間的に前後する場面をはさみながら、心の中の言葉が多用されることで、「おれ」の心情変化が効果的に表現され、テンポの良いストーリーの展開に読者を引き込む工夫がなされている。

オ　会話を多用した物語の展開によって、登場人物の心情が生き生きと表されていると同時に、細かい情景描写《びょうしゃ》をはさむことによって物語全体の奥行きを感じさせる表現となっている。

3　傍線部①「無理すんなよ」という設楽が桝井にかけた言葉を、桝井はどのような意味に理解しているか。最も適切なものを次の**ア**～**オ**から選び、記号で答えなさい。

ア　桝井の今の状態を見ると、無理をしても結果を出せないことはわかっているが、今までの桝井の努力は理解しているという慰《なぐさ》め。

イ　皆のために無理をしてしまう桝井の気持ちをわかっていて、これだけ努力してきたのだから普段《ふだん》どおりに走ればよいという励まし。

ウ　ともに無理な練習を重ねてきた仲間だから、無理と思われる場合でも絶対に最後まであきらめずに走り通してほしいという期待。

エ　途中《とちゅう》であきらめることは恥《は》ずかしいことではないので、無理をせずに、安心して桝井のペースで走ってほしいという思いやり。

オ　桝井のこれまでの努力を一番よく知っているから、現在の実力の衰《おとろ》えは気にせず、楽しく走ることを最優先してほしいという配慮《はいりょ》。

4　傍線部②「そういうドラマ」とあるが、その内容として最も適切なものを次の**ア**～**オ**から選び、記号で答えなさい。

ア　体調不良で、早く走ることはできないとわかっているが、桝井が根性《こんじょう》で最終走者を走りきることで、皆に感動を与えられるということ。

イ　昨日までとは打って変わった早い走りを期待し、桝井もそれに応えることで、メンバーの声援《せいえん》が選手の力になることを示すということ。

ウ　桝井の今の状態は最良とは言えないが、これまでの桝井の頑張《がんば》りを考えると、最終走者で走らせ部長としての引退を飾らせるということ。

エ　桝井が不調であることに同情して、他のメンバーの活躍《かつやく》によって五位以内で最終の桝井に引き継《つ》ぎ、部長の責任を果たさせるということ。

オ　メンバーの不安な気持ちはわかっているが、部長の桝井が傷つくことを恐れて、勝つ見込みがなくても桝井を最終走者にするということ。

5　傍線部③「上原は首をかしげて見せた」には、この場合、上原のどのような気持ちが表れているか。最も適切なものを次の**ア**～**オ**から選び、記号で答えなさい。

ア　桝井の予想外の答えに困惑《こんわく》している。

イ　自信をなくした桝井に同情している。

ウ　桝井のあいまいな返事に疑問をもっている。

エ　桝井に悪いことを言ったと後悔《こうかい》している。

オ　桝井の主張を否定しようとしている。

6　傍線部④「自分の深さ三センチのところで勝負してるんだよ」とあるが、上原はこの言葉によって、桝井にどのようなことに気づいてほしいと思っているか。60字以内で説明しなさい。

7　傍線部⑤「私たちが望んでる」ことは桝井がどうすることなのか。それが桝井の気持ちとして書かれた表現を本文中から10字で探し、そのまま抜き出して答えなさい。

8　この文章の表現と内容の説明として最も適切なものを次の**ア**～**オ**から選び、記号で答えなさい。

ア　心の中の言葉と実際の会話を織り交ぜることによって、複雑な場んと来なかった。だけど、今はわかるんだ。桝井君がいろいろ見せてくれたからだよ」

上原はおれに微笑《ほほえ》んだ。

「走れなくてもいい。私が、ううん、⑤私たちが望んでるのはそんなことじゃないから。でも、6区を走るのは桝井君だよ」

トラックは残り半分。幾多西中はおれと肩《かた》を並べたままついてくる。こいつに譲《ゆず》るわけにはいかない。負けちゃいけない。最後までジローみたいに楽しむんだ。頭の中では※渡部が吹《ふ》くカヴァレリア何とかが響《ひび》いている。

残り100メートル。酸素はどこにも回っていない。足も腕も身体《からだ》中が痛い。心臓も尋常《じんじょう》じゃなく高鳴っている。おれの肩にある襷《たすき》は重い。設楽から大田へ、大田からジローへ、ジローから渡部へ、渡部から俊介へ。そしておれへと繋《つな》がれた襷。走っている時は一人だ。でも、おれを進ませているのは、おれだけじゃない。おれは設楽みたいに死にもの狂いで走った。大田のようにすべてをむき出しにしてくらいついた。

ゴールは目の前。信用して。俊介に伝えた言葉を唱えてみる。俊介がずっと見ていてくれた勢いのあるおれの走り。その走りをするんだ。ちぎれそうな身体だって、おれの走りをするんだ。おれば身体をとにかく前へ前へと押《お》し出した。一歩分、たった一歩分、幾多西中よりおれは前に飛び出た。

いける。このまま走りきるんだ。今日で終わりにはしない。アンカーは最終走者なんかじゃない。絶対に繋いでみせる。おれをみんなを次の場所へと。

（瀬尾まいこ『あと少し、もう少し』より）

※満田先生……桝井が尊敬していた陸上部の顧問《こもん》。春に他校に異動してしまった。

上原……若い美術の教師。陸上のことは全く知らなかったが、異動した満田先生の後、陸上部の顧問となった。

渡部……吹奏楽部《すいそうがく》でサックスを吹いていた。「カヴァレリア」は渡部がよく吹いていた曲。

1　空欄Ａ～Ｃにあてはまる言葉として最も適切なものを次のア～オから選び、記号で答えなさい。（同じ記号は一度しか使えない。）

ア　すんなりと　　イ　いつのまにか　　ウ　なんとか

エ　あっけなく　　オ　ひたむきに　　カ　どうしても

2　二重傍線部ａ、ｂの本文中の意味として最も適切なものを次のア～オからそれぞれ選び、記号で答えなさい。

ａ「脈絡もないこと」

ア　話の目的が違っていること

イ　全く賛成できないこと

ウ　話のつながりが分からないこと

エ　だれにも話していないこと

オ　話に興味が持てないこと

ｂ「一目置いてる」

ア　相手の能力が上だと認めている

イ　深いつながりを意識している

ウ　わずかな不安を抱《いだ》いている

エ　緊張《きんちょう》して接している

オ　自分たちと無関係だと感じている

「やっぱり桝井君を6区にした」

「どうして」と目を丸くするおれに、上原は「勝ちたいから」とあっさり言った。大会当日の朝、直前の変更だ。それなのに、衝撃《しょうげき》を受けているのはおれだけのようで、みんなは［　C　］納得《なっとく》して、次の作業にかかっていた。

「おれ、貧血なんだ」

　おれはテントを立て始めるみんなから離れて、上原に告げた。貧血という言葉を自分では使いたくなかったけど、上原に早く事情を理解して対応してもらわないといけない。

「そう言えばそんな感じだね」

「そんな感じだねって、わかってる？　ほら、インターバルしたって三本目あたりから足が上がってないし、いつも1キロあたりから速度が落ちてるだろう」

　きっと上原は事態の重要さがわかっていない。情でおれを最終走者にしようとしているのだ。でも、勝つためには②そういうドラマはいらない。おれはわかりやすく説明した。

「とにかく最後に力が出ない。一番大事な最後がどうしようもないんだ。最後はどうしたって競《せ》り合《あ》いになる。そこで勝てる力がない」

「で？」

③上原は首をかしげて見せた。

「でって、おれには6区を務める力がないってこと」

「だから何なの？」

「だから何って、ちゃんとチームのこと考えてよ。ここまでやってきたんだ。おれは6区じゃなくてもいい。みんなで県大会に行くことが大事なんだ。おれが格好つけるためにすべてを台無しにするわけにはいかない」

「なるほどね。桝井君、さわやかでかっこいいと思うよ」

　上原は黙《だま》って聞いていたかと思うと、何のa脈絡《みゃくらく》もないことを言い出した。

「なんだよそれ」

「桝井君さ、④自分の深さ三センチのところで勝負してるんだよ。だから、さわやかに見える。それだけしか開放しないで、生きていけるわけないのにね」

「それが駅伝と何の関係があるんだよ」

　もうすぐ本番だというのに、どうして上原はこんなことを話しているんだ。あまりに無関係な話に、おれはいらいらした。

「駅伝も一緒だよ。桝井君はチームのみんなに慕《した》われてるし、桝井君もみんなのことちゃんと把握《はあく》してる。みんなの走りも性格も状態もきちんとつかんでる。だけどさ」

　上原はおれの顔をじっと見た。

「だけど？」

「だけど、桝井君は誰のこともわかってない。誰も桝井君に伝えられないんだよ。みんなb一目置いてるからね。桝井君、本当にみんなに一目置かれちゃってるんだよ」

「だから何なんだよ」

　走る直前に、上原はどうしてこんなことを言っているのだ。おれは完全にうろたえていた。

「中学校のスポーツは技術以上に学ぶものがあるっていうの、今までびて初めて知った。設楽とは誰よりも長い時間一緒《いっしょ》に走ってきた。それなのに、おれたちには微妙《びみょう》な隔《へだ》たりがある。おれがいくらふざけてみたって設楽はどこか遠慮《えんりょ》しているし、気なんか遣《つか》うなよと言ったところでほどけない。でも、設楽にしか触《ふ》れられない部分が、おれの中にはある。

設楽の言葉は、何よりもおれを安心させてくれた。けれど、今日は無理でもなんでもする。手を抜《ぬ》く方法を一つも知らない設楽みたいに、死ぬ気で走ってやる。

「桝井が誘ってくれてよかった」それは嘘《うそ》ではないはずだ。だけど、設楽は「走るのが楽しい」と言ったことは一度もなかった。中学校を卒業したら、設楽は走らないかもしれない。だから、なおさら今日で終わりにしてはいけない。もう少し設楽と走りたい。それをかなえるためには、勝つしかない。誰かを追い抜くしかない。ここで六位に入らなければ、すべてが終わりなんだ。

おれはがむしゃらに手も足も動かした。頭もフル回転させて、※満田先生の教えを、※上原がかけてくれた言葉を思い出して走った。どうやって呼吸しているのかすらわからないまま、坂を上った。とにかく前に行くんだ。それ以外のことは、どうでもよかった。死んでもいい。おれはたぶん本気でそう思っていた。

上り坂が半分を過ぎようとした時、幾多《いくた》西中が目の前に見えた。今度は逃《のが》しちゃいけない。おれは焦《あせ》る気持ちを飲みこんで、確実に足を進めた。幾多西中の選手の息をすぐそばに感じた。いける。とらえられる。おれはさらに歩幅《ほはば》を広げた。幾多西中の気配は横ではなく後ろに動いた。そう、抜いたのだ。

これでなんとかなる。県大会に進出できる。そう思うと、鼻の奥《おく》がつんと痛んだ。せっかく手に入れたんだ。絶対に手放しちゃいけない。六位。少し緩《ゆる》めれば、[A]こぼれ落ちてしまう場所におれはいる。なんとしても守らなくてはいけない。

〔中　略〕

今のおれに俊介みたいな走りはできない。だけど、俊介みたいに[B]走ることはできるはずだ。

「身体を跳《は》ねさせるな」「しっかり息を吐《は》いて」「腕《うで》を大きく振《ふ》れ」おれは俊介にかけていた言葉を、自分に向けた。そして、忠実に自分に応《こた》えようと、身体を動かした。

幾多西中の気配は後ろから消えない。でも、同時に前を行く加瀬《かせ》中の背中も近づいている。競技場まで続く坂はあと50メートル。加瀬中、おれ、幾多西中。三人の中の二人しか、ほしい物を手に入れられない。

「絶対できる」「あと少し、力出し切れ」そんなただの励《はげ》ましでも、俊介はいつも真剣に聞いてくれた。俊介のまっすぐな思いが、時々痛くて苦しかった。俊介が思い描《えが》くおれでいられないことが、やるせなかった。だけど、俊介がいたからこそ、おれは投げ出さずに済んだんだ。俊介がおれを見ていてくれたから、腐《くさ》りきらずに済んだんだ。今日は本当に信用してもらえる先輩《せんぱい》でいたい。おれは歯を食いしばって最後の坂を上りきり、六位のまま競技場へと入った。

〔中　略〕

おれがアンカーを走ることに決定したのは、今日の朝だ。

「そうそう、エントリー変更《へんこう》したんだ」

競技場につくと、上原が突然《とつぜん》言い出した。

レビに比べると難しい新聞から情報を手に入れようとする人が減り、人々の読解力がますます低下してしまった。

エ　医師という存在を、医学に精通した優秀な人材である「先生」として考える人が増えたことで、医師という職業の人気が高くなり、かえって医師になることが難しくなってしまった。

オ　自分が失敗したときに素直な気持ちで反省できる人が減ってきたことで、社会の中で問題が起こった場合でも、責任を他人のせいにするばかりでなかなか問題が解決しないことが増えた。

7　傍線部⑤「自分の人生の事柄に関して責任を転嫁する態度は、『ノーリスペクト社会』の病理です」とあるが、「『ノーリスペクト社会』の病理」とはどういうことをさしているか。**50**字以内で説明しなさい。

8　次の**ア**～**オ**は本文の内容に関して話し合っている場面である。**ア**～**オ**の発言のうち、筆者の主張と異なる内容を含《ふく》む発言を一つ選び、記号で答えなさい。

ア　〈生徒**A**〉　日本の国民一人あたりのＧＤＰは一九九〇年代から二〇〇〇年代にかけて落ち込んでいる傾向にあるという話を聞いたことがあるよ。その原因の一つを日本人の考え方の変化に求める筆者の考えにはびっくりしたな。

イ　〈生徒**B**〉　しかも筆者は、あこがれの精神や学ぶ意欲がなくなってきてしまっているのは、インターネットの普及《ふきゅう》などによって、欲しい情報を簡単に手に入れられるようになったからだとも考えているようだよ。

ウ　〈生徒**C**〉　確かに何か問題に直面したときに、検索することでそれなりの答えを手に入れることができたら、苦労して学ぶよりも、答えを検索した方が手軽で便利だと思ってしまうかもしれないなあ。

エ　〈生徒**A**〉　だから筆者は「情報を消費する人ばかりの社会になると先行きが暗い」と言っているのだね。情報を消費するというのは、現在の世界にある答えを探し求めることだから、新しい価値を生み出す可能性は低くなってしまうもの。

オ　〈生徒**C**〉　そうすると、今は便利になったことで、かえって失ってしまったことがあるということになるね。これからは、インターネットをできるだけ使わないようにして、失ってしまったものを取りもどさなければいけないね。

二　次の文章を読んで、後の問いに答えなさい。

中学3年生の桝井《ますい》は陸上部の部長で、他の部活動が引退した後も、十月の地区の駅伝大会にむけて練習を続けていた。陸上部には2年生の俊介《しゅんすけ》以外に走れる部員がいなかったので、桝井は3年生の大田、ジロー、渡部《わたなべ》、設楽《したら》を誘《さそ》う。桝井は実力もあり、他のメンバーをいつも気づかい、頼られる存在であったが、大会前に不調となる。大会まで一か月を切ったある日、部長の桝井が区間走者を発表する。それには、５区が桝井、最終の６区が俊介となっていた。

本文は駅伝大会当日である。

「①無理すんなよ」

それが今までの努力を認めてくれる言葉だって、おれは設楽に言われしてしか見られなくなったこと。

ウ　かつては情報を発信できる人はいつも周囲からの尊敬を集めたが、現在は情報を発信する人の立場は情報を利用する人の立場と同等なものだと考えられていること。

エ　かつては情報を発信する人は情報を利用する人から先生と呼ばれて尊敬されたが、現在は情報を利用する人から尊敬される情報発信者はいなくなってしまったこと。

オ　かつて人々は迷うことなく先生を尊敬することができていたが、現在は様々な方面に先生がいることで誰を尊敬したらよいかわかりにくくなってきてしまったこと。

4　傍線部②「受け手側は、バイキングまたはアラカルトのように、自分に必要なものだけを自分の皿にのせる」とあるが、この現状がどのような問題をもたらすと筆者は考えているか。60字以内で説明しなさい。

5　傍線部③「自分というものを、外の情報を検索し、活用し、快適な暮らしをするだけの存在としか捉えられなくなります」とはどのような状態なのか。最も適切なものを次の**ア**～**オ**から選び、記号で答えなさい。

ア　自分を成長させることをあきらめてしまい、問題にぶつかった時に自力で問題を解決してゆくことができなくなった結果、問題を解決する最も優《すぐ》れた方法は、他人を頼って助けてもらうことだと考えている状態。

イ　他の人から教えてもらうことに対してありがたさを感じにくくなり、先生から教えてもらったことを自分の成長につなげてゆこうとする意識が弱まった結果、情報を検索しようとする意欲がなくなっている状態。

ウ　ある人物や教養に対して尊敬する気持ちを持てなくなり、その場その場で好きな情報を選んで利用していった結果、うわべだけの面白《おもしろ》さを求め、自分自身をきたえることに価値を見いだせなくなってしまう状態。

エ　立派な人になりたいという気持ちを持ちにくくなり、苦労して勉強しようという思いを失ってしまった結果、たくさんの情報を他人から教えてもらっているにも関わらず、そのほとんどが身についていない状態。

オ　自分を教え導いてくれる人のことを尊敬できなくなり、素直な気持ちをなくしてしまった結果、自分の言動を反省しようという考えを持てなくなり、他人からの情報に耳をかたむけることができなくなった状態。

6　傍線部④「尊敬やあこがれの精神が失われたことによる莫大な損失」の例として、適切なものを次の**ア**～**オ**から一つ選び、記号で答えなさい。

ア　難しい本を理解したいという思いを持っている人が少なくなってきたことで、難しい本を読み解く際に必要な力も求められなくなり、学習意欲も起こりにくくなってしまった。

イ　自分とは違う考え方を持つ他者を尊重する態度が重要視されなくなってきたことで、他者を思いやる気持ちを持てず、自分のやりたいことを優先してしまう、子供のような大人が現れた。

ウ　難しい問題をわかりやすく伝えるテレビ番組が増えたことで、テもともと人間の心には、リスペクトしたいという願望がかならずあります。成長とともに尊敬の対象を変え、自己形成していくのが本来の姿です。

［D］、こういうプロセスを踏《ふ》まないと、ふとしたきっかけであこがれや尊敬の精神が歪《ゆが》んだ形で噴出《ふきだ》してしまうことがある。それが、明らかに怪《あや》しいｄシンコウ宗教への※帰依《きえ》や、占《うらな》いやスピリチュアルなものへの必要以上の依存《いそん》です。

尊敬の経験が乏《とぼ》しいだけに、人間存在のｅキュウキョク的な意味のようなものを権威《けんい》的・一義的に規定されたり、未来を予言されたりすると、なんとなく肯定して絶対的に帰属したくなってしまう。つまり、自分の人格を、すべて相手任せにしてしまうわけです。そういう若者が、今の日本にはあふれているのではないでしょうか。

⑤自分の人生の事柄《ことがら》に関して責任を転嫁《てんか》する態度は、「ノーリスペクト社会」の病理です。垂直性を失い、フラット化が加速していく社会の中で、どこまで踏み止まることができるか。それが、今の日本が直面する大きな課題なのです。（齋藤孝『なぜ日本人は学ばなくなったのか』より）

※碩学……学問が広く深い人のこと。
フラット化……「フラット」とは、ここでは価値などに差異がなくなっていることを言う。

リスペクト……尊敬すること。敬意を表すこと。

西田幾多郎……明治から昭和期にかけて活動した哲学者《てつがく》。

雑駁……知識や思想が整理されず、雑然として不統一なさま。

ＧＤＰ……国内総生産。国内で一定期間に生産されたモノやサービスの付加価値の合計金額のこと。

ＯＥＣＤ……経済協力開発機構。世界の経済、社会福祉《ふくし》の向上を促進《そくしん》するための活動を行う国際機関のこと。

帰依……神仏を深く信じ、その教えに従うこと。

1　点線部ａ・ｂ・ｃ・ｄ・ｅのカタカナを漢字に直しなさい。

2　空欄《くうらん》Ａ～Ｄにあてはまる語の組み合わせとして、最も適切なものを次のア～オから選び、記号で答えなさい。

ア【Ａ ところで　Ｂ たとえば　Ｃ なぜなら　Ｄ しかし】
イ【Ａ 確かに　Ｂ あるいは　Ｃ 要するに　Ｄ あるいは】
ウ【Ａ たとえば　Ｂ つまり　Ｃ もちろん　Ｄ 確かに】
エ【Ａ もちろん　Ｂ たとえば　Ｃ つまり　Ｄ ところが】
オ【Ａ 実は　Ｂ もちろん　Ｃ また　Ｄ ところで】

3　傍線部《ぼうせんぶ》①「情報を発信する立場になって、気づいたことがあります」とあるが、筆者はどのようなことに気づいたのか。最も適切なものを次のア～オから選び、記号で答えなさい。

ア　かつては情報を発信している人は誰でも尊敬されてきたが、現在は発信した情報の内容が情報の利用者にとって役立つ場合にだけ敬意が払われるようになったこと。
イ　かつては情報の発信者は情報の利用者から自然に敬意を払われてきたが、現在は情報の発信者は情報の利用者に単なる情報提供者とあるいはかつて、一週間分の食費を切り詰《つ》めてでも、書店に並んで※西田幾多郎《にしだきたろう》などの本を買った時代がありました。学生をはじめとする若者は、そういうコストとエネルギーをかけていたわけです。なぜなら、そこにあこがれや尊敬の精神があったからです。

重要なのは情報そのものではありません。ある対象をリスペクトする、その深浅《しんせん》が、自分にとっての情報や言葉の意味・価値を決めていくのです。同じ一つの言葉でも、ネット上でたまたま見かけた言葉と、自分がリスペクトという精神のコストをかけて獲得《かくとく》して出会った言葉では、自分にとっての重みがまったく違うのです。

〔中　略〕

情報をひたすら消費する社会とリスペクトとは、残念ながら両立しにくいと思います。その前提で考えると、日本が八〇年代以降、バイキング料理のように情報を消費する社会への道を突き進んだことは、そのままリスペクトの精神を失ってきたことを意味します。師を仰《あお》ぐのではなく、自分の好みで選べる情報をセレクトしていく傾向が進んだのです。

その代償《だいしょう》は、計り知れないほど大きいのではないでしょうか。おかげで、誰の心にもあったはずの学ぶ意欲、向上心、あこがれる気持ちといったものが、根本的にそぎ落とされてしまったのです。

リスペクトとは心の習慣です。何かに対して「これはすごい」「頭《こうべ》を垂れて学びたい」という思いを持てないとすれば、世の中のあらゆるものがｃヘイバンな情報でしかないことになります。［ C ］、あらゆる情報・言葉がフラット化してしまっているわけです。そのことが、精神を※雑駁《ざっぱく》なものにしてしまっている感は否《いな》めません。

言い方を換えるなら、人間の心の潤《うるお》いというものは、尊敬やあこがれの対象を持てるかどうかで変わってくる。その対象は具体的な人である場合もあるし、教養のようなものである場合もある。いずれにせよ、そこから学ぶこと自体に対する尊敬があって初めて、自己形成の意欲の尽《つ》きない泉が湧《わ》いてくるのです。

逆にそれがなければ、③自分というものを、外の情報を検索し、活用し、快適な暮らしをするだけの存在としか捉《とら》えられなくなります。

ただ消費行動をするだけ、ただどこのレストランがおいしいといった情報を知っているだけ。要するに、自分自身もフラットな存在になってしまうわけです。そこには、人間にとってもっとも重要なはずの「奥行き」「内面」がありません。

情報を消費するだけの人ばかりになった社会は、価値を生み出す意欲に欠けるため、先行きが暗い。それは、日本がいまだかつて経験したことのない状況です。

二〇〇七年末、日本の一人あたりの※ＧＤＰが、※ＯＥＣＤ諸国中一八位にまで転落したと報じられました。一九九三年には一位だったことを考えれば、まさに隔世《かくせい》の感があります。それだけ日本は貧しくなったということであり、その理由はやはり、努力しなくなった、勉強しなくなったということです。

ただ、経済についてはこうして数字がはっきり出るため、人々の話題にものぼります。一方で④尊敬やあこがれの精神が失われたことによる莫大《ばくだい》な損失については、統計データがない分、気づきにくいかもしれません。しかし、努力しなくなったのも、勉強しなくなったのも、あるいは社会の各所がさまざまな形で崩《くず》れつつあるのも、根本原因は知性教養や人格に対する敬意のなさにあります。

【国　語】（五〇分）〈満点：一〇〇点〉

【注意】＊　設問の都合で、本文には一部省略・改変がある。
＊　字数制限のある場合は、句読点なども字数に入れること。

一　次の文章を読んで、後の問いに答えなさい。

私自身、著作などで①情報を発信する立場になって、気づいたことがあります。

かつてなら、情報を生み出したり、苦労して調べたことを発表したりすることは、それ自体が尊敬される対象になりました。たとえば読書にしても、そこで展開されるのは著者と読者の一対一の〝にわか師弟《してい》関係〟だと思います。読書の時間とは、著者が自分一人に語ってくれる静かな時間であり、それによって自分を掘《ほ》り下げる時間である。少なくとも私は、そのつもりで本を読んできたし、書いてきました。

でも今や状況《じょうきょう》は一変し、「情報はタダ」という認識が一般化《いっぱんか》しています。どれだけタダで出して知名度を高めるか、あるいは好感度を持たれるかといったことが、情報発信側の勝負どころになっている。それを助長しているのが、検索《けんさく》機能によってタダの情報を自由にセレクトできるインターネットです。言い方を換《か》えるなら、情報の発信者ではなく、ネット利用者のほうが立場的に強者になっているわけです。

本でいえば、何人も並んでいる著者の中から、読者が誰《だれ》かを指名するという感じです。そしてさっと読み流し、「だいたいわかった」「次はあなた」となる。つまり著者は情報提供者、著書は商品として並列的に存在しているだけで、それをセレクトする読者（消費者）のほうが圧倒的《あっとうてき》に強いわけです。

ネット上では、この傾向《けいこう》がもっと顕著《けんちょ》です。※碩学《せきがく》と呼ばれる学問の大家が心血を注いで書いた言葉も、アイドルの言葉も、一般の人による〝街の声〟も、あるいはショップや商品の宣伝文句も、すべて並列的に同じ情報として扱《あつか》われています。特定のキーワードによって一律的に検索の網《あみ》にかかるという意味で、同等のポジションにいるわけです。世の中全体が水平化、※フラット化した社会になりつつあるといえるでしょう。

しかも②受け手側は、バイキングまたはアラカルトのように、自分に必要なものだけを自分の皿にのせる。もちろん苦手なものには手を出さないし、いくら食べ残しても平気です。それによって自分だけの皿をつくるおもしろさはあるでしょうが、少なくとも自己形成に至るのは難しい。なぜなら、そこでは「※リスペクト」が決定的に欠けているからです。

［A］、ネットを使うことによって、aココロザシを共有する人を見つけられる可能性は広がるでしょう。その意味では肯定的《こうていてき》な使い方もあり得ます。しかし、今日のような「検索万能社会」の中で、リスペクトという「精神のコスト」をかけずに得られるものは、所詮《しょせん》〝それなり〟でしかない。

知識や情報には、敬意を払《はら》うという構えがあって初めて得られる種類のものがあります。［B］「〇〇門下」に入って生活をともにするといった行為《こうい》は、その師に対する尊敬の念なしには、とても続けられません。逆にいえば、そこまで師と寄《よ》り添《そ》うことによって、知識や情報を超《こ》えた濃《こ》い人間関係や心の習慣を体得していく。それが、その後の人生のbスイシン力になっていくわけです。

② 次に、A・Bそれぞれの文章の全体をふまえ、その相違《そうい》点について書きなさい。そのときに、「Aは……。」「Bは……。」のように、どちらの文章について述べたものであるかをはっきりとさせること。

2 次の図表を見て読み取れることを一つあげた上で、それに対するあなたの考えを100字以内で述べなさい。

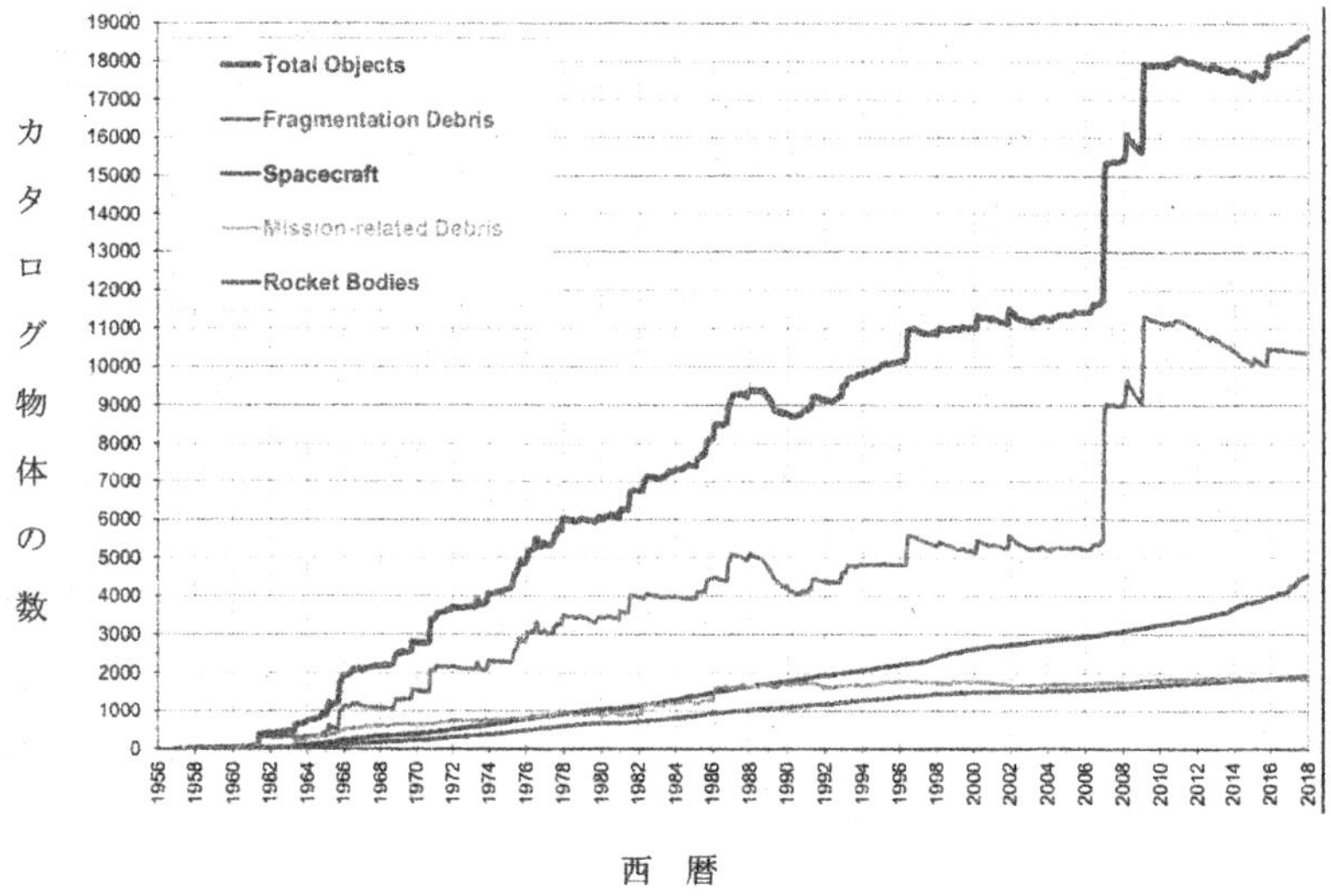

NASA　2018年

カタログ物体：地上観測により起源が同定・追跡されている物体

Total Objects	物体合計数
Fragmentation Debris	爆発破片類（ロケットや衛星が爆発した破片）
Spacecraft	宇宙機（使用を終えた人工衛星）
Mission-related Debris	分離《ぶんり》放出部品類（外れたボルトやナットなどの部品）
Rocket Bodies	ロケット上段機体（打ち上げ後に切り離された使用済みロケット）

除去するには、まずデブリを捕《つか》まえる必要がある。だが、自ら信号を出さず、高速で回転するデブリに安全に近づくのは簡単ではない。「デブリと回転をぴったり合わせて飛行する技術の獲得《かくとく》が必須《ひっす》」と、除去を研究するJAXAの山中浩二ユニット長は話す。AIによる画像認識《にんしき》技術がカギだという。

川崎重工は、接近と捕獲《ほかく》の技術を実証する衛星を20年度に打ち上げる予定だ。狙《ねら》いはロケット胴体《どうたい》の残骸《ざんがい》の除去。H2Aだと長さ10メートル、重さ3トン。日本由来は数十個、全部で2千個ある。衛星から金属の棒を伸《の》ばしてひっかける方法を開発する。

同じく20年に実証衛星を打ち上げる予定の日本の宇宙ベンチャー、アストロスケールは、これまでに集めた約150億円の資金をもとに、強力な磁石でデブリを捕まえる技術に挑《いど》む。クモの巣のような網《あみ》を巻き付けたり、もりを撃《う》ち込《こ》んだりする捕獲法も研究されている。

捕まえた後は除去衛星もろとも高度を下げ、大気圏に突入《とつにゅう》させて燃やす。衛星のエンジンで引きずり下ろす方法もあるが、燃料が余分に必要になる。そこでJAXAなどは「※フレミング左手の法則」を使ってブレーキをかける方法を研究している。デブリに金属のひもをくっつけ、そのひもに電流を流すと、地球の磁場によって※ローレンツ力という力が生じる。これで燃料を使わずデブリを減速させ、大気圏に突入させるという。

中島田鉄工所（福岡県）と東北大は、衛星が運用を終えると折りたたまれた薄《うす》い膜《まく》が傘《かさ》のように数メートル四方に展開する技術を開発。わずかな空気抵抗《ていこう》の力で衛星を減速させる仕組みで、国内外の4機に搭載《とうさい》されている。

小型衛星が大量に打ち上げられる将来を見越《みこ》し、アストロスケールは、衛星が使えなくなると除去衛星がかけつけるサービスの事業化を狙う。空いた場所には代わりの衛星を投入できる。「事故があればレッカー車がくるのと同じ。有限の資源である軌道を有効に使えるようにしたい」と岡田光信CEOは話す。「デブリ問題はビジネスチャンスになる。日本が世界に先駆《さきが》けて除去技術を確立し、リーダーシップをとるべきだ」

ただ、デブリを減らすための制度やルールは十分ではない。07年に採択された国連のガイドラインは、運用を終えた衛星を一定期間（25年）内に廃棄《はいき》するよう明記するが、法的拘束力はない。除去衛星が活動中に、数十億円以上する運用中の衛星に誤ってぶつかる事故が起きる可能性もある。学習院大の小塚荘一郎教授（宇宙法）は「民間企業《きぎょう》が取り組みやすいように、リスクを抑える政府補償《ほしょう》の仕組みも必要だ」と指摘《してき》する。

（朝日新聞2019年6月16日朝刊）

※フレミング左手の法則…イギリスの電気技術者フレミング（一八四九年～一九四五年）が考案した、磁場内で電流の流れている導体が受ける力の向きを示すもの。

※ローレンツ力…電流が磁場から受ける力。ここでは、電流を流すことによって地球の磁力に引きつけられることになる。

1　次の①・②の条件にしたがって200字以内で説明しなさい。

①　まず、A・Bそれぞれの文章の全体をふまえ、その共通点について書きなさい。

している。衝突の恐れがある場合、衛星の軌道を変えて回避《かいひ》する。軌道変更《へんこう》は世界全体で年約１００回、ＪＡＸＡでも年３~６回あるという。

ただ追跡《ついせき》には限界がある。少なくとも低軌道では大きさ10センチ以上、静止軌道では1メートル以上の物体は追跡できるが、小さいと難しい。

さらに一定以上増えると、衝突で発生した破片が連鎖《れんさ》的に次の衝突を起こして増え続ける可能性が指摘《してき》される。提唱した研究者の名前にちなみ「ケスラーシンドローム」とも呼ばれる現象だ。

日米欧《おう》と英国、イタリア、インドの6つの宇宙機関は13年に報告をまとめ、このままのペースで宇宙を利用すれば、低軌道の宇宙ごみが増え続けると予測した。新たな打ち上げがなくても増え続けるという研究報告もある。宇宙ごみの予測や観測に詳《くわ》しい九州大学教授の花田俊也さんは「増殖《ぞうしょく》は既に起きていると考えたほうがいい」という。

宇宙ごみに関して、国際的に法的拘束力《こうそくりょく》のある規制はない。発生を抑《おさ》えるため、運用を終えた衛星を移動させるなどの望ましい対策をまとめた指針が、07年に国連宇宙空間平和利用委員会（ＣＯＰＵＯＳ）で採択《さいたく》されたくらいだった。

19年6月、日米、フランス、カナダがＣＯＰＵＯＳに宇宙ごみ低減などを目的とする指針を共同提案し、採択された。持続可能な宇宙活動のため、宇宙ごみの監視や追跡といった望ましい対策で合意した。外務省は「各国が危機感を共有した」とする。

減る要因は地球の大気圏《たいきけん》に落ちる場合くらいで、除去技術は確立していない。文部科学省とＪＡＸＡなどが技術開発に取り組むが、まだ緒《ちょ》に就《つ》いたばかりだ。

（日本経済新聞２０１９年7月12日朝刊）

B

15機の衛星を運用する宇宙航空研究開発機構（ＪＡＸＡ）。茨城県つくば市の追跡ネットワーク技術センターには連日、デブリ接近の知らせが届く。送り主は、約2万個のデブリを追跡している米軍連合宇宙運用センター（ＣＳｐＯＣ）。約1週間以内に衛星の近くを通過するという内容で、1日４００件以上にのぼる。

この情報をもとにＪＡＸＡが軌道を詳しく計算。衝突確率が約０・００１%以上なら「接近警報」に格上げする。衝突を避けるため、衛星の軌道を変えることもある。２０１８年度に出した警報は１６３件、実施《じっし》した軌道変更は6件。世界では、国際宇宙ステーション（ＩＳＳ）も含《ふく》め、年間１００件ほどの軌道変更がおこなわれている。

「ここ10年、デブリの監視なしには衛星の運用は成り立たなくなってきた。衝突したら最後という緊張感で当たっている。これからは監視だけでは間に合わなくなる」とセンターの中村信一主幹研究開発員は話す。

デブリの数は現在、地上で観測できる10センチ以上のものだけで約2万個。ほとんどが、地球観測衛星が多く飛《と》び交《か》う高度６００~１０００キロにある。１ミリ以上のものまで含めると1億個以上、総重量は7千トン以上といわれる。拳銃《けんじゅう》の弾丸《だんがん》の10倍以上にあたる秒速7~8キロで地球を周回し、小さくても衝突すれば故障や破壊を引き起こす。

大型のデブリは、大量の破片の「発生源」となる。破片が連鎖的に衝突を起こし、デブリが自己増殖する「ケスラーシンドローム」の引き金になるおそれもある。監視して避けるだけでなく、一つずつデブリを取り除く「除去衛星」の開発が進んでいる。

【国　語】〈四〇分〉　〈満点：八〇点〉

【注意】＊設問の都合で、本文等には一部省略・改変があります。
＊字数制限のある場合は、句読点なども字数に入れること。

一　次の1～5の文の傍線部《ぼうせんぶ》を漢字に直しなさい。

1　もつれた相撲《すもう》は東の力士にグンバイがあがった。
2　あなたたちはわたしたちに十分なセイイを示してくれた。
3　秋をむかえて稲穂《いなほ》の首がタれはじめた。
4　ネダンも四万円程度で、もっと性能のいい機械がたくさんある。
5　ヨクをかいたばかりに損をしてしまった。

二　次の1～5の文の傍線部をひらがなに直しなさい。

1　家はちょうど角地にあり、生け垣《がき》の庭があった。
2　人生を不条理なことだと思ったことはない。
3　あの子は観察力のするどい利発な少年だった。
4　道に迷ったところを、この人が助けてくれた。
5　これでは無理だろうかと、ふと気弱になったことがある。

三　次のA・Bの文章は、宇宙ごみ（デブリ）について述べています。
本文A・Bと図表にもとづいて、後の問いに答えなさい。

A

宇宙ごみは宇宙を漂《ただよ》う役に立たない人工物の総称《そうしょう》だ。運用を終えた人工衛星、打ち上げ後に切り離《はな》された使用済みロケット、衛星やロケットから外れたボルトやナットなどの部品、ロケットや衛星が爆発《ばくはつ》した破片《はへん》などがある。

宇宙利用の拡大に伴《ともな》い、宇宙ごみは増え続けている。これまでに世界で８５００機を超《こ》す衛星などが打ち上げられた。欧州宇宙機関（ＥＳＡ）によると、宇宙を漂う人工物の９割以上が宇宙ごみで、内訳では破片が一番多い。不要になった衛星、使用済みロケット、部品と続く。

宇宙ごみは高度２千キロメートル以下の低軌道《ていきどう》と、通信衛星や気象衛星で利用する高度約３万６千キロの静止軌道に多い。大きさ10センチメートル以上の物体は約２万個が確認《かくにん》され、１センチ以上のものは50万～70万個、１ミリメートル以上のものは１億個以上あるともいわれる。

宇宙ごみは①高速である②観測が難しい③除去が難しい――という３つの理由から危険だ。高度が低いほど速度は速く、静止軌道では秒速約３キロ、低軌道では同７～８キロに達する。大きさ10センチ以上の宇宙ごみが衛星や国際宇宙ステーション（ＩＳＳ）にぶつかれば被害《ひがい》は甚大《じんだい》で、小さな物体でも損傷の恐《おそ》れがある。

宇宙ごみの衝突《しょうとつ》は既《すで》に起きている。１９９６年にはフランスが86年に打ち上げたロケットの破片が同国の衛星に衝突。２００９年には米国の通信衛星とロシアの運用を終えた軍事衛星が衝突した。衛星同士が衝突する初の事例だ。

衝突事故と並ぶ大規模な発生源は意図的な破壊《はかい》だ。中国は07年、衛星をミサイルで破壊する実験を行い、３０００を超す宇宙ごみが発生したとみられる。19年３月にはインドも衛星を破壊し、４００個以上の発生が確認された。

対策の第一歩は観測と予測だ。日本は米国と協力し、防衛省や宇宙航空研究開発機構（ＪＡＸＡ）が光学望遠鏡やレーダーで宇宙ごみを監視《かんし》格だと感じている。

エ　米倉さんと同じように、咲ちゃんも祖手への心づかいを持って一《いっ》生懸命《しょうけんめい》に取り組む温かさをもっているので、悩みを自分で克服《こくふく》できると思っている。

オ　「私」のために何度も料理を作り直す咲ちゃんの態度が最初は理解できなかったが、咲ちゃんの心の余白に気づき、自分の幼さを恥《は》ずかしく思っている。

ウ　前の二回ぶんの味をそれとなく父親から褒められたが、その言葉は期待したほどではなく落胆《らくたん》している。

エ　父親がばらしたことを嫌がるふりをしながらも、自分のスープに対する父親の言葉を素直に喜んでいる。

オ　スープ作りの練習をしていたことを本当は「私」に知ってほしかったので、内心では父親に感謝している。

4　傍線部②「わかるようでわかんない、……気にするなって言ってるの？」は咲ちゃんの問いかけとなっている。この問いかけに対する「私」の考えとしてふさわしいものを次の**ア**～**カ**から二つ選び、記号で答えなさい。

ア　自分よりも能力が優《すぐ》れていることがわかった途端《とたん》に態度を変える人がいるという事実は、特別なことではなく、咲ちゃんは自分の実力通りに選ばれたのだし、気にすることはないということ。

イ　咲ちゃんは自分の努力で実力を伸ばしたのであって、先生に取り入るのがうまいという噂に惑《まど》わされず、すばらしいと褒められるように記録を残すことを一番に考えるべきだということ。

ウ　咲ちゃんを好ましく思っていない人はいるだろうが、立派な成績を残せばつまらない噂はなくなるはずだから、大会で記録を残し、それから周囲に溶け込んでいけばいいということ。

エ　子どもだけでなく大人になっても根拠《こんきょ》のない噂に悩むことは多いが、とにかく傲慢だとか生意気だとか言われないために、勝ち負けがうまく配分されるように走ることだということ。

オ　咲ちゃんが選ばれたことは実力であり、そのことによる期待や嫉《しっ》妬《と》に押しつぶされずに自分のベストを尽《つ》くせば、勝敗は関係ないし、その結果は自然と受け入れられるということ。

カ　勝ってしまうとどんな言い訳をしても素直に喜んではもらえないものだから、勝ち負けにこだわった上で記録を出せなかったら、気持ちよく走ったことに納得することだということ。

5　傍線部③「昼すぎに林さんと話したこと」とあるが、「私」が林さんと話したことはどのようなことか。それが書かれた部分を「こと」に続くように25字で探し、はじめと終わりの3字を答えなさい。

6　傍線部④「相容れない言葉を着実に融和させていくのが、腕に覚えのある職人の倫理である」について、「腕に覚えのある職人」とは、どういうことができる職人だと言っているか。75字以内で説明しなさい。

7　傍線部⑤「生まれつきの余白が備わっている」とあるが、咲ちゃんに備わっている「生まれつきの余白」とはどういうものか。５０字以内で説明しなさい。

8　次の**ア**～**オ**の中から、「私」の咲ちゃんによせる心情として最も適切なものを選び、記号で答えなさい。

ア　咲ちゃんは他人が自分を見る視線の変化に悩んでいるが、感情とは最後には隠れてしまう部分なので、咲ちゃんの悩みは消えてしまうだろうと安心している。

イ　米倉さんと咲ちゃんのやり取りを見ていると、父親らしい気配りに対して無頓着《むとんちゃく》な娘という親子関係が浮《う》き彫《ぼ》りになり、咲ちゃんの将来を案じている。

ウ　咲ちゃんの表向きの明るさや屈託のなさは、常に周囲への気づかいを忘れずに生きてきたからこそ身に付いたもので、父親譲《ゆず》りの性ために余白を取っておく気づかいと辛抱強さ《しんぼうづよ》が私にはない。そこに糊をきちんと塗《ぬ》らなければ形が整わない、最後には隠《かく》れてしまう部分にたいする敬意を持っていないのではないか。

咲ちゃんといて疲《つか》れないのは、あっはと美しい歯を見せて笑う表向きの明るさや屈託《くったく》のなさのせいだけでなく、周囲にいる人間にたいしていつも「のりしろ」になれるような、⑤生まれつきの余白が備わっているせいなのかもしれない。それはまた、米倉さんがまとっている空気の質と、とてもよく似ているものだった。

（堀江《ほりえ》敏幸《としゆき》『いつか王子駅で』より）

※謹製……まごころを込めて作ること。

※汎用旋盤……旋盤とは、材料を切ったり削ったり、穴開けなどを行って加工をほどこす作業で、汎用旋盤とは用途《ようと》の広い旋盤機械。

1 傍線部**Ａ**～**Ｃ**のカタカナを漢字に直しなさい。

2 二重傍線部**ａ**～**ｃ**について、この場合の意味として最も適切なものを次の**ア**～**エ**からそれぞれ選び、記号で答えなさい。

ａ「難癖をつけられ」

ア 自覚していない悪い癖をあばかれ

イ 改善すべき難点を指摘され

ウ 根拠《こんきょ》のとぼしい噂を流され

エ 悪意を含んだ批判をされ

ｂ「気負いもなく」

ア 自信なさそうに

イ 勇み立つことなく

ウ 手加減することなく

エ 迷いもなさそうに

ｃ「匙加減」

ア 数字で示せない手ごころ

イ 長さではなく量による調節

ウ 良し悪しを見分ける力量

エ 加えることと減らすことの繰《く》り返し

3 傍線部①「米倉さんが補足する」について、次の問いに答えなさい。

(1) 米倉さんは、なぜ「補足」したのか。その理由として最も適切なものを次の**ア**～**オ**から選び、記号で答えなさい。

ア 娘の料理の腕前《うでまえ》に太鼓判《たいこばん》を押すことで。しばらくスープを食べなくてすむと思ったから。

イ 前もって練習までして作った娘の努力とスープの出来具合に満足し、娘の成長を感じたから。

ウ 前回より今回はよく出来たことに安心し、娘が責任を果たしたことを褒めてやりたかったから。

エ 娘が嫌がるのはわかっていたが、娘が何度も練習したことを言い訳として伝えたかったから。

オ 前の二回がうまくできなかったことを気にしている娘を、父親として励《はげ》ましたかったから。

(2) 米倉さんの「補足」を聞いている咲ちゃんの心情として、最も適切なものを次の**ア**～**オ**から選び、記号で答えなさい。

ア ビールを飲んだ後、いつも口が軽くなる父親をたしなめ、これ以上「私」に言ってほしくないと思っている。

イ 父親が自分との約束を破ったことは許せなかったが、スープを褒めてくれたことは意外であり驚いている。

きれていない男がこんな偉そうな口の利き方をする権利なんてないのはわかっているけれど、事情はまったくおなじだよ、と私は偉そうに話していた。咲ちゃんが二百メートルに出場したために誰かひとり枠から外されるのは、数字として仕方のないことなんだ。でもね、そのひとのためにも頑張《がんば》りますなんてしおらしいことを言えばかえって傲慢《ごうまん》だと言われかねないし、胸を張って嬉《うれ》しそうにしていてもやっぱり生意気だと陰口《かげぐち》をたたかれる。いったん勝ってしまうと、なにをどうつくろってもCシュウフクできない状態に陥《おちい》ることがあるんだ。大切なのは、走りたいように気持ちよく走って、そのうえで勝ち負けの配分を納得《なっとく》することだよ。

②わかるようでわかんない、と咲ちゃんが素直に応《こた》える。勝ち負けを気にしろって言ってるの？　気にするなって言ってるの？

だいぶ目が垂れてきた米倉さんは、勝っても負けても咲が怪我《けが》しなきゃそれでいい、無理しなくていい、とやはり父親らしいコメントを残して座布団《ざぶとん》を枕《まくら》にごろりと横になり、私が咲ちゃんとはじめた英語の予習を子守歌にしていつのまにか鼾《いびき》をかいていた。

さっき煮込み料理ができるのを待ちながら、③昼すぎに林さんと話したことを私は米倉さんにも伝えたのだが、削《けず》り屑《くず》の手《て》触《ざわ》りや色合いひとつでいろんなことがわかるのはあたりまえで、そういうあたりまえのことを学校でも家でも教えなくなったから駄目《だめ》なんだと、米倉さんはb気負いもなく自説を述べてくれた。林さんは十年くらい前につてがあって米倉さんの工場に流れてきたらしい。細かい仕事もぜったい手を抜《ぬ》かないし、図面を見なくても、こういうものが欲《ほ》しいっていう客の頭のなかにあることを、コンピュータだのなんだのを使わずに、勘《かん》と経験で具体的な形にできる昔気質《むかしかたぎ》のひとで、本当なら独りでこつこつやるほうがむいているはずなのに米倉さんとは不思議にうまがあって、ふたつならんだ※汎用旋盤《はんようせんばん》の一方を駆使《くし》して不況《ふきょう》をいっしょに乗り切ってきた。米倉さんに言わせると、林さんの凄《すご》いところは、仕上げの腕前《うでまえ》ではなく、そこにいたるまでの段取りと部品の粗挽《あらび》きの丁寧《ていねい》さを忘れないところなのだそうだ。

粗挽きと丁寧さ。④相《あい》容《い》れない言葉を着実に融和《ゆうわ》させていくのが、腕《うで》に覚えのある職人の倫理《りんり》である。荒削《あらけず》りとはただの前段階ではなく、全体の流れやひとつひとつの行程においてさまざまな技術が必要になることを見越した仕込みであって、それは一人前の大工が鉋《かんな》がけをするまえの荒削りのとき、図面どおりの寸法に調整するまでの厚みをどれだけ残しておくかに神経を使うのとおなじ道理である。誰かに手伝ってもらったり、外からまわされたりした柱には、自分の感覚と微妙《びみょう》にちがう厚みが、紙の工作で言えば指の太さや糊《のり》の質にあわないのりしろがあるようなもので、むしろ仕事の効率が悪くなるのだと、大工の友人が教えてくれたことがある。それは私が何人かと共同で翻訳《ほんやく》をしたり、誰かの下訳を使ってくれと命じられる場合の居心地《いごこち》の悪さについての愚痴《ぐち》を受けた言葉だったのだが、旋盤でも鉋でも、削っていく素材が異なるだけで、最終段階までどのような順序と手付きで進めていくかは個人の資質にかかわることである。林さんが渡してくれる粗挽きの素材には、米倉さんの技量でその日に求められているいちばん気持ちのいいのりしろが残してあり、寸法ではなく。c匙加減《さじかげん》が完璧《かんぺき》なのだった。

なるほど「のりしろ」か。私に最も欠落しているのは、おそらく心の「のりしろ」だろう。他者のために、仲間のために、そして自分自身の生き物の印象を変えようとしている。

カ　ハエ、コウモリ、モンシロチョウの知覚について、人間の嗅覚、聴覚、視覚と比較することで、人間とは異なる方法で周囲の環境を認識する生物がいることを示している。

二　次の文章を読んで、後の問いに答えなさい。

「私」は、小さな工場の倉庫の２階の部屋を借りて住んでいた。米倉さんが営むその工場の従業員は林さんだけだった。「私」は頼まれて、米倉さんの娘の中学生の咲ちゃんにときどき勉強を教えていたが、母親のいない咲ちゃんは夕飯を作ることが多かった。次の場面は、咲ちゃんが「私」のために夕飯を「鶏殻《とりがら》スープ初挑戦《はつちょうせん》」と言って用意してくれたが。実はこの日までに二回も試《ため》しに作ったことを米倉さんに明かされたところからである。また、咲ちゃんは陸上大会の選手に選ばれていた。

それからさらに三十分ほどしてできあがった咲ちゃんの※「謹製《きんせい》」スープは、あれだけ煮込《にこ》んだのにきれいに澄《す》んでいて、薄味《うすあじ》のバターライスとあわせると口中でほんのりそのバターが溶《と》け出す、繊細《せんさい》でしっかりした味だった。私は心からそれを褒《ほ》め、おいしい、すばらしいを連発した。あっは！　ありがと！　白い歯を見せる娘のあとを、①米倉さんが補足する。最初は鶏殻を軽く煮立てて油分を落とさなかったものだからぎとぎとしてたし、二回目は灰汁《あく》をすくう回数が足りなくて濁《にご》っちまったし、味はまあべつとして、なんだか知らないけど咲の満足のいくもんじゃなかったみたいでさ、でも俺《おれ》はいちばんはじめのぎとぎとしてたやつもうまいと思ったよ。だいぶできあがっていたためか、米倉さんは内《ない》緒《しょ》にしておくはずの話をばらしてしまい、言わないでって頼んだのに、と笑いながら怒《おこ》る咲ちゃんにぶたれたりしたが、もうスープはうんざりだと文句を言いつつ、三度目の正直でうまくいった今晩の料理だけでなく前の二回ぶんの味もそれとなく褒めてやるところなどじつに父親らしい気配りだなと私は感心し、なんの脈絡《みゃくらく》もなしに、母親がいなくなってしまったひとり娘の将来を思った。

咲ちゃんによると、学校では瞬発力《しゅんぱつりょく》と筋力、自宅周辺のランニングでは持久力を養う練習をこなし、今日みたいに家事をうまく利用して足首なんかも鍛《きた》えていたそうだが、これまでカレーを作っているときはそんなそぶりは全然みせなかったのにと不思議がる私に、だって、できてから電話してたんだもの、と口に含《ふく》んだバターライスがこぼれないよう顎《あご》を上向きにして言う。なるほど、Ａタンジュンな話だ。こんな簡単なことがわからないとなると、空《す》き腹にほんのわずかに流し込んでおいたビールがまわってきたのかもしれない。米倉さんは気分よくビールをあおり、私はライスもスープもおかわりしてがつがつ食べまくり、おなじ陸上部の女の子からあんたは先生に取り入るのがうまいだけよと思いも寄らぬａ難癖《なんくせ》をつけられ、今回の抜擢《ばってき》で他人が自分を見る視線に変化が生じたように感じてちょっと落ち込んじゃったという咲ちゃんの話にも、すぐに反応できないくらい満腹になっていた。

記録を残せば、誰《だれ》もなにも言わなくなる。それが入賞や優勝に結びつけば、すばらしいと褒めてくれる人も出てくる。しかしＢムれから一歩前に抜け出すと、いままでなんの関心も示さなかったひとたちが好ましくない感情に駆《か》られて妙《みょう》な言いがかりをつけてきたり、つまらない噂《うわさ》を流したりすることも起こりうる。大人の世界だって、いや、大人になり

9 傍線部③「同じようなこと」とあるが、モンシロチョウの話で考えると、どういうことを示すか。最も適切なものを次の**ア**～**エ**から選び、記号で答えなさい。

ア モンシロチョウのオスの翅は紫外線をほとんど反射しないが、メスの翅はたくさん反射するということ。

イ 人間やコウモリとは異なる世界を認識していることを、モンシロチョウ自身が自覚しているということ。

ウ 紫外線が見えることを利用して、モンシロチョウ独自の感じ方で周囲の環境を理解しているということ。

エ モンシロチョウが作り上げている世界の見え方は、野原の中や林の中で様々に異なっているということ。

10 傍線部④「色ということから見た場合、まったく違った世界ではないだろうか」とあるが、この場合どういうことをいっているのか。最も適切なものを次の**ア**～**エ**から選び、記号で答えなさい。

ア モンシロチョウは、反射している紫外線を見ることでオスとメスを識別して認識するが、人間は紫外線を見ることができないため、オスとメスを識別できず、全て同じモンシロチョウだと認知するということ。

イ モンシロチョウは、紫外線を見ることができるため昆虫のオスとメスを見きわめることができるが、人間は紫外線によって昆虫のオスとメスをその場で識別できないため、細かく観察するしかないということ。

ウ モンシロチョウは、翅の色の見え方でオスとメスを識別するが、人間は翅の色を見ることができず、見ているモンシロチョウがオスかメスかを識別できないため、色彩感覚に違いがあるということ。

エ モンシロチョウは、紫外線が見えることからモンシロチョウのオスとメスを識別できるが、人間はモンシロチョウと同じようには紫外線を見ることができず、生物の認識の仕方が異なっているということ。

11 傍線部⑤「環境というものは、そのような非常にたくさんの世界が重なりあったものだ」とあるが、どういうものか。45字以内で説明しなさい。

12 本文について説明したものとして、適切なものを次の**ア**～**カ**から二つ選び、記号で答えなさい。

ア 人間と昆虫の知覚の違いを具体例を示しながら説明し、本文の最後に、人間の認識している世界だけがすべてではないため他の生物との共生が重要であると主張している。

イ 最初に知覚についての身近な話題を提示し、それについて人間と対比させながら具体例を用いて論理的に説明し、様々な生物の知覚から筆者の主張をまとめている。

ウ 生物ごとの知覚の違いについて具体例を用いて説明し、それぞれの生物がどのように目の前の事物を認識するかを理解することが重要であると論じている。

エ ハエ、コウモリ、モンシロチョウを人間と対比させ、他の動物と比べて人間には知覚できていないものが数多くあり、世界を正しく認識できていないことを伝えようとしている。

オ ハエ、コウモリなど、人間にとって害のある生物が人間にはない優れた知覚を持っていることを示すことで、人間から嫌われている

は　そのような非常にたくさんの世界が重なりあったものだということになる。それぞれの動物主体は、自分たちの世界を構築しないでは生きていけないのである。

（日高敏隆《ひだかとしたか》『動物と人間の世界認識　イリュージョンなしに世界は見えない』より）

※口吻……くちさき、くちもと。　※イリュージョン……幻想、まぼろし。

※環世界……ここでは、その生き物自身が意味を与え、構築している世界のこと。

1　傍線部《ぼうせんぶ》A、Bのカタカナを漢字に直しなさい。

2　［鼻］とあるが、次のア～オの空欄《くうらん》に「鼻」が入るものを選び、記号で答えなさい。

ア　□を棒にする　　イ　木で□をくくる

ウ　馬の□に念仏　　エ　□を丸くする

オ　□をこまねく

3　［(1)］～［(3)］に入る言葉として最も適切なものを、次のア～カからそれぞれ選び、記号で答えなさい。

ア　いわゆる　　イ　そして　　ウ　たとえば

エ　しかし　　オ　あるいは　　カ　だから

4　［X］～［Z］に入る言葉の組み合わせとして最も適切なものを次のア～オから選び、記号で答えなさい。

ア【X：自動的　Y：衝撃《しょうげき》的　Z：物質的】

イ【X：反射的　Y：衝撃的　Z：現実的】

ウ【X：反射的　Y：異質的　Z：論理的】

エ【X：感覚的　Y：異質的　Z：現実的】

オ【X：反射的　Y：印象的　Z：論理的】

5　傍線部①「昆虫には不思議な感覚がある。それは、接触化学感覚と呼ばれているものである」とあるが、どのようなことが「不思議」なのか。40字以内で答えなさい。

6　傍線部②「このほかにも、たとえば、超音波というものがある」について、筆者は超音波の例を用いてどのようなことを説明しようとしているか。最も適切なものを次のア～エから選び、記号で答えなさい。

ア　人間は超音波を感知したり発射したりできないため、コウモリが認識している世界そのものを実感できないということ。

イ　超音波を感知したり発射したりできるコウモリは、人間が認識できない世界を作り出せる優れた生物であるということ。

ウ　人間は超音波を感知できないが、代わりにコウモリの習性を利用したレーダーを発明する優れた技術を持つということ。

エ　人間とコウモリでは自身を取り巻く環境を感知する方法が違い、それぞれ別個の世界を認識する生物であるということ。

7　二重傍線部㋐～㋔の「それ」のうち、異なる内容を指すものを一つ選び、記号で答えなさい。

8　【a】には次のア～エの四つの文が入る。適切な順番に並びかえた時、三番目となるものを選び、記号で答えなさい。

ア　どうも人間という連中は、超音波ではなくて、目で見ながら周りの世界の様子を認知しているらしい。

イ　しかし、そんなことができるのであろうか。

ウ　超音波でなかったら認知できないのではなかろうか、という議論だ。

エ　コウモリたちがみんなで集まって議論している。

波を発射して、㋒それが周りのものに反射して返ってくる時間をはかることによって、相手との距離を知り、相手が動いている様子をとらえることができるのである。これがコウモリたちの有名なエコー・ロケーション（反響定位《はんきょうていい》）である。

人間は自分の体では㋓それができない。人間はその原理をコウモリで発見して、同じ原理を使う機械を発明した。それがレーダーである。レーダーというものを通せば、人間は超音波というものが存在しているということはわかる。しかし、㋔それを耳でじかに感じることは絶対にできない。(3)、コウモリたちが、夜、暗闇《くらやみ》のなかで、自分たちの周りにどのような世界を構築しているのか、われわれにはまったく実感できない。

そのことを逆に示した話を、「Bリコ的な遺伝子」論で有名な、リチャード・ドーキンスが書いている。

【　　　a　　　】

ある意味で、世界の構築ということが、何か Z なものではなくて、ある感覚的な枠《わく》の中で作り上げられているとすると、コウモリ、あるいはチョウが作り上げている世界は、同じ野原の中、同じ林の中であっても、ぜんぶ違うのであって、それは、それぞれの動物がもっている、ある種の※イリュージョンによるものだということになる。

③同じようなことは、われわれやチョウがいわゆる環境を見たときだけではなく、たとえばモンシロチョウ同士が相手を見たときにまで及《およ》ぶ。モンシロチョウのオスの翅《はね》の表はわれわれから見ると白くて、裏は多少黄色っぽい。紫外線《しがいせん》はほとんど反射していない。ところがモンシロチョウのメスは、翅の表は白くて、裏が黄色っぽく、紫外線をかなりたくさん反射している。そうすると紫外線が見えるモンシロチョウにとっては、モンシロチョウのオスとメスは同じ色には見えないことになる。どんな色になるかよくわからないけれど、人間の色彩論にのっとって考えてみると、モンシロチョウのメスはモンシロチョウにはインセクト・パープルの色に見えていると考えられる。強引にいえば、人間の紫色に近い色かもしれない。

一方、モンシロチョウのオスは、メスとは違った色に見えているはずである。そして、それは紫外線の反射がほとんどなくて、そして黄色からスミレ色までを反射している色であるから、人間の色彩論にのっとって考えてみると、どうもそれは青緑に近い色ではないかと想像することはできる。そうするとモンシロチョウのオスをモンシロチョウが見ると、青緑色に見えているのかもしれない。

モンシロチョウの世界の中で、青緑のオスと紫色のメスが飛んでいて、その二つが近づいたり離れたりして、そして青緑のオスと青緑のオスは反発しあっていて、紫色のメスと紫色のメスはあまり関係ないというふうな動き方をしているのではないかと思われる。人間から見れば、二匹の白いモンシロチョウが引き合ったり、離れたりしているということになる。④色ということから見た場合、まったく違った世界ではないだろうか。

世界を構築し、その世界の中で生きていくということは、そのような知覚的な枠のもとに構築される※環世界を見、それに対応しながら動くということであって、それがすなわち生きているということである。そして彼らは、何万年、何十万年もそうやって生きてきた。人間はまた全然別の世界をつくって、その中でずっと生きてきた。⑤環境というもの

【国　語】（五〇分）〈満点：一〇〇点〉

【注意】＊　設問の都合で、本文には一部省略・改変がある。
　＊　字数制限のある場合は、句読点なども字数に入れること。

一　次の文章を読んで、後の問いに答えなさい。

①昆虫《こんちゅう》には不思議な感覚がある。それは、接触化学感覚《せっしょくかがくかんかく》と呼ばれているものである。

　昆虫は歩きながら触角でものに触《ふ》れる。触《さわ》ったとき、昆虫は触った場所の匂《にお》いというか味というか、その場所の科学的な性質を感知するのである。多くの昆虫は触角以外に、たとえば、前肢《まえあし》の先にもそのような接触化学感覚がある。

　(1)、ハエは何か食物を探してテーブルの上をちょこちょこと歩き回っている。その時、当然、前肢の先をテーブルにつけている。そうやって歩き回っていると、そのテーブルにしみこんだものの匂いというか、味が前肢でわかる。それがたとえば砂糖《さとう》の味であれば、ハエは X に、※口吻《こうふん》が伸《の》びてそれをなめる。

　人間にはそういう感覚器はないのでこのようなことはできない。いくら指先で触っても味や匂いはわからない。そして 鼻 でかいでわかることは、それが空気中に漂《ただよ》う匂いになっていなければならない。ところが、ハエやその他の昆虫は、空気中に漂う匂いを遠くから触角全体で感じとるばかりでなく、ものにしみこんだ匂いというか、味というか、科学的な性質そのものを、触角の先端《せんたん》や前肢の先で触れることによって感知できるのである。

　人間はそれができないので、必ず鼻を近づけてみなくてはならない。食堂では、醤油《しょうゆ》とソースが容器に入っている。このごろはたいてい醤油、ソースと書いてあるが、昔は書いてなかった。どちらが醤油でどちらがソースかわからない。そのようなときはビンを手にとり、鼻に近づけて、くんくんと匂いをかいでみる。そうするとかすかな匂いがする。これはまさに匂いとしてわかっているのであって、これで醤油とソースの区別がつく。昆虫は触角の先で触るか、前肢で触るかすれば、くんくんと匂いをかがなくてもわかるのである。

　問題は触るということである。触角は嗅覚《きゅうかく》Aキカンでもあるから、その場合には触らなくても、空気中の匂いを遠くから匂いとしてキャッチできる。多くの昆虫が飛びながら周りの匂いがわかるのはそのためである。(2)、場合によって、ある特定の部分の匂いを知る時には、触角か前肢でそのものに直接に触れる。その時には嗅覚ではなくて、接触化学感覚で認知しているのである。接触化学感覚によって構築される世界は、人間にはまったく想像できない世界ということになる。

　②このほかにも、たとえば、超音波《ちょうおんぱ》というものがある。超音波は、超という字がついているように、人間が聞いている音波よりももっと振動数《しんどうすう》が高くて、人間に聞こえない音をいう。

　人間の耳に聞こえるものを「音」と定義するとすれば、超音波はもはや音ではなく、まさに超音波である。音よりももっと振動数の高い空気の振動である。人間の耳は㋐それをキャッチできない。いかに超音波が発せられていても人間の耳はそれを感じない。感じる場合には、何か Y なものとして感じるだけで、音として感じることはない。

　ところが、よく知られているとおり、コウモリは㋑それをちゃんとキャッチすることができるし、それを発することもできる。自分で超音が、竜平が自分をはげまそうとしてくれていることを感じとって、悲しい気持ちを打ち明けたくなった。

イ　片脚を切断するというつらいことを乗《の》り越《こ》えようとしていたが、竜平に質問されたことで、片脚を失った後きちんと生活できるか、不安な気持ちでいっぱいになった。

ウ　片脚を切断するというつらいことから目を背《そむ》けていたが、竜平の質問によって残こくな未来が待っていることを認めざるをえなくなり、こわくてたまらなくなった。

エ　片脚を切断するというつらいことも平気なように見せていたが、竜平に質問されたことで将来への不安をあらためて感じ、悲しい気持ちをがまんできなくなった。

5　傍線部④「未央とはまだどこかでつながっているように感じている」とあるが、竜平にとって未央はどのような存在となったのか。その説明として最も適切なものを次から選び、記号で書きなさい。

ア　楽しい時もつらい時もいつもいっしょにいたのに、あいさつもしないまま別れてしまった小学校時代の級友。

イ　自分も病気で苦しんでいたにもかかわらず、両親をなくして寂しさを感じている竜平のそばにいてくれた心やさしい友達。

ウ　彼女が困っていたら力になりたいと思っていたのに、本当につらい時に助けてあげられなかった初恋《はつこい》の相手。

エ　動物園でおだやかな時間を過ごした一方で、かけがえのないものを失うという共通の経験を持った同士。

6　二重傍線部「欠けた尻尾に惹かれている理由」とあるが、なぜ竜平は「欠けた尻尾」に惹かれているのか。本文全体を読んで、100字以内で答えなさい。

7　本文の表現についての説明として最も適切なものを次から選び、記号で書きなさい。

ア　「未央はいつもいいにおいがした」や、「本のページをめくる微かな音」などの五感にうったえる表現によって、竜平の恋心をあらわしている。

イ　竜平の視点で語られていて、「本当なのかどうかを知りたかった」や「『病気って本当?』と尋ねた」など、竜平自身の言動や心情を中心に記述されている。

ウ　その場にいるような感覚を与えるために、「どうしてそんなに動物に惹かれたのかは自分でもよくわからない」のように回想場面をすべて現在形で書いている。

エ　「(しかも小学生の画力で)」、「(ちょっと驚きはしたが)」のようにかっこ付きの言葉を補足することで、竜平の気の弱さを表現している。

いる。そんなふうに思える人は、三十年間の人生の中でもただ一人だけだった。珍しく感傷的になっているせいか、むくむくと湧《わ》き上がってきた気持ちがポケットの中の携帯《けいたい》電話を取り出させる。竜平は瑛一に電話をかけた。

「今からそっち行ってもいいかな？」

（白岩玄《げん》『世界のすべてのさよなら』より）

※疲弊……つかれて、弱ること。

1　波線部a「かたくなに」・b「息災」の言葉の意味として最も適切なものをそれぞれ次から選び、記号で書きなさい。

a「かたくなに」

ア　真面目でかたくるしい様子
イ　冷静でそっけない様子
ウ　強情《ごうじょう》でいじっぱりな様子
エ　質素でひかえめな様子
オ　真剣《しんけん》であきらめない様子

b「息災」

ア　成長　　イ　無事
ウ　困難　　エ　全快
オ　自由

2　傍線部①「日曜日に一人で動物園にいることは、竜平にとって何ら寂しいことではなかった」とあるが、竜平にとって動物を描いている時間はどのような時間であったのか。その説明として適切なものを次からふたつ選び、記号で書きなさい。

ア　幼くして両親を亡《な》くした竜平にとって、死を恐《おそ》れないように見える動物たちを描く時間は、独りぼっちの寂しさをいやす大切な時間であった。
イ　親を失い、世界から切り離されたように感じている竜平にとって、動物を描き自分なりの真実を知る時間は、世界とのつながりを実感できる時間であった。
ウ　もともと絵を描くことが得意だった竜平にとって、人間にはない特殊な形の部位を持つ動物を描く時間は、画力を上げる貴重な時間であった。
エ　生き物を観察する習慣がある竜平にとって、人間とは異なる形の部位を持つ動物を描く時間は、人間と動物の違いを学べる充実した時間であった。
オ　親が亡くなる前から動物が好きだった竜平にとって、両親の死後、唯一心を開ける相手といっしょにいられて、とてもリラックスできる時間であった。

3　空らん②にあてはまる最も適切なものを次から選び、記号で書きなさい。

ア　なんでいちいち許可をとるんだ
イ　なんでべらべら喋ってるんだ
ウ　なんでわざわざ横に来るんだ
エ　なんでどんどん絵を描かないんだ

4　傍線部③「しばらくすると、未央は耐えられなくなったみたいに声を殺して泣き始めた」とあるが、この時の未央の気持ちの説明として最も適切なものを次から選び、記号で書きなさい。

ア　片脚を切断するというつらいことを未央なりに受け止めていた

しまい？」と未央が訊くだけだ。それでも竜平はいつしか未央が隣《となり》にいることに慣れていったし、安心するようにもなっていった。本のページをめくる微《かす》かな音や、ときおり香《かお》る、ほのかな甘い匂いの中で絵を描くのが好きだった。そんな時間が秋が深まるまで続いた。

あるとき夜中に居間の前を通りかかると、テレビのニュースの声に混じって、祖父母が二人で話しているのが聞こえた。トイレに行こうとしていた竜平が足を止めたのは、話の中に未央の名前が出たからだった。祖父母が言うには、未央は重い病気にかかっていて、このままだと片脚《かたあし》を切断しなければならないそうだった。竜平はその場に立《た》ち尽《つ》くしたまま、祖母がしきりにかわいそうだと嘆《なげ》いているのを聞いていた。切断という言葉が自分の中の何かを断《た》ち切《き》ってしまったようで、トイレに行って部屋に戻《もど》ってからも、まったく眠《ねむ》ることができなくなった。

翌日、未央はいつものように隣で本を読んでいたが、竜平は昨夜のことが頭から離れなかった。スケッチブックの上で鉛筆を動かしながらも、スカートからのぞく未央の脚が気になって、ちらちらと目をやってしまう。竜平は病気のことが本当なのかどうかを知りたかった。ようやく口を開いたのは、最初に声をかけようとしてから四十分も経《た》ったあとのことだった。

「あのさ」

「何？」

二人は珍《めずら》しく目を合わせた。口の中が乾《かわ》いていくのを感じたが、竜平は意を決して「病気って本当？」と尋《たず》ねた。奇妙《きみょう》に澄《す》んでいる未央の目に動揺《どうよう》の色は見られなかった。彼女は竜平の心細さを受け止めるような笑《え》みを浮かべて「うん」と小さくうなずいた。

「コツニクシュ、って知ってる？　私、それにかかってるんだって。だから片脚を切らなきゃいけないの」

本人の口からされた重い告白に竜平は言葉を失った。未央が告げたその事実には、もうそれ以上救いがないように感じられた。竜平はうまく返事をすることができないままスケッチブックに視線を落とした。さっき描き上げたばかりのゾウが何の役にも立たないへたくそな落書きみたいに見えた。

そのあとの沈黙《ちんもく》がどれくらい長かったのかは覚えていない。③しばらくすると、未央は耐《た》えられなくなったみたいに声を殺して泣き始めた。開かれている本のページの上に、涙《なみだ》の粒《つぶ》が落ちる音がした。竜平はその場から動くことができなかった。未央が体を寄せ、竜平の肩《かた》に顔を押《お》し付けるようになってからも、芝生の上に座ったまま鉛筆を握《にぎ》りしめていた。左の肩が涙で湿《しめ》っていくのを感じた。でもどうすればいいというのだろう？　自分たちはまだ子どもで、つらい現実と戦うすべなんて持っていないのだ。

その後、未央は治療《ちりょう》のために学校を休学し、そのまま戻ってこなかった。竜平は手術のあとに一度だけ病院に見舞《みま》いに行ったが、未央から「会いたくない」と断られた。彼女は日本の中学校には進学せず、親の仕事の都合でイギリスに移住したため、もう二十年近く会っていない。でもどこかでずっと記憶には残っていたのだ。恋愛《れんあい》感情なのかどうかはわからないが、今でもふとしたときに未央の顔を思い出すことがある。

彼女は向こうで元気にやっているだろうか？　竜平は片脚を失くした同い年の女の子のb息災をぼんやりと願った。こちら側の一方的な思いかもしれないが、④未央とはまだどこかでつながっているように感じて

「自分は独りぼっちなんだ」という感覚を忘れることができた。あるいは動物たちは、竜平が唯一《ゆいいつ》心を開ける存在だったのかもしれない。四歳で両親と死別した竜平にとって、自分と同じ世界に生きていると思えるのは、生と死を当然のものとして受け入れているように見える動物たちだけだった。

竜平はいつも注意深く動物たちを観察した。実際の動物はみな、進化の末に辿《たど》り着《つ》いたとても面白《おもしろ》い形をしていた。人間にはない特殊《とくしゅ》な部位を持つものもいるし、たとえそれが同じ部位でも、その造形はヒトとはまったく異なっている。竜平はそういった事実をひとつずつ知っていくのが好きだった。ゾウの鼻の先はどんな形をしているか。ゴリラのたくましい筋肉はどんなふうに隆起《りゅうき》しているか。そうやってひとつひとつの動物のカタチを知っていくことは、竜平にとってすごく価値のあることだった。普段《ふだん》は遠くにあるように思える世界の中に、自分だけの真実を見つけ出すこと。それによって竜平は世界を身近に感じられたし、自分がそこにちゃんと結びついているんだと思うことができた。

同じ学校の同級生だった未央と初めて喋《しゃべ》ったのも、たしか動物園だったと記憶している。その日、竜平は日曜日であるにもかかわらず一人で動物園にやってきていた。祖父母は休みの日くらい一緒に出かけようと竜平をよく誘《さそ》ったのだが、竜平はａかたくなにそれを断り、一人で絵を描くことを望んだ。だから①日曜日に一人で動物園にいることは、竜平にとって何ら寂《さび》しいことではなかった。むしろ平日よりも人が多いせいで、絵を描くためのいい場所が確保できないのが嫌《いや》だった。

夏の暑い日だったため、竜平は木陰《こかげ》になっている芝生《しばふ》の上に座って来園者にあまり人気のないヒツジを描いていた。もこもこした毛の部分を鉛筆《えんぴつ》だけで（しかも小学生の画力で）再現するのはそんなに簡単なことではない。首筋を伝い落ちていく汗《あせ》が、Ｔシャツにまたひとつ染《し》み込《こ》んでいった。声をかけられて目を上げると、同じクラスの笠井《かさい》未央が竜平の前に立って微笑《ほほえ》んでいた。彼女《かのじょ》は涼《すず》しげな水色のワンピースを着て、つばの広い帽子《ぼうし》をかぶっていた。

「絵、描いてるの？」

竜平は未央のことをよく知っていた。四年間クラスが同じだったし、家も近所で保護者同士に交流があったからだ。でも人と喋るのが苦手な竜平は、未央に接触《せっしょく》しようとはせず、存在を認知《にんち》しているクラスメイト程度の関係にとどめていた。だからそのときも、未央が突然《とつぜん》現れたことには一切触《ふ》れず（ちょっと驚《おどろ》きはしたが）、短くうなずいただけだった。

「竜平くん、動物の絵描くの好きだよね。いつもここに来て描いてるの？」

竜平はまた無言でうなずいた。園内に響《ひび》く子どもの声と、蝉《せみ》の鳴く声が混ざり合っていた。未央が毎日動物園に来るようになったのはそれからだ。翌日、彼女は園内にいる竜平を見つけると、自分もここで本を読んでいいかと訊《き》いて横に座った。竜平は［　②　］と思っていたが、それが自然であるかのように開いた本に目を落としている未央を見ると、何も言うことができなくなった。未央は竜平に話しかけることなく本を読んだ。だから竜平も黙《だま》ったまま絵を描いた。未央はいつもいい匂《にお》いがした。香水《こうすい》や柔軟剤《じゅうなんざい》によるものではなく、それくらいの歳《とし》の女の子が発する、自然な甘《あま》い匂いだ。

二人は学校では話さなかった。動物園にいるときもほとんど話すことはなかった。竜平が絵を描き終えてスケッチブックを閉じるときに「おいるという、ふしぎな力。

9　二重傍線部「非対称な関係」とある（25ページ）が、これに対して、ゴミ箱ロボットと人間とが「対称な関係」であるとはどのような関係だと考えられるか。本文の内容と、設問８のA君・B君・C君の会話を参考にして、60字以内でわかりやすく説明しなさい。

二　次の文章を読んで、後の問いに答えなさい。

画家として活動している竜平《りゅうへい》は、ある男性から依頼《いらい》をうけ、渋谷《しぶや》をモチーフとした絵を描《えが》くことになる。大学時代の友人である瑛一《えいいち》が飼っているカメレオンの「へべれけ」を見て、渋谷とカメレオンを融合《ゆうごう》させた絵を描こうとするが、カメレオンの胴体《どうたい》につづけてしっぽを描いたところで行き詰《づ》まってしまった。

竜平は気分転換《てんかん》に夜の街を散歩した。絵にかまけているあいだに季節はすっかり秋になり、薄手《うすで》のパーカーの前を閉めてもちょっと寒いくらいだった。まだ夜の十一時過ぎなので、家々の窓にはいくつも明かりが灯《とも》っている。それは竜平の※疲弊《ひへい》した体に少しの癒《いや》しを与《あた》えてくれた。昼間はただの住宅なのに、夜に明かりが灯るだけで好感が持てるのが不思議なものだ。

絵が進まなくなったことに対する焦《あせ》りの気持ちはあまりなかった。描いている途中《とちゅう》で「何かが違《ちが》う」と感じて筆が止まってしまうのはよくあることだ。そんなに気分のいいものではないが、絵は生き物だし、多くの場合は今よりも作品が良くなる兆《きざし》だったりする。だから今は心を静めて、絵が求めているものをしっかりと考えた方がいい。

ほどけていたスニーカーの靴《くつ》ひもを結びながら、もう一度絵のことを考えてみる。歩いたことによって頭が整理されたのか、欠けた尻尾《しっぽ》に惹《ひ》かれている理由がつかめたような気はしていた。あれはたぶん、この世界の非情さを物語っているのだ。あるいは現実の無慈悲《むじひ》さと言《い》い換《か》えてもいい。自分の体の一部がある日もがれてしまうことは、誰にでも起こり得ることだ。すべてが健康な状態よりも、そっちの方が世界の実相に近いと思っているから、それを無視してはいけないと体がブレーキをかけたのだろう。

竜平は団地の明かりが揺《ゆ》らめく水面にへべれけの欠けた尻尾を思い描いた。図書館で生態を調べたとき、あれは「第五の脚《あし》」と呼ばれ、一部のとかげのように自切や再生はしないと書かれていた。一度切れたら二度と再生しない脚。その言葉が記憶《きおく》の引き出しを開けたのか、未央《みお》のことを思い出す。

竜平がまだ十一歳《さい》かそこらだった頃《ころ》、毎日のように動物園に通っていたことがあった。当時から絵を描くことが好きだった竜平は、学校が終わるとまっすぐに家に帰って動物園を訪《おとず》れ様々な動物をスケッチしていた。動物園は、親代わりだった祖父母の家から自転車で十五分のところにあったし小学生は入園料が無料だから毎日行ってもお金の心配をする必要はない。同級生たちが友達同士で遊んだり、塾《じゅく》や習い事に行っているあいだ、竜平は一人で檻《おり》の前に座《すわ》って絵を描き続けた。

どうしてそんなに動物に惹かれたのかは自分でもよくわからない。物心がついた頃から絵を描くのは好きだったが、一度写生大会でゾウを描いたら、それ以来動物を描くのが本当に好きになってしまったのだ。動物を描いていると気持ちがリラックスしたし、日常生活で感じている

C君「ああそうか、だったら、〈ゴミ箱ロボット〉の話題では、 X ということになるのかな。」

B君「それから、〈弱さのちから〉のすぐあとに、『手のかかる子どもほどかわいい』とあることも考慮《こうりょ》しよう。」

A君「そのしばらくあとに『養育者はその子どもの存在によって価値づけられてもいる』とあるよ。これってどういうことかな。」

B君「つまり、 Y ということだね。」

C君「それなら簡単だよ。ロボットが、手伝ってくれた子どもに『君はぼくを手伝ってくれてえらいね』と言ってあげるんだよ。」

B君「ロボットは会話することも何かを認定《にんてい》することもしていないじゃないか。」

A君「いや、確かに認定はしていないけど、いい考えかもしれないよ。『懸命に世話をするなかで、なに不自由なく子どもたちは成長できる』というんだから、結果として子どもはそれ以前よりもえらい人になるんだよ。」

ⅰ　空らんXにあてはまる最も適切なものを次から選び、記号で書きなさい。

ア　弱いのは子ども

イ　弱いのはオムツのとれない子ども

ウ　弱いのはロボット

エ　弱いのはロボットとオムツのとれない子ども

オ　弱い者はいない

ⅱ　空らんYにあてはまる最も適切なものを次から選び、記号で書きなさい。

ア　親が子どもに価値をあたえる

イ　ロボットが子どもに価値をあたえる

ウ　子どもがロボットに価値をあたえる

エ　親と子どもとがおたがいに価値をあたえる

オ　ロボットと子どもとがおたがいに価値をあたえる

ⅲ　会話を参考にして、「〈弱さのちから〉」の説明として最も適切なものを次から選び、記号で書きなさい。

ア　はじめはロボットの気持ちに気づくことができなかった子どもたちが、ロボットの思いを察してゴミ拾いを手伝うようになるという、他者の思いを理解をする力。

イ　ロボットがゴミを拾うことができない無力な様子を周囲に示すことで、周りの人に思わず手助けをしたい気持ちにさせてしまう、他人の助けを呼びこむ力。

ウ　ゴミを拾ってもらうロボットと、ゴミ拾いを手伝う子どもたちとは、たがいに社会的には弱い存在だが、協力することで世の中をよくすることができる力。

エ　自分ではゴミを拾い集めることができないという弱いロボットが持つ、子どもたちにゴミ拾いを手伝うよう仕向けて、子どもたちに充実《じゅうじつ》感をもたらす力。

オ　ゴミを拾い集めるための高価な機能など何も備えていないロボットのはずなのに、なぜかいつのまにかゴミを集めてしまって

ア　まだ不完全でもっと改良する必要がある。
イ　単体ではゴミを拾う目的を達成できない。
ウ　ロボット自身が自在にゴミを拾い集める。
エ　最先端の高度な技術は特に使われていない。
オ　安価な部材ばかりでだれにでも作れる。
カ　ロボットにあたえられたねらいは実現しづらい。

5　傍線部②「周りとの関係性はむしろ『リッチなもの』となる」とあるが、「関係性」が「リッチ」であるとはどういうことか。その説明として最も適切なものを次から選び、記号で書きなさい。
ア　開発費が少ない中で作られた安価なロボットが、周りの人々とやさしい気持ちでつながり、やがては豊かな利益までもたらしてしまうということ。
イ　ロボットはとくに高価なセンサーやプログラムを持っているわけではないのに、周囲の人々との関わりで貴重な目的を果たすことができるということ。
ウ　ごくわずかな機能だけで作られたロボットが、ゴミをそのままにしている人間たちに、きれいな環境《かんきょう》づくりの重要性を教えることができるということ。
エ　ロボットそのものには多くの機能が備えられているわけではないが、それによってロボットを取り巻く人々との関係がかえって深くなるということ。
オ　ふつうの「ゴミ箱」にしか見えないような単純なロボットなのに、周りの人々の間にやさしい人間関係を作り上げてしまう機能を持っているということ。

6　傍線部③「『思わず助けようとしてしまう』という場のようなもの」はどんなときに成立するか・その状況《じょうきょう》を明確に述べた1文を傍線部③よりも後の部分からぬき出し、そのはじめの6字を答えなさい。

7　傍線部④「〈ゴミ箱ロボット〉たちを子どもたちの集まる公共の施設へと連れだしてみた」という表現について、次のように説明した。この空らんにあてはまることばを本文中から3字でぬき出して答えなさい。

> ロボットに対して、「……たち」「連れだす」ということで、ロボットがまるで□であるかのように表現している。

8　傍線部⑤「〈弱さのちから〉」について、A君・B君・C君の三人が次のように話し合った。これを読んで、後の問いに答えなさい。

> A君「〈弱さのちから〉というのは、かわった表現だね。ふつうは『弱さ』には『ちから』はなさそうだけど。」
> B君「『弱さ』が、思わぬ力を持っているということなんだろうね。」
> C君「オムツのとれない子どもでも持っているゴミ拾いができる力、ということじゃないかな。」
> B君「うーん、オムツのとれない年齢《ねんれい》の子どもは確かに弱いと言えば弱いけどなあ。それでいいのかな。」
> A君「もう少し読んでみようよ。『マゴマゴしていると、それにしびれをきらしてなのか、子どもは〈む～〉の世話をはじめてしまう』とあるよ。」

た小さな子どもがヨタヨタしながら近づいてきて、それを投げ入れる。そうしてロボットからの反応に、「してやったり……」と満足そうな笑顔《えがお》を母親に向けながら帰っていく。まだオムツのとれていないような小さな子どもにもゴミ拾いを手伝わせてしまうとは、なかなかのロボットなのだ。

そんな姿を見てみると、子どもたちはゴミを拾うのを手伝ってあげたり、あるいは辺りからゴミを拾い集めてくることを厭《いと》わない。そこで「やらされている」という感じはない。むしろ「手伝ってあげるのも、まんざら悪い気はしないなぁ」という感じなのだろう。何か世話することを楽しんでいる、世話できていることを喜んでいるようでもある。

これは※〈む〜〉と子どもたちとの関わりのなかで感じたことでもあった。子どもとの積み木遊びのなかで、〈む〜〉がマゴマゴしていると、それにしびれをきらしてなのか、子どもは〈む〜〉の世話をはじめてしまう。と、その顔はすこしだけ大人びて見えるのである。〈弱さ〉には、もう少し積極的な意味があるのではないか……と感じた瞬間でもあった。いわゆる臨床哲学《りんしょうてつがく》の分野で※鷲田《わしだ》清一《きよかず》先生の指摘《してき》した⑤〈弱さのちから〉である。

それはちょうど、養育者たちのなかにある「手のかかる子どもほどかわいい」という感覚なのだろう。「この子はどうしてこんなに手がかかるの？」といいつつも、そこで世話すること、世話できていることを楽しんでいる。懸命に世話をするなかで、なに不自由なく子どもたちは成長できる。一方で、その子どもの成長をしっかり支えるものとして、養育者はその子どもの存在によって価値づけられてもいる。〈ゴミ箱ロボット〉や〈む〜〉の世話をはじめる子どもたちには、自覚しないにせよ、そうした感覚もあるのだろう。

（岡田美智男《おかだみちお》『〈弱いロボット〉の思考』より）

※方略……てだて。方策。

※〈む〜〉……筆者が開発した、特に何かをする機能を持つわけでもないロボットの名前。

※鷲田清一……日本の哲学者《てつがくしゃ》。

1　波線部のＡ〜Ｅのカタカナを漢字に直し、漢字は読みをひらがなで答えなさい。

2　二重波線部「苦肉の策」の意味として最も適切なものを次から選び、記号で書きなさい。

ア　欠点を見せないようにごまかすための方法

イ　苦労した結果うまくまとめられた方法

ウ　人の目をあざむくために考えた方法

エ　考えに困ってどうにかひねりだした方法

オ　だれもが納得《なっとく》するようなまっとうな方法

3　空らんａ・ｂにあてはまることばの組み合わせとして最も適切なものを次から選び、記号で書きなさい。

ア　ａ　ゆめゆめ　ｂ　たとえ

イ　ａ　まさしく　ｂ　ふたたび

ウ　ａ　あたかも　ｂ　たとえ

エ　ａ　まさしく　ｂ　やがて

オ　ａ　あたかも　ｂ　ふたたび

4　傍線部《ぼうせんぶ》①「この〈ゴミ箱ロボット〉の特徴」として適切なものを次からふたつ選び、記号で書きなさい。

いか……ということである。

「目の前に落ちているゴミを拾うことができないのなら、周りの人に手伝ってもらえばいい……」、でもちょっと油断をしていると、いつの間にか「ただのゴミ箱」になってしまう。ふつうの「ゴミ箱」と〈ゴミ箱ロボット〉を分けているものは、どのようなことなのか。一つ見逃《みのが》せないのは、このロボットとの関わりに感じる③「思わず助けようとしてしまう」という場のようなものだろう。

〈ゴミ箱ロボット〉がヨタヨタとこちらに近づいてくる。そして、なにか腰を屈めるような仕草をする。目の前のロボットのそんな姿を目にしてみると、それを無視するわけにもいかない。「そのペットボトルを拾って！」と無言で訴《うった》えかけられているようで、思わず「拾ってあげなければ……」という気になる。

では、わたしたちの手助けを思わず引きだしてしまうような場は、どのようにして生まれてくるのだろう。他者から挨拶《あいさつ》された時に、思わず応答責任を感じてしまうことに重なるけれど、ロボットとわたしたちとのあいだに生じるコミュニケーションの一つの事態としても見逃せないものである。

その基本になっているのは、単なるモノなのか、なんらかの意思を持った生き物なのか、ということだろうか。「ゴミを拾い集めようとしているのかな……」と、そんな意思が伝わってくれれば、それを助けてみようという気にもなる。でも、それにも程度というものがあるようだ。

じっとしたまま、そこを行《い》き交《か》う人に「そのゴミを拾って！」と声高《こわだか》に訴えかけるのでは、周りからの手助けは引きだせそうもない。一方的に指示されているようで、［ b ］手を貸してあげたとしても、「なにか、いいことをした！」という気持ちになれない。なにか服従を強《し》いられているようで具合がよくないのである。それと、一方的に周りの人に依存《いそん》するだけでは、〈頼《たよ》るもの〉⇔〈頼られるもの〉という非対称《たいしょう》な関係となってしまう。

目の前にあるゴミを拾おうとしても、なかなか上手に拾えない。大切なのは、そこでマゴマゴしている感じだろう。なにか懸命《けんめい》に取り組もうとする姿というのは、いまさらながら大切なものだなぁと思う。「懸命に拾おうとしても、拾えない……」そういう姿というのは、なぜか自分にぐっと近づく感じがする。自分のことのようで放っておけない気持ちになる。目の前の困難を共有しあい、それに向かって一緒に取り組もうとする。思わず手を伸《の》ばして手伝ってしまうのは、そんな瞬間《しゅんかん》なのだろうと思う。

④〈ゴミ箱ロボット〉たちを子どもたちの集まる公共の施設《しせつ》へと連れだしてみた。広場のなかを三つの〈ゴミ箱ロボット〉たちはつかず離《はな》れずトボトボと歩く。この風景はなかなかのものだ。子どもたちの生活のなかに「非日常性」を作り上げるという意味で、やはりロボットというのはおもしろい。

しばらくすると、〈ゴミ箱ロボット〉の気持ちを察してなのか、ゴミを投げ入れてくる子どもも現れた。その役割にようやく気づいたのか、他の子どもたちの何人かもそれに追従する。ゴミを投げ入れてくれたことを検知して、ロボットは上体を軽く屈めるのだ。その反応に気をよくしてか、遊び相手のようにして、なんどもゴミを投げ入れようとする子どもたちの姿も……。

それと、一緒にいたお母さんに仕向けられたのだろう、ゴミを手にし

【国　語】〈五〇分〉〈満点：一〇〇点〉

【注意】＊設問の都合で、本文には一部省略・改変がある。
　　　　＊字数制限のある場合は、句読点なども字数に入れること。

一　次の文章を読んで、後の問いに答えなさい。

　一人の学生が学内のロビーにある長椅子《ながいす》に腰《こし》かけて、いつもの漫画《まんが》雑誌を読みふける・その足元には、Aムゾウサに転がった空のペットボトル、誰《だれ》かが残していったものなのだろう。部屋の片隅《かたすみ》には、ゴミ箱らしきものもあるけれど、この状態ではペットボトルは転がったままだ。学内のいつもの風景とはこのようなものだろう。

　では、「このゴミ箱を生き物のように動かしてみたら……」というわけで、部屋の隅《すみ》で静かにしていたゴミ箱を〈ロボット〉として動かしてみた。それは床《ゆか》の上に転がるペットボトルのほうにヨタヨタと近づいていき、それを確認《かくにん》するように視線を落とす。そうして、自分では拾えないことを悟《さと》ると、その学生のほうに擦《す》り寄《よ》るようにして近づき、すこし腰を屈《かが》めてみる。その姿は、［ａ］「このペットボトルを拾ってよ！」とお願いしているようなのだ。

　そのロボットのB仕草に気づいたのか、それを無視するわけにもいかず、学生はペットボトルを拾い上げ、〈ゴミ箱ロボット〉のバスケットの中に放《ほう》り込《こ》んであげる。すると、そのことを感知した〈ゴミ箱ロボット〉はまた腰を屈める。同じ仕草にもかかわらず、それはなにかお礼を返しているようにも映る。そうして、その場をまたヨタヨタと去っていく。学生もほっとしたようにして、またもとの雑誌に目を落とすというわけである。

　①この〈ゴミ箱ロボット〉の特徴《とくちょう》をあらためて考えるなら、どのようなものとなるだろう。一つは、ローテクであるにもかかわらず、「ゴミを拾い集める」という目的をちゃんと果たしていることだ。近くの人にC委ねながら、そのアシストを上手に引きだし、結果としてゴミを拾い集めてしまう。これは自らのなかですべてを解決しようとする〈個体能力主義的な行為《こうい》※方略〉に対して、いわゆる〈関係論的な行為方略〉そのものである。

　ロボットのデザイン方略としてはどうだろう。「ゴミを拾うのが難しいのなら、子どもたちに手伝ってもらえばいいのでは……」と考えると、高価なロボットアームは必要なくなる。「では、ゴミの分別はどうするの？」「それも難しければ、一緒《いっしょ》に子どもたちに手伝ってもらおう！」ということで、ここでは高感度のセンサーや画像処理技術も必要なくなる。ロボットからは、さまざまな要素をそぎ落とせるのである。

　このような考え方を、筆者らは〈引き算としてのデザイン〉とか〈チープデザイン〉と呼んできた。「もっと、もっと」と、これまでのDリベンを指向するモノ作りにあった〈足し算のデザイン〉とは対極をなすものである。すこし気取った言い方をすれば、〈ミニマルなデザイン〉ということだろう。もっとも、これまでの〈ゴミ箱ロボット〉の開発経緯《けいい》から考えれば、ロボットの開発費を浮《う》かすために苦肉の策としてEアみだされた〈チーフデザイン〉でもあるのだ。

　それに期待としてあったのは、どんどん機能をそぎ落としていくと、ロボットの個体としての機能はとても「チープなもの」となってしまうけれども、その不完全さが周囲の人から助けや積極的な関わりを引きだすことで、②周りとの関係性はむしろ「リッチなもの」となるのではな解放されて、校長への信頼がさらに強くなったから。

エ　高価な壷をこわしてしまい「死んでしまおうか…」とまで苦しんだが、そんな自分のために必死で謝る母を優しくいたわり、少年の責任も全く問わない校長の言葉に救われ、張り詰めていた気持ちが消え、うれしさがこみあげてきたから。

様子が忘れられない。

5 傍線部③「少年は生まれて初めてそう思った」とあるが、「そう思った」理由として最も適切なものを次から選び、記号で書きなさい。

ア 高価な壺の弁償は少年が我慢してできることではなく、苦労して少年を育てている母に大きな負担を背負わせることになるから。

イ 母の苦労がよくわからなかった幼い時とは違って、今は、懸命に働く母が少年の軽率な行動に落胆《らくたん》する姿が容易に想像できたから。

ウ 今までは苦しい生活の中でも母との約束でどんなにつらくても弱音を吐《は》かず努力してきたが、その母との約束を破ってしまったから。

エ 自分では壺を割ったという自覚はないのに、誰も助けてくれなかったことを正直に話せば、優しい母を心配させることになるから。

6 傍線部④「教頭は母に卒業式の写真を見せ」とあるが、この教頭の行動の説明として最も適切なものを次から選び、記号で書きなさい。

ア 相手が信じないかもしれないという疑いの気持ちを強く抱くという教頭の性格が読み取れる。

イ 花壺が高価であることを強調することで、少年の行動を強く非難しようという心理が読み取れる。

ウ 花壺を見たことがない母親に対して、写真を見せて説明しようとする丁寧《ていねい》な対応が読み取れる。

エ 花壺を見たことがない母親に対して、弁償するものの高価さを理解させようという努力が読み取れる。

7 傍線部⑤について、「柿の木の下で会った時」に「顔をくしゃくしゃに」した理由と、今回「顔をくしゃくしゃにして笑った」理由を90字以内で説明しなさい。ただし、「柿の木の下では……、今回は……」という書き方で説明しなさい。

8 傍線部⑥「少年の目から大粒の涙があふれ出した」とあるが、この時の少年の気持ちの説明として最も適切なものを次から選び、記号で書きなさい。

ア 柿の実を取ろうとしたのに注意もせず、かえって柿の実を取ってくれた校長の信頼を踏《ふ》みにじるような過ちをしてしまったことを後悔していたのに、以前と同じ態度で自分と母親に接してくれた校長の態度に慰《なぐさ》められたから。

イ 苦労している母親に金銭面だけでなく、土下座までさせてしまったという罪悪感にさいなまれていたが、校長が母親にかけた言葉を聞いて、少年がこわしたのではないということがわかり、校長への感謝の気持ちでいっぱいになったから。

ウ 高価な壺を弁償できそうにない母親の状況を推察して、校長が母親をいたわってくれた様子を見て、どうやって弁償したらよいかという不安に追い詰められていた気持ちからしたと思った。

校長は少年の顔を見て笑った。

少年は笑い返せなかった。校長の姿を見ると、母は床に土下座《どげざ》をし両手をついて言った。

「この度はこの子がとんでもないことをしてしもて申し訳ありませんでした。どんだけ月日がかかっても、わしが必ず壺の代金をお返ししますから、どうぞ堪忍《かんにん》してくたはれ《(ください)》。どうぞこの子を学校に置いてやってくたはれ。頼みますちゃ」

少年も床に手をついて頭を下げた。

校長は床にしゃがんで額をこすりつけるようにしていた母の肩を抱き、やさしい声で言った。

「お母さん、そんなふうにせんで下さい。この学校には子供がこわして困るようなものは何ひとつ置いてありません。ましてや値段がついている物はひとつもありません。さあ顔を上げてください。こんなことでわざわざ学校にお見えいただくことはありません」

少年は校長の顔を見た。

⑤校長は少年の顔を見ると、あの柿の木の下で会った時と同じように、顔をくしゃくしゃにして笑った。

⑥少年の目から大粒の涙があふれ出した。

（伊集院静『少年譜』より）

1 空欄A～Eに入る言葉として最も適切なものを次からそれぞれ選び、記号で書きなさい。

ア ともかく　イ かならず　ウ なるたけ　エ なかなか

オ すでに　カ ようやく　キ いかに

2 本文中には、回想場面が2か所ある。それぞれの回想場面はどこで終わるか。それぞれの回想場面の最後の7字を抜き出して書きなさい。

3 傍線部①「女の子たちの顔が青ざめていた」とあるが、なぜ、「女の子たちの顔」は「青ざめていた」のか。その理由として最も適切なものを次から選び、記号で書きなさい。

ア 大切な壺を割ってしまって反省している少年が、これからどうなるのかと心配だったから。

イ 女の子たちが壺を割ってしまったことを少年に見られ、取り返しがつかないことだと思ったから。

ウ この後、口うるさい教頭にどのように説明してよいかわからず、途方にくれてしまったから。

エ 高価な壺が割れてしまい、女の子たちが割ったと責められるのではないかと不安になったから。

4 傍線部②「無残に」とあるが、「無残」を使った次の短文の中で、使い方が正しくないものを一つ選び、記号で書きなさい。

ア 日ごろの練習の成果を発揮できず、昨日の試合は無残な結果に終わった。

イ せっかくの満開の桜が昨夜の雨によって、無残な景色に変わってしまった。

ウ 寝坊した理由をごまかして、無残な言い訳をしてしまい、後悔している。

エ テレビで報道された、戦火の中で逃げまどう人々の無残ななかった。少年はどうしていいのかわからなかった。目の前の海を見た。暗黒の海からは波音だけが聞こえていた。

「死んでしまおうか……」

③少年は生まれて初めてそう思った。

これまでどんな辛《つら》いことがあっても、そんなことを考えたことは一度もなかった。それは母と二人で正月の初もうでに出かけたとき、母と約束したからだった。母と二人して参道にある食堂に入り、うどんを食べた帰り、道すがら母から言われた。

「イサムや、どんだけ苦しいても弱音を口にしたらいけんよ。世の中にはわしらよりもっと辛い人がおる。苦しい時をじっと我慢しとったら必ずいいことはやってくるちゃ。だから辛抱しられ《(しなさい)》」

母はそう言って、少年の肩を抱き寄せた。

その約束を少年は守ってきた。

少年の足が海にむかいはじめた時、背後から少年を呼ぶ声がした。母の声だった。少年は声のする方に泣きながら走り出した。

同年同月、事件の翌日。××第一小学校。

母と少年は学校に行くとまず教頭と担任教師のところに呼ばれた。

④教頭は母に卒業式の写真を見せ、そこに写っている花壺を指し示し、この作者が、郷土出身の陶芸《とうげい》家であると告げ、花壺が [B] 高価なものかを説明した。

母は机に頭をすりつけるようにして懇願《こんがん》した。二人の教師は何も返答せず、[C] 校長に謝ってもらうのが先で、ほどなく校長が出張先から戻るはずだから待つように、と言った。少年は母と二人で校長室に入った。すぐに校長があらわれた。少年は校長の顔を見た。

以前、少年は校長と話をしたことがあった。

それは一年前の秋のことで校内にある柿の木になった柿の実を取ろうと少年が石を投げていた時だった。

「こら何をしとる？」

振《ふ》りむくと校長が立っていた。

少年は黙ってうつむいた。

校長は柿の木を見上げ、

「あの実を取りたいのかね。そうか少し待ってなさい」

そう言って校長は立ち去り、やがて長い竿《さお》を手に戻ってきた。

まだ実が固かったのか柿は [D] 落ちなかった。[E] ひとつの実が地面に落ちた。校長はそれを拾い上げ、上着の端《はし》で汚れを取って、

「渋柿《しぶがき》のような気がするが……」

と言って実にかぶりついた。そうして顔をくしゃくしゃにして少年に差し出した。少年もその実を食べてみたがおそろしく渋味があった。

「大失敗だったね」

校長が笑った。

少年は柿の実をポケットに入れ、ありがとうございますと言って駆け出した。

その校長が大切にしていた壺をこわしてしまい、済まないことを

【国 語】〈五〇分〉〈満点：一〇〇点〉

【注意】

＊ 設問の都合で、本文には一部省略・改変がある。

＊ 字数制限のある場合は、句読点なども字数に入れること。

一 ※問題に使用された作品の著作権者が二次使用の許可を出していないため、問題を掲載しておりません。

二 次の文章を読んで、後の問いに答えなさい。

昭和四十九年、四月九日、午後。××第一小学校の掃除当番で立山《たてやま》勇《いさむ》十一歳は校長室前の廊下を掃《は》いていた。

そこに当校の教頭が通りかかり、廊下の天井隅《すみ》にクモが巣を張っているのを見つけ、立山少年に取り払うように言った。学校でも普段から口うるさいことで有名な教頭に命じられたので、少年は自分の背丈《せたけ》では届かない天井の巣を箒《ほうき》を手に飛び跳《は》ねながら取ろうとした。少年が飛び上がるたびに古い小学校の廊下が揺《ゆ》れた。途中、校長室の中を掃除していた同じ当番の女の子が静かにするよう注意しにきた。

しかし巣のすべてが取れないので校長室から椅子を運び出し、その上に乗って巣を取ろうとした。ようやく巣が箒の先に届きそうな時、少年はバランスを失い椅子とともに廊下に転倒した。

大きな音がしたと同時に校長室から物音がして、物がこわれる音が続いた。転倒した少年が尻《しり》をさすりながら立ち上がると校長室から当番の女の子たちが廊下に出てきて、少年に、あなたが廊下で騒いでいたから中の花壺《つぼ》が台座から落ちたと言った。

少年は訳がわからず校長室に入った。

床にこなごなになった壺の破片が散っていた。①女の子たちの顔が青ざめていた。これはとても高価なもので校長先生が大切にしていたものだ、と言われた。少年も始業式や卒業式で講堂に大きな桜の花を活《い》けて飾るその壺の存在を見知っていた。

俺《おれ》がこわしたのか、と少年が訊《き》いた時、足音がして担任教師と教頭が入ってきた。二人はこわれた壺を見て声を上げた。

こわしたのは少年だと女の子たちが言った。

「学校の大切な宝物を……。これがいったいいくらするものかわかっていますか」

教頭が激怒して言い、親を学校に呼ぶように担任教師に命じた。

家には耳の遠い祖母しかおらず、少年は母親が帰ってきても高価な花壺を弁償《べんしょう》する金が家にないのを知っていた。教頭は祖母と少年に花壺の値段までを口にしていた。

母の帰りを待つ間、行き場所のない少年は一人で海辺に出た。日は暮れて海鳴りだけが少年の耳に響いた。床に②無残に散った花壺の破片に目を吊《つ》り上げた教頭の顔が重なり、嘆《なげ》く母の顔があらわれた。少年は母が懸命《けんめい》に働いているのを知っていたから、［ A ］母に苦労をかけないようにしていた。空腹な時も我慢《がまん》をした。その母がこのことを知ったらどんなに哀《かな》しむだろうかと思った。母の顔を見るに忍び

解答用紙集

〇月×日　△曜日　天気（合格日和）

◆ご利用のみなさまへ

＊解答用紙の公表を行っていない学校につきましては、弊社の責任において、解答用紙を制作いたしました。

＊編集上の理由により一部縮小掲載した解答用紙がございます。

＊編集上の理由により一部実物と異なる形式の解答用紙がございます。

人間の最も偉大な力とは、その一番の弱点を克服したところから生まれてくるものである。――カール・ヒルティ――

東京学参株式会社

昭和学院秀英中学校（午後特別）　2024年度　◇算数◇

※ 116％に拡大していただくと，解答欄は実物大になります。

1 , 2 , 3 と 5 は答えのみ記入しなさい。
4 は答えのみでも良いが、途中式によっては部分点を与えます。

1

ア	イ	ウ
エ	オ	カ

2

キ	ク
ケ	コ

3

(1)	個	(2)	段
(3)	cm^2	(4)	段

4

(1)

答　サ　　　　点　シ　　　　通り

4

(2)

答　ス　　　種類　セ　　　通り

5

(1)　cm^3　(2)　cm^3

(3)　cm^3

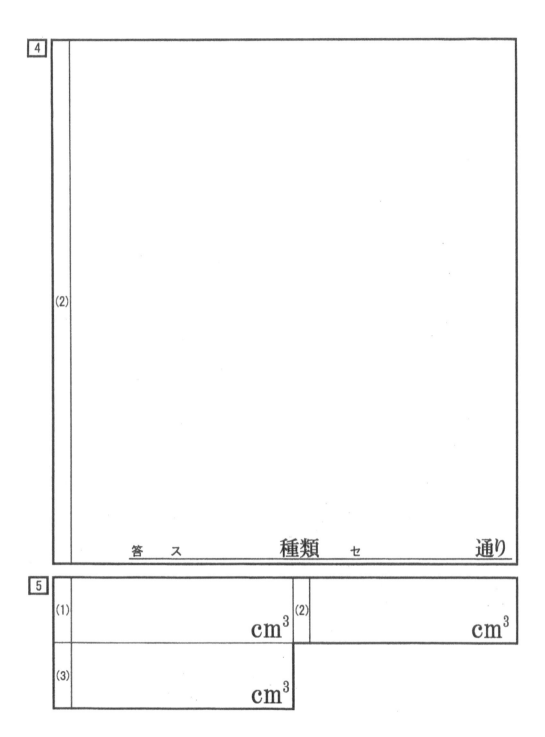

◇国語◇

昭和学院秀英中学校(午後特別)　２０２４年度

※１４３％に拡大していただくと，解答欄は実物大になります。

一

1 ぜ

2

3

4

5

二

1

2

3

4

5 しい

三

1

2

3

昭和学院秀英中学校（第1回）　2024年度

◇算数◇

※ 116％に拡大していただくと，解答欄は実物大になります。

1 ，2， 4 (1)， (2)， 5 (1) ①， ② は答えのみ記入しなさい。

それ以外の問題に対しては答えのみでも良いが，途《と》中式によっては部分点を与えます。

1

ア	イ	ウ	エ

2

ア	イ	ウ

3

(1)

答　　　　分

(2) ①

答　　　　分

(2) ②

答　　　　分

4

(1) cm	(2) cm

(3)

答

(4)

答

5

(1) ① cm	(1) ② cm^3

(2)

答　cm^3

昭和学院秀英中学校(第1回)　2024年度

◇理科◇

※ 163％に拡大していただくと，解答欄は実物大になります。

1

問1	g	問2	cm	問3	g
問4	cm	問5	kg	問6	cm
問7	g	問8	ばねばかり 1　g		ばねばかり 2　g

2

問1		問2	時間				
問3							
問4	(1)		(2)		(3)		(4)
問5							
問6	L						

3

問1					
問2	計算式			数値	
問3	計算式			数値	
問4	④	⑤			
問5	座	問6	月	問7	座

4

問1			
問2	(1)		
	(2)		
問3		問4	

昭和学院秀英中学校(第1回)　2024年度

◇社会◇

※ 150%に拡大していただくと，解答欄は実物大になります。

1

問 1　問 2　問 3　(1)

(2)

問 4　問5　問6　(1)　(2)

2

問 1　問 2　問 3　問 4　問 5

問 6

問 7　問 8　問 9　問10

問11　問12　問13　問14

問15　(1)　(2)

(3)　(4)

3

問 1　問 2

問 3

4

問 1　問 2　問 3

◇国語◇

昭和学院秀英中学校(第１回)　２０２４年度

※１４７％に拡大していただくと、解答欄は実物大になります。

一

1　2　3　4　5

二

1　Ⅰ　Ⅱ　Ⅲ　2　3　4

5

6　(1)　(2)

7　最初　最後

8

三

1　A　B　C

2

3　a　b

4　飼い主が

5　6　7

昭和学院秀英中学校(第2回)　2024年度　　◇算数◇

※ 116%に拡大していただくと，解答欄は実物大になります。

1 , 2 , 4 は答えのみ記入しなさい。

それ以外の問題に対しては答えのみでも良いが、途中式によっては部分点を与えます。

1

ア	イ	ウ	エ
オ	カ		

2

キ	ク	ケ	コ
サ			

3

(1)	答　　　　　　cm^3
(2)	答　　　　　　cm^3

4

(1)	$(a, b, c, d)=$

(2)	通り	(3)	通り

5

(1)	答　　　　　　%
(2)	答　　　　　　%

昭和学院秀英中学校（第2回）　2024年度

◇理科◇

※ 149％に拡大していただくと，解答欄は実物大になります。

1

問1			
問2	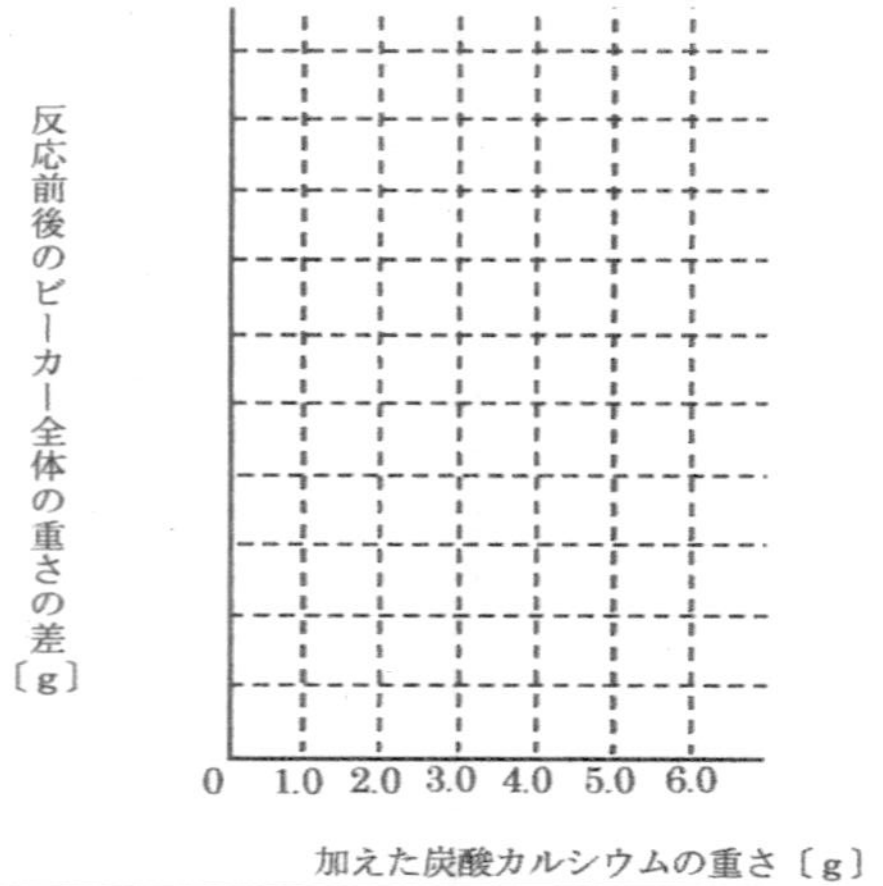		
問3		問4	
問5		問6	
問7		問8	
問9			

2

問1		問2		問3		問4	
問5	スズラン		カラスウリ			問6	
問7							
問8							
問9							

3

問1		問2		問3	
問4		問5		問6	
問7					

昭和学院秀英中学校（第2回）　2024年度

◇社会◇

※ 150%に拡大していただくと，解答欄は実物大になります。

1 問1 (ア) (イ) 問2 問3

問4 (1)

(2)

2 問1 問2 問3

3 問1 問2

問3 問4

問5 問6

問7 問8

4 問1 問2 問3 問4

5 問1 問2 問3 問4

問5

6 問1

問2 (1)

(2) 問3

問4 問5 問6

2024年度

昭和学院秀英中学校(第2回)

※147%に拡大していただくと、解答欄は実物大になります。

◇国語◇

一

1

2

3

4

5 み

二

1

2

3

4 A B

5

6

7

8

三

1 X Y

2

3

4

5

6

7

昭和学院秀英中学校(午後特別)　2023年度　◇算数◇

※ 116%に拡大していただくと，解答欄は実物大になります。

1, 2 は答えのみ記入しなさい。
それ以外の問題に対しては答えのみでも良いが、途中式によっては部分点を与えます。

1

ア	イ	ウ	エ	オ

2

カ	キ	ク	ケ	コ

3

(1)	(2)
通り	通り

4

(1) cm^2　(2) cm^2　(3) cm^2

5

(1)

ア　　　　　イ

(2)

㎠

(3)

答

2023年度 昭和学院秀英中学校(午後特別)

◇国語◇

※143%に拡大していただくと、解答欄は実物大になります。

一

1	
2	
3	
4	い
5	

二

1	
2	
3	う
4	する
5	

三

1

2

3

昭和学院秀英中学校（第1回）　2023年度

◇算数◇

※ 116%に拡大していただくと，解答欄は実物大になります。

1 ，2，3 (1)，4 (1)，5 (1)，（2）は答えのみ記入しなさい。
それ以外の問題に対しては答えのみでも良いが，途中式によっては部分点を与えます。

1

ア	イ	ウ	エ	オ	カ

2

ア	イ	ウ	エ

3

(1)
度

(2)

答　　　cm^2

(3)

答　　　cm^2

4

(1)

	出た目の数					
1 回目						
2 回目						

(2)

答　　　　　　通り

(3)

答　　　　　　通り

5

(1)

cm

(2)

cm

(3)

答　　　　　　個

昭和学院秀英中学校（第1回）　2023年度

◇理科◇

※ 163％に拡大していただくと，解答欄は実物大になります。

1

問1	回転	問2	m
問3	回転		
問4	(1)	(2)	毎秒 m
問5			
問6	(1) kg 分の力	(2)	kg
問7		問8	① ②

2

問1	①	②	③	④
	⑤	⑥		
問2	(1)	(2)	(3)	(4)
問3	(1) 条約	(2) 干潟		
問4	①	②	③	④
	⑤			
問5		問6		
問7	(1)	(2)	(3)	

3

問1			
問2	(1) 個	(2) 個	
問3			
問4	1	2	3
問5	g		
問6	(1)	(2)	
	(3)	問7	
問8	%	問9	g

昭和学院秀英中学校(第1回)　2023年度　◇社会◇

※ 132%に拡大していただくと，解答欄は実物大になります。

1
問1 ＿＿＿　問2 ＿＿＿　問3 ＿＿＿

問4 ＿＿＿

問5 (20字) (40字)

問6 ＿＿＿　問7 ＿＿＿　問8 ＿＿＿

2
問1 ＿＿＿　問2 ＿＿＿　問3 ＿＿＿

問4 ア　イ　ウ

問5 ＿＿＿

問6 ①　②　③

3
問1 a　b

問2 ＿＿＿　問3 ＿＿＿　問4 ＿＿＿　問5 ＿＿＿　問6 ＿＿＿

4
問1 (A)　(B)　問2 ＿＿＿

問3 ＿＿＿　問4 ＿＿＿　問5 ＿＿＿　問6 ＿＿＿

2023年度

昭和学院秀英中学校(第1回)

※128%に拡大していただくと、解答欄は実物大になります。

◇国語◇

一

1

2 える

3

4

5

二

1 (1) (2)

2

3

4

5

6

7

三

1

2

3

4

5

6

7

昭和学院秀英中学校（第2回）　2023年度

◇算数◇

※ 114%に拡大していただくと，解答欄は実物大になります。

1，2，5 と 3 の(1)，(2)，4 の(1)，(2) は答えのみ記入しなさい。
それ以外の問題に対しては答えのみでも良いが、途中式によっては部分点を与えます。

1

ア	イ	ウ

エ	オ

2

(1)	度	(2)	三角形BDFの面積：三角形ABDの面積 ：
(3)	cm^3		

3

(1)	cm^3	(2)	cm
(3)	答　　　個　　　cm^3		

4

(1)	cm^2	(2)	cm^2
(3)	答　　　　cm^3		
(4)	答　　　　cm^3		

5

(1)	点	(2)	児童　　　が　　　点であった
(3)			

昭和学院秀英中学校(第2回)　　2023年度

◇理科◇

※ 149%に拡大していただくと，解答欄は実物大になります。

1

問1		問2	
問3	X	Y	
問4		問5	
問6			
問7	(1)　本	(2)	本

2

問1	あ		
	お	か	
問2		問3	
問4	J	問5	J
問6	J		
問7			
問8	①	②	

3

問1						
問2						
問3	①		②		③	
問4	④		⑤		⑥	
	⑦		⑧			
問5	(1)	あ		い		
	(2)					

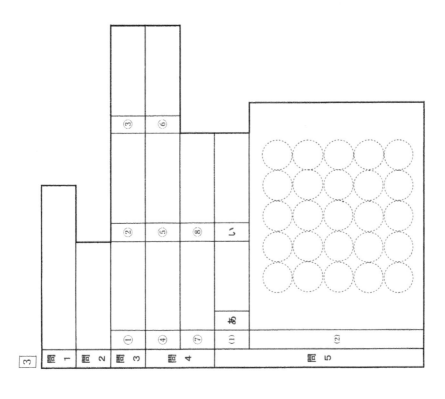

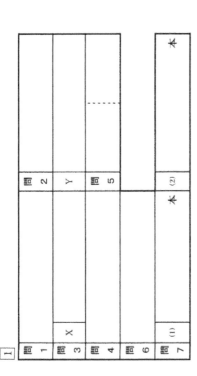

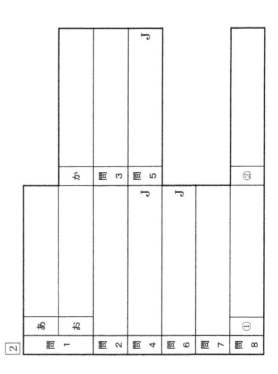

昭和学院秀英中学校(第2回)　2023年度

◇社会◇

※ 132%に拡大していただくと，解答欄は実物大になります。

1
問1（1） A ＿＿＿＿ 半島 B ＿＿＿＿ 湖 C ＿＿＿＿ 空港

（2）＿＿＿＿ （3）＿＿＿＿ （4）＿＿＿＿

（5）＿＿＿＿ 問2 ＿＿＿＿

2
問1 ＿＿＿＿ 20

＿＿＿＿ 25

問2 ＿＿＿＿

3
問1 ＿＿＿＿ 問2 ＿＿＿＿ 問3 ＿＿＿＿ 問4 ＿＿＿＿

問5 ＿＿＿＿

問6 (あ) ＿＿＿＿ (い) ＿＿＿＿ (う) ＿＿＿＿

4
問1 ＿＿＿＿ 問2 ＿＿＿＿ 問3 ＿＿＿＿ 問4 ＿＿＿＿ 問5 ＿＿＿＿

問6 (あ) ＿＿＿＿ (い) ＿＿＿＿

5
問1 (A) ＿＿＿＿ (B) ＿＿＿＿ (C) ＿＿＿＿

問2 ＿＿＿＿

問3 ＿＿＿＿ 問4 ＿＿＿＿

問5 ＿＿＿＿

2023年度

昭和学院秀英中学校(第2回)

◇国語◇

※ 135%に拡大していただくと，解答欄は実物大になります。

一

1　2　3　4　5

二

1　Ⅰ　Ⅱ　2　3　4

5

好きになったということ。

6　7　8　9

三

1　2　A　B　3　4　5　6　7　8

昭和学院秀英中学校（午後特別）　2022年度

◇算数◇

※ 115％に拡大していただくと，解答欄は実物大になります。

1，2，3，4の(1)と5の(1)は答えのみ記入しなさい。
それ以外の問題に対しては答えのみでも良いが、途中式によっては部分点を与えます。

1

ア	イ	ウ	エ	オ

2

(1) cm^2	(2) cm^2
(3) 倍	(4) 本

3

(1)	(2)
(3)	(4)

4

(1) cm^2

(2)

答　cm^2

(3)

答 cm^2

5

(1)

(2)

答 cm^2

(3)

答 通り

2022年度　昭和学院秀英中学校(午後特別)

◇国語◇

※149%に拡大していただくと、解答欄は実物大になります。

一

1

2

3

4

5

二

1 いで

2

3 けて

4

5

三

1

2

3

昭和学院秀英中学校（第1回）　2022年度

◇算数◇

※ 111％に拡大していただくと，解答欄は実物大になります。

1 ，2 ，3 の(1)，(2) ，4 の(1)，(2) ，5 の(1)，(2) は答えのみ記入しなさい。

それ以外の問題に対しては答えのみでも良いが、途中式によっては部分点を与えます。

1

ア	イ	ウ	エ

2

(1)	(2)	(3)	(4)
cm^2	cm	cm^3	cm^3

3

(1)		(2)	
(3)	答　　　　個		

4

(1)	m	(2)	m^2
(3)	答　　　　m^2		
(4)	答　　　　倍		

5

(1)	分	(2)	台
(3)	答　　　　分後		

昭和学院秀英中学校(第1回)　2022年度

◇理科◇

※解答欄は実物大になります。

1

問1	(1) km/時	(2) ①	②	③	問2	(1) 記号	(2) 速さ m/秒

2

問1		問2		問3	
問4	cm	問5	g	問6	

3

問1	(1)	(2)	(3)	(4)
問1	(5)	(6)	問2	(1) L

問2

(2)

(3)

4

問1		問2	卵	幼虫	問3	①	②	③
問4		問5	部位	特徴				

5

問1	(1) A	B	(2) ①	②	③	④
問1	(3)			(4)		
問2		問3	(1)	(2)		

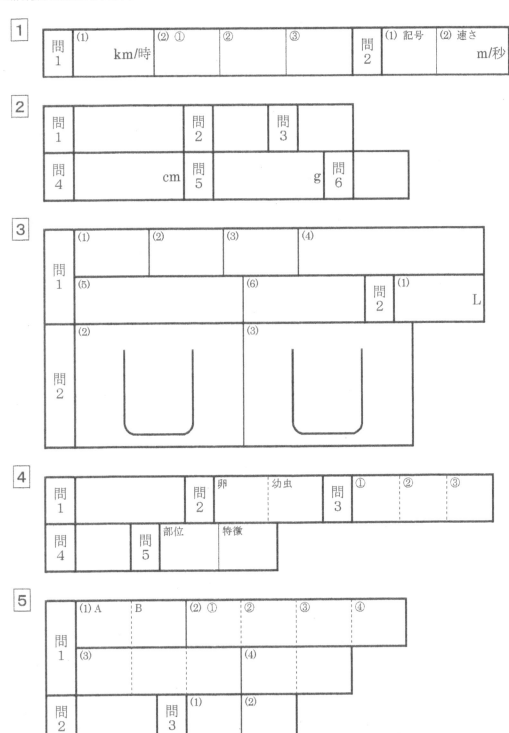

昭和学院秀英中学校(第1回)　2022年度

◇社会◇

※ 133%に拡大していただくと，解答欄は実物大になります。

1

問１ 農作物名：　　　地形の名称：

問２ １　　２　　問３

2

問１（１）　（２）　問２　問３

問４（１）

（２）　20

30

3

問１　問２

問３　・　問４　問５　問６　・

問７

4

問１　問２　問３　問４

問５　問６　問７

問８ ２番目：　５番目：　問９　・　問10

問11（１）　（２）　（３）

5

問１　問２　問３

問４　問５　問６　問７　・

2022年度

昭和学院秀英中学校(第1回)

◇国語◇

※145%に拡大していただくと、解答欄は実物大になります。

一

1 a b c み d e

2

3

4

5

6 (1)

6 (2) B である。

C である。

6 (3)

二

1

2

3 a b

4

5

6

7

8

昭和学院秀英中学校(第2回)　2022年度　　◇算数◇

※ 114%に拡大していただくと，解答欄は実物大になります。

1, 2, 5 と 3 の(1)，(2)は答えのみ記入しなさい。
それ以外の問題に対しては答えのみでも良いが、途中式によっては部分点を与えます。

1

ア	イ	ウ
エ	オ	

2

(1)	cm^2	(2)	cm^2
(3)	cm^3	(4)	cm
(5)			

3

(1)	個	(2)	$a=$
(3)	答　$a=$		

4

(1)

答　BH : HJ＝　　:

(2)

答　BH : HI : IJ : JD ＝　　:　　:　　:

(3)

答　四角形EFJI:三角形DGJ ＝　　:

5

ア	イ

ウ	エ	オ

昭和学院秀英中学校（第2回）　2022年度

◇理科◇

※ 102％に拡大していただくと，解答欄は実物大になります。

1

問1	g	問2	g	問3	g

2

問1	g	問2	g

問3	あ	g	い	g	う		え	g

問4	g

3

問1		問2		問3	

問4	

問5	A		B		C		D		E	

問6		

4

問1		問2	

問3	

問4		問5	

問6	A		D	
	E			

昭和学院秀英中学校(第2回)　2022年度

◇社会◇

※ 152%に拡大していただくと，解答欄は実物大になります。

1　問1　問2　問3（1）（2）

問4 (20 / 40 / 60)

2　問1　問2　問3（1）（2）

問4

3　・　・

4　A　B　C

D　E

問1　2番目　4番目　問2　問3

問4　問5　・　問6

5　・　・

6　問1　問2　問3

問4　問5　問6

問7

7　問1（1）（2）（3）

問2　問3

問4

問5　問6　2番目　3番目

2022年度

昭和学院秀英中学校（第2回）

※156%に拡大していただくと、解答欄は実物大になります。

◇国語◇

一

1	a		b		c
	d		e		
2		3			
4					
5		6			
7					
8					
9					

二

1	a		b		c
2					
3					
4					
5					
6		7			
8					
9					

MEMO

大切なことはメモしておこうネ！

MEMO

大切なことはメモしておこうネ！

MEMO

大切なことはメモしておこうネ！

MEMO

大切なことはメモしておこうネ！

MEMO

大切なことはメモしておこうネ！

〈ダウンロードコンテンツについて〉

本問題集のダウンロードコンテンツ、弊社ホームページで配信しております。現在ご利用いただけるのは「2025年度受験用」に対応したもので、**2025年3月末日**までダウンロード可能です。弊社ホームページにアクセスの上、ご利用ください。
※配信期間が終了いたしますと、ご利用いただけませんのでご了承ください。

中学別入試過去問題シリーズ
昭和学院秀英中学校　2025年度
ISBN978-4-8141-3213-3

[発行所] 東京学参株式会社
〒153-0043　東京都目黒区東山2-6-4

書籍の内容についてのお問い合わせは右のQRコードから ⇒

※書籍の内容についてのお電話でのお問い合わせ、本書の内容を超えたご質問には対応できませんのでご了承ください。

2024年5月23日　初版